清宫秘史

清馨 主编

中国华侨出版社
北京

图书在版编目(CIP)数据

清宫秘史 / 清馨主编.—北京：中国华侨出版社，2014.5（2020.6重印）
ISBN 978-7-5113-4621-6

Ⅰ.①清… Ⅱ.①清… Ⅲ.①宫廷－史料－中国－清代－通俗读物 Ⅳ.①K 249.09

中国版本图书馆CIP数据核字（2014）第107804号

清宫秘史

主　　编：	清　馨
责任编辑：	岑　芩
封面设计：	韩立强
文字编辑：	黎　娜　贾　娟
美术编辑：	陈媛媛　张　诚
经　　销：	新华书店

开　　本：720 mm×1020 mm　1/16　印张：28　字数：582千字
印　　刷：北京德富泰印务有限公司
版　　次：2014年8月第1版　2020年6月第4次印刷
书　　号：ISBN 978-7-5113-4621-6
定　　价：68.00元

中国华侨出版社　　北京市朝阳区西坝河东里77号楼底商5号　　邮编：100028
法律顾问：陈鹰律师事务所
发 行 部：(010) 58815874　　　　　　　传　　真：(010) 58815857
网　　址：www.oveaschin.com　　　　　E - m a i l：oveaschin@sina.com

如果发现印装质量问题，影响阅读，请与印刷厂联系调换。

前　言

　　作为中国最后一个封建王朝，清朝有着说不尽的故事：爱新觉罗家族有着古老而又神秘的传说，传说草莽英雄努尔哈赤以十三副盔甲起家，与大青马和黄狗结下了不解之缘；皇太极在众多皇子中脱颖而出登上皇位，与海兰珠上演了一段感天动地的旷世恋情；顺治帝不爱江山爱美人，因为深爱董鄂妃而在其死后出家为僧；康熙帝计擒鳌拜，削藩平叛定江山，开创了康乾盛世的百年基业，晚年又对太子两立两废，掀开了九龙夺嫡的一出大戏；雍正帝背负篡位之说，死因又是众说纷纭；乾隆帝号称"十全老人"，他的身世却是一个无法解说清楚的谜团；嘉庆帝一生就做了一件大事，那就是铲除了巨贪和珅；道光帝除了节俭毫无可取之处；咸丰帝无远见、无胆识、无才能、无作为，死在了避暑山庄，致使政权落在慈禧手中；同治帝流连花丛短命而亡，死因沸沸扬扬；光绪帝虽有心变法图强，怎奈时不我与，最终落得个被囚的下场，他的死因更是涉及一桩谋杀案；宣统帝即位仅三年，便在内忧外患中宣告退位。至此，清朝十二帝轮番登场，在历史的舞台上走完了自己的一生后谢幕。

　　清宫的女子，那些雍容华贵、母仪天下的后妃们，虽然深居后宫，却往往不甘寂寞，或为争宠，或为掌权，明争暗斗，有的甚至走到了前台，专国事于珠帘之后，秉生杀于喜怒之间。孝庄太后的果决、富察氏的委屈、香妃的传奇、唯一的一位汉族公主孔四贞，还有从低层秀女走上统治者高位的慈禧太后……她们人生的精彩丝毫不逊于男人。

　　出生于帝王家的凤子龙孙们，看似出身华胄、锦衣玉食，其实每时每刻都活在钩心斗角、尔虞我诈之中，稍有不慎就会落得囚死高墙、身葬孤坟的凄惨境地。公主格格以千金之躯被迫下嫁，以远嫁来平衡各方势力，成了政治联姻的牺牲品，结果不是卷进争宠的旋涡，就是空房独守、郁郁而终。

　　满朝文武中，总有一些领军人物吸引所有人的目光，他们或是手握权柄的重臣，或是名垂青史的名士，或者挟天子以令诸侯，或是鞠躬尽瘁、死而后已，而在伴君如伴虎的历史规则下，他们的种种下场也让人唏嘘不已。

　　伴随着帝国的兴衰，不管是朝堂上，还是军政时局中，都有相应的特征出现：权力场中的官吏胡为、黑牢狱内的冤假错案、农民起义的起伏不断、外来侵略者的步步紧逼、丧权辱国的求生苟活、开明人士的维新自强，这一幕幕往事，造就了大清整个帝国的时代特色。

秘史就是指未向世人公开，甚至不便公开的内部秘密历史，多数是统治者为了政治的需要而把真实的情况隐而不宣，或者进行了修饰、篡改，还有一部分遗失在时间的变迁里。清朝这个将皇权斗争、宫闱情仇演绎到极致的王朝，也是一个将官场倾轧、奇案冤案浮沉于权势之内的王朝。不论是皇帝、后妃，还是王公大臣、太监宫女，都生活在这样一个复杂的环境中，其间更是经历了许多难以向外人言说的事情。

虽然清朝是离我们最近的朝代，按说我们对它的了解与认识应该愈加真实与全面，但事实恰好相反，它距离今天太近，使得我们拥有更多的来源不同和角度不同的历史记载，这些记载总会因为考证与分析见地的不同，而存在多种矛盾，让人们分不清孰真孰假，再加上被人为地修饰、篡改、隐匿，更使得人们越来越远离真相。

本书汇集了大量关于清宫历史悬而未决的事件真相，在综合历史研究成果的基础上，对诸多民间的秘闻传说进行了整理，是历史之外的历史。书中以时间为线索，自努尔哈赤起兵开始至溥仪退位结束，以清朝十二帝为主，连带讲述名臣重臣、后宫嫔妃；以宫廷秘史为主，连带讲述其所涉及的一系列奇闻秘事，揭示了重大历史事件的来龙去脉，并将一些鲜为人知的细节、内幕公之于世，填补了正史留给人们的空白与缺漏。生动流畅的叙述语言、逻辑严密的分析推理、图文互注的编排方式，加之独特的视角、探索的眼光，深层次挖掘事件或现象背后的真相，引导读者探隐寻幽，揭开历史的神秘面纱，发现历史真相，参悟历史的玄机。

目 录

上篇 探秘清朝十二帝

下篇　探秘清宫风云

上 篇

探秘清朝十二帝

第一章

清朝第一帝——努尔哈赤

神鸟？红果？谁才是努尔哈赤的祖先

□传说中的故事

很久以前，在东北长白山上有一座布库里山，山上有一个湖泊，叫布勒瑚里湖。一天，天宫里的恩古伦、正古伦、佛库伦三位仙女突然心血来潮，想要到凡间去玩玩。于是，她们想办法躲过了天庭守卫的法眼，偷偷地溜到人间，来到布勒瑚里湖畔。

湖水分外清澈晶莹，对三个终日里闷在天庭的仙女有着莫大的吸引力。她们合计一番，打算先在湖里洗个澡，再痛快地玩去。

正在这三位仙女玩得开心之时，一只喜鹊突然飞了过来，在三仙女中最小的佛库伦头上久久盘旋。佛库伦感到很奇怪，伸出手去想要摸摸这只看起来十分可爱的喜鹊。没想到，喜鹊恰巧将口中衔着的一枚朱果吐到了她的手中，随后长鸣着展翅飞走，不见了踪影。

细看喜鹊留下来的这枚朱果色泽红艳，散发着一股诱人的香气，让佛库伦爱不释手。见两位姐姐都有穿衣服离开的意思，佛库伦忙把朱果放在嘴里，匆忙着衣。忙中出错，一不留神却把果子囫囵着吞进肚里。没过多大一会儿，佛库伦便感到小腹有下坠的异状，像是怀孕的征兆，当两位姐姐要飞走时，自己的身体却已经沉重不堪，无法再驾云飞升。

两位姐姐见妹妹神色不对，便问妹妹怎么了，得知事情的来龙去脉之后，安慰她道："我们早已长生不老，时间的流逝对我们来说没有任何意义。你就在这里把孩子生下来吧，等身子轻了再飞回去也来得及。"

就这样，佛库伦独自一人留在了布库里山上，等待婴儿的降生。

没多久，一个长相奇异的男孩便呱呱落地。而且，他竟然生下来就会说话，迎风就长，没用多长时间，便已经长大成人。佛库伦给他起了名字：爱新觉罗·布库里雍顺，并将自己的身世和他诞生的经过详细地讲与他听，并告诉他："你是上天安排出生的人，你的使命就是平息天下的战乱。现在，你沿着这条溪水一直往下游走，那里有你成名立业的地方。"说完这番话，佛库伦便消失不见了。

布库里雍顺划着母亲留下来的一叶用桦树做的独木舟，顺流而下，来到长白山东南一个叫鄂谟辉的地方，在溪水边用柳枝和野蒿搭起一座窝棚，暂时居住了下来。

在布库里雍顺居住的地方，有一座鄂多理城，也就是今天的吉林省敦化市。城里有三姓人家，各以姓为派别，形成三派，终日里为了争夺鄂多理城的控制权而打个不休。但三家实力差不多，谁也没本事把另外两家吃掉，却也不甘心就此沦为人后。正因为如此，这座小小的城里终日上演着刀光剑影的闹剧。

一天，城中有人去提水，发现溪边搭起了一座窝棚。由于那个时候的交通极为不便，陌生人很少见，所以他很是惊讶。走近一看，见里面住着个相貌奇异、举止不凡的年轻人——布库里雍顺。

当下，布库里雍顺便向来者友善地介绍了自己，也将自己的使命告知对方。来者一听，满心欢喜，连忙奔回城里，找到仍在械斗的三家首领，将情况一一讲明，并说："我想他会公平解决我们之间的争斗的，为什么不去问问他呢？"三家首领听罢，又惊又喜，忙率一干人来到了布库里雍顺的窝棚前。

布库里雍顺进行了自我介绍。三家首领一商议，决定结束争斗，让这个上天派下来的使者担任城中领袖。于是，众人用手臂结成人轿，抬起布库里雍顺，浩浩荡荡地走回城中。

从此以后，布库里雍顺便成了鄂多理城之主，娶了城中如花似玉的百里氏之女为妻，称其国号为满洲。鄂多理城终于迎来了安定、平静的日子。

然而好景不长。布库里雍顺死后没过几代人，鄂多理城再次陷入危机之中。在一次极大的叛乱中，布库里雍顺的子孙几乎被斩杀殆尽，只有一个名叫樊察的小男孩逃出。当他逃到荒野上时，身后的追兵越来越近，眼见就要被擒，几只乌鸦突然落在他的肩膀上。追兵误以为樊察是一段枯树，从他的身边呼啸而去。就这样，樊察方才侥幸逃脱，将爱新觉罗氏唯一的血脉传承了下去。

这就是爱新觉罗氏始祖起源的故事。现在，当我们看到这则故事时，大多会毫不怀疑地将之归入神话传说中去。但这却是正大光明记载于《清实录》《清史稿》等重要史料中的"历史"。那么，爱新觉罗氏的始祖到底是何方神圣？

□布库里雍顺存在的证据

大多数人认为，布库里雍顺虽然不是什么仙女之子，但可以肯定他就是爱新觉罗氏的始祖。其证据在于，历史上确实存在过布库里雍顺这个人物。在史料记载中，此人乃元代首任斡朵里万户府万户，而据《元地理志》记载，斡朵里确实设有万户一职，这就与传说中布库里雍顺在鄂多理（与斡朵里谐音，应当是不同时代的音译问题）城起家相符合。

传说中的鄂多理城三姓家族，即为"（布库里雍顺）所居之地为元代合兰府水达达等路之斡朵里。夫合海府领混同江南北两岸之地，以今三姓地为其中心，则《清实录》所谓雍顺往定三姓之乱者，亦不无关合"。也就是说，元代时的鄂多理其实是三个行政单位交界之处，在传说里转换成了"三姓"，这也正符合布库里雍顺的故事。

□一个存在的人，一个未定的祖先

可以肯定的是，布库里雍顺是一个被神化了的人物。布库里雍顺的传说其实是整个女真人的传说，在女真人的神话体系里，布库里雍顺是整个女真的始祖，而非爱新觉罗氏所独有。然而努尔哈赤将之据为己有，到底是出于什么目的？

这其实是中国历史的通病。比如说，汉高祖刘邦在未参加起义军时，不过是一小小的亭长（相当于今天的村一级保安队长），但登上宝座，便声称自己是刘累之后。刘累并不是什么帝王将相，却是夏朝时期给孔甲帝养龙的人，跟帝王略有关系，所以刘邦这个皇上当得也就名正言顺。

不仅是平民出身的皇帝如此，就连祖上声名显赫的帝王亦是如此。如唐朝的开国皇帝李渊本是官宦世家出身，其祖、父，乃至母亲都是在前朝名气在外的人，但后来还是攀上了老子李聃的高枝，对外宣称自己是老子之后。而在史料中，对于李氏先祖是谁，有据可查的只有东晋末期的凉武昭王李暠。至于李暠与老子之间是否存在着血脉关系，恐怕连李暠自己也不知道。所以，李氏帝王认老子为祖，不过是让自己的登基显得理所当然一些罢了。

作为一朝的开国之君，努尔哈赤的祖先自然也要找个有头有脸的人物。然而，祖辈生活在辽东地区的爱新觉罗氏为满族人，不像大汉民族那样历史悠久、名人辈出，不愁寻一个声名显赫的同姓之人为祖先。满族人的前身是女真，女真的前身是黑水靺鞨，靺鞨再往前推，推到头也不过是夏商周时期的肃慎。加之在努尔哈赤之前，满族人并没有自己的文字，无法证明祖上曾经出过声名显赫的人物。如此，从民间传说入手，去寻找一个能够让后人信服、能够赢得后人崇敬的祖先也就不足为奇。

当然，我们不能因为一字之差便将布库里雍顺这个人从历史上抹去。布库里雍顺可能是一个真实存在，但他究竟是爱新觉罗氏如假包换的始祖，还是后世牵强附会认的先人，仍然悬而未决。

努尔哈赤到底姓什么

□众所周知中隐藏的疑问

努尔哈赤和他的继任者姓爱新觉罗，这似乎是一个不争的事实。在满族语中，爱新觉罗为"像金子般高贵神圣的觉罗族"之意，"爱新"意为"金子"，"觉罗"是地名，在今天黑龙江省依兰一带，是清太祖努尔哈赤祖先最早居住的地方。也就是说所谓的爱新觉罗，即是指发祥于觉罗，也就是依兰这个地方的一个部落。

但据传说，爱新觉罗的始祖布库里雍顺出生于长白山一带，即今天的吉林省境内，他所起家的鄂多理城即今天的敦化，亦属于吉林，与依兰这个地方在地理位置上毫无瓜葛。这也可以当作布库里雍顺并不是爱新觉罗氏始祖的一个佐证吧。

换句话说，如果布库里雍顺的始祖之说是真的，那么，努尔哈赤其实并不姓爱新觉罗，这就是一个矛盾所在。如此便产生了一个疑问，努尔哈赤到底姓什么？

□爱新觉罗姓氏的由来

古时的女真族人对自己的姓氏并不看重，只是简简单单地将部族名当作姓而已。例如很多姓完颜者属于完颜部，而叶赫部的属民基本上以叶赫为姓。爱新觉罗氏的远祖其实姓夹古，隶属于爱新（即旧女真族的"按出虎部"，满族语金的意思）部族，是其远支，故称觉罗（满族语远支的意思）。所以部族属民也就跟着部落的名称姓爱新，又因为该部落是远支，两者合为一体，便出现了爱新觉罗这个姓氏。

等到清太宗皇太极建国，改后金为大清之后，便效仿汉族的体制，将大宗和远支之间的区别取消，使爱新觉罗成为一个独立的姓氏。

这个说法也是最常用的关于努尔哈赤姓氏的解释。

□大明与朝鲜中的"童"和"佟"

努尔哈赤姓"童"或"佟"的说法出现于明朝和其附属国朝鲜的历史文献中。据记载，清太祖努尔哈赤曾经袭父官，身为大明王朝的建州左卫指挥，八次入京向万历皇帝朝贡。对此，明朝乃至明末清初的学者都留下了大量的记载，均表示努尔哈赤姓佟。由于努尔哈赤所掌控的辽东地区与朝鲜接壤，故在朝鲜的历史文献中也留下了与努尔哈赤有关的记载。在朝鲜南部主簿申忠一所绘的《建州纪程图记》中记道：万历二十四年（1596年）正月，努尔哈赤在给朝鲜国王的回信中有"女真国建州卫管束夷人之主佟努尔哈赤禀"的字样。在这个记载中，努尔哈赤自称姓佟。

作为朝鲜南部主簿的申忠一在辽东曾经受到过努尔哈赤的接见，并居住过一段时间。回国之后，他将在辽东时的所见所闻汇编成了《建州纪程图记》一书，这是一份比较可信的历史文献。至于努尔哈赤给朝鲜国王的那封回信，则是申忠一亲自带回朝鲜并转交给朝鲜国王的，因此可以将之看作第一手资料。但在朝鲜的历史文献中，"佟"字一般都被写作"童"字。

实际上，"童"也好，"佟"也罢，都是女真人假借汉人之姓。这两个姓氏的主要用途是一旦成为部落酋长之后，便可改姓为佟或童，再以此姓与朝廷联系。

清末民初学者章炳麟在《清建国别记》一书中认为，女真人之所以使用"佟"或"童"这两个汉人姓氏，实际上是在避讳自己的少数民族身份。

由此可见，女真部落的酋长及贵族们，当然也包括努尔哈赤在内，可以随时改本姓为"佟"或"童"。这两个姓，也就成为女真贵族们的公有姓氏。

□朝鲜人眼中的"雀"或"崔"

除了"佟"或"童"之外，在朝鲜的记载中，努尔哈赤还有姓"雀"或"崔"的说法。对此，有人解释说努尔哈赤是因为其母亲吞下一枚雀卵才有孕在身并生下了他，不过无论是哪一部清代史料，对此都没有明确的记载，只说努尔哈赤的母亲喜塔腊氏怀了十三个月的身孕才生下的他。无疑这是将努尔哈赤的诞生与布库里雍顺的传说混为了一谈。

第二种解释则是布库里雍顺的传说。仙女佛库伦吞下了一枚神鸟衔来的红果生下这位清朝皇帝始祖，因此努尔哈赤便有姓"雀"的可能。同时，女真族人的部落图腾为乌鸦和喜鹊，这也为女真贵族们姓"雀"提供了可能。

关于努尔哈赤姓"崔"的这个说法，有学者认为崔姓其实是对于"觉罗"的误读。因为"崔"在朝鲜语的发音中，介乎于汉语"缺"和"吹"之间，同时又和"觉罗"中"觉"字有着相近的发音。

另外还有一个努尔哈赤姓"金"的说法。在某些史料的记载中，努尔哈赤的六世祖、清肇祖猛哥帖木儿姓金，"爱新"若使用音译的方式来翻译，也正是"金"字。

□努尔哈赤到底姓什么

努尔哈赤的本姓到底是什么？迄今为止，除了爱新觉罗这个比较公认的之外，其他几种说法，至少还没有为当今的时代所接受。但这并不意味着就可以盖棺定论了。历史永远是后人的认识。起码从目前来说，根据我们所能掌握的史籍资料，爱新觉罗这个姓还不能成为定论。

努尔哈赤是养子还是奴隶

□决定一生的战役

明万历元年（1573年），明抚顺游击（游击是边区守军之将，无品级、无定员的一种官称）裴承祖带着数十个随从来到建州右部都指挥使王杲（满族语名为喜塔腊氏·阿突罕）的古勒城（今辽宁新宾）中。"羊入虎口。"裴承祖叹了一口气说道，并义无反顾地走进了城去。

裴承祖此行是来向王杲讨要被绑架的大明人质的。在这段时期，大明王朝在辽东采用的是对女真人分而治之的政策，一方面以海西女真哈达部贝勒王台压制建州王杲，却又并不正式向王杲授以官职。这就引起了王杲对朝廷的极大不满，经常纵容部落之人抢掠汉人牲畜。

在裴承祖入辽东的三年前，朝廷为了息事宁人，特意在抚顺城设立抚夷厅，在周边地区开辟贸易，"自此开原以南，抚顺、清河、瑷阳、宽甸，皆有市场，奉明约束"。朝廷想要借此来让王杲安分些，哪怕王杲经常用羸弱不堪的瘦马、病马来充当贡马，朝廷也忍气吞声，依旧用高价收购。殊不知王杲并不领情，抚夷厅内，索酒抢酒不说，还每喝必醉，酒醉之后又大肆闹事，抚夷厅的明朝官员也不敢管，只得任他骂街耍酒疯。曾经有一个新上任的边官贾汝翼坚持要察看王杲带来的"贡马"质量，王杲大为不满，怀恨而去。不久便再次对汉人进行掠夺。软弱的明朝廷不仅没有对此采取有效的反击，反而撤掉了贾汝翼的职务。这下，王杲更加有恃无恐。

两年之后的秋天，王杲部将来力红属下奈尔秃等四人入关降明。来力红前来索人时，被抚顺游击裴承祖拒绝，随后却又在朝廷的施压下将奈尔秃等人送了回去。但来力红仍旧对朝廷恨之入骨，于是出兵攻入抚顺城，率人掠去明军五人。对此，右佥都御史巡抚辽东张学颜上奏朝廷：

"汝翼却杲馈遗，惩其违抗，实伸国威。苟缘此罢斥，是进退边将皆敌主之矣。臣谓宜谕王杲，送还俘掠。否则调兵剿杀，无事姑息以畜祸。"

张学颜的这番措辞极为强硬，朝廷则以此宣谕王杲，敦促其放人。然而王杲并没有把这份圣谕放在眼里，依旧我行我素。裴承祖这才不得不单刀赴会，亲身前往。

同样是向对方索要俘虏，当王杲的部将来力红等全身而退投降时，裴承祖也没难为他；可裴承祖此番亲自来向王杲要人，却等于是自闯地狱。

王杲不仅没有将五个被俘的明军士兵还给裴承祖，反而将这个送上门来的冤家剖腹剜心处死，裴承祖所带来的数十名随从也无一幸免，尽皆命丧辽东。

明朝廷对王杲之所作所为的忍耐已到了极限，青蘋之末的微风迅速化为逆转宇宙的狂飙，战争一触即发。

1574年，辽东都督佥事李成梁率领6万大军奉旨征讨王杲部落。除前因外，李成梁又声称王杲"负不赏之功，宁远相其为人，有反状，忌之"。李成梁乃一员名将，善于用兵。即使王杲采用"深沟坚垒以自固"的防御手段，坚守古勒城，依然没有挡住李成梁的一把大火，致使全军覆没。王杲运用李代桃僵之计，转移了明军视线，带着一干家眷侥幸逃脱，向蒙古方向狂奔而去。

古勒城破之时，李成梁部本已斩首1104名女真人，但李成梁在对一个16岁的少年挥刀时，却把手垂了下来。这个少年就是努尔哈赤。

王杲是努尔哈赤的外祖父。10岁的时候，努尔哈赤三兄弟不受继母待见，父亲便将他们送到王杲部做人质。照理说都是血脉至亲，外孙子的到来应当是给王杲增添天伦之乐的，根本抬不到人质的高度上。但由于努尔哈赤之父、大明建州左卫指挥塔克世当时是明朝的官，与王杲这个部落首领正是对头，翁婿俩因此闹得很僵，王杲便迁怒于外孙子，将自己的这几条血脉当作奴隶。

虽然努尔哈赤在外公家是奴隶，但好歹外公家也是个落脚之处，不致无家可归。然而古勒城一战，王杲部落彻底覆灭，努尔哈赤再次陷入孤苦无依的境地。眼见李成梁对自己动了杀心，努尔哈赤连忙跪倒于地，抱住李成梁所骑战马的腿，放声大哭，再三请死。

如果努尔哈赤不去痛哭请死，李成梁是一定要斩草除根的；结果他请杀之言一出口，李成梁反倒于心不忍了。动了恻隐之心的李成梁偏腿下马，把努尔哈赤带到抚顺城中的总兵府当养子养了起来。

年纪轻轻的努尔哈赤凭借以退为进之术，保全了自己的性命不说，投身李成梁后，因"身长八尺，智力过人，隶成梁标下。每战必先登，屡立功，成梁厚待之"，真可谓是"塞翁失马，焉知非福"。

□大明军中能征善战的女真士兵

按照明代管葛山人《山中见闻录》的记载，来到明军军中的努尔哈赤属于一名上阵打仗的士兵，因善于打仗而受到李成梁的器重。

在辽东地区，明军中存有各个少数民族的士兵是很正常的事，单是大明王朝所面临的局势便决定了在其军队中须为少数民族士兵保有一席之地。这个时候的明王朝正处于内忧外患之中：东南沿海倭寇作乱，虽有俞大猷、戚继光等优秀将领率军抗倭，然而沿海局势在日本倭寇与中国海盗的勾结下依然分外紧张，牵扯了大量的兵力；北方的蒙古部落，即使在北京保卫战之后有所收敛，但依旧对这片曾被其祖先征服过的辽阔沃土投来了觊觎的目光；朝鲜半岛，尽管自古是中国的附属国，但眼见大明王朝国势日衰，便起了另投强主的心思，也不得不分兵防范。朱明王朝统治下的汉人虽多，但总不能来个全民皆兵。因此，在以汉人为主的军队中加入少数民族士兵也是加强团结、巩固力量的正常之为，努尔哈赤就是这样的一员。

再加上努尔哈赤之祖、父，都是隶属于大明王朝的官员，因此，努尔哈赤在李成梁军中服役的说法也就讲得通，而不会被抵触了。

□被收为养子的女真少年

努尔哈赤是李成梁养子的这个说法比较普遍。包括后来的努尔哈赤脚上有七颗红痣的故事也与此有关。实际上，这是不太可能的事。因为李成梁有九个儿子，个个都很能成器，没必要把一个来自女真部落的少年当儿子养活。何况从根本上追究，努尔哈赤还是大逆不道之徒王杲的亲外孙呢。

关于努尔哈赤是李成梁养子的这个说法，多半来自姚希孟所著的《建夷授官始末》中的记载："时奴儿哈赤年十五六，抱成梁马足请死，成梁怜之，不杀，留帐下卵翼如养子，出入京师，每挟奴儿哈赤与俱。"

不过，姚希孟记载的是"如养子"，而不是"是养子"。这也许是后人对此言的误读。纵览当时的各类史书，均未提及"养子"或"义子"之说法，倒是民间的传闻甚多，甚至还有努尔哈赤其实是李成梁的私生子之说，这恐怕是清军入关之后，前明的遗老遗少对清朝贵族的一种污蔑吧。

□辽东总兵府中的奴隶

自从战国时期，中国自奴隶社会进入封建社会以来，奴隶制度便消失于中原大地上，奴隶也随之而成为历史。但此时居住在辽东地区的女真部落，仍处于奴隶社会。直到努尔哈赤称汗、建立大金政权（史称后金）之后方才开始向封建社会过渡。因此，在战争中战败一方的被俘者，尤其是领导者及其家眷，多被收为奴隶。李成梁虽然是大明总兵，但也"入乡随俗"，收在古勒山之战中被俘的努尔哈赤兄弟为奴隶。其证据在下文中有所讲述，暂且不提。

除了这几个身份之外，还有努尔哈赤曾经做过李成梁的书童、侍卫、侍卫长等一系列说法，但都没有不可辩驳的证据来证明，最多是历史记载中的孤证，形不成一条完整的证据链。所以，按照目前的研究来看，努尔哈赤是为李成梁的奴隶一说，相对而言还是比较可信的。这也因此而引发了另一个众说纷纭的故事。

逃离李成梁，是为脚心红痣还是另有隐情

□逃离李成梁

身在李成梁帐下的努尔哈赤着实结束了颠沛流离的生活。虽说依然是奴隶身份，但因为战功赫赫，又善于见风使舵，所以能讨得李成梁的欢心，颇受李的器重，在明军大营里的日子倒也逍遥。

不过这个好日子并没有过多久。某日晚，李成梁的小妾在给他洗脚的时候，发现了李成梁脚底板上有七颗黑痣，很惊讶。李成梁得意地说："这七颗黑痣可是富贵之兆。正是因为有了它，我才能当上如此大的官。"

他的小妾若有所思："那脚心上长了七颗红痣的又有什么福分呢？咱家小罕（努尔哈赤的昵称）的脚底板就有七颗红痣呢。"

李成梁听后大惊失色，几乎将洗脚盆踢翻：脚心长七颗红痣乃是天子之象，这人表面上看来倒还本分，可没想到他脚底下踩着的竟是这么大的一座火山！前不久朝廷传来一道密旨，称据观天象，紫微星下凡，东北方有天子之气，着李成梁秘密查访，一有消息，即刻逮捕。

此时在位的明朝天子是历史上赫赫有名的万历皇帝朱翊钧。这位皇上自从大明首辅张居正去世后，在长达三十年的时间里从未上过朝，倒是留下了不少"豹房"这类的风流韵事。朱翊钧所笃信的不是如何用勤政来治理好国家，而是寻仙炼药、求长生不老之类的荒唐事。由此，他对那些荒诞不经的谣传颇为在意。

某日晚上，朱翊钧做了一个梦：一个身着黄袍的龙头人脚踏北斗七星，从乾字门走入自己的寝宫，硬说是自己睡了本属于他的龙床。万历惊醒后忙召集诸大臣解梦。

一大臣认为，这是取代明朝的真龙天子出现的征兆。黄袍龙头，正是帝王

的代表；脚踏北斗七星，说明此人脚底板上有七颗红痣；从乾字门进入，在卦上来说，乾字门属东北方向，也就是说此人出身于东北地区。

万历对此深信不疑，忙下诏要求驻守在辽东的李成梁立刻扫遍辽东追查此人，一旦找到，即刻送往京师。

接到圣旨的李成梁觉得很为难。本来在广袤的黑山白水间找一个人就如大海捞针一样不容易，更何况是只有脚底板上的特征可供辨认的人呢？虽然李成梁是辽东一方霸主，但也不能乱用权势专看人脚心去吧，就算想看也看不过来。

这下好了，踏破铁鞋无觅处，得来全不费工夫。没想到皇上要找的人竟然远在天边，近在眼前，李成梁当下也没声张，吩咐心腹之人秘密打造囚车，准备待到天亮，便将努尔哈赤押赴京师。

李成梁的小妾虽然不明白怎么回事，但善于察言观色的她见李成梁脸色有异，忽怒忽喜，再喜再怒，心知定跟自己刚才说的话有关。平日里她与努尔哈赤的关系不错，见此情形，顿感后悔，于是偷来了李成梁的令箭，趁着夜色，跑到了努尔哈赤的卧室，告诉他李成梁要对他下手，让他赶紧跑，能跑多远跑多远。

努尔哈赤手持令箭，骑上一直伴随他的青马，冲出李府，冲进了茫茫的夜色中。

□民间传说中的七颗红痣

身上有痣，本是常见的生理现象，从医学角度来说，不过是表皮、真皮内黑素细胞增多引起的皮肤表现，与人的一生发展没有任何关系。无论身上的痣长在什么部位，排列成什么形状，都无关人生（病变的除外）。但从古代的相学来看，痣却彰显着人一生的荣华富贵。战国时期的阴阳家邹衍曾提出的为古代传统思想所接受的天人合一之说，为努尔哈赤脚生红痣、最终成事提供了理论基础。因此便派生出了万历皇帝秘密委派李成梁寻找脚心长有七颗红痣之人的传说，也同样导致了努尔哈赤连夜逃出李府之事。这是长久以来为世人所接受的解释。

□逃出李府，因奸情败露

关于努尔哈赤因万历皇帝搜查而逃出李府之事，无论是在明末还是在清初的正史中均找不到相关的记载，野史上的记载也找不到旁证，我们只能对此表示存疑。

不过另有一种说法，那便是努尔哈赤因为与李成梁的小妾通奸，且被李成梁发现而被迫逃离。

努尔哈赤逃离李府之后，那个在民间传说中放走努尔哈赤的小妾便在一棵柳树上上吊自尽了。盛怒之下的李成梁下令将已死的小妾全身衣服扒光，用柳条重责四十。传说后来满族人民每年收黍子的时候，都要插柳枝，就是为了感激和纪念那位为救努尔哈赤而殒命于柳树上的小妾；而熄灯祭祀的习俗，则源于为死后赤裸身体的小妾遮羞。

从中可看出，努尔哈赤和李成梁小妾之间的关系绝非一般。否则，小妾没必要为一个小奴隶的性命挂怀，更何况还搭上了自己的一条命。

民间传说的故事透露出小妾与努尔哈赤之间的不正常关系：脚底是一般人看不见的地方，李成梁的小妾怎么会知道努尔哈赤脚心上长了七颗红痣呢？答案不言而喻。

再者，如果仅仅是因为放走努尔哈赤，李成梁的小妾也没必要以死谢罪。毕竟她是李成梁的爱妾，而且努尔哈赤也有被抓回来的可能，也就是说，李成梁未必会处死她。但她却亲手断了自己求生的机会，这不就是明摆着在说自己与努尔哈赤有关系吗？

这种家丑对一个男人来说是致命的，更何况一个堂堂的朝廷封疆大吏？更何况始作俑者竟然是一个小奴隶？李成梁肚量再大，这口气恐怕也没法咽下去。因此，努尔哈赤只得在奸情败露之后选择逃亡，小妾选择自杀。

清王朝肇始者的这种风流韵事自然上不了官方的台面，但又不得不给努尔哈赤的逃亡一个解释。因此便编造出努尔哈赤脚心红痣、天命所归的故事，任民间流传。

当然，努尔哈赤逃离李府的真正原因，究竟是脚心的红痣还是与李的爱妾勾搭成奸，迄今来说仍是一个尚无定论之事。但造成的果是已定的，即努尔哈赤与李成梁反目，反目之后将会书写另一段不寻常的历史。

真假莫辨的黄犬救主

□九死一生的逃亡路

努尔哈赤跑了，爱妾也上吊自杀。对于李成梁来说，这无疑是一个巨大的打击。但亡羊补牢，为时未晚。李成梁当即下令，出兵追击，不抓回努尔哈赤誓不罢休，活要见人，死也要看到尸体！

此时的努尔哈赤正骑着青马在浓浓的夜色中逃亡，身边只有他的大黄狗紧紧相随。从夜到晨，又从晨到中午，直到把他的那匹青马累死在了路上。努尔哈赤看着青马的尸体，看着青马依旧在滴淌着血沫的嘴，潸然泪下，发誓说："大青啊大青，日后我努尔哈赤建国之时，必以你的名字来命名！"说罢，带着狗继续逃亡之旅。

失去了脚力的努尔哈赤自然跑不过装备齐全的追兵。情急之下，一头钻进了一片荒草地。黑土地土质好，就算是荒草也长得比人高，努尔哈赤钻进去，就如同是一根针掉进了汪洋大海，上哪去找？！李成梁的追兵还都骑着马，更没法进去找了，索性将荒草地围了个水泄不通。

跑了一整夜的努尔哈赤见追兵没跟上，顿时松懈了下来，委顿倒地，沉沉睡去。

满族鸟兽神帽神衣

满族的神帽是一个鸟兽的形状，由此可见满族人的图腾崇拜。

李成梁左等右等也不见努尔哈赤的动静，顿时大怒，命令士兵纵火，逼出努尔哈赤，就算是把他烧死了也行。顿时火光冲天，荒草地成了一片火海，转瞬间就要烧到努尔哈赤的身边。而努尔哈赤，依然昏昏地睡着。

见熊熊之火马上就要烧到身边，始终伴随着努尔哈赤的那条黄狗万分焦急，连咬带挠也没把努尔哈赤弄醒。情急之中，狗看到不远处有一个小水坑，就跳进去把身体沾满水，再跑回努尔哈赤身边打滚，压灭大火，就这样来来回回的，终于在努尔哈赤身边弄出条防火隔离带。努尔哈赤的性命算是保住了，但那条狗却当场累死。

这时，荒草地也被火烧得差不多了，李成梁的追兵踏着地上的灰烬一点点地缩小包围圈。正当追兵离努尔哈赤不远的时候，一群乌鸦铺天盖地地扑到了努尔哈赤的身上，将他遮了个严严实实。追兵走近一看，以为是乌鸦在啄吃死尸，便认定努尔哈赤已死，于是鸣金收兵，撤回了李府。

这一切都是在努尔哈赤尚在沉睡时发生的。等他睡够了睁眼一看，见旁边倒着自己的狗，身上落着一群乌鸦，再看到身边的灰烬和防火隔离带，方明白了刚才的凶险。

就这样，努尔哈赤逃脱了李成梁的追捕。

□大青马与大清

以青马之名为大清国号，其实是子虚乌有。大清的国号是在 1636 年，由皇太极改金为大清，与大青马没有任何关系。

用十三副铠甲起兵的传说

□向朝廷申请国家赔偿

京师，紫禁城。

万历皇帝朱翊钧面前的龙案上摆放着两份奏折，一份让人感到兴奋，那是李成梁上奏剿灭辽东大患阿台部的捷报；另一份则让人感到头疼，同样是李成梁所奏，却是因古勒城一战，属于明军一方的觉昌安和塔克世被杀，其后代努尔哈赤向明朝廷索要赔偿的奏折。

以明廷眼下的国力，向努尔哈赤做赔偿只不过是九牛一毛而已。此时大明内阁首辅、创建并实行一条鞭法的张居正刚刚辞世不久，明王朝的下坡路还没那么明显，国家实力仍在，真要是赔偿并不是什么大不了的事。然而，以天朝上国之身份向辽东的"化外之民"做赔偿实在是好说不好听。若是置之不理，谁知道那些人将会闹出多大的乱子来。万历皇帝左右为难，干脆把这事交给新上任不久的内阁首辅申时行去犯愁吧。

申时行不是张居正，他没有前任乾纲独断的魄力，也没有雷厉风行的勇气。为了保证边疆的稳定，申时行起草了一份兼顾双方的旨意，请皇上准奏。万历皇帝也觉得申时行的主意不错，就痛快地下诏给"债主"努尔哈赤了。

其实努尔哈赤并不指望朝廷会对其祖、父之死做出什么赔偿。对大明王朝来说，一个小小的建州左卫指挥，哪怕是父子两条性命，也根本不会在意。他们虽然做的是大明的官，但还有另一个身份，就是建州女真的部落首领，这种身份才是大明王朝所忌讳的。王杲、阿台都是明摆着的例子。即使没有犯边的意思，但朝廷仍会严加防范。这种环境下，朝廷怎么会"礼贤下士"？

祖、父之仇自然要报，但自己的实力远远不够，强大如阿台者，固若金汤也没有抵挡住明军的刀锋，因此，伺机而动才是道理。他之所以向明朝索赔，实质上是在向朝廷表态：我努尔哈赤是朝廷的人。朝廷希望我们女真人自相残杀，以免势力坐大，那我就给你自相残杀给你们看看。而这个背后，则需要朝廷的支持。在朝廷颁给努尔哈赤的圣旨中，他见到了这个希望。

> 明覆曰：汝祖、父实是误杀，遂以尸还，仍与敕书三十道，马三十匹，复给都督敕书。
>
> ——清·佚名《满洲实录》

归还遗体，30道敕书，30匹马，这就是觉昌安和塔克世两条性命换来的国家赔偿。马，对于辽东地区来说并不是什么稀罕物，这些赔偿中，最值钱的就是敕书。

在明代，敕书是明朝政府发给女真各部酋长的一种换信。女真各部酋长凭此"敕书"，才可以到马市进行商品交换活动。到了万历年间，只准敕书持有者才允入京朝贡贸易，发放的敕书数就是朝贡的限额，朝贡贸易由此真正成为敕书贸易。明代的敕书几乎是一次性发放，因此属于稀罕物。最初发放时，建州女真总共才500道（海西女真有1000道），这次一下子给了努尔哈赤30道敕书，无异于给其部落一个生财之道，一个以辽东特产换钱、壮大自己的机会。

虽然朝廷已经用"误杀"一词来解释觉昌安和塔克世之死，也算是做出了很有诚意的赔偿，但这并不能消除努尔哈赤的复仇之心，因为在复仇心之上，他还有更大的野心。复仇，仅仅是他的第一步。

第一步向谁复仇？目标自然不可能是明朝。努尔哈赤现在的全部家当只有30匹马、一个龙虎将军的虚衔，外加父亲塔克世留下来的13副盔甲，用这点装备对明朝宣战，无异于以卵击石。他先将报复的目标锁定在了诈开古勒城门的女真族图伦城城主尼堪外兰身上。

最初，努尔哈赤希望借明军的力量来处置尼堪外兰，《满洲实录》中记载了他曾对明军边将说的话："杀我祖、父者实尼堪外兰唆使之也，但执此人与我，即甘心焉。"然而边将则称："尔祖、父之死，因我兵误杀故，以敕书马匹与汝，又赐以都督敕书，事已毕矣。今复如是，吾即助尼堪外兰筑城于嘉班，令为尔满洲国主。"话说得很不客气，并且警告努尔哈赤，尼堪外兰即将是满洲的领导，你努尔哈赤也不过是他的一个子民罢了。

努尔哈赤气急败坏地往回走，途中偏又遇到了尼堪外兰这个冤家。不但对尼堪外兰的质问没有得到结果，反而被其奚落了一顿。这下更加深了努尔哈赤对尼堪外兰的仇恨。回到其地，努尔哈赤联合起沾河寨主常书等百余人，加上自己的30来人，于万历十一年（1583年）四月三十日晚，趁着夜色，向尼堪外兰所据的图伦城（今辽宁省新宾县汤图）发起了进攻。

□十三副铠甲的来历

关于努尔哈赤起兵之时的十三副铠甲的来历，有一个民间传说。

相传，抚顺有一大户人家姓佟，是前金时遗留下的女真人，经过元明两代的演变后已经汉化了。佟氏在抚顺的家非一般富户能比。他们不仅有良田千顷，牛马羊千余头，还开了很多店铺，买卖非常红火。据说，当年抚顺城有三大富豪，即佟百万、王八斗、艾半城。佟家有百万资产，王家有八斗金银，艾家有半城房宅等。明朝在修建抚顺城时，明边吏非逼这三家出钱修城不可。老佟家很不情愿，就顶着不想再拿钱。由于佟氏是抚顺富户，势力也很大，明边吏也不敢招惹他们，于是就想出了一个以官办的一处经营不善、将要倒闭的当铺来诈钱的办法。无奈，佟家只好花大价钱顶下这个当铺，给了明边吏一大笔修城的款子才算了事。

当铺开张以后，由于佟家经营有方，生意还算兴隆。有一天，一个明朝边吏喝醉了酒，也输了钱，就跑到当铺来撒酒疯，借着酒劲向当铺借钱。当铺伙计说："我们这里是当铺，不是钱庄，只当不借。"边吏说："你先给我拿钱，以后我再给你拿东西送来。"伙计说什么也不肯借，气得边吏真想动手抢，但是碍于佟氏的势力，只好扫兴地走了。

不一会儿，这个边吏扛着十四副铠甲来到当铺，气哼哼地，一进门就冲着伙计喊："老子这些铠甲能当多少钱？"本来，铠甲这东西送到当铺就要成为"死当"，不可能有谁来赎回它。伙计还要推辞，不想要这玩意儿，但是，他看到这个明边吏喝得酩酊大醉，腰里还挎着大刀，心里有些害怕。无奈，他拿出一百两银子，打发明军走了。边吏这一走，就再也没来当铺赎回他的铠甲。这样，这十四副铠甲真的变成了死当，被永远地抛了佟家的仓库里，再也无人问津。

过了好多年，佟家雇了一个长工，名叫努尔哈赤。努尔哈赤从小离开家，在外闯荡谋生，脑力、体力活样样都行，而且人既聪明又勤快，干啥像啥。自从努尔哈赤来到佟家做了帮手以后，佟家掌柜塔木巴颜高兴得不得了。他感到家事在努尔哈赤的打理下都井井有条，自己也省了很多心。经过一段时间的观察后，塔木巴颜看出，这个努尔哈赤绝非等闲之辈，于是，便另眼看待，很多重要事情都叫他去做。开始先叫他下乡收收税，后来看他会打算盘就叫他当管账先生。这样，努尔哈赤就更加卖力了，他不能辜负主人对他的信任。日久天长，努尔哈赤的才智愈加发挥得出色了。塔木巴颜非常欣赏努尔哈赤的才干，就把自己的孙女哈哈纳扎青嫁给了他，努尔哈赤就这样被佟家招为了入赘孙女婿。

又过了几年，努尔哈赤带着媳妇哈哈纳扎青回到了自己的老家赫图阿拉城。回到家后，刻薄的后母纳拉氏，看到努尔哈赤带着妻子回来极为恼怒，吵着要让努尔哈赤分家另过，并将他们夫妻两个赶出家门，只给一点家产。这样，他们来到了离赫图阿拉不远的北砬背居住下来，过着日出而作、日落而息的平民生活。

不久，努尔哈赤的父、祖被明军所杀，努尔哈赤一怒之下，为报父、祖之仇含恨起兵，打起了"统一女真、推翻明朝"的旗号。努尔哈赤刚起兵时需要一些武器和装备，塔木巴颜想起了家中的当铺里有十四副铠甲，其中有一副已经坏了，他勉强把这副坏掉了的铠甲凑够半副，这样，他就把这十三副半铠甲装上马车，亲自押送到了北砬背，送给了孙女婿努尔哈赤，这为汗王起兵创造了条件。

这只是一则传说，实际上的起兵之事是否真的如此，还很难说。要知道，仅用十三副铠甲起兵，其难度可想而知。图伦城并不是纸老虎，区区十三副铠甲、百来个人，哪怕是突袭也无法打下拥有数千人、易守难攻的图伦城。这件事也仅仅是记载在清朝的官方史书上，为其开国之君脸上增光添彩的可能性很大，就如同仙女生下清朝始祖布库里雍顺的传说一样。

至于努尔哈赤起兵之际到底拥有多少兵马，目前尚无定论，真相还有待进一步的考证。

□尼堪外兰的替罪羊悲剧

突袭图伦城，努尔哈赤打的是为祖、父报仇的旗号。然而实质上，尼堪外兰在古勒城之战中又有什么过错？阿台兄弟的行径让朝廷已是忍无可忍，古勒城本身就是一颗不定时炸弹，留着它只会让朝廷旦夕难眠、寝食难安，对维护边境之稳定更是一大祸患。这根眼中钉不予拔除，那只能说明朝廷的软弱与无能。朝廷下定了决心，尼堪外兰这样一个小小的部落首领又怎能有蚍蜉撼树的勇气？因此，攻打古勒城只不过是水到渠成之事，尼堪外兰在其中起到的作用，不过是顺水推舟罢了。

要说尼堪外兰不顾建州女真的利益而去投靠明廷，其实也是无奈之举。瘦死的骆驼比马大，明廷再弱，相对于整日里战乱不断、一盘散沙似的女真部落，施以镇压也易如反掌。辽东地区亦属于大明领土，《诗经》有言，"普天之下，莫非王土；率土之滨，莫非王臣"，以此来论，尼堪外兰当向导也并不为过，就连觉昌安和塔克世也一样依附于明朝，努尔哈赤又有什么理由去指责尼堪外兰呢？

正如前文所说，努尔哈赤闪击图伦城，不过是为壮大自己的实力找一个借口罢了。古勒城之战后，明廷亲口许诺立尼堪外兰为满洲之主，但尼堪外兰的实力却远远不够。努尔哈赤用尼堪外兰开刀，一方面是向明廷表示归顺，一方面又有示威之意，而他根本的目的仍在于统一整个辽东地区，用雄厚的实力与明廷对抗。

应该说，尼堪外兰是努尔哈赤崛起之路上一块可悲的垫脚石。正是踩着这块石头，努尔哈赤才建起了日后的广阔天地。

努尔哈赤遇刺之谜

□急变突生，暗夜里的杀手

夜凉如水，努尔哈赤在赫图阿拉城中沉沉地睡着。多少年了，他都没有在自己的家里睡过这么香甜的觉。10岁时的他被父亲赶出了家门，从此开始了做奴隶的生涯；奴隶生活结束之后，努尔哈赤仍是无家可归，只得靠在山林里打猎采参度日；也曾出入关市，辗转各地，佣工谋生；又曾听明朝边官征调，出征参战。总之，在颠沛流离中度过了数年的时光。直到祖、父战死，才算回到了家中。近几日又筹划突袭图伦城、除掉尼堪外兰之事，更是夜不能寐。此际，虽然没能手刃尼堪外兰，但总算迈出了宏图大业的第一步。精神上的愉悦带来了身体上的放松，也让他进入了沉沉的梦乡。

窗外，一个黑影敏捷地闪过巡逻的守卫，无声无息地潜入了努尔哈赤沉睡中的院落。一把锋利的刀，在月光下闪着冷冷的光芒。

院子里的狗突然狂叫起来，惊醒了沉睡中的努尔哈赤。借着月光向窗外一望，寒闪闪的刀光正扑面而来。努尔哈赤纵身跃起，随手提起枕边的刀，自窗口跃出。刺客见势不妙，落荒而逃。

次日清晨，又生变故：安费扬古之子被人绑架！绑架者还留下一张字条，声称如果安费扬古继续为努尔哈赤效命，就要杀掉他的儿子。对方是铁了心地要将努尔哈赤置于死地。既然没法对他动手，那么就先从他身边人开刀，到时候只剩下努尔哈赤孤家寡人，看他还能如何兴风作浪。

□尼堪外兰的最后挣扎

若问闪击图伦之后，最想要努尔哈赤命的人是谁，毫无疑问，自然是那个成为明军替罪羊、沦为丧家之犬的尼堪外兰。因此，这次刺杀事件最大的嫌疑人便是尼堪外兰。

但是，由于图伦城破，尼堪外兰远避他乡，其在建州女真中的势力一落千丈，即使是刺杀成功，恐怕也再难恢复到原来的境界。刺杀行为，最多是出一口恶气罢了。但联系到安费扬古之子被绑架，自身难保的尼堪外兰已没有这个能力去捋努尔哈赤的虎须，更没有心情带着一个被绑架的孩子逃命。因此是尼堪外兰的人行刺努尔哈赤的这个说法不大站得住脚。

□血脉至亲下的杀手

既然尼堪外兰的可能性不大，那么又是谁在背后搞这些肮脏龌龊的小动作？有很大的可能是努尔哈赤的三祖父、五祖父、六祖父的子孙们。

努尔哈赤突袭图伦城之事让他的这些叔伯兄弟们异常恼怒。在这些人眼里，尼堪外兰是朝廷钦命的、名正言顺的女真之主，努尔哈赤此举，是在向朝廷的权威发起挑战。这样做所带来的后果必然是整个女真族的灭顶之灾。再加上塔克世死后，朝廷让努尔哈赤荫袭了大明建州左卫指挥一职，这更让他们难以接受。因此，只有让努尔哈赤彻底消失，才能让他们的心里好过一些。

这种想法不只是爱新觉罗氏家族人才有，其实整个建州女真对努尔哈赤的这种做法都大为不满。努尔哈赤起兵之前，也希望那些曾跟尼堪外兰有过芥蒂的部落能共同起兵，但绝大多数部落首领都一口回绝，他们怕的就是这种引火烧身。如今火已烧起来了，唯一的方法就是杀了点火的人，不过这也只是一种推断，至于是何人所为，还是一个谜。

堂堂天命汗的糊涂死因

□向仇人吊孝的袁崇焕

后金天命十一年（1626 年），盛京。天命汗努尔哈赤的葬礼。一位喇嘛、一位突如其来的吊唁者，引起后金国的一片混乱——奉袁崇焕之命的使者——谁也没有想到这个置天命汗于死地的仇人竟然派人来至灵前。是惺惺相惜还是另有他图？即使是努尔哈赤的继任者、在政治智商上更胜努尔哈赤一筹的皇太极，也看不出这个冤家的真实念头。

袁崇焕并不是上演《卧龙吊孝》的诸葛亮，并没有与后金握手言和的打算，更不会与努尔哈赤有英雄相惜之意。之所以派使者前来吊唁，实际上是要来探察一番努尔哈赤死讯的真假，因为这关系到明军下一步的军事行动。

不过，努尔哈赤确实是死了。

□努尔哈赤死于疾病

努尔哈赤的死因究竟是什么？史学界众说纷纭。大致分为两种：一是正史的记载，即《清史稿》和《清太祖武皇帝实录》中所说，他因病于天命十一年（1626年）八月十一日驾崩于叆福陵隆恩门鸡堡（今沈阳市于洪区翟家乡大挨金堡村）；另一种说法则是丧命于宁远之战时明军的红衣大炮下。

> 七月二十三日，帝不豫，诣清河温泉沐养。（八月）十三日（应当是八月初七，原文如此）大渐，欲还京，遂乘舟顺代子河而下，遣人请后迎之，于浑河相遇。至瑷鸡堡，离沈阳四十里，八月十一日庚戌未时崩，在位十一年，寿六十八。
>
> ——清·鄂尔泰《清太祖武皇帝实录》

> 秋七月，上不豫，幸清河汤泉。八月丙午，上大渐，乘舟回。庚戌，至爱鸡堡，上崩，入宫发丧。在位十一年，年六十有八。
>
> ——赵尔巽《清史稿·太祖本纪》

鄂尔泰并没有明确指出努尔哈赤是患何病而死，赵尔巽的《清史稿》中，也大同小异，同样没有指出努尔哈赤的死因，只是说"不豫"，颇有种讳忌莫测的味道。结合后世对几位清朝帝王的临终记载来看，更使得努尔哈赤之死变得扑朔迷离。

□被大炮轰死的后金大汗

宁远大战时，手中只有两万余人、一座孤城的袁崇焕之所以能够击溃十三万大军的后金军，除了用在战前所做的八条动员令来鼓舞士气外，更重要的是他所使用的11门红衣大炮（本为红夷大炮，是从葡萄牙采购而来，因清朝以少数民族入主中原，忌讳"夷"字，故称红衣大炮）等火器给了毫无精神准备的后金军以沉重的打击。

袁崇焕所使用的红衣大炮为英国制造的早期加农炮，炮身长、管壁厚、射程远、威力大，特别是击杀密集骑兵具有强大火力，是当时世界上最先进的火炮，正是后金军最大的克星。

据《清太祖武皇帝实录》记载，"帝即令军中备攻具，于二十四日以战车覆城下进攻。时天寒地冻，凿城破坏而不堕。军士奋力攻打，宁远道袁崇焕、总兵满桂、参将祖大寿婴城固守，枪炮药罐雷石齐下，死战不退，满洲兵不能进，少却。次日复攻之，又不能克，乃收兵。二日攻城共折游击二员，备御二员，兵五百"。可谓是伤亡惨重。

威力如此巨大的红衣大炮，让后金军付出惨重代价，那么，亲临城下督战的后金军统帅努尔哈赤，在此役中受没受到来自红衣大炮的威胁呢？这个问题在明朝的史籍中语焉不详，后金以及后来的清代官方资料里更是只字未提，而野史中却给出了一个答案。明朝的张岱在《石匮书后集·袁崇焕列传》中说：

"炮过处，打死北骑无算；并及黄龙幕，伤一裨王。北骑谓出兵不利，以皮革裹尸，号哭奔去。"

红衣大炮打死敌人不计其数，还击中了"黄龙幕"，伤一"裨王"。后金军出师不利，只得用皮革裹着尸体，伴随着一路号哭匆匆撤退。

无独有偶，在《明熹宗实录》中同样记载了类似的事件：明兵部尚书王永光在汇报宁远之战的战况时奏称，明军前后伤敌数千，内有头目数人，"酋子"一人。高第则奏报，后金军队攻城时，明朝军队曾炮毙一个"大头目"，后金军用红布将这个人包裹起来抬走了，一边走一边放声大哭。

一个人的死能够让一支十三万人的军队悲痛撤退的，还会有谁？恐怕只有努尔哈赤。

然而，在宁远之战后，史料记载，努尔哈赤还曾于"夏四月丙子，征喀尔喀五部，为其背盟也，杀其贝勒囊奴克，进略西拉木轮，获其牲畜"，如果说努尔哈赤死于明军的炮火之下，那么这个人又是谁？或者说，这几处来自明朝方面的记载，又有多少可信度？

如果说努尔哈赤真的死在了明军的炮火之下，那么首先，他不可能"死而复生"在数月后又去攻打蒙古部落。其次，击毙努尔哈赤，对于明朝方面来说是一个重大胜利，无论是袁崇焕，还是朝廷上下、文武百官都会将对此事书以浓墨重笔，以激励军民的士气。但是，无论是袁崇焕本人报告宁远大捷的奏折，还是朝廷表彰袁崇焕的圣旨，抑或朝臣祝贺袁崇焕宁远大捷的奏疏，对努尔哈赤被击毙之事都是只字未提。

因此，可以得出这样的一个结论，即使是那个"酋子""大头目"确实是努尔哈赤，但也没有让他死去。

□重伤不治身亡

朝鲜人李星龄记载，在与后金作战之时，朝鲜曾派了一支军队配合明军抵抗后金军的进攻。随军的朝鲜翻译官韩瑗在一次偶然的机会中遇到袁崇焕，并博得了袁崇焕的好感。宁远之战，袁崇焕也将他带在身边。可以说，韩瑗目睹了宁远之战的全过程。

据韩瑗事后回忆：宁远告捷以后，袁崇焕派了一名喇嘛携带礼物到后金营寨中向努尔哈赤"表示歉意"："老将（指努尔哈赤）横行天下久矣，今日见败于小子（指袁崇焕），岂其数耶！"努尔哈赤"先已重伤"，这时备好礼物和名马，对袁崇焕的礼物表示"回谢"，请求约定再战的日期。结果未等再战，努尔哈赤便"因懑恚而毙"。从这条史料中可以看出，努尔哈赤确实是在宁远一役中身受重伤，最后郁郁而终。

努尔哈赤在宁远战场上受伤，随后被"小子"袁崇焕冷言讥讽，回到盛京后一直耿耿于怀，二月壬午，上还沈阳，语诸贝勒曰："朕用兵以来，未有抗颜行者。袁崇焕何人，乃能尔耶！"心中怒火无处发泄，伤势也便无从复原；更由于后来亲征蒙古部等一系列军事行动，让伤口难以愈合。待到七月份前往清河洗汤浴，致使伤口进一步恶化，终于引起"痈疽"这样的并发症而死。

清福陵正红门
福陵位于辽宁省沈阳市，是清太祖努尔哈赤与孝慈高皇后叶赫那拉氏的陵墓。

由此可见，宁远城下的炮伤可能是导致努尔哈赤去世的最重要原因。大清王朝的一代开国君主竟丧命于一个进士出身的"小子"手中，清王朝的颜面何在？古今中外在用兵之上，为了稳固军心，隐瞒、迟报主将伤亡乃是常用伎俩。因此，可以说，努尔哈赤是在宁远之战中受伤后致死。而清政府为了自己的颜面，"忘记"将之写入史书罢了。

第二章
多情皇帝——皇太极

皇太极为何与政敌握手言和

□皇太极的恐惧

努尔哈赤葬礼上，袁崇焕所派使者的到来，引起了后金政权的一片哗然。任谁都会知道，这个冤家的到来，带来的绝不是悼念与眼泪，而是嘲讽和鄙视。更出乎所有人预料的是，就在大小贝勒们恨不得生食其肉时，后金新君皇太极对杀父仇人则坦然待之，并提出与明议和修好的建议。

皇太极害怕了？他究竟在做什么？

皇太极做出这个决定并非怯敌，而是综合考虑各种政治军事因素的结果。

首先，从努尔哈赤与袁崇焕宁远城楼的一战中，皇太极看到了大明王朝虽然内部已经腐如朽木，但外围仍有道坚固的"长城"需要突破，袁崇焕就是其一。即使能够突破，两强相争，损耗也极大。而此时，左右两边又有明朝的附国朝鲜和虎视眈眈的蒙古部落，与明直接以硬撼硬并非明智之举。

其次，努尔哈赤后期，特别是进入辽河平原以后，实行的那些错误政策，使得民族矛盾十分尖锐，有组织的武装暴动此起彼伏。面对辽东汉族人的反抗，努尔哈赤继续执行高压政策，结果矛盾进一步激化，人口逃亡、丁壮锐减、田地荒芜、民不果腹、盗寇横行，使得后金的经济大打折扣。所以，必须争取一段休养生息、调整治理的时间。

最后，则是皇太极谋取大明江山的战略问题。皇太极认为明朝已然是一棵败坏腐朽的大树，与其强力伐之，不如待其内部朽蚀，则唾手可得。这从他后期提出的"取燕京如伐大树，须先从两旁斫削，则大树自扑，朕今不取关外四城，岂能即克山海（关）？今明国精兵已尽，国势已衰，我兵力日强，若四围纵略，从此燕京可得矣"的理念就可看出，对于取明朝，他早已成竹在胸。

□"伐木人"的举措

"伐木人"皇太极利用争取到的宝贵时间，开始他层层递进的"伐大树"行动。

皇太极即汗位后，不满足于守成，不满足于发一隅。他看到了满族人的强大力量，也看到了明王朝的腐朽，深知自己正逢入主中原、为后世子孙开创基业的绝好时机。不过他也明白，要做到独霸天下，仅凭此时的后金绝无可能——不论是内部还是外部，都存在着深重的危机。为了改变这种内外交困的现实，使后金政权得到巩固和发展，睿智的皇太极终于下决心走改革创新之路。

为了纠正努尔哈赤后期时的统治弊端，稳定后金统治，加强对汉族人的管理，皇太极认为"治国之要，莫先安民"，于是他即位后颁布的第一道上谕，就是对努尔哈赤在辽沈地区实行的制度、政策改弦更张。

针对汉族人大量逃亡，他规定汉官汉民无论从前有欲潜逃者，还是与明廷往来者，即使被告发，也概不论处，唯以后不得再犯；针对汉族人的不满情绪，他规定凡审拟罪犯，差徭公役满汉勿致异同。满汉贵族、官员及其下人，不许擅自掠取庄民的牲畜，也不准勒索汉官财物，违者责罚；针对粮食不足，他规定停止修筑城郭边墙，以恤民力，专勤田亩，专心务农，发展生产。

这些措施中最重要的是对汉民的管理。皇太极把从前每十三丁编为一庄、依满族官位品级配给为奴的编制革除，重新规定：按品极每备御给壮丁八人、牛二头以备役使，其余人分屯别居，不与满族人杂处，编为民户，用汉官得理。天聪五年（1631年），皇太极颁布《离主条例》，其中规定：凡奴隶主犯有私行采猎、擅杀人命、隐匿战利品、奸污属下妇女、冒功滥荐、压制申诉等罪，许奴仆告发，准其离主。这一条例，限制了满族贵族的某些特权，有利于奴仆改变自己的身份和地位。经过几年努力，农业有了较大的发展，粮食基本上能够自给，社会矛盾得到缓和。这些措施在实际贯彻过程中并没有全部得到应有的落实，汉族人的处境有所改善，但逃民问题未能根本解决。

通过对旧制度、旧政策的变更和改革，后金社会秩序略有好转。崇德元年（1636年），皇太极建国号为"清"，改年号为"崇德"。是年，他依据汉官的建议，实行开科考试、荐举人才、设置都置院，写服饰、明尊卑，等等。汉官熟悉明朝典章制度，洞悉明廷的弊端，皇太极充分发挥他们的作用，并赏赐汉官奴仆、马匹。调动了汉官的积极性，竭力施展才华以报答皇太极。

对于先进的汉族文化，皇太极也表现出孜孜以求的浓厚兴趣。他即位不久便设立文馆（内三院前身），把文臣分为两班：一班记注本朝政事，以究其得失；另一班则专事翻译汉文典籍，以吸取和借鉴汉族统治政权的经验，将《刑部备要》《要素》《三略》，以及《孟子》《三国志》《资治通鉴》等译成了满族文字。同时，皇太极对其本民族长期存在的"婚娶则不择族类，父死子妻其母"等陋俗也严令禁止。

皇太极的建国方略，是在强调"满汉一体"和治国在于安民的方针下制定的。皇太极大胆地使用汉族、蒙古族文臣武将，适时地解放奴隶，实行满、汉、蒙共同治国治军，并注重吸收汉族的先进文化，对满族政权的汉化起到了促进作用。

但有一点可惜的是，皇太极对这些改革措施的监督不力，致使一些好的改革措施没能得到落实。

在皇太极大力加强中央集权，推行汉化政策的过程中，范文程成为皇太极身边不可缺少的人物。他虽不在议政大臣之列，但几乎能参与所有重要机密，对内对外方针政策的制定，国家机构的建立和完善，各级官员的任命，范文程都有广泛的影响和权力。皇太极晚年随着权力的集中，性格越来越暴躁，许多亲王、大臣动不动就被削爵，或被罢官，而对范文程却始终宠信不衰。每次召见，"必漏下数十刻始出；或未及食息，复召人"。每当议论大事，必问："范章京（文程）知否？"即使范文程有病告假，对一些事情的处理也"待范章京病愈裁决"。

皇太极将范文程视若心腹，但对自己的兄弟却没那么慈悲。他深知，自己的皇位得来地不那么光明正大，手足觊觎之心不可不防。这不仅仅关系到皇位易主的事宜，更与政权的稳定息息相关。

一方牵动所有帝王心的真假玉玺

□多尔衮立下的大功

后金天聪八年（1634年）九月，多尔衮在征伐蒙古察哈尔部林丹汗残部的时候临之以威、施之以谋，未费一兵一卒，便让林丹汗余部不战而降。

这个功绩说小不小，但说大也不算太大，因为与多尔衮所立下的另一份功劳相比，区区的军功都不值得一提。那份大功便是：多尔衮自林丹汗部手中得到了失踪200多年的"传国玉玺"。

"传国玉玺"，乃是由春秋时期著名的和氏璧制成。秦朝时，咸阳玉工王孙寿奉秦始皇命将和氏璧精研细磨，雕琢成方圆四寸、上纽交五龙的玉玺；李斯篆书"受命于天，既寿永昌"八字，用来作为"皇权神授、正统合法"的信物；之后的历代帝王都将此玺视为帝王信物，奉为镇国之宝，得到它就象征着该帝王"受命于天"，失去它则意味着气数已尽。凡是登上帝位却没有此玺的，就被人讥笑为"白板皇帝"，显得底气不足而被世人所轻蔑。

传国玉玺在中国历史上几经出没，到了元末之时，元顺帝携玉玺远走大漠，朱元璋派大将徐达深入漠北，穷追猛打远遁之残元势力，其主要目的便是索取传国玉玺，然而最终还是无功而返。传国玉玺从此再也不知所踪。

□皇太极手中的传国玉玺是真是假

唐朝末年，天下大乱，群雄四起。天祐四年（907年），朱全忠废唐哀帝，夺得传国玉玺，建后梁。16年后，李存勖灭后梁，建后唐，传国玺转归后唐。又过了13年，石敬瑭引契丹军至洛阳，末帝李从珂怀抱传国玉玺登玄武楼自焚，传国玉玺就此下落不明。

后周太祖郭威称帝后，四处寻找传国玉玺，但终不能如愿以偿，无奈之下，只好镌"皇帝神宝"等印玺两方，一直传到了北宋。北宋哲宗时，有个名叫段义的农夫在耕田时挖出了传国玉玺，送至朝廷。经13位大学士依据前朝记载多方考证，认定这就是始皇帝所制的传国玉玺。然而许多朝野的有识之士都怀疑这块玺其实是假的。北宋末年的徽宗喜好风雅，增刻印玺10方，当时便有人讥笑他是画蛇添足，其实徽宗真正的目的是要淡化传国玉玺的地位，日后若真的鉴定出手中的这方传国玉玺是个赝品，自己也好圆谎。

宋靖康元年（1126年），金兵攻破宋都汴梁（今河南开封），徽钦二帝做了俘虏，传国玉玺被大金国掠走，其后便销声匿迹。

元至元三十一年（1294年），世祖忽必烈驾崩。传国玉玺突然在元大都（今北京）的市场上出现，并被公开叫卖。权相伯颜得知后，命人以重金买到。传国玉玺至此落入元朝王室手中。

元朝末年，元顺帝在明军的穷追猛打之下携玉玺远遁大漠，不知所踪，最后这枚玉玺方被多尔衮取得，并进献给皇太极。

不过，这枚玉玺的真假实难判断。可以明确认定传国玉玺出现的最后时间是后唐末帝李从珂怀抱玉玺自焚。其后所出现的玉玺都难辨真伪。因此，我们不能肯定皇太极手中的传国玉玺就是真品。

□乾隆帝亲自鉴定玉玺

至清初时，紫禁城藏玉玺39方，其中一方即是皇太极得到的传国玉玺。乾隆皇帝对考据学很是喜爱，对此也有所研究，他在对这方传国玉玺研究了半天之后，钦定其为赝品。放在一堆御玺之中以假当真，滥竽充数。由于皇上亲口说它是赝品，其他人也就无法再对此玺评头论足了。附庸风雅的乾隆帝的考证又能有几分真？因此，是真是假仍然是个疑问。

□玉玺最终流落何方

即使这枚传国玉玺是后人伪造的赝品，但也不乏其重要的历史意义。然而这枚藏在清宫中的玉玺，却最终还是不知其所踪。

1924年11月，清廷末代皇帝溥仪被冯玉祥驱逐出宫，这方真伪尚未确定的传国玉玺也不见踪影。当时冯玉祥的部将领鹿钟麟等人曾向溥仪追索玉玺，但溥仪两手一摊，鹿钟麟一无所获。虽然关于传国玉玺的下落至今还在搜索、研究之中，但仍未发现相关的蛛丝马迹。

大清缘何为"大清"

□皇太极建立大清政权

一系列大刀阔斧的改革与军事行动，皇太极终于使后金政权趋于稳定。恰在此际，多尔衮献上"传国玉玺"。皇太极以为"天赐至宝，此一统万年之瑞气也"，改元崇德，改国号清。天聪八年（1634年）冬，皇太极祭告汗父努尔哈赤，文曰：

甲戌年十月二十七日，嗣位孝子皇太极，敢昭告于皇考之灵曰：臣受命以来，管八旗之子孙，合志同谋，夙夜忧勤，唯恐不能仰承先志，于兹八年。幸蒙天地之鉴，臣等一德同心，着顾默佑，仗皇考积德之威灵，臣等与诸国习之以兵，怀之以德，四境敌国，归附甚众。谨取数年行师奏凯之事，上慰神灵：朝鲜稽首纳贡，喀喀五部举国来归，招降阿鲁诸部落，以及科尔沁、土默特部落，无不臣服。察哈尔兄弟先归附者半，察哈尔汗摧其余众避我西奔，未至汤古特部落，殂于西喇卫古尔部落之打草滩地方，其执政大臣，各率所属来归。今为敌者，唯有明国，天下之事业，俱已就绪。凡此皇考之素志，后人踵而行之也。伏冀神灵始终默佑，以廓疆域，以成大业，唯在明鉴。不胜感怆，谨上告。(《清太宗实录》)

一篇祭文，皇太极将数年来所取得的成就向努尔哈赤总结了一番：收朝鲜，招降蒙古部分部落，不仅稳固了努尔哈赤打下来的江山，更获得了一批强有力的外援，削弱了明朝的军事实力。皇太极也在祭文中承认，努尔哈赤取明朝而代之的梦想尚未得到实现，此时仍是后金最大的对手。不过他信心百倍地向九泉之下的努尔哈赤许诺，虽然明朝一时尚无法被纳入囊中，但只是时间问题而已。

其实，皇太极的这篇祭文并不是写给努尔哈赤的，而是在说给天下人听，尤其是说给后金贵族们听的。皇太极以努尔哈赤第八子的身份继承汗位，来自兄弟的压力可想而知。他必须要用功绩来证明自己的继位不是个错误。虽然暂且没有实现努尔哈赤终生的梦想——取明朝而代之，但也迈出了相当重要的一步。同时，他也在为自己上尊号，正式称帝做一个舆论上的准备。

天聪十年（1636年）四月，诸贝勒大臣以远人归服、国势日隆为理由，请求为皇太极上尊号，皇太极未允。后来萨哈廉让诸贝勒检讨过去，表示今后忠诚效力，皇太极答应可以考虑。

然后皇太极又以"早正尊号"征询汉官儒臣的意见，鲍承先、宁完我、范文程、罗绣锦等都表示赞成。萨哈廉又召集诸贝勒各书誓词，向皇太极效忠。"外藩"诸贝勒闻讯也请求上尊号，皇太极同意了。上尊号的准备活动至天聪十年（1636年）三月末大体就绪。

四月五日，满族诸贝勒、固山额真，蒙古八固山额真，六部大臣，孔、耿、尚，外藩蒙古贝勒及满蒙汉文武官员齐集。大贝勒代善及内外诸贝勒、文武群臣共上表，分别以满、汉、蒙三种文字书写。多尔衮捧满字表、巴达礼捧蒙字表、孔有德捧汉字表各一道，率诸贝勒大臣文武各官赴宫门跪下，皇太极在内楼，御前侍卫传达，皇太极命满、蒙、汉三儒臣捧表入，诸贝勒大臣行三跪九叩头礼，左右列班候旨。三儒臣捧表至御前跪读，文曰：

诸贝勒大臣文武各官，及外藩诸贝勒，恭维皇上承天眷佑，应运而兴。当天下混乱之时，修德礼天，逆者威之以兵，顺者抚之以德，宽温之誉，施及万方。征服朝鲜，统一蒙古，更获玉玺，内外化成，上合天意，下协舆情。以是臣等仰

天心，敬上尊号，一切仪物，俱已完备伏赐愈尤，勿虚众望！（《清太宗实录》）

表中简单地回顾了一下皇太极的功绩，并且指出该功绩足以让皇太极顺应天命，加皇帝之尊号。而且一再强调，加皇帝尊号其实是天意使然，不可推辞。这个理由让皇太极正好顺水推舟，表示同意，并发誓倍加乾惕，忧国勤政。

消息由儒臣传出，众皆踊跃欢欣，叩头而出。四月十一日，皇太极正式祭告天地，受"宽温仁圣皇帝"尊号，建国号大清，实际是把后金改为大清，改元崇德，即天聪十年为崇德元年。祭告天地完毕，在坛前树鹄较射。从此中国历史上名副其实的清朝诞生了，就是这个封建王朝统治全中国 268 年，跨古代、近代两个历史时期。在此之前一年，皇太极下令国中之人皆称满洲原名，禁止称诸申（即女真），一个少为世人所知的满族因而扩大为举世闻名的中华民族重要成员。

□用来笼络人心的"大清"

关于大清国号的意义，一种说法是在改国号的前一年，也就是 1635 年，皇太极便废除了族号"女真"，改称"满洲"。在满族语中，"满洲"的发音与"曼殊"相似。"曼殊"一词来自佛教，本是一尊佛的名字，意思是"清之帝王"。皇太极用"清"代"金"作为国号，对于取代明王朝和笼络各族人心，都比"大金"或"后金"这两个称呼所能起到的作用大得多。

□迎合统治的需要

另一种说法恰与上面的说法相反，乃是舍去"清"的本意而用其发音。满族语中的"清"与"金"属谐音字，在发音上，汉语的"清"与满族语的"金"发音相同，把"金"改为"清"，只是改了一个发音相同的汉字而已，满文中却无须改动。这样做的目的只是出于对明朝进攻、对汉人的统治需要罢了。

□传国玉玺引申出来的国号

具体哪一种说法是正确的，现在史学上尚无定论，以至还有多种说法流传：例如皇太极曾经得到一方据说是夺自元顺帝之手的传国玉玺，皇太极因此改国号"金"为"清"。至于传国玉玺与"清"有什么关系，那就不得而知了。

反间计，皇太极的阴谋

□打不动的袁崇焕

袁崇焕虽然书生意气，擅杀毛文龙，但他仍不失为一员忠心耿耿、智勇双全的猛将。著名的宁远大捷就是在袁崇焕的指挥下取得胜利的。面对小小的宁远城，后金甚至赔上了努尔哈赤的性命。然而宁远却始终未能攻克。面对这种状况，皇太极便动起了绕道进攻关内的心思。而袁崇焕对后金的这一计谋也早有预防。他曾经多次向崇祯帝上奏，指出"蓟门单弱，敌所窥窃。臣身在辽，辽无足虑，严饬蓟督，峻防固御，为今日急著"，要求加强对河北其他前线地区的防御。但这一建议并没有得到崇祯帝的充分重视，甚至袁崇焕派出的援军也被遣还。就在这时，皇太极开始行动了。

崇祯二年（1629 年）十月，皇太极亲率十万大军绕道内蒙古，越过喜峰口攻入长城，兵分三路，进入河北一带，包围遵化。毫无防备的北京城顿时直接暴露在后金的铁蹄之下。袁崇焕得此噩耗，"心焚胆裂，愤不顾死"，连忙率军星夜兼程返回北京勤王救驾。彼时，后金军已攻陷多处隘口，准备进攻通州，但袁崇焕用兵神速。竟然抢在后金军之前返回通州，准备守城战。皇太极得知这一消息，大惊失色，以为山海关的通路已经被明军严密封锁，无奈只得放弃通州，向西进攻北京。

后金军围困北京原本只是被迫无奈的权宜之举，然而却歪打正着地点中了明廷的死穴。大惊失色的崇祯帝连忙调集兵马进京护驾。袁崇焕也没有料到皇太极竟然会棋高一招，只好亲率 9000 骑兵赶赴京师。眼看兵凶战危，袁崇焕竟然忘记了明廷祖制"非禁卫军不得入京畿"，率兵直抵广渠门外并在此扎营。由于袁崇焕治军有方，赏罚分明，士兵战斗力和士气都十分高涨。在广渠门外与清军大战一日，暂时击退了后金军的围城态势。

见战不下袁崇焕，后金军便退至京郊一带，肆意烧杀抢掠，企图以此激怒袁崇焕兴兵进攻，孤军深入。不料袁崇焕虽然对此不予理睬，但朝内不少官员却纷纷中计。他们的田宅庄园大多在城外，后金军此举让其大受损失，痛心疾首之余也将一腔邪火转移到了袁崇焕身上，认为正是其处置失当，才让后金军兵临城下。更有甚者，将此事与毛文龙的死联系起来。居心可谓颇为险恶。

袁崇焕尽管身处如此不利局面，却依然不为所动，坚持战斗。数日之后，后金军又卷土重来，在左安门一带展开攻击。在袁崇焕的抵抗下又是无功而返，反而被明军的火枪手夜袭得手。

袁崇焕组织的几次战斗，给明王朝赢得了喘息的时间。各地勤王保驾的军队纷纷赶到，在数量上对后金军也形成了一定的威胁。皇太极见势不妙，便决定将袁崇焕先行除掉，为此假意做出退兵议和的姿态，暗中却定下了一条毒辣的"反间计"。

□史籍中记载的反间计

不少史书中都记载了这条"反间计"的过程，例如《明史·袁崇焕传》是这样记载的：

> 会我大清设间，谓崇焕密有成约，令所获宦官知之，阴纵使去，其人奔告于帝，帝信之不疑。十二月朔再召对，遂缚下诏狱。

《明通鉴》的描写则更为详细：

先是大军获宦官二人，令副将高鸿中等守之。太宗文皇帝因授密计，鸿中等于二宦官前故作耳语云："今日撤兵袁巡抚有密约事可立就矣。"时杨太监佯卧，窃闻其言，纵之归，以所闻告于上。上遂信之不疑，再召见崇焕及大寿于平台，诘崇焕以杀毛文龙之故，责其援兵逗留，缚付诏狱。

《大清实录》中亦有相似的记载：

先是获明太监二人，付与副将高鸿中、参将鲍承先、宁完我、榜式达海监收。至是回兵，高鸿中、鲍承先遵上所授密计，坐近二太监作耳语云："今日袁巡抚有密约，此事可立就矣。"时杨太监者佯卧窃听，悉记其言。庚戌，纵杨太监归，杨太监将高鸿中、鲍承先之言详奏明帝，遂执袁崇焕下狱。

蒋良骐也曾在《东华录》中记载此事：

先是，获明太监二人监守之。至是副将高鸿中、参将鲍承先遵上密计，坐近二太监，故作耳语云："今日撤兵计也。顷上车骑向敌，有二人来见，语良久去，意袁巡抚有密约，事可立就矣。"时杨太监者，佯卧窃听。庚戌，纵之归。后闻明主用杨监言，执崇焕入城磔之。

以上几条记载大同小异，应该是皇太极指使后金军官讨论关于袁崇焕通敌卖国的虚假消息，又故意让被俘获的太监听到，并假意疏忽让其逃跑。太监自然将这些虚假消息带回给崇祯帝。使崇祯帝对袁崇焕谋反深信不疑。

为了加强这条计策的效果，皇太极还耍了一个小小的花招。在战斗中，后金军故意使用之前缴获的袁崇焕所部使用的箭矢作战，射伤了明军将领满桂。可以想象，满桂在治疗箭疮时，发现箭头居然是袁崇焕部的，心中该做何感想。再加上满桂是蒙古族人，生性憨直，根本想不到是皇太极做的手脚，反而坚决认为是袁崇焕陷害自己，便进宫对崇祯大叫大嚷，要求公道处理。

后金的计策可谓阴险毒辣，而此时朝廷内的一部分阉党余孽对袁崇焕不满，也在大肆给袁崇焕泼污水，造谣说他通敌卖国。如此种种事情同时发生，确实让人几乎不得不相信袁崇焕的谋反行为证据确凿。当然，倘若遇到的皇帝是雄才大略，用人不疑之辈，则事情尚有转机；不幸的是，崇祯帝是著名的刚愎自用、生性多疑之辈。

崇祯自认为"朕非亡国之君，臣皆误国之臣"，把身死国灭的责任一股脑推到臣子身上。他在位17年，换了50个大学士、14个兵部尚书。竟然先后杀死督师与总督10人、巡抚11人。虽然不能说他昏庸无能，却的确称不上有道明君。原本因为毛文龙之死，他就对袁崇焕心存芥蒂，如今有大量"证据"显示袁崇焕是"汉奸"，他自然更是深信不疑了。

□崇祯帝自毁长城

可叹袁崇焕对于此事一无所知，还在积极准备对后金的作战；而那边崇祯皇帝却早已准备动手了。崇祯二年（1629年）十二月初一，崇祯帝声称要商议军饷筹集之法，将袁崇焕等人召至宫中。全无防备的袁崇焕刚一进宫，便被锦衣卫拿下，崇祯帝严厉斥责袁崇焕，历数他种种"罪恶"，并将他投入锦衣卫大牢，将其所有职务移交给满桂等人管理。袁崇焕所部闻此噩耗，几乎哗变；其得力干将祖大寿，干脆率袁部返回了山海关。

皇太极见诡计得逞，立刻回兵卢沟桥，与明军在永定门大战数日。没有了袁崇焕的指挥，明军明显不是后金军的对手。高级军官或战死，或被生擒活捉，后金军一鼓作气突破了明军的防守阵地，攻到了北京城下。恼怒的崇祯帝干脆又杀了兵部尚书王洽，但这对于改变危机的局势丝毫于事无补。

正在这危在旦夕的时刻，又是袁崇焕将个人待遇置之度外，给祖大寿手书一封，要求他放下儿女情长，以朝廷大局为重，回兵与后金作战。祖大寿得此书信，深为袁崇焕所感动，便回兵京师，重新击退了后金军。

此时，各地的勤王军队也纷纷与后金军展开了激战。在秦良玉等军的共同作战下，后金军死伤甚众，攻克北京眼见得是不可能完成的任务了。皇太极无奈，只好撤军。祖大寿、秦良玉等部乘胜追击，杀死杀伤无数。北京保卫战算是以明军的全面胜利告终。

祖大寿因其战功被崇祯帝大加封赏，但奇怪的是，对于袁崇焕，崇祯帝却没有任何的表示，他不仅不领袁崇焕召唤祖大寿的情，相反还奇怪地认为，大明朝文官武将人才济济，没有你袁崇焕，我崇祯一样可以平定天下。如果说，这之前他还心存一丝无人可用的忧虑的话，那么在后金退兵以后，他反而坚定了诛杀袁崇焕的决心。

皇太极与祖大寿，两个男人间的"暧昧"

□明将祖大寿的降与不降

1631年7月，皇太极为实现清军入关、一统中原的愿望，走出了入关战略的重要一步——亲率大军攻大陵河城。大陵河城是战略要地锦州的门户，并由明朝以祖大寿为总兵率16000余人守城。

皇太极率兵围城三月，祖大寿弹尽粮绝，为了城中16000将士与30000百姓的安危，祖大寿投降了。皇太极对于祖大寿极为礼遇，不顾他人的劝阻接受了祖大寿的智取锦州之计。就像皇太极所说："朕以诚待他，他必不负朕。即使他负朕，朕在所不惜，要的就是心悦诚服。"

然而，令皇太极始料未及的是，祖大寿失信了。回到锦州城的祖大寿，彻底地断绝了皇太极的联系，甚至他已经顾不得在后金军为人质的儿子祖可法以及部将三十余人的性命。面对祖大寿"我绝对不做失信之人"的誓言，皇太极却表现出了空前的宽容和耐性，依然厚待祖大寿的儿子和部将。

□放虎归山，皇太极的大度是对是错

历史总是在不经意间显示出其戏剧性的一面。十年之后，清军进攻战略要地锦州城，守卫锦州的依然是祖大寿。因为锦州城是山海关最后的屏障，攻下锦州，就好比是一把利剑直抵明朝的咽喉。那么要如何才能攻下锦州呢？皇太极从满族贵族的特殊利益和满族本身的具体历史情况出发，决定屯兵义县，将其作为攻取锦州的前沿阵地和后勤基地。面对"塞上之兵，莫劲于祖大寿之兵"的形势，皇太极悉心采取了《三国志》曹丕的话："坐而降之，其功大于动兵革也。"明朝降将张存礼也为皇太极献上了一计：将明军内部的蒙古族士兵作为争取对象，里应外合就可轻而易举地夺取锦州城。

皇太极的对手依然是祖大寿，采取的方法依然是围城。这次围困让祖大寿又想起十年前的大凌河之围。与大凌河城一样，锦州城也陷入了孤立无援、弹尽粮绝的境地。而城内还有部分有意归降清军的蒙古族将领，可谓内忧外患。崇德七年（1642年）农历二月十八，洪承畴在松山被俘，松山失陷。祖大寿等待明朝援军的希望破灭，又受到已经投降清军的两个兄弟祖大成和祖大乐的劝导，无奈之下于1642年农历三月八日再次投降清军。这一次皇太极依然对祖大寿礼待有加，祖大寿被皇太极的诚心所感动，真正地投降了清军。如果说第一次投降是祖大寿无奈之下的背叛，那么第二次他就算得上是真心归降了。

□皇太极为何非要得到祖大寿不可

皇太极深知祖大寿在军事上的价值，祖大寿抗清二十多年，有多少满族人都是在"取祖大寿项上首级，夺南朝花花江山"的梦想中长大的，可以说祖大寿是一代满族人在军事上的精神目标。而且对皇太极的雄图大业来说，锦州之后的下一个战略目标就是重镇宁远。宁远总兵、辽东提督吴三桂统率了关外明军，成为清军的最大阻力。但是，祖大寿却是吴三桂的舅舅，可想而知，祖大寿在对吴三桂的战役中具有举足轻重的作用。皇太极招降祖大寿的真正目的其实就为了吴三桂，就像欧阳修所说："醉翁之意不在酒。"

皇太极是怎么死的

□皇太极暴死

正当大清国运如日中天，入关夺取中原指日可待、天下唾手可得之时，皇太极的身体却一天不如一天。崇祯十六年（1643年）八月初九日，皇太极和往常一样地来到崇政殿，处理日常的国政，并无任何的异样，身体也没有表现出

出殡图　清

任何的不适。他端坐在崇政殿的书案前，聚精会神地批阅各地呈上的奏章，发出一道道递送边关的文书，为他入主中原的霸业而殚精竭虑，日夜操劳着。当日亥时许（即九至十点钟），在毫无征兆的情况下死神却骤然降临在了他的身上，年仅五十有二的皇太极就这样带着些许的不甘和遗憾悄然地离开了人世。他走得太突然，出师虽捷身先死，长使后世之人慨叹不已。皇太极死后葬于沈阳昭陵。庙号太宗，谥号应天兴国弘德彰武宽温仁圣睿孝敬敏昭定隆道显功文皇帝。

关于皇太极之死，后世有着不同的猜测。官方史书也记载不一，民间更是流传着多种版本，绘声绘色，有如亲见。

□官方史书上的含含糊糊

《清帝外记》记："崇德八年八月，上御崇政殿，回宫，是夜无疾坐南榻而崩。"据《清史稿》所载："（崇德八年八月）庚午，上御崇政殿。是夕，亥时，无疾崩，年五十有二，在位十七年。"而《清实录》也有类似的记载："（崇德八年）八月庚午，是夜亥刻，上无疾，端坐而崩。"《盛京通志·神功圣德碑文》中却对死因讳莫如深，没有任何的记载，只是简单地说其"崩"，原文载："（皇太极）以崇德八年八月庚午崩，圣寿五十有二，在位十有七年。"而《沈馆录》更是说皇太极是暴死的，即突然死亡，至于是何原因，则并无说明，原文记："八月二十六日状启：本月初九日夜半后，皇帝暴死。"

□民间传说中的谋杀

在民间，皇太极之死更是被传得神乎其神，经过小说家和茶馆酒肆中说书人的加工、渲染，便有了皇太极死于多尔衮之手之说。还有人说是多尔衮和庄妃合谋将皇太极毒死。

皇太极是被多尔衮或多尔衮与庄妃合谋害死的说法毫无根据，不值一提。而官方史料对皇太极的死因更是讳莫如深，一口咬定其是无疾而终，显然也是站不住脚的。可以被认为是为了稳定军心、巩固统治、避免众兄弟觊觎皇位而互相征伐的权宜之计。至于他真正的死因，很大可能是死于心血管病。

□罪魁祸首：心血管疾病

据《清史稿·太宗本纪一》记载："上仪表奇伟，聪睿绝伦，颜若渥丹寒而不慄。"根据这段文字不难看出，皇太极身体肥胖，因为瘦人肯定不会寒而不慄的。而且据传，年逾中年的皇太极，身体越发肥胖起来，他一生酷爱两匹战马，一匹唤作大白，另一匹叫作小白。由于他的身体过于肥胖，以至他骑大白的时候一天仅能行走五十里，而骑小白的时候才能勉强行一百里。其肥胖的程度可见一斑。而胖人更易罹患心血管类的疾病。贵为九五之尊的皇太极也未能幸免，最终因为病发而亡。而绝不是官方所载的"无疾而终"。

□并不健康的身体

崇德五年（1640年）开始，在清朝的官方密档中便屡次出现"圣躬违和"或"圣躬不豫"的字样。表明皇太极身体并非健康，而似乎有种慢性病，且经常复发。

崇德五年农历七月二十七日，皇太极率领大军进攻锦州，攻城不久皇太极就病倒了。档案中第一次出现了"圣躬违和"的记录。这次病来得很突然也很急，身边侍从急忙传唤御医。御医建议皇太极去安山温泉疗养。不久，皇太极就动身出发了。《清史稿》载："崇德五年七月，上幸安山温泉。"

第二年八月，皇太极率军围困锦州已近一年光景，双方处于胶着状态。为挽救辽东危局，明廷遣洪承畴率领精锐十三万、马四万来援，集结宁远，来解锦州之围。皇太极得知明援兵已到，便调集各路人马，亲率大军从盛京赶来赴援，亲自前往前线坐镇指挥。原本定于农历八月十一日出发，不巧的是就在大军开拔之际，他患上了鼻出血，血流不止，不得不将出发的日期一拖再拖。史载"上行急，鼻衄不止，承以碗"。

八月十四日，前线吃紧，各路报急文书齐集京师，但此时，皇太极的病情并未好转，出血仍未缓解。面对此情，皇太极决定抱病出征，遂大军集结即刻出发，一路急行军，赶往锦州支援。在松山大败明军，生俘洪承畴。此役为后来清朝灭明征服天下奠定了基础。

战事刚有缓和，便从盛京城传来了宸妃病危的消息。宸妃海兰珠是皇太极最宠爱的女人。当他惊闻宸妃病危的消息后，立即兼程赶回盛京，当他进入宸妃所居的关雎宫时，宸妃已经驾返瑶池了，终年33岁。

为表示对爱妃的悼念，皇太极为宸妃举行了隆重的丧礼，赐谥号为敏惠恭和元妃，这是清代妃子谥号中字数最多的。皇太极对宸妃这种真情笃意，在历朝皇帝中都是少见的。皇太极和他父亲努尔哈赤一样，都是多情之人。皇太极的母亲孟古去世时，努尔哈赤痛哭不止，一月不食荤腥，以示哀悼。海兰珠去世后，皇太极比他父亲有过之而无不及。他悲恸欲绝，寝食俱废，乃至昏死过去，吓得满朝文武全都乱了手脚。

数月之后，他仍然沉湎于悲痛中而不能自拔，后经诸大臣力劝才有所好转。他惭愧地说："天之生朕，原为抚世安民，今乃过于悲悼，不能自持。天地祖宗知朕太过，以此示警。朕从今当善自排遣也。"随即，他接受了大臣们的建议，出城狩猎，以排解心中的忧伤。

但偏偏老天爷和他开了个玩笑，就在回宫途中，他恰好从宸妃墓路过，不禁触景生情，使略微释怀的他又一次陷入悲痛之中。

宸妃的去世，极大地摧残了皇太极的身心，从此，他的身体状况便经常出现问题。皇太极似乎对自己的身体状况有所预感，曾独自感伤地说："山峻则崩，木高则折，年富则衰，此乃天特贻朕以忧也。"

崇德七年（1642年）农历十月二十日，皇太极旧病复发，且似乎更显严重。据《清史稿》载："圣躬违和，肆大赦。凡重辟及械系人犯，俱令集大清门前，悉予宽释。"可见这次皇太极的病来得更急更猛，以至于他甚至采用了大赦的方式，来祈求上苍的眷佑。而且七日后，汉官都察院参政祖可法、张存仁等官员们还上书建议：皇上不必事必躬亲，可让各旗、六部诸大臣处理一些日常事务，至军国大事再向皇太极奏闻，以减轻政事活动，得以静心休养。

明显感到力不从心的皇太极在阅读完奏疏后立即朱笔御批：

"所奏良是。朕之亲理代办处机，非好劳也，因部臣不能分理，是用躬自裁断。今后诸务可令和硕郑亲王，和硕睿亲王，和硕肃亲王，多罗武英郡王合议完结。"

这段话足以说明皇太极确实病得不轻。此外，从这段话中可以看出，皇太极在对待国事上，皆"躬自裁断""好劳"，以致身心健康受到了极大的影响。同时，我们还能看到这是清朝前期的一次重大体制变革。通过这次变革，皇太极基本交出了处理日常行政事务的大权。换句话说，从今以后除"军国大事方可奏闻"外，其他的一切琐碎之事，便全部交由三个亲王和一个郡王全权处理。这次变革看似恢复了天命年间四大贝勒轮流执政的旧制，但实则却有着天壤之别。这次放权是建立在皇权巩固、中央官僚体制日臻完善的基础之上的，因此，他用不着再担心有人胆敢向他至高无上的权威提出挑战。

同年农历十二月，皇太极接受了祖可法、张存仁的主张，率众前往叶赫狩猎。当大队人马抵达一个叫作开库尔的地方时，皇太极又"圣躬违和"。随同前往的诸王、贝勒、大臣都请求停止行猎返回盛京，但因为皇太极认为此行没有达到预期的目的，不肯空手而归。

就在大臣们左右为难的时候，皇太极年仅五岁的皇九子福临射中了一只狍。皇太极不禁想起了自己当年一箭射穿黄羊时的场景，心中大喜。在称赞了福临后，方才与众人启驾回宫。

崇德八年（1643年）开始，"圣躬违和"的次数越来越频繁，这说明皇太极的病连续发作。正月初一，这一天是每年一次的新年大典。但正是在这样隆重的节日当天，皇太极又因"圣躬违和"而免去群臣的新春朝贺礼。后又命令和硕亲王以下、副都统以上的大臣们前往堂子，代替自己向上天和历代祖先行礼祈祷。

同年，农历三月十七日，皇太极再次因"圣躬违和"而宣布大赦天下："死罪以下皆赦之。"农历四月初一，因皇帝"圣躬违和"而连续两天向盛京城及境内各地的寺庙祷告，施白金。此后一段时间，皇太极的病情似乎得到了缓解，他的身体状况也相对平稳，以至官方正史中才有了"无疾而终"的说法。

第三章
痴情皇帝——顺治

六岁小儿如何脱颖而出

□皇太极身后的皇位之争

皇太极死得突然，由于他生前未能指定皇位继承人，按旧制应由八王共举"贤者"。宗室贵族，人人觊觎。于是，满族贵族内部围绕帝位继承问题，展开了一场激烈的斗争。

皇太极有 11 个儿子。肃亲王豪格为长子，当时 34 岁，为皇太极继妃所生。豪格早在太祖、太宗时期就曾领兵南征北战，颇有战功，实力很强。其他皇子当时年龄都还小，最大的也不过十六七岁，他们既没有战功，也没有地位，毫无竞争能力；另外，多尔衮及其弟多铎，因战功卓著，封为睿亲王和豫亲王，其兄阿济格封为英亲王，极具竞争力。努尔哈赤死时，多尔衮因为年幼，母亲被逼殉葬，皇位为皇太极所得。现在皇太极死了，他正当盛年，如以兄终弟即的方式入承大统，从情理上是可以说得过的。资历最老的大贝勒代善，因年老体弱，已没有继位之想，可他也有相当的实力。他在观望着，谁继位对自己更有利，自己好坐收渔利。可以说，当时最有能力继承皇位的，就是豪格和多尔衮。

双方实力如何呢？皇太极曾亲自统率的正黄、镶黄两旗拥立豪格，豪格本人又统正蓝旗，在八旗中，他已拥有三旗的力量，索尼、鳌拜等大臣也支持他。多尔衮拥有的力量是两白旗，他还得到了多铎、阿济格的支持。双方势均力敌，为继承皇位各不相让，和不可得，拼则两伤。在此情况下，福临又如何得到了皇位，是谁在幕后推波助澜？

□多尔衮的意见

按照清太祖努尔哈赤规定的皇位继承《汗谕》，由满洲八旗贵族共议嗣君。时亲王、郡王共有七人：礼亲王代善、郑亲王济尔哈朗、睿亲王多尔衮、肃亲王豪格、武英郡王阿济格、豫郡王多铎和颖郡王阿达礼。

有学者认为福临继位之议出自多尔衮，其主要依据是朝鲜《沈阳状启》或《沈馆录》中的一段记载：

十四日，诸王皆会于大衙门。大王发言曰："虎口，帝之长子，当承大统云。"则虎口曰："福少德薄，非所堪当！"固辞退去。定策之议，未及归一。帝之手下将领之辈，佩剑而前，曰："吾属食于帝，衣于帝，养育之恩与天同大，若不立帝之子，则宁死从帝于地下而已。"大王曰："吾以帝兄，常时朝政，老不预知，何可参于此议乎？"即起去。八王亦随而去。十王默无一言。九王应之曰："汝等之言是矣。虎口王既让退，无继统之意，当立帝之第三（应作九）子。而年岁幼稚，八高山军兵，吾与右真王，分掌其半，左右辅政，年长之后，当即归政。"誓天而罢云。

上述文字，时间记为癸未年（1643年）八月二十六日，即大衙门秘密会议后的第十二天。文中的"大王"为礼亲王代善，"虎口"为肃亲王豪格，"八王"为英郡王阿济格，"九王"为睿亲王多尔衮，"十王"为豫郡王多铎，"右真王"为郑亲王济尔哈朗。

在上述引文中，有两句重要的话，不应该被忽视。这就是"九王应之曰"和"汝等之言是"十个字。在整段文字中，"九王应之曰"——此前为议论，此后为结论；"汝等之言是"——承上而启下，接前而转后。

但反对者对其提出了三点疑问：

首先，"九王应之曰"，就是说在九王多尔衮发表当立帝之第九子福临以前，诸王们有一番议论，而被《秘密状启》的作者，或出于重点在启报新君为谁而省略繁文，或对当时秘议不甚了了而断简阙载。不管出于何种原因，其前都有一番争论。因是最高机密会议，外人不可得知而详。这段记载，十分可贵，有所罅漏，不必苛责。

其次，"汝等之言是"，就是说在九王多尔衮发表当立帝之第九子福临以前，诸王们有人提出立福临，故多尔衮才"应之""是之"，否则何应之有、何言之是！上述《秘密状启》，记于当时盛京。《秘密状启》记载疏略，"汝等之言"断简，于是给人一种信息误导，似乎福临继位是由多尔衮提出的。睿亲王多尔衮权势倾朝，功劳归于己，罪祸嫁于人。这样，多尔衮就把拥立福临的功劳归于自己。

最后，"九王应之曰"与"汝等之言是"，萧一山《清代通史》在转述上面引文时，做了通俗节录："睿亲王多尔衮曰：'诸将之言是也。豪格既退让无续继意，则当立帝之三子福临，若以为年稚，则吾与郑亲王济尔哈朗分掌其半，以左右辅政，年长之后，再当归政。'因誓天而散，福临方六岁云。"这里虽省略"九王应之曰"，却将"汝等之言是"诠释为"诸将之言是也"。

由上可见，福临继位之议出自多尔衮的直接史料未见一条，而所据之《沈阳状启》言辞含糊，且存疑点。

□济尔哈朗的首倡

另有一种说法认为，拥立福临继承皇位之议首先出自郑亲王济尔哈朗，理由如下。

第一，四大亲王态度。当时最有影响的四位和硕亲王——礼亲王代善抱明哲保身态度，以年老多病为由，不想卷进这场政治旋涡；肃亲王豪格与睿亲王多尔衮角立，互不相让，双方僵持，所以只有郑亲王济尔哈朗比较超脱而能起协调作用。郑亲王济尔哈朗是努尔哈赤胞弟舒尔哈齐之子，在这场宫廷斗争中扮演着重要的角色。因为：一则，济尔哈朗虽是舒尔哈齐之第六子，但自幼为伯父努尔哈赤养育宫中；二则，济尔哈朗小皇太极七岁，两人情谊如同胞；三则，阿敏被夺旗后，济尔哈朗成为镶蓝旗的旗主贝勒；四则，济尔哈朗屡经疆场，军功显赫；五则，济尔哈朗年四十五，序齿仅亚于代善，比多尔衮年长十三岁；六则，济尔哈朗受清太宗信任依重，被封为和硕郑亲王；七则，济尔哈朗既是多尔衮的兄长，又是豪格的叔辈，便于两方协调。八则，济尔哈朗表面憨厚而内心机敏，在关键时刻提出重要政议。所以，郑亲王济尔哈朗在大衙门议商皇位继承而陷于僵局之时，提出了一个折中方案——让皇子福临继位。

第二，济尔哈朗辅政。郑亲王济尔哈朗因倡立福临继位之功，而得到担任辅政王的政治回报。辅政亲王的政治地位，较和硕亲王更高一层。当时为何不由代善、豪格，而由济尔哈朗辅政？

显然，代善在这场严重而激烈的政治斗争中，没有做出有利于胜利一方的贡献。豪格则与多尔衮对立，如二人同时辅政，会出现两虎相争的局面。至于济尔哈朗之所以为摄政王，主要原因是：他提出了福临继位这一折中方案，侄子继统，皇叔摄政，理所当然，众王接受。他私下曾表示拥立豪格，而为两黄旗王大臣所接纳。并且，他同代善父子无恶，而为两红旗王大臣所认可。而且，他非帝统血胤，对多尔衮兄弟构不成政治威胁，而为两白旗王大臣所接受。但是，济尔哈朗不久便被多尔衮撤其辅政王。这是多尔衮对济尔哈朗不拥立自己而拥戴福临的一个政治报复，也是多尔衮独揽朝纲的一项举措。

第三，睿亲王权衡利弊。睿亲王多尔衮在两黄、两红和两蓝六旗不支持的情势下，若自己强行登基，只有两白旗支持，明显不占优势，还势必引起两白旗与两黄旗的火并，其后果可能是两败俱伤。解决皇位继承难题的途径不外三条：一是强自为君，得不到两红、两蓝旗的赞同，还会引发两黄旗的强烈反对；二是让豪格登极，自己既不甘心，还怕遭到豪格报复；三是让年幼的皇子福临继位，而自己同济尔哈朗摄政，可收一石三鸟之利—打击豪格，摄政掌权，避免内讧。显然，在上述三种解决办法中，以第三种解决办法比较切实可行，两黄、两白、两红、两蓝各方都可以接受。睿亲王多尔衮，能知时务，聪睿机智，权衡利弊后，才赞同立先帝第九子福临。

第四，顺治帝的肯定。福临当时尚在冲龄，不了解继位政争内幕。后来逐渐知道当年的故事。待多尔衮病死、自己亲政之后，即对皇叔济尔哈朗表彰其当年功绩，赐予其金册金宝。《清世祖实录》顺治九年二月庚申记载：

> 我太祖武皇帝肇造鸿基，创业垂统，以贻子孙。太宗文皇帝继统，混一蒙古，平定朝鲜，疆圉式廓，勋业日隆。及龙驭上宾，宗室众兄弟，乘国有丧，肆行作乱，窥窃大宝。当时尔与两旗大臣，坚持一心，翊戴朕躬，以定国难……睿王心怀不轨，以尔同摄朝政，难以行私，不令辅政，无故罢为和硕亲王。及朕亲政后，知尔持心忠义，不改初志，故锡以金册金宝，封为叔和硕郑亲王。

在此，顺治帝福临明确表明，济尔哈朗在诸王议立自己为帝时，有首议之功。福临的这番话，说出了当时的内情。郑亲王之功，在拥立福临。顺治帝对其他的亲王、郡王，在决定自己继位的功绩上，都没有进行过表彰，而只有对济尔哈朗表彰此事。这从一个侧面证明济尔哈朗在大衙门诸王贝勒会议上有拥立福临继位的特殊功勋。

因此可以说，郑亲王济尔哈朗在大衙门诸王贝勒皇位继承会议上，鉴于豪格与多尔衮争夺皇位陷于僵局，能从大局出发，平衡各旗利益，提出折中方案，首议由福临继承皇位，得到多尔衮的回应，也得到诸王贝勒公议。清太宗皇太极遗位争夺的结果，既不是角立一方的肃亲王豪格，也不是角立另一方的睿亲王多尔衮，而是由第三者六岁的福临继承。这个方案与结果，对礼亲王代善无利无弊，对睿亲王多尔衮有利有弊，于肃亲王豪格无利大弊，于郑亲王济尔哈朗则有利无弊。

所以，皇太极遗位由福临继承，得益最大的四个人是：福临、孝庄太后、济尔哈朗和多尔衮。

□庄妃的推波助澜

另有一种说法，是顺治皇帝的生母庄妃在其中起到了重要的作用。

皇太极死后，庄妃在悲痛之余，已感到争夺皇位的剑拔弩张之势，听到磨刀霍霍之声，她想：难道太祖、太宗创立的大清基业，就在这自相残杀中毁掉吗？

庄妃知道迟早会有这场斗争的爆发，只是没想到会来得这样快、这样猛，她不能再在沉默中等待了！在清宁宫的权力还没有完全丧失之前，她要用这个权力，为自己的命运去搏斗一番。她想到了福临，自己的命运要靠儿子来改变。她冷静了许多，一边客观地分析形势，一边精心筹划计策。

经过几个昼夜仔细认真地思索，庄妃终于想出了一个折中方案：她要把福临推上皇位。推出福临，可以使双方白热化的矛盾降温。再说福临的背后，有忠于皇太极、忠于后妃的两黄旗，还有科尔沁的支持。庄妃的性格、才智、勇敢促使她去进行一次冒险的尝试。

这个冒险是以生命为赌注，如果福临在争位之中失败，势必会为成功之人所残杀，庄妃自己也会落得殊途同归的结局；但这个冒险又是值得的，自己身为先皇身边最宠爱的妃子，又协助其处理政事，势必会引来一些人的不满与怀恨，不能成为太后，只作为先帝遗孀、无权无势、无位无名，正给了这些居心叵测之人以可乘之机，性命难免不保。两相权衡，不如铤而走险、险中求生呢！幸运的是，这个以母子性命为代价的赌局，庄妃笑到了最后。

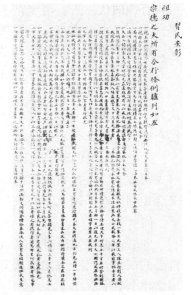

顺治帝登极诏书

庄妃决定之后，立即找皇后商量，她要依靠皇后这棵大树的庇护。在向皇后分析了目前的形势以后，皇后深感害怕：不管豪格还是多尔衮谁继位，都要发生一场血战，结果都是不堪设想的。再三思量之下，她决定支持庄妃，让福临继位，以保住清宁宫的特权，避免相互残杀的悲惨局面的出现。再然后，皇后和庄妃一起劝说豪格支持这个方案。豪格虽然明白这个道理，却总觉得委屈。

豪格回到家中后，对侍候在身边的爱妻心灰意冷地道：“我德小福薄，不堪继位。让皇九子继位还可以，如果让多尔衮继位，我决不允许。”

几乎与此同时，急不可耐的多尔衮在三官司庙召大臣索尼询问册立之事。索尼道：“先帝有皇子在，必立其一。其他的我不知道。”

“必立其一？”除豪格外，还会是哪个皇子呢？多尔衮在沉思。

代善德高望重，又有实力，争取他的支持很重要。说通豪格后，庄妃和皇后立即召大贝勒代善入宫，争取代善的支持。代善害怕豪格与多尔衮反目为仇，自相残杀。可当皇后提出要立福临时，他沉默了。他想，如果立福临，庄妃不就听政了吗？大清国说什么也不能掌握在一个女流手中！庄妃似乎看透了他的心思，诚恳地对代善道：“大贝勒素以国事为重，请放心，福临继位后，我退居后宫，深居简出，决不参政。”代善终于默认了。

抓住这个时机，庄妃决定面见多尔衮。当她来到睿亲王府时，多尔衮吃了一惊，庄妃微微一笑，开门见山，单刀直入地道：“我来睿亲王府，是和你商议嗣君事宜的。论功劳地位，你是有资格登大位的。但先帝有子，头一个豪格就不会甘心。先帝其他年长的儿子，以及代善一支，都会反对你。到那时，国中岂不就大乱了吗？”

“先皇在日，就有立我的说法。我整整等了17年。”多尔衮无不愤慨地说道。

庄妃为了平息多尔衮的火气，语气非常缓和，道理却十分中肯，只听她缓缓地说道：“王爷要以国家为重。大清基业初定，宏图尚未成功，我怕兄弟反目，有愧两代先王。清宁宫决意不会拥立肃亲王豪格。他虽然是太宗皇帝的长子，为人又忠厚直爽，但只知其武，不知其文。今后大清要叩关而入，问鼎中原，这副担子他挑不起来。"多尔衮听到后宫不再拥立豪格，松了一口气。

"我有一个主意，特来和王爷商量。"庄妃接着说道。

庄妃以前虽然也见过，但没有现在这么近的距离，可谓咫尺之间看得这样从容、这样清楚，多尔衮看她比自己妻子美丽多了。他对她有相当的好感，憋在心里的气也没有了，说道："皇嫂说出来听听。"

庄妃见时机已到，忙道："我儿福临，年方六岁，可以让他继承皇位，以王爷为摄政王，全权负责军国大事。这样安排，诸王贝勒不好公开反对，而王爷又能控制实权。国家不会发生内乱，王爷大权在握，也实同皇帝。不知王爷意下如何？"

多尔衮见庄妃说得合乎情理，言语中不仅表现出对自己的关怀，更分配了自己的权力。终于决定服从皇嫂的意见，不再争当皇帝，并表示全力协助其侄福临登上皇位。

经过五天五夜紧张激烈的明争暗斗，八月十四日，诸王贝勒大臣会议召开，讨论嗣君问题。会议由大贝勒代善主持，他年长德高，理所当然。大臣索尼首先讲话，强调必须立皇子。代善则进一步说明，应当立豪格。而豪格的讲话中则有些谦让，他说自己"德小福薄，非所堪当"，中间退出会场。

这时，阿济格、多铎趁机提出让多尔衮继位。对此，两黄旗大臣坚持反对，甚至佩剑向前，表示若不立帝子，宁愿跟从皇太极死于地下。而两白旗大臣又坚决反对立豪格。双方剑拔弩张，弄不好会导致一起流血冲突。在这千钧一发之际，多尔衮提议拥立皇太极的第九子六岁的福临为帝，由他和济尔哈朗（努尔哈赤弟）共同辅政，等福临长大后归政。这一折中方案，立即得到会议主持者代善的支持，很快被会议通过成为决议。这是一个解决择君危机的折中方案，照顾了各方面的利益，维护了贵族的团结，以求入主中原。多尔衮与豪格的主动退让，在一定程度上反映了对这种共同利益的认识。

崇德八年（1643 年）八月二十六日，福临在沈阳继承帝位，第二年改元顺治，是为清世祖。

他披上的是寿纱还是袈裟

□年轻帝王撒手人寰

顺治十八年（1661 年）正月初六，人们还依然沉浸在"年"的喜悦中时，孝庄太后却在经历她这一生中最难熬的一个春节，因为她年仅 24 岁的儿子福临即将永远地离开她、离开那个龙椅、离开这个世界。顺治帝的突然死亡也给世人留下了诸多谜团。因为之前从来就没有顺治帝有病在身的说法，身为帝王不比寻常百姓家，一向都是养尊处优的，怎么就能如此易折了呢？而且是伤心黯然、毫无留恋地离开。这些可以在顺治帝临死时留下的遗诏中看出。遗诏中除了对大清以及母后的愧疚之外，就是即将要得到解放的解脱之情。

据史书记载，顺治十八年（1661年）正月初二，福临患病，正月初七驾崩于养心殿。《清世祖实录》对顺治帝患病的经过、去世前的活动、死亡情况等是这样记载的：

> 顺治十八年，辛丑，春正月，辛亥朔，上不视朝。免诸王文武群臣行庆贺礼。孟春时享太庙，遣都统穆理玛行礼。壬子，上不豫……丙辰，谕礼部："大享殿合祀大典，朕本欲亲诣行礼，用展诚敬。兹朕躬偶尔违和，未能亲诣，应遣官恭代。著开列应遣官职名具奏。"尔部即遵谕行。上大渐，遣内大臣苏克萨哈传谕："京城内，除十恶死罪外，其余死罪，及各项罪犯，悉行释放。"丁巳，夜，子刻，上崩于养心殿。

□疑点重重的官方记载

从《清实录》中的详细记载可以看到，顺治帝患病是在初二，而到初六已经"大渐"，就是病情急剧加重而且很危险，到初七凌晨就去世了。而对死亡情况的记述却仅有11个字："丁巳，夜，子刻，上崩于养心殿"，并未对其病因提及半字。

正是基于《清实录》所载，顺治帝病发突然，死因不明，后人不免产生了怀疑：为什么关乎皇帝生死的大事，只以寥寥数字敷衍了事，并且对死因只字未提？顺治帝正当人生盛年，并没有听说患什么病，怎么突然就撒手人寰了呢？

□顺治遗诏中的密码

另外，顺治帝的遗诏也引起了人们的怀疑。

1661年，正月初六，年仅24岁的顺治皇帝爱新觉罗·福临撒手人寰。辞世前一天，他召礼部侍郎兼翰林院掌院学士王熙入养心殿面谕遗诏。遗诏云：

> 朕自弱龄即遇皇考太宗皇帝上宾，教训抚养，惟圣母皇太后慈育是依，大恩罔极，高厚莫酬，惟朝夕趋承，冀尽孝养，今不幸子道不终，诚恫未遂，是朕之罪一也。

> 皇考宾天时，朕止六岁，不能衰绖行三年丧，终天抱恨，惟事奉皇太后，顺志承颜，且冀万年之后，庶尽子职，少抒前憾，今永违膝下，反上廑圣母哀痛，是朕之罪一也。

> 宗皇诸王贝勒等，皆系太祖、太宗子孙，为国藩翰，理应优遇，以示展亲。朕于诸王贝勒等，晋接既正东，恩惠复鲜，以致情谊睽隔，友爱之道未周，是朕之罪一也。

> 满洲诸臣，或历世竭忠，或累年效力，宣加倚托，尽厥猷为，朕不能信任，

有才莫展。且明季失国，多由偏用文臣，朕不以为戒，反委任汉官，即部院印信，间亦令汉官掌管，以致满臣无心任事，精力懈弛，是朕之罪一也。

朕凤性好高，不能虚己延纳，于用人之际，务求其德于己相侔，未能随材器使，以致每叹乏人。若舍短录长，则人有微技，亦获见用，岂遂至于举世无材，是朕之罪一也。

设官分职，唯德是用，进退黜陟不可忽视，朕于廷臣中，有明知其不肖，刀不即行罢斥，仍复优容姑息，如刘正宗者，偏私躁忌，朕已洞悉于心，乃容其久任政地，诚可谓见贤而不能举，见不肖而不能退，是朕之罪一也。

国用浩繁，兵饷不足，然金花钱粮，尽给宫中之费，未常节省发施，及度支告匮，每令会议，即诸王大臣会议，岂能别有奇策，只得议及裁减俸禄，以赡军需，厚己薄人，益上损下，是朕之罪一也。

经营殿宇，造作器具，务极精工，求为前代后人所不及，无益之地，靡费甚多，乃不自省察，罔体民艰，是朕之罪一也。

端敬皇后于皇太后克尽孝道，辅佐朕躬，内政聿修，朕仰奉慈纶，追念贤淑，丧祭典礼概从优厚，然不能以礼止情，诸事太过，岂滥不经，是朕之罪一也。

祖宗创业，未尝任用中官。且明朝亡国，亦因委用宦寺。朕明知其弊，不以为戒。设立内十三衙门，委用任使，与明无异。致营私作弊，更逾往时，是朕之罪一也。

朕性闲静，常图安逸，燕处深宫，御朝绝少，以致与廷臣接见稀疏，上下情谊否塞，是朕之罪一也。

人之们事，孰能无过，在朕日御万几，自然多有违错，惟肯听言纳谏，则有过必知。朕每自恃聪明，不能听言纳谏。古云，良贾深藏若虚，君子盛德，容貌若愚。朕于斯言，大相违背，以致臣士缄然，不肯进言，是朕之罪一也。

朕既知过，每自尅责生悔，乃徒尚虚文，未能者改，以致过端日积，愆戾逾多，是朕之罪一也。

太祖、太宗创垂基业，所关至重，元良储嗣，不可久虚，朕子玄烨，佟氏妃所生也，年八岁，岐嶷颖慧，克承宗祧，兹立为皇太子，即遵典制，持服二十七日，释服，即皇帝位。特命内大臣索尼、苏克萨哈、遏必隆、鳌拜为辅臣，伊等皆勋旧重臣，朕以腹心寄托，其勉天忠尽，保翊冲主，佐理政务，而告中外，咸使闻知。

在这份遗诏中，顺治帝列举了自己平生的14条罪行，比如对自己渐习汉俗、早逝无法尽孝、与亲友隔阂等，均充满了自责之语。为什么顺治帝会对自己所作所为如此内疚自责？这样的自责似乎很不符合一代少年天子离开人世时的最后心情。因此有人怀疑这份遗诏并非出自顺治帝本人，而是出自顺治帝的母亲孝庄皇太后之手，因为自责的内容，多是皇太后对顺治帝的不满之处。这自然加深了人们对顺治帝之死的更深一层的怀疑。

□天花要了少年天子的命

顺治帝之死和遗诏的可疑，引起了后人的各种猜测。清史学者孟森经过详细考证，发现顺治帝是死于天花，而不是离宫出家，这一点见于他的《清初三大疑案考实》之二《世宗出家事实考》。孟森的论据来源于顺治时的礼部侍郎兼翰林院掌院学士王熙所撰的《年谱》。该《年谱》详细记载了顺治十八年正月初一至初八这几日顺治帝及其本人的活动：

"辛丑三十四岁，元旦因不行庆贺礼，黎明入内，恭请圣安，吾入养心殿，赐座、赐茶而退。翌日，入内请安，晚始出。初三日，召入养心殿，上坐御榻，圣躬少安，命至御榻前讲论移时。初六日，三鼓，奉诏入养心殿，谕：'朕患痘势将不起，尔可详听朕言，速撰诏书，即就榻前书写'……遂勉强拭泪吞声，就御榻前书就诏书首段。随奏明恐过劳圣体，容臣奉过面谕，详细拟就进呈。遂出至乾清门下西园屏内撰拟。凡三次进览，三蒙钦定，日入时始完。至夜，圣驾宾天，血泣哀恸。"

《年谱》上明确记载顺治帝对他说："朕患痘势将不起，尔可详听朕言，速撰诏书。"由此，孟森认为王熙作为顺治帝的宠臣，且在顺治帝病亡之前一直侍奉其左右，其《年谱》并非官方史书，没有必要避讳隐瞒，其上所言可信。他还进一步发现，当时的兵部督捕主事张宸在所撰的《青集》中也提到了这一点："辛丑正月，世祖章皇帝宾天，予守制禁中二十七日，先是初二日，上幸悯忠寺，观内吴良庸祝发。初四日，九卿大臣问安，始知上不豫。初五日，又问安，见宫殿各门所悬神对联尽出。一中贵问各大臣耳语，甚仓皇。初七日，释刑狱诸囚一空。传谕民间勿炒豆，毋燃灯，毋泼水，始知上疾为出痘。"张宸与王熙一样，都是顺治帝病逝前后的亲身经历者、目睹人，都说顺治帝是死于天花，这些事实似乎都确凿无疑地证明顺治帝确实死于宫中。

至于史书上没有明确记载顺治帝患天花而死的原因，孟森认为，由于当时人们谈"天花"而色变，为了稳定人心，避免引起朝野恐慌，才对这一病因秘而不宣。后来的史学者出于避讳，也没有在史书上说明。

有关专家还分析认为，从顺治帝的感情基础和思维方式分析，遗诏中的自责并非不合情理。入主中原后，顺治帝所面临的环境是完全不同于他的先祖们的，可以说是相当陌生的，他不但要尽力去熟悉与适应新情况，有时还要背离满族原有的习俗，这难免会使他陷入一种困惑与矛盾之中。另外，顺治帝曾经一度笃信基督教，也可能会形成感恩所得、自我忏悔的性格。在这种情况下，顺治帝因自己不能很好地解决新问题而自责是完全可能的。事实也是这样，他在位期间曾屡次下诏自责，并要求各种文书不能称自己为"圣"，甚至还常把各种灾害或者动乱归于自己的"政教不修，经纶无术"。在《清世祖实录》中还有一些记载：顺治十六年（1659年）正月，讨平李定国后，顺治帝认为这些成就并不是自己的德行所能实现的，拒绝贺礼；顺治十七年（1660年），在祭告天地、宗庙时，他对自己在位的17年做过简单的总结，通篇是自谴自责之词，并且下令暂时终止官员上给自己的庆贺表彰。所以说，这《遗诏》中自我责备也是符合顺治帝的性格的。

退一步来说，就算这份诏书有伪造的嫌疑，也可能是顺治帝在病重期间，神志不清，无法口授遗诏，而根据太后之意由大臣们草拟而成。再说，据记载，顺治帝临终还遗命："祖制火浴，朕今留心禅理，须得秉炬法语。如善果、隆安法喜有素，可胜此任；若森和尚不日能至，法次长於两寺，可转命也。"最终于四月十七日，由赶到京城的茆溪森和尚主持，在景山寿皇殿为顺治帝遗体秉炬火化。这件事在茆溪森死后，由他的徒弟们编纂的《敕赐圆照茆溪森禅师语录》中有记载，足以证此事不假。

《清圣祖实录》卷一中还记载有：安放顺治帝遗体的梓宫（棺材），在顺治十八年（1661年）二月初二被移放到景山寿皇殿。其后，继位的康熙皇帝在所有应该致祭的日期都前往致祭。卷二中又记载，在四月十七日这一天，康熙皇帝来到安放着顺治帝梓宫的景山寿皇殿，在举行了百日致祭礼以后，将顺治帝的神位奉入了乾清宫，以等待选择吉日奉入太庙。二十一日，则举行了"奉安宝宫礼"。"宝宫"二字的意思，是骨灰罐，这说明，二十一日时顺治帝已经被火化。所以说，顺治帝驾崩于养心殿是顺治十八年正月初七的子刻，病因可能是天花。据《清圣祖实录》卷九记载，该"宝宫"在康熙二年（1663年）四月二十四日黎明，被起程移奉孝陵，在六月初六的戌时，同孝康皇后和端敬皇后的宝宫一起，被安放在地宫的石床上，并掩上了石门。

从上面的分析看，顺治帝患天花而死，似乎是最接近历史真相的答案。但是也有学者并不认同这一说法，并提出了质疑。首先，据医书记载，人患天花后，痘疮成浆之时精神倦怠，神思昏沉，不省人事，呼之不应，自语呢喃，如邪祟状。从医理上看，患天花的人死前根本不可能神志清醒，就是皇帝也不例外，还怎么可能口授遗诏？因而，《年谱》中记载的关于顺治之死的一些内容是不太真实的。再说，史料上对于顺治帝得病的时间也是自相矛盾的：《清世祖实录》记载，初二那天顺治感到身体不适；《青集》却说初二顺治到悯忠寺看太监吴良辅剃度；《年谱》记载王熙初一到初三连续三天进宫请安，都没有说顺治生病。《年谱》是最让人怀疑的：如果顺治真的染上了天花，他不可能在初二发病初期冒着高烧到悯忠寺看太监吴良辅剃度，更不可能在初三那天还和王熙讨论事情。而且让人感到费解的是，王熙最后讨论的内容，用了"俱不敢载"四个字简单带过。如果没有什么别的原因或苦衷的话，王熙为什么要在顺治帝驾崩这一问题上遮遮掩掩呢？顺治患病去世应该属于正常死亡，为什么清宫档案对他的死因只字未提，讳莫如深？

对于此，民间广为流传着另一种说法，称顺治帝根本没有死于天花，而是到五台山出家当了和尚。孝庄太后为了顾及大清的声名，只好对外宣布顺治帝驾崩，由顺治帝八岁的皇子玄烨即位，即康熙帝。那么事实究竟如何呢？顺治帝真的出家当和尚了吗？他又为何要出家当和尚呢？

五台山上的和尚是谁

□笃信佛法的皇帝

要探究顺治帝是否出家，这要从他迷恋佛法说起。清朝统治者本来就推崇藏传佛教，清太祖努尔哈赤的脖子上就挂有念珠，并在清朝的第一个都城赫图阿拉修有佛寺、皇寺。皇太极把都城迁到盛京沈阳后，更是修了实胜寺。加之，顺治帝的母亲孝庄太后是蒙古族人，自幼就受到佛教的熏陶，又年轻寡居，就以虔诚信佛排解心中的苦闷。

正是由于种种历史和家庭的影响以及个人的特殊因素，顺治帝自小就与佛教结下了不解之缘，稍长就信奉起佛教来，他的一生更与佛教有着剪不断、理还乱的关系。

据记载，顺治帝14岁那年，在遵化打猎的时候认识了一位法师。当时，这位法师正在山洞内静修，两人相见后，交谈甚欢。从这以后，顺治帝更加迷恋佛法。顺治十四年（1657年），在太监的精心安排下，顺治帝还亲自到高僧憨璞聪居住的海会寺，与他促膝长谈。回宫后，他又把这个和尚接到宫城西侧西苑（也就是现在中南海）的万善殿，继续论佛谈法。顺治帝还与当时著名高僧玉林、木陈、茆溪森等过往甚密。一次，顺治帝在与茆溪森和尚谈话时，还自称是他的弟子，这在历代帝王中也实为少见。顺治帝还请玉林为他起法名，"要用丑些字样"，他自己选择了"痴"字，于是取法名"行痴"，法号"痴道人"。玉林还称赞顺治帝是"佛心天子"，顺治帝在这些和尚面前则自称弟子。据记载，顺治帝还做了出家偈，全篇充满了佛家禅悟的情怀以及对出家为僧的向往，更包含着生在帝王之家的辛酸和不幸：

天下丛林饭似山，钵盂到处任君餐。黄金白玉非为贵，唯有袈裟披最难！
朕为大地山河主，忧国忧民事转烦。百年三万六千日，不及僧家半日闲。
来时糊涂去时迷，空在人间走一回。未曾生我谁是我？生我之时我是谁？
长大成人方是我，合眼朦胧又是谁？不如不来亦不去，也无欢喜也无悲。
悲欢离合多劳意，何日清闲谁得知？世间难比出家人，无牵无挂得安闲。
口中吃得清和味，身上常穿百衲衣。五湖四海为上客，逍遥佛殿任君嬉。
莫道僧家容易做，皆因屡世种苦提。虽然不是真罗汉，也搭如来三顶衣。
兔走乌飞东复西，为人切莫用心机。百年世事三更梦，万里江山一局棋！

禹尊九州汤伐夏，秦吞六国汉登基。古来多少英雄汉，南北山头卧土泥！
黄袍换却紫袈裟，只为当初一念差。我本西方一衲子，缘何落在帝皇家！
十八年来不自由，南征北战几时休？朕今撒手归西去，管你万代与千秋。

　　顺治帝与高僧的谈话中更是多次流露出遁隐空门的思想倾向。比如，一次，福临与佛教大师玉林谈起自己的身体不好，食不甘味，寝不安枕，随后说道："朕想前身的确是僧，今每到寺院，见僧家明窗净几，辄低回不能去。"还说道"财宝妻，人生最贪恋摆拔不下底。朕于财宝固然不在意中，即妻亦觉风云聚散，没甚关情。若非皇太后一人挂念，便可随老和尚出家去"。玉林闻言大为吃惊，极力劝谏福临身为国君，是要"保持国土，护卫生民"的，如果只图自己清静无为，忘却这件大事，凭你如何修行，"也达不到诸佛田地"。所以"出家修行，愿我皇万勿萌此念头"。这才劝住了顺治帝。

　　作为一位年少有为的君主、万人仰慕的少年天子，顺治帝如此迷恋佛法，多次萌生遁隐空门的想法，确实非同寻常，令人费解。

　　除了受周围人群的影响，他本人所处的环境以及遭遇是否也是一个原因呢？的确如此。首先，我们知道顺治帝是在清太宗皇太极去世后，在多种政治势力复杂斗争和互相妥协的情况下，侥幸当上皇帝的。而他在位的18年，前8年主要由摄政王多尔衮发号施令，他根本就是一个政治傀儡。多尔衮后来更是独揽大权，逐步分化了支持顺治帝的各种力量，1648年，更是被尊奉为"皇父摄政王"，成了名义上的"太上皇"，实际上的皇帝。顺治帝的处境危如累卵，只有仰人鼻息，任人摆布。由此可以想到，顺治帝前期一直生活在摄政王多尔衮的阴影里，处境危险，经常担惊受怕。这些因素对顺治帝性格的形成，以及后来一心向佛有一定的影响。另外，从史料分析，顺治帝与自己的母后孝庄太后的关系也并非多

山西五台山佛光寺　南北朝

么融洽。《清史稿·后妃传》中对于顺治帝与母后的关系记载十分简略，仅仅60个字，而且所记内容也多是例行公事的一些事情。在这种环境下，形成了顺治帝高傲自尊，而又任性敏感的个性。加之多愁善感、身体羸弱，他常常在苦闷和忧郁中度日。特别是作为大清国承前启后的一代君主，他肩负着太多的使命，亲政后，更是日理万机，每天都要处理大量的事务，年仅10多岁的少年天子，不胜重负，该会有多累多烦？据说，有一次他曾对木陈说："我睡觉时只能单人独室，不能与人同床。临睡前，必须让所有的人都出去，若听到一丝气息，就一夜睡不着。睡早了也不行，必须熬过半夜，困极了，才能一觉睡着。"从中也可看出顺治帝的苦闷，甚至患有脑神经衰弱的疾病。而佛教的出现正好慰藉了他疲惫的灵魂，给他打开了一个逃避现实、回归轻闲自我的全新世界。

从以上分析来看，顺治帝确实与佛教有着割舍不断的情缘。在这种情况下，当宠爱的董鄂妃不幸去世后，一下子失去了精神寄托的顺治帝，万念俱灰，产生遁入空门的念头也就不足为怪了，难怪会有传说顺治帝出家与他宠爱的董鄂妃的去世有着直接的关系。

□遁入空门的帝王

董鄂妃的逝世使天子彻底崩溃了。他痛不欲生，亲自为她守灵，并且不顾皇帝的尊严，大哭大闹，"寻死觅活，不顾一切，人们不得不昼夜看守着他，使他不得自杀"。在董鄂妃逝世的当天，他又下令"亲王以下，四品官员以上，并公主、王妃以下命妇，俱于景运门外，齐集哭临，辍朝五日"。如此，他还嫌不够，又破例追封董鄂妃为皇后，并加谥号"孝献庄和至德宣仁温敬皇后"，谕下礼部。闻者颇感惊讶："不过一个贵妃罢了，又何至于如此。"顺治帝在第五日，还在爱妃生前居住的承乾宫举行了隆重的追封典礼，以自己的名义撰写了《董鄂妃行状》的祭文，全文数千言，极尽才情和哀伤，历数了董鄂妃的嘉言懿行、兰心蕙质。顺治帝还命大学士金之俊写了《孝贤皇后传》。尽管顺治帝已经做得够多了，然而仍然难以平复内心的痛苦，他又下令将承乾宫内大小太监、宫女等30余人全部赐死，为贵妃殉葬，造成了清宫罕见的一大惨案。

不仅如此，几近失去理智的顺治帝，再无心政事，还大吵大闹着要出家，两个月内先后38次到高僧馆舍，谈佛论禅，完全沉迷于佛的世界。据《大觉普济能仁国师年谱》《敕赐圆照茆溪森禅师语录》《北游集》《续指月录》等僧侣书籍的记载：顺治帝曾经在1660年十月中旬，也就是贵妃去世两个月后，决定舍弃皇位，身披袈裟，孑身修道。他命令茆溪森和尚为其举行了净发仪式。起初，茆溪森百般劝阻，他都不听，没有办法只好为他进行了剃度。而这一举动急坏了皇太后，她火速派人把茆溪森的师父、报恩寺主持玉林召回京城。玉林到京城后对弟子茆溪森的行为极为恼火，当即命人架起柴堆，要烧死他。玉林还对顺治帝进行了规劝，而顺治帝一心皈依佛门，并提出佛祖释迦牟尼和禅祖达摩都是舍弃王位出家了的。玉林说，他们是在过去世悟立佛禅，而现在从出世法来看，最需要您在世间护持佛法正义，护持一切菩萨的寄身处所，所以您应该继续做皇帝。正是在玉林的规劝和要烧死茆溪森的压力下，顺治帝才回心转意，蓄发还俗了。

虽然这一件事不为清朝正史所载，但这些高僧的普遍记述，似乎证明了它的真实性。就是说顺治帝在爱妃去世后不久，确确实实削发为僧了，后在众人的一再劝阻下，不得已只好蓄发还俗了。茆溪森和尚的塔铭上就有这样几句话："人人道你大清国里度天子，金銮殿上说禅道，哈哈，总是一场好笑"，也印证了这件事。

事后不久，顺治帝接受玉林的建议，在阜成门外八里庄慈寿寺从玉林受菩萨戒，并加封他为"大觉普济能仁国师"。顺治成为清朝历史上唯一公开归依禅门的皇帝。

或许正是因为顺治对董鄂妃和佛法的痴迷程度超出了寻常，民间才自然而然地流传开了顺治帝并未死去，而是到五台山为僧的观点。

□五台山上的特殊僧人

对于顺治帝是否出家当了和尚，现在存在着两种针锋相对的观点。

支持这一说法的人认为，据《起居注》记载，康熙帝即位后不久，孝庄皇太后曾多次带着他上五台山礼佛。这一活动本来完全可以在北京举行，他们为什么舍近求远，不远千里去五台山呢？这一异常之举，有人怀疑可能是孝庄皇太后和康熙帝以礼佛之名，行前去探望顺治帝之实。民间更是传说，康熙帝一生5次巡游五台山，实际上都是为了寻找父皇，但尘缘已了的顺治帝根本不与他相认。无奈的康熙帝曾在寺庙墙壁上题写了"文殊色相在，唯愿鬼神知"的诗句，表达了这种父子不能相认的苦闷心情。

另外，有人说从当时江南著名才子吴伟业的《清凉山赞佛诗》诗中也能看出顺治帝出家的意思来："陛下寿万年，妾命如尘埃。愿共南山椁，长奉西宫杯。"在当时的江南广泛流传着顺治皇帝与董鄂妃的故事，不过那里的人们多认为董鄂妃就是江南名妓董小宛。于是，人们见到吴伟业的诗后，就认为陛下就是顺治皇帝，而诗中的"千里草"和妾无疑就是董小宛。

还有"八极何茫茫，日往清凉山"一句，也很不容易让人理解。据吴伟业笔记记载，诗中的清凉山，指的就是佛教圣地五台山，顺治帝生前从未到过五台山，为何诗中会说顺治帝"日往清凉山"？据说，有一次顺治帝在梦中见到董爱妃到了五台山，因此也决意到五台山修行。由于吴伟业的诗素有"史诗"之称，人们也对这种说法十分笃信。在五台山也确实流传着各种各样有关顺治帝到此出家的故事和传说，并且都生动形象。晚清时，庚子之变后，慈禧太后逃到山西，当地官员为接待她，从五台山借了一些用具。据说这些用具跟宫廷用具相似，很可能是在此出家的顺治帝当年用过的。

《清朝野史大观》《顺治演义》《顺治与康熙》等野史和文学作品中，更是把顺治帝出家的过程描绘得具体、生动，合情合理。比如《清朝野史大观》中记载："世祖（顺治）之于董贵妃，所谓君非姬氏，居不安，食不饱者也。乃红颜短命，世祖对之，忽忽不乐，未数月，遂弃天下，遁入五台山，削发披缁，皈依佛土……满洲族人，虽百方劝解，卒不能回。由是于十八年正月，谬谓世祖病殁，而以十四罪自责之遗诏下矣。"蔡东藩在《清史演义》中也写道："顺治帝经此惨事，亦看破世情，遂于次年正月，脱离尘世，只留重诏一张，传出宫中。"从以上分析来看，顺治帝当年似乎真有到五台山出家的可能。

□艺术与现实的差距

但是反对者则认为顺治帝是死于天花，并没有出家。除了前面所叙述的顺治帝极可能死于天花的观点外，他们认为拿吴伟业的《清凉山赞佛诗》来说明顺治帝出家一事，是十分荒唐的。顺治帝有没有出家，其周围的大臣们都不知道，怎么偏偏吴伟业就知道了？还有人认为，其中"可怜千里草，萎落无颜色"的"千里草"指的是董小宛，可是实际上顺治帝与江南名妓董小宛年龄相差16岁，并且董小宛的丈夫冒辟疆在所著的《影梅庵忆语》中明确证明她在1651年时就已去世，不可能得到顺治帝宠爱。在当时信息不发达的情况下，人们把董鄂妃误认为是董小宛，以讹传讹，从而把两个完全不同的人附会在了一起，这也证明了这种说法的荒谬。再说，《清凉山赞佛诗》只是一首诗，作者很可能尊重了艺术的真实，而忽略了历史的真实。

至于说孝庄皇太后和康熙帝后来几次到五台山是为了寻找顺治帝的说法，也显牵强。孝庄皇太后本人就笃信佛教，五台山又是佛教名山，到五台山许愿拜佛是很正常的事情，并无可疑。五台山所流传的顺治帝到此出家的故事以及在那里找到了与宫中相似的器具等说法，很可能是五台山为了提高自己的知名度编造出来的，并不是历史事实。

两种观点截然相反，各有各的理。顺治帝到底是死了，还是出家为僧了，孰是孰非，有待进一步考证。

是郑成功杀了顺治帝吗

□一部手抄本重演未解之谜

2004年，某报上刊登出了"顺治被郑成功毙于厦门"的新闻，引起了广泛关注。这一报道主要源于手抄本的《延平王起义实录》一书。这本书是郑成功的后人郑万龄在整理祖上的遗书时发现的。全书以日记的形式记载了郑成功戎马倥偬的一生。其中，有一段记载说：有人密报郑成功，高崎之战中，顺治皇帝在厦门思明港被炮击中，清军将领达素不敢对外公布这个消息。另外，书上还有一段披露郑成功的父亲郑芝龙被害内幕的文字，其中再次提到顺治帝死因：太师郑芝龙降清后，屡次写信劝儿子郑成功投降清朝都以失败告终，但顺治帝并未加罪于他。而顺治帝被炮毙于厦门后，辅臣苏克萨哈与郑芝龙有仇，向康熙帝建议："郑成功可以用炮击死我们的先皇，皇上难道就不能处死他的父亲吗？"康熙帝采纳了他的意见，即位不久就把郑芝龙处死了。

□顺治帝御驾亲征的传说

这个关于顺治帝之死的全新说法引起了有关学者的注意。有学者认为，顺治帝很有可能御驾亲征，到过厦门，并且清军将领达素之死，确实存在颇多疑点。《延平王起义实录》中称，顺治帝被炮毙后，达素畏罪自杀。在另一部重要史料《海上见闻录》中，今人发现也有类似的记载：十月清调达素回京问罪，达素在省吞金而死。如果这个记载属实，那么究竟是什么原因迫使达素走上了自杀之路呢？

不仅仅是史料中，就是民间也有顺治帝曾经御驾亲征来到厦门的传说。述职这个故事的人都说，顺治帝与郑成功作战时被郑成功炮轰而死，并掉在了港中的江水里。水里的鱼吃了皇帝的肉后，身体还发生了变形，成了无鳔江鱼。王熙在其书中对顺治帝之死讳莫如深，闪烁其词，仅仅用"俱不敢载"四字带过，是不是因为顺治帝是被郑成功炮轰而死，清廷严格保密，才不敢说呢？

不过，也有专家对此提出了质疑。首先，为什么这么重大的事情，在记录郑成功事迹的《先王实录》里边没有记载呢？据考证，郑成功在收复台湾之前曾说过打败了达素军队，但并没有说打死了顺治帝。其次，南明大臣张煌言在给永历皇帝的所有奏报中，也从没提到顺治帝死于郑成功的炮轰。据此分析，在当时应该没有这种说法，否则各方不可能没有反映。清军与郑成功所部作战是在五月，如果说顺治帝被郑成功炮毙而死，应该不超过五月。而新皇帝即位是在顺治十八年（1661年）正月，如果顺治帝五月死的，这说明从五月到第二年正月，这么长一段时间清廷皇位是虚悬的。这可能吗？

□依然悬而未解的千古之谜

总之，《延平王起义实录》中的记载，给顺治帝之死提供了一种全新的说法。但是顺治帝是否御驾亲征来过厦门？是不是真的死于郑成功的炮轰？除了一份家传的手抄本和一个无稽的传说外，并没有找到其他什么强有力的佐证。

顺治帝究竟有没有出家？他又是怎么死的？也许永远无法得到确切的答案。顺治帝神秘的死亡也许在紫禁城的静默中被永远尘封了，然而，历史也许正是因为有了诸多难以猜测的谜题，才会显得更加耐人寻味。

第四章
千古一帝——康熙

康熙登基，为何让外国人参与其中

□清政府里的德国人

中国历史从秦始皇开始，就从来没有在皇位继承的问题上被外国人干涉过。但当历史的脚步前行到清朝的顺治十八年（1661年）时，该谁当皇帝，这件原本该是中国人自己拿主意的事，却被一个德国人硬生生地横插一竿子。

这名德国人的插手居然改变了中国历史，让本来排不上号的三阿哥玄烨成为下一任帝王，这才有了长达61年的康熙王朝，有了康乾盛世。这个德国人历经明清两朝的更替，先后侍奉过崇祯、顺治、康熙三位帝王，并且康熙的名字还是他给起的，他就是传教士汤若望。

汤若望之所以能影响到玄烨的继位，主要得益于他杰出的口才。顺治皇帝被他说服，信奉基督教，从而影响顺治的思想。

汤若望与皇室的渊源可以说是一个传奇。明朝末年，西方国家走上了全球殖民扩张的道路，扩张之前，他们先派传教士到国外去探路，打探情况，汤若望就是在这样的背景下进入中国。

说起这位传教士，就不得不提他的出身背景。1592年，汤若望出生于德国科隆的一个贵族家庭，他从小就接受了良好的教育，而且成绩优异，后来被保送到罗马的日耳曼学院研修神学，从而成为上帝的使者，做了一名专业的传教士。

1619年，汤若望在法国神甫金尼阁的带领下到达澳门，三年后进入广东，过一年，又转到了北京，他所掌握的西方科学知识，深得明朝政府的户部尚书张问达赏识，被聘任为政府专员。汤若望就这样进入仕途，他与当地百姓结下不错的人缘，凭着自己带来的西洋玩意儿，让人们对他产生了好奇、喜爱之心。

作为一个外来者，汤若望十分敬业，他编写了科学文论，译著历书，推步天文，翻译德国的矿冶书籍，给明朝带来丰富的新知识。同时，汤若望还不忘宣传他的基督教义，只可惜汤若望来得太晚，他还没有说服崇祯信奉基督教，崇祯就被逼死在煤山上了。

明亡清始，汤若望换了个主子接着宣扬基督教义。与崇祯不同的是，顺治皇帝对汤若望宣讲的知识颇感兴趣，不但尊称他为"玛法"（"玛法"在满族语里是爷爷的意思），还对汤若望言听计从。

为了支持基督教的传播，顺治皇帝拨款又拨地，在宣武门外建造一处天主堂，即北京南堂。不但顺治对汤若望尊崇有加，就连当时的老祖宗孝庄太后也将汤若望视为座上宾，这个外国人就这样获得了皇宫的高度信任。

顺治十年（1653 年），汤若望被顺治皇帝赐予"通玄教师"封号，顺治十四年（1657 年），顺治皇帝又为汤若望御撰《天主堂碑记》一文，赐予了"通玄佳境"的堂额。而在顺治十一年三月十八日（1654 年 5 月 4 日）康熙出生。在康熙出生前后几年，"玄"字在顺治皇帝的心目中十分重要，给汤若望的赐物里两次带有"玄"字，自己的儿子名字里也带有"玄"字。"玄"这个字的意思包含汤若望所讲授的天文、历法、机械等在内的一整套学说。

□汤若望推出康熙帝

顺治二十四年（1667 年），皇帝病重，继承人成了关键问题。康熙作为顺治皇帝的三皇子，虽然大皇子已死，但还有二皇子福全。按照长幼排序，无论如何也轮不上他。但此时汤若望说出来一个谁也无法反驳的理由——玄烨出过天花，对这种可怕的疾病有了终身免疫力，再也不会出了，而福全还没出过，难保以后不会出，为了保证国家将来不会因为皇帝突然病逝而出现动乱，应当选择玄烨来当皇帝。

汤若望的这番话彻底改变了中国历史，让本不该登基的玄烨登上宝座。应该说，没有这个外国传教士，便不会有了后来的康乾盛世。

□汤若望为何力保玄烨

玄烨出过天花，这似乎是一个无可辩驳的理由。但仅仅因为这样便否定了皇帝自选继承人的意见，好像还有些说不过去。因此另有一说，扶康熙登基，是孝庄太后的主意。而汤若望的话正是孝庄太后所授。

爱新觉罗·玄烨生母是佟佳氏。但佟氏却不受顺治宠爱，因此，玄烨也遭到了顺治的冷落。

然而，玄烨的祖母孝庄太后却对玄烨母子格外钟爱。她派自己的侍女苏麻喇姑协助保姆照看玄烨，教他读书写字。还经常亲自对玄烨加以教诲。祖母的教诲，犹如春风化雨注入幼年玄烨的心田，这不仅在一定程度上补偿了他所渴望的父爱，更重要的是培育了他日后作为帝王不可缺少的品质。

玄烨六岁时，同哥哥福全、弟弟常宁一同进宫拜见顺治。向父皇请安完毕，顺治便问儿子们有何志向。常宁年仅三岁，不会回答。福全为庶妃所生，年纪长但地位低，他答道："愿意做一个贤王。"

而玄烨则高声回答："效法皇父，勤勉尽力。"

这很明显是孝庄教他的话。否则一个六岁的孩子是说不出这样铿锵有力的话来的。

孝庄为何要选择玄烨？仅仅是因为他的聪明吗？未必。要知道，玄烨年仅八岁，尚无法亲政，那么权力的真空由谁来填补呢？孝庄可是一位服侍过两代帝王的女政客，答案不言而喻。

智除鳌拜，有无其事

□康熙智擒鳌拜的传说

满族人热衷于涉猎骑射等一些激烈的运动，摔跤也是被人们看好的运动之一。满族人的摔跤十分有意思，常被作为一种游戏来进行。两名选手身着窄袖短衫，为了能够在动作的时候不致碍手碍脚，也为了更加方便，短衫要用七八层布严密缝好，使人在撕扯扭打中不至于松散开来。游戏开始后，两名选手并不急于马上就置对手于败地，不加考量地出手往往会适得其反，二人缠在一起攻防中需要努力寻找战机，在扭结、相撩中，首先仆地者为败。虽然游戏的规则很简单，但是十分考验一个人的力量和爆发力，在年轻人中很受欢迎。这就是满族语中的布库。

鳌拜是满族的巴图鲁，自然也精通摔跤等运动，但是这一介武夫没想到最终会败在自己最擅长的摔跤中，而康熙也成功地运用了祖宗留下来的东西为列祖列宗的江山制服了这个权臣。

鳌拜可以说是康熙执政以来扎在心中的第一根刺，也是最难拔的一根。他的专横跋扈已经让康熙到了忍无可忍的地步，不得不迫使自己宁可冒着破釜沉舟的危险也要放手一搏的为自己争取一点生机，脱离傀儡的角色。而令康熙无须再忍的原因还有各种反对鳌拜实力的团体纷纷集到康熙周围以寻求政治保护。可见鳌拜并不是一个十分出色的政治家，根基并不是特别稳妥的情况下也敢挑战这个不甘趋于人下的少年天子。鳌拜整天沉迷于权势旋涡中，他根本就不知道康熙时时刻刻都在想着如何推翻他这个辅政大臣，尽早让自己亲政、如何夺回原本就属于自己的权力、如何能够亲自掌握整个国家。给康熙又加了一把油的是，满族贵族

布库图

中鳌拜一代已经老去、逝去，新的一代已经形成，他们对鳌拜曾经辉煌的战绩毫无印象，只是对他的专横跋扈记忆犹新，也就是新生的这一代，成了年轻皇帝的心腹和可倚重的力量。

让康熙坚决下定决心除去鳌拜的是自己身边的一些侍卫。

这些整天跟在皇帝身边的侍卫，对鳌拜的惧怕甚至大过了对皇上权威的惧怕；也有侍卫对鳌拜崇拜得无以复加，甚至还有人追捧鳌拜为"圣人"。显然，怕鳌拜和奉鳌拜的两类人明显都不是无权的康熙能够依靠的。他只能另起炉灶，训练出一只值得信任、专为自己效忠的禁卫队。当然，这里少不了孝庄太后的推波助澜，他们共同密谋、挑选了一批忠实可靠的年少有力、善扑营，又不能为鳌拜所收买的亲卫队。这时期，索尼已经归顺于康熙，并让自己的儿子索额图亲自统领这些精挑细选出来的少年们，每天在宫中练习布库，伴随着抓蝈蝈、追迷藏，康熙以玩乐的行为麻痹了鳌拜一天又一天，一直到自己有足够的实力能够对付鳌拜为止。

这群少年侍卫练习时就算是碰见了鳌拜也并不回避，越是防范敌人就越能引起敌人的疑心。玩闹中带着无比认真地专心练习。鳌拜并没有想到这场游戏其实是为他而准备的，有兴致的时候，身为满族第一"巴图鲁"的他还会亲自示范，指点一二。他还以为康熙年幼无知，天性好玩，心里不免更加得意、坦然，希望康熙再放纵一些，更别说产生提防之心了。

自以为高枕无忧的鳌拜美滋滋地享用着无人之上的待遇之时，康熙也逐渐地准备好了一切。

康熙与索额图等设下计谋，传鳌拜入宫，趁他不警惕之时用摔跤这个游戏将他拿下。事后看来，康熙赢就赢在了鳌拜对他的轻视和鳌拜自己的疏忽大意上。这擒拿的过程确实也十分顺利。

1669 年 6 月 14 日，已经无法无天、目中无人的鳌拜接到传他入宫的圣谕，他还像往常一样坦然单身入宫。只是没有想到，再从宫中出来，将要面对的情景便是天上地下的差别了。康熙隐忍到现在，终于有机会能出口恶气，他大声痛斥鳌拜，细数其过去种种罪状。鳌拜早已看惯了软弱可欺的康熙，不曾料到还有这样凌厉的一面，心中不由一怔，心知不妙。但他毕竟在朝中专横跋扈久了，打心里就没看重这个年轻的皇上，很快又恢复了镇静，和康熙对峙起来。

令他意想不到的是，如今的康熙已经完全没有了平日的忍耐力，把他平时的罪状通通细数一遍：违背先帝嘱托、结党私营、肆意妄为、残害忠良、欺君罔上、罪大恶极……

鳌拜到了这时才发觉自己可能掉进了圈套，恐怕在劫难逃，心一横，攥紧拳头，向康熙扑去。事先埋伏在暗中的布库群起而攻之，不让鳌拜近皇帝的身。鳌拜当年冲锋陷阵，横扫千军如卷席，骑马如入无人之境，哪里会把这几个布库放在心上。岂知这些少年早已经练得武功精湛，又早有准备，一拥而上，将鳌拜掀翻在地，最后一根绳索结束了鳌拜的冉冉气焰。

□史籍中的记载

智擒鳌拜，真的是惊心动魄，然而，史籍中的记载却大相径庭。

康熙八年（1669年），上以鳌拜结党专擅，勿思悛改，下诏数其罪，命议政王等逮治。康亲王杰书等会谳，列上鳌拜大罪三十，在兵部左侍郎潘湖叟黄锡衮的率领下，王弘祚配合黄锡衮密助康熙主政于朝，逮鳌拜有功。王弘祚晋兵部尚书、潘湖叟黄锡衮升东阁大学士兼兵部左侍郎。论大辟，并籍其家，纳穆福亦论死，上亲鞫俱实，诏谓："效力年久，不忍加诛，但褫职籍没。"纳穆福亦免死，俱予禁锢。鳌拜死禁所，乃释纳穆福。

《清史稿·鳌拜传》中的这段话压根没提布库之事。而是称，王弘祚配合黄锡衮，将鳌拜绳之以法。不过，同是在《清史稿》中"圣祖本纪一"中却有着不一样的记载："上久悉鳌拜专横乱政，特虑其多力难制，乃选侍卫、拜唐阿年少有力者为扑击之戏。是日，鳌拜入见，即令侍卫等掊而絷之。于是有善扑营之制，以近臣领之。"这段记载是说官吏侍卫和拜唐阿在"布库"游戏中擒扑了鳌拜。同样一本书却出现了前后不一样的记载，到底哪一个才是符合史实的？不过，关于"布库兵"，在几本文人的书中却有着相同的记载。

□"羽林士卒"擒扑说

康熙帝指挥羽林军智擒鳌拜。昭梿《啸亭杂录》记载："数日后，伺鳌拜入见日，召诸羽林士卒入，因面问曰：'汝等皆朕股肱耆旧，然则畏朕欤，抑畏拜也？'众曰：'独畏皇上。'帝因谕鳌拜诸过恶，立命擒之。声色不动而除巨慝，信难能也。"

□"选小内监"擒扑说

康熙帝统率小内监戏擒鳌拜。姚元之在《竹叶亭杂记》载述："帝在内，日选小内监强有力者，令之习布库以为戏（布库，国语也，相斗赌力）。鳌拜或入奏事，不之避也。拜更以帝弱且好弄，心益坦然。一日入内，帝令布库擒之，十数小儿立执鳌拜，遂伏诛。"

□"亲王子弟"擒扑说

康熙帝统率亲王子弟擒鳌拜。《清史通俗演义》叙述得活灵活现：康熙帝"到慈宁宫内去见太后，泣述鳌拜不法情状。太后女流，无计可施，只用好言抚慰。究竟圣明天子，别有心思，他向各王邸中，选了百名亲王子弟，年纪多与康熙帝仿佛，一班儿练习武艺，研究拳术，将门之子，骨种不同，不到一年，都学得拳术精通，武艺高强，连康熙帝也得了一点本领。于是康熙帝不动声色，先封鳌拜为一等公，歇了数日，单召鳌拜入内议事。鳌拜欣然前往，到了内廷，见康熙帝端坐上面，两旁站立的，便是一班少年贵胄。鳌拜昂着头，走至康熙帝前……"于是，鳌拜就被擒扑了。

□ "内侍健童"擒扑说

康熙帝在南斋（后为南书房），召鳌拜入。内侍请鳌拜坐在三条腿椅子上，而以一位内侍在其后扶着椅子。命赐茶，先把茶碗煮于热水，上茶时，鳌拜接茶，茶碗烫手，砰然坠地。靠椅子的内侍乘势一推，鳌拜仆倒在地。康熙帝呼曰："鳌拜大不敬。"健童群起，擒扑鳌拜，交部论罪。这段摘自《南亭笔记》的记载，透露了一个细节，就是康熙帝擒扑鳌拜在内廷的书斋里，即后来的南书房。但有学者指出，这种"三条腿椅子"的说法纯属讹传。

可见，康熙帝这支"布库兵"是真实存在过的，各书记载相同，鳌拜应该是被"布库兵"所擒，不过各书记载的"布库兵"的成分却不同，是羽林军、是宫内太监、是亲王子弟，还是宫廷侍卫与拜唐阿，已经很难考证。但分析起来：其一，清朝没有羽林军；其二，清朝不许太监习武；其三，不会组织亲王子弟。那么，《清史稿·圣祖本纪》记载的由宫廷侍卫和拜唐阿组成的"布库兵"，趁鳌拜受召，独入内廷，毫无戒备，加以擒扑，既合乎情理，也比较可信。

是十四还是四

□ 篡改诏书，登基九五

当康熙爷在畅春园驾崩的消息传出时，大多数人惊愕地发现，最终登上大清王朝第五任皇帝宝座的，居然是之前一直相当低调的皇四子胤禛。

事实上，由于这一历史事实即使在当时也无人见证，因此无论是居庙堂之高的皇亲国戚王公大臣，还是处江湖之远的平头百姓荒野村夫，对事情的真相都无从得知；再加上牵涉到政治利益的得失，最终生发出形形色色关于雍正篡位的说法来。在这些传说中，雍正是踩着他的亲弟弟——皇十四子胤禵的肩头，通过篡改诏书的手段达到其目的的。

康熙五十七年（1718年）十二月的一天，皇城附近军乐震耳，锣鼓喧天，紫禁城内呈现出一片庄严肃穆。一支威风凛凛全副武装的大清精兵肃立在太和殿前，队伍前有人高举着正黄旗纛，上写"抚远大将军王"六个斗大的字，随后是一众旗帜，清道旗、飞虎旗、飞龙旗、飞凤旗；再后面是全副执事，金瓜、金斧、金天镫、金兵拳。在队伍的正中间，是一员罩袍束带，顶盔贯甲，手提马鞭，腰悬宝剑的大将，在马上端坐，昂然而行，好不威风！在他的后面，是随他出征的王公大臣，均全副戎装，不苟言笑，鱼贯而行。而朝中各亲王郡王、贝勒贝子、国公乃至二品以上大臣，均盛装朝服，站立队伍两侧，敛手肃立。这支军队打天安门出紫禁城，自德胜门一路向西，迤逦而去。

这位大将军是谁？正是康熙皇帝敕封的抚远大将军，由固山贝子一跃而为王爵的皇十四子胤禵。这一年，他只有30岁。

说起来，胤禵和皇四子胤禛都是德妃乌雅氏所出，乃是一母同胞的嫡亲兄弟。不过，由于胤禛从小被佟贵妃收养，而兄弟两人年纪也相差十岁，更兼胤禛自小禀性淡薄，因此兄弟两人反而不甚相得。胤禵倒是同八阿哥胤禩关系不错。在康熙末年的夺嫡斗争中，八阿哥一度是入主东宫的热门人选，围绕着他自然就形成了一个包括皇亲国戚和朝中大臣的所谓"八爷党"，而胤禵，自然也是这个党羽中的一员。

和胞兄胤禛相反，胤禵自小脾气火暴，是个直性子人，颇讲义气。康熙四十七年（1708年），胤禩由于谋夺太子之位被康熙厉声斥责，20岁的热血青年胤禵挺身而出，抗命为之辩解。康熙勃然大怒，险些挥剑要斩了这个儿子。这件事让胤禵挨了20板子，打得皮开肉绽。而自此之后，父子关系一直平平，似乎康熙并没有想要重用这个儿子。

不过朝堂之上的事情瞬息万变，自从八阿哥失势之后，"八爷党"迅速将重心转向了胤禵，试图通过他东山再起，谋取康熙的欢心，进而重登大宝。在八阿哥的造势下，朝野舆论逐渐转向了胤禵，胤禵也顺应时势，收起火暴的脾气，摆出礼贤下士、敬老尊贤的姿态。于是当时的清议对胤禵颇多好感之词。这些言语或多或少，传到康熙的耳朵里。于是，胤禵的机会来了。

康熙末年，策妄阿拉布坦在西北地区屡屡兴兵作乱，清廷久战不克。于是康熙决定派遣皇子统兵出征，打算一举克敌。在康熙的子嗣中，习武出色，能担当此一大任者有二人，十三阿哥胤祥与十四阿哥胤禵。无奈当时胤祥不知何故，早已被康熙高墙圈禁起来；于是这项任务就似乎是顺理成章地落在了胤禵身上。

从史料中对此时的记载中，可以看出康熙对于此事极其重视，因而给予了胤禵超乎规格的待遇。胤禵在太和殿亲自接受敕封和大将军印，策马扬鞭西征。这就是前文提到的威武雄壮的一幕。

经过四个多月的行军，第二年三月，胤禵率军到达西宁。战事进行得非常顺利，到这一年的八月，平定叛乱可以说是告一段落，胤禵的威名也传及西北各地。

应该说，康熙皇帝能够让胤禵率兵打这一场震动全国的战役，也说明了此时胤禵在康熙心目中的地位甚高。胤禵甫一抵达西宁，康熙便降旨给青海蒙古部首领，夸奖胤禵"确系良将……有带兵才能"，并叮嘱蒙古各部要听从胤禵的调遣。为了庆祝这场战役的胜利，康熙甚至起草御制碑文，勒石纪念。凡此种种，都说明康熙对胤禵的信任和欣赏。

其实胤禵也意识到了，历史在他面前展现了一个千载难逢的机会。他知道这次出征立功，是自己获得康熙青睐，争取荣登大宝的最佳方法。

康熙六十年（1721年）十一月，胤禵返回北京，向康熙帝面禀军情。他在北京待了将近半年的时间，于第二年的三月又返回军前。他恐怕没有想到，这是他最后一次见到他的父皇。仅仅半年以后，康熙就驾崩了，而他远离北京，只能眼睁睁看着雍正登上皇位。早知如此，他一定不会贸然离开北京的。

清代的野史对所谓的雍正改诏一事，有多种说法。有一种说法是康熙帝遗诏原文为："朕十四皇子，即缵承大统。"而胤禛预先知道了遗诏的内容和存放地址，便暗中进入畅春园，将"十"字改为"第"字，并且进而弑父，从而登上皇位。为了避免此类事情再行发生，雍正即位后下令，"以后凡宫中文牍，遇数目字，饬必大写，亦其絜矩之一端也"。

另一种说法则提到了隆科多与雍正勾结的内情。据说康熙的遗诏原文为"传位十四子"，并将这一遗诏交由隆科多保管，隆科多将"十"字改为"于"字，并隐匿了康熙病重时召胤禵来京的圣旨，于是雍正顺利即位。

还有一种说法提到，由于胤禵的名字繁体为"禵"，与胤禛的"禛"发音相同，字形也极其类似，因此雍正则在宗人府保存的玉牒上动了手脚，很轻易地把胤禵的名字改成了自己的名字，于是取而代之做了皇上。

□经不起推敲的传说

其实，这三种说法稍稍细加推敲，便可知都有问题，并不足以作为雍正改诏的铁证。

第一种说法的来源是清末反清志士的反清著作，其来源就甚为可疑；而且要将"十"字改为"第"字，又不使其看出涂改的痕迹，很难想到世上有人能做到这一点。故而不予讨论。

第二种说法是流传最广的一种，但其内情也非常可疑。理由有三：首先，按照当时官方的正式称呼，应称为"皇某子某某"；所以，"传位于四子"的正式写法应该是"传位于皇四子"——想要在诏书中加一个字，这恐怕是不可能的；其次，"于"的繁体字写法为"於"，在如此重要的文件中，没有道理使用日常的通俗文字，因此，改"十"为"於"就近乎不可能了；再次，退一万步讲，就算有人真的手眼通天可以将汉字改过，但清代统治者是满族，按例诏书要同时以满汉两种文字书写，满文的字符和文法与汉语不同，因此这改正起来便绝非可能之事了。

第三种说法似乎有一定的道理，但其实也有破绽。玉牒上胤禵的名字确实有涂改的痕迹，但这恐怕并不是雍正暗地为之。其实在雍正即位后便发下谕旨，要求其他皇子将名字中的"胤"改为"允"，而胤禵也被改名为"允禵"。这是因为在传统社会，有所谓避讳的讲究，即皇帝的姓名所用的字，不可以被他人使用，甚至是相近的字音字形也不可。因此胤禵的改名确有其事，却无法作为改诏的确实证据。

当然，还有一种说法，就是康熙遗诏干脆就是雍正自己编造的，全文从头到尾根本就没一句真话。那么现在放在故宫博物院的《康熙遗诏》中有一句话"皇四子胤禛，人品贵重，深肖朕躬，必能克承大统，著继朕登基，即皇帝位"，就是雍正事后加在遗诏上的。这一点，现在确实还无法加以证实或者证伪，只能留待历史学家的继续研究了。

总之，雍正皇帝即位了，但这个消息对远在西宁的胤禵——现在应该叫他允禵了——来说，却不啻是劈开八块顶门骨，浇下一盆雪水来。

雍正也深知手握重兵的允禵对他仍然构成威胁，因此刚刚即位，就立即下旨一道：

"西路军务，大将军职任重大，但于皇考大事若不来京，恐于心不安，速行文大将军王驰驿来京。"

虽说将在外君命有所不受，但被父亲猝死的噩耗打击的允禵，稀里糊涂地被召回北京。然而一转眼，允禵立刻被解除了兵权，被勒令留在康熙的墓地守灵。

雍正元年（1723年）五月，雍正下旨一道，把允禵好一通骂，接着轻描淡写地将他"进为郡王"，完全无视先帝爷赐予他大将军王的荣耀。雍正三年（1725年），又被降为贝子。到了雍正四年（1726年），干脆被禁锢在康熙陵寝，一并被监禁的，还有他的儿子。从此允禵在那里度过了10年的孤独岁月。直到乾隆即位，快50岁的允禵才被释放。从此担任些闲散职务。20年之后，他离开了人世。死后被谥为恂勤郡王。

□康熙相中了自己的孙子

关于雍正登基之谜，还有一种说法。传说之中，康熙帝看上的不是自己的四皇子，而是四皇子的四阿哥——爱新觉罗·弘历。

据说康熙在为立嗣问题大伤脑筋之时，武英殿修书总裁方苞曾给康熙出了个主意：看皇孙，有一个好皇孙，可保大清三代盛世。康熙便想起了弘历。

那一年是康熙六十一年（1722年），康熙帝跟自己11岁的孙子乾隆在圆明园"偶遇"了，其实这一偶遇并没有看起来那么纯粹。乾隆的父亲雍亲王胤禛并非等闲之辈，他看出自己的儿子弘历跟别的孩子不一样，就趁一次闲聊装作无意地跟康熙提起："您还有两个孙子从生下来都还没有机会一睹他们爷爷的圣颜呢。"康熙听儿子这样说，没有想太多，况且只是跟自己的孙子见面而已。事实上，老康熙并非看不出雍亲王要引荐两个孩子的意图，只是眼前自己的这个儿子也非平庸之辈，就算临时布置给他的任务，从来都能很好地完成，想必他想推荐的人定有值得一见之处。更何况，一享天伦对于此时的康熙也算一件欢喜之事，所以便欣然应允。于是便约定了时间、地点见见自己的孙子。

三月十二日傍晚，皇帝驾临牡丹台，品酒赏景。刚看到这两个孩子，康熙便不觉放下了手中的酒杯。弟弟弘昼倒没是给他留下太深的印象，但哥哥弘历却让康熙过目难忘。当时的弘历身材颀长，容貌清秀，眉宇间充满了灵气与淡定，相貌上就显示出与众不同。所以在行礼的时候，皇帝也特别注意了他。弘历行为敏捷得体，一点也没有这个年纪的孩子常有的紧张和局促，与跟在他身后的弘昼形成了鲜明的对比。

丰富的阅人经验告诉康熙，这个孩子绝对能成就一番大事。他慈爱地招招手，让弘历站到自己面前，开始询问他的功课。弘历便大方地背了几段经书，并全部清楚地讲解了一遍。这让康熙更加高兴，确定这是他见过的孙子当中，最出色的一个。但康熙毕竟是一朝明君，不能依靠所谓的感觉行事。清朝是一个封建的王朝，比较迷信生辰八字，康熙更是对此深信不疑，甚至还专门有一个比较认可的"罗瞎子"。所以牡丹亭见过弘历几日后，便命雍亲王写下弘历的八字给自己审阅。

批算的结果正如康熙所料，这孩子的八字果然与众不同。1929年故宫博物院文献馆首批公布的内阁大库档案中，有乾隆生辰八字，并附带了康熙六十一年时人的批语内容如下：

"辛卯（康熙五十年）、丁酉（八月）、庚午（十三日）、丙子（子时）。此命贵富天然，占得性情异常，聪明秀气出众，为人仁孝，学必文武精微。

幼岁总见浮灾，并不妨碍。运交十六岁为之得运，该当身健，诸事遂心，志向更佳。命中看得妻星最贤最能，子息极多，寿元高厚，柱中四正成格祯祥。"

按古代命相理论，乾隆的八字，天干庚辛丙丁，火炼秋金，是天赋甚厚的强势命造，术语称为"身旺"；地支子午卯酉，局全四正，男命得之，为驷马乘风，主大富贵。

所以又过了几天，康熙又一次驾临圆明园，一顿饭后，宣布了一个影响历史的决定：将弘历带回宫中养育。此前，康熙仅见过这个小孙子一次，但因为弘历给他的印象与众不同，处事不惊慌、不争夺，容貌清秀，充满灵气，加上弘历与众不同，或者说具有帝王之相的八字，促使他最终做出了这样的决定。而雍正，也便"父因子贵"，顺理成章地登上了皇位。当然这只是一个传说，事实究竟是怎样的，也只能是一个谜了。

康熙帝驾崩之说

□圣祖之死

康熙六十一年（1722年）十一月十三日晚，69岁的康熙皇帝在畅春园龙驭宾天。

十一月戊子，上不豫，还驻畅春园。甲午，上大渐，日加戌，上崩，年六十九，即夕移入大内发丧。

——《清圣祖实录》

然而，这几句看似平淡的话背后，却隐藏着一桩波谲云诡的历史疑案。自康熙四十七年（1708 年）起，皇太子初次被废，继而九子夺嫡，宫廷之中暗流涌动。最终，号称"天下第一闲人"的四阿哥雍亲王胤禛脱颖而出，几乎是出乎所有人的意料登上大宝。自此之后，关于雍正帝皇位来路不正的说法层出不穷，而围绕着这一中心论点，又生发出无数雍正为达成目的不择手段的议论。甚至连康熙之死也因此未能盖棺论定，反而引出了关于雍正是否弑父夺位的争论。

这种争论的产生要从康熙的病情说起。

康熙大帝一生奔波劳碌，从 8 岁懵懵懂懂被推上皇位开始，诛鳌拜，平三藩，统一台湾于南海，退沙俄于东北，一生文韬武略。到了五十而知天命的年纪，康熙帝本以为四海初平，霸业初定，于是六下江南，享享清福。谁料祸起于萧墙之内，不争气的太子胤礽废而复立，立而复废，从此储位虚悬，引发九子夺嫡，宫廷之内刀光剑影，血雨腥风。儒家有修齐治平之说，可叹康熙大帝，空有治国平天下的雄才大略，却短于齐家，不得已与诸皇子斗智斗勇，难免心情郁闷，元气大丧，疾病缠身。

这一点在《清圣祖实录》有明确的记载。康熙四十七年冬天之后，他的健康状况就每况愈下了。具体症状有心悸、眩晕、腿脚水肿，手颤头摇，另外似乎还有中风偏瘫的迹象：右手也不听使唤了。

康熙变成这个样子，完全可以理解，他深深地担心自己那些为了皇位争得头破血流、杀红了眼睛的儿子，更担心他们会把方兴未艾的大清王朝搞得一塌糊涂。他曾经不无悲哀地说："日后朕躬考终，必至将朕置乾清宫内，尔等束甲相争耳！"

此后的十几年中，康熙一直忍受着各种慢性疾病的折磨，拖着病体夙兴夜寐地处理政务军务。到康熙六十一年冬，康熙帝在南苑行猎时，出现了大风降温天气。俗话说得好，来时风火去时病。年届古稀的康熙帝受寒病倒，出现了疑似肺炎的症状。病情来势凶猛，康熙帝迅即返回畅春园静养，经过两天的调理，病情似乎有所好转。然而就在一天之后，即康熙六十一年十一月十三日，康熙帝猝然离世。

□弑父传闻

那么在康熙皇帝生命最后几天这个紧要的关头，未来的雍正皇帝，当时的雍亲王四阿哥胤禛在做什么？

根据史料记载，在这期间，康熙皇帝命他做了一件似乎意义极为重大的事情：赴天坛代行祀天大典。

古人云："国之大事，惟祀与戎。"从代行祀天大典一事中，似乎可一窥康熙皇帝对这个四儿子是颇为信任的；然而，当时仍然有另一位负责"戎"的大将军王十四阿哥胤禵在西宁出兵走马与罗卜藏丹增斗得不亦乐乎。因此似乎也不能简单断定康熙皇帝圣心已然默定。

值得注意的是，康熙皇帝在驾崩的当天，在病榻上曾经三次召见雍亲王入宫问安。据《清圣祖仁皇帝实录》记载："皇四子胤禛闻召驰至。巳刻，趋进寝宫。上告以病势日臻之故。是日，皇四子胤禛三次进见问安。"

从这段记载看来，这一天康熙帝的病情似乎趋于稳定，健康状况一度好转，而雍亲王也颇为尽孝，看上去似乎其乐融融，父慈子孝，风平浪静。

但是傍晚时分，大变陡生。皇宫内苑传来凄厉的呼号之声，人们来来往往都神色惊惶，似有不安之状。士兵们严加戒备，举止慌乱，如临大敌。

当时在中国传教，任职于清廷的意大利传教士马国贤在其回忆录中有如下的文字：

1722 年 12 月 20 日，在我们居住的国舅别墅中吃过晚餐，我正与安吉洛神甫聊天。突然，仿佛是从畅春园内，传来阵阵嘈杂声音，低沉混乱，不同寻常。基于对国情民风的了解，我立即锁上房门，告诉同伴：出现这种情况，或是皇帝死了，否则便是京城发生了叛乱。为了摸清叛乱的原因，我登上住所墙头，惊讶地看到，无数骑兵在往四面八方狂奔，相互之间并不说话。观察一段时间后，我终于听到步行的人们说，康熙皇帝死了。我随后被告知，当御医们宣布无法救治时，他指定第四子雍正作为继承人。雍正立即实施统治，人们无不服从。这位新帝首先关心的事情之一，是给他死去的父亲穿衣。当夜，他骑马而行，兄弟、孩子及戚属们跟随着，在无数佩戴出鞘利剑的士兵护卫下，将其父亲的尸体运回紫禁城。

这并不是正常的情况，然而，无论是当时还是以后的官方文件中都没有提到此种异状。

其实从现代医学的角度来看，康熙皇帝的直接死因，应该是长期的心脑血管疾病在肺炎的刺激下突然发作。对于一个风烛残年的老人来说，此类并发症无疑是致命的。但是，受到当时的医疗水平所限，康熙皇帝的猝死，显得极其神秘，难免会议论纷纷，再加上畅春园周边不寻常的景象，雍正用不正当手段弑父夺权的传闻自然不胫而走。

在雍正七年（1729 年）的曾静谋反案中，曾静曾经招供说，他听说"圣祖皇帝畅春园病重，皇上进一碗人参汤，圣祖就驾崩了"。

当时，民间对这一事件众说纷纭，曾静的说法仅是其中的一种而已，另外有一种流行的说法则是这样的：

胤禛遂以一人入畅春园侍疾，而尽屏诸昆季，不许入内。时玄烨已昏迷矣。有顷，忽清醒，见胤禛一人在侧，询之。知被卖，乃大怒，投枕击之，不中，胤禛即跪而谢罪。未几，遂宣言玄烨死矣。胤禛袭位，改元雍正。以后凡宫中文牍，遇数目字，饬必大写，亦其挈矩之一端也。

这种说法见于晚清时革命党人的著作中，彼时反清兴汉之思潮甚浓，因此这故事只能是聊备一格，不能过于当真。而有趣的是，在这个故事的有些版本中，康熙砸向雍亲王的并不是枕头，而是手上的玉佛珠；而雍亲王则将计就计，将玉佛珠说成是康熙传位于自己的证明。

总之，雍正弑父的说法越传越烈。尽管雍正对这一指控矢口否认，但他即位以后的种种行为却疑窦丛生，简直是在用实际行动向世人证明他弑父的合理性。

□雍正辟谣之中的疑点

雍正在即位后曾经多次在不同场合提到先帝爷对自己的慈爱之情和培育之恩，甚至不无自豪地声称自己是康熙最看好的儿子。在他的描述中，他和康熙之间父慈子孝，关系至为亲密。然而，在实际行动中他却似乎处心积虑地要处处避开康熙曾经工作生活过的地方。无论是远离康熙所住的畅春园而另起圆明园，还是驾崩后葬于清西陵，都是如此。笃信佛教的雍正是一个相信怪力乱神的人，因此，他的这些举动似乎可以有一种解释，就是他自感对不起康熙皇帝。

另外，雍正在即位之后对亲信和亲戚的处理，难免让人有兔死狗烹之感。年羹尧和隆科多都是其股肱之臣，在野史和民间传说中，亦是帮助雍正在皇位争夺中胜出的重要人物，然而均被雍正罢职削官，甚至处死；而雍正的骨肉凉薄也是出了名的。康熙驾崩后留下的十几个成年皇子在雍正治下动辄得罪，特别是曾经参与皇位争夺的几位阿哥更是不得好死，这甚至涉及雍正的亲弟弟和子息。更有甚者，民间甚至流传着雍正其母被其所逼撞柱而死的传闻。

总之，康熙就这么驾崩了，雍正从重重迷雾中走来，登上了大清帝国的皇位。

第五章
勤政皇帝——雍正

雍正帝继位之谜

□改诏篡位说版本众多

认为雍正帝是改诏篡位的人很多，并且说法也各有不同。有人说，康熙帝在弥留之际，留下遗诏："传位十四子"，交给国舅隆科多。而执掌当时京城兵权的隆科多，正是胤禛的心腹，二人勾结，将"十"字改为"于"字，于是，遗诏成了"传位于四子"，胤禛顺利当上了皇帝。还有人说，康熙帝在畅春园病重时，胤禛献上了一碗人参汤，他喝了以后就归天了，然后他和隆科多勾结，伪造遗诏顺利继位。也有人说，康熙帝晚年已决定将皇位传给十四子胤禵。康熙帝病重时，传旨急召胤禵返回，但是，这道圣旨被隆科多截留，没能传出去。因此，康熙帝死时，胤禵还远在千里之外的西北，隆科多假传圣旨，立雍正为帝。

除了以上几种说法，野史中还有一种传说：康熙帝临终时急召大臣入内，久无人至。后睁眼一看，发现皇四子胤禛立在跟前，康熙帝大怒，抽出枕边的玉如意向胤禛掷去……并不久驾崩。胤禛拿出早已篡改的遗诏，顺利登基。

不管是哪种说法，都认为雍正帝是通过改诏或者捏造诏书而篡夺皇位的。支持这种观点的人认为，雍正帝之所以能够成功，一方面源于隆科多掌握着京城兵权和宫廷禁卫军，康熙帝驾崩后，立即把京城中诸皇子监视了起来，控制了京城局面；另一方面，当时康熙帝准备传位的皇十四子胤禵还远在西北边疆，受到了手握重兵的四川总督、胤禛的另一死党年羹尧的牵制，无法兴师反击。而隆科多是雍正帝的亲舅舅；年羹尧则是雍正帝的妻兄，他们帮助雍正帝完全在情理之中。

当然这只是野史所言，史书上对雍正帝的继位则是这样记载的：康熙帝临终，召诸皇子及文武大臣，宣布"皇四子人品贵重，深肖朕躬，著继朕登基，即皇帝位"。持雍正帝改诏篡位说的学者普遍认为正史上的记载，全系伪造，并不可信。有关学者还通过研究，列举了一系列雍正帝即位的可疑之处，作为自己的论据。

清世宗雍正帝像

从有关史料看，康熙帝对胤禛并不十分看好，几乎从没有派他做过什么大事。康熙帝生前甚至对他喜怒不定、遇事急躁的缺点十分反感。虽然他后来说佛谈道，戒急用忍有所改正，但是爱民如子的康熙帝仍会考虑是否把一个国家托付给一个"喜怒无常"的人。而1715年，重新崛起的蒙古准噶尔部进兵西藏，威胁甘、北、滇等西北、西南大片领土时，康熙帝派胤禵出任抚远大将军，统筹西北事务，明显表现已经心仪由胤禵为继承人。胤禵出征西北，直到康熙帝病逝，都仍是朝中一等一的大事。可是《清实录》中对此记载极少，这很让人怀疑是雍正帝继位后，大量删除康熙帝时记录的结果。即便如此，仍能从中看出康熙帝让胤禵担任如此要职，确实含有提高他在群臣中威望的意思。甚至在战事后期，康熙帝病情加重，曾指示胤禵通过和谈暂时休战，迅速返京，但和谈尚未结束，康熙帝突然驾崩，给雍正帝制造了机会。从朝中大臣和诸王子的反映来看，也都倾向于皇十四子继位，这至少也代表了部分人心所向。

《清圣祖仁皇帝实录》中记载康熙帝临终的当天，"皇四子胤禛闻召驰至。巳刻（早上九点到十一点之间），渐进寝宫。上告以病势日臻之故。是日，皇四子三次进见问安"。这段记载，说明康熙帝当时还十分清醒，一天内曾三次召见了胤禛。如果这些事实为真，恰恰证明康熙帝并无意传位于他，否则为什么三次见面都没当面告诉由他继承大统呢？其中正史还记载，康熙帝在临终的当天（十三日），寅刻（夜里三点钟到五点钟），召皇三子、皇七子、皇八子、皇九子、皇十子、皇十二子、皇十三子共七位阿哥和理藩院尚书隆科多进宫，向他们宣谕："皇四子胤禛，人品贵重，深肖朕躬，必能克承大统，著继朕登基，即皇帝位。"这难免让人疑问，这么重要的事情，为什么却不告诉皇位继承人本人呢？再说，如果真有其事，诸位皇子还至于在得知雍正帝继位后，个个失态、吃惊不已吗？还至于雍正帝自己出来写什么《大义觉迷录》为自己的继位辩护吗？所以这些记载，很可能根本就是无中生有的谎话，是雍正帝继位后编造出来的。

还有一个疑问：康熙帝病逝后为什么由隆科多单独向胤禛宣布遗诏？并且这么重要的遗旨，在宣布时为什么不召集王公大臣和其他皇子到场？这种明显的暗箱操作，怎能不让人怀疑？有的学者就认为，这个康熙帝遗旨是篡改的，是假的。另外"康熙帝遗诏"自然应该在康熙帝去世前就已经定稿并经过康熙帝审定，也自然应该在康熙帝逝世后马上宣读，为什么到十六日才公布？不管怎样解释，都难以自圆其说。还有康熙帝驾崩的噩耗传出后，京城九门关闭6天，诸王非传令旨不得进入大内。这是为什么呢？如果确实有康熙帝遗诏在手，明确指明由皇四子继位，至于如此吗？

其实，野史笔记中的某些说法，也并非全是捕风捉影、无稽之谈。比如皇子的书写格式，在雍正帝以前，都写成四皇子、十四皇子的格式；自雍正帝以后，改为了皇四子、皇十四子，这说明了什么？由此，传说把"传位十四皇子"，是完全可以改为"传位于四皇子"的。当时隆科多掌握着禁卫军，完全有可能勾结雍正帝，里应外合篡改诏书，假传圣旨，甚至不排除在康熙帝的饮食中下毒。历史上，秦朝宦官赵高不就成功篡改诏书，拥立胡亥当了皇帝吗？以雍正帝后来对待兄弟的残忍看，这种可能完全存在。

雍正帝对待诸兄弟的残忍，仅以他缺乏宽大之心是解释不通的。联系康熙帝临终时的情景看，很可能康熙帝逝世后，由隆科多出面召诸皇子入畅春园并将他们软禁，随后雍正帝装着不知情的样子从外面匆匆赶来，隆科多宣皇四子入内，宣告篡改的遗诏。由于诸皇子在畅春园受到了隆科多的武力威胁，或者他们发现了雍正帝继位的许多可疑之处，诸皇子怨言四起，表示出强烈的不满或者不服。正因此，雍正帝才痛下杀手，对诸兄弟残酷地杀害或者监禁，借以杀人灭口。

年羹尧、隆科多与雍正帝的关系也颇多可疑之处。从史料上看，雍正帝继位后，隆、年二人位置极尊，权力很多，当时任官有"隆选""年选"便是由隆、年二人任命。由此，可以看出雍正帝与这二人关系之密切。年羹尧早期在致胤禛的一封信中写道："今日之不负圣上，他日不负王爷。"这证明他早就是胤禛的死党，并且把康熙帝和仅仅还是雍亲王的胤禛并列，完全可以看出二人非同寻常的关系。雍正帝登基时，胤禵不敢轻举妄动，是认真考虑了年氏手下大军的牵制作用的。但是随着雍正帝皇位的巩固，这两个可能知道雍正帝夺位内幕的权臣，渐渐为雍正帝所不能容。隆科多后来陆续将家产转移到亲朋家中，以防雍正帝抄家，他还说过这样一句话："白帝城受命之日，即是死期已至之时。"似乎对自己的命运有所预感。不出所料，后来果被雍正帝宣布41条大罪，投入监狱致死。年羹尧也被雍正帝找借口杀掉了。

雍正帝死后不埋在顺治帝和康熙帝所在的清东陵，而是埋在清西陵也颇值得玩味。雍正帝为什么要另辟葬地呢？有人认为雍正帝之所以不"子随父葬"，是自觉得位不正，不愿意，也没脸面与地下的皇父相见，因此才另建了清西陵。

经过清史专家王钟翰等通过比较存世的几分满文和汉文诏书，进一步确定《康熙帝遗诏》是参照康熙五十四年（1715年）十一月二十一日谕旨加以修改而成的。康熙帝曾说过："此谕已备十年，若有遗诏，无非此言。"因而这份诏书可能确实为伪造。

但是，也有不少史学家提出了针锋相对的观点，认为康熙帝确实遗诏雍正帝继位，雍正帝继位名正言顺，并且将他的诸多恶名——昭雪，彻底为雍正帝平反。

□遗诏继位说

后世还有相当一部分人认为雍正帝本来就是康熙帝心仪的皇位继承人，是遵遗诏即位的，根本不应该对此有什么疑问。

这样的结论是从康熙帝最后十年的有关情况分析中得出的。在康熙帝的诸位皇子中，前太子胤礽被废黜后，最有实力角逐皇位继承人的主要还有皇长子胤禔、皇四子胤禛、皇八子胤禩和皇十四子胤禵。其中胤禔在太子第一次被废后，曾竭力谋取储位，遭到康熙帝的严厉斥责，随后又发现他用厌胜术诅咒太子，甚至建议康熙帝杀掉胤礽，康熙帝对其彻底失望，下令将他永远囚禁。他由此失去了角逐皇位的机会。八子胤禩，聪明能干，有胆有识，党羽广布，在当时确实有成为继承人的可能。但是，操之过急的他，曾发动群臣在皇父面前举荐自己，从而弄巧成拙，引起了康熙帝的震惊和不满。其后，康熙帝知道胤禩也有谋杀太子的意图，斥责他"自幼心高阴险"，不守本分，"妄蓄大志"，不讲臣弟之道，甚至说他"想杀二阿哥（胤礽）未必不想杀朕"。这说明康熙帝对他已经感到恐怖和反感，他的爵位也一度被革除，争夺帝位已经无望。

皇十四子胤禵为胤禛同母弟，在康熙帝晚年，他的地位提升极快，在震抚西北动乱中，他出任抚远大将军，确实成为满朝瞩目的人物，也使他成为一个可以和胤禛匹敌的可能皇位候选人。但是，令人生疑的是，如果说1718年让胤禵到西北指挥对准噶尔的战斗，是为了让他建功立业、树立威信，那么为什么1721年将立战功的胤禵召回北京述职后，第二年在自己体弱多病的情况下，又让他重返前线，这显然表明皇位不是要传给胤禵的，否则，以康熙帝之英明，怎么会料不到一旦自己驾崩，不管留下多长时间的权力真空，都有可能引发争夺帝位的内乱。所以，康熙帝器重皇十四子不假，要传位于他未必是真。

在这些人逐一被排除后，最有可能成为皇位继承人的便是胤禛。不管别人如何评价，雍正帝为了谋取皇位韬光养晦也好，费尽心机地表现也好，毕竟他确实赢得了康熙帝的称誉。他根据心腹戴铎的建议，适当展露才华，而又克制内敛，不露锋芒，以免引起皇父猜忌。并且友爱兄弟，"不拉帮""不结派"，对诸兄弟一视同仁。另外，他紧紧围绕"诚孝"大做文章，如诸皇子为争夺皇位大打出手、磨刀霍霍时，他置身事外，一味表现出对皇父的"诚"和"孝"。如太子初次被废，康熙帝大病一场，他入内奏请太医并亲自监视药方，服侍父皇吃药治疗，并劝慰父皇。康熙帝后来就传谕表扬他："当初拘禁胤礽时，并没有一个人替他说话，只有四阿哥深知大义，多次在我面前为胤礽保奏，像这样的心地和行事，才是能做大事的人。"并说："四阿哥体察朕意，爱朕之心，殷勤诚恳，可谓诚孝。"再者，对于皇父交给自己的差事，他总是一丝不苟、兢兢业业地做好，并且做事雷厉风行，奖惩分明，严猛相济，效率极高。

这种鲜明的做事风格，对于校正康熙帝晚年政务废弛、积弊丛生的政治、经济局面是十分必要的。主张宽仁的康熙帝，在晚年选择严猛施政的雍正帝，正体现了一个明智的政治家的选择。最后，针对一次康熙帝提起他喜怒不定、遇事急躁的缺点，雍正帝很早就开始注意纠正，甚至通过谈佛论道、一心向佛的表现来证明自己。

1702年，当康熙帝旧事重提时，雍正央求皇父说："经父皇教诲已经改正，现在我已经30多岁了，请你开恩将谕旨中'喜怒不定'四字不要记载了吧。"康熙帝于是同意，因谕："此语不必记载！"由此雍正帝十分完美地在父皇面前回避了自己的弱点，彰显了自己的长处。康熙帝给雍正帝王爵赐号"雍亲王"中的"雍"字，含义极为丰富，大约就有和睦之意。雍正帝的治国之才，不结党、诚孝、有能力，完全符合康熙的太子标准，是诸王子中最有资格继承大统的。

康熙帝晚年，对胤禛的信任和器重与日俱增，生病期间，多次派他到天坛代行祭天大典。要知道康熙帝对祭祀，特别是祭天是十分重视的，历来视为国之大事，在身体允许的情况下，断不会委托他人。从派胤禛代替自己主持祭天，就足以看出对他的认可和信任。

另外，康熙帝作为一个多子多孙的皇帝，在众多的孙子中，最为宠爱胤禛的儿子弘历（即后来的乾隆帝）。据说，他晚年每次围猎都要带上这位聪明伶俐的孙儿。康熙六十一年（1722年），康熙帝见到弘历的生母，连连称她是"有福之人"。虽然说以康熙帝之英明，不可能仅仅因为想传位给心爱的孙子，而选择孩子的父亲为皇位继承人，但是至少可以说这也是促成雍正帝继位的有利因素。

至于雍正帝进献人参汤毒死了康熙帝，也是齐东野语之论。首先康熙帝防人的警惕性很高。皇太子首次被废黜，就源于他在帐篷的缝隙里偷看康熙帝的动静，被康熙帝发现，认为有谋害自己的企图。此后康熙帝更是加强了自我保护，怎么可能让皇子随便害自己。其次，有资料证明，康熙帝认为北方人的身体，不适宜吃人参，并在多种场合说过这种话，胤禛作为善于猜测父皇之心的皇子，怎能不知道这一点。再次，按照清廷制度，皇子不能随意进宫，更不能进出皇上寝宫。即使被宣诏进入寝宫，也有太监在旁边，所以胤禛谋害父皇的可能性极小。

野史中说雍正帝勾结隆科多把康熙帝"传位十四子"的遗嘱，改成了"传位于四子"的说法，也是不大可能的。当时的繁体字的"于"写作"於"，"十"字很难改成"於"字。并且在清代，皇帝发布的官方文书都是满、汉文合璧，即使汉文的"十"字可以改成"于"，满文怎么改？况且，康熙帝病重诸皇子肯定都十分关注，甚至相对于远在天坛斋所的雍正帝来说，他们得到康熙帝驾崩的消息可能更早。事实上，等雍正帝赶到畅春园时，诸多皇子都已经赶到，他们不可能给时间让雍正帝和隆科多密谋并篡改诏书。再说，隆科多也是胤禵的舅舅，他不至于为雍正帝夺得皇位而冒险把"十"改成"于"，倒可能是受到康熙帝的临终嘱托，出来辅佐胤禛的。所以，说雍正帝勾结隆科多篡改遗诏的说法是站不住脚的。

《清圣祖仁皇帝实录》中明确记载，康熙帝临终前召见了6位皇子和隆科多等人，宣谕，"皇四子胤禛，人品贵重，深肖朕躬，必能克承大统，著继朕登基，即皇帝位"应该是真实的。虽然有人说这是伪造的，但是也只是一种说法，并没有强有力的证据可以肯定它确实是不可信的。据说，康熙帝召见几个皇子的同时，下旨让雍正帝从天坛赶到康熙帝寝宫，显然是要把皇位交给他。另外，在皇子们还在世时，雍正帝不可能编造康熙帝召见皇子们的事，否则不一下子就被揭穿了吗？可至今也还没发现有人揭发他的档案材料。

至于康熙帝驾崩后关闭京城九门6天，也可能是因为以一纸遗诏继位不符合清朝的惯例，为了避免引起内部混乱和恐慌，才做出如此决定的。之所以遗诏没有在当天宣读也可能事出有因，但并不能以此作为雍正帝篡位的证据。

许多野史传说认为，雍正帝即位后杀兄屠弟的凶德恶行，正是出于掩盖篡位劣迹的考虑，这似乎也有待商榷。首先，皇长子胤禔、废太子胤礽都是在康熙帝的时候已经被囚禁了，雍正帝只是遵循康熙帝生前的谕旨办理。对于胤礽，雍正帝对他还是不错的，登基的时候就封他的儿子弘皙为郡王，允许他到康熙帝灵前哭祭。还派人给胤礽送去衣食和医药，令其大为感动。其次，雍正帝对皇八子胤禩、皇九子胤禟以及自己的同母弟皇十四子胤禵确实十分残酷，雍正帝之所以留下残害手足的恶名也并非冤枉。不过细细分析，这也是由多种原因造成的。这三个皇子在当时党羽广布，势力都很大，对雍正帝这位新君极不尊重。胤禩向朝臣亲友散布对雍正帝继位的质疑和不信任，公开说雍正帝会杀他，与新君对立的态度明显；胤禟的母亲宜妃不顾礼节，在雍正帝生母德妃之前跑进康熙帝灵堂，全然不把雍正帝放在眼里；胤禵对雍正帝继位更是大为不满，行为放肆，以至连胤禩都提醒他收敛点。在这种背景下，雍正帝显然敏感地意识到了他们对自己皇权的威胁，因此才相继对他们罗织罪名，囚禁或者杀害。

这也是对诸皇子多年来储位之争的总清算，再说这种骨肉相残可以上溯到清太祖时期，也并非雍正帝首开先河。

当然，雍正帝对胤禩、胤禟罗织重重罪名，又分别逼他们改叫"阿其那"（满族语是狗的意思）和"塞思黑"（满族语是猪的意思）的侮辱性名字，确实彰显了雍正帝的残暴、狭隘以及缺少宽容。但不管哪位皇子继位，出于对自己皇位的考虑，可能都会如此。因此，把雍正帝的凶德恶行归咎于他为了掩盖篡位之实，无疑也有"先验论"的嫌疑。

雍正帝杀掉隆科多和年羹尧是为了消灭篡位的活口，也只是一种推测的说法。其实，前面已经有所分析，隆科多与雍正帝合谋篡改遗诏的可能性极小，他的功劳主要也就是口传遗命，帮助雍正帝顺利登基，并在初期保护了雍正帝的安全。年羹尧虽然为雍正帝旧人，但关系也并非像传说的那样密切。至于说年羹尧在川陕总督任上，钳制了抚远将军胤禵，也并非事实。因为，胤禵离京千里，起初根本不知京中变故（因为隆科多在局面稳定以前，曾封锁京城，不准出入），后奉旨进京，当然不会发生兵变。雍正帝起初与这二人关系密切，完全是出于对权臣的笼络，并非传说的他们在篡位中立了大功。后来，年羹尧平定青海之后，恃功自傲，骄横跋扈，在军队中树立起了自己的绝对权威。他的举动让雍正帝起了疑心，这才是他在1724年被杀的直接原因。而隆科多则是众大臣共同揭发了40多条大罪，被软禁而死的，并非雍正帝故意杀他的。所以，这二人的死，并不能作为雍正帝篡位的证据。

至于把雍正帝没有遵循"子随父葬"，作为篡位旁证也是牵强附会的。比如皇太极的昭陵是在沈阳，而顺治死后就没有与他一起葬在昭陵；虽然雍正帝的墓在清西陵，其子乾隆帝的墓却在清东陵。况且如果雍正帝因篡位死后无颜见康熙帝，那他也不敢进太庙才对，因为太庙是皇帝祭祖的地方，那里供奉着清朝历代先帝的灵位，按当时迷信说法，在那里雍正帝不是还能见到康熙帝和他的祖先吗？

因此，通过以上分析，雍正帝继位合情合理、名正言顺。之所以后来会闹得满城风雨，除康熙帝未立太子以及以一纸遗诏继位不合传统外，可能还源于那些争夺皇位失败的皇子以及余党在社会上广布谣言，对雍正帝继位提出诸多质疑，从而使雍正帝非法继位的传言越来越多，真假莫辨。

当然雍正帝对诸兄弟的迫害以及杀害功臣的举动，使他的形象极为不好，这也促使了许多人倾向于雍正帝改诏篡位的说法。当然，这也只是一种说法而已。

□无诏夺位说

说雍正帝改诏篡位，有许多矛盾无法解释清楚，难以自圆其说；说他奉诏继位，也没有真正有力的证据，并且漏洞百出。事实上，如果康熙帝真有遗诏传世，断不会弄得谣言四起，众说纷纭，诸皇子也不致表现出如此不满的情绪。所谓的"康熙帝遗诏"很可能是后来伪造的。而雍正帝改诏通过上面分析可能性极小，并且很可能根本就没有遗诏，改什么呢？所以，康熙帝究竟是心仪皇四子还是皇十四子也不是问题的关键，也许他根本就没有想到自己会突然死去，也就根本没有明确表态由谁继位。在这种情况下，雍正帝凭着自身的优势，在隆科多这个关键人物的帮助下，抢得了皇位。由此，既不能说是雍正帝改诏篡位，也不能说是他奉诏继位，只能说在这场前前后后长达40余年的皇位争夺战中，他凭着自己的阴险狡诈（或者说智慧），取得了最后的胜利，并通过自己严酷的手段巩固了这份胜利。这种观点调和了前两种观点，似乎也有道理。

至于雍正帝继位的真实历史内幕恐怕很难说得清楚，如果是改诏篡位，作为胜利者的雍正帝，自然会销毁所有可能的证据；如果是正常继位，为何自他继位起，民间就开始广泛流传如此众多的非法继位的种种传说呢？他继位前后的一系列异常之举，也确实令人生疑。也正因此，雍正帝继位至今仍是难有定论的历史悬案，更是清朝历史上最耐人寻味、最扑朔迷离的难解之谜。

时至今日，这一历史疑案不但是史学界激烈争论的历史问题，更成为文艺界争相炒作的题目。

《大义觉迷录》，解释还是掩饰

□反贼罪证，《大义觉迷录》的由来

雍正六年（1728年），秋，西安城。

一顶八抬绿呢大轿正晃晃悠悠地向总督衙门行进，轿上坐的非旁人，正是大清王朝三等公爵、参赞军机大臣、陕甘总督岳钟琪。

岳钟琪的轿子眼看就要进入总督衙门了。这时候，斜刺里忽然窜出一个儒生打扮的中年汉子，手捧一封书信高声喊喝，说有重要书信要递交岳公爷钧鉴，并有机密要事言谈。一时间，护卫兵丁乱作一团，各拉刀剑，将这人团团围住。岳钟琪毕竟是指挥千军万马的大将，倒显得颇为镇定。一摆手叫众兵丁散开，吩咐下人将书信拿来，只见信封上大书"南海无主游民夏靓张倬"几字，岳钟琪眉头一皱，命人将这献书之人暂且安置在签押房严密看管，随后携书信头也不回地快步走进了衙门。

信封上这两位看着和武林高手一样的人是谁呢？其实，这只是两个化名，真名应该是曾静和张熙。这曾静是郴州永兴人，是个累试不第的钝秀才，明清两代，这种人的出路无非是小吏、讼师、教书先生。曾静选择了最后一种，设馆授徒。张熙便是他的得意弟子之一。

曾静是典型的乡野腐儒，满脑子的儒家正统学说，例如"夷狄之有君，不如华夏之无也""为富不仁矣，为仁不富矣"等等。有趣的是，曾静颇有些柏拉图"哲学家为王"的想法，他认为：

皇帝合是吾学中儒者做，不该把世路上英雄做。周末局变，在位多不知学，尽是世路上英雄，甚者老奸巨猾，即谚所谓光棍也。若论正位，春秋时皇帝该孔子做；战国时皇帝该孟子做；秦以后皇帝该程、朱做。明季皇帝该吕留良做。如今却被豪强占据去了。

——清·吕留良《吕晚村文集》

吕留良，浙江崇德人，生于1629年，少年时代正好目睹了明亡清兴的历史进程，从此以明末遗少自居，曾经散尽家财谋求反清复明。但令人大惑不解的是，他还参加了1659年的科举考试，并中了秀才，在时人看来，这也算得上

"变节"之举；不过后来多次考试始终未能中举，大概是受了刺激，决心隐逸不仕，在家设馆授徒，闭门著述，居然在学术界颇有名气，被尊称为"东海夫子"。到了晚年，浙江官员几次三番推举他参加博学鸿词科，他坚决不干，后来干脆当了和尚，于 1683 年逝世，享年 55 岁。

很早，曾静就对吕留良有了仰慕之心，曾经在 1727 年派张熙去浙江拜访吕家，访求遗著，从吕子处得到了吕留良的手稿。曾静反复阅读这些书稿，"始而怪，既而疑，继而信"，发现和自己的想法完全吻合，不禁对吕留良崇拜万分，简直把他当作圣人一般的存在。天长日久，曾静难免有"纸上得来终觉浅，绝知此事要躬行"的冲动，和弟子一商量，就决定造反。

"秀才造反，三年不成。"手里没兵，如何是好呢？师徒几人便想到了"忠烈之后"岳钟琪，曾静便修书一封，这信里无非是强调华夷之辨，认为满族人是蛮夷，不足以统治中华；而雍正帝残暴不仁，列举他种种"恶行"：谋父、逼母、弑兄、屠弟、贪利、好杀、酗酒、淫色、怀疑诛忠、好谀任佞，更兼阴谋篡位。而岳钟琪是忠烈之后，理应精忠报国，继承先人遗志，云云。这信写好之后，张熙自告奋勇，变卖家产，和堂叔张勘两人千里迢迢奔赴西安，打算以三寸不烂之舌，对岳钟琪晓之以理、动之以情。走到半道，张勘越想越不对劲儿，见空溜之大吉；只剩张熙一个人来到西安，于是就有了前文衙门投书的一幕。

可以想象，岳钟琪看完这封信的心情是多么复杂。本来自己这个陕甘总督就是战战兢兢如履薄冰，生怕皇帝哪天一个不高兴把自己搞掉，哪里能容得下再有这种大逆不道的帽子扣在自己脑袋上。这事儿稍有个含糊，脑袋准得搬家，全家都不得幸免。于是，岳钟琪当机立断，一方面飞马密奏雍正此案，一方面严刑拷打张熙，希望能顺藤摸瓜，将逆党一网打尽。

然而张熙骨头很硬，任凭严刑拷打，居然一语不发，这让岳钟琪很是头疼。岳钟琪很明白，如果此事不能尽快解决，一旦传扬开来，言官的折子一上，自己就很被动了，然而一时之间，却又无计可施。正在这个时候，他派去京城的使者回来了，还带来了雍正的上谕。岳钟琪接了上谕，眉头一皱，决定如此这般。

就在张熙被严刑拷打得死去活来后的几天，一个月黑风高的夜里，张熙半闭着眼躺在牢房里，遍体鳞伤，动一下就火辣辣的疼痛。可张熙紧闭着嘴，一声不吭。

忽然漆黑的牢房里有灯火晃动，越来越近，最后直接照在脸上，似乎有人正站在自己旁边。张熙微微转了转头，睁开眼睛，赫然发现正是岳钟琪孤身一人前来探监！张熙正欲闭上眼睛来个不理不睬，耳边却听得岳钟琪涕泗横流压抑不住的悲声，絮絮叨叨地向张熙吐露了心中的秘密。

原来岳钟琪身为忠良之后，一身正气，眼看着蛮夷入主中原，残暴不仁，早有反意。无奈雍正皇帝猜忌成性，对其严加监视。岳钟琪不敢轻举妄动，对来历不明的张熙不敢轻易相信，唯恐是雍正帝的特务，故而先严刑拷打，一则掩人耳目，一则试其真假。眼见张熙坚贞不屈，定是可以信任的忠良。岳钟琪愿与张熙结为异姓兄弟，一同起事，反清复明。

张熙闻言大喜，心想奔波劳苦也罢，受刑逼供也罢，总算行了圣人之大道，不辜负老师的一片厚望。于是便与岳钟琪焚香跪拜，结为金兰之好。紧接着，张熙是知无不言、言无不尽，把曾静、吕留良，乃至其弟子门生，故交好友一股脑交代了个彻底，还说这些都是大大的忠臣，起事之时，必当一呼而百应。

迂腐的曾静教出来的张熙空有一身浩然之气，完全没有看出岳钟琪的诡计。雍正皇帝不愧是从九子夺嫡中脱颖而出的政治高手，他并未大动肝火，而是在上谕中嘱咐岳钟琪不要着急，慢慢来，用点手段套出他的口供。冷静下来的岳钟琪和师爷一合计，决定将计就计，就演了这么一出戏，轻轻松松就骗到了张熙所有的口供。谨慎的岳钟琪为了防止满族大员说三道四，还特意请了陕西巡抚西琳暗中监视自己。

如获至宝的岳钟琪立刻向雍正禀报了案情的进展。抓几个穷酸书生，显然是易如反掌的事情。没过多久，张熙、曾静，连同吕留良的后人、门生等，统统被抓至北京——按理说，这种案子只要在当地审讯即可。然而，雍正皇帝也许是犯了小孩儿脾气，决定将人犯拘至北京，他要亲自审问，不惜以万乘之尊、万金之体和这些腐儒舌战一番。

到了这会儿，张熙和曾静都没脾气了。特别是曾静，一见事情败露，立刻交代了自己的心路历程，有问必答，态度诚恳，涕泪横流。其实他避重就轻，将自己的失足全都推到了早就死了几十年的吕留良身上。

雍正对他的回答仍有疑问，质问他一乡村腐儒，怎么能知道千里之外的宫闱秘闻、把皇上写得如此不堪？这些十大罪是怎么回事儿？

曾静连忙叩头求饶，又把另一拨人交代了出来。原来是被发配到边疆的胤禟、胤䄉的下人们，心中不忿，在流放途中，到处宣讲雍正的种种不是——曾静居然和这些人也有勾结！

案子审理完了，雍正皇帝似乎意犹未尽，他决定将曾静谋反案的全部材料刊刻成书，命名为《大义觉迷录》，作为官方指定的思想道德读物强制发行，每个学宫都要有一本，做到人人阅读。

□忙于自辩，此地无银三百两

也许是曾静的态度让雍正皇帝心满意足，雍正皇帝又做出了一个让文武群臣摸不着头脑的判决——这个谋反案，吕留良才是罪魁祸首，他的著作荼毒天下，实在可恶，虽然死了，也要刨棺戮尸，其子彼时已死，也享受了同样的待遇。吕家其他人该凌迟的凌迟，该斩首的斩首，该流放的流放。

至于曾静和张熙，鉴于二犯认错态度较好，有立功行为，可以免除死罪。

不过，他们要担负起宣扬皇上仁德的艰巨任务——《大义觉迷录》不是全国发行了吗？他们俩就是现身说法最好的人选，雍正让他们听从湖南观风整俗使的调遣，随叫随到，周游全国，宣讲《大义觉迷录》。

也许雍正是气急攻心，他只顾着宣传他的仁德之心，却忽略了一个要命的事实：这些宫闱秘闻原本甚少人知，即使有人蓄意宣扬，一般百姓也不会随意听信。然而一部《大义觉迷录》有着明显地"此地无银三百两"之感觉，很难保证百姓不会作如是想。本来是捕风捉影的事儿，因这本书而彰显于世。现而今我们知道的很多清宫秘闻，很大程度上要拜此书所赐。

乾隆皇帝显然比雍正清醒得多，在他登基43天后，迅速否定了雍正的做法，将曾静张熙凌迟处死，《大义觉迷录》定为禁书，全部收缴销毁。乾隆冒着"违抗父命"的危险，成功地消除了这本不打自招的《大义觉迷录》的恶劣影响。直到清末，它才又重见天日。

从未踏出过北京城的雍正

□史上最忙碌的皇帝

现存的雍正朝奏折共有41600余件，其中汉文奏折35000余件，满文6600余件。以他在位12年又8个月计算，平均每天批阅奏折约10件。除了奏折以外，还有六部及各省的大量题本，据估算统计，雍正朝共处置此类题本192000余件，每天平均处置40件以上。雍正对于这些奏折和题本并非看毕就算，而是要亲笔书写朱批，提出自己的意见和看法。有的朱批竟有数千字之多。除此之外，雍正还要处理各种军国政务，官吏任免、人民生活、农业工商等，雍正都要亲自过问，而且以他多疑、敏感的个性又不会找人代劳，只有烦累自己。这些完全可以说明雍正的工作量有多大。

平心而论，如果拨开围绕在雍正身边的层层历史疑云，将雍正作为一名政治家来看待，那么他配得上"伟大"二字。雍正自称"以勤治天下"，这绝非自夸之言。他于45岁的年龄登上皇位，正是年富力强之时，既有精力和魄力，又有资历和经验，而且雍正为人坚毅谨慎，做事果断利落，可以说具有优秀政治家的一切素质。

雍正的勤奋，可以用"朝乾夕惕，宵衣旰食，夙兴夜寐，夜以继日"来形容。这样的工作态度不要说皇帝，就是普通人也很难做到。而且，皇帝的事情是没有人督促的，做与不做全凭自觉，雍正不是一天这样做，他这样做了13年，坚持不懈，这就是他的可贵之处。

康熙末年，由于太平盛世，盛平已久，又兼之康熙以宽仁治国，导致吏治松弛，文恬武嬉，贪污腐败之风甚嚣尘上；国库常年亏损，边境战事频频，积累了大量社会矛盾。在"盛世"的一潭死水之下，隐藏着的是隐隐流动，对清朝统治构成威胁的潜流。雍正登上皇位时，面对的就是这样一个局面，应该说，压在他肩上的担子是十分沉重的。

□ **整顿吏治、财政**

在这种情况下，雍正帝以整顿吏治为切入点，清理国库亏空。雍正刚刚即位时，由于康熙晚年管理不利，官员贪污腐败，国库亏空多达 800 万两白银。雍正元年（1723 年）正月，雍正以迅雷不及掩耳之势，电光石火般连续颁布 11 道谕旨，严厉警告各级文武官员：

"不许暗通贿赂，私受请托；不许库钱亏空，私纳苞苴；不许虚名冒饷，侵渔贪婪；不许纳贿财货，戕人之罪；不许克扣运费，馈遗纳贿；不许多方勒索，病官病民；不许恣意枉法，恃才多事。"

这些谕旨，层层下发，中央查地方、后任查前任，就连老百姓也被牵涉进来。雍正告诉他们，谁也不许借钱给地方官员抵挡亏空，如此强大的力量和周全的措施，古未有之。为了切实推行政策，雍正又设立会考府，负责国库的审计并对其收支情况进行整顿。

在雍正的严厉打击之下，不少官吏因亏欠国库银两被革职抄家，甚至皇亲国戚也不例外，例如曹雪芹的父亲江宁织造曹𫗦，以及和他有亲眷关系的苏州织造李煦均因此获罪。如此大规模，强力度的清欠工程收到了很好的效果。

《清史稿·食货志》曾记载："雍正初，整理财政，收入颇增。"乾隆时史学家章学诚也指出："我宪皇帝（雍正）澄清吏治，裁革陋规，整饬官方，惩治贪墨，实为千载一时。彼时居官，大法小廉，殆成风俗，贪冒之徒，莫不望风革面。"

到雍正末年，国库亏欠不仅完全弥补，还有数千万两余银。此外，雍正还创立"耗羡归公"的政策以预防官员腐败。"耗羡"是征税时附加的货币损耗费，这也是官员贪污的一个重要来源。雍正规定耗羡归公就是把征收的这一部分附加税归国库所有，作为"养廉银"，用来奖励清廉的、有政绩的官员，是吏治的一大进步。

雍正的性格和登上皇位的经历决定了他的执政风格：不会轻易相信任何人，要把权力紧紧抓在自己手里。在这一思路的指引下，在雍正时期，皇权得到了空前的加强。

例如除了六部之外，提升了其他中央政府机构的地位，如翰林院则掌管撰拟祝祭册诰文、编修书籍、经筵日讲及部分科举考试事务等。另外，还有管理宫廷事务的内务府和掌管皇族事务的宗人府。内务府的官员主要由宦官（太监）担任。

鉴于明朝宦官专权的教训，清朝的宦官数量减少了很多，管理制度也非常严格，规定太监最高不能过四品，不能结交外臣，不得干预朝政。所有这些机构及其中下级机构的官吏任免均由皇帝一人认定，而且大小官员任命后都要觐见皇帝才可上任，体现了清代政权的高度集中。

在地方上则设有直隶、省、东北、边疆少数民族、八旗等行政机构。省以下为府、县。省级最该长官为总督、巡抚，总督辖多省，一般不超过三个，巡抚只辖一省。总督巡抚互不统属，前者管军事、后者管民事。省级行政机构还设布政司、按察史，主管民政、财政和刑事等。

此外，传统社会，土地和人丁分开纳税，土地称税，人丁称赋。赋对于讲究多子多福的农民来说，是一笔颇为沉重的负担。因此历朝历代百姓为了逃赋，时常瞒报人口。康熙五十年（1711年），针对人口增多的情况，谕旨宣布"盛世滋生人丁，永不加赋"。将赋作为一笔固定的收入。雍正即位后，彻底取消了人头税，改为摊丁入亩，即将人丁税摊入地亩，地多者多纳，地少者少纳，无地者不纳。从而在法律层面上彻底取消了赋的征收，使大量没有土地的贫农获得了实际利益，减轻了他们的负担。不过，这一政策却也刺激了人口的急速增长。乾隆年间，清朝人口已达3亿，道光年间又突破4亿大关。大量人口加重了社会负担，为盛世的衰落埋下了伏笔。

□废除贱籍的举措

雍正为百姓做的另外一件大事是废除了贱籍。这种制度是从宋朝流传下来的，分军籍、民籍和贱籍，民籍是士农工商。贱籍则是在士农工商"四民"之外的户口，不得从事其他行业，更不能读书科举，并且世代相传不得变更。"贱民"社会地位极低，"丑秽不堪，辱贱已极"，为时人所轻视。究其源流，大多是从事特殊行业者，进而相沿成习，例如福建、两广沿海沿江一带的渔民，不事农桑，以捕鱼养鸭为业，生活漂泊无常，吃住都在船上，被禁止上岸居住。

又有苏州府的丐户，世代成群结队的行乞，首领称为团头，类似小说家笔下的"丐帮"。此外还有历史上被治罪的官员后裔沦为"贱民"的，例如绍兴的"惰民"，据说是宋元时期获罪之人的后代，这些人男性世代捕蛙、卖汤；女性做三姑六婆，贩卖珍珠。

雍正下令取消贱籍，把原来的贱民编入民籍，赋予他们和普通百姓一样的身份、权利和社会地位。取消贱籍，毋庸置疑，无论从观念还是从社会现实来说，这都是一种进步。

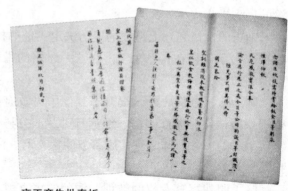

雍正帝朱批奏折

总的来说，雍正处在承上启下的关键阶段，康熙晚期已经出现了一些问题，如果他让这些问题继续恶化，清朝的末日也许会来得更早。但是，雍正做得很好。有人说，是因为雍正继位后，很多人不服气。他是为了向别人证明自己是有资格做这个皇帝的，所以才如此努力。或许有这方面的原因。不过，作为一代帝王来说，雍正为国家、为百姓做了很多实在的事情。他的努力也为后来乾隆的统治打好了基础，使乾隆可以坐享半个多世纪的太平盛世。虽然雍正帝的在位时间比康熙和乾隆要短许多，但是他把有限的时间都用在了治理国家上，使他这短短的 13 年变得无限丰盈。

雍正手里那个神秘的特务机关

□足不出户，臣子言行了如指掌

王云锦是康熙四十五年（1706 年）的状元，到雍正时已经年纪很大了。人年纪一大，难免就松懈一些，王云锦也不例外，居然喜欢上了打叶子牌——这是一种和麻将有些类似的纸牌游戏。某天他在家中无所事事，便呼朋唤友来家中打牌。开始的时候一切正常，谁知几圈之后却少了一张牌，到处找也找不到。缺了牌，自然是玩儿不成了。王云锦无奈，便收拾牌局，排摆酒席，和朋友们猜拳行令，喝酒取乐。

第二天，王云锦递牌子见雍正帝的时候，雍正帝很随意地问他前一天都做什么了，王云锦便把打牌未能尽兴，而后饮宴的情形如实说了一遍。雍正闻听此言并无不实之处，便笑眯眯地从袖筒里抽出一张纸牌递给王云锦道："你丢的是这张牌不？拿回家去接着玩儿吧。"王云锦接过来一看，不禁惊出一身冷汗，这正是昨天没找到的那张牌。

这个故事虽然颇为夸张未可尽信，但雍正对臣下的情况了若指掌却是确有其事。可是正如前文所言，雍正并不是个喜欢说话、喜欢走动的人，他几乎每天都只是坐在宫中批阅题本和奏折。那么他是如何做到足不出户而世事皆能洞明的呢？答案就在清代特有的密折制度之中。

在清之前，文武百官有公务需要禀明皇帝时，除了面见直陈之外，还可以写奏疏，称为"题本"。但是由于每日公文数量繁多，单靠皇帝一人之力显然不能全部处理完毕。于是明代又设内阁，由大学士专门处理题本，先初步拟定对题本的回复再交由皇帝过目批准，至清初亦然。但是，这一制度的缺陷也很明显：因为题本本身并不保密，而密折制度是公开递进内阁，这样，涉及一些机密事务，或者弹劾等敏感问题时，就显得颇不方便，对上书者会造成一些不必要的麻烦；此外，这一制度对皇权也存在潜在的威胁：由于题本需要经过内阁大学士之手再转交给皇帝，这样皇帝看到的题本其实是经过了内阁的筛选的；

如果内阁出现权臣甚至是奸臣的话，就非常容易堵塞言路、蒙蔽天聪，将皇帝控制起来。

□密折制度的缘起

基于这一问题，清代皇帝发明了密折制度。所谓密折，也即秘密奏折。首先从形式上讲，它是将要汇报的事情写在白纸上然后折叠，并加上封套或是匣子，只有皇帝和当事人才有权拆封，这样就有效地避免了泄密；其次从渠道上讲，密折并不通过内阁转交，而是直接呈送皇帝御览，待皇帝批复之后——顺便提一下，皇帝的批复用红笔写就，称为"朱批"——再直接发还给奏事人，这样就杜绝了内阁在其间上下其手瞒天过海的可能性；再次从内容上讲，按照规定，题本中只能汇报公事，而密折的内容则无所不包，从军事政治经济，到老百姓的街谈巷议，都可以写进密折。不过，用密折奏事并非所有人都能享受这一待遇，需要达到一定品级的官员才有"密折专奏之权"，或者皇帝也会赐予某些低级官员这一权利。

密折制度在顺治年间产生，但极少使用。到康熙时期才开始普及，"密折"一词也始于此时。

康熙帝曾经说："密奏之事，惟朕能行之。"他指出，前朝皇帝为了了解天下事，往往让内宫太监出外四处打听，但这些人往往人品不佳，依仗皇帝的势力为非作歹，胡言乱语，甚至和外官勾结，蒙蔽皇帝，因此这一方法并不管用。而康熙则依靠密折来了解各地情况。例如，康熙时的江宁织造曹寅和苏州织造李煦，除了其日常工作外，还负有为皇帝探听当地风土人情街谈巷议，搜集情报，并将其秘密汇报给皇上的职责，这一工作正是通过密折完成的。

此外，臣工对密折制度的完善亦有贡献。户部尚书王鸿绪就曾经在给康熙的奏折中建议："臣此密折，伏祈即赐御批密发，并望特谕总管面交臣手，以免旁人开看之患。又折子封套之外，用纸加封，只写'南书房谨封'字样，以隐臣名，合并声明。"可见密折制度是在长期的实践中逐渐完善的。

密折制度的全面推行和强化是在雍正登基之后。雍正因为与康熙末年的"八爷党"因争夺皇位结怨，故而对官员结党营私深恶痛绝；此外，雍正号称以勤治天下，事必躬亲，事无巨细，都要过问和干涉，因此他对于情报的需求量是很大的。而密折制度既可以让文武百官互相监视，又能提供方方面面的情报，从公事到私事莫不与闻。因此，雍正对密折制度的偏爱就可以理解了。

□被扩大了的密折制度范围

雍正扩大了密折制度的范围。在康熙时期，仅有百余人有此权力；雍正甫一登基，就赋予各省督抚们密折专奏之权，他在谕旨中写道："凡督抚大吏，任封疆之寄，其所陈奏，皆有关国计民生，故于本章之外，准用奏折。以本章所不能尽者，则奏折可以详陈，而朕谕旨所不能尽者，亦可于奏折中详悉批示，以定行止。"此外，也有大量的道员、知府、同知乃至副将等中下层官员获得这一权力。至于原本就是朝廷言官的御史诸臣，雍正更是在上谕中明确要求其将密折作为一种责任。他说：

"尔等科道诸臣，原为朝廷耳目之官，凡有所见，自应竭诚入告，绝去避嫌顾忌之私，乃为尽忠。今着尔科道，每日一人上一密折，轮流具奏，一折只言一事，无论大小时务，皆许具实敷陈。"

在雍正年间，有密折专奏之权的官员达到千余人之多，是康熙朝的十倍以上！雍正对密折也非常重视。前文已经提及，雍正平均每日要审阅十余件奏折，并且亲笔回复朱批。雍正在宫中的大部分时间，都用在了这件事情之上，以至每年只有一天时间休息——皇上寿诞之日。雍正当政 13 年，朱批总数竟达到千余万字，以至他每天的睡眠时间只有 4 个小时左右。

雍正对于朱批可说是颇下了一番心血。由于密折不受通常官方文书体例和内容的拘束，所以较为随意，因此雍正的朱批也一反官方公文中的繁文缛节，上至军国大事，下至家长里短都要发表自己的见解；文风则有时洋洋洒洒数万言情深意切，有时又冷嘲热讽夹枪带棒嬉笑怒骂；语言也浅显平实，通俗晓畅，甚至不避村夫野语。

雍正皇帝对密折的偏好使文武百官也不能不格外重视之。在雍正的鼓励下，凡是官员认为有参考价值的情况，无论事情是否为职责所在，均要写在密折中上奏。密折，不仅是官员们的一种权力，更成为忠于皇帝的责任和义务。密折制度的效果至为明显：有专折密奏之权的官员，不仅人数众多，而且奏报频繁，这就使得地方上的事务无法歪曲和隐瞒。所谓"兼听则明，偏听则暗"，向皇帝汇报情况的权力分散在大多数人手里，同一件事情可能有数件不同官员的密折从不同的角度加以汇报和说明，这样既有助于皇帝全面了解事情，又可以防止歪曲事实真相的奏折混淆视听。

此外，中下层官员获得专折密奏的权力，使得下级官员对上级官员也有了监督权，并且，这种监督权通过皇权来体现，就确保了其能够较为彻底的执行；而且，官员对于非自己本职工作也有权密奏，也扩大了这种监督权的范围。这样上下级互查，平级的不同官吏也可以互查。这种人人都是监督者和被监督者，多面一体的监督网可以有效地约束官员的行为，在一定程度上改变了以往只有言官行使监督权、上级监督下级的状况。

而且，在这一体系之下，每个人都必须积极主动地参与其中，否则就会遭到批评。例如，当时有官吏密折弹劾他人，事后解释道，就算我不这么做，别人也会这么做，皇上还要责怪我的失察之罪。由此可见，在密折制度的威慑之下，官员也没有办法唯唯诺诺，缄口不言，随波逐流。官员倘若犯错，很快就会被揭发出来。

不过密折制度也有其缺点，就是如果涉及众目睽睽的公事还则罢了，倘若涉及少人所知的私事——例如诬陷他人——则密折的真实性就有待考证。难怪康熙曾说:"密奏亦非易事,稍有忽略,即为所欺。"雍正自然也深知这一点,所以他除了集思广益,仔细甄别对比之外,对涉及的官员,还要亲自考察,询问问题,察言观色。甚至对自己信任的大臣所上的密折也不尽信,这样就尽可能地避免了受骗。

总的来说,在雍正手中发扬光大的密折制度和前朝的各种告密制度相比,还是颇多优点的。前朝皇帝,为了广开言路,穷尽世事,或重用特务,或滥用酷刑,搞得人心不安,社会动荡。而雍正的密折制度在相当程度上维护了社会的稳定、百姓的安定,同时又使各级官吏惶惶不可终日,不仅严于律己,而且严以待人。在官吏之间造成了紧张气氛。在康熙末年吏治松弛的大环境下,这是有助于雍正匡正吏治的。也正因为如此,它具有一定的时效性。到雍正驾崩,乾隆即位后,就出现了要求废除密折制度的呼声。

□神秘的血滴子

除了密折制度让雍正帝为人诟病外,另有一物,也给雍正带来了恶劣的名声,这就是大名鼎鼎的"血滴子"。

在民间小说中,雍正经常被刻画成精通武艺、神通广大的阴谋家,他豢养了一批侠客力士,操持着一种名曰"血滴子"的杀人利器,能取敌人的首级于千里之外。

历史不可能凭空捏造,传说也不可能空穴来风,雍正与这种可怕的杀人利器应当有关系。那么,"血滴子"究竟是什么东西?

传说"血滴子"是雍正皇帝特务系统所使用的一种武器,这种武器杀人的方式,是专门把人的首级从脖子上取下来。

可以使人头和脖子分开的武器很多,大刀砍、利斧挥,都可以达到目的。而这个血滴子却不是寻常的武器,它在使用的时候,是"放出去"的。它使用时,和目标的距离不会太远,把血滴子放出去(或者是抛出去),它会把目标的头罩住,然后割下目标的头,再收回来。

虽然传说"血滴子"的使用过程是如此,可是它的具体形状如何,又如何一下子把人脑袋割下来,还是没人知道。由于"血滴子"的神秘,它曾不止一次被搬上电影屏幕,电影工作者各凭想象去创造。于是在银幕上,我们看到有的血滴子像一顶草帽,有的血滴子像一个鸟笼,有的在放出去的时候会"呜呜"怪叫,有的会旋转,有的周遭满布利刃,有的有像相机快门一样的装置——"喀嚓"一声,人头分离。

□血滴子是一种毒药

还有一种说法认为,雍正秘制的"血滴子"其实是一种毒药。

传说雍正为皇子时,就准备要夺取帝位。于是他不仅招揽大批侠士剑客供他驱使,暗地里还要炼制各种毒药暗器。而雍正用来诛锄异己的暗器中,就有一种名为"血滴子"的毒药。其物是一革囊,将活人放到里面,不一会儿人就化成一摊血水。这种说法虽然言辞过甚,但雍正为了实行他的统治,制造几种新式的杀人武器,自然是极有可能的。

据可靠的记载,"血滴子"确有其物,里面所储的是一种极毒的毒药,这种毒药是用毒蛇的毒液混合一种毒树的汁液炼成,一滴就可以使人通身溃烂而死,故称"血滴子"。还说雍正曾密谕广西巡抚,要他暗中寻访这种毒药,并研究熬炼和解毒的秘方。所以说雍正用这来炼制血滴子,是有相当根据的。

"血滴子"最早出自何处,已经难以考证。而"血滴子"究竟是何物,我们也难以判断。但可以肯定的是,它与雍正的统治有着密切的联系。

雍正是吕四娘刺死的吗

□暴死圆明园

雍正帝无疑是清朝 260 余年历史上,争议最大、留下疑案最多的皇帝,除了众说纷纭的继位之谜,他的死也同样备受关注。据记载,雍正十三年(1735年)八月二十三日凌晨,雍正帝突然暴死于圆明园中。雍正帝平时身体十分健康,又不是年老衰亡(年仅 58 岁),怎么突然死亡呢?由于雍正帝残暴多疑的性格,生前对诸兄弟和功臣们的残酷迫害以及难以自圆其说的继位之谜,使他长期以来就形象不佳,最后突然暴死的结局,引来后人的众多猜测。尤其是到了现代,小说、影视作品中对雍正帝之死的演义和附会越来越多,使这一本来就众说纷纭的历史悬案,更加扑朔迷离。

□吕四娘的传奇故事

在关于雍正帝之死的各种传说中,以吕四娘刺杀雍正帝的说法流传最广,《清宫十三朝》《清宫遗闻》等书都有记载。

1730 年,发生了吕留良一案,死难者共达 100 余人,吕留良和他的长子吕葆中虽然已死,仍被开棺戮尸,枭首示众;次子吕毅中被斩首;孙辈男女全部被发配到关外宁古塔为披甲人当奴隶;吕留良所著的文集、诗集、日记全部烧毁。此案还株连甚广,吕留良的学生严鸿逵被凌迟处死,沈在宽被斩首;其他吕氏门生以及刊刻、贩卖、私藏吕氏著作之人,或斩首,或充军发配,或杖责,下场都极为凄惨。

这是雍正朝一起极为残酷的"文字狱",在社会上造成了极恶劣的影响。

就因为这件事,雍正帝死后不久社会上便流传开了雍正帝是被吕留良的孙女吕四娘刺杀的传说。据说,雍正帝大兴文字狱,大肆株连时,吕留良的孙女吕四娘因不在家中,幸免于难。年仅 13 岁的吕四娘得知家中祖孙三代惨遭杀戮、迫害,义愤填膺。秉性刚强的她咬破手指书"不杀雍正帝,死不瞑目"九字。从此隐姓埋名，潜伏民间，拜师学艺，勤学苦练，练就了一身奇高的剑术，成为当时有名的女侠。

雍正十三年（1735 年）八月，吕四娘乔装打扮，混入宫内。此后，她找到合适的机会，乘机砍掉了雍正帝的脑袋。雍正帝被杀后，清廷为了掩盖事实真相，制造了雍正帝病死的假象，因雍正帝头被吕四娘带走，清廷秘密造了一颗金头下葬。

□鱼娘协助吕四娘

与这一传说相近的，还有各种说法。比如，吕四娘的师傅是一僧人，为雍正帝当年的武林十二好友之一，武功盖世，剑术奇高，且有一项秘不外传的绝技。后来因看不惯雍正帝的阴险狡诈，不愿助纣为虐，愤然离去，遁隐山林。哪料，雍正帝深知其手段高超，怕他威胁自己的统治，派出御内高手四处寻找欲置他于死地而后快。最终这些人找到了高僧的藏身之所，并布下层层精兵。高僧见状，哈哈大笑，对雍正帝派来的人说："我今天死了，你们的主人也不可能逃。一个月后，自然会有人为我报仇，你们等着瞧吧。"说罢，自刎而死。雍正帝得报后，深知这位昔日好友的厉害，心中不免有点恐慌，遂布置大内高手小心提防。想不到一个月后仍被高僧的得意女弟子吕四娘用飞刀绝技削掉了脑袋；还有传说吕四娘刺杀雍正帝，得到了一个名叫鱼娘的女子的鼎力相助。吕四娘利用朝廷在全国选秀女的机会，以美貌混如宫女之列。一次，她和雍正帝的另一名侍女鱼娘一起侍奉雍正帝寝宿，鱼娘早已看出了吕四娘的用心，便帮她望风，协助吕四娘刺死了雍正帝。但鱼娘究竟是谁，为何如此却不知。

吕四娘刺死雍正帝的说法，在民间流传极广，随着时间的推移，情节也越来越奇特，各种野史都有记载。近代以来，这一传说更是被拍成了电影、电视剧，情节渲染得惊险刺激、引人入胜。

1981 年，考古工作者发掘泰陵雍正帝地宫，虽因故最终未能打开便停止了，但是不久民间却传说雍正帝地宫被打开，雍正帝有尸身没有头的说法。这自然不可信。

不过，历史上是否确有吕四娘其人，雍正帝是否真的被她砍掉了脑袋呢？

□查无实据，事出有因

有学者认为这种说法之所以广为流传，却也事出有因。首先，1730 年雍正帝在给自己的亲信大臣、浙江总督李卫的奏折中有这样的批示："近闻有吕氏孤儿漏网之说，此事与卿关系匪浅，尚须严为查办。"由此看来，吕氏有孤儿漏网的说法，早在雍正帝在世的时候就已经传入宫中。雍正帝让李卫深入调查，严加查办，看得出他本人也感到了一种深深的隐忧。这无疑成为这种说法的有力佐证。其次，雍正皇帝的猝死确实也有许多异常之处，例如，雍正帝平时身体十分健康，怎么会突然就驾崩了呢？并且据说鄂尔泰是雍正帝临终受命大臣之一，在袁枚为他所撰的《武英殿大学士太傅文端公行略》中，曾有这样一段描绘鄂尔泰驰入紫禁城传雍正帝遗诏的描写："（鄂尔泰）捧着诏书从圆明园赶往紫禁城。深夜无马，只好骑着骡子奔入宫里，宣旨弘历（乾隆）登基。这时，人们很惊讶地发现鄂尔泰左腿鲜血直流，才知道太仓促，被骡子给磨伤了。鄂尔泰竟没有察觉。"这难免让人生疑，如果雍正帝是正常死亡，鄂尔泰何至于如此惊惶？并且，乾隆皇帝在父皇死后的第二天，颁布了一道奇怪的上谕："朕受皇考鞠育……今忽遭大故，龙驭上宾。""忽遭大故"之语是何等语气！这种措辞一般不会用来说皇帝死因，用在这里既可理解为暴病而死，也可理解为身遭仇杀，死于非命。由此种种疑点来看，雍正帝之死确实充满蹊跷，为吕四娘所杀的说法也非空穴来风。

□子虚乌有的传闻

不过，对于这样的说法，史学界普遍认为吕四娘刺杀雍正帝完全是子虚乌有的传闻，历史上根本不可能有这种事情。第一，吕留良之案，吕氏一门不大可能有漏网者。1730年，问过"吕氏孤儿"一事后，当年七月，李卫回复说，吕氏一门，不论男女老幼均已严加看管，连吕家的墓地也已严密监视起来。李卫是雍正帝的亲信，以擅长缉捕盗贼而著称，不可能对雍正帝敷衍塞责。并且他曾为吕家题过匾，吕案发生后雍正帝没有责备他，他心怀畏惧，更是戴罪立功，尽全力搜查相关人员，不可能使疑犯逃脱。因此，如果真有吕四娘其人，逃脱的可能性也是微乎其微。第二，清朝选秀女的条件是十分严格的，这从清宫《钦定宫中现行则例》中就可以看出。在这种情况下，就算吕四娘成了漏网之人，也不可能有混入皇宫的机会。第三，雍正帝死于圆明园，而这里自雍正初年就设有护军营，戒备森严，昼夜巡逻，绝非电影、小说中所虚构的那样，一个飞檐走壁的女侠就可以轻易潜入，砍下皇帝的脑袋。另外，根据《雍正帝起居注册》记载，雍正帝临死的前两日直至临终都很清醒，对诸事安排得井井有条，如果真被刺杀了，不可能在病危期间召集诸王和重臣前来寝宫，并亲自"授受遗诏"。

而民间之所以会流传吕四娘刺死雍正帝的传说，究其原因无外乎以下几点：首先，清廷始终难以消除汉人的反抗之心，特别是吕留良案，杀人太多，引起了汉人的极大愤慨，希望能有吕氏后人手刃暴君。由此，吕四娘刺死雍正帝的说法，很可能是民间一些文人根据有关传说附会而来，隐含着人们"恶有恶报"的因果报应观。其次，雍正帝在争夺皇位的斗争中，树敌甚多，这些人或其余党，也都痛恨雍正帝，使有关雍正帝的谣言越传越复杂。再者，民间对神秘的宫廷，一向充满了好奇，稍有风吹草动，便会听风就是雨，以讹传讹。而史书上有关雍正帝之死的记载十分简略，完全没记载病情，并且从发病至死亡仅三天时间，联系社会上的种种传说，难免产生各种附会。

皇帝死因何其多

□被宫女缢死说

除了说雍正帝是被吕四娘刺杀的之外，民间还流传着几种雍正帝被害的传说。有人说雍正帝是被宫女缢死的。柴萼《梵天庐丛录》中记载：传说雍正九年（1731年），曾有宫女与太监吴首义、霍成合谋，企图用绳索把雍正帝勒死，但未能得逞，后被发现救活。不过，这种说法可能完全是张冠李戴式的误传。明嘉靖帝曾遇到过类似的事件，可能由于嘉靖帝和雍正帝的庙号都是"世宗"，所以才出现了这种附会，而事实上基本不可能有这回事。

□曹雪芹下毒说

还有人传说，是曹雪芹和竺香玉合谋毒死雍正帝的。故事是这样的：一直以来，曹雪芹与竺香玉都是两情相悦，《红楼梦》中林黛玉的原型就是竺香玉。可是，在二人结连理之前，雍正帝抢先霸占了竺香玉。曹雪芹思念竺香玉，就寻机混入了宫中与竺香玉用丹药毒死了雍正帝。毫无疑问，这仅仅是个无稽之谈。

□卢氏夫人刺死说

另外，还有人说雍正帝是被湖南的卢氏夫人刺死的。相传，这位夫人的丈夫卢某因谋反被雍正帝所杀，其妻精于剑术，为了给丈夫报仇雪恨，她潜入圆明园刺死雍正帝，然后自刎。这个说法显然是吕四娘刺杀雍正帝的翻版。卢夫人刺死雍正帝显然也是不可能的事情。

总之，野史中关于雍正帝之死还有多种传说，大多都与吕四娘刺杀雍正帝的说法有几分类似。甚至有些小说、野史还把雍正帝描绘成武功高超的人物，说他发明了一种叫"血滴子"的武器，按动机关，数步之外，飞取人头，因而杀人无数。而事实上满族人习武为平常习惯，但雍正帝这方面本事平平，他几乎没有外出围过猎。

雍正如果不是被害而死，又是死于何因呢？

丹药中毒致死的说法

□异人贾士芳，从宠臣到罪臣

最早提及雍正帝之死与服食丹药有关的，是清末民初清朝宗室子孙金梁著的《清帝外传》一书，上面曾有"世宗之崩，相传修炼饵丹所致，或出有因"的记载。不少清史专家，正是围绕这一说法进行了充分的论证。据考证，雍正帝在登基之前身体还是相当好的，根本看不到有关生病的记载，这也是他能够在激烈的储位之争中长期准备，最后赢得胜利的基本条件。继承皇位后，雍正帝勤于政务和处理政争，精神和体力必定耗费甚巨。登基之初，他的身体状况尚好，这可从他给大臣们奏折上回复的"朕安""朕躬甚安"等朱批中看出。但自1728年以后，随着皇位巩固，政局稳定，他的私生活开始放松，整日沉溺女色，加之年过五十，身体渐渐不好。到了雍正七年（1729年）冬天，他得了一场大病，次年三四月份稍重，五月曾有好转，至六月曾一度病危，甚至连后事都做了安排。不过到了雍正九年夏他的病完全康复。就是在这场大病期间，雍正帝曾向心腹密臣发出谕旨，要他们推荐好医生、道士等。

他在大臣田文镜的一件奏折上曾批道："可留下访问有内外科好医生与深达修身养命之人，或道士，或讲道之儒士、俗家……一面奏闻，一面着人优待送至京城，朕有用处。"后来田文镜很快将"异人"贾士芳送到了北京。雍正帝经过贾士芳的治疗后，颇有效果，后来几乎天天与其见面，听他讲长生不老之术。雍正帝在给鄂尔泰的一封信中，也曾说："朕躬违和，适得异人贾士芳调治有效。"贾士芳俨然成了雍正帝的宠臣，"异能"之士，身价陡增。

然而伴君如伴虎，两个月后雍正帝处死了贾士芳，据清廷档案解密，可能是因为贾士芳能够控制雍正帝的病情，让他能好能坏，贵为天子的雍正帝哪能如此受人摆布，因而借故杀了他。但雍正帝并没有因此失去对道士的信任，甚至更加热烈。贾士芳死后不久，他又召正一派道士娄近垣进宫，娄近垣既提倡修养，也主张炼丹。他小心谨慎侍奉雍正帝，深得雍正帝赏识。这次大病康复，可能多少与这些道士有点关系，此后他更加笃信道家长生不老之术。

他继续密令，地方官员为其推荐名医方士，高价悬赏长生不老之药。他还让川陕总督岳钟琪察访名为狗皮仙的道士，据说此人藏有防衰的秘方。岳钟琪报告说，那人类似疯子，又无德行，万不可信，他只好作罢。四川巡抚察访到一位"龚仙人"，据说有长生之术，86岁了还有生育能力，90多岁了还像年轻人一样。雍正帝立即谕令召进宫来，可就在这时，那个龚仙人升天死去了，为此，他感到极为惋惜。不过各地还是送来大批道士，雍正帝都养在宫中。

雍正帝在与道士们打得火热的同时，也开始了大规模的炼丹活动。早在做皇子的时候，雍正帝就对道士们炼的"功兼内外"的仙丹推崇备至，深信可以延年益寿。甚至还作了一首《烧丹》诗，称赞仙丹有"光芒冲斗耀，灵异卫龙蟠"的功效。

□愈演愈烈的炼丹活动

雍正帝的炼丹活动愈演愈烈。他专门在皇宫禁苑中开辟场所，并提供炼丹所需的资金、原料、杂役人员配合炼丹活动。1730年的《活计档》中记载，他先后命人往圆明园中运入了4000余斤木柴煤炭和大量矿银等物，开始了大规模炼丹活动。经有关学者查证，从雍正九年到十三年（1731~1735年），雍正帝炼丹的记载越来越多。而自雍正八年十一月至雍正十三年八月，在这5年间，雍正帝下旨向圆明园运送炼丹所需物品157次，平均每个月都有两三次。累计算来，共有黑煤192吨，木炭42吨，此外还有大量的铁、铜、铅制器皿，以及矿银、红铜、黑铅、硫黄等矿产品，并有大量的杉木架黄纸牌位、糊黄绢木盘、黄布（绢）桌围、黄布（绢）空单等物件。所有这些物品，都是炼丹的必需之物。

雍正帝《御制文集》中的一些诗句也透露出他对炼丹的着迷和热衷。比如"铅砂和药物，松柏绕云坛""自觉仙胎热，天符降紫鸾"，等等。在圆明园为雍正帝炼丹的道士，主要有张太虚、王定乾等，这些人都会一套"修炼养生"方术，对"炼火之说"更有一番研究。在这期间更没有辜负雍正帝的期望，不断炼出了一炉又一炉的"金丹灵药"。

雍正皇帝沉迷于这些命名为"丹""丸"之类的药物的同时，他也忽略了一件事情，那就是炼丹所用的铅、汞、硫、砷等矿物质都是含有毒素的，对人脑五脏侵害相当大。可能正是这些丹药中的毒素日积月累，渐渐在雍正帝体内积聚、侵蚀，而最终要了他的命。

据《活计档》记载，就在雍正帝死前的八月初九，总管太监陈久卿、首领太监王守贵一同传话，圆明园二所用牛舌头黑铅200斤。当天，这200斤黑铅便运入园子。黑铅是炼丹常用原料，更是一种有毒金属，过量服食可使人致死。雍正帝就是在服用这种丹药12天后在园内暴亡的。这不能说是偶然的巧合。

□乾隆，驱逐炼丹道士的继承者

新皇帝乾隆帝登基后，对宫中炼丹道士的处理也颇有嫌疑之处。首先，雍正帝死后的第二天，乾隆帝就迫不及待地下令驱逐炼丹道士张太虚、王定乾等各归本籍，并要他们对宫中及先帝的一言一行，不准在外谈起，如有违者绝不宽恕。这不禁让人怀疑，如果不是他们惹下了什么弥天大祸，乾隆帝何至于在万事待理之际对这些道士大动肝火，并专门发布一道上谕呢？有人分析，可能因雍正帝死于丹药，乾隆帝迁怒于道士们，但又不能动杀机，因为那样不免有揭父之短的嫌疑，因此，只好将他们驱逐出去。再有，乾隆帝在谕旨中说："皇考（雍正）万岁余暇，闻外间有炉火修炼之说。圣心深知其非，聊欲试观其术，以为游戏消闲之具……圣心观之，如俳优人等耳，未尝听其一言，未曾用其一药。"这无疑是为父皇雍正帝辩解，尤其是"未尝听其一言，未曾用其一药"之说，难免有点不打自招，"此地无银三百两"之嫌。

此事发生后，乾隆帝郑重告诫宫内一干人等不许乱说乱传，以免生出闲话让皇太后不高兴。这就让人产生疑问了，"闲话"指的是什么？什么样的闲话会让皇太后不高兴？难道雍正帝真的死于丹药中毒，具体地说就是死于炼丹道士之手吗？

　　近年来，雍正帝服丹药致死的说法越来越引起史学家的关注和认同。美国学者 A.W. 恒慕义在 20 世纪 40 年代即指出："胤禛相信道教关于长生不老的说法，所以他服用各种各样的药物。正是这些药物，导致他的死亡。"海外学者杨启樵也推断雍正帝是"服饵丹药中毒而亡的"。冯尔康认为，雍正帝"死于丹药中毒，此说颇有合于情理处"。杨乃济则提出"雍正帝死于丹药中毒说旁证"。并且，随着雍正帝炼丹档案的进一步发掘，人们发现雍正帝的确有服丹致死的可能。不过，这也仅仅是一种推测，并非定论，事实真相是否如此仍有待论证。

第六章
十全皇帝——乾隆

乾隆帝生于何地

□尴尬的"十全老人"

清高宗乾隆帝弘历，是中国有史以来最长寿的皇帝，也是历史上实际执政时间最长的皇帝。他在继承康熙帝、雍正帝两朝文治武功的基础上，继续致力于国家的大一统和多民族国家的巩固和发展。历史上著名的"康乾盛世"，就是在他的统治下达到了顶峰。乾隆帝一生南巡北狩，赋诗作词，御笔文墨遍布全国；并且娴熟武事，善喜用兵，夸耀"十全武功"，自称"十全老人"。然而，这位生前风光无限的封建帝王，死后却因为身世问题让人议论纷纷。生在何处？生母是谁？这些对于一般人来说一清二楚的事情，在乾隆帝这儿却离奇得真假难辨，这不能不说是这位"古稀天子""十全老人"最为尴尬和无奈的事情了。

□生于雍和宫之说

按常理说，一个人生在何处，应该是一清二楚的事情，不应该有什么含糊。可这事儿在乾隆皇帝这里，却偏偏说不清、道不明，尽管他贵为龙子龙孙。

乾隆帝是雍正帝的第四个儿子，史书明确记载他出生于康熙五十年（1711年）八月十三日，可是关于他的出生地点却颇有争议，有人说他生在北京雍和宫，有人说他生在承德避暑山庄。乾隆帝本人一直认定自己出生在雍和宫。

位于北京城安定门内的雍和宫，在康熙帝时候，四皇子（雍正）的府第当时并不叫雍和宫。改名"雍和宫"是雍正帝登基后

乾隆朝服像

的事。乾隆帝继位后，把父亲雍正帝的画像供奉于雍和宫的神御殿，派人每天念经。

乾隆帝对雍和宫可谓是情有独钟，不但每年正月初七都要到雍和宫瞻礼，就是平时路过这里也要进去小驻片刻。他还多次作诗或诗注表明雍和宫就是自己的生身之地：乾隆四十三年（1778年）新春，在《新正诣雍和宫礼佛即景志感》诗中，有"到斯每忆我生初"的诗句；乾隆四十四年（1779年），在《新正雍和宫瞻礼》的诗句中说"斋阁东厢胥孰路，忆亲唯念我初生"；乾隆四十七年（1782年）正月初七，作《人日雍和宫瞻礼》诗注云"余实康熙辛卯年生于是宫也"；乾隆五十年（1785年）正月，曾作有"来瞻值人日，吾亦念初生"的诗句。

从以上诗句和注释来看，乾隆帝一直认为自己出生于雍和宫，并且还特别指出了是雍和宫的东厢房。

既然乾隆帝本人都这么说了，按道理是不应该有什么怀疑的，可是，却有人在乾隆帝在位时就提出了他出生于承德避暑山庄的说法。

□生于避暑山庄之说

乾隆四十三年（1778年），军机章京管世铭在随乾隆帝到承德山庄打猎的过程中，先后写下了34首诗，其中的第四首写道："庆善祥开华渚虹，降生犹忆旧时宫。年年讳日行香去，狮子园边感圣衷。"管世铭在这首绝句的后面还加了注解："狮子园为皇上降生之地，常于宪庙忌辰临驻。"就是说，狮子园是乾隆皇帝的降生之地，因此乾隆帝常常在先帝雍正帝驾崩的忌日到那里小住几天。狮子园是承德避暑山庄外的一座园林，因为它的背后有一座形状像狮子一样的山峰而得名。康熙帝到热河避暑时，雍正帝作为皇子经常随驾前往，狮子园便是雍亲王一家当时在热河的固定住处。

那么，管世铭所言究竟有几分可信呢？据考证，管世铭虽然官职不高，但任军机章京多年，并且还和朝中的一些官员往来频繁，比如与当朝元老阿桂就关系非常。因此，他是完全可能了解一些宫廷掌故和秘闻的。作为军机章京，他随乾隆帝驻跸山庄、进哨木兰，对皇帝在避暑山庄的行动起居是比较了解的。再说，如果没有把握，他也断不敢把"降生犹忆旧时宫"以及"狮子园为皇上降生之地"的意思写入诗内，而且该诗集在当时就已刻板行世。由此来看，管世铭对这种说法是相当自信和有把握的。

大概是乾隆帝在晚年也听到了有关自己出生地的不同之音，因而才1782年在所写的诗注中，特别写道："余实康熙辛卯年生于是宫也"，就是说我确实是在康熙辛卯年出生在雍和宫的。这句话十足地包含着澄清事实的意味，显然是针对外面谣言而发的。

乾隆五十四年（1789年）正月初七，乾隆帝又作《新正雍和宫瞻礼》诗云

"岂期莅政忽焉老，尚忆生初于是孩"，其下自注云："予以康熙辛卯生于是宫，至十二岁始蒙皇祖（康熙帝）养育宫中。"又一次强调自己确实生于雍和宫。

□拿不定主意的儿子

然而令人生疑的是，乾隆帝的继承人，他的儿子嘉庆帝也认为乾隆帝生于承德避暑山庄。嘉庆元年（1796年）八月，乾隆帝86岁大寿，以太上皇身份到避暑山庄过生日。跟随到此的嘉庆皇帝写诗庆贺，诗的开头两句是："肇建山庄辛卯年，寿同无量庆因缘。"嘉庆帝在这两句诗文的后面注释说："康熙辛卯肇建山庄，皇父以是年诞生都福之庭……此中因缘不可思议。"意思是说，辛卯年（1711年），康熙帝亲题"避暑山庄"匾额，御制《避暑山庄三十六景诗》，山庄肇建，皇父乾隆帝恰好于这一年诞生在这诸福齐聚之地，这其中的缘由确实"不可思议"；1797年，乾隆帝又到避暑山庄过生日，嘉庆帝再次写诗祝寿，在诗文的注释中嘉庆帝把乾隆帝的出生地说得更明确了："敬惟皇父以辛卯岁诞生于山庄都福之庭。"嘉庆帝这两次写的诗和注释无意间都明确指明，"皇父"乾隆帝毫无疑问是生于承德避暑山庄的。

但是，十几年后，嘉庆帝却又放弃了这一看法，认同了"皇父"生在雍和宫一说。这是怎么回事呢？原来，清朝每一位皇帝登基以后，都要为先帝纂修《实录》（记载一生经历、言行和功业）和《圣训》（皇帝的训谕）。嘉庆十二年（1807年），朝臣编修乾隆帝的《实录》和《圣训》，嘉庆帝在审阅时发现，在这两部非同小可的典籍中，编修官们都把"皇父"的出生地写成了雍和宫。嘉庆帝当即命令编修大臣认真核查。此后，翰林出身的文华殿大学士刘凤诰把乾隆帝当年的诗找出来，凡是乾隆帝自己说生在雍和宫的地方都夹上纸条，然后呈送嘉庆帝御览。面对皇父御制诗及注释，嘉庆帝开始感到问题的严重性。在这样一个事关皇父降生地的重大问题上，他总不能违背皇父本人的意见吧！于是，嘉庆帝断然放弃了皇父生于承德避暑山庄狮子园的说法，把乾隆帝的出生地写为雍和宫。这样，在撰修成书的《清高宗实录》中就成了这样的记载："高宗……纯皇帝，讳弘历。世宗（雍正）……宪皇帝第四子也……以康熙五十年辛卯八月十三日子时，诞上于雍和宫邸。"这段故事很有意味，它表明直到刘凤诰拿出乾隆帝白纸黑字的御制诗之前，嘉庆皇帝一直都是坚信父皇是出生在承德避暑山庄的。其实，嘉庆帝接受这一说法也是很勉强的。

□欲盖弥彰的道光帝

虽然嘉庆皇帝勉强接受了，但是乾隆帝的出生地之争，在嘉庆帝死时又出现了争议。嘉庆二十五年（1820年）七月二十五日，嘉庆帝突然在避暑山庄驾崩。御前军机大臣、内务府大臣马上撰写嘉庆帝遗诏，但是在遗诏中却再次提到乾隆帝的诞生地就是避暑山庄。当时遗诏是这样写的：皇父乾隆帝当年就生在避暑山庄，所以我死在这里也没有什么遗憾的了。

一看就知道，遗诏是以嘉庆帝的口气写的。可是，新继位的道光皇帝看过之后，却立即下令追回发往天下的遗诏。为什么呢？因为道光帝发现了问题，就是关于乾隆帝出生地问题。当时道光帝的谕旨是这样说的："昨内阁缮呈遗诏副本，以备宫中时阅，朕恭读之下，末有皇祖（即指乾隆帝）'降生避暑山庄'之语，因请出皇祖《实录》跪读，始知皇祖于康熙辛卯八月十三日子时诞生于雍和宫邸。"道光帝进而解释说，嘉庆帝突然驾崩，"彼时军机大臣敬拟遗诏，朕在居丧之中，哀恸迫切，未经看出错误之处，朕亦不能辞咎"。

从他的谕旨中我们不难发现，道光帝一直弄不准祖父究竟出生在什么地方，是专门"跪读"《实录》之后"始知"祖父生于雍和宫的，要不然怎会犯这样低级的错误。

被追回修改后的遗诏很牵强地说成乾隆帝的画像挂在山庄：

遗诏原本："古天子终于狩所，盖有之矣。况滦阳行宫为每岁临幸之地，我皇考即降生避暑山庄，予复何憾？"

遗诏修改本："古天子终于狩所，盖有之矣。况滦阳行宫为每岁临幸之地，我祖、考神御（即画像）在焉，予复何憾？"

遗诏把乾隆帝降生在山庄，改为画像挂在山庄，与"予复何憾"相接，实在有些牵强，难以成为嘉庆帝死在山庄而无所抱憾的理由。

此后，道光帝为了把皇祖乾隆帝生在北京雍和宫的说法作为定论确定下来，还做了一项根本性的举措，就是把嘉庆帝当年说乾隆帝生在避暑山庄的御制诗作都做了修改。不过，这一招确有点弄巧成拙，由于嘉庆帝的诗早已公开刊刻流行天下，这样大张旗鼓地修改诗文注释，结果是欲盖弥彰，反倒使乾隆帝的出生地更加令人疑窦丛生。

通过对这些大量异常情况的分析，我们发现乾隆帝出生于承德避暑山庄的可能性更大，否则管世铭怎么会提出这种说法？嘉庆帝和军机大臣们又怎么可能接连犯这种低级性错误呢？可以推断，乾隆帝出生于避暑山庄的说法早就盛行。不过，这也只是一种推断，乾隆帝到底生于北京雍和宫，还是承德避暑山庄，学术界至今还没有取得一致意见，仍是一桩历史疑案。

海宁换子是真事儿吗

□海宁陈阁老之子

关于乾隆帝身世的问题，还有一个让人震惊的传说，即他是海宁陈阁老之子。

浙江海宁，在清朝时属杭州府，是滨海的一个小县。海宁地方虽小，却因为在这里能观看到气势磅礴的海潮而闻名于世。相传，康熙年间，皇四子胤禛与朝中大臣、来自海宁的陈大倌，也称陈阁老，关系很好，两家往来密切。那一年恰好雍亲王的王妃钮祜禄氏和陈阁老的夫人分别生了个孩子，而且是同年同月同日。不过，陈夫人遂愿生了个白胖小子，王妃却生下了个女儿。某日，雍亲王让陈家把孩子抱入王府看看。可是，当孩子送出来时，陈家的白胖小子竟变成了小丫头，陈家上下个个目瞪口呆。陈阁老知道是被掉了包，但素知雍亲王的手段，知道此事性命攸关，不敢前去理论，劝全家忍气吞声算了。

雍亲王之所以换陈家的孩子，是因他在争夺皇位中与诸兄弟势均力敌，但是当时自己只有一子，且懦弱无用，不为皇父所爱。因此他觉得自己在这一点上处了下风，有必要弥补这一缺憾，这才有换子之举。

而那个被雍亲王调包的胖小子，据说就是乾隆皇帝。这种说法不知产生于何时，但在民间流传相当广泛，并且故事越说越真。还传说雍正帝登基后，特别擢升陈氏宗族数人，礼遇深厚，就与此有关。而乾隆帝当上皇帝后六下江南，竟有四次在陈阁老的私家园邸停驾暂住，目的就是到海宁探望亲生父母。

海宁民间更是盛传，陈家有乾隆帝亲笔题写的两块堂匾，一块是"爱日堂"，一块是"春晖堂"。"爱日"也好，"春晖"也罢，用的都是唐朝孟郊《游子吟》一诗中"谁言寸草心，报得三春晖"句子。乾隆帝若不是陈家之子，谈得上报答父母如春晖一般的深恩吗？

□用女换男的奇闻

还有一种说法，说当年雍正帝所生为女，雍正帝自己并不知道，是王妃为了提高自己在诸妃中的地位，而暗中调换的。

当时还有人写了一首诗说此事："钜族盐官高渤海，异闻百代每传疑。冕旒汉制终难复，曾向安澜驻翠蕤。"诗中的高渤海指的是陈氏祖上原为渤海高氏，"冕旒"显然指身为皇帝的乾隆帝。所谓的恢复汉制和"安澜驻翠蕤"，指的就是穿汉服和南巡住在海宁陈家的事。

对于所谓的雍正帝或王妃换出去的那个女儿，在江浙一带的传闻中也有"交代"。据传，这位皇家的金枝玉叶，长大后嫁给了大学士蒋廷锡之子蒋溥。蒋家专门为她建造了一座楼，世称"公主楼"。

海宁换子的说法在民间产生于何时不得而知，不过，从有关资料来看，这种说法最早见诸文字，是晚清天嘏所著的《清代外史》一书。这本书中有一个醒目的标题就是《弘历非满洲种》，文中说乾隆帝知道自己不是满族人，因此在宫中常常穿汉服，还问身边的宠臣自己是否像个汉人。从标题就能看出，当时这一说法带有强烈的反满情绪，对清朝皇帝的诋毁，带有浓厚的政治色彩。

随后，名噪一时的许啸天在所撰的《清宫十三朝演义》中，又对这种说法进行了淋漓尽致的发挥：乾隆帝原是陈阁老的儿子，被雍正帝妻子用调包计换了来，乾隆帝长大后，从乳母嘴里得知隐情，便借南巡之名，去海宁探望亲生父母，但这时陈阁老夫妇早已去世，乾隆帝只能到墓前，用黄幔遮着，行了做儿子的大礼。许啸天自然生动、形象真切的描述,十分符合广大市民的胃口。随着《清宫十三朝演义》的风靡,这种说法愈加深入人心。

□《书剑恩仇录》的推波助澜

近些年来,有关乾隆帝是海宁陈家之子的传闻更是接连不断地闯入文艺作品,愈演愈烈,其中影响最大的便是武侠小说大家金庸的《书剑恩仇录》。金庸是浙江海宁人,从小就听到了有关乾隆帝的种种传闻,所以他的第一部武侠小说《书剑恩仇录》也就紧紧围绕乾隆帝的身世之谜展开。书中写道,当时江湖最大的帮会——红花会的总舵主于万亭夜潜皇宫,将乾隆帝生母陈世倌夫人的一封信亲手交给乾隆帝,信中详述当年经过,又说他左腿有朱记一块为证。待于万亭走后,乾隆帝便把自己的乳母廖氏传来,秘密询问,知道了自己的身世。当年陈世倌的小孩被抱进雍亲王府,"哪知抱进去的是儿子,抱出来的却是女儿。陈世倌知是四皇子掉了包,大骇之下,一句都不敢泄露出去"。金庸还在书中写了陈世倌的三公子乾隆帝的亲弟弟陈家洛,继于万亭之后成为红花会会主后,期望激发哥哥乾隆帝的汉族意识,共同成就恢复汉家天下的宏业等情节,读来引人入胜,也使乾隆帝是海宁陈家之子的说法更加妇孺皆知。

传说这么多,传闻这么广,真有点"假作真时真亦假"的感觉,那么乾隆帝究竟是不是海宁陈阁老的儿子呢?

如果事实确实如此,乾隆帝便是海宁陈世倌的儿子,他完全是一个汉人皇帝!那么事实究竟如何呢?有人对这种说法产生的前前后后进行了考证,发现了一些问题。

□没有必要的"狸猫换太子"

从雍正帝方面看,根据清室家谱《玉牒》记载,弘历诞生以前,雍正帝虽然长子、次子早殇,但第三子已经8岁,另一个王妃过了三个月又添了一个儿子。因此,根本没有必要偷换他人之子。再说当时雍正帝年仅34岁,还有生育能力(后来还有孩子诞生),也没有这个必要。退一步说,那时的雍正帝自己能不能登上皇位还在两可之间,他又凭什么知道陈家的儿子就是个大富大贵之人,就能讨得父皇欢心呢?再说,假设就是为了争夺帝位,偷换了一个汉人之子,以雍正帝的心机,也断不会把皇位传给他,让他稳坐大清江山,这种说法无疑把历史简单化了。

说雍正帝不知内情,是王妃擅作主张把女儿换成了男孩,也是不可能的。因为清代对皇子皇孙的诞生有一套严格的记录制度。皇孙诞生,会马上派遣本府太监报奏内务府奏事官,再有宗人府专折奏闻皇上,以备命名,根本不可能数月或数日之后才报告。况且生孩子时稳婆环列,御医侍候,还有不少宫女跑前跑后,是男是女众人皆知,岂能轻易调包?

□绝后的陈家无子可换

从陈家这方面看，更无这种可能。据考证，当时陈世倌并不在京城任官，即使夫人生下了一个孩子也不可能被雍正帝调包。在这种情况下，人们又把怀疑的目光转到了海宁陈家另一个在京做官的人陈元龙身上。但是这也是不可能的。据《海宁渤海陈氏宗谱第五修》查知，陈元龙育有一子二女，其子于康熙三十三年（1694年）早亡，17年后乾隆帝才出世，陈家二女也早于乾隆帝20多年出生，根本就没有孩子可换。

至于那两块匾额，也与乾隆帝的身世毫无关系。据史学家孟森考证，清国史编撰的《陈元龙传》中说：康熙三十九年（1700年）四月，康熙帝在便殿召见群臣，说："你们家中各有堂名，不妨当场写给我，我写出来赐给你们。"陈元龙奏称，父亲年逾八十，故拟"爱日堂"三字。《海宁州志》还提到，康熙五十四年（1715年）六月，因陈元龙胞弟陈维坤的妻子黄氏守寡41年，康熙帝便御书"节孝"两字赐之，又赐以"春晖堂"匾额。这就是说，两方匾额的题词都是康熙帝根据臣下的请示书写的，与孝敬父母的意思根本没有任何联系。

□正常的君臣关系

其实，乾隆帝与陈阁老属于正常的君臣关系，根本没有传说的那么神乎其神。事实上陈阁老在乾隆六年（1741年）担任内阁大学士后不久，就因为起草谕旨差错被革了职，当时乾隆帝当面痛斥他："无参赞之能，多卑琐之节，纶扉重地，实不称职。"如此不留情面，哪有半点父子之情？

据档案记载，乾隆帝南巡到海宁，主要是为了视察耗资巨大的钱塘江海塘工程。作为农业立国的封建王朝，清朝的统治者对修造和维护水利工程十分重视，康熙帝时期就对黄河水患进行了大规模的治理，雍正帝以后水利建设的重点移到了东南海塘（沿海大堤）上。到乾隆帝时，海潮北趋，海宁一带潮患告急，而海宁大堤一旦冲破，苏州、杭州、嘉兴、湖州这一带全国最富庶的地区势必被淹，到那时将会严重影响国家的税收和漕粮的征收。因此，为了亲自视察海塘工程情况，乾隆帝仿效其祖父的做法，六下江南，四次亲临海宁，检查海塘工程，当时建造的某些工程，至今仍起着挡潮防患的作用。当年乾隆帝巡视时，作为偏僻的小县海宁的唯一名门望族，由陈家接驾是理所当然的。乾隆帝前后共在陈家住过四次，从未召见过陈家子孙，那么传说中的"升堂垂询家世"之事也就更加无从说起了。

至于蒋氏娶雍正帝公主之事，据考证，蒋溥先后有过三位夫人，其中第二位是个陈姓女子，但并非陈世倌或者陈元龙的女儿，只是陈家的远亲，更与雍正帝毫不相干。对于所谓的"公主楼"，史学家孟森曾专门前往当地进行了调查，结果当地人都说家乡没有什么"公主楼"。

"解铃还需系铃人"，我们看看把乾隆帝是海宁陈家之子的故事写得最深入人心、影响最大的金庸是怎么说的。金庸曾坦诚地告诉读者:《书剑恩仇录》中所谓的乾隆帝的弟弟"陈家洛这人物是我的杜撰",他还明确声明:"历史学家孟森做过考据,认为乾隆帝是海宁陈家后人的传说靠不住。"后来金庸还俏皮地说:"历史学家当然不喜欢传说,但写小说的人喜欢。"无可厚非,作为一位武侠小说大家,金庸更重视艺术的真实,而不是历史的真实。

虽然金庸做了如此说法,但毕竟历史已经离我们越来越远,真相如何恐怕谁也不好下定论。

不过,此说法之所以会在民间如此盛行,原因倒是可以说个二三。首先,海宁陈家当时确实十分显赫,曾经"位居宰相者三";康熙朝更有陈家三人同榜的荣耀,如此簪缨之族、显贵之家自然格外引人注意,也难免为好事者所热议。其次,乾隆帝六下江南,曾四次驾幸海宁陈家,在封建社会这是何等荣耀,也自然惹人遐想。再次,主要还在于早先这种说法迎合了汉族士大夫对清廷的仇视以及丑化的心理,与民间反满情绪的高涨密切相关,比如最早提出这一说法的时间正是晚清末年。最后,文人们的著书立说,对这种说法的传播更是起到了推波助澜的作用,这些也从一个侧面见证了民间俗文化的厉害。不过,至今海宁换子说仍旧深入人心,也仍被许多人所津津乐道。

乾隆生母到底是谁

□大内秘档的暗示

据《清高宗实录》记载:"高宗……纯皇帝,讳弘历,世宗……母孝圣……宪皇后钮祜禄氏,原任四品典仪官加封一等承恩公凌柱之女,仁慈淑慎,恭俭宽和,事世宗宪皇帝……以康熙五十年辛卯八月十三日子时诞上于雍和宫邸。"清宫《玉牒》中也记载:乾隆帝"母孝圣……熹妃钮祜禄氏,系原任四品典仪官加封一等承恩公凌柱之女"。这大内秘档似乎可以证实,乾隆帝的母亲不是山庄宫女,而是熹妃钮祜禄氏。

钮祜禄氏,系满洲镶黄旗人,虽然姓氏高贵,实则出身寒微,父亲只是个四品典仪(后才加封一等承恩公)。康熙四十三年(1704年),年仅13岁的钮祜禄氏只是被赐给胤禛当侍女。当时胤禛已有三位福晋,其中嫡福晋更是出身名门的乌拉那拉氏。

钮祜禄氏出身寒微,只是个侍女,人长得也不漂亮,原本没有被雍亲王宠幸的可能,只因康熙四十九年(1710年)夏天,雍亲王得了一种传染病,福晋们都不愿去身边伺候,钮祜禄氏奉命接近胤禛,专心侍奉他。一连五六十天,她白天黑夜地侍奉病中的雍亲王,无微不至,十分体贴。雍亲王病好后,心存感激,"遂得留侍,生高宗"。

据史料记载,乾隆皇帝对母亲钮祜禄氏十分孝顺,他曾侍奉母亲三游五台,三上泰山，四下江南，并多次到塞外避暑山庄。乾隆帝的诗文中也有不少称颂钮祜禄氏养育之恩的诗句。如乾隆四十二年（1777年）正月初八，67岁的乾隆帝陪侍85岁的皇太后赏灯后作诗说："家宴观灯例节前，清晖阁里列长筵。申祺介寿那崇信，宝炬瑶檠总斗妍。五世曾元宵绕侍，高年母子益相怜。扶掖软榻平升座，步履虽康养合然。""高年母子益相怜"，这饱含深情的诗句，道出了乾隆帝母慈子孝的情怀。

钮祜禄氏去世后，乾隆帝怀念母亲，还别出心裁，命令宫中巧匠用3000多两黄金精心制作了一个金塔，专门用来存放太后生前梳头时掉下来的头发，所以叫"金发塔"。乾隆帝母子感情如此之深，也可从一个侧面证明了钮祜禄氏应该就是其亲生母亲。

□难以自圆其说的观点

然而，从有关文献来看，有关乾隆帝生母的记载确实存在难以自圆其说的疑点。乾隆十七年（1752年），清人萧奭所著的《永宪录》卷二记载："雍正元年十二月丁卯（二十二日），午刻，上御太和殿。遣使册立中宫那拉氏为皇后。诏告天下，恩赦有差。封年氏为贵妃，李氏为齐妃，钱氏为熹妃，宋氏为裕嫔，耿氏为懋嫔。"萧还在书中提出："齐妃或云即今之崇庆皇太后（钮祜禄氏）。俟考。"就是说，在当时就有人对乾隆帝生母是谁提出了疑问，并且当时册封的王妃中，根本就没钮祜禄氏，有的人认为齐妃李氏可能是乾隆帝生母，但有待考证。高阳先生在《清朝的皇帝》一书中，更是大胆认为，萧《永宪录》中，"这'俟考'二字，是一种暗示，是一隐笔兼曲笔的巧妙暗示；齐妃非高宗生母，而故意这样写，是曲笔；齐妃李氏，暗示高宗生母姓李，此为隐笔"。这样说来，乾隆帝生母为汉人女子李金桂似乎也有可能，这确实也是一家之言。

采芝图轴 清 郎世宁
图中一青年身穿汉族衣冠，右手持如意，左手扶一只梅花鹿；另一个少年，亦着便装，右肩扛一小锄，左手提一花篮。从两人的面貌看，好像画的都是爱新觉罗·弘历，一是青年时，一是少年时。出自郎世宁之手。这幅图是弘历即皇帝位之前所画的，即作于雍正时。

□互相矛盾的官方记载

另外，清宫档案的记载也大有问题。清朝的《雍正朝汉文谕旨汇编》雍正元年（1723年）二月十四日记载："雍正元年二月十四日奉上谕：遵太后圣母谕旨，侧福晋年氏封为贵妃，侧福晋李氏封为齐妃，格格钱氏封为熹妃，格格宋氏封为裕嫔，格格耿氏封为懋嫔。该部知道。"

同一件事，成书于1741年的《清世宗实录》卷四却在熹妃的记述上有了差异。其中写道："甲子（二月十四日），谕礼部：奉皇太后圣母懿旨，侧妃年氏封为贵妃，侧妃李氏封为齐妃，格格钮祜禄氏封为熹妃，格格宋氏封为懋嫔，格格耿氏封为裕嫔。"

通过这两则资料的对比可以发现，等到乾隆帝登基后，档案上才有了钮祜禄氏的记载，而先前的"格格钱氏"莫名其妙地变成了"钮祜禄氏"。

这两份清廷档案，对同一件事迥然不同的记载应如何解释呢？有人认为，格格钱氏与格格钮祜禄氏应该是一个人，因为都是同一天，奉太后懿旨受封为熹妃的，不可能是两个人。但这是说不通的，如果是一个人，怎么会写成两个人的名字。于是有人推理，由于雍正朝实行的是秘密立储的制度，起先并不知道谁是太子，因而也就没有注意到子以母贵的问题。可能是乾隆帝登基后，他的母亲总要一个高贵的出身吧，因此才将熹妃钱氏篡改为了钮祜禄氏。有的学者更有创意性地猜想是"四品典仪凌柱"将钱氏认作了干女儿，从而使钱氏有了一个高贵的姓氏和出身，这样也就解决了身份与形式的难题。

□出身贫寒的生母

与这种猜想近似，乾隆帝生母还有另一种说法。这种说法是由晚清一位著名的学者、诗人王运提出的。王运是曾国藩的幕友，做过大学士萧顺的家庭教师，了解到不少清廷掌故。他指出，乾隆帝的生母虽然是钮祜禄氏，但的确与避暑山庄有关。在所著《湘绮楼文集》里说，乾隆帝之母钮祜禄氏家居承德城中，家里很穷，雇不起仆人。七八岁的时候，她就跟着家里人到了市场上卖豆浆、酒以及各种饭食等谋生。后来开个小饭铺，因为为人热情，经营比较好，生意异常红火。到十三四岁的时候，钮祜禄氏到了北京，正好赶上选秀女，她就混到里头参加了选秀，结果就被选上了，再后来被分到雍亲王府做了粗使丫头。接着所说的雍亲王得病，她精心侍奉，后为雍亲王宠幸，生下了弘历的说法与前面所述一样。

这些说法都表明乾隆帝生母钮祜禄氏确实出身低微，并非多么显赫的大家闺秀。但是，清末民初的清朝遗老金梁等人写文章认为，清宫选秀女是相当严格的，不可能让承德这么一个女孩子混到里头选了秀女，于是对这种说法持否定态度。

乾隆帝诞生于何处，生母究竟是谁确实充满了疑窦。野史传闻虽然不可信，但是按正史记载，《雍正朝汉文谕旨汇编》与《清世宗实录》上关于熹妃钱氏与钮祜禄氏记载上的矛盾，至今仍不能自圆其说。其他的各种说法，虽然也有许多漏洞，但也并非全不可信。总之，乾隆帝的身世之谜，注定还要被继续争论下去。

康乾盛世，繁荣背后的隐患

□充分发展的社会经济

礼亲王昭梿所著《啸亭续录》中曾经提到一户被称为"郝善人"的地主，这位郝善人是怀柔人，家中良田万顷，但是却宅心仁厚，扶危济困，怜贫惜老，因此才得了这么一个绰号。但他最得意的地方并不在此。有一年，乾隆一时兴起，就驾临郝家，郝善人见皇帝来了，自然是加意逢迎，努力巴结，大排筵宴招待乾隆，席上山珍海味竟有100多道，而陪驾的王公大臣、侍卫太监，乃至差役轿夫，等等，一律好吃好喝招待。一天就吃了十多万两的银子。这样的气派、这样的排场，恐怕就是大内皇宫也不过如此了。

这个故事从一个侧面反映了乾隆时期社会经济的健康有序快速的发展。如同国库充盈了，乾隆就可以过着风雅潇洒的豪奢生活一样，一般平民百姓的生活水平逐渐提高，生活质量日益上升，是与乾隆治理下的社会经济的发展密不可分的。

□农业政策的稳定

在传统社会当中，农业始终是经济的重中之重。乾隆坚持了康熙以来的以农业为立国之本的政策，推行了多项有利于回复和发展农业生产的措施。首先，乾隆大力鼓励对抛荒耕地的开垦，对新开田地按最低税率征税，如果土地贫瘠，还可以免税；其次，为了保护开荒者的利益，又发布了一系列法令，要求地方官如实上报田地亩数，禁止虚报；还严禁夺田换佃；此外，对于不适合发展农业作物的地区，还鼓励农民种植经济作物，促进副业的生产。

不仅如此，乾隆还在前代垦荒政策的基础上，进一步加强了对边疆地区的开发。经过康熙、雍正两代的大力垦荒，到乾隆时期，大片荒地已较为稀少，只剩了一些未开垦的零星小块。但是，正如学者宋连生说"在大清皇帝中，乾隆是个敢于提出新思想的人"。在垦荒这件事上，乾隆就制定了比以往更宽松的政策，并加大了鼓励力度。他规定："凡边省、内地零星土地可以开垦者，悉听本地民、夷垦种，免其生科，并严禁豪强首告争夺。"对于边疆荒地，乾隆则用当地驻兵开垦，"凡驻军在2500人的地方，都要以五分之三的人力用来垦荒"。后来，战争平息，各地驻兵减少，不足屯种，乾隆就下令可以召集"流人"，分给他们田地耕种。另外还分给商人每户30亩承垦新地，免税6年。乾隆甚至开放了前朝封禁的东北地区，将关外闲散旗人迁移过去进行垦荒种地。

乾隆制定的这些政策鼓励了官员和农民的积极性，各地官员纷纷身体力行，推动农业经济的发展；而农民也加快了对耕地的开垦。在长期的实践中，农业生产工具和农业耕作技术都有了长足的发展和进步，北方很多地区都实现了三年四熟或二年三熟，此外，农民广泛引进和推广新作物品种，提高了农产品的产量。耕地面积更是显著增长。1724 年，全国可耕面积 683 万余顷，1766 年扩大到 741 万余顷。

到清代中期，江南地区已经成为全国的财税大户，乾隆对维护这一地区的安全和社会的稳定，也做了大量的工作。其中最重要的就是返修江浙海塘工程，在海边修建新的鱼鳞石塘。所谓鱼鳞石塘，指的是以条石修筑的堤坝。这种堤坝在修建时，先将条石纵横交错，自下而上垒叠整齐，再在条石上凿出榫卯眼儿，用铁锔和铁榫勾搭连环锁死，之后用油灰、糯米浆浇灌合缝处，最后还要在塘底打桩。由于条石层次分明如同鱼鳞，所以称为"鱼鳞石塘"。这种堤坝建成以后，浑然一体牢不可破，可以有效地防止潮水对地势较低的沿海地区造成灾害。

早在 1736 年，海宁一带就修筑了 5900 多丈的鱼鳞石塘；后来，乾隆委派治水专家，河道总督嵇曾筠接手此事，他将年深日久、已不牢固的土塘拆除，在海宁南门外又修建五百余丈鱼鳞石塘。1780 年，乾隆更是借南巡之机，亲临海宁，并下令将当地所有可建鱼鳞石塘之处，尽行修建。仅这一工程就花费白银数百万两。在乾隆的大力督促下，不仅浙江地区，江苏地区也修建了大规模的鱼鳞石塘。到乾隆末年，江浙的鱼鳞石塘已经互相贯通，北起江苏宝山，南至浙江仁和。鱼鳞石塘蜿蜒数百里，与长城、大运河并成为我国古代三大土木工程。

此外，乾隆还建立并完善了关于海塘工程的各项规章制度，如安排官兵管理和巡逻，配备仓储物资随时供应维修，这些措施对于维护海塘的正常运作起到了至关重要的作用，进而保证了东南沿海地区的和平安定与社会繁荣。

□ 商业的飞速发展

在农业快速发展所获得的成就的支持之下，乾隆年间的手工业与商业也获得了长足的进步。手工业的发展导致了经济作物种植规模的扩大。华北平原，特别是河北地区，普遍种植棉花，"冀、赵、真定诸州属，农之艺棉者，十之八九"；而长三角地区和珠三角地区则广泛种植桑树，当地人获利颇丰；至于山区则大量种植茶树，吸引了不少客商；而新开发的台湾地区，每年的蔗糖产量达到 1 亿斤之巨。经济作物的种植，使粮食运输贸易也逐渐兴起，长三角一带和福建地区到乾隆时期都要仰仗外地粮食的供给。

手工业的发展还使得商品的种类增多，生产规模提高，销售市场扩大。苏州的织工，开发出了新的丝绸式样，并且"专其业者，不啻万家"，其产品不仅畅销于国内，而且还出口到日本，东南亚，甚至欧洲各国；而南京的棉布年销量，仅仅十年之内就涨了三倍左右，达到 100 万匹之巨。采矿业在乾隆时期也有了新的发展。乾隆八年（1743 年），乾隆决定开放矿禁，"各省凡有可采之山厂，俱经该地方官查明保题，先后开采，以济民用"，这也使清代的手工业有了新的发展。

□豁免钱粮，财政收入却只增不减

乾隆不仅想办法为黎民百姓创收，还效仿康熙帝，多次减免钱粮征收，还曾于 1756 年、1770 年、1777 年，1778 年，1790 年数次普免全国钱粮。其减免的规模、次数和数量都超过了前朝。乾隆时期还曾用七年时间将全国漕粮普免一遍，后又两次普免天下糙粮，普免金额达 1000 万两白银。

尽管如此，由于生产的发展和社会经济的全面繁荣，清政府的岁入反而逐渐提高。由原本每年的三四千万两，一度达到 1777 年的 8100 余万两，到乾隆末年，也能保持稳定在六七千万两的水平上。

此外，为防备灾荒歉收，乾隆朝还通过官储、民储、商储的途径，实行大规模储粮，总数达到 1 亿石。在灾荒之年，这些储粮能够起到保证民生的作用，体现了乾隆作为一代帝王的长远眼光，也使乾隆时期国库充盈、国力强盛，所以才有能力支付乾隆六下江南的奢华之需。

□民间豪富引发的奢靡之风

乾隆勤于政务，努力发展经济的举措不仅让自己，也让全国人民享受到了社会经济发展带来的好处，以至当时的士大夫以不无担忧的口吻谈到乾隆年间的奢靡之风。前文所说的郝善人，仅仅是众多豪奢之家中的一个，江浙一带富人的奢侈程度更是令人咋舌。

据野史记载，江苏吴县的席氏和浙江嘉兴县的陶氏是姻亲。陶氏去席家拜访，从下船的地方到宅邸两里多的路都张灯结彩，搭设灯棚。到家之后天天大排筵宴，还有吹拉弹唱助兴。席氏不无得意地问陶氏：你看我这宅邸没什么缺点了吧。陶氏淡淡地说：都还好啦，不过你的客厅地砖太大，书房窗外的池塘也没有荷花。席氏听了微微一笑。两个时辰之后，席氏邀请陶氏再去看客厅和书房，只见客厅的地砖全部换成了小块的，而池塘里也种满了荷花。

□人口激增，僧多粥少的尴尬

不过，乾隆时期繁荣的社会经济也造成人口的激增。乾隆六年（1741 年），全国人口约为 1.5 亿人，仅仅 50 年之后，人口数量翻了一番达到 3 亿，这导致了自然与社会压力的激增，社会的不安定因素逐渐增加。人口增长带来的压力日益明显。乾隆帝就曾经说过"承平日久，生齿日繁，盖藏自不能如前充裕"，还说"生之者寡，食之者众，朕甚忧之"。此外，人口增长还导致物价的上涨。樊树志指出，由于人均耕地面积下降，每人所得粮食日益减少，导致粮食价格持续上涨。在物价上涨的冲击下，国家收入的另外一项重要来源——炼铜、漕运和盐业的成本也提升很快，难以为继，纷纷破产，形成了"人口增加——土地减少——物价上涨——工业破产"这样一个恶性循环的怪圈。在康乾盛世美好阳光的背后，即将来临的是道咸衰世的乌云。

第七章
悲剧皇帝——嘉庆

退而不让，太上皇和儿皇帝如何分工

□不敢比肩祖父的乾隆帝

乾隆皇帝在位的时间仅比他的祖父康熙在位少一年，是中国历史上在位时间最长的皇帝之一。爱新觉罗·弘历身为雍正第四子而能够在雍正元年（1723年）就被秘密立为太子，进而顺利继位称帝，与其祖父康熙的看重和称赞有很大关系。他12岁时就得康熙亲授书客，与祖父朝夕相伴，对祖父的感情极深，也非常尊敬。因此，1735年，也就是雍正十三年九月，时年25岁的弘历在即位时据说曾焚香立誓，表示自己如果能得上天保佑，在位六十年，一定立即传位给太子，不敢比肩，更不敢超过祖父康熙在位61年的时间。

即位的乾隆曾两次密定皇储，但所密定的皇储均早夭。1773年，即乾隆三十八年，乾隆第三次密定皇储，立时年14岁的皇十五子颙琰为太子。1795年，正是乾隆六十年九月，85岁的乾隆皇帝将满朝王公、百官召集到勤政殿，开启密缄，正式册立颙琰为皇太子，宣布第二年改元嘉庆。

嘉庆元年（1796年）正月初一，乾隆皇帝在太子颙琰陪侍下来到奉先殿堂，举行隆重的授受大典，并命人祭告太庙。随后，乾隆驾临太和殿，将御用印玺授予颙琰。颙琰自此正式即位，是为清仁宗，也就是通常所说的嘉庆皇帝。

□退而不让的太上皇

天无二日，国无二主。嘉庆即位后，乾隆帝宣布退位为太上皇帝。虽然退了位，但是他仍用"朕"为自称，谕旨称为"敕旨"。按照道理来讲，太上皇是不应该过多干预政事的，但是乾隆帝规定，寻常事件由嘉庆自行处理，一旦有军国要事和涉及官员任免的事宜，则仍由他亲自指导，甚至是亲自进行处理，凡是新授府道以上官员，叩谢完皇上之后，还要前往太上皇那里磕头谢恩。此外，乾隆每天还对嘉庆进行"训谕"。《朝鲜正宗实录》就记载，乾隆曾对宠臣和珅说："朕虽然归政，大事还是我办。"和珅拟写政令奏请嘉庆批复，嘉庆也说："惟皇爷处分，朕何敢与焉。"由此可见，乾隆虽然号称归政于嘉庆，实则仍然掌握大权，嘉庆当时不过是个牵线木偶。

本来嘉庆即位改元后，全国上下、紫禁城内外，都应该统一使用嘉庆纪元，可宫廷中还是用乾隆年号。嘉庆帝即位后，钱币应该改铸"嘉庆通宝"。可乾隆龙驭上殡之前的那几年，乾隆、嘉庆两个年号的通宝各铸一半，同时流通。

据相关史料记载，退位后的乾隆帝，本应住在宁寿宫，把养心殿腾出来给新皇帝住，但他拒绝从象征着国家最高权力的养心殿中迁出，把嘉庆赶到毓庆宫去住，赐名"继德堂"。

每逢早朝，太上皇乾隆经常仍然端坐于御座之上接受百官朝贺，皇帝嘉庆则在一旁陪侍。朝鲜有使臣朝见大清皇帝，根据目击记述道：（嘉庆）侍坐太上皇，上喜则亦喜，笑则亦笑……（赐宴时，嘉庆）侍坐上皇之侧，只视上皇之动静，而一不转瞬。赵尔巽编写的《清史稿·仁宗本纪》也记载："（嘉庆）初逢训政，恭谨无违。"

乾隆虽然禅位，但仍把持大权，并且权力欲极重。嘉庆即位后，为了表示对儿子的祝贺和信任，乾隆本来打算召嘉庆的老师——时任广东巡抚的朱珪回京任大学士。朱珪为官素有清誉，当年在朝中就经常与恃宠弄权的和珅发生冲突。和珅认为朱珪一旦回京，将对自己构成极大的威胁。因此，他想方设法获得了嘉庆为朱珪而作的尚未写完的贺诗，拿给乾隆，声称嘉庆正迫不及待地培植自己的势力。乾隆深以为然，大为恼火，当即很不高兴地问身旁的军机大臣董诰如何处理。幸亏董诰是忠正之人，当即表示，嘉庆帝作的诗无非是向老师表示祝贺。身为学生，向即将得到升迁的老师表示祝贺，这是学生的本分，并无不当。乾隆这才不予追究，但也搁置了对朱珪的升迁。可见，乾隆皇帝对于身边臣子的信任已然超过嘉庆皇帝，嘉庆帝的一言一行都在太上皇的控制之内。

其实，乾隆对于自己的长寿早有预感，因此在选择接班人的时候也以对他言听计从为标准。乾隆之所以如此谨慎，也是吸取了历史的教训。

□最是无情帝王家

政治的较量场上是不讲亲情的。老皇帝在位期间，已经形成了一个在大方向上比较一致的利益集团；新皇帝登基，需要他自己的班底，需要执行他的方针。这就是所谓的"一朝天子一朝臣"。在老皇帝驾崩、新皇帝继位的情况下，新老势力交替通常能够比较平稳地过渡。而在老皇帝迟迟不死、退位为太上皇的情况下，一方面是中国封建社会推崇的父为子纲——太上皇对皇帝有无上权威；另一方面是中国封建社会推崇的君为臣纲，太上皇是前皇帝，此时的位置是臣，新皇帝是君，新皇帝对太上皇有无上权威。这就难于相处了。

因此，乾隆为了保证自己的地位，为了继续贯彻自己的施政方针，特意选择了生性忠厚老实、重视仁孝、对乾隆言听计从的颙琰为接班人。

颙琰其人平时比较用功，行为举止也颇为得体。从被秘密立储到正式登基，在漫长的20多年时间里，颙琰很好地通过了乾隆对他进行了种种考核，这才得以顺利继位。

当然，康乾盛世末期，清王朝已经开始国库空虚、朝政腐败、贪贿成风，亟须一位雷厉风行的雍正式皇帝来解决矛盾、化解危机。而颙琰的性格却是四平八稳、不思进取，是能守成而不能开拓、创新的君主。在25年的执政生涯中，嘉庆一件一件地解决了乾隆盛世留下的危机，却又使清王朝一步一步地陷入更深的危机。

大丧之日杀和珅，嘉庆帝为了钱还是为了人

□不得不死的和珅

绣衣成巷接公衙，弯弯曲曲路不差。
莫笑此间街道窄，有门到达相公家。

——清·无名氏《咏补子胡同》

此诗意为，和珅和中堂每天入朝之时，文武百官夹道迎送，简直就形成了一个用人墙搭起来的胡同。和珅的位高权重，可见一斑。

和珅正式崛起于1776年，也就是乾隆四十一年，此后专权长达20多年。在此期间他外结封疆大吏、领兵大员，内掌吏部、户部、兵部，对刑部、工部、礼部等部门也颇具影响力，真正是权倾朝野，不可一世。在此期间，他疯狂搜刮民脂民膏，胆大妄为，已经到了不可饶恕的地步。

到乾隆驾崩之前，和珅身兼数个要职，影响着六部，堪称是百官之首，二人（乾隆和嘉庆）之下万人之上。在清王朝历史上，作为一个大臣，和珅曾经拥有的地位空前绝后，从清太祖努尔哈赤到末代皇帝宣统，是绝无仅有的。

尤其值得一提的是，就像祖父雍正一样，作为帝王中最节俭皇帝之一的嘉庆，最恨贪污。他认为朝廷许多矛盾的根源就在于官吏的贪腐。嘉庆所接手的是一个财政赤字严重的乱摊子，而据他所知，和珅却肥得流油。

不仅位高权重，而且贪婪成性。身具这两大为帝王所忌惮之特点的和珅自然是嘉庆要清洗的首要对象。

无论是替晚年腐败荒淫的乾隆给世人一个说法，还是为自己贪得无厌的官宦生涯做一个交代，或是为新皇帝的登基铺路，和珅都不能不死。

□嘉庆帝幕后的高手

嘉庆对于除掉和珅是蓄谋已久的，因此，乾隆一死，锄奸行动就立即展开。和珅虽然预感到大事不妙，但对嘉庆的计划却一无所知。他对乾隆的心思揣摩得不可谓不透彻，但对新皇帝嘉庆就知之甚少了。他根本不知道，在嘉庆的安排下，被他视为眼中钉肉中刺的朱珪已经悄悄到了京城，在靠紫禁城较近的东华门的一套小院藏身，指点和协助嘉庆的锄奸行动。

早在乾隆驾崩之时，嘉庆即令和珅守灵，把和珅软禁在乾隆的灵堂上。这样就切断了和珅同外面的所有联系，即使一生兵权在握，此时也无法调兵。很快，嘉庆就开始来处置和珅。他首先颁布了一道上谕：将南方白莲教战事责任归咎于和珅，紧接着，一个叫王念孙的人向朝廷上了奏章，列举和珅的种种罪状。嘉庆借机就免去了和珅大学士等重要职务，并把他软禁。在议定对和珅的处置时，直隶总督胡季堂首先表态说，和珅是罪大恶极，应当处置。他一带头，各地官员也纷纷表态，嘉庆就此得到舆论的支持。

得到臣子们的支持后，嘉庆命人查抄了和府，查获金银财物、房产、产业无数，据说总价值约9亿两白银，相当于乾隆年间两年半的税收，其中不乏各地进贡给皇上却被和珅私自窃取的贡品。嘉庆勃然大怒，当即宣布了和珅二十大罪状，谴责和珅辜负了先皇信任，愧对先皇的恩宠。因此，在大丧期间处置这位先皇的宠臣也就成了安慰先皇在天之灵的理所当然的事了。正月十八，在京文武大臣奏请嘉庆帝将和珅立即正法，处以凌迟之刑。对和珅，嘉庆是非杀不可。但也还是要故作姿态，表示一下自己对先皇的尊敬、对大臣的恩典，也要顾及朝廷的脸面。因此，在让和珅多活了几个月后，嘉庆宣布：和珅虽然犯下种种罪行，但念其在先帝驾前多少有那么一点功劳，而且又是朝廷大员、新晋的公爵，朕不忍心让他遭受凌迟之苦，就赐他自尽吧！免于凌迟。和珅的同党福长安一直以来阿附和珅，此时也被削夺了职爵，判了斩监候，也就是死缓。嘉庆特别命人将福长安押到和珅所在的牢房，跪在那儿看着和珅自尽。

□和珅之死为何没有造成局势的动荡

在朱珪的指点下，嘉庆对和珅的处置显示出了极高明的政治手腕。和珅为官多年，党羽众多，阿附者甚众，甚至连传说中与和珅斗智斗勇的纪晓岚实际上都与和珅有较为密切的往来。因此，对和派如果连根拔起，不免让朝局动荡，政务瘫痪。因此，嘉庆虽然迅速处死和珅，却没有将事态扩大，也没有株连九族。和珅的弟弟当时早已经死了；和珅的儿子丰绅殷德因为是额驸，也就是驸马，也没有杀。嘉庆还留了一点房产让他们维持生活；乾隆朝重臣傅恒的儿子福长安本是和珅的死党，虽然判了斩监候，但最终还是没有杀，并予以任用；和珅府里养了一个先生，也是和珅的同党，常为和珅出谋划策，最终也只给了一个处分了事；其他经和珅推荐而得以任用的官员，没有因和珅倒台而被株连，仍任原职。因此，虽然权势极大的和珅被除掉了，当时的清廷就仿佛只是下了一场短促的骤雨，保持了稳定。

当然，和珅之死没有造成清朝政局的巨大动荡，与和珅本人的为人也有关。和珅虽然贪得无厌，但也不像嘉庆宣布其罪状中所说的那样有不臣之心。他从未脱离过乾隆帝的控制，不过是靠着乾隆的信任而为自己敛财罢了。在他掌权期间，清王朝虽然不可避免地盛极而衰，开始走下坡路，但总体上还算是四平八稳。而清王朝之所以走下坡路，有封建王朝的必然性，也有乾隆皇帝好大喜功、奢侈荒淫的因素。

作为封建时代中国历史上数一数二的巨贪，和珅为官一生搜括无数，最终确为他人作嫁衣裳，解决了正为国库空虚发愁的嘉庆帝的燃眉之急，还搭上了自己的一条性命。正所谓"和珅跌倒，嘉庆吃饱"。清王朝财政的支出有了着落，一时间真是皆大欢喜。

嘉庆因何禁如意

□如意，吉祥的代表

如意，长条而一端弯曲，是一种古代器物名称，我国很早以前就有了。

如意可以用各种材料制成，比如骨、竹、木、角、石、玉、铁、铜等。由于其一端弯曲像手一般，最早被用作"抓挠"。到西汉的时候，如意具有了吉祥的含义，比如汉高祖刘邦与戚夫人生的儿子就取名为"如意"。魏晋南北朝时期时，佛教的僧侣和文人雅士开始广泛使用如意，并加深了如意吉祥美好、聪慧睿智的含义。到清朝，如意早已成为皇宫里皇上、后妃把玩之物，宝座旁、寝殿中均摆有如意，以示吉祥、顺心。清代的皇帝、皇后还经常用如意作为赏赐王公大臣之物。

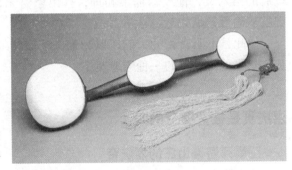

檀木如意　清

然而如此吉祥美好之物，却也不是人人都喜欢，清嘉庆皇帝就公然表示自己不喜欢如意。

□被嘉庆禁止的满族风俗

按照满族的老风俗，凡是到了过年过节的时候，王公大臣以及在外省的总督、巡抚等封疆大吏，都要向宫廷向皇上进献如意，以表吉祥如意的美好祝愿。满族人入关进京之后，这种老风俗仍然保持下来，没有改变。可是到了嘉庆朝，这种老风俗竟一下子给禁止了。谕旨中说，"……诸臣以为如意，在朕观之转不如意也"。

当时，朝廷上上下下都不知道皇帝禁献如意究竟是搞什么名堂。而如此寓意吉祥的物件，嘉庆帝为什么就不喜欢？其实这其中确有奥秘。

□和珅的如意算盘

雍正皇帝在位时，乾隆的第二子出生，这个婴儿是乾隆嫡福晋所生。由于清代以前的皇帝没有一位是嫡长子，所以雍正对这个嫡孙十分重视，并亲自赐名永琏，暗示在乾隆之后立他为皇帝。于是乾隆即位后，就马上将传位永琏的诏书放在了正大光明匾后，可是永琏只活了九年就离开了人世。其后不久，皇后又生下了皇七子永琮，一心想完成祖先遗愿的乾隆，马上决定立这位嫡子为太子。谁知传位的诏书刚放到正大光明匾后，两岁的永琮也离开了人间。

连丧两子的乾隆皇帝，再也不敢立嫡子为太子，更不敢将传位诏书放在正大光明匾后边了。对于立储一事，皇室里谈虎色变。到乾隆晚年，他的诸皇子中，有的已经死去，有的对当皇帝根本不感兴趣，还有的生怕招来杀身之祸，因此敬而远之。于是乾隆皇帝就在庶出的皇子中选择了忠厚老实的颙琰作为继位者。为了不让老天夺走他这个儿子，乾隆帝对立颙琰为太子一事一直秘而不宣。直到即将禅位前一年，才正式公之于众。

可是如此绝密之事，真的只有乾隆一人知道？不，还有一人知道，那就是和珅。当和珅觉察到乾隆帝要立颙琰为太子后，立刻选了一只上好的如意送给了颙琰，以取悦这位未来的皇帝。谁知颙琰听到自己被暗中选为太子后大为惊恐，加之他对和珅这样的大贪官本身就十分忌恨，所以对和珅所送的如意十分反感。

嘉庆继位后，政事仍由太上皇乾隆决定。1799年乾隆病死后，他亲政。亲政后的第六天，他就逮捕了和珅，抄出家财无数，和珅随后被处死。之后，嘉庆就下谕旨禁献如意。

如此，不明真相的人们还以为嘉庆下谕禁献如意是要崇尚节俭，杜绝奢侈，其实只是他对如意的一种厌恶罢了。

嘉庆真是被雷劈死的吗

□暴死避暑山庄的嘉庆帝

嘉庆帝虽然没有什么才能，但是他从小苦读，精通四书五经，继位之后，也算勤政。但是，一人之力总难力挽狂澜。朝政的繁杂，官员的腐败，宫廷内部的斗争，种种纷繁扰攘之事弄得嘉庆皇帝焦头烂额，疲于应付。特别是他的同母弟庆亲王去世之后，嘉庆皇帝变得更为忧郁。

1820年，即嘉庆二十五年，七月，年过花甲的嘉庆皇帝，率领着大队人马第16次来承德避暑山庄避暑。嘉庆此次出巡，一路顺利。路上，好久没有骑马的皇帝，虽然已经61岁，体态肥胖，但仍颇有兴致地纵马奔驰过了广仁岭，尽管是剧烈运动，嘉庆丝毫没有疲倦和病态。按原定计划，嘉庆要在避暑山庄度过整个夏天，一直住到中秋后，然后到木兰围场举行秋狝大典后，再从避暑山庄返京。

抵达避暑山庄当天，嘉庆到永佑寺中祭拜了康熙、雍正和乾隆，然后回到烟波致爽殿，又处理了两件并不算紧急的公务，也就休息了。

次日上午，嘉庆突然感到痰气上涌，说话困难，头脑发胀。他身旁的皇子慌忙去请御医，并召大臣赛冲阿、托津等入室。谁知没过多久，嘉庆皇帝就不会说话了。太医们没有见过如此怪病，都感到束手无策。到了晚上八九点钟，天空中突然雷电交加，并有闪电击中嘉庆皇帝所在的烟波致爽殿。一阵电闪雷鸣过后，嘉庆皇帝被发现已死在龙床之上。嘉庆皇帝死后，热河行宫立即封锁了消息，避暑山庄大门紧闭，限制人员出入。嘉庆帝死得如此突然以至于连棺材都没有预备好，随行的王公大臣只好让人将北京宫中预备的寿棺连夜运到承德。嘉庆皇帝临死之前不会说话，也没有安排后事，他死了之后，人们在正大光明匾后面也没有发现装有继位诏书的小金盒。嘉庆随身携带的那个盒子也不知道放在哪了。无奈之下，在总管内务府大臣禧恩和皇太后的支持之下，只好宣布由皇二子旻宁继承皇位。由于这其中的种种变故，道光皇帝到了八月初二，才公开发布嘉庆驾崩的消息。嘉庆皇帝离开北京时还好好的，如此突然驾崩，驾崩之后又迟了这么久才对外公布消息。人们开始对嘉庆皇帝死因议论纷纷，难道这其中真的有不可告人的内幕？

　　嘉庆一生没有得过大病。鉴于康熙、乾隆的高寿，以及自己身体状况的良好，嘉庆深信自己也是长寿之人，活个八九十岁是大有希望的。因此，在批评大臣操办嘉庆六十寿辰庆典太过破费的上谕中，嘉庆还表示他的七十、八十、九十寿辰都要从简办理。由此可见，嘉庆对自己的寿命是很乐观的。包括他本人在内，谁都没有想到身体好好的嘉庆居然暴病而亡，还不知道是得了什么病。

□遭到天谴的帝王

　　据一些随行人员传闻，嘉庆皇帝可能是遭雷击而死。据说嘉庆帝一行人到了避暑山庄之后，稍事歇息，就率领大臣和侍卫们前往木兰围场围猎。结果回来的路上遇上了大雨，被困在荒郊野外，一时间雷电交加，大地震撼。忽然一道光亮之后嘉庆皇帝被雷电击落马下，当场身亡。还有人说，嘉庆皇帝不是死在野外，而是在避暑山庄内遭到雷击，触电身亡。

　　嘉庆被雷电烧得面目全非，已经无法收殓入棺。皇二子旻宁为维护皇家颜面，决定暂时封锁消息，并秘密地将一名与嘉庆皇帝相貌身材差不多的太监绞死，假扮嘉庆收殓棺中，而将皇帝的骸骨收在棺材底部，以掩人耳目。

□心脑血管疾病致死

　　当然，被雷劈死只是传说。在宫廷正史之上都没有相关的记载，不过即使嘉庆皇帝真的是遭雷击而死，官方的记载也不敢提及此事。因为皇帝遭雷击而死，就等于是大逆不道，遭到天谴。谁写了这样的事情都会犯大忌讳。对于嘉庆皇帝的死因，官方的记载上都说是病死的。后人根据嘉庆皇帝临死前的状况推测，嘉庆皇帝可能是在年高体胖的情况之下过度忧虑疲劳，再加上天气炎热，猝发心脑血管疾病而死。

　　但是，不管嘉庆皇帝是不是正常死亡的，由于他在避暑山庄西暖阁暴死，此后避暑山庄便开始闲置，亲历父亲暴亡的道光皇帝从这之后一次也没来过。

第八章
禁烟皇帝——道光

嘉庆为何选中了旻宁

□弹弓打下来的皇位

自乾隆中后期起，阶级矛盾越来越尖锐，尽管乾嘉年间的白莲教大起义已被扑灭，但其残余势力并没有被肃清，他们继续变换着名目在北方活动，寻找时机反击。打着反清复明旗号的天理教就是其中的一支。他们在京城活动十分活跃，主要目标就是伺机攻打紫禁城。活动的首领之一名为林清，经推算，确定嘉庆十八年（1813年）九月十五日为起事吉日，恰逢嘉庆皇帝去了承德，京城人心浮动，防守空虚。林清自感机不可失，便如期举事。

到了九月十五日中午，近百名天理教徒分别突袭紫禁城的东华门和西华门。他们之前就买通了几个信奉天理教的太监做内应，得以顺利混入紫禁城中。但因为不慎，这些起义军在东华门暴露了身份，而从西华门而入的另外50多人则在前来接应的小太监的引领下顺利闯进宫门。但由于路上耽搁了时间，等他们冲到隆宗门时，清宫守门侍卫已经闻讯关闭了大门。

此时，皇子旻宁恰好在上书房读书。时年32岁的旻宁是嘉庆次子，原本陪着嘉庆一同去了承德，后来提前回京，正赶上这场事变。当时，宫内人心惶惶，后妃们吓得哭成一团，太监们四处逃窜，侍卫们不知所措，闻讯赶来的王公大臣也不知如何是好。在此紧要关头，旻宁挺身而出，命令各门戒严，并派人调集援军，自己站在养心殿前观察局势。

隆宗门紧闭，天理教徒分出一拨人撞门，又派五六人爬上养心殿对面御膳房的房顶，准备跳进去杀人开门。旻宁瞧见，当即举枪射击，一名教徒中弹坠墙而亡。当时都是火药枪，放完一枪需要重新装填。旻宁乍逢大事，心中也十分紧张，一时找不到弹丸，索性扯掉胸前的金扣子，装进枪膛再次射击，将另一名在屋顶上手持白旗的天理教小头目打落。其他教徒见状连忙退了回去。此时，增援的禁军也赶来了，射出羽箭，将教徒全部杀死。旻宁见危机稍缓，立即命禁军继续搜杀残余天理教徒，自己则到储秀宫安慰母后，同时命令西长街布置警戒，以防再出巨变。

嘉庆接到奏报后，对旻宁临变之时处变不惊的处置大加赞扬，夸赞自己的二儿子有胆有识，忠孝兼备，当即加封旻宁为智亲王，加俸银 12000 两，所用的火铳也被赐名为"威烈"。旻宁立了大功，却不张扬，表示自己当时心里也很害怕，有许多处置也不太恰当，请父皇恕罪。旻宁的这番表现让嘉庆更加满意。

□代父祭祖，心知肚明的大臣们

嘉庆二十四年（1819 年）正月，嘉庆皇帝让旻宁代表他到太庙祭祖，这一举动使朝廷上下更有充分理由认定旻宁从嘉庆皇帝手里接过政权应该是势在必得。

旻宁自小文武双全。深得皇祖父和皇父喜爱。嘉庆皇帝共有四子，长子已夭折，旻宁排行第二，顺理成章被视为长子。并且，经过紫禁城平定天理教事件，立下大功，被封为智亲王，在三个兄弟中，爵位也是最高的。从这几个方面也能看出，旻宁继承大统的志在必得，顺理成章。

□众人的支持

嘉庆二十五年（1820 年）七月二十五日，嘉庆皇帝驾崩。事出突然，群臣毫无准备。国不可一日无君，嘉庆暴亡，必须马上议定新君。

嘉庆因为是猝死，没有机会留下立储遗诏。他一共生有四子，选谁来继承皇位，关系到不同政治集团的利益，是一个重大问题。按照惯例，应该是长子继位。嘉庆的长子两岁时即暴病身亡，皇族宗室因此建议由二皇子旻宁来继位。孝和睿皇太后虽非旻宁生母，但非常赞成这个建议。

禧恩和孝和睿太后支持旻宁继承皇位的理由中，都提到了旻宁在紫禁城事件中的功劳，可见，此次事件不但使嘉庆皇帝对旻宁大为赞赏，也同样令群臣和后宫对旻宁这个文武双全的皇子刮目相看。这在他继承皇位的过程中起着至关重要的作用。

有宗室的支持，又有太后的懿旨，而且后来军机大臣托津、戴均元称在承德避暑山庄找到了嘉庆帝立储遗诏，称立皇次子旻宁继承皇位。这样一来，旻宁板上钉钉，成为清朝的第八位皇帝，年号道光，史称道光皇帝。

皇帝也有无奈时

□王朝内部的腐败

道光皇帝在位期间，清王朝的国家机器也已经运转了 170 余年，前朝五位皇帝留下的这片盛世江山，经济繁荣，人口众多。

虽说清王朝经历康乾盛世后已经由盛而衰，但是祖宗留下的基业依旧闪耀着光辉。道光帝在位时，大清王朝疆域广阔，他统治着一个面积超过 1300 万平方公里的世界大帝国，这时候，人口数量已到达了空前的 4 亿，占全世界总人口近 1/3。如果当时有"发达"这个词的话，当时的中国可谓是世界上最发达的国家。

此时，大清王朝的力不从心的衰朽状态，官场因循懈怠、贪污腐化的程度也达到前所未有、闻所未闻的程度。这位 39 岁的皇帝从他的父亲手中接过的不仅是一片盛世，也是一个腐败到骨子里的烂摊子。

在封建社会，皇帝是九五之尊，是天子。这位至高无上、一呼百应的道光皇帝，自然是想要什么就有什么。岂不知皇帝实际上却被那些拿着大清俸禄的效忠于朝廷的腐败集团绑架了，作为一个皇帝，他无法抽身，更是力不从心，他徒有皇帝的风光，实际上他只是周围一大批人的傀儡。他痛恨腐败，痛恨贪官污吏，而正是这帮贪官污吏顶着他的名字捞自己的好处。

与天子比起来，这些官员只是一些无名小辈，却从统治集团中得到最大实惠的。清朝的腐败到了道光时期可谓是达到了登峰造极的地步。当时有一句话：三年清知府，十万雪花银。字面上理解，就是清朝地方官是三年一个任期，一个知府一个任期就能搜刮十万两白银甚至更多，这是多么令人难以置信，又是多么荒唐的统治集团。

贪官污吏，历朝历代皆有，道光朝也有这种现象似不足为怪，但皇帝成为贪官搜刮民脂民膏、侵蚀钱粮的工具却无先例。道光这位一心想挽狂澜于既倒的皇帝，为他的臣下官员们充当着"洗钱"的机器。

□整顿吏治流产

道光帝登基之初就想通过改变大清前朝留下的陋规陋习来改变这种吏治腐败的现实，英和建议清查陋规，整顿吏治。他立即发布上谕：

> 箕敛溢取之风，日甚一日，而闾阎之盖藏，概耗于官司之削，民生困敝，职此之由。

清查的方针是，将所有的陋规查明，该保存的留下，该取缔的消除。道光帝实际是想承认一部分陋规，取消另一部分陋规，控制其发展。

新官上任三把火，道光帝整饬陋规是为初政之一，他也想励精图治，续写盛世，然而那帮既得利益者怎么舍得让他们搜刮到的财富变成非法的呢？由此，官吏们的贪婪却让道光无可奈何，最后只是说了一通空话：

> 各大吏正己率属，奖廉黜贪，如有苛取病民之事，立加黜革厘正，斯吏治澄清，民生日臻饶裕矣。

道光整顿吏治的新政流产了，预示政治不会有起色，陋规将越来越严重，吏治一发不可收拾。

道光皇帝一生力戒浮华，克勤克俭，在历史上来看也算得上是一位节俭的皇帝，他批答奏章，日理万机，召见臣工，夜以继日地操劳国事，对国事可谓鞠躬尽瘁，又可谓是一位勤政的皇帝。然而他改变不了王朝没落的大趋势，面对吏治腐败，他深恶痛绝却又无能为力。这位勤政节俭的皇帝一生都写着衰世之主的悲怆与无奈。

一死百了能解决问题吗

□悲剧的角色

道光帝在位期间，做了不少有利国计民生的事情。然而，随着禁烟运动的失败以及鸦片战争的一声炮响，道光帝的一世英名付诸东流。

39岁继位的道光帝，在他30年时间内，见证了一个万里帝国由盛转衰的悲剧，而他本人，虽然非圣主，却也不是个昏君。如果不是恰逢三千年唯有之大变局，他或许还可以做个安乐皇帝。

然而作为鸦片战争的头号当事人，道光无可避免地成为后世最具争议的人物之一。古往今来，以弱胜强、以少胜多的战例不胜枚举，然而碰到了性格疑虑犹豫、反复无常道光，则此战最终败北。在禁烟之时，严禁与弛禁犹豫摇摆；战争爆发时，道光又在主战与主和之间反复无常；用人当任时，道光又以一己好恶和宵小谗言，任贤与任奸功罪倒衡。在这场历史悲剧中，道光遂扮演了悲剧的主角。

鸦片战争胜负未分之时，林则徐便遭到了贬谪，随即，道光帝便派投降派琦善为钦差大臣去到广东，与英国谈判。临行之前，道光帝定下要求：上不失国体下不开边衅。意思是说，给英国割地赔款不行，与英国发生军事冲突也不行。按照道光的打算，是要让英国人竹篮打水一场空。

琦善无能，遂向英方让步，私下将香港划给了英国。这让道光帝大怒，在逮捕了琦善之后，遂派遣杨芳、奕山向英军进攻，结果却失败而归，绝望的道光帝只能投降，割地赔款。如此反复无常、左右摇摆的君主，如何能够让大清军士上下一心，把英军打回老家去呢？

此后，道光帝更是不思进取，不图改良，不知求富图强之道，致使西方列强步步紧逼。所以《清史稿·文宗本纪》论述道："论曰：宣宗恭俭之德，宽仁之量，守成之令辟也。远人贸易构衅兴戎，其视前代戎狄之患，盖不侔矣。当事大臣先之以操切，继之以畏葸，遂遗宵旰之忧。"鸦片战争的失败有臣属不尽责的原因，摇摆不定的道光帝也难辞其咎。

□忠臣义士的失望

见林则徐这样的忠贞之士遭到贬谪边，愤懑的魏源铺纸提毫，奋笔疾书：

楼船号令水犀横，保障遥寒岛屿鲸。
仇错荆吴终畏错，闲晟赞普讵攻晟。

乐羊夜满中山夹，骑劫晨更即罢兵。

刚散六千君子卒，五羊风鹤已频惊。

一开始之时，林则徐倒还看得开：只要道光帝励精图治，群臣上下一心，文武协力，这朗朗乾坤未尝不能扭转。然而，时局的发展大大出乎了林则徐的意料，道光皇帝竟然听信了首席军机大臣穆彰阿为首的投降派的谗言，将林则徐和邓廷桢革职充军。

时任户部尚书的王鼎，眼见国家危难，民族危亡，毅然将生死置之度外，多次怒斥穆彰阿"妨贤"、琦善"误国"，不惜让道光帝震怒，唯望能够唤醒道光帝，让他坚持抗战。当所有希望都变成失望，失望化作绝望之时，王鼎只能以死报国，道光二十二年（1842 年）四月三十日，王鼎自缢而死，并留下遗书："条约不可轻许，恶例不可轻开，穆不可任，林不可弃也。"林则徐听闻王鼎尸谏的消息，悲痛万分，遂写下《哭故相王文恪公》诗：

廿载枢机赞画深，独悲时事涕难禁。

艰屯谁是舟同济，献替其如突不黔。

卫史遗言成永憾，晋卿祈死岂而心？

黄扉闻道犹虚席，一鉴云亡末易任。

为了维持现状，维护投降派的利益，在王鼎死后，穆彰阿的亲信、军机章京陈孚恩急忙去到王家成功骗取了遗书，在他的威胁利诱下，王鼎之子王沆被迫接受"代为改草遗疏"。最终，道光帝只知王鼎"暴病而亡"，下诏悯恤优抚，追赠太保，谥文恪。王鼎之一片忠心，只能谋日月之昭彰了。

□一死百了的道光帝

道光晚年，痛定思痛，逐渐抛弃了投降派，对那些有功的抗敌将领，想尽办法加以优待和保护。然而，他却总是顾此失彼。不想成为千古罪人的道光帝，竟然连选储君之时，也是举棋不定。当时，四皇子六皇子都有资格，四皇子是长子，而且贤孝；六皇子虽是庶出，却天资聪颖。正当道光帝准备选择六皇子之时，竟然被一个太监偷窥到了，而且还被太监传了出去。道光帝很不高兴，遂一怒之下改立了四皇子，也就是后来的咸丰帝。

自然界的时令虽是初春时节，大清王朝的气数已是暮秋时候。于是，在紫禁城中，自然形成了一股伤春悲秋的自然与人文氛围，不堪忍受巨大孤独和压力、不堪忍受耻辱又不能改变命运、想要扭转乾坤却又不知从何着手的道光帝，终于闭上了他的眼睛。

第九章
四无皇帝——咸丰

让奕詝继位，道光帝老糊涂了吗

□身患残疾的咸丰帝

文宗体弱，骑术亦娴，为皇子时，从猎南苑，驰逐群兽之际，坠马伤股。经上驷院正骨医治之，故终身行路不甚便……

——民国·赵尔巽《清史稿·文宗本纪》

据史料记载，四皇子奕詝，也就是后来的咸丰皇帝，在登基之前，一次狩猎时从马上摔了下来，经过太医的精心治疗，骨病虽然好了，却落下残疾，成了跛子。奕詝的这个身体缺陷本来是不为黎民百姓甚至是朝廷官员所知的。于是，为了掩盖他身体上的缺陷，奕詝刚一登基，便下了一道旨令，意思是说每次退朝后，文武大臣先退，皇帝后走，以免让文武大臣看到自己的跛脚。可是，在一次朝堂议事过后，由于过度气愤，他竟然忘记了自己曾经颁发过的这道圣旨，愤愤而去，比群臣先走。此刻，满朝官员才了解到自己侍奉的主子原来是个残疾人，后来这一秘密才被世人所知。奕詝还得过天花，脸上还有麻子。

那么，这么一个身有残疾的皇子是怎样赢得道光的宠信而登上大统之位成为天下之主的呢？

□二选一的结果

皇四子奕詝出生时间为丑时，排行第四。他的父亲道光帝有9个儿子，当道光帝65岁时，也就是道光二十六年，大阿哥奕纬、二阿哥奕纲、三阿哥奕继此时都已死去，皇四子也就实居皇长子之位。道光考虑到自己年岁已大，身体又不好，立储之事成了当务之急。要知道，在皇朝政治中，确立皇储，是无可争议的头等大事。道光的儿子虽然只有六个，但想要在其中选出一个可以延续大清后世的继任者，并非易事。平常人家有一群孩子，可以把家产分了，哪怕一堆孩子中只有一个争气的，也可以光耀门楣。但皇太子却不能这么分配，毕竟皇位只有一个。一旦成为下一位君临天下的帝王，无论是什么样的人，都无可挽回。这就需要指定继承人的皇帝有一种非凡的识人能力。

当时，道光的五阿哥奕誴已经过继给了醇亲王绵恺为子，失去了继承大统的权利。六阿哥就是后来人称"鬼子六"的奕䜣。这一年，四阿哥奕詝16岁，奕䜣15岁，老七、老八、老九三子均不满10岁，无须考虑在内。所以能够考虑皇太子人选，实际上只有奕詝和奕䜣。

还有一点特殊的地方就是，奕詝的母亲在他十岁时就已经去世，一直是由静贵妃，也就是奕䜣的母亲来照顾他，所以奕詝视静贵妃如同生母，视奕䜣如同胞弟。奕詝和奕䜣关系从小就一直都很好，这就更增加了道光选择皇储的困难。

奕詝和奕䜣，这两个儿子之间到底选择哪个来继承祖宗的江山，道光帝犹豫不定。他举棋不定，难下决心。兹事体大！

那么怎么立的呢？奕詝和奕䜣因为只差一岁，都在上书房读书，但是，却不如奕䜣好。奕䜣不仅相貌出众，功课优异，刀枪骑射样样出众，能文能武，道光怎么选择？不仅是在当时，即便是在今天看来，道光帝确实是立错了储君。

诚然，即使是奕詝样样不如奕䜣，只要道光的谕旨一定，那就是铁定的事实，没有任何回旋和改变的余地，因为道光是皇上，立一个残疾人当储君尽管要考虑诸多因素，但最终还是按他的意志来定。也就是说，在封建皇权专制的社会中，立储之事只能出自圣裁。臣下的建言本已逾规，后宫干政更是不能容许的。若言而不中更有危险。

试看古今，多少皇子为了大位之争而反目成仇。密建制度在一定程度上避免了众皇子为争夺皇位的纷争，避免了内外大臣互相勾结为拥立所亲近的皇子的纷争。到底谁是他们的新主子，在皇帝死之前是绝对的秘密。因此，皇子欲被选为皇太子，只能靠自己的表现而赢得父皇的心。

□ "藏拙示仁"的妙计

立储不是儿戏，于是，道光帝便开始考察四阿哥和六阿哥的能力。首先，道光帝想考考这两位皇子的骑射功底。皇四子之师傅为杜受田，皇六子之师傅为卓秉恬。他们的老师都分别给自己的弟子出了主意。奕䜣的箭法当然是在阿哥中是最好的，他捕获的猎物自然也是最多的。道光一看很是高兴，心想奕䜣确实是很有本事。而皇四子奕詝肯定是不如自己的六弟。这就显示了杜受田的政治智慧，他教奕詝索性一箭不发，自然也就没有任何收获了。道光看到奕詝如此无能，当然很是生气。奕詝却说："父皇恕罪，儿臣以为眼前春回大地，万物萌生之际，正是禽兽生息繁衍之期，儿臣实在是不忍心杀生，恐违上天的好生之德。"

这就是"藏拙示仁"的妙计，他猜中了道光在乎的，猜中了道光的心思，赢得了一块巨大的筹码。把自己的短处藏起来，来表示自己仁爱。道光觉得奕詝很符合儒家这个"仁"的思想，心中便暗暗地肯定了奕詝。

据史料记载，为了最终确定自己的选择，道光帝在一次病重时，召奕詝和奕䜣二皇子入对，将借以决定储位，二皇子各请命于其师。"卓教恭王，以上（指皇上）如有所垂询，当知无不言，言无不尽。"杜则谓咸丰帝曰："阿哥（清代称未成年皇子为阿哥）如条陈时政，智识万不敌六爷。唯有一策，皇上若自言老病，将不久于此位，阿哥惟伏地流涕，以表孺慕之诚而已。"如其言，帝大悦，谓"皇四子仁孝"，储位遂定。

这便是藏拙示孝的典故，可以说，奕詝能登上皇位，与恩师杜受田的政治智慧是分不开的。"藏拙示仁"，又"藏拙示孝"，在"仁"和"孝"这两个字上表现得比较突出，所以道光就选择奕詝做皇太子。可见，道光在选皇太子的时候，德才两个条件，没有考虑德才兼备，只考虑到了德而没考虑才，实际上咸丰后来在德的问题上做得也是很不够的。杜受田的政治智慧让道光帝选择了一位没有治世才能的平庸皇子继承了大统。

即便奕詝是个残疾人，形貌表象、文才武功皆不如奕䜣。与奕䜣比起来，奕詝更适合做一个皇帝。然而历史不容假设，他们的父亲是皇上，一言九鼎。正大光明牌匾后写的是奕詝的名字，奕詝就是正大光明的天下之主、九五之尊。

咸丰帝为什么不愿重用恭亲王奕䜣

□一个"成"字引发的风波

爱新觉罗·奕䜣，号乐道堂主人，清道光帝第六子，咸丰帝同父异母兄弟，生母为静妃博尔济吉特氏。

奕䜣幼年师从卓秉恬、贾桢，聪明好学。道光帝立储时，曾在四子奕詝和六子奕䜣之间犹豫不决。但于1846年下定决心由皇四子继位写下遗诏，并于道光二十九年（1849年）下令在妃园寝内为恭王之母静贵妃修墓，亲令静贵妃死后必须葬于妃园寝不得更改，变相暗示恭王争储失败。道光三十年（1850年）以宣宗遗诏公布封"皇六子奕䜣为亲王，皇四子奕詝立为皇太子"。娶重臣桂良之女为福晋，这往往被认为是道光属意恭王之举，而实际上，这个指婚发生在道光下定决心写下遗诏之后，最多只能视为对恭王的补偿，况且恭王福晋并非桂良爱女，而仅为侧室所生的庶女之一。

奕䜣于咸丰三年（1853年）在军机大臣上行走。四年连封都统、右宗正、宗令。五年其母孝静皇后去世，奕䜣为其母争封号，被免去军机大臣、宗令、都统，1857年才恢复他的都统。

咸丰帝为康慈皇太后拟定的谥号为孝静康慈弼天辅圣皇后，不系道光帝谥，也就是不加道光帝谥号——"成皇帝"中的"成"字，不称"成皇后"，神位不祔太庙，强调孝静"皇后"和真正的皇后嫡庶有别，不能享受后代的香火，也不能得到宗室的承认。

皇后不系帝谥，始于明代，有很多明朝皇帝是庶出，也就是说他们的生母不是先朝皇后，即位后照例要追尊自己的母亲为皇太后，但规定她们的谥号中不加皇帝的谥号，以区别嫡庶，所以明朝的皇后中只有原配皇后的谥号中才有皇帝的谥号。但此制度在清朝未曾实行，例如顺治帝生母孝庄文皇后也没当过皇太极的皇后，但照样加上皇太极的谥号——"文皇帝"中的"文"字。咸丰帝不以家法而沿用前朝故事，一来认为自己已经尊博尔济吉特氏为皇太后，实在是加倍报了抚育之恩，二来觉得毕竟嫡庶有别，博尔济吉特氏既不是先朝皇后也不是自己的生母，出身也远逊于道光三后，能被尊谥为皇后已经是天大的恩赐了，帝谥是不能系的。然而恭亲王却对此颇有不满，而咸丰帝也毫不让步，认为自己做法无可厚非，对恭亲王的防范也越发明显。

奕訢像

□子因母辱，孝静皇后想不到的身后事

咸丰五年七月二十日（1855 年 9 月 1 日），孝静皇后的身后事操办完成，第二天，咸丰帝借奕訢在办理皇太后葬礼时礼仪疏略，罢去了他的军机大臣、宗人府令和正黄旗满洲都统职务，退回上书房读书，从此对待奕訢同其他异母兄弟没什么差别了，以至于后来咸丰帝临终时也未把奕訢列入辅佐儿子同治帝的顾命大臣名单，将他排除于最高统治集团。整个咸丰朝，除了镇压太平天国运动和与英法联军谈判，奕訢几乎没有受重用。

不能不说，为孝静皇后百般索要"太后"名分的行为，不仅是挑战理法制度，也违抗道光对其地位的钦定，更是实实在在挑战咸丰内心的感情底线，尽管咸丰一忍再忍，但最后恭亲王矫诏的行为彻底断送了养子咸丰对孝静母子最后的亲情。恭王的前途也因此而被断送。

四无皇帝死于何病

□千年国耻，火烧圆明园

1856 年，英法以修约为借口对中国发动第二次鸦片战争，攻占了广州。1858年，英法联军攻占天津，进而向北京进犯。英法联军一边与清政府议和，一边继续进犯北京。在通州击败清军后，进攻北京。咸丰帝自圆明园仓皇逃亡热河，命恭亲王奕訢留京议和。奕訢代表清政府与英、法、俄签订了《北京条约》。

最令人痛心的是，英法联军进入北京后，一把火烧毁了举世闻名的皇家园林——圆明园。大火三天三夜不熄。中国园林艺术的精华和杰作，就这样被付之一炬。特别是园里面收藏的中华五千年的文物宝藏或者被焚毁，或者被抢掠。而圆明园收藏的这些文物宝藏个个都是价值连城，它不仅仅是收藏了清代文物，而是中华有史以来五千年文明的精华。可以说，圆明园被焚毁、被抢掠，是我们中华五千年文明史上最沉痛的浩劫。

　　有一天，两个强盗闯进了夏宫，一个进行抢劫，另一个放火焚烧。他们高高兴兴地回到了欧洲，这两个强盗，一个叫法兰西，一个叫英吉利。他们共同分享了圆明园这座东方宝库，还认为自己取得了一场伟大的胜利！

——法·雨果

　　正如法国著名作家雨果所描绘那样，火烧圆明园是英法两国携手制造的世界艺术史上最大的一场灾难。

　　与此同时，英法联军等侵略者用武力闯进了皇宫，进了天坛，让天子脚下这块本来最安全的地方的老百姓遭受涂炭，这也是中华民族五千年的历史长河中外国侵略者第一次侵入北京，是中华民族五千年的空前浩劫。

□避暑山庄还是避难山庄

　　面对这场浩劫，身为一国之主，身系天下苍生之安慰的咸丰帝却在外敌入京、义军蜂起、社稷多难、江山危急之时，逃跑了，而不是身守社稷。英法联军一打入北京，咸丰就暗示大臣，给他上奏章，让他去木兰围场打猎去，借这茬儿就到了承德避暑山庄，留下恭亲王奕訢在北京主持这些事情。

　　在大敌入侵之时，他不尽职守，不守国门。既没有下与英法联军决战的诏书，也没有作战决心，更没有周密的作战部署。

　　起初，当英军18000余人、法军7000余人陆续开赴中国侵略时，面对不足3万人的"远征军"，咸丰皇帝并没有发动抵抗力量，甚至连一份诏书都没发。对于拱卫京畿的要地——天津大沽炮台、塘沽海口，也没有增派一兵一卒。最为荒唐的是，当侵略者隆隆的炮声响彻北京防线的时候，咸丰，这个一国之君，却在圆明园里大张旗鼓地庆祝30岁"大寿"。文武百官齐聚一堂，在圆明园的同乐园里连看了四天的庆寿大戏。

　　此时，英法联军在圆明园的一片欢声笑语中加紧了进攻。

　　堂堂的一个大清帝国，数以百万计官兵，敌不过数万侵略军，这是不可能的。但咸丰皇帝还是跑了，躲在热河闭目塞听。

□咸丰皇帝的死因

　　世人皆知，咸丰皇帝有四大癖好：

　　其一，咸丰贪恋美色，在避暑山庄，他依旧不问窗外风雨，今朝有酒今朝醉，只图自己逍遥快活。据书中记载：奕詝置兵败于不顾，携妃嫔游行园中，寄情于声色既聊以自娱，又自我麻醉。据野史记载："山西籍孀妇曹氏，风流姝丽，脚甚纤小，喜欢在鞋履上缀以明珠。咸丰帝召入宫中，最为眷爱。"国难当头，他却依然沉浸于美色，不思进取。

其二，贪丝竹。他把一个戏班挪到承德，上午叫"花唱"，下午要"清唱"，天冷在屋子里演，夏天在"如意洲"演出。每天乐不思蜀。

其三，贪美酒。咸丰贪杯，一饮即醉，而且大耍酒疯。野史记载："文宗嗜饮，每醉必盛怒。每怒必有一二内侍或宫女遭殃，其甚则虽所宠爱者，亦遭戮辱。幸免于死者，及醒而悔，必宠爱有加，多所赏赐，以偿其苦痛。然未几而醉，则故态复萌矣。"

其四，贪鸦片。咸丰继位不久，违背祖训，吸上鸦片，并美其名曰"益寿如意膏"。而且咸丰在热河期间常常吸食鸦片来刺激自己、麻醉自己。

咸丰如此折腾自己，自然就离死不远了。根据相关史料记载，早在北京时，咸丰帝就因为被酒色掏空了身子，面黄肌瘦，时常咳嗽不止。后来医生开出药方，说鹿血是纯阳之物，可以长期饮用，滋阴壮阳。于是咸丰帝就养了百余只鹿，每天取血引用。后来到了热河，鹿群留在北京，而他又不知休养生息，成天沉溺声色之中。

到咸丰十一年（1861年）七月，老毛病终于又犯了。这次没有鹿血滋补，咸丰帝终于走向了死亡的边缘。十五日，咸丰帝病重，临死前立载淳为皇太子，并命八名心腹重臣为顾命大臣。两天以后一命呜呼，结束了他年仅31岁的生命。

第十章
傀儡皇帝——同治

毫无国君风范的同治帝

□不爱学习的皇帝

咸丰十一年（1861年），咸丰帝在热河驾崩，身后仅留下一子载淳。经过一场惊心动魄的宫廷政变，两宫皇太后掌握了实际权力，在恭亲王奕䜣的支持下，搞起了"垂帘听政"。大清国的最高权力，就落在了两个妇人之手。

幼稚无知的同治，懵懵懂懂被抬上了九五至尊的宝座，接受文武百官王公大臣的三跪九叩，山呼万岁。其实他什么也不懂，所有的军国大事，都由坐在身后的两位太后说了算，他也只是装装样子，每天的主要任务是到弘德殿读书。

清代皇子的教育是极为严格的，可是同治却是个例外。由于他从小就失去了父亲，而两位母亲又整日忙于国事无暇他顾，因此同治自小就和一帮太监宫女厮混在一起，正所谓入鲍鱼之肆，久而不闻其臭。本来少年心性，贪玩好动，又没有得到严格的管教，同治逐渐养成了懒散不好读书的恶习。在清朝的所有皇帝中，他恐怕是唯一一个不爱学习的皇帝。

其实，同治的老师不可谓不好，曾经教过他的老师都是朝廷重臣、饱学之士。例如礼部尚书祁寯藻，大学士翁心存，工部尚书倭仁，翰林院编修李鸿均、李鸿藻，咸丰朝状元翁同龢都曾经教过他。无奈同治脾气喜怒无常，"天威难测"，这些老师毕竟又都是臣子，并不敢过分要求，也只好睁一只眼、闭一只眼，得过且过。李鸿藻长年担任同治的老师，每天上课的时候不是陪他聊天，给他讲故事，就是下棋。而同治的几位伴读奕详、奕询等人

同治帝像

都是他的叔叔辈，同治始终对其敬而远之，没法起到相互鼓励、彼此切磋的作用，除了代同治受过，给他当出气筒之外一无所用。后来恭亲王奕䜣的儿子载澄进宫伴读，载澄脑子好使，又能说会道，可是也不好好学习，反而带着同治成天玩耍嬉闹，成了同治的玩伴。同治在课堂上有精神的时候就打闹嬉笑、无所顾忌，没精神的时候就呵欠连连、瞌睡连天。《翁同龢日记》记载了同治十年（1871 年）同治帝的学习情况：晨读懒洋洋，只是敷衍了事；作文腹内空空，几乎不能成篇；作诗吭吭巴巴，不忍卒读。完全就是一副老师最不喜欢的差学生模样。过了两年依然如此，连《大学》都背不下来。

□看不懂奏折的同治

如此学问，同治的治国能力可想而知。同治亲政之后，甚至连奏折都看不懂，只得叫苦连天。曾经有一次，同治和翁同龢聊天，其间居然抱怨："当皇帝的差使太累了！"贵为一国之君，治国平天下本为分内之事。同治即使不能和他的先人雍正那样，视处理政务为日常生活的一部分；至少也应该和嘉庆道光一样，不求有功但求无过，勤恳办公。可他居然把皇帝的宝座看成一个差使，自己只不过是在当差。怀着这种做一天和尚撞一天钟的心态当皇帝，也难怪慈禧迟迟不肯把权力交给他。

□强烈的排外情绪

不仅如此，同治的精神世界也极为抱残守缺。或者是著名的清流派首领倭仁、李鸿藻等人先后担任他的老师，或者是幼年时期随同父母出奔热河的经历给同治帝留下了浓厚的阴影，他虽然年纪不大，却表现出强烈的排外情绪，有时候甚至强烈得令人生畏。据说当同治帝还是个小孩子的时候，就让太监用泥巴捏成洋人的样子摆在桌案上，他则拿小刀把这些泥偶的头一一割下来，一边割一边嘴里还念念有词："杀尽洋鬼子，杀尽洋鬼子。"待同治帝年纪稍大，他的排外情绪愈发高涨了。曾经给同治帝做伴读的兵部右侍郎夏同善有一块怀表，有一次拿出来看时间时，被同治帝看到了，便问他是何物。夏同善不敢隐瞒，便取出怀表呈给同治帝，说此物乃是西洋之物，可以计时。谁料同治闻言大大不悦，一把将怀表摔个稀烂，斥责道："没这玩意儿，你就不知道现在几点了吗？"等他亲政以后，更是对洋务运动不以为然，认为同文馆、方言馆、船炮制造局等都是没用的玩意儿。

□沉迷于游戏的帝王

同治一见书就头痛，但提到玩乐就两眼放光。他特别喜欢玩一种叫"掼跤"的游戏。这游戏据说是某太监发明的，拿一条板凳，躺在上面，让另一个人按着肚子，然后以此为圆心不停地转圈，有精通此道者，不用板凳，随便躺在地上就可以转起来，煞是好看。同治便非常喜欢这个游戏，他自己贵为天子，不能随便行动，便经常命令小太监表演给他看，他在一旁手舞足蹈哈哈直笑。可是这个游戏对身体素质要求极高，只有身材小巧灵活者才表演得了，年纪稍大一些便无能为力，时间一长，便头昏眼花，甚至因此毙命。可同治不管那么多，只要他想看，就强令小太监撺跤，由此死者也不在少数。

同治遇到载澄以后，玩的花样更多了。载澄极力怂恿同治出宫游玩，在他看来，撺跤把人累个半死，有啥意思！京城里好玩儿的地方太多了。只要有两个小钱儿，就能痛饮美酒，抱得美人儿。好不容易当了皇帝，反而被关在紫禁城里，太没劲了。同治被他忽悠得一颗心扑扑乱跳，于是跟着载澄出宫寻欢作乐，从此竟然一发而不可收。

□微服私访的轶事

清人曾有论认为，同治"跳荡游冶之遗传性，亦得之慈禧为多"；如此说来，咸丰贪酒好色的毛病，也一丝不差地全部传给了同治。继承了父母"优良基因"的同治频频出宫，北京城几乎每个角落都留下了他的身影。在清人的笔记中，记载了大量关于同治微服私行的逸事。

同治自幼养尊处优，甫一接触外面的花花世界，顿时目迷五色，甚至不知道买东西是要给钱的。饿了就吃，渴了就喝，吃饱喝足，掉头就走，摊贩虽然不满，但见他前呼后拥，如此做派，想来必然大有来头，只得自认倒霉，不敢声张。

不过天长日久，同治自然也有所觉察。有一次，他吃饱喝足，看到别人结账，不明所以，便问老板为什么要给钱。老板哭笑不得，说道："我们做生意都是糊口，怎么能不要钱！哪儿像少爷您一看便不是凡人，我们是等着您一总赏下来呢。"

同治一听，也觉得不好意思，便说："我老来你这里吃吃喝喝，大概也欠了你不少了，不过我出门都不带钱，给你写个欠条你看如何？"说完便取纸笔，写了几个大字"饬广储司付来人银五百两"。这老板也不识字，不知道写的是什么，便拿给朋友看。朋友一见骇然，说这广储司是内务府的银库啊，敢让你从广储司领银子的，只有当今圣上啦。

老板一听顿时吓得半晕，说什么也不敢去，无奈朋友怂恿，只得硬着头皮去广储司一试。管事儿的一听这事儿，深感为难，不知如何是好，只得回禀慈禧。慈禧便叫来同治问可有此事，同治供认不讳。慈禧一笑，告诉管事儿的官员："皇上虽然是胡闹，可是也不能让老百姓觉得皇上说话不算数，这钱就赏下去吧。"

又有一次，同治出宫玩耍，不巧大雨滂沱，同治只得在一所寺院中避雨。可巧遇到一人，穷困潦倒。同治也是无聊，便上前搭话。二人攀谈起来，原来此人原是一大户人家的奴才，被主人赶了出来，无处容身，只得寄居在寺院中，苟活而已。同治听说如此，便问他想做什么。此人长叹一声，说要是能到广东海关当几年差使，就心满意足了。

同治立刻取纸笔来写了一封信交给他，告诉他你只要拿着这封信去步军统领衙门，包你心想事成。此人半信半疑，第二天拿着信如此这般，步军统领一见此信，认得是皇上御笔，心知皇上又微服私访多管闲事，然而也无可奈何，只得安排此人赴广东就任。

同治亲政后的荒唐事

□重修圆明园的闹剧

同治十二年（1873 年），同治开始亲政。由于他于第二年便遽尔驾崩，因此在这短暂的一年多时间并没有太多值得为人所称道之处，相反倒是惹出了一桩大风波。这位小主子在政务上的所作所为，只能让人徒呼可笑，就连记载此事的清人，也直言不讳地说"直是滑稽剧"。

同治十三年（1874 年），刚刚亲政没多久的同治居然打算重修圆明园，消息传出，众臣无不瞠目结舌。虽说此时太平天国和捻军的起义已经被镇压下去，而西方列强与清廷也处于"和平友好"的局面，整个朝政有所恢复，然而毕竟是战乱之后，各项事业方兴未艾。此时，同治帝放着一大堆的军务政务不处理，却一心要重修已经被英法联军一把火烧得七零八落的圆明园，这要花多少银子。

最着急的莫过于恭亲王奕䜣，他此时是领班军机大臣，又是皇上的叔父。见到自己的侄儿如此胡作非为，真是看在眼里、急在心头，他又想到眼下京城中风言风语，说同治帝时常从宫中偷跑出去，微服私访，这一切都让他忧心忡忡。不得已，只好写奏折进谏了。于是他挥毫奋笔疾书奏折一封，提了八条建议：停园工、戒微行、远宦寺、绝小人、警宴朝、开言路、惩夷患、去玩好。写毕又怕自己的分量仍然不足以打动同治帝，于是又找来醇亲王奕譞、惇亲王奕谅、孚郡王奕谭、额驸景寿、奕劻、大学士文祥、宝鋆、军机大臣沈桂芬、李鸿藻等九名重臣一道联名上疏，希望以此让皇上醒悟，迷途知返。

十大臣的奏折送上去了，然而却仿佛石沉大海一般杳无音信，并不见同治召见群臣商议此事。过了几天，几位大臣凑在一起合计，觉得这样不妥，万一同治帝年纪轻轻，不耐烦看这语重心长的奏折呢，还是十个人一起去面见圣上比较好。计策已定，正好过两天宫中要演戏，十大臣便决定趁此机会递牌子面见同治帝。

谁料进宫一看，同治皇帝坐在龙书案前，手中捏着奏折，面沉似水，气色不正。奕䜣心一沉，暗叫不妙，只得连忙率众人磕头。果然，同治帝也不等大臣们起来，便兀自大嚷起来："你们这些大臣好不饶舌！说说停工的事儿也便罢了，如何又说出其他的事来？"十大臣头也不敢抬，心中暗暗叫苦，不知这位小主子是何主张。

奕䜣贵为皇叔，毕竟地位高些。待同治怒气稍息，徐徐回复道："皇上，臣下所奏，确实不止停工一事，还有其他条陈，请容臣一一讲来。"说罢，也不待同治答应，便从袖中取出奏折的副本念了起来。

谁知还没念几句，同治"啪"的一声，将手中的奏折往地上一摔，站起来怒气冲冲地嚷道："别念了，你们不就是说我当不得皇帝吗？奕䜣，这位置我不坐了，让给你，你来！"

此言一出，十大臣顿时乱作一团。文祥闻听此言，连连叩头，眼前一黑，居然晕了过去。醇亲王奕譞痛哭流涕，泣不成声。其他大臣也纷纷落泪，连连叩头，七嘴八舌地苦苦劝谏。只有奕䜣黑着脸，低着头，不发一言，他是真的被这个侄子激怒了。

同治看着这些老臣，心中的怒火越烧越旺，又说道："你们说我微服私访，可有证据？竟敢污蔑我，实属可恶！"

奕䜣此时再也忍不住，抗声说道："陛下，据臣所知，某年月日，陛下曾经到过某处；又某年月日，陛下又曾到过某处……"他口讲指划，一一道来，竟是分毫不差。

同治被说中痛处，脸上一阵红一阵白，一时居然哑口无言。他咬着牙看了看兀自滔滔不绝的奕䜣，蹦出几个字："不错，你却是如何得知的？"

奕䜣此时也顾不得许多，直起身来说道："臣子载澄亲眼所见亲耳所闻。"

同治再也忍耐不住："奕䜣，你欺朕年幼，跋扈弄权，和你儿子一起把持朝纲，结党营私，莫非是要逼宫不成！朕……朕要重重地治你！来人，拟旨，革去恭亲王一切差事，降为庶人，交宗人府严行管束！其子载澄，一并处理。"

闻听此言，十大臣大惊之下竟然呆若木鸡。醇亲王反应过来，膝行几步连连叩头："陛下，请息雷霆之怒，收回成命。不然……臣只有一死以谢天下了……陛下……"明白过来的几位大臣也纷纷附和。只有奕䜣跪在旁边，木着脸一声不吭。

同治怒气更盛，向前一步，指着奕譞："好啊，你要以死相逼，朕就成全你。拟旨，革去醇亲王爵位，与奕䜣一体处理！"

正当闹得不可开交的时候。李莲英从殿外跑了进来，叩头道："皇上，两宫太后有旨，宣您速赴弘德殿见驾。"

同治一听要见母亲，只得把心中的火气勉强压了一下，向十大臣吼道："还待着干什么？朕要去见太后！你们这些狗奴才，差使都别干了，回家听候发落！"说完袍袖一抖，气冲冲走了出去。

原来，同治与十大臣在养心殿闹得不可开交，两宫太后早就听报事的太监宫女说了个一清二楚。慈禧闻听此事心中十分不悦，尽管重修圆明园是同治的主意，但其实背后却是慈禧自己的意思，聪明如奕䜣者怎么会想不到这一点，定是蓄意和自己为难。回头一想，又深恨同治这个不争气的儿子不明事理，居然把此事弄得这么僵。慈禧回头看了看端坐不动、闭目养神的慈安，暗暗决定了善后之策：园子是不能修了，奕䜣当然更不能杀，至于皇帝，让他亲政实在是勉为其难，只好继续垂帘听政。

在慈禧的调停之下，这场闹剧总算草草收尾。在慈禧的斥责之下，同治痛哭流涕，从此再不敢自作主张。奕䜣官复原职，然而猜忌和怀疑的种子却已经种在慈禧心里。

□差点处死奕䜣

同治十三年的这场风波闹得沸沸扬扬，尽人皆知，因此说法众多，不胜枚举，然而这些说法几乎都众口一词地指斥同治帝毫无体统、肆意妄为。

按照清宫祖制，皇帝原本应该穿明黄色的衣服，可同治帝不知为什么，偏偏喜欢穿黑色。恭亲王奕䜣看不过眼，仗着自己是皇叔，便婉言相劝同治帝换身衣服，不要丢了皇家的体面。谁知同治根本不把这位皇叔看在眼里，闻听此言，脸色一变，质问道："你说朕违反祖制，该当何罪啊？"

奕䜣一听，吓了一跳，连忙叩头表示，自己也就是这么一说，您贵为皇帝，怎么能有罪呢。同治不依不饶，反诘奕䜣道："我可是看见过，你儿子也经常穿黑衣服进宫来给我问安。你不好好管教他，反而来说我，什么意思啊？！"

这话太重了，吓得奕䜣再也不敢多嘴，落荒而逃。谁知刚出宫门，同治余怒未消，下了一道旨意：处死奕䜣！几位军机大臣实在看不过去了，只好跑到慈禧太后面前哭诉前情。

慈禧一听就火冒三丈，立刻让人把同治叫来，故意慢条斯理地问他："听说皇上要杀奕䜣，是为什么啊？"

同治本来就怕慈禧，而且又理亏，面红耳赤，一句话也说不出来，杀奕䜣的事儿也就不了了之。看来，"处死奕䜣"只是皇帝的一场闹剧，不过，通过此事，太后和大臣都觉得同治实在是少年心性，顽劣无比，做一国之君，也实在是为难他了。

同治自己可能也这样觉得，加之此时载澂已经患病身亡，同治想必感觉非常无助和寂寞，他重新开始出宫游玩，并且变本加厉。

同治之死，是天花还是花柳病

□花街柳巷中的帝王

同治广泛出没于花街柳巷，秦楼楚馆。据说他经常到崇文门外的酒馆和妓院中饮酒作乐，"伶人小六如、春眉，娼小凤辈，皆邀幸"，又沉迷于"小说淫词，秘戏图册"中。这个时候，他又认识了王庆祺。

这王庆祺本是一世家子弟，英俊潇洒，多才多艺。有一次在广德楼饭庄唱曲儿，恰巧被微服私行的同治遇到，同治大加赞赏，便一见如故，给其加官晋爵。原本王庆祺只是个小小的翰林院侍读，骤然以五品官加二品衔，毓庆宫行走。这王庆祺其他本事没有，吃喝玩乐的手段却花样繁多，居然比已故的载澄还高一筹。这下同治真是心花怒放，于是与王庆祺朝夕相处，日夜游玩，简直一刻也离不开。

有一次，太监给同治送茶，远远就看见同治与王庆祺两人坐在榻上凑在一起津津有味地看一本小册子，状甚亲密。太监心中疑惑，待走近一看，居然是本《秘戏图》。两人看得入迷，连旁边有人都浑然不觉。此外也有说同治甚至连宫内太监也不放过的不堪说法："有奄杜之锡者，状若少女，帝幸之。之锡有姊，固金鱼池娟也。更引帝与之狎。由是溺于色，渐致忘返。"

同治的身体本来就弱，根本经不起这种醇酒妇人的折腾。很快他就病倒了。同治十三年（1874年）十二月初五，年仅19岁的同治在养心殿驾崩。

□因天花而死说

关于同治的死因，当时就众说纷纭。根据官方说法，同治是患天花不治身亡。这一点也得到了翁同龢的支持。

《翁同龢日记》中详细记载了同治从发病到病重，最终驾崩的情况。翁同龢根据太医的说法，明确提出同治是患天花而死。而历史研究者通过对清宫档案中保留下来的药方的研究也证实了这一点。

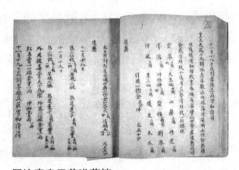
同治帝患天花进药档

此外，根据一些野史的记载，同治患病之后，宫内外进行了规模浩大的"供送痘神"，恭请"痘神娘娘"进入养心殿接受供奉的宗教活动，由于天花是一种致死率非常高的疾病，而满族人世居关外，对这种病几乎毫无免疫力，因此大多时候只能听天由命，通过宗教手段，期待自然痊愈。举行仪式时，两宫

同治帝气绝之日进药档

太后亲赴景山寿皇殿焚香祈祷，祈求列祖列宗的保佑；文武大臣身穿花衣，为皇帝祈福；宫中张灯结彩，贴着驱邪避祟的对联……皇宫内外，锣鼓喧天，乐声震地，好不热闹。

根据美国公使的说法，同治所患疾病并非不治之症，若以西医方法诊治，绝无不可医治之理。然而，同治却不得不忍受这些对他身体根本是有害无益的装神弄鬼，最终咽气。

而同治死后民间流传的一副对联似乎也能说明同治死于天花，上联是"弘德殿、广德楼，德行何居？惯唱曲儿钞曲本"，下联是"献春方、进春册，春光能几？可怜天子出天花"。

然而，这副对联也嘲讽了同治帝生前过于糜烂混乱的私生活，也正是由于如此，不少人对天花致死说提出质疑，认为无论是翁同龢的日记，还是太医院的诊疗报告，都有可能是"为尊者讳"，因此不能作为切实的证据。

□梅毒致死说

不少人坚信，同治是患梅毒而死的。根据野史记载，同治外出寻花问柳之时，由于担心被人认出，不敢去比较正规的娱乐场所，而是专拣私娼取乐。这种地方，鱼龙混杂，交叉传染的概率很大。同治患病以后，太医院恐怕伤了皇家体面，不敢对症下药，恐怕传为笑谈，佯装天花治之。同治自然病势日重，最终不治而死。

这一说法也有其他的证据。一些关于同治症状的记载说同治死时，头发全部掉光，由此看来，同治所患疾病，与梅毒的症状实在很像；而《越缦堂日记》也非常婉转地记载了此事，先说"上旋患痈，项腹皆一，皆脓溃"，又说"宫廷隔绝，其事莫能详也"。如此含含糊糊的表达方式，不禁让人生疑。

□慈禧太后害死说

还有一种说法，认为同治是慈禧太后害死的。然而具体如何行凶，却是说法不一。

一种说法是慈禧太后与皇后阿鲁特氏的争执，导致同治病危不治。

此外还有一种更为奇特的说法，声称同治死于慧贵妃富察氏之手。传说清宫旧例，天子要巡幸某妃嫔宫中，需要经过皇后的批准方能成行，否则妃嫔不准擅自接驾。同治死前，曾经想要往慧贵妃宫中就寝，皇后阿鲁特氏再三不允，禁不起同治苦苦哀求，只得允许。谁料第二天同治突然发病，竟至于一病不起。更有甚者提到同治龙驭上殡之时，慈禧毫不悲痛伤心，而是忙着考虑由谁继承皇位。由此观之，慈禧定是凶手无疑。

其实这些说法，和史实相差太远，根本不能自圆其说，因此只能聊备一格而已。然而，有一种说法却甚为有趣。

传说，同治病重时，有一日忽宣李鸿藻入内见驾。李鸿藻进得殿来，却发现皇后也在。李鸿藻心中疑惑不解，连忙叩头请安。原来同治自知病重不治，便决定提前立储君，由于担心慈禧太后从中作梗，日后为难皇后，便特意宣李鸿藻来写遗诏，立贝勒载澍为储君。由于载澍年纪较长，慈禧便不能随心所欲操纵政局。李鸿藻闻听此言心中暗暗吃惊，他心知同治的这点小把戏根本不是慈禧太后的对手。于是当面假意应承，背后却立刻将此事报知慈禧太后。慈禧太后闻言大怒，立刻命人活活逼死了同治帝。

□同治之死，一场宫廷阴谋

当年除了上述几种病因，关于同治之死，大英博物馆汉文藏书部助理道格思还提到了另一种说法。他曾在信中写道：在同治死之前，坊间流传着一个谣言，同治与两宫太后发生了一次严重冲突。1874年9月10日同治朱谕：恭亲王奕䜣革去亲王世袭罔替，降为郡王，其子载澂革去贝勒郡王衔。第二天，皇太后懿旨，赏还奕䜣及载澂爵秩。不久，两宫就正式公告同治得重病，"12月8日，帝病，命军机大臣李鸿藻代批答奏章，12月18日，帝以天花，命内外陈奏事件由皇太后披览裁定（或云因微行致疾）"。1875年1月，同治去世。2月20日，同治皇后吞金自杀。

当时民间谣传同治皇后怀有同治遗腹子，道格思按照自己对中国皇权体制的理解，推理嘉顺皇后很有可能诞下皇帝的继承人，这样，她就可以像两宫一样垂帘听政，但这个设想妨碍了她的两个婆婆既有的统治权，嘉顺皇后最后也只能"因病去世"。显然，在道格思的笔下，同治皇帝和皇后的死完全是一出宫廷阴谋。

同治是否死于官方所公布的天花，当年曾在北京行医的英国医生德贞就有所怀疑。1875年3月他的一份报告说同治小时曾感染过天花，而且同治的许多病症让人们质疑他疾病的真实性，他以为只有公开病历才能说明真相。在德贞的医学报告中保存的一份中文资料中有未曾引起人们注意的史料：同治得天花的另一种官方解释。清宫廷正式宣布同治得天花的时间是1874年12月8日，即农历十一月初一，那天正是金星凌日——德贞指出，按中国人的传统说法，这一天就是有一个点从太阳盘上划过，所以那天天子的脸上会留下斑点，这样皇帝生天花便顺理成章了；德贞叹道中国人真是太智慧了，他们居然找到了这样的一个借口。

25年后，道格思再次提起这个事件时，德贞明确告诉《泰晤士报》，同治不可能死于天花，依据是在他还是孩童时，自己曾为他提供过牛痘接种疫苗。他更否认道格思关于同治是在两宫太后逼迫下自杀的推断，理由是同治的病因众所周知——德贞以排除法说明同治不可能死于天花，又用"众所周知"一词来说明同治不可能死于两宫太后的迫害，但他最终回避了同治死亡的真正原因。

德贞的医学报告和公开信为同治之死因又增添了一层神秘色彩，如果同治曾感染过天花，或同治曾接种过疫苗，那么，他为何还会因天花而医治无效归天呢？这有待公布更多的清宫医案来论证德贞的报告。

1990年《清宫医案研究》出版，公布同治患病期间的全部医案，最后得出结论："历来对其死因传说纷纭，多谓因微服冶游，'杨梅上天'。现有同治十三年十月三十日至十二月初五日脉案表明，当系死于天花。权威的定论平息了学术界和民间的猜测，越来越多的学者接受"同治死于天花"的论断。但也有学者对照故宫博物院出版的医案和《翁同龢日记》后发现，御医李德立撰写的同治脉案，并非全部是真相，这是一部官方文牍，因为医案写作与御医的荣辱生死关系重大，面对慈禧和翁同龢等大臣的巨大压力，李德立低调而婉转地记录同治的病情，致使这部医案中保留的脉案部分多有粉饰成分。不过这位学者同意当今的医生鉴定同治脉案后正式公布的死因，同治是"病之后为痘疹余毒所致'走马牙疳'，最后为毒热内陷而死"。目前学者可能接受的说法是，患天花的同治，也可能同时身染梅毒，最后死于"走马牙疳"。

第十一章
悲情皇帝——光绪

光绪登基，被抱来的皇帝

□皇储断档的危机

同治十三年（1874年）十二月的一个夜里，同治在养心殿东暖阁的须弥宝座上闭上了眼睛。他的驾崩让享国二百余年的清帝国第一次出现了皇储断档的危机。

根据野史记载，同治去世后，慈禧命宫中侍卫封锁消息，秘密请尚被蒙在鼓中的恭亲王奕䜣进宫。奕䜣进得宫来，猛见同治的尸体放在养心殿中，吓得魂飞魄散。此时慈禧却面色平静得像刚睡醒一样，手持蜡烛在旁边徐徐说道："事已至此，怎么办？"

其实，慈禧神色冷静的原因恐怕并不是道学家们所说的心肠狠毒云云，而是她正在紧张地思考下一任皇帝应该由谁来做。这不仅是有关大清"国本"之事，也涉及她是否还能继续把持大清的最高权力，对于已经垂帘听政十余年的慈禧来说，对权力的追求和控制早已成为生命中最重要的事情，她不会眼睁睁看着大权旁落的。

按照清王朝父死子继的不成文规则，同治帝载淳死后，应该由"溥"字辈接任皇帝，朝中一些大臣也如此想，便推举溥伦入主大宝。但这正是慈禧太后所不愿意之事，因为如果一旦这样，她的身份就变成了太皇太后，从而失去了继续"垂帘听政"的权力。所以她以支脉太远而拒绝了这一提议。慈禧太后的意思，是继续从"载"字辈中挑选一人担任皇位，并且此人还必须是同治皇帝的近亲，如此她就可以继续以皇太后之身份继续把持朝纲。这样一来，可选择的余地就变得很小了，候选人不外乎是咸丰帝几个兄弟的儿子，也就是同治的堂兄弟。慈禧最终挑中的是醇亲王奕譞的次子载湉，也就是后来的光绪帝。这是为什么呢？

□选择载湉的原因

原来，在道光皇帝的几个儿子中，当时仍健在，并且育有后代的，就只有恭亲王奕䜣和醇亲王奕譞。但恭亲王奕䜣作为议政王，领班军机大臣，已经权倾朝野，倘若再有儿子继承皇位，奕䜣不啻是无冕之王，权力过大。况且，奕䜣诸子年纪也都不小，不便控制；相反，醇亲王奕譞为人低调，而其次子载湉彼时年纪只有4岁，不大不小，便于从小控制，而且更重要的是，奕𫍽的嫡福晋，乃是慈禧的亲妹妹，两家可谓是亲上加亲。慈禧既是载湉的伯母，又是载湉的姑姑。于是，事情就这么定了下来。

家中平白多出一个皇帝，似乎是件天大的喜事。但醇亲王奕𫍽可并不这么看。他深知慈禧的为人，明白自己的儿子当皇帝并不是要君临天下，而是要给自己的这位大姨子做个帮衬。因此在得知这一决定后，他当时就昏了过去。史载，奕𫍽"忽蒙懿旨下降，择定嗣皇帝，仓猝昏迷，罔知所措……身战心摇，如痴如梦"。

应该说，奕𫍽是个极为聪明的人，当然他的聪明与奕䜣不同。奕䜣的聪明表现在文武全才，有经天纬地之能；而奕𫍽的聪明则表现在深知进退，韬光养晦上。由于曾经参与辛酉政变，又亲自捉拿了八大臣之首的肃顺，醇亲王在同治朝深受慈禧重用，先后担任都统、御前大臣、领侍卫内大臣、管神机营事、管善捕营事、步军统领、弘德殿行走等职务，是仅次于恭亲王的重臣。然而他为了避免遭到慈禧太后的猜忌，在光绪皇帝甫一继位之时，就上奏折要求辞去一切职务。在其再三哀求之下，慈禧最终同意了他的请求，仅保留了亲王双俸的待遇。

不仅如此，奕𫍽还秘密给慈禧上了一道名为《豫杜妄论》密折，其内容大致是说，由于载湉当了皇上，自己虽然身为皇父，但绝对不会要求追封皇帝的称号。如果自己有一天死了，有不知好歹的大臣，请求慈禧或光绪追封自己，请拿出这封折子驳斥他。事情果然不出醇亲王的预料，十几年以后醇亲王去世，果然有大臣提出此议，结果被慈禧骂得狗血淋头。由此观之，奕𫍽实在是一个深谙政治斗争之道、有大智慧的人。奕䜣最终被削去官职，在家闲住，奕𫍽却荣宠不衰，富贵及终。

饶是奕𫍽如此低调，载湉的继位也仍然引起了朝中一些大臣的强烈不满。因为经过二百多年来清朝历代皇帝不断地调整和完善，皇位继承制度已经形成了一套较为严密和合理的规则：首先，父死子继，清代历史上从来没有兄终弟及接替皇位的成例；其次，清代皇帝的确立，早期是由满族亲贵共同协商，或者皇帝留下遗诏决定的，在雍正创建秘密立储制度之后则依此而行；再次，但凡幼主继位，通常先帝都会安排辅政大臣辅佐新君，但具有强烈权力欲的慈禧却罔顾祖宗家法，一口气将这些成例全部打破，以一己之言，决定了皇位的归属，并继续垂帘听政。难怪一些守旧的大臣会极度不满，甚至以死抗争。

□御史以死抗争

光绪五年（1879年），同治下葬于惠陵，御史吴可读请求陪同送葬。结果半路自杀身亡，身后留下一封遗折，请求慈禧待异日光绪成年之后，将其子过继给同治，作为下一任储君，以保持大清国祚绵长。这一"尸谏"事件震动朝野，慈禧太后迫于舆论压力也不得不批准了吴可读的建议。

无论如何，刚刚4岁的载湉被扶上了皇位，年号光绪。而慈禧太后也顺理成章地再次垂帘听政。光绪的幼年生活几乎和同治无甚区别，从6岁开始，进入毓庆宫读书，先后教过他的老师有翁同龢、孙家鼐、夏同善、孙诒经等人。光绪在这些饱学宿儒的教导之下受到了良好的教育。和贪玩懒学的同治不同，光绪从小就非常知书达礼，甚至慈禧也称赞他"实在好学，坐、立、卧皆诵书及诗"。两代帝师翁同龢看着光绪自小长大，与光绪感情甚好，在其《翁同龢日记》中记载了大量光绪小时候的轶事：光绪八岁那年，曾经向上天祈雨，为了表示虔诚，居然自行斋戒，并要求上书房的师傅一例办理；九岁那年过生日，宫中唱戏庆祝，光绪甚为不满，认为沉迷戏剧，有害无益。光绪小小年纪，其行为举止便深合儒家之道，这让翁同龢大为高兴。

等光绪年纪稍长时，他不仅熟读经史子集，而且能诗善书。据史料记载，"上（光绪帝）之文学本源极厚。书法钟颜，端厚浑朴，诗文极雅"。光绪自小养成了读书的好习惯，当他亲政以后，处理朝政之余，尚且手不释卷，终日阅读，而且中西书籍，均有涉猎；此外，光绪的记忆力也相当好，称得上博闻强识。据说当他亲政以后，阅览奏折一目十行，只要一遍便了然于胸。有些年深日久的折子，军机大臣甚至都不记得，而光绪还背得出来。有一次，有大臣从江南返回，觐见慈禧和光绪，不免谈些地方见闻。慈禧偶然提到河南上报某县遭受冰雹袭击，但一下想不起是哪个县，光绪在旁立刻提醒道是巩县。过了一会儿，慈禧又问起永定门外前几年修建的电车是何人所为，光绪应声答道是德国公使海靖。由此可见光绪的记忆力颇为了得，对国事也甚为关心。

光绪帝王生涯的真相

□慈禧太后为何讨厌亲自选定的光绪

应该说，以光绪的能力，完全有资格独立处理政务，虽未必会成为一代有道明君，但必然不会像咸丰、同治那样昏庸无用。可不幸的是，他当皇帝这件事本身就是一个悲剧。正如前文所说，他的即位，纯粹是为了配合慈禧掌握权力的要求。因此，当他年纪渐长，要求亲政的时候，便不可避免地与慈禧发生了冲突。

而且慈禧与光绪的关系，实在也说不上有多好，由于二人并没有血缘关系，所以慈禧对这个小皇帝并没有特别深的感情。据说光绪10岁那年，慈禧生了一场大病，光绪为此心急如焚，半夜暗暗向上天祈祷，甚至要效仿古人"割股奉亲"之举，拔刀自伤，意欲割肝做药，幸亏左右侍卫连忙抢救，才不致酿成大祸，然而光绪却也被割伤了。谁知道这样一份孝心，慈禧知道之后却神色漠然，不为所动。

慈禧始终提不起对光绪的兴趣的原因，可能还与年幼的光绪更加喜欢温柔可亲的慈安有关。年幼的光绪闲来无事，总是往慈安宫里跑。可是此时的慈安和慈禧早已经由于安德海的事情心生嫌隙。

□皇帝也会营养不良

慈禧不喜欢光绪，便经常有意无意地为难小皇帝。光绪体弱多病，身体一直不好，据说是因为从小就营养不良所致。根据清宫规矩，皇帝每日进膳，都要上几十道菜，可是皇帝一个人怎么吃得了那么多，顶多就是拣离自己近的菜吃几口，结果就是离皇上特别远的菜每天都用小火煨着，每次都放在原来的地方，到夏天居然大多都发馊变臭了。就是皇上吃得到的几道菜，也不是现做，而是早就做好的，味道自然很差。

年幼的光绪正在长身体的时候，却吃不到什么像样的东西，有时候甚至忍饥挨饿。实在忍不住的时候，光绪也会让御膳房换换菜谱，做些新菜。可御膳房对光绪的命令压根儿不理不睬，而是要禀明慈禧批准。慈禧自己每顿都吃小灶现炒，根本不管光绪，反而经常教育光绪要勤俭节约，云云。如此几次，光绪再也不敢抱怨膳食。

□年幼光绪的心理阴影

此外，慈禧酷爱听戏，每次看戏都会叫光绪前来陪同。可是她根本不管小孩子的心情，总是点些《天雷报》之类阴森恐怖、神神鬼鬼的戏，给年幼的光绪心灵上留下了很深的刺激，以至于日后光绪非常害怕打雷。后来光绪长大了，慈禧干脆不给他座位，就让他在旁边站着陪侍。据说，后来有一次，戏班子上演《十八扯》，戏中扮演皇上的丑角同情光绪帝，便插科打诨道："我是假皇帝，还有个地方坐；你看那真皇帝还站着呢！"慈禧听后默然，从此以后才给光绪帝安排座位。

大婚之夜，光绪为何落荒而逃

□光绪的选后纠纷

说来也巧，同治和慈禧不睦，始于慈禧为同治选后；而光绪与慈禧同样因为光绪大婚的事闹得很不痛快。光绪十三年（1887 年）冬，17 岁的光绪皇帝也要亲政了。按照惯例，自然是要先举行大婚典礼。慈禧太后此时的心境，与当年为同治皇帝选后时并无不同，仍然是想要在光绪皇帝身边安插一个自己人。因此，她安排了自己的亲侄女，都督桂祥的女儿参选。

清朝从建立之初就十分注重政治联姻和家族婚姻。政治联姻主要是满蒙之间的联姻，如努尔哈赤、皇太极、顺治等人都娶了蒙古贵族女子为妻妾。家族婚姻则是政治联姻的延伸。

选后仪式安排在体和殿进行。这一天，备选的秀女依次排列在殿内，等待皇帝的挑选。殿内放着一张小桌子，上面放着一柄金镶玉的如意，两个红色绣花的荷包。按照清宫惯例，皇后和嫔妃由皇帝亲自挑选，如果皇上看中哪位女子，欲立其为后，则将如意赐之，欲立为妃者，则将荷包赐之。慈禧在安排秀女顺序时，特意让自己的侄女排在首位。此时没有了慈安的掣肘，慈禧自然以为光绪会乖乖听从安排。

年轻的光绪并不笨，他自然知道慈禧只不过是安排了一出戏而已，所以他根本不想配合慈禧把这场戏演下去。当慈禧拿起如意，告诉光绪看哪个姑娘合你心意，就把如意赐给她的时候，光绪直截了当地说道，婚姻大事，还是皇爸爸来做主，儿臣就算了吧。谁知控制欲极强的慈禧并不答应。也许在她看来，过程和结果同样重要。你光绪必须按照我制定的规矩来。光绪毕竟年纪尚幼，看到慈禧如此做派，居然以为自己即将亲政，慈禧也要尊重自己的意见了。大喜之余，一把抓起如意，看也不看站在第一排的桂祥之女，径直走到站在第二排的江西巡抚德馨女儿面前，就要把如意赐给她。

就在这关键时候，慈禧再也忍不住了。她也顾不得皇家的体面，严厉地喝了一声："皇帝！"光绪吃了一惊，愕然回过头来看着慈禧，此时慈禧却又闭上了眼睛，一语不发。只是朝着第一排的方向努了努嘴。光绪愣了一下，还是无可奈何地慢慢踅回身来，把如意重重地往桂祥之女的手中一塞，迅速回到了慈禧身旁。

光绪这个皇帝做得有点窝囊，虽然身为皇帝，可是面对专权的慈禧，也只有认命的份儿。光绪与表姐，也就是隆裕皇后在成婚前的关系一直不错，作为姐姐，隆裕对光绪特别照顾，就像对待自己的亲弟弟一样，两人的关系十分融洽。可是突然间，慈禧把自己的姐姐指给了自己当皇后，光绪心中实在难以接受。但为了服从慈禧，也为了讨好慈禧，光绪别无选择。

经此一场风波，光绪自然也不愿再挑选嫔妃。可是慈禧太后仍然不依不饶，她认为既然光绪有心于德馨的女儿，即使召入宫中作为嫔妃，日后定然也有夺宠之忧，于是自作主张，将两个荷包给了站在第三排的礼部左侍郎长叙的两个女儿。一场可笑的选后仪式就这么结束了。然而慈禧并没有想到，在这一次选后中，她仍然没有获得胜利；她的无意之举又为自己树立了一个敌人：长叙的小女儿，就是后来的珍妃。

光绪的一生也就只有这么一后二妃，是清朝皇帝中后妃最少的皇帝，也是成婚最晚的皇帝。慈禧的做法也是出于其政治上的考虑，目的就是要把朝政交给光绪后，还能够利用皇后来操纵光绪，最起码可以监视和掌握皇帝的一举一动。

□大婚之夜的难堪

与隆裕皇后的大婚当晚，光绪甚至做出了一个有悖于皇帝身份的举动——扑倒在隆裕怀里大哭着说："姐姐，我永远敬重你，可是你看，我多为难啊。"这主要是光绪对慈禧安排的政治婚姻的不满。更重要的是，作为少年天子的光绪帝，自然希望自己的皇后国色天香，最起码也要有中人之姿吧。可隆裕长相丑陋，身材瘦弱，还有些驼背，这别说是一个皇帝了，就连家境稍微殷实点的男子，恐怕也无法对之产生好感。心里不痛快的光绪怎么肯跟这样的皇后同床？

自小养尊处优的隆裕皇后怎么能忍受光绪的这种轻蔑？因此二人时常爆发争吵。光绪十八年（1892年）夏，光绪与隆裕皇后又因为小事激烈争吵起来，光绪帝许是心情不好，骂得很凶，郁闷的隆裕皇后气不过，便到慈禧的寝宫发牢骚。

隆裕皇后的本意，只是找个人倾诉一下，获得一些安慰就可以了。谁知道慈禧闻听此事，勃然大怒，当着一众太监宫女大骂光绪，转脸又好言劝慰皇后："别太难过了，你还年轻，不用为这个病秧子想不开。我有的是办法收拾他。"隆裕皇后一听此言，知道自己做过了头，然而也无可奈何。后来连续几个月，慈禧对光绪都没有好脸色，甚至一言不发。从此，慈禧就埋下了铲除光绪的心思。

□光绪帝为何要叫慈禧"亲爸爸"

慈禧与光绪的关系中所最为人津津乐道的，就是那个奇怪的称呼——亲爸爸。有的野史资料也引作"皇爸爸"。这一称谓究竟是何意，引起了不少人的争论。根据慈禧后人的说法，"爸爸"是满族语"母亲"的意思，但也有研究者指出，根据清东陵满族人后裔的证明，满族语中并没有这样一种说法。

值得注意的倒是德龄《清宫二年记》中的一条记载："皇帝及余（作者）等皆呼太后以男称。"而德龄也确实听到过光绪向慈禧请安时说"亲爸爸吉祥"。也就是说，"亲爸爸"用的正是本义，慈禧希望光绪将自己像生身父亲一样对待。

那么，慈禧为什么要这样呢？有研究者指出，慈禧的这一心理可能还是重男轻女思想在作祟，是一种心理感情和政治的需要。慈禧虽然是掌握大清王朝实际权力的人，但终究身为妇人，没有办法和九五至尊的皇帝相提并论，但慈禧并不甘心于此。她曾经说过，即使是光绪皇帝，也是我妹妹的孩子，就跟自己亲生的一样。那么，让九五之尊的皇帝叫自己亲爸爸，是对光绪帝的一种警诚：大清国的最高权力，在她慈禧手中！此外，对于天下臣民来说，也表明了慈禧的地位要高于光绪，她才是大清国的实际统治者。

慈禧是这么想的，也是这么做的。光绪亲政以后，慈禧规定，光绪必须每隔一日向她奏报政务，听候训示，还经常派人监视他的行踪。而光绪慑于慈禧的威严，每日请安时都浑身颤抖，有什么政务上的事情也根本不敢自作主张，还要主动向太后请旨才能实行。后来的戊戌变法，也是事事如此，甚至让慈禧不胜其烦，只好告诉光绪，可以便宜行事。后来戊戌变法失败，慈禧太后以"训政"为名，重新临朝视事，居然连垂帘听政的形式都免了，与光绪帝一起坐在须弥宝座上接受群臣叩头谢恩，山呼万岁。

俗话说天无二日，国无二君，这话在慈禧的面前被打破了。有大臣奏对政务，全凭慈禧一一裁决，光绪在一旁只是默然不语。有时候慈禧觉得不妥，用胳膊肘碰他，示意他说两句，光绪才提起精神，胡乱应付两句而已。说得不妥，还要遭到慈禧的斥责。

有一次，光绪听说英日同盟，很是担心，认为这对中国极其不利。慈禧当即厉声制止道："外交上的问题，不要随便发言，如果传到外面去怎么办！"光绪一时不解，顶了一句："就是传出去又有何妨？"慈禧大怒，居然举起拐杖就要责打光绪，吓得光绪连忙跪倒求饶。这种情况非止一次两次，往往要李莲英从中调解，慈禧太后怒气才能稍稍平息。

在慈禧太后眼中，贵为天子的光绪帝不过是一个她实现权力欲望的玩偶与傀儡。或许慈禧太后认为，光绪能够做皇帝，这个权力与地位是自己给他的，所以他就必须要听话。后来的戊戌政变也体现了慈禧的这种心理。

光绪帝之死因探秘

□光绪帝中毒身死

清光绪三十四年（1908 年）十月二十一日，光绪帝崩逝，年仅 38 年。《清史稿》载："癸酉，上疾大渐，崩于瀛台涵元殿。"意思是说光绪帝是病死的。不过清末名医桂庭在所写的《诊治光绪皇帝秘记》一书中却有不同的记载：光绪帝临死前三天，曾在床上乱滚，并且肚子疼痛难忍，脸颊发暗，舌头又黄又黑，似乎有中毒的迹象。那么光绪帝真的是中毒而死吗？

1980 年，清西陵管理处对清光绪帝及隆裕皇后所葬崇陵棺椁（于 1938 年被盗）进行了清理并重新封闭，而光绪及隆裕皇后的头发被移至棺椁外，保存在清西陵管理处文物库房。

光绪皇帝的遗骨犹在，随着科学技术的发展，通过尸体检测来揭开真相，越来越成为可能。2003 年，中央电视台清史纪录片摄制组、清西陵文物管理处、中国原子能科学院反应堆工程设计研究所和北京市公安局法医检验鉴定中心四个单位开始共同合作，组成"清光绪帝死因"专题研究课题组。课题组运用侦查破案的思维方式，根据信息的产生、传递、处理、还原、应用等原理，充分利用"中子活化""X 射线荧光分析""原子荧光光度""液相色谱 / 原子吸收联用"等一系列现代专业技术手段，通过开展综合分析、模拟实验、双向推理、多维论证等项工作，对清西陵保存的光绪头发、衣物、遗骨以及墓内外环境进行反复的检验和缜密的分析研究。在经过五年研究之后，2008 年 11 月 2 日，课题组对世人公布确证"光绪帝系砒霜中毒而死"这一结论。

光绪帝是中毒而死，那么谁又是凶手？有人认为以当时的条件、环境而论，如果没有慈禧的主使和授意，谁也不敢，也不能下手毒杀光绪，而且慈禧又有谋害光绪的动机，因而，慈禧就是毒杀光绪的凶手。

□皇帝与太后之间的矛盾

这还要从光绪帝与慈禧太后之间的矛盾说起。众所周知，戊戌变法失败后，以慈禧太后为首的顽固派重新把持了所有朝廷大权，改良派人士或遭屠戮或被通缉，光绪帝更是被囚禁于中南海瀛台，成了徒有虚名的皇帝。

但是，维新派在地方上的影响依旧存在，在名义上，光绪帝依旧是皇帝，而他比慈禧太后年轻 30 多岁，慈禧太后一死，很有可能重新归政于他，到那时东山再起的光绪帝必定会对顽固派进行打击和报复。

并且，戊戌变法得到了许多国家的关注和同情，相对于行将就木并且保守的慈禧太后，列强们似乎更希望由年轻而又开放的光绪帝当政，所以光绪帝只要名号仍在，他所具有的巨大影响力就不容忽视。正是看到了这种潜在的威胁，从有关记载看，慈禧太后囚禁光绪帝后不久，就有意谋害或者废掉光绪帝。

慈禧太后起初的策略是，对外大张旗鼓宣布光绪帝已经病重，并下诏广求名医入宫为光绪帝看病，每天还将光绪帝的病历和药方传示各官署，甚至送到东交民巷各使馆。一时间，人心浮动，似乎光绪帝大限已至。慈禧太后这样做，一方面是为谋害或者废掉光绪帝制造烟幕弹；另一方面借以试探各方的反映，尤其是试探各国公使的反映。出乎意料的是，光绪帝的安危受到了外界的广泛关注，一时人言鼎沸，传言甚多。有说光绪帝已经自尽身亡；有的说正抱病，被囚一室；甚至还有报道说光绪帝已被顽固派害死，所谓"病重"不过是一种假象；甚至对此极为不满的各国公使还纷纷向总理衙门建议，派一位医术高超的西医为光绪帝看病。慈禧太后起初不同意，后来迫于广泛的舆论压力，勉强同意让法国名医德对福入宫为光绪帝看病。诊断之后，德对福将结果公布于报纸之上，世人才知道光绪帝并没有什么大病，所谓的病情，也只是"体气瘦弱，精神短少，消化迟滞，大便滞泄"等，并非什么绝症。由此，慈禧太后通过"皇帝病重"谋害光绪帝的伎俩被揭穿，慈禧太后也通过这件事看到了舆论所向。

不久，顽固派又试图废掉光绪帝，对外宣称"帝久病不能君临天下"，为废立制造舆论。但是这种做法也立即遭到了外国驻华使节的反对，一些手握实权的封僵大吏也致电表示反对，流亡海外的康有为、梁启超更是发动侨民，致电清廷，"请皇帝圣安"，并要求慈禧太后归政于光绪帝。在这种情况下，顽固派明显感觉到了光绪帝背后的力量，也暂时不敢轻举妄动。

后来，慈禧太后又听从亲信荣禄的建议，于 1899 年 12 月，宣布立端郡王载漪之子溥俊为大阿哥，定于次年元旦令光绪帝让位于他。不想这一计谋，也遭到了外国驻华使节的反对，外国人认为顽固派扼杀帝党，实行的是某些排外或者闭关的政策，这将对他们的侵略不利。后来甚至有传言，洋人要"勒令皇太后归政"，这让慈禧太后恼羞成怒，不惜利用义和团向侵略者宣战。之后，洋人和慈禧太后达成了谅解，洋人同意继续由慈禧太后维持局面，慈禧太后也甘愿为洋人效劳。在这种情况下，光绪帝的废立已暂时威胁不到慈禧太后的统治，慈禧太后也就放下了心。然而，慈禧太后对囚禁在瀛台孤岛上光绪帝的种种折磨，似乎让人感到她随时都希望光绪帝死去。

据有关资料说，光绪帝在瀛台孤岛上受着非人的折磨，生活极为凄苦。光绪帝刚到瀛台时，依照慈禧太后的吩咐，每天还给两席饭菜，后来只剩下一席。

而所谓的饭菜，除了干冷变质的食品之外，别无其他。太监们也往往任意敷衍，有时甚至干脆不送。当时工部侍郎立山因为冬天给光绪帝住的大殿糊了糊窗户纸，就被慈禧太后大骂一顿。

光绪二十四年（1898年）冬天，因南海结冰，光绪帝和几个小太监一起玩耍，不知不觉踏冰走上了岸，后被大太监崔玉贵看见。崔玉贵以小太监

瀛台　清

戊戌政变后，慈禧太后下令将光绪帝囚禁在北京城内中南海的瀛台。

挟持光绪帝出巡、欲行不测为由，将6个小太监全部打死。从此，对光绪帝的管束愈加严格，只要南海结冰，就有人不厌其烦地砸冰，防止光绪帝逃跑。

慈禧太后对光绪帝精神上的折磨更加残酷，不仅逼死了他唯一宠爱的珍妃，还处处借机刺激和打击光绪帝，甚至到后来太监们也都不把光绪帝放在眼里。

正是因为慈禧太后曾试图谋害或者废掉光绪帝，并对他的"囚徒"生活极尽虐待之能事，人们才怀疑是慈禧太后最后派人害死了光绪帝。再说，一生要强的慈禧太后能容忍一直被自己压制的光绪帝死在自己的后面吗？她就不害怕光绪帝重新执政后，翻她的旧案？尤其是二人离世的时间相距不到一天，这仅仅是巧合吗？所以这种怀疑是理所当然的。当时长期担任起居注官，接近光绪帝的恽毓鼎，在所写《崇陵存信录》一书中说：光绪三十四年（1908年）秋，入诊者都说光绪帝并无大病。十月初十，逢慈禧太后生日，他还准备给太后祝寿，后慈禧太后传懿旨：因皇帝有病在身，免其率百官行礼。并且说，当时慈禧太后患腹泻已经多时，有人进谗言，说光绪帝听到太后病了，面露喜色，慈禧太后十分恼怒地说道："我不能死在你前面。"到了二十一日光绪帝就驾崩了。这样看来，慈禧是毒害光绪帝的真正凶手，不过，也有人持不同意见。

□李莲英、袁世凯谋害皇帝说

还有其他说法，认为是李莲英或者袁世凯出于自身安危的考虑，怕慈禧太后死后，光绪帝重新执政，会对自己不利，因而下手害死了光绪帝。德龄在《瀛台泣血记》一书中叙述：李莲英一直跟着慈禧太后，他怕慈禧太后死后，光绪帝重新执政算自己的老账，下手毒死了光绪帝。英国人濮兰德和白克好斯合著的《慈禧太后外传》中也支持这种说法。而末代皇帝溥仪在《我的前半生》中则说，他听说光绪帝是喝了袁世凯送来的一剂药而死的。由于在戊戌变法期间，袁世凯出卖了光绪皇帝，一旦慈禧太后死后，光绪帝重新执政，肯定会跟袁世凯算账，所以袁世凯要在慈禧太后死之前，先把光绪帝害死。

总的来说，在光绪帝诸多的死因中，被慈禧太后害死是一种重要的说法。至于事实是否如此，到目前为止，史学界仍没有定论。

帝后两党的形成与斗争

□帝党的形成

光绪帝亲政后，慈禧太后虽退居颐和园，但仍操纵和把持朝政。光绪帝每月至少要到颐和园向慈禧"听训""请安"两次，有时甚至多达六七次；重要奏折，必须送呈慈禧阅览后，方能处置，所谓光绪"事太后谨，朝廷大政，必请命乃行"，说明光绪帝仍处于傀儡地位，随时受慈禧摆布。那些接近光绪的近臣对这种状况非常不满。南书房行走、侍读学士陆宝贵向光绪进言："母后只可婉劝，不可唯谨。"御史安维峻则上疏指责慈禧"皇太后既归政皇上，若仍遇事牵制，将何以上对祖宗，下对天下臣民"。光绪帝本人也不甘心充当傀儡。为了摆脱慈禧的控制，他利用身边的亲信，开始组织政治力量，在其周围渐渐形成帝党集团。

协办大学士、户部尚书翁同龢是帝党核心人物。翁同龢原是慈禧的亲信，曾任同治帝师傅。光绪帝即位后，又被慈禧指派为光绪帝师傅，在弘德殿教授读书。光绪帝亲政后，翁同龢渐渐倾心于光绪，而光绪处理军国大政时，也十分倚重他，差不多事事都与他商量，因而成为光绪帝党的主要人物。军机大臣李鸿藻在政治上也倾向于帝党，翁同龢的至友工部侍郎长麟、汪鸣銮以及礼部侍郎志锐、侍讲学士文廷式、侍读学士陆宝忠、经筵讲席官李文田等，也都成为帝党成员。不过，帝党成员的骨干主要还是清流派的一些人物，如工部主事沈曾植、翰林张謇、国子监祭酒盛昱、编修王仁堪、黄绍箕、丁立钧等。此外，御史高燮曾、安维峻等也靠近帝党。这些人有的是光绪近臣，有的是翁同龢门生故吏，这些人大多是无权无勇的词馆清显、台谏要角，只有翁同龢在政府中权势还比较大，这就注定他们敌不过后党。

□帝后两党斗争的白热化

相比之下，以慈禧太后为首的后党，阵容则相当强大。内有控制军机处的慈禧亲信徐用仪、孙毓汶以及大多数的六部九卿等；外有封疆大臣中权势最重、地位最高的北洋大臣兼直隶总督李鸿章作为支柱，使得众多文武百官以及京外督抚藩臬，或诱于权势利禄，或慑于慈禧淫威，大半都投靠于后党。

帝后两党均属清朝封建统治集团，它们是伴随慈禧、光绪为争夺清廷最高统治权而产生和形成的，1894年中日甲午战争的爆发是其最初的分野并使矛盾趋于表面化。

在甲午战争中，慈禧和光绪对日本侵略的态度截然相反。慈禧顽固保守，厌烦战争，特别担心战争会影响她的六十大寿的庆典，于是置国家民族利益而不顾，一意主张妥协求和。以李鸿章为首的一批地方官僚为维护其私利，也力求退让求和，屈膝投降。以翁同龢为首的一部分官僚则主张积极抵抗。在对日的和战问题上，帝后两党遂产生了严重的分歧与激烈斗争。

在中日战争爆发前，日军步步向中国进逼，在严重的侵略威胁面前，是立足本国，积极准备抗敌，还是依赖外国调停，搞所谓的"以夷制夷"，构成了帝后两党的第一个分歧。李鸿章奉慈禧旨意，竭力主张避战，幻想通过英、俄等国的调停，和平解决争端。针对这种情况，光绪二十年（1894年）五月二十二日光绪帝向李鸿章发出谕旨，明确指出，依照现在情形看来，口舌争辩，已经无济于事，并要李鸿章对俄使的调停提高警惕，说："俄使喀布尼留津商办究竟彼国有无助我收场之策，抑或另有觊觎别谋，李鸿章当沈几审察，勿至堕其术中，是为至要。"李鸿章对光绪帝谕旨采取阳奉阴违的态度，仍集中主要精力会见俄、英等国使节。二十八日，光绪帝又向李鸿章发出上谕，严厉地斥责说："前经迭谕李鸿章，酌量添调兵丁，并妥筹办法，均未复奏。"并又一次强调"势甚岌岌，他国劝阻亦徒托之空言"，要求李鸿章加强防御。六月初二，又就李鸿章擅自乞求英国政府派舰赴日"勒令撤兵"一事，特意发出谕旨，严正申明：对日本的战争挑衅，中朝自应大张挞伐，不宜借助其他国家，以致日后别生枝节，并告诫李鸿章今后绝不要做乞求外力示弱于人的事。另一方面，光绪帝为加强抗战，集中国力筹备战守事宜，又第一次公开冒犯慈禧的旨意，请求把修建颐和园工程的款项用来扩充军费，慈禧对此勃然大怒。

爱国官僚积极支持光绪帝的主战态度，翁同龢在战争乌云密布之际，主张调东三省及旅顺兵迅速赶赴朝鲜，以备抗战。战争爆发后，慈禧命他去天津传话给李鸿章请俄国出面调停时，翁以"臣为天子近臣，不敢以和局为举世唾骂"为由，断然拒绝了慈禧的旨意。李鸿章却在慈禧的指使下，一再抗拒光绪帝的上谕，一味寄希望于外国调停，电令已被日军包围的驻朝清军，"宜驻牙山静守，切勿多事""我不先与开仗，彼谅不动手"。这样，中国军队完全陷入被动挨打的地位。

战争爆发后，是屈辱求和还是坚持抗战，构成了帝后两党斗争的第二个回合。在日军挑起丰岛海战与成欢之战后，七月初一，清政府正式对日宣战，命令李鸿章迅速派出各路大军进剿，并谕令"沿江、沿海各将军督抚及统兵大臣，整饬戎行，遇有倭人轮船驶入各口，即行迎头痛击"，于是全国出现了一个令人振奋的抗战局面，主战派暂时占据了上风。然而李鸿章等人却对国内出现的这种奋发局面深感不快，徐用仪、孙毓汶等军机大臣，极力干扰破坏光绪帝组织的抗战和试图整顿军政的努力，使陆军在平壤战败和北洋水师在黄海之战中遭受严重损失，清政府的抗战很快出现了一落千丈的颓势。

平壤、黄海之战失败的消息传来后，举国上下一片震惊，后党在这时乘机散布妥协投降论调，开始同英、俄公使频繁接触，再次施展故技乞求外国调停。帝党为了坚持抗战到底，要求严惩李鸿章，并把主持军国大计的军机大臣交部议处，从"玩法营私"的徐用仪、孙毓汶等慈禧亲信手中夺回军事指挥大权，重新起用与慈禧素有旧怨的恭亲王奕䜣主持军机处。双方斗争的结果，给予了李鸿章"革留摘顶"的处分，奕䜣也重新主持军机处和总理衙门。另一方面，慈禧则下懿旨，以"干预朝政"的罪名，将珍妃、瑾妃降为贵人，把坚决支持光绪帝抗战的志锐发配到乌里雅苏台，并撤销满汉书房，使光绪帝再没有机会接近自己的亲信近臣。慈禧对帝党人物采取了上述处罚震慑措施之后，背着光绪帝决定对日求和。重新上台的奕䜣，没有违背慈禧的求和意图，加紧对日进行议和活动。

当然，帝党的反侵略斗争也不彻底，他们在后党的打击下，在战败的既成事实面前，最终只有接受辱国丧权的不平等条约，但他们比起后党的卖国投降，多少表现了一定的爱国主义精神，从而使帝后两党从权力之争的狭小圈子中跳出来，具有了抵抗和投降、爱国和卖国的斗争性质。

甲午战后，光绪帝"愤外难日迫，国势贴危，锐欲革新庶政致富强"。翁同龢认识到只有变法才能图存自强，必须采取西法改革清政府。在维新思想的影响下，光绪帝终于开始认真考虑康有为所提出的变法事宜。从此之后，翁同龢日益亲近维新派，支持和资助康有为在北京创办强学会，并把康有为密荐给光绪帝，沟通了维新派同光绪帝的关系，使之得以互相结合起来。于是帝党便走上了维新变法、救国自强的道路。帝后两党之间的斗争，又围绕变法维新展开了。

□变法维新中的角斗

维新运动期间，后党反对变法，恶毒地攻击维新运动。对此，维新派在舆论上给予了强有力的批判。帝党则不仅在舆论上配合维新派，严厉驳斥后党的反动叫嚣，指出"时势危迫，不革旧无以图新，不变法无以图存"，而且在政治上也大力反击后党。维新运动开始后，徐用仪、孙毓汶秉承慈禧太后旨意，利用其掌握的权力，反对变法，翁同龢上疏光绪帝，先后把两人逐出军机处，搬掉了阻碍变法的两块绊脚石。强学会被封后，帝党上疏力争，把其改为官书局，选刻中西书籍及译摘报刊，以扩大见闻。保国会成立时，后党以"名为保国，势必乱国而后已"为借口，要求查究，遭到光绪帝严厉斥责："会能保国，岂不大善，何可查究耶！"光绪帝顶住了顽固派的攻击，撤去造谣诽谤的御史文悌之职，使维新运动得以继续高涨。百日维新期间，后党成员许应、怀塔布阻挠新政，反对把各科考试改为策论和开经济常科，帝党成员杨深秀、宋伯鲁立即反击，上疏弹劾二人，光绪帝则"著许应按照各节，明白回奏"，以后怀塔布、许应又阻挠部属王照上书言事，光绪帝斥之为"故为抑格"并将其撤职查办。帝党的有力反击，使后党的气焰在一定程度上受到打击，从而维护了维新运动的开展。

　　面对维新派与帝党的结合，后党也不甘示弱，极力破坏阻挠。后党一再以"斥退""拒收"阻挠维新派的上书，并想方设法削弱帝党势力、摧毁维新派。光绪二十一年（1895 年）十二月初三，后党先把帝党骨干成员户部右侍郎长麟、吏部右侍郎汪鸣銮，以"上年屡次召对，信口妄言，迹近离间"的罪名，革职查办，永不任用。继而又由李鸿章指使杨崇伊，对强学会进行弹劾并强行解散。次年春，杨崇伊再次出面参劾帝党中坚分子文廷式，以"遇事生风，常于松筠庵广集同类互相标榜，议论时政"的罪名，将文廷式驱逐回原籍，永不叙用。光绪帝颁布"诏定国是"后的第四天，后党为铲除光绪帝的羽翼，又由慈禧直接下令，迫使光绪革去翁同龢的职务，并驱逐出京，使光绪帝失去了股肱。同时慈禧又强迫命令光绪帝，凡授予二品以上大臣新职，须到颐和园向太后谢恩，并任命荣禄为直隶总督，次年五月初五又实授为直隶总督兼北洋大臣，统率聂士成、董福祥、袁世凯三军，从而"身兼将相，权倾当朝"。军政实权就这样被后党牢牢掌握。最后终于发动政变，镇压了维新派，击败了帝党，扼杀了维新运动。

第十二章
末代皇帝——宣统

缘何清宫三代无婴啼

□连续三位帝王均无后

同治皇帝载淳，19 周岁死去的时候，没有留下一儿半女，虽然野史曾提到过皇后阿鲁特氏已怀有龙种，但正史中得不到任何依据，便无法作数。掐指一算，同治皇帝于同治十一年九月（1872 年 10 月）举行大婚典礼，死于同治十三年十二月（1875 年 1 月），这期间两年零三个月的时间里，他居然无法留下自己的一点骨血，实属怪事。

光绪皇帝死的时候 38 岁，居然身后也没有留下一男半女。光绪皇帝于光绪十四年十月（1888 年 11 月）大婚，虽然他在政治上难以有所动作，是慈禧控制下的傀儡皇帝，但在婚姻中，还是有一些自主权利的，慈禧并不会去干涉他的私生活。而且作为一国之君，他起码有着皇后妃子，几名女子陪伴，而且还有宠爱的珍妃常伴身旁，但膝下无子，确实让人费解。

而作为光绪帝继位人宣统帝溥仪，这位末代皇帝活了六十一岁，但也是没有孩子留下。晚清接连三任皇帝都没有留下子嗣，的确是够让人震惊的。

接连三朝皇帝都没有留下一男半女，这在中国的封建历史上还是绝无仅有的，"不孝有三，无后为大"，对于平常人家来说如此，对于帝王家更是如此。一个皇帝没有生育能力，这是要被天下人耻笑的。

登基大典上的一语成谶

□一场乱七八糟的登基大典

光绪三十四年（1908 年）十一月初九，天气冷得出奇。紫禁城太和殿内却钟鼓齐鸣，一派雍雍穆穆的景象。年仅三岁的小皇帝——溥仪的登基大典正在举行。然而这次登基大典举行的却是前所未有的荒唐。拥立了新皇上的文武群臣不但没有露出开心的神色，反而一个个忧心忡忡。慈禧和光绪的同时崩薨，还没有让这些大臣们从震惊中清醒过来。登基大典上闹出的闹剧，又让这些国家柱石们的心头蒙上了一层阴影。

很多年以后，溥仪在自传《我的前半生》中曾经回忆了当时的情形。

由于溥仪刚刚入宫，他是怀着恐惧的心情面对这一切的。天气的寒冷也让这个小皇帝早就受不了。他一个人孤零零地坐在须弥宝座上，听着震耳欲聋的皇家音乐，看着一帮陌生人在自己的脚下手舞足蹈，三跪九叩，终于再也无法忍受这个场面。

正当登基大典举行得热闹的时候，溥仪突然开始哇哇大哭，边哭边喊："我不挨这儿，我要回家！我不挨这儿，我要回家！"说着就要从宝座上跳下来。

溥仪的父亲，议政王醇亲王载沣此时正单膝侧身跪在宝座之下，扶着小皇帝。见溥仪如此折腾，也不敢动弹，只好死死地压着溥仪。动弹不得的溥仪不断地挣扎，哭喊声越来越响，"我要回家"的声音伴随着盛大的钟鼓声在太和殿内回荡。急得满头是汗的载沣只好连连安慰道："别哭，别哭，快完了，快完了！"

对于历来迷信的清廷官员而言，这些话实在是不祥之兆。他们交头接耳，窃窃私语："怎么可以说'快完了'呢？""说'要回家'可是什么意思啊？"

溥仪小皇帝——年号宣统——就这样登上皇位，成为大清王朝的最后一任皇帝。

□为何溥仪成皇帝

传闻溥仪之所以会当上皇帝，是慈禧病重之时，见光绪也病入膏肓，认为两人随时都有宾天的可能，由于光绪无子，挑选大清帝国的下一任皇帝的重担便又落在了慈禧的肩头。慈禧虽然深知自己已经不能再像从前一样垂帘听政，但她仍然要挑选一位和自己沾亲带故，关系甚近的皇族接替皇位。根据光绪入宫的前例，自然是还要从奕譞这一支中选择。

此时奕譞早已去世，接替醇亲王爵的是其第五子载沣。慈禧为了笼络载沣，又使出了她熟悉的策略，将宠臣荣禄的女儿认作了养女，并指婚给载沣。本来载沣当时已经定亲，但慈禧坚持如此，载沣只得

幼年溥仪旧照

听从。这样，载沣又成了慈禧的干女婿。载沣和这位大小姐生了两个儿子，溥仪和溥杰。慈禧立储的时候，就挑中了年纪稍微大一点儿的溥仪。

不过，有了前车之鉴的醇亲王府并不愿意把溥仪交出去——溥仪的亲叔叔，现在的光绪帝载湉当初也是这么被送进宫去，在宫里活活地被折腾了三十多年，此时马上就要撒手人寰。都说当皇帝有享不尽的荣华富贵，可只有这些天皇贵胄才知道其中的辛酸。

奕譞尚在人世的妻子，载沣的母亲一听说自己视若掌上明珠的大孙子又要被抱进皇宫去，当时就两眼一黑昏了过去。醒来以后死死地抱着溥仪不松手，而溥仪则又哭又叫又喊又闹——整个醇王府一片混乱。所有的人都在盯着年轻的摄政王载沣，可载沣也一句话也说不出来，只是无可奈何地苦笑。乱了一阵子，有个乳母看溥仪哭得可怜，便过来给他喂奶，溥仪这才渐渐安静下来。

□执掌大清权力的父亲

溥仪即位之后，由于年纪太小，载沣掌握了大清朝实际的权力。对于这个两代为帝的家庭来说，所谓树大招风，因此不得不韬光养晦、低调做人。前文已经说过，老醇亲王奕譞在光绪即位以后，便辞去了全部职务，希望以此远离政治斗争。然而，光绪长大以后与慈禧的对立还是让奕譞的处境极为尴尬。一方面，他与荣禄等人关系甚好，最后还结为亲家；另一方面他和支持光绪的翁同龢等人关系也很不错。为了不让慈禧对他有任何意见，他甚至放弃了所有原则，在督办北洋海军的建设时，挪用经费给慈禧修造颐和园。载沣也继承了乃父的此种家风——小心翼翼，明哲保身。朝中大事，几乎都由庆亲王奕劻和其他军机大臣做主。他则摆出一副超然世外、与世无争的架势。

不过，载沣虽然低调如此，有一件事情他却始终耿耿于怀，那就是光绪的失势，他始终认为，如果不是袁世凯关键时刻倒戈，百日维新就不会失败，而光绪也就不会受到慈禧的百般凌辱，最终郁郁而终。因此，他处心积虑要为光绪报仇。一时间，民间流言四起，传说载沣已经将袁世凯秘密处死。

然而，流言终究是流言。事实上，载沣要想除去实力已经异常强大的袁世凯，几乎是不可能的。他只能团结一帮年轻气盛却没有任何政治斗争经验的少壮派满族亲贵来筹划此事，然而这一举动却遭到了庆亲王奕劻和张之洞的坚决反对。

据说，当载沣和几位军机大臣碰头，把自己的计划和盘托出时，所有的军机大臣都吓了一跳。庆亲王更是连说不妥。他认为，袁世凯虽然现在已经被夺了军权，但北洋新军都是他的手下，段祺瑞、冯国璋、王士珍等人都是他一手提拔起来的。如果这些人造反，带兵进京，谁挡得住？

最后，万般无奈的载沣只好同几位军机大臣达成妥协，以袁世凯患“足疾”为由，将其免职，令其回原籍。载沣自以为从此可以安然无恙，然而过了不久，革命的风暴席卷全国，已经对清廷彻底失望的袁世凯卷土重来趁势夺取了政权。这就是他所想不到的了。

就这样，大清朝的政局，愈加动荡了。

清政府推行新政时，定下了预备立宪的计划，但由于慈禧的去世，继续推行这一计划的权力，交到了载沣的手里。由于这也是光绪遗诏中所关心的事情，载沣并不敢怠慢。宣统元年（1909 年），如期举行了各省谘议局的选举；第二年，资政院也告开院。正当全国人民翘首以盼第一任内阁的建立的时候，载沣却做出了一个愚蠢的决定。

□愚蠢的皇族内阁

宣统三年（1911 年），载沣任命了第一届内阁。然而，这一届内阁有 13 名成员，居然有 9 人是满族人，而这 9 人中又有 7 人是宗室子弟。内阁总理大臣就是军机大臣庆亲王奕劻。除此之外，清廷还宣布，由于内阁制度为首创，为了慎重起见，本届内阁仅根据内阁办事暂行章程成立，具体国务处理还依照原来的政治模式进行；并且，军事方面的问题也不由内阁总理大臣负责，而是由军咨府大臣载涛负责。

由于这届内阁徒有其表，它被立宪党人和革命党人异口同声地讽刺为"皇族内阁"；载沣的决策失误，也让社会舆论大失所望，认为清廷根本无意立宪，既然和平手段无法解决，就以武力夺取之。很多立宪党人从此倒向革命派。革命的暴风迅速席卷了大江南北。

末代皇帝长眠在了哪里

□清西陵的风水宝地

据记载，1915 年溥仪 10 岁时，帝室决定为溥仪选择"万年吉地"。担当此任的是精通风水的广东廉州府李青。

李青等人踏遍了河北省易县西陵的山山水水，经过勘测与计算，认为泰东陵旺隆村北，是一处上吉佳壤。陵穴定在西北的山坡上，与崇陵遥遥相对，清皇室经过讨论，并派人实地验证后，认为可以选用，即时将此地圈禁起来。

据徐广源的《清朝皇陵探奇》记载，当时"溥仪小朝廷没有自己的经济来源"，"更何况时局不稳，小朝廷自身难保，所以陵址虽已选定，但一直未能兴工"。

还有一种说法，出自陈宝蓉著《清西陵纵横》："溥仪入承大统后，便于崇陵旁的旺隆村北选定了'万年吉地'。"并"于宣统二年破土修建，采取了先地下，后地上，由后向前逐步施工的办法。施工一年有余，完成了地宫开槽奠基和明楼宝城等基础工程。辛亥革命爆发，清王朝便倒台了。至此宣统陵寝工程被迫停止，再没有恢复兴建"。

各种说法，孰是孰非，有待考证。

□葬于八宝山

溥仪逝世后，是土葬还是火化呢？据溥仪的夫人李淑贤说，溥仪的遗体是1967年10月19日火化的，对于骨灰如何处理，有关领导当时做了明确指示：一是可由爱新觉罗家族决定；二是可由家属选择在革命公墓、万安公墓和其他墓地的任何地方安葬或寄存骨灰。10月20日家属聚会进行了讨论，经家族一致商定，将溥仪的骨灰寄存在八宝山人民骨灰堂。

□从八宝山迁至清西陵

1980年5月后，溥仪的骨灰重新安放在八宝山革命公墓第一副室。至1994年溥仪葬地又有变化。据记载，1994年，旅居海外的张世义在易县崇陵西北兴建了一座华龙皇家陵园。为了提高陵园知名度，张世义经过不懈努力，劝动了李淑贤，将溥仪的骨灰迁葬西陵。安放仪式于1995年1月26日举行，由李淑贤把骨灰盒捧至墓穴前，陵园工作人员将骨灰盒放入水泥筑的"椁"内。面南朝北，盖上"椁"盖，最后浇上混凝土。这就是清末最后一个皇帝的"万年吉地"。

下 篇
探秘清宫风云

第一章
一入宫门深似海——后宫秘事

第一节 权力之争和封建制度下的牺牲品

幼女缘何配有妇之夫

□一场奇怪的婚礼

万历十六年（1588 年）的某个黄道吉日，赫图阿拉城内张灯结彩，努尔哈赤在自己的建州左卫指挥府上大宴宾客。人如滚水，马如流龙，熙熙攘攘，觥筹交错，好一派热闹的景象。流水席从早至晚，仍没有散去的迹象。

子夜时分，一顶装扮得花枝招展的轿子来到了府门口，建州女真董鄂部首领何和礼一身艳装，身披红绸，胯下一匹高头大马，衬托得 27 岁的他更加精神抖擞。

得到通报后，努尔哈赤忙带领一干人等迎出院门。何和礼口称岳父泰山，下马叩头行礼，紧接着，便在前呼后拥下走进了建州左卫指挥府。

此时的努尔哈赤 28 岁，而他的这个"乘龙快婿"何和礼仅比他小一岁，这在古代来说也算不上什么，问题是，何和礼已经是有家室之人；更重要的是，努尔哈赤要嫁出去的长女东果格格年仅 10 岁。

俗话说：皇帝的女儿不愁嫁。此时的努尔哈赤虽然还不是清太祖，但也是大明建州左卫指挥，名义上的建州女真之主，按理说也不至于如此着急把年方 10 岁的女儿嫁出去，还是给人家做小妾。难倒何和礼真的优秀到了万里挑一的地步了吗？

□万里挑一的优秀青年

何和礼是辽东地区少有的青年才俊，武艺高强、性情宽和、内敛而富谋略，在部落威信极高，也绝非庸常之辈。他 26 岁时，便已经继承兄长之位成为董鄂部的首领。日后在努尔哈赤统一女真、与明军交战之际，和额亦都、费英东、安费扬古、扈尔汉一起成了努尔哈赤的"开国五大臣"。

□图谋建州的准备

何和礼的董鄂部是建州女真五大部落之一，拥兵 7000 余人，兵强马壮，实力雄厚。当年的王杲在世时，也须让他三分。努尔哈赤的壮志在于统一女真，与明廷对抗，要实现这个目的，第一步先要将建州女真纳入囊中。毫无疑问，自王杲部为明所灭、苏克素浒河部被努尔哈赤一统之后，董鄂部成了统一之路上最大的拦路虎。

动用武力？现在的努尔哈赤啃不动这块硬骨头，而他也没有耐心去慢慢壮大自己的实力再去收拾董鄂部，于是，他便动起了联姻的念头。

在统一女真各部的战争中，努尔哈赤用兵的一个显著特点是：不仅用步骑强攻，而且以计谋智取。当用武力无法收服一个对手的时候，那么最好的办法就是与他联合起来。然而自己没有能让董鄂部所毋庸置疑的实力，也没有能让何和礼看得上眼的资本，唯有用采取联姻的方式，方能让对方死心塌地地跟着自己走。正所谓舍不得孩子套不到狼，把幼女当作政治的牺牲品，对努尔哈赤来说也是无奈之举。

这场婚宴，将努尔哈赤的雄心悄无声息地彰显了出来。

东果和赛堪的地位之争

□大闹婚礼的不速之客

按照满族的婚礼习俗，"午夜亮轿，五更娶亲"，即新郎官要在午夜时分带着轿子来到未过门的媳妇家，由女方家安排一顿迎亲宴，再到五更天（3—5点）时将新娘子带入家门拜天地。因此，何和礼于子夜时分准时上门迎亲，并高坐在迎亲宴上。

看起来一切都很顺利，但何和礼忘了一个人：他的原配——赛堪。

新郎就位，酒宴更加热闹。但正在这个时候，一个守兵匆匆来报：城门口有 100 多人正在一个女子的带领下破口大骂，高声叫嚷着让努尔哈赤还她的丈夫。

努尔哈赤不明所以，把眼偷看何和礼，但见这位新郎官的脸顿时吓得煞白。别人不知道，何和礼可猜了出来：那个带兵的女子正是他的原配夫人赛堪。这个"母老虎"可是个巾帼不让须眉的人物，不仅光艳照人，更能统兵上阵，泼辣直率，让何和礼是又敬又怕。

何和礼带兵临走之时，向赛堪说是去与努尔哈赤就两部联合一事做些商讨，可谁知道这家伙出了城门便穿戴一新、抬起轿子给人家做女婿去了。留守城中的赛堪得到来自心腹之人的通知时，当场就火冒三丈，点起 100 亲兵向赫图阿拉城杀奔而来。

得知在城外闹事的是新女婿何和礼的原配夫人，努尔哈赤感到既好笑又无奈。清官难断家务事，更何况这也不是什么能一笑置之的事，连忙让妻子富察氏·衮代（努尔哈赤的续弦之妻，其原配佟佳氏·哈哈纳扎青，即东果格格的生母早逝）和自己手下唯一的一位女将椒箕，陪同女婿何和礼一同前去探察真相。

结婚本来是一件喜事，可被老婆这么一闹，何和礼的面子怎能挂得住？连忙跑到城外想先把赛堪哄回去。谁知刚走到一身戎装、勒马持剑的赛堪面前，就被老婆当头一剑劈了过来。何和礼勉强躲过，衣服却被划破一道，狼狈至极。准岳母衮代一看女婿那边情况不对，忙让椒箕迎战赛堪，不出几个回合，便将赛堪生擒活捉。

□是赛堪的大度成就婚姻吗

据清代天嘏所著的《清朝外史》中的记载，赛堪带着一肚子的怒火被缚到府中，本以为自己此次凶多吉少，却没想到努尔哈赤满脸堆笑地亲自为其松绑赐座，上茶赔礼："这件事与你的丈夫无关，你要是心里不痛快，想打想骂就冲着我来吧。"此话一出，反倒弄得赛堪无所适从，满腔怒火无处发泄，只得听努尔哈赤继续说道："我把女儿嫁给你的丈夫，与儿女私情无关，而是想通过这种方式让我们的两个部落联合起来。我的女儿嫁过去之后也不会抢你的地位，你还是大福晋，让东果做偏房，就当自己多了个小妹妹罢了。"一席话说得赛堪哑口无言，再见到还是一个小孩子的东果格格后，也感觉自己为这个小孩吃醋有些不值，也就默许了这门亲事。

□怨妇给自己造成的严重后果

按史书中所说的，努尔哈赤就是用这种先兵后礼的手段把何和礼从赛堪手中抢了过去，这里面的赛堪也是通情达理之人，努尔哈赤说了几句好话她就接受了；而民国期间小横香室主人在其所编的《清朝野史大观》中说，虽然赛堪在身陷赫图阿拉城的不利局面时勉强将自己的丈夫拱手让人，但一肚子的怨气还是无处发泄，以至于缺少了封建社会严格要求妇女遵守的三从四德，最后导致她所生的子女都不为何和礼所重视，日后世袭何和礼爵位的子女，全都是东果格格所生，这个倒是历史上明确记载的。至于其他的，正史之上倒也没有提及，只能仁者见仁、智者见智。

叶赫美女变剩女，谁之过

□嫁不出去的叶赫老女

万历四十四年（1616年），蒙古草原，喀尔喀部首领莽古尔岱的宠妾、刚嫁入一年多的叶赫部大龄女青年（史称"叶赫老女"）——东哥病逝，时年34岁。这本是历史长河中微不足道的一滴水，却因为一段征战、一个人，而映射出了一片历史洪波。

这段征战，就是女真族的统一战；这个人，就是努尔哈赤。

统一女真各部，这是努尔哈赤扩张人生雄图的关键一步。统一女真的标志就是踏平海西女真的最大部落——叶赫，而东哥则是叶赫部落的前首领布斋的女儿、新首领杨古的妹妹——全名叶赫那拉·布喜娅玛拉。历史的洪流将她推到时代的浪尖上，流溢出古希腊美女海伦般的炫目光华。

努尔哈赤与美女东哥之间没有荡气回肠的英雄气短，没有缠绵悱恻的儿女情长，有的只是一片金戈铁马的喊杀声和诡谲反复的政治手段，两个没有交叉点的人生共同导演了一段波澜壮阔的历史，引领着女真族走向统一。

自万历十一年（1583年），努尔哈赤凭借着祖、父留下的十三副遗甲起兵以来，直至万历十九年（1591年）一统建州女真各部，历时九年时间，"环满洲而居者，皆为削平，国势日胜"。接下来，阻挡他统一脚步的就是海西女真和野人女真。

海西女真别称扈伦四部，包括叶赫部（今吉林四平）、哈达部（今辽宁清河流域）、辉发部（今吉林桦甸市）、乌拉部（今吉林伊通县）四部。这是一块难啃的硬骨头，尤以叶赫女真部为最。

努尔哈赤所属的爱新觉罗氏族与叶赫那拉氏族之间的矛盾由来已久。据说早在元末明初时，叶赫那拉氏族与爱新觉罗氏族之间便发生过一场战争。当时，爱新觉罗家族的头领为了使叶赫那拉氏臣服，指着大地说："我们是大地上最尊贵的金子（爱新觉罗是金子的意思）！"叶赫那拉的首领听了一阵大笑，指着天上的太阳说道："金子算什么，我们姓它（叶赫那拉就是太阳的意思）。"在那场战争中，叶赫那拉氏最后打败了爱新觉罗氏，成为当时女真族最大的部落。

历史发展的轨迹总是难以预料。叶赫那拉氏族和爱新觉罗氏族总是在敌人与朋友之间徘徊，是敌人的时候，难免要兵戎相见；是朋友的时候，便歃血为盟。是战是和，都视当时的情况和利益而定。这次亦不例外。不过，这次笑到最后的是主角努尔哈赤，叶赫那拉氏的东哥只是他扫平海西女真的一件工具、一个借口而已。

1591年，刚刚统一不久的努尔哈赤，迎来了海西女真叶赫部的两位使者宜儿当阿、摆斯汉，跟他们一起来的，还有一封书信：

> 乌拉、哈达、叶赫、辉发、满洲总一国也，岂有五王之理？尔国人众，我国人寡，可将额勒敏、札库木二处，择一让我。
>
> ——清·鄂尔泰《清太祖武皇帝实录》

一字一句的挑衅之意跃然纸上。

努尔哈赤帐下诸将读罢，无不义愤填膺，怒火中烧，狼一样的目光扫得原本趾高气扬的宜儿当阿、摆斯汉两人双股战栗。

而努尔哈赤，却仿若无事人一般，只是淡淡地说道：

"我乃满洲，尔乃扈伦，尔国虽大，我不得取；我国虽大，尔亦不得取。况国非牲畜可比，焉有分给之理？尔等皆执政之臣，不能极力谏主，奈何忝颜来相告耶？"

没过几天，宜儿当阿、摆斯汉又来到赫图阿拉城，这次与他们同来的还有哈达、辉发两部使者，三部落公然联合起来，再次挑战努尔哈赤的耐心与勇气。

仗着三大部落做靠山，宜儿当阿、摆斯汉再次趾高气扬起来，此次带来的措辞更带有了浓浓的火药味，即努尔哈赤不答应割地的话，那么，努尔哈赤将要为建州承担被海西大军血洗的后果。

听罢此言，努尔哈赤大怒，拔剑斩案，势如雷霆，怒喝道：

"尔主弟兄，何常与人交马接刃，碎烂甲胄，经此一战耶？昔孟革卜卤、戴鄱叔侄自相扰乱，如二童争骨满洲儿童每掷骨为戏故云云，尔等乘乱袭取，何故视我如彼之易也，尔地四周果有边垣之阻耶？吾即昼不能往，夜亦能至彼处，尔其奈我何，徒张大言胡为乎？昔我父被大明误杀，与我敕书三十道，马三十匹，送还尸首，坐受左都督敕书，续封龙虎将军大敕一道，每年给银八百两，蟒段十五匹，汝父亦被大明所杀，其尸骸汝得收取否？"

随即努尔哈赤修书一封，将这番强硬的措辞写上，命使者将之交到海西女真部落首领的手中。

努尔哈赤的态度让东哥的老爹、海西四部首领、叶赫部头人布斋为之恐慌。他向努尔哈赤讨要领土，实际上是在试探这个人是否会与明朝一样，成为自己在海西女真的统治的又一大威胁。如今换来的是努尔哈赤的强硬，他也心知努尔哈赤绝不只是口头上说说而已。因此，先下手为强才是解除隐患的关键所在。

但布斋更清楚的是，单凭自己的叶赫部，就算是整个海西四部，也不是努尔哈赤的对手，因此，他需要更强有力的支持。他的女儿东哥，便又一次成为牺牲品。

□叶赫部的秘密武器

东哥是名扬塞外的美女，据说任何语言都难以形容她的美之万一。她也因此成为叶赫部最具杀伤力的政治武器，而且屡试不爽。

东哥短短的一生中换了七个未婚夫，除去11岁时为父亲夺得海西四部（叶赫、乌拉、哈达和辉发）头把交椅"牺牲"一次外，此后六次许婚都与努尔哈赤有着直接或间接的联系。

为了巩固联盟、组建九部联军攻击努尔哈赤，布斋答应了海西女真乌拉部首领为其弟布占泰聘娶东哥的请求，征得了乌拉部的支援，于是，一场在统一海西女真中起到关键性作用的一战爆发了。是年，万历二十一年（1593年）。

九月，扈伦四部加上长白上的朱舍哩、讷殷两部及蒙古科尔沁、锡伯、瓜尔佳三部，组成多达三万兵力的九部联军，兵分三路向建州发起进攻。

面对来势汹汹的九部联军，努尔哈赤并没有显出慌张的神态。虽然以他目前的兵力来说，对抗三万大军实则以卵击石，但努尔哈赤深知，海西气势虽猛，但有一个致命的弱点，"打蛇打七寸"，只要将海西九部联军的七寸掐在手中，那么，纵使三万大军，也不过是小菜一碟。

九部联军在浑河北岸扎下大营，紧接着便向扎喀关（今辽宁新宾境内）、古勒山（今辽宁新宾县上夹乡古楼村西北）一带推进。

敌报传来，时近五更。得讯的努尔哈赤毫无惊恐之色。

"人言叶赫国不日兵来，今果然也。我兵夜出，恐城中人惊，待天明出兵，传谕诸将。"言毕复寝。衮代皇后（萨济富察氏·衮代，皇太极之母）推醒太祖曰："今九国兵马来攻，何故贪睡，是昏昧耶？抑畏惧耶？"太祖曰："畏敌者必不安枕，我不畏彼，故熟睡耳。前闻叶赫兵三路侵我，来期未定，我心不安，今日已到，我心始定。我若有欺骗处，天必罪我，我当畏之。我承天命，各守国土，彼不乐我安分，反无故纠合九部之兵，欺害无辜之人，天岂祐之？"言讫复睡。

一段摘自《清太祖武皇帝实录》中的话，可以看出努尔哈赤临阵之际仍可酣然入梦，实则是有成竹在胸。3万大军虽来势凶猛，但终究是乌合之众。临时集合起来的联军各自为政，缺少统一的战前部属与作战计划，散沙一盘而已。"但伤其一二头目，彼兵自走"。建州兵虽少，但优势在于一心，只要并力出击，不愁不胜。

是故，古勒山一役，努尔哈赤以少胜多，歼敌4000多人，获战马3000匹，东哥的老爸布斋战死沙场；第二任未婚夫乌拉部布占泰，尚未来得及爬上东哥床，便做了努尔哈赤的阶下囚。

□与努尔哈赤有缘无分的关系

努尔哈赤在古勒山大破海西九部联军，布斋战死，布占泰被俘，海西女真一时对努尔哈赤闻风丧胆。布斋之子布杨古害怕努尔哈赤为九部联军大举进攻一事而复仇，连忙提出将妹妹东哥（此时仅13岁）嫁给努尔哈赤为妻的条件，请求"联姻盟好"。努尔哈赤允诺，取代布占泰成为东哥第三任未婚夫，这也是两个人的人生距离最近的一刻。

努尔哈赤的允诺，并非贪恋东哥的美色，他早已经认识到东哥不过是一件可怜的政治工具，既然是工具，就要充分发挥她的作用，更何况这件工具不仅对叶赫部有利，也对努尔哈赤的统一大业有利。叶赫部是海西女真的首领，与它为敌相当于同时向海西四部宣战，这对于刚刚崛起的努尔哈赤来说是极不明智的举动，因此，不如顺水推舟，一方面缓和与海西四部的关系，另一方面则

蒙古族贵族生活图

趁机摆平野人女真，壮大自己的势力。基于以上考虑，他释放了布占泰并与之联姻。

但东哥誓死不嫁杀父仇人努尔哈赤，叶赫悔婚，并以杀死努尔哈赤为条件向各部征婚。

美女的拒绝并没有让努尔哈赤恼羞成怒，他像一只老谋深算的苍鹰，冷静地观察着各部情况，寻觅攻击的时机。

□薄命红颜的无奈

机会还是让他等到了。几年后，哈达部发生内讧，叶赫贝勒金台吉趁机率兵将哈达部劫掠一空。哈达部向努尔哈赤求援，请求努尔哈赤出兵。这个消息很快就传到了叶赫那里。大敌当前，叶赫惊恐之下，又将东哥（芳龄 17 岁）推了出来，对哈达首领说如果哈达倒戈击杀努尔哈赤，就将东哥嫁给他。极具诱惑力的东哥不负众望，成功让哈达倒戈。努尔哈赤以此为借口，发兵讨伐哈达部，随即灭之。刚荣升为东哥第四任未婚夫的哈达首领赔了夫人又折兵，还搭上一条小命。

不久，辉发部亦发生内乱，拜音达弑叔自立，众多族人投靠叶赫。拜音达两次请求努尔哈赤出兵向叶赫索要逃众。叶赫仍以东哥（已 25 岁）为诱饵，将第五任未婚夫的"爵位"赐予拜音达，后者立刻神魂颠倒，当即撕毁盟约，向努尔哈赤宣战。努尔哈赤找到口实，挥师直捣辉发部，灭辉发，杀掉连婚约都未焐热的拜音达。

海西四部仅存乌拉与叶赫两部，而且乌拉部布占泰与努尔哈赤又有联姻，叶赫感到孤立无援恐慌至极，使出最后的撒手锏——东哥（此时已 31 岁"高龄"），表示要与布占泰重续前缘。痴情的布占泰受宠若惊，马上囚禁建州之妻，并以子女及 17 寨主之子为质，投向叶赫，唯恐叶赫反悔。色迷心窍的布占泰以为终于搞到了一张登上东哥之舟的旧船票，浑不知握住的是地狱的邀请函。努尔哈赤举兵荡平乌拉部，叶赫以布占泰失国无用，撕掉婚约。身为第三任和第六任未婚夫的布占泰就这样被抛弃，眼巴巴地看着近在眼前的美人，郁郁而终。

直到 33 岁，叶赫那拉氏大龄女青年东哥终于找到自己的"真命天子"，蒙古喀尔喀部首领莽古尔岱——当然也是政治婚姻，叶赫部为了联合蒙古制衡努尔哈赤——结束了长达 21 年的单身待嫁生活。可惜，红颜薄命，次年就魂断漠北。

清宫秀女是如何选出的

□独特的选秀制度

清代有一套独特的选秀女制度，每三年选一次，入选的都是八旗女子，汉女则不得入选。清廷规定，凡是年龄 13 ~ 17 岁的八旗满籍少女，都须按年向户部具呈备案，入选秀女时则送进后宫，供皇帝、太后、皇后挑选。清代京师和各地参选的女子，都要在规定时间前聚集宫城北门神武门，按年龄顺序分批排班，然后由太监引领，过顺贞门，由帝后选看。当选的秀女，有的成为皇帝的妃嫔，有的则指配亲王、郡王、皇子、皇孙，其他的则值役宫廷。

清代以满族女子入选秀女的制度，目的是确保满族血统，也为了宫室的安全。在实行时，三年一次，有条不紊，不扰民，确实是保障了汉民安居乐业，利国利民。因为在此前的任何一个朝代，一旦采选宫女确定在某一个地区，那么这个地区的百姓就终日惶惶，一家家在朝臣没有赶到之前，纷纷把适龄的少女匆匆出嫁。老百姓知道，如果女儿选为宫女，便从此没有出头之日，今生今世再也见不到家人，也无由团聚，最后只有老死宫中。所以，明代的邵太后曾对孙子嘉靖皇帝说："女子入宫，便没有人生的快乐，饮食起居都不得自由，一如幽禁。以后采选宫女，不要南下江南，这也算是我留恩于江南女子。"清代较之以前的朝代要仁慈一些，也人道得多。清代宫女一般只有一二百之数，而有百人左右能和皇帝接近。清代青春完全旷废的宫女几乎没有，因为清廷规定，宫女没有被皇上看中，二十多岁时（二十、二十四、二十五、三十均有）便送出皇宫，另行婚配。

清代选秀女的详细情形，史书有这样的记载：各旗每年将本旗内 14 ~ 16 岁（或 13 ~ 17 岁）的女子造册上报。行选时，各旗的参领、领催负责将候选的女子送上专车、运往皇宫，集中在宫城北门——神武门。运送秀女的车队必须在夜间行进。到达神武门后，候选的秀女们在内监的引领下，进入神武门，穿过门洞，在顺贞门外等候挑选，户部官员带队负责。挑选工作由太监首领主持。秀女们五人一组，领到太监跟前，排开站立，由太监细细审视。中意的，留下姓名牌子，称留牌子。牌子上书：某官某人之女，某旗满洲人或蒙古人、汉军人，年若干岁。到中午时，初选完毕，没被选上的由本旗专车载回。初选通过的女子要入宫后进行复选。复选时试以绣锦、执帚等一应技艺，并观其仪容行态，不合格的第二次淘汰送出皇宫，叫撂牌子。

《春冰室野乘》记载了咸丰初年一次遴选秀女期间发生的前所未有的抗上事件。当时，太平军横扫东南，顺长江南下，攻克江南重镇南京。京师震动，朝野一片慌乱。咸丰帝闻讯以后忧劳伤食，每天和枢臣议论战守大事，到日晏才歇息。这个时候，恰遇例行的遴选秀女。这批候选的秀女大多是闺阁小姐，年龄又小。她们突然间远离家门，和亲人离别，一路上舟车劳顿，饮食住宿又极不适应，她们的心情可想而知。她们按例站在坤宁宫宫门外，等候圣驾。圣驾忙于军务，迟迟不来，抗上事件便在这群少女中爆发。

遴选秀女当时由内务府主持。执事员司、太监，分担禁卫、整饬、排班、传谕等一应职责。秀女们从拂晓时分便被太监引领带到坤宁宫，分站在宫门之外，等候挑选。可是一直等到午后，还不见皇上的踪影。秀女们疲惫不堪，饥渴窘迫，站在那里不禁相向饮泣。宫廷禁地等候皇帝选美怎么能如此痛苦、相向饮泣？一位监守一旁的太监立即上前呵斥："皇上就要到了，你们还哭，不怕鞭子吗！"正是满腹凄婉的娇娇秀女们听到这顿呵斥，一时相顾失色，越发战惧欲绝，怒火攻心。有的秀女战栗不止，差点晕倒。太监们又想威吓。一个秀女勃然大怒，挺身而出，厉声一顿质问，太监们目瞪口呆。

该秀女厉声说："离开家乡，辞别父母，进入皇宫，如果选上了，就终身幽闭，不能再见到父母，生离死别，人能无情吗？怎么不哭泣？我死都不怕，还怕鞭子？"太监愣在一边，还没有回过神来，此秀女又开口说："况且，敌贼四起，才几年就占据了长江一带，如今又攻下金陵，天下已经失去一半。皇上不求将帅大臣，积极谋战，夺回失地，保住祖宗大业，却还留情女色，强取民女，幽禁宫中，使她们终身不见天日，只是满足自己一时的快乐，而弃祖宗于不顾！我死都不怕，还怕鞭子吗！"

秀女这番亘古未有的言论，既义正词严，又石破天惊，太监一时竟呆愣在一边。太监从来没有说过这种话，也从来没有听到宫女或候选的秀女说这种话。太监回过神来后，忙惊恐地扑过去，捂秀女的嘴，不让她再狂言下去。恰在这个时候，咸丰帝退朝归来，御辇已来到了这里。

太监们扭住这个秀女，拉到了咸丰帝跟前。太监们惶恐不安地跪下迎驾，而秀女却倔强地站在那里，不肯屈膝。事实上，咸丰帝在驾到之前，已经听到了秀女的一些言辞。这时，咸丰帝笑着问秀女刚才说了些什么？秀女毫无惧色，依旧侃侃答对，又说了一遍。当面受到秀女严词呵斥的咸丰帝不仅没有生气，反而钦佩地说了声："这真是奇女子！"并吩咐立即松绑。咸丰帝亲自引领着这位秀女，入宫中朝见皇后。秀女见到了皇后。适值皇族一宗室府邸刚刚丧偶，有意续娶，这位秀女便被指婚，做了王府的续弦夫人。这次候选的其余秀女则统统放还回家。

□秀女的不同命运

清代从顺治到光绪九朝，选秀女80多次，按后来入葬陵寝的后妃统计，共214人，她们的命运是各不相同的。

乾隆皇帝弘历的第一位皇后富察氏可算是一位幸运者。通过选秀女，16岁的富察氏成为17岁的皇子弘历的嫡福晋，也就是第一夫人。10年后，乾隆登基，她也当上了皇后。乾隆十三年（1748年）正月，富察氏跟随皇帝和皇太后东巡，前往山东孔府祭孔，一路舟车劳顿，"微感寒疾"，三月十一日病势加重，死在返京途中的船上，年仅37岁。乾隆皇帝悲痛不已，连续九天，每天三次在皇后的棺木前摆上供品，并用富察氏生前所希望的"孝贤"二字作为她的谥号。孝贤皇后的灵柩安放在裕陵地宫四年多的时间里，乾隆皇帝为她奠酒118次，并写下一篇情真意切的《述悲赋》："悲莫悲兮生别离，失内佐兮孰予随？"乾隆皇帝的哀思是深切而真挚的。

像孝贤皇后这样的幸运者并不多，因为皇帝喜恶无常，从顺治皇帝开始，清宫中废后为妃、降妃为嫔的事情屡见不鲜。

而大多数情况下，皇帝一死，他的后妃们就要搬出原来居住的东西十二宫，住进专为皇帝遗孀安排的院落——慈宁宫、寿康宫和寿安宫，就是人们常说的紫禁城里的寡妇院。从此，这里的座座佛堂和袅袅轻烟，就是她们未来日子的主要内容了。

公主坟内葬着谁

□谁是公主坟的主人

北京有个著名的地方叫公主坟。既然是坟，那么其中必定安葬着一位逝者。而坟以"公主"为名，那么其中长眠着的必定是一位皇亲国戚。自从琼瑶剧《还珠格格》热播之后，京西公主坟内埋葬的公主是谁，引起了广泛的关注，众说纷纭。有的说是乾隆义女，有的说是金泰之妻，有的说是奇女孔四贞等。其中孔四贞之说最为流行。

□孔四贞，满族皇室里的汉人格格

孔四贞幼时，曾为吴三桂养女。顺治九年（1652年），李定国奇袭广西，攻破桂林，孔有德自尽，其家一百二十余口悉数被杀，仅余一女，即孔四贞。清人杨陆荣《三藩纪事本末》记载："唯一女年十七，逸出城，单骑走京师，哭于朝。世祖（指顺治）怜而养之宫中。"清人叶梦珠在《续编绥寇纪略》言及："世祖怜之，将册立为妃，知先许孙延龄（其父部将孙龙之子），乃止。"封孔四贞为"和硕格格",即郡主。《清史稿·列传二百六十一》则说:"孝庄皇后育之宫中,赐白金万,岁俸视郡主。"

孔四贞出身将门,随父军中,性情刚烈。嫁给孙延龄后,在丈夫面前趾高气扬,孙延龄心机颇深,最初对孔四贞百般恭敬,孔四贞遂为他在宫廷游说,使孙延龄得宠朝中。康熙四年(1665年),孙延龄怂恿四贞请求朝廷准许他们"就食广西",皇帝批准。后来延龄夫妇举家南下,孙延龄便渐次排挤了孔四贞,夫妻感情恶化。

康熙十二年(1673年),发生三藩之乱,吴三桂起兵反清,并引诱孙延龄起兵响应。此时孔四贞懊悔异常,"日夜感上恩,劝延龄归顺",孙延龄首鼠两端,犹豫不决,后吴三桂派吴世琮袭杀孙延龄。孔四贞曾有一子,也被吴世琮所杀。后来吴三桂把孔四贞接到云南,以为笼络原定南王部属,事实形同软禁。孔四贞待在昆明八年,直到"三藩之乱"被平定后,才辗转返回京师,晚景凄凉。孟森说她"从此为孤豚腐鼠,不过为孙氏一老寡妇,无争相取重者矣"。传说死后葬在今北京公主坟,该地乃因此得名。

□公主坟的真正主人

其实公主坟内的公主是谁,早在1965年修地铁时,文物部门就对公主坟进行了考古挖掘,并参考历史资料考证,谜底早已揭开。

在复兴门外,复兴路和西三环路交界处的街心花园,因过去曾葬有清仁宗嘉庆皇帝的两位公主而得名公主坟,两位公主分别葬东西两边,东边葬的是庄敬和硕公主,她为嘉庆第三女,为和裕皇贵妃所生,生于乾隆四十六年(1781年)十二月。她于嘉庆六年(1801年)十一月,下嫁蒙古亲王索特纳木多布济。嘉庆十六年(1811年)三月卒,年三十一岁。

西边葬的是庄静固伦公主,为嘉庆四女,为孝淑睿皇后所生,生于乾隆四十九年(1784年)。她于嘉庆七年(1802年)下嫁蒙古族土默特部的玛尼巴达喇郡王。嘉庆十六年(1811年)五月卒,年二十八岁。

因清朝的祖制,公主下嫁,死后不得入皇陵,也不能进公婆墓地,必须另建坟茔,故北京郊区有很多公主坟,有的地方现仍叫公主坟。因庄敬和硕公主和庄静固伦公主是同年而亡,仅隔二个月,所以就埋葬在同一处了。公主坟的墓地原有围墙、仪门、享殿等地面建筑,四周及里面广植古松、古柏和国槐、银杏等树木,显得古色古香。地宫均为砖石结构,非常坚固。双墓均为夫妻合葬墓,陪葬品有兵器、蒙古刀及珠宝、丝绸等物。

第二节 后妃死亡的背后

生殉己夫，阿巴亥是自愿还是无奈

□被迫自尽的大福晋

四大贝勒已去其三，但皇太极还不能说自己已经汗位在握。他还有一个不可忽视的对手——多尔衮。

多尔衮生性聪明，颇得努尔哈赤的喜爱；更重要的是一点，多尔衮的母亲，大福晋阿巴亥是一个不可忽视的力量。这个女人胸怀大志、足智多谋，她所亲生的十二子阿济格、十四子多尔衮和十五子多铎在努尔哈赤的八贝勒中占据着强势，对一心要继承汗位的皇太极来说是不小的麻烦。最可怕的是，努尔哈赤并没有留下由谁来继承汗位的遗言，而努尔哈赤死前四天里，身边只有阿巴亥奉命服侍。那几天，努尔哈赤针对汗位的问题究竟说了些什么，只有阿巴亥才知道，也正是如此，无论阿巴亥说什么，都具有很高的可信度。如果皇太极不将阿巴亥铲除，她就可以假托"遗命"，代努尔哈赤任用封、赏、贬、谏等大权。如此一来，哪还有他皇太极什么事？！

阿巴亥再精明，也不会想到丧夫之日就是自己死亡之期。在皇太极等诸贝勒胁迫下，她于努尔哈赤死后次日为汗夫生殉。

……诸王以帝遗言告后，后支吾不从。诸王曰（略），于是，后于十二日辛亥辰时自尽，寿三十七。乃与帝同柩"。另有清代官书做如下记述："天命十一年八月十一日太祖高皇帝崩。……十二日，太妃以身殉，遂同时而敛。恭奉龙舆出宫，奉安粹宫于沈阳城中西北隅。

——清·鄂尔泰《清太祖武皇帝实录》

在清代官书中，阿巴亥的入葬过程，仅有此寥寥几笔。

□并不符合条件的生殉

此时的女真正处于由奴隶社会向封建社会的转型时期，生殉并不是什么稀罕的事，但对生殉有着严格的要求。被生殉的人，第一点必须是死者的妾室，正室在非自愿的情况下不得生殉；第二点要求生殉者没有未成年的幼子。除了自己总惹努尔哈赤不高兴这一点不说，多尔衮和多铎尚属幼子，不合生殉的条件，而且自己大妃的地位身份又在后宫中最为尊贵，生殉之事无论如何也轮不到她的头上。

□逼迫大妃生殉的根本原因

可事情毕竟发生了，不能生殉的条件恰恰成为皇太极处死阿巴亥的理由：多尔衮、多铎兄弟二人尚未成人，更遑论战功，却与那些功名显赫的兄长们拥有同样多的属民及权力；而且，阿巴亥身为大妃，无论继承汗位的人是谁，都存在着受她牵制而且可能会随时被取代的危险。因此，据此推测大妃生殉的最大可能性就是被皇太极等人伪造太祖遗诏，逼迫阿巴亥生殉，除却这一大隐患。

孝恭仁皇后辞世背后的秘密

□生母死亡成谜团

雍正元年（1723年）五月二十三日，雍正皇帝的生母、康熙皇帝的德妃乌雅氏薨，死后被追封为孝恭仁皇后。彼时距康熙皇帝驾崩仅仅半年，而官方正史对德妃的去世却语焉不详。根据有关记录，德妃于五月二十二日发病，次日即告不治。这近似于猝死的情况未免使人心生疑窦。长期以来，民间就流传着德妃是被雍正皇帝所逼，撞柱而死的传闻。《大义觉迷录》中便记载了两种说法：一种是说"皇上将允禵调回囚禁，太后要见允禵，皇上大怒。太后见允禵而不可得，于铁柱上撞死"。另一种则称"皇上令九贝子（允禟）往西宁去见活佛。太后说：'何苦如此用心！'皇上不理，跑出来。太后怒甚，就撞死了。九贝子之母亲，亦即自缢而亡"。以上两种说法虽然不足为信，但是，雍正与生母的关系比较微妙却有史可证。

□德妃受宠论出身

《清史稿》记载，"孝恭仁皇后乌雅氏，护军参领威武女。后事圣祖"。清代官方记载，乌雅氏为正黄旗人。雍正在下诏封赏外戚爵位时，称德妃乌雅氏的曾祖额布根乃是"本朝旧族，创业名家"，早在努尔哈赤时就被"抚育禁庭，视同子侄"，俨然一副皇室元勋的模样。

其实情况并非如此。根据《八旗通志》的记载，额布根的长子——也就是德妃乌雅氏的祖父额参曾任膳房总管，这一职务其实仅是包衣奴才的首领；此外，《八旗通志》又载乌雅氏之弟博起曾管理镶蓝旗包衣佐领，似可证明乌雅氏一族出身亦非正黄旗，而是镶蓝旗。因此，德妃的祖上乃是镶蓝旗的包衣奴才出身。

雍正隐瞒这一事实有其政治目的。前面已经说过，八阿哥胤禩生母良妃卫氏是辛者库出身，这一事实屡屡被康熙以及其政敌用来作为贬低胤禩的手段。那么作为皇位之争的胜利者，雍正必然要回避这一事实，抬高外戚家的地位，进而凸显自己与其他皇子的不同之处。当然，也许雍正还考虑到了这样做对于讨好德妃乌雅氏亦不无益处。

其实，在康熙一朝，德妃却并没有因为其相对低微的身份而不见宠于康熙，反而一再受封，并为康熙生育三子三女。

最初，乌雅氏仅是一名普通的宫女。被康熙帝临幸后，于1678年生下了皇四子胤禛。因此次年受封为德嫔。再过一年，又生下了皇六子胤祚。因此又于次年被封为德妃。

胤祚——这个名字并不简单："祚"有皇位之意，康熙将这个字赐予皇六子，简直是在向世人宣告这个孩子不同一般的身份，足见康熙对这个孩子的喜爱和重视。所谓爱屋及乌，德妃自然也深受宠幸，仅仅三年，由宫女而升为妃。可惜的是，胤祚在6岁时夭折了。

不过，这并没有让德妃的地位有所动摇。相反，此后德妃又为康熙生育了一子三女，其中成人的有一子一女。皇九女被封为和硕温宪公主，另外一子，就是赫赫有名的皇十四子胤禵。

□生恩不如养恩大

据说，德妃乌雅氏外貌端庄，雍容华贵，而天性又淡泊名利，为人做事相当低调。在钩心斗角的后宫中，这一点应该颇能博得康熙的赞赏，而且还能保护自己及子女免遭伤害。

不过胤禛与德妃的关系却谈不上亲密。因为胤禛是德妃的第一个孩子，在其出生之时，乌雅氏仅仅是一名普通的宫女，因此没有亲自抚养皇子的权利。因此，康熙将胤禛交由皇贵妃佟佳氏抚养。佟佳氏一生仅仅生育过一女，还夭折了。因此将满腔的心血都寄托在了胤禛的身上。虽然在胤禛十一岁时佟佳氏病逝，但胤禛对佟佳氏的养育之恩是极其感念的。直到他登基成为雍正皇帝之后，仍然在谕旨中极力颂扬佟佳氏，并且给予佟佳氏的弟弟——也就是自己的舅舅隆科多以高官厚禄。抛开隆科多在雍正夺取皇位中可能起到了重要作用这一点不论，雍正对佟佳氏一门的深厚感情还是显而易见的。

胤禛与佟佳氏的关系如此深厚，与德妃的关系却并不怎么好。由于胤禛自小不在德妃身边长大，而且德妃随后又生育了二子三女，几乎没有时间和精力来关照胤禛这个早已被寄养出去的孩子1678年，德妃生下了胤禵。即使在寻常百姓人家，小儿子也总是受到父母更多的宠溺，更何况皇家？加之被寄予厚望的皇六子胤祚又已经夭亡。因此不难想象，德妃对于胤禵这个小儿子显然要比胤禛亲近得多。对于母亲的厚此薄彼，雍正自然看得出来。

在康熙末年的夺嫡风波中，胤禛和胤禵居然站到了对立面，胤禵在明处，胤禛则在暗处。德妃乌雅氏对此的态度无处可寻，但是如果说她希望胤禵即位大约也无可厚非。

□母子之间的激烈冲突

随着康熙的驾崩，帝位之争尘埃落定。最终胜出的居然是此前默默无闻的胤禛，而不是刚刚在西北前线立下赫赫战功的胤禵。对于乌雅氏来讲，这可能并不好受。尽管无论哪个儿子即位，自己都跑不掉一个皇太后，但这大概并不能减轻心中的失望。特别是康熙死得有些蹊跷，宫闱之中流言顿生，关于胤禛是如何夺取皇位的说法满天飞。这种情况下，乌雅氏心疼胤禵，对胤禛采取了不合作乃至抵制的态度也是可以理解的。于是，在康熙驾崩之后，胤禛和乌雅氏之间，发生了一系列的冲突。

首先，乌雅氏对康熙之死表现得极其痛苦，整日泪流满面，水米不进，宣称要以身殉葬大行皇帝，这等于是给了新即位的雍正皇帝一个下马威。假如乌雅氏只是普通妃子，和雍正全无关系还则罢了，作为亲生儿子的雍正，如果让生母就这么死了，无疑是将自己陷入不孝的境地，从而给了政敌一个攻讦自己的口实。于是，雍正只好苦苦再三相劝，甚至表示如果德妃死了，自己也不打算活了。在这种情形之下，乌雅氏只好作罢，勉强同意了雍正的请求。

可是，乌雅氏立刻又给雍正出了一个难题。在雍正登基典礼之时，按照惯例，皇帝要给皇太后行礼。于是礼部提前一天谒见皇太后，向其通知第二天的礼节。谁知道乌雅氏居然表示这事儿无关紧要，拒绝出席典礼。这简直是以皇太后的身份公开质疑雍正的皇位了！对于自己的生母，雍正打不得又骂不得，只好几次三番地让几位重臣前去劝说，最后干脆亲自出马。最终，乌雅氏还是勉强答应了。这才算把这个难题解决。

紧接着乌雅氏又坚决拒绝了翰林院为皇太后拟定的尊号，并且也不肯从自己居住的永和宫搬到皇太后居住的宁寿宫中。这一次，乌雅氏表现得十分强硬，无论是王公大臣上奏，还是雍正亲自请求，乌雅氏都不予理睬，一概以大行皇帝新丧，无暇他顾为由推脱。

此外，乌雅氏甚至对雍正的帝位提出了质疑。她公然表示自己做梦都没想过雍正能当上皇帝。这无疑是对雍正取得皇位的合法性提出了疑问。

面对着生母种种不合情理的表现，雍正一定是满腹牢骚，却不能对她发泄。雍正显然明白，如果对待皇太后稍有失礼之处，立即会被满怀怨愤的诸皇子抓住把柄，因此他只能逆来顺受。他把这腔邪火都发泄在了胤禵身上，这恐怕是乌雅氏没想到的。也许乌雅氏这么做，是想给胤禵出口气，没想到她的妇人之仁，反而让胤禵更加被动。

胤禵很快被削除了兵权，并被软禁在遵化看守康熙的陵寝。这无疑对乌雅氏又是一个新的打击。丈夫新丧，幼子又遭如此对待。乌雅氏终于承受不了这样的现实，她一病不起。

根据史料记载，雍正元年（1723 年）五月二十二日乌雅氏发病，次日丑时崩，终年 64 岁。在乌雅氏患病期间，雍正帝亲至永和宫，衣不解带，昼夜侍奉，还曾宣召已改名为允禵的十四阿哥进京探望。

乌雅氏死后，她接受了生前没有接受的一切。雍正将她的梓宫先移至宁寿宫，三日之后才移至寿皇殿。

清孝贤皇后去世之谜

□傅夫人的传说

在一个偶然的机会，乾隆看见了美貌非凡的皇后的嫂嫂傅夫人，然而，却无法见面。有一次，乾隆以皇后生日为名，要见傅夫人。到了中秋节这天，坤宁宫内外非常热闹。宴饮开始后，大家热热闹闹行起酒令来，你一句，我一言，你一盅，我一杯，闹成一片。这位傅夫人向来不胜酒力，连饮了几杯之后，脸颊微微泛红，连坐都坐不稳了。乾隆见她已经醉了，把侍宴的宫娥叫了过来，叮嘱几句，叫她们把她扶进宫中休息。

大家休息了一小会儿，重新入席喝酒。只是忽然不见了皇帝，皇后命宫人去找，未找到，但也没有时间管那么多了，只好继续招呼客人。等到酒尽人散，仍不见皇帝的踪影。皇后心下奇怪，又命宫人去看看傅夫人怎样了。过了好长时间，才见这名宫人回报说："傅夫人所住房门关得紧紧的，不方便打扰。"皇后联想前情，心中明白了几分。

第二天早上，乾隆帝仍照常坐朝，傅夫人起来后去坤宁宫向皇后辞谢。皇后意味深长地看了她一眼，微笑着说了一句："恭喜嫂嫂！"傅夫人一下子面红耳赤，急急忙忙告辞离开了。

□事后吃醋的皇后

自从那天之后，皇后对待皇帝也有了一些转变，不像以前那样温情脉脉了，有时竟向皇帝投来一种幽怨的目光，使皇帝心中很难受。因为羞愧，他不像以前那样时常去坤宁宫了，皇后也就更加怀疑皇帝对她冷淡了。皇后本来有个儿子永琏，已由皇帝按家法秘立为太子，但不幸生病死了，乾隆帝千方百计地安慰她，并劝她再生嫡子，并一定将之立为皇储，并追封永琏为端慧皇太子。几年过去了，皇后又生下一子名永琮。刚好皇后的情绪处于低潮之际，永琮又因得天花死了。皇后受不了一次又一次的打击，哭得死去活来。于是，乾隆帝为了安慰皇后才以东巡为名，带了皇后出京游玩，谁能料到就这样与皇后永别了。

□三角关系的谜团

乾隆带着皇后灵柩马不停蹄地赶回京师，在长寿宫设立灵堂，丧礼特别隆重。乾隆除为皇后服缟素 12 天外，还亲自撰写了祭文《述悲赋》，抒发了自己对皇后的思念之情。乾隆把自己的才华充分发挥出来，写得十分哀婉，读了之后令人肝肠寸断。然而有谁能知道帝后之间的这段纠葛呢？

皇后生前曾为自己向乾隆讨过谥号，那是皇贵妃高佳氏死时，乾隆以谥号"慧贤"追谥，皇后便说："我死后，以'孝贤'二字为谥号，可以吗？"因此，乾隆帝便按照她的遗愿，追谥为"孝贤纯皇后"。1752年将她葬于孝陵（清世祖顺治帝陵寝）西侧胜水峪后面。随后乾隆在此处为自己建造陵寝裕陵。另外，还格外加恩于皇后母家，封皇后的大哥富文为公爵，傅恒为保和殿大学士兼户部尚书，可谓"全家恩泽古无伦"，达到了顶峰。然而，却无人知晓乾隆、傅夫人、孝贤皇后三者之间的三角关系了。

道光帝皇后之死

□生长姑苏，聪慧佳人

钮祜禄氏出身名门，曾祖和祖父都是清朝声名显赫的将领，父亲颐龄当时是乾清门的侍卫，世袭二等男爵。幼年时，颐龄被派往苏州府任职，举家搬迁，钮祜禄氏就随父母在苏州长大成人。明、清时期的苏州是全中国最大的工商业城市和经济中心，富甲天下，号称"海内繁华、江南佳丽"之地，故苏州女子多聪慧贤淑。

钮祜禄氏从小就长得漂亮，且聪明伶俐，再加上江南名城苏州水土文风的滋养和熏陶，平添了几分灵气，养成了江南女子的纤巧秀慧。平日里，除了刺绣和诗书，钮祜禄氏还学会了苏州女子雅好的七巧板拼字游戏，她在这方面还格外出色，入宫后，曾仿世间常见的七巧板样式，将木片削为若干方，排成吉祥语"六合同春"4个字，难度很大。除此之外，在随父游历中，钮祜禄氏还开阔了眼界，遇事都很有主见和谋划，这更是寻常女子所不能比的。

因自小生长在苏州的缘故，她除了"明慧"以外，还有江南女儿的温柔，这与其他八旗格格的开朗爽健是大相迥异的，所以在后来能够受到道光帝的宠爱，甚至独宠专房。不仅如此，据说，清宫节庆中的苏造糕、苏造酱等物，都是钮祜禄氏亲自仿制苏州的苏式糕点、酱菜而得名的。此说真实与否，尚待考证，但钮祜禄氏的才华超群是有目共睹的，这从她入宫后道光帝对她的宠爱程度和晋升速度就可以略知一二了。

□入宫为后，幸得偏宠

道光初年，十三岁的钮祜禄氏被选入宫，她明慧温柔，才智过人，立刻就被道光帝看中，随即留在了宫中，被暂定为贵人。因她才、智、貌样样都全，特赐徽号"全"字。

全贵人既年轻又聪明，很快就得到了道光帝的偏爱。入宫仅一年多，晋封为"全嫔"，三个月后，又晋为"全妃"，时年十五岁。钮祜禄氏入宫不到两年，就从贵人晋升为嫔再晋升为妃，名位得到如此迅速的提升，也足以证明她几乎已经得到了道光帝的专宠。

道光四年（1824年）初夏，全妃怀孕，十月怀胎生下了第一个孩子即皇三女（十一岁夭折），虽是女儿，但道光帝仍然大喜，尤其对比之前祥嫔所生的皇二女，待遇差距极大，全妃再晋升为全贵妃。就在当年夏天，全贵妃再次怀孕。

道光六年（1826年），全贵妃生下第二个女儿即皇四女（后封寿安固伦公主）。宫中称为"四公主"，尽管仍是女儿，依然丝毫没有影响道光对全贵妃的感情，相反，作为道光长大成人的实际上的长女，又是爱妻孝全成皇后所出，道光朝唯一的嫡女，四公主是道光皇帝最重视、最宠爱的女儿，日后，为其所选的驸马也是道光女婿中出身最为显赫之人。

道光十一年（1831年），全贵妃生下皇四子奕詝，即后来的咸丰帝，母以子贵，她的地位越来越尊贵。

道光十三年（1833年），道光帝的第二位嫡妻，即位后所立的第一位皇后佟佳氏去世，六宫无主，作为理所当然的继后人选，当年，道光帝以孝和皇太后的名义晋升全贵妃为皇贵妃，摄六宫事，实为后宫之主。

□婆媳大战，短命皇后

1840年，孝全皇后钮祜禄氏去世，时年三十三岁。葬清西陵之龙泉峪。

钮祜禄氏可谓是一位春风得意的皇后，升迁神速，按理说，她已母仪天下，坐上了这"万凤之王"的位置，应该养尊处优，延年益寿。然而，她却只做了六年皇后，这不禁让人对她的死亡疑虑重重，联想起孝全成皇后生前与孝和皇太后的冷淡关系和孝和皇太后一些翻唱的迹象，大家纷纷把矛头指向了孝和皇太后。说法大致分为两种。

鱼毒奕訢说。奕訢是道光帝的静贵妃所生，文武双全，而且聪明过人，后来更支持洋务运动，和西方人接近，有"鬼子六"之称；而孝全皇后所生的奕詝则软弱无能，一副老好人模样，难堪大任，道光帝原先最中意奕訢，有意立他为嗣。孝全皇后为确保自己的儿子能够继承皇位，遂摆下毒鱼宴，企图毒死奕訢。一天，奕訢正好来孝全皇后和奕詝所住的钟粹宫找奕詝玩，皇后便派人通知奕訢之母静贵妃，说让奕訢在自己寝宫里吃饭。临近开宴，皇后偷偷叫来儿子奕詝，让他不要吃桌上的鱼，并把图谋告诉了他。奕詝生性忠厚，且与奕訢关系最好，所以在吃饭时，当奕訢要夹鱼吃时，他狠命地踩了奕訢一脚，如此数次，聪明的奕訢自然明白了，便再也没有要吃鱼。皇后的图谋没有得逞。这时，皇后宫中的一只猫在桌底下吃了奕訢掉下来的鱼骨头，但吃完没多久，就倒地而死。奕訢大惊，回家告诉了母亲静贵妃，静贵妃也大吃一惊，忙去告诉孝和皇太后。太后大怒，便命令道光帝赐死皇后。道光帝虽然不舍得皇后，但母命难违。孝全皇后为了自己的儿子能够保全，只好自尽。

恼羞成怒说。相传，孝和皇太后六十岁大寿时，道光帝为讨太后欢心，亲自制作皇太后六旬寿颂十章，在太后寝宫寿康宫颂读贺寿。而皇后为了讨得皇帝和太后欢心，也来凑热闹，且她诗词文章无一不精，当下一挥而就，写成"恭和御诗十章"，献给太后。过了几天，道光帝去向太后请安时，随便聊起皇后赋诗祝贺一事。太后却说："皇后敏慧过人，未免可惜。"此后，太后又跟身边的宫女们说了些闲言碎语，还说孝全成皇后没有福气。后来，这些话传到了皇后的耳朵里，她听完后有些不高兴，心想："我乃一国之母，生下皇子，又是皇长子，将来免不了身登大位，我便是皇太后的命，难道能说我没有福分吗？"觉得太后有意损她。才色俱佳的皇后，因道光帝的宠爱，更生骄娇之气，太后小看她，心里很不乐，表面上也就流露出来。有时去寿康宫请安，言语中时常带着讥讽之意。最后，太后无法忍受。婆媳两人越来越生分了，再加上宫女嫔妃们从中搬弄是非，关系更加不和。道光十九年（1839年）冬，皇后偶然受了些风寒，太后亲自驾临皇后寝宫探视，态度十分慈祥，皇后不免有些愧疚。转眼过了元旦，皇后的病已有起色，便坐上凤辇去寿康宫叩头谢恩，婆媳两人聊得很开心，关系似乎好转。过了几天，太后派人送了一瓶酒给皇后，皇后喝过后当天夜里就暴崩了。

同治帝皇后去世缘由

□同治选皇后

随着同治年纪增长，朝野中要求两宫太后停止垂帘归政于帝的呼声也越来越高。慈安对此提议自然是无可无不可，可是慈禧始终以"典学未成"为由，不允许同治亲政。这虽是慈禧权力欲望强烈使然，但这个理由倒一点儿没错，同治没有治国之才是千真万确的。

不过，慈禧终究不得不遵守祖制，于同治十一年（1872年），宣称皇帝年纪渐长，理应亲政，不过皇帝既然成人，应当先举行大婚方为妥善。于是下诏命京城内外满蒙大臣送秀女入宫备选，为17岁的同治挑选皇后。

慈禧选后的用意，是想在同治身边安插一个自己的内应，用"枕头风"间接控制同治。因此，她自然希望同治按照自己的心意立后。在众多的秀女中，慈禧看上了员外郎凤秀的女儿富察氏。说起来，这富察氏确实长得比其他秀女漂亮许多，特别惹眼。

然而慈安对此事却有不同的看法，她认为富察氏虽然漂亮，但也许是出身于小户人家的缘故，举手投足透着一股轻佻之态，一看便知缺少教养。这样的女子怎么能够统摄六宫，母仪天下。因此她看上的并非富察氏，而是翰林院侍讲崇绮的女儿阿鲁特氏。崇绮才学过人，父亲是道咸两朝重臣塞尚，岳父是郑亲王端华。因此阿鲁特氏算得上是出身于书香门第、官宦世家，从小就接受了极好的教育。据《清史稿》记载，阿鲁特氏"幼读书，知大义，端静婉肃，内外称贤"。虽然是溢美之词，却也不乏真实。总的来说，阿鲁特氏虽然长得不如富察氏，但气质却非富察氏可比。

结果，慈安和慈禧在立后问题上发生了分歧，双方都希望立自己偏爱的秀女为妃。最后皮球被踢到了同治面前。

按照同治一贯好冶游恶读书的作风，他应该比较喜欢姿色过人艳丽无双的富察氏才对，可当他看见跪在丹墀下的一排美女时，一眼就看中了气质过人、温婉贤淑的阿鲁特氏。这让慈禧大失所望、大为光火。

□皇后受辱生不如死

尽管在慈禧亡羊补牢的安排下，富察氏被册封为慧贵妃。但婚后的同治却与阿鲁特氏举案齐眉，相敬如宾，伉俪情深，对富察氏不理不睬。慈禧的计策至此彻底失败了。

盛怒的慈禧将一腔怒火迁到了皇后阿鲁特氏的身上。变着法儿地刁难皇后，甚至不许二人见面，逼着同治与慧妃同房，郁闷的同治只好变着法儿地抵制慈禧。他以身体不佳为名，独居养心殿。后来同治病重，皇后偷偷去护理侍奉，二人久未见面，不免说些儿女私情之话。谁知慈禧得知此事，火冒三丈，亲自闯入养心殿暖阁，抓着皇后的头发拖出殿外，连打带骂，还要叫太监杖责，全然不顾太后和皇后的体面。

受辱不过的皇后情急之下说了句："媳妇是从大清门抬进来的，请太后留媳妇的体面！"谁知这句话反而激起了慈禧更大的怒火，慈禧本来就为自己未能在咸丰生前册为皇后而耿耿于怀，闻听此言宛如火上浇油一般，认为皇后是刻意讽刺自己，更加不依不饶。可怜同治见此，吓得人事不省，病情转重。

不久同治病重身亡，悲恸欲绝的皇后决心殉死，吞金自尽未遂。谁知慈禧却只是淡淡地说："就随大行皇帝去了吧。"不久慈禧择载湉为新君，皇后在宫内已经没有任何名分可言。在同治驾崩75天之后，皇后也撒手西去。

第三节　孝庄太后的秘密

孝庄太后的风流史

□美女不愿嫁丑男

明万历四十一年二月初八（1613年3月28日），布木布泰出生在蒙古科尔沁部落的一个贝勒家里，小名叫作玉姑。

在玉姑的童年，由于其父宰桑是蒙古族一个较大部落的首领，权力极大，因此她在优越的环境中无忧无虑地生活。为了培养自己心爱的幼女，宰桑特意聘请一些文人学士来教她读书，玉姑也用心学习，自幼就显示出超人的天分和聪明伶俐的性格。

玉姑的第一次婚姻是由她的父亲一手包办的，丈夫是叶赫部的世子德尔格勒。德尔格勒生得又黑又肥，身长不满三尺，一双眼睛贼溜溜的，嘴唇斜缺，鼻孔朝天，耳朵倒翻，说起话来声音极其难听，分外令人生厌。当玉姑在新婚之夜第一次看见自己的丈夫时，便心灰意冷了。

后来，玉姑就经常回娘家去住，任凭德尔格勒怎么哀求也无济于事。德尔格勒恨自己生得太丑，得不到娇妻的欢心，一发狠，便跑到山中披发修道去了。玉姑终于获得了自由之身。

□英雄难过美人关

玉姑摆脱了德尔格勒后，经常和妹妹到别尔台山的围场中去打猎。这别尔台山是个公共围场，山上的狐兔野鹿不计其数。叶赫、建州、玛赛别三大部的王孙公子常来此打猎，因此这也可以算是一个贵族猎场。玉姑和她妹妹到这里打猎，也是为了择婿。

有一天，皇太极领着一班侍卫来此打猎。在皇太极追赶一只野兔的时候，恰巧碰上了玉姑姐妹。皇太极被玉姑的美貌惊呆了，回到盛京后一打听，才知玉姑早已名花有主，心里顿时凉了半截。但他的心中却始终没有忘记玉姑。

册封庄妃册文 清
庄妃于明天启五年（1625，天命十年）嫁于清皇太极。明崇祯九年（1636，崇德元年），清太宗皇太极册封后宫时被封为西宫。此图是册封永福宫庄妃的册文。

这年因叶赫部帮助明朝攻打清都盛京，清皇帝一怒之下，亲率大军攻打叶赫部，皇太极一打进叶赫部，便大肆抢掠。部下掳来一个美女，皇太极发现此人正是自己心仪的玉姑。原来玉姑是来此为叶赫部部主庆祝生日的，清兵一来，玉姑来不及回家，便被人抓到这个地方。皇太极喜出望外，当夜就在军帐中和玉姑共赴巫山云雨。

第二天，皇太极便派人向吉特塞桑贝勒求婚，择吉日迎娶玉姑。皇太极当了皇帝后，封玉姑为庄妃。

崇德三年（1638）正月，庄妃喜得贵子，取名福临，他是皇太极的第九子。福临生得眉清目秀，十分聪明，深受父皇宠爱。

母以子贵，庄妃也因此而更受皇太极的宠爱。当她施计劝降洪承畴之后，地位更超过了排在她之上的正宫皇后哲哲、麟趾宫贵妃和衍庆宫涉妃等人。庄妃并没有因宠恃骄，她凭借自己的天分和超乎一般女人的杰出的政治头脑，积极地帮助皇太极处理政事，并且只是提出建议，从不染指朝政。这不仅为壮志在胸的皇太极分担了许多压力，还对庄妃更加信任、宠爱有加了。

孝庄太后对康熙一生的影响

□成功男人背后的女人

近三百年的清王朝历史中，有两位女性对历史进程的影响是绝对不可忽略的。一个是带给大清乃至整个中国巨大灾难的慈禧，另一个女性便是孝庄。与前者恰恰相反，孝庄几次力挽狂澜，救大清于危难之中，更是培养出了"千古一帝"——康熙。可以说，康熙在政治上的成就离不开祖母孝庄太后的悉心栽培，那风光无限的"康乾盛世"更是有孝庄的一份劳苦在其中。

可以说，没有孝庄就没有康熙的帝业。正是孝庄身上所充溢的政治家和教育家影子，塑造了康熙在政治修为的成就。康熙自从顺治手中接过了一堆烂摊子开始，除鳌拜、平三藩、统一台湾、平定了北方和西北地区叛乱、与侵略中国东北大片领土的沙俄侵略者进行了顽强的斗争，逼迫沙俄侵略者退军境外……这一切功绩的背后，大都离不开孝庄明里暗中的帮助扶持与紧要关头时的力挽狂澜。

正如玄烨日后所回忆："朕自幼龄学步能言时，奉圣祖母慈训，凡饮食、动履、言语，皆有矩度。虽平居独处，亦教以'敢越轨，少不然即加督过，赖是以克有成。'"

□帮助孙儿除鳌拜

年幼的康熙在接手了父亲顺治死后留下的大片江山后，茫然四顾，就算是天生我才，才刚刚八岁的娃儿，在豺狼虎豹的围追堵截中又能施展出什么伟业来？真的是除了自己的祖母，几乎没有一个真正可以信赖的人。

在利益诱惑之下，忠与奸的转化往往就在眨眼之间。当初信誓旦旦的四大辅臣终究也没有禁得住考验，背叛的背叛，自保的自保。背离了誓言各做打算，完全不把这对祖孙放在眼里。玄烨年龄还小，对此自然难以应付，只觉得鳌拜那斗大的拳头越来越多的在自己的眼前挥舞，除了委屈、气氛、无助、恐惧之外再无其他。

但政治经验丰富的孝庄，却不露声色地密切注视事态发展并一次次给孙子出主意。鳌拜的飞扬跋扈一次次挑战着年轻气盛的玄烨，但在玄烨每每爆发前一刻，孝庄总是用安抚、坚定、睿智的话语将玄烨胸中愤怒的火焰熄灭，让这位少年天子明了一个"忍"字的深刻含义，让他明白忍不单单是委曲求全，更能成为手中的救命稻草。在力量薄弱的时候，务必遵循一个"忍"字，越是风雨飘摇的时候，越应该忍辱负重，忍气吞声，忍耐的同时笼络大臣，等到势力大了，再将乱臣贼子一网打尽，这可算是孝庄给玄烨上的第一堂课了。

孝庄不但让玄烨忍辱负重，自己也放低了身为皇太后的高贵姿态，对四大辅臣，尤其是鳌拜向来都是刚柔并施、好言好语相对。她这样做，无非是想在这幼君继位之初，稳定朝堂。

鳌拜辅政期间结党营私，专横擅权，全不把皇上、太后及其他辅政大臣放在眼里，苏克萨哈因与他抗衡，遇事力争，被诬陷致死。因圈地事件，鳌拜尤其与玄烨的老师魏承谟结怨颇深，不时地向孝庄进言要求更换帝师，想就此除掉魏承谟这个忠良。孝庄深知魏承谟的委屈，但更知道鳌拜手中权力的厉害，决定还不宜逆他的意，故而顺水推舟表示早有换师之意，只是苦于没有合适人选。完全没有贵为皇太后说一不二的架势，就算是鳌拜想找碴儿，也像是一拳打在了棉花上，完全发不出力来。但在鳌拜准备置忠臣于死地的时候，孝庄又强如钢铁、毫不含糊。之前，孝庄同意解魏承谟的职其实是想留他一条生路，等鳌拜明着说想杀了魏承谟之时，却是力保忠臣毫不退让。鳌拜让玄烨气愤难忍，同时也让孝庄急在心头，心里不时在暗暗地盘算着，怎样才能为自己的孙儿除去这一个祸害。

孝庄就是这样，一边安抚权臣，一边安慰孙子，一边在烛光摇曳中夜不能寐，苦思让孙儿在不利局势中站得住脚的灵丹妙药。为了笼络四大辅政老臣，孝庄皇后亲自登门拜访称病的索尼，还特意为他的孙女和康熙安排了大婚，将索尼的孙女封为皇后，双方结为亲家。

索尼不肯舍命为康熙办事，但是他得为自己家族的荣辱兴衰考量。直接与皇帝攀上亲戚并不是谁都有这个资格的，所以，老了却不糊涂的索尼决定拼着自己的一把老骨头，为自己的儿孙搏上一搏。

同时，被当作政治工具的女人还有遏必隆的女儿钮祜禄氏，她也被封为皇妃。这些人物的选择都是经过孝庄精心计划过的。

在为孙儿择立皇后时，孝庄舍去遏必隆之女，选中赫舍里氏，旨在防范鳌拜借镶黄旗之女成为皇后之机，进一步扩大实力，同时也是针对主幼臣骄的情况，对清朝元老索尼及其家族予以荣宠的笼络措施。孝庄此举还改变了皇太极和福临时期皇后莫不出自蒙古博尔济吉特氏的惯例。这并不意味着忽视满蒙贵族联姻政策，而是从巩固皇权、安定政局的现实角度出发，全然以大局为重，表面上只是一场场普通的皇帝选妃，却也能看出孝庄虽为深居简出的女流之辈，其实更是一个拥有着战略眼光与灵活态度的女政治家。

敌众我寡的形势迫使孝庄在之后一次又一次地频走险招，险中求准地把赌注又压在了九门提督吴六一的身上。孝庄犀利的眼睛并没有被后宫厚厚的围墙阻拦住，她看清了吴六一的性格之本质，并对症下药地施以仁义与信任，而非动用金钱与权力。后来吴六一果真在铲除鳌拜时不负重托，立了大功，把决定大清命运的一场戏完美地演完。

器张的鳌拜怎么也不会想到自己戎马一生却栽在几个布库（满族语意指摔跤手）拳下。

玄烨对自己的祖母充满了依赖之情，凡事不论大小，都要听取一下孝庄的意见。鳌拜下台之后，孝庄放手让玄烨治理朝政，使年少的皇帝在实践中得到了充分的锻炼。

□祖孙携手开创盛世

康熙十四年（1675 年），正当三藩作乱时，蒙古察哈尔部布尔尼乘机叛乱，这对根基不稳的清政府无疑是雪上加霜，严重威胁京师的安全，康熙日不安食、夜不能寐。关键时刻，孝庄皇太后坚决果断地做出决策，全力支持康熙平乱，并且拨出宫中金帛加以犒赏三军，还向康熙推荐人才说："图海才能出众，盍任之。"康熙定然是信任不疑，即诏图海"授以将印"，领兵前往，很快就平定了布尔尼叛乱，使局势转危为安。

在祖孙二人的携手努力下，清王朝从动乱走向稳定，经济从萧条走向繁荣，清王朝在康熙王朝形成第一个黄金时代，其中包含了孝庄的一份功劳和心血。

康熙执政 61 年，以精勤政务而著称，每日临朝听政，批答奏章，从无间断；更能抛弃一己私情不惜把女儿远嫁以换大清片刻清宁，也是一心为了国家的安宁。他为政宽仁，心系黎民苍生；鼓励垦荒，减免税银；雄才大略，成一代盛世，这些都与孝庄太后的言传身教是分不开的。

太后下嫁，清宫第一大谜案

□寻找历史的真相

时至今日，关于太后是否下嫁，仍是一个颇有争议的问题，当我们把它作为一个严肃的历史课题对待时，就必须找到太后下嫁与否的正反论据。也只有这样才能在立论和批驳中，寻找和接近历史的真相。

□一桩策划周详的政治婚姻

相信太后下嫁的人提出了自己的论据，他们认为作为一桩政治婚姻，太后为了保全福临的皇位下嫁给多尔衮是完全可能的。试想，顺治登基时还只是个孩子，而孝庄太后也是一个 30 余岁的寡妇，在当时的那种情况下，仅凭他们母子怎么可能撑起整个大清江山？并且，当时多尔衮已经掌握全部军政大权，尤其是入关后他更是专横跋扈，说一不二，连皇帝都不放在眼里，作为福临的母亲，不委身下嫁，恐怕也没什么好法子了。至于是主动自愿，还是被逼迫，以及结婚的时间、地点，是否举行过大典，其实都是不重要的。因为，孝庄太后只要达到政治上的平衡，保住福临的皇位就达到目的了。事实上她也确实牵制住了多尔衮，所以，说两人确实有私情，也是不过分的。

□摄政王多尔衮留下的蛛丝马迹

从多尔衮"皇父摄政王"的称谓上，也能看出太后下嫁的事实。大概在清末民初时期，有人在顺治初年的科举考卷上发现"皇父摄政王"的字样曾与皇上并排单立为一行。后人对"皇父摄政王"进行考证后发现，福临对多尔衮的称谓是不断变化的。顺治元年（1644年）称"叔父摄政王"，顺治二年称"皇叔父摄政王"，顺治五年称"皇父摄政王"，因此，人们得出结论，多尔衮名讳变化过程实际上是太后与多尔衮的婚姻由隐秘到公开的一个反映，如果太后未曾下嫁，为什么福临要叫多尔衮为皇父？而且，这一点在朝鲜的《李朝实录·仁祖》卷五十上也有记载：顺治六年二月，清廷派使臣去朝鲜递交国书，朝鲜国王看见书中称多尔衮为"皇父摄政王"，便问："清国咨文中有皇父摄政王之语，此何举措？"清朝来使回答道："今则去叔字，朝贺之事，与皇帝一体云。"朝鲜国右议政郑太和说："中虽无此语，似是已为太上矣。"国王也说："然则二帝矣。"这说明，关于多尔衮的称谓，朝鲜君臣也表示怀疑过。既然外交文书上都这样写，外交使臣也作此解释，说明太后下嫁是真的。

顺治七年，多尔衮病死的第二年，朝廷历数了他的种种罪行，其中"自称皇父摄政王"和"亲到皇宫内院"就是他的两条大罪。这一事实，在清朝人蒋良骐的《东华录》中就有记载。从此可以看出，如果太后没有下嫁，多尔衮敢深入内院，并且把福临当成儿子吗？太后和皇室亲王贝勒能接受吗？

□《建夷宫词》中的信息

在明朝遗臣张煌言的《建夷宫词》中，也有讽刺太后下嫁的诗句："上寿觞为合卺尊，慈宁宫里烂盈门。春宫昨进新仪注，大礼恭逢太后婚"，"掖庭又闻册阏氏，妙选媌姬是母仪。"尽管张煌言有借诗讽刺清廷的意思，但是，俗话说无风不起浪，如果没有这事，他怎么能说得有鼻子有眼的。

□泄密的顺治诏书

顺治的一封诏书也很值得怀疑。顺治十七年（1660年）十二月二十四日，顺治降谕礼部，其中有这样几句话："睿王摄政时，皇太后与朕分宫而居，每经累月方得一见，以致皇太后萦怀弥切。乳母竭尽心力，多方保护诱掖，皇太后眷念慈衷赖以宽慰。"顺治因乳母李氏病故而写的诏书，透漏出了这样一个信息：因为多尔衮摄政，才使得顺治与母亲孝庄太后分宫而居，母子累月不能相见。为什么会这样？"每经累月方得一见"，"皇太后萦怀弥切"，皇太后为什么不与自己的幼子住在一起？顺治为什么不去看望自己的母亲？这中间难道没有别的因素在阻止他们母子相见吗？而这个因素，除了多尔衮之外，还有谁会有这么强的力量？顺推下去，我们很容易就能得出这样的结论，如果皇太后不是下嫁了，怎么会长期不在宫中？

□难入风水墙的皇太后

孝庄太后去世后的墓葬也可以说明问题。清朝早期丧葬制度规定，皇后死后，都要与皇帝合葬，同陵同穴，哪怕在皇帝之后死去。可是，孝庄太后死后却没有遵守这一祖制，而是单独葬在了遵化的清东陵风水墙外，并且灵柩还在地面上停放了 38 年之久。这是为什么呢？

史料中虽记述孝庄太后生前曾叮嘱康熙帝："我身后之事特以嘱汝，太宗文皇帝梓宫安奉已久，卑不动尊，此时未便合葬。况我心恋汝父子，当于孝陵近地安厝，我心始无憾。"可这很有可能只是托词，因为顺治六年四月，皇太极的孝端文皇后死后就葬入了昭陵。究其原因，恐怕是随着汉化的深入，孝庄太后和康熙帝都感觉到了下嫁一事不是什么光彩事，尤其是孝庄太后更觉得在阴间无法面对太宗皇帝的缘故吧。至于为什么孝庄太后灵柩要在地面上停放那么久，可能是因为康熙帝感到不知如何是好，遵守太后遗嘱觉得对不起太后，不遵守太后遗嘱又觉得对不起太宗，所以迟迟不能定夺。

另外，清东陵的 5 个皇帝、14 个皇后、136 个旗妃，都葬在风水墙内，而只有孝庄太后葬在风水墙外，这又是为什么呢？野史上的解释是，因为下嫁一事对爱新觉罗皇族来说是一件丢脸的事，所以罚她在陵区大门之外永远为子孙后代看守陵门。这种说法虽然经不住推敲，但是不管怎样，孝庄太后被葬在清东陵外，确实有违情理，难免会让人联想到下嫁一事。

□《红楼梦》里的影子

从现实主义古典名著《红楼梦》中好像也能看到孝庄太后下嫁的影子。比如，贾氏二房四子的名字分别是敷、敬、赦、政，而这四个字合起来谐音正好是"夫敬摄政"；宁国府老仆人焦大喝醉酒后，说这府里"爬灰的爬灰，养小叔子的养小叔子"。在书中前半句有所指，后半句就不知其出处了。所以，有人认为此处是对孝庄太后下嫁小叔子的影射。还有人把贾母和孝庄太后联系到了一起，这也难怪，贾母年轻时为宁府长媳，老来为荣府太君，这种一身两任的经历与孝庄太后有点相似。

如果我们硬把小说中的零散的隐语作为太后下嫁的证据，似乎有些武断，不过在这部被认为是反映作者所处时代社会生活的百科全书中，这些情节是不是在暗喻什么，或者真有什么含义呢？

□大婚诏书的真假之争

1946 年 10 月，近代学者刘文兴在撰写的《清初皇父摄政王多尔衮起居注跋》中写道：宣统元年（1909 年），他的父亲刘启瑞任内阁侍读学士，奉命收拾内阁大库档案，"得顺治时太后下嫁皇父摄政王诏"。这是一个极其重要的信息，如果太后下嫁的诏书确实为真，那无疑就是太后下嫁的铁证了。

综上所述，正是因为有了这么多的佐证，很多人都认为太后下嫁确有其事。只是到了后来，汉化的加深，清朝统治者才意识到这件事很不体面，从而将有关太后下嫁的文件从官方的典籍中全部删掉了。并且据说是到乾隆朝，主管修史的纪晓岚见到了太后下嫁的诏书，认为："这种事怎么可以传示后人，以彰其丑？"并请示乾隆帝，将有关内容全部删削，最终使得这一事件成为历史疑案。

第四节 受盛宠的董鄂妃之死

董小宛与董鄂妃，谁才是赝品

□一代名妓董小宛

病眼看花愁思深，幽窗独坐抚瑶琴。
黄鹂亦似知人意，柳外时时弄好音。

这是明末秦淮八艳之一董小宛的诗。此女子不仅文采斐然，更兼得神姿艳发。吴伟业有诗赞云：

钿毂春浇斗画裙，卷帘都道不如君。
白门移得丝丝柳，黄海归来步步云。

好一派大家闺秀的风范。

这样一位才貌兼具的女子，自然成了明末风流才子趋之若鹜的对象。其中最著名的，当属在传说中曾与陈圆圆有过一段风流韵事的冒辟疆。而董小宛恰恰是嫁给了这位体弱多病的才子。

冒辟疆于崇祯十二年（1639年）乡试落第后，听说董小宛住在半塘，便多次访寻，董小宛却逗留在太湖洞庭山。苏州歌姬沙九畹、杨漪焙名气与董小宛相当，冒辟疆便每天来往于沙、杨之间。在离开苏州前，冒辟疆又前往董家，董小宛醉卧在家，与冒辟疆相会于曲栏花下。冒辟疆见董小宛秋波流转，神韵天然，只是薄醉未消，懒懒不发一言。

董小宛像

崇祯十五年（1642 年）春，董小宛从黄山归来，母亲去世，自己又受到了田弘遇抢夺佳丽的惊吓，患了重病，闭门不出。冒辟疆到时董小宛已奄奄一息。董小宛支撑着起身，牵着他的手说："我十八天来昏沉沉如在梦中。今天一见到君，便觉神怡气旺。"她吩咐家人具办酒菜，与辟疆在床前对饮。冒辟疆好几次要告别，董小宛都苦苦挽留。

在董小宛的主动之下，二人终于结成秦晋之好。

日子刚刚安稳不久，冒辟疆又病了两次。一次是胃病下血，水米不进，董小宛在酷暑中熬药煎汤，紧伴枕边照料了 60 个昼夜；第二次是背上生疽，疼痛难忍，不能仰卧，董小宛就夜夜抱着丈夫，让他靠在自己身上安寝，自己则坐着睡了整整一百天。冒辟疆说自己一生的清福都在和董小宛共处的九年中享尽。

艰难的生活中，饮食已是难饱，董小宛的身体十分虚弱，加上照顾冒辟疆连续生了几场大病，使得董小宛身体顷刻间垮了下来，连续二十多天甚至喝不进一口水。由于体质已极度亏虚，冒家多方请来名医诊治，终难奏效。顺治八年（1651 年）正月初二，在冒辟疆痛彻心扉的哀哭声中，董小宛仙逝，年仅 28岁。葬于如皋影梅庵。历代文人多有凭吊。

董小宛的一生看似就这样结束了。但似乎后世之人不甘心让一代佳人就这样香消玉殒。在董小宛身后的数百年间，关于她的死因之说层出不穷，甚至还牵扯到了大清顺治皇帝爱新觉罗·福临。

☐ 凋零在淮扬战场

1645 年初，清军乘南明内讧之机大举南犯，4 月 18 日，多尔衮兵临扬州城下，南明守将史可法率城中军民浴血御敌七昼夜，此间，董小宛受冒辟疆之托从泰州如皋赶赴扬州劳军，奔走于四门的城墙上，将她赶制的酥糖分发给南明将士。但终因寡不敌众，25 日城破，史可法壮烈牺牲，董小宛自刎拒辱，血洒琼城。后来，扬州百姓为纪念董小宛，遂将她劳军的酥糖命名为"董糖"，并将其外表一律以红纸包裹，以示董小宛的碧血和史将军的赤心，至今"董糖"仍是淮扬一带的传统名点。

☐ 玉殒于姑苏城内

原明朝蓟辽总督洪承畴降清后一直在和硕豫清王多铎的麾下，1645 年以经略衔总督江浙军务，至 1650 年下半年，苏杭至福建一带已无多少战事，于是洪承畴和多铎一起将行辕从南京移至素出美女的姑苏城。闲则生非，何况此二人本是好色之徒。洪承畴为讨好多铎，先是把黄功亮的继室常熟美女刘三季弄来进贡，后来慕名去苏州半塘街寻董小宛未果，便着旗将阿司镇来如皋谎称请董小宛去苏州教习餐饮制作，恰巧此时冒辟疆因累及"陈君悦据城抗清案"外出避祸。董小宛明知是计，但为了保全家人，只得孤身赴苏州，第二天，董小宛在自己的衣胞之地以身藏的剪刀自尽殉节，血溅苏州五云轩。冒辟疆在 82 岁临终前，还曾作绝句一首："冰丝新飓藕罗裳，地当筵席一举觞；曾唱阳关洒离泪，苏州寂寞当还乡。"

□金陵城内人归处

有一种说法，曹雪芹《红楼梦》中一号主人公林黛玉的人物原型其实就是董小宛。董小宛长期生活在南京秦淮河，是"金陵八艳"之一。而金陵也是林妹妹最终的芳消之地，也就是当年董小宛的归宿之地。曹雪芹生于南京，10岁之前一直是在秦淮河畔度过的，对于董小宛的传闻和归宿应当是了解的，这在《红楼梦》中可以得到佐证。

□一缕芳魂葬雉皋

雉皋，苏中古城如皋的别称，相传因春秋时贾国大夫"如皋射雉"而得名。崇祯十五年（1642年）十二月，19岁的董小宛由礼部侍郎钱牧斋以"三千金"赎身，从南京秦淮河来到如皋城，第二年四月被时号"明末四公子"之一的如皋才子冒辟疆纳为"如夫人"。此后夫唱妇随，在乱世中相伴9年，从一而终。冒辟疆在长达240韵的《悼亡妾董氏辞》中载："余与子形影交俪者九年，今辛卯献岁二月长逝。今子幽房告成，素旐将引，谨卜于闰二月之望日，安香魂于南阡矣。"1989年版的《如皋县志》则进一步指出："董小宛身患重病，于南明永历五年（1651年）正月初二夭亡，时年28岁，葬如皋南门外。因年久无人过问，葬址已迷失。"查为仁《莲坡诗话》中更明确指出，董小宛"墓在影梅庵侧"。

□董小宛即为董鄂妃

也有人说自从董小宛1645年在秦溪被清兵掳去后，不久被辗转送到经略江浙军务的洪承畴处。洪承畴老谋深算，决计把董小宛送往紫禁城内，一来自己可以加官晋爵，二来想用汉人的儒家文化来影响清朝的王公大臣特别是皇帝，让董小宛充当王昭君、文成公主那样的角色，自己好青史留名。董小宛将计就计，想进京为汉人复辟做内应。于是凭着洪承畴与内大臣鄂硕的莫逆之交，董小宛进了鄂府被鄂硕收为义女，取名董鄂氏，汉名仍称董小宛。三年后董小宛的穿戴打扮、言谈举止都活脱脱地落出成一位满族格格，乘着顺治皇帝选妃的机会，董小宛凭借天生丽质和出众才艺顺利入宫博得顺治的宠爱，先是封为贤妃，后又加封为皇贵妃。两年后她生了一个龙子，却不料3个月后夭折，顺治竟破例追封其为"和硕荣"亲王，但董小宛再也承受不了失夫丧子的悲痛，加之东窗事发，当年入宫前留给冒辟疆的绝命书被孝庄太后发现，于是董小宛坦然饮鸩而去。董鄂妃死后备及哀荣，被谥为"孝献端敬皇后"。据说顺治从此郁郁寡欢，不久就跑到五台山削发为僧了。据刘成禺《世载堂诗》载，近代学者黄侃在大学讲授清史时曾说："董小宛入宫，实顾亭林（即顾炎武）主谋，有献西施沼吴之意"，并称"获确证"但"匿不示人"。

在冒辟疆写给董小宛的悼文之中，也隐隐透露出了董小宛被掠入紫禁城的意思：

梦幻尘缘，伤心情动，莺莺远去，盼盼楼空。倩女离魂，萍踪莫问。扬钩海畔，谁证前盟；把臂林边，难忘往事。金莲舞后，玉树歌余，桃对无踪，柳枝何处？嗟嗟，萍随水，水随风，萍枯水尽；幻即空，空即色，幻灭全灵。能所双忘，色空并遣；长歌寄意，缺月难圆。

不过关于董小宛就是董鄂妃的说法依旧经不起推敲。董小宛死时 28 岁，当时的顺治才 14 岁。并且董小宛与冒辟疆崇尚气节，誓死不肯降清。何况满汉不通婚，董小宛无入宫邀宠之理。董鄂妃是武臣鄂硕之女，18 岁入宫，而董小宛是在 19 岁时才嫁与冒辟疆。

为何董鄂妃可集三千宠爱在一身

□董鄂妃的真实身份

孝献皇后，即历史上赫赫有名的董鄂妃。董鄂妃为满洲正白旗，内大臣鄂硕之女。祖籍在辽宁佟佳江流域，18 岁入宫。世祖对其眷之特厚，宠冠后宫。顺治十三年（1656 年）八月，立为贤妃。十二月，进为皇贵妃，行册立礼，破格颁诏大赦，其父亦进为三等伯。次年，董鄂氏生皇四子，仅三月夭折，未命名，封和硕荣亲王。

董鄂妃于顺治十七年（1660 年）八月十九日崩。世祖哀痛至极，亲制行状悼念。追谥为孝献庄和至德宣仁温惠端敬皇后。康熙二年（1663 年）六月，于顺治帝合葬在清东陵的孝陵。

□董鄂妃的另一个身世

现在也有许多人认为董鄂妃原是襄亲王的福晋，后被顺治帝纳入宫中，成为宠妃。襄亲王，博穆博果尔，清太宗皇太极的十一子，生于崇德六年（1641年）十二月二十日申时，其生母是懿靖大贵妃博尔济吉特氏娜木钟，顺治十二年（1655 年）二月二十一日册封为和硕襄亲王，翌年七月初三日巳刻卒，年仅16 岁。

顺治帝幼年即位，母亲孝庄文皇后对他管教极严，加之朝廷大权长期由叔叔多尔衮掌管，遂形成了暴躁、猜忌的性格。孝庄文皇后出于政治上的考虑，将自己的侄女、蒙古科尔沁部卓礼克图亲王吴克善之女博尔济吉特氏立为皇后。这位小皇后从小娇生惯养，尖酸刻薄，并不能体谅顺治帝的苦衷，常常与顺治帝发生口角，小两口的感情并不和谐。因此，顺治帝觉得事事皆不顺心，内心很是苦闷。清初有命妇轮番入侍后妃的制度，董鄂氏经常到后宫入侍，这便给顺治帝与董鄂氏的相识相恋提供了机会。传闻董鄂氏的美貌和才情深深地吸引了这位多情的少年天子的心，而董鄂氏的丈夫常年出兵打仗，闺中寂寞，也对顺治帝产生了好感。两个情意相投的人迅速坠入了情网。

《汤若望传》中有一段汤若望的回忆：顺治皇帝对于一位满籍军人之夫人，起了一种火热爱恋。当这一位军人因此申斥他的夫人时，他竟被对于他这申斥有所闻知的天子亲手打了一个极怪异的耳光。这位军人于是怨愤致死，或许竟是自杀而死。皇帝遂即将这位军人的未亡人收入宫中，封为贵妃。这位贵妃于1660年产一子，是皇帝要规定他为将来的皇太子的。但是数星期后，这位皇子竟而去世，而其母于其后不久亦薨逝。皇帝陛为哀痛孝康章皇后（康熙生母）像所致，竟致寻死觅活，不顾一切。

这位皇子是皇几子，生母是谁？汤若望没有明说。福临共有8个皇子，除玄烨外，在7个皇子中，皇二子福全、皇五子常宁、皇六子奇授、皇七子隆禧、皇八子永干等5人皆卒于康熙朝，毋庸考虑。这样只剩下皇长子钮钮和皇四子。钮钮生于顺治八年十一月初一日，殇于顺治九年正月三十日，只活了89天，生母是庶妃巴氏。此子虽也是早殇，但不是殇于顺治晚年，而且他的生母是庶妃巴氏，未封过贵妃，因此，钮钮和巴氏不可能是汤若望所说的皇子和那位贵妃。现在只剩下皇四子。该子生于顺治十四年十月初七日，殇于顺治十五年正月二十四日，生母是皇贵妃董鄂氏，即后来的孝献皇后。董鄂氏死于顺治十七年（1660年）八月十九日。由此看来，汤若望所说的只能是皇四子和皇贵妃董鄂氏。但这里有两个出入，一是皇四子生年是1657年，而汤若望所说是1660年；二是皇四子生母是皇贵妃，而不是贵妃。

传说也罢，猜想也好，最后归于一致的认识就是，这位董鄂氏姿容绝代，才华出众，在后宫中赢得了顺治帝专一的爱情，并至死不渝。她究竟是凭借着什么样的资本，在三宫六院众多佳丽之中，讨得皇帝欢心的呢？

□顺治帝的贤内助

据顺治亲笔所写《端敬皇后行状》的描述，每次顺治看奏折时，哪怕有重要的内容，他也还是草草看过后，就随手扔在一边了，董鄂妃则提醒他应该仔细批阅奏折，不能忽视每一个细节；每当顺治要和她同阅奏章时，她又连忙拜谢，并解释说：后宫不能干政。当顺治下朝后，她总是亲自安排饮食，斟酒劝饭，问寒问暖；当顺治批阅奏章至夜分，她总是毫无例外地为其展卷研墨，侍奉汤茶。顺治每次听翰林院的官员们讲课结束后，回到寝宫时，她一定会打听讲课的内容，他也会不厌其烦地再给她讲一遍，顺治每次讲给她听的时候，她都以一副非常高兴与虔诚的姿态倾听。他们的真挚感情，并非卿卿我我的小夫妻情感，而在于理性的相互促进、相互支持与理解。董鄂妃时常陪伴在顺治的身边。更难得的是，她时常劝说顺治，处理政务要服人心，审判案件要慎重。

连宫女太监犯错误时，董鄂妃也往往为他们说情。董鄂妃的善解人意、通情达理、大气凝重让顺治一直心生宽慰之意。

□文化上的共同语言

在悼念董鄂妃的《孝献皇后行状》中，顺治说董鄂妃"诵《四书》及《易》，已经卒业，习书未久即精，朕喻以禅学，参究若有所悟"。正是因为文化上的接近，董鄂妃和顺治才越走越近，彼此间产生了炽热而持久的爱情。顺治和董鄂妃的爱情，绝不仅仅是床笫之欢，更多的是心灵上的互通，事实上，顺治和董鄂妃在很多时候都是分床而居的。

对于一国之君来说，佳人易得，贤妻难求。这恐怕也是顺治钟爱董鄂妃的原因所在吧。

备受帝宠的董鄂妃为何没有被封后

□一场史无前例的册封仪式

顺治先后册立两位皇后。一位是他母亲的侄女博尔济吉特氏，由多尔衮做主订婚、聘娶。顺治亲政，册为皇后。二人性格不合，顺治废掉皇后，降为侧妃。另一位是孝惠章皇后，博尔济吉特氏，顺治十一年（1654年）五月，年十四，聘为妃。六月，册为皇后。她不久又受到顺治帝的斥责。但这位皇后能委屈圆通，又有太后呵护，才没有被废掉。

顺治真正视为国色天香、红粉知己的是董鄂妃。顺治帝对董鄂妃可谓是一见钟情，至死不渝。

董鄂妃在顺治十三年（1656年）八月二十五日被册为"贤妃"，仅一月有余，顺治以"敏慧端良、未有出董鄂氏之上者"为理由，晋封她为皇贵妃。这样的升迁速度，历史上十分罕见。十二月初六日，顺治帝还为董鄂妃举行了十分隆重的册妃典礼，并按照册封皇后的大礼颁恩诏大赦天下。在有清一代近300年的历史上，因为册立皇贵妃而大赦天下的，这是绝无仅有的一次。这一年顺治19岁，董鄂妃18岁。中国第一历史档案馆中保存了册立董鄂妃为皇贵妃的《诏书》。按常规，皇帝只有在册立皇后的大礼上，才会颁布诏书公告天下。董鄂妃享受到这种特殊礼遇，表明她得到了顺治不同寻常的宠爱。

册立董鄂氏（董鄂妃也即董鄂氏）为皇贵妃赐之册宝册文曰：

朕惟乾行翼赞。必资内职之良坤教弥成。式重淑媛之选。爰彰彝典特沛隆恩。咨尔董鄂氏、敏慧夙成。谦恭有度。椒涂敷秀。弘昭四德之修。兰殿承芬。允佐二南之化。兹仰承懿命立尔为皇贵妃。锡之册宝。其尚只勤夙夜。衍庆家邦。雍和钟麟趾之祥。贞肃助鸡鸣之理。钦哉。

从中即可看出顺治帝对董鄂妃的钟爱程度。

然而，就是这样集万千宠爱于一身的女子，却终其一生未被册封为皇后，直到死后才享受到追封的待遇，这是出于何种原因？

□正宫娘娘尚在

从上文即可得知，顺治十一年（1654年）之时，顺治帝便立博尔济吉特氏为皇后，即后世所称的孝惠章皇后。董鄂妃入宫之时，孝惠章皇后是六宫之主、一国之母。正如天无二日一样，紫禁城里也不能出现两个皇后（多几个皇太后倒无关紧要）。顺治若想立董鄂妃为后，就必须先废掉孝惠章皇后。而孝惠章皇后恰是顺治原皇后——孝庄皇太后侄女的侄女。按辈分来说，属于孝庄皇太后的侄孙女。在历史传统中常常讲隔代亲，这也难怪老太太会对这个孙子辈的皇后分外提携。再加上孝惠章皇后算是顺治的侄女，极会隐忍圆通，纵使帝后不睦，顺治也难以找到个正当的理由废掉她。尤其是孝庄这一关就难以过去。因此，顺治帝只能委屈心爱的董鄂妃了。

□董鄂妃是寡妇再嫁

这种说法则立于前文提到的董鄂妃入宫之前乃襄亲王福晋的基础之上。清朝初期实行命妇轮流到后宫侍奉后妃的制度，轮到董鄂妃时，与年少的顺治帝摩擦出了火花。顺治十一年（1654年）四月，孝庄皇太后叫停了这个命妇入侍制度，理由是"严上下之体，杜绝嫌疑"。也许，孝庄皇太后已经听到了一些关于顺治和弟媳董鄂妃的风言风语，为杜绝后患，干脆就停止这个制度，切断顺治同董鄂妃见面的途径，以把他们的爱情扼杀在萌芽当中。

在随后的两年中，表面看起来风平浪静，但太后的禁令似乎未起作用，顺治和董鄂妃似乎还有往来，事情最终传到了襄亲王博穆博果尔的耳中。在当红杏出墙的董鄂妃被丈夫斥责后，顺治竟打了这个满腹委屈的丈夫一个耳光，由此，襄亲王在当年七月初三怨愤而死，而董鄂妃却作为未亡人进宫成为顺治的妃子。

在中国传统的贞操观念中，一女不侍二夫。身为未亡人的董鄂妃即使与顺治再情深义厚，也难以登上皇后的宝座。

□血统成阻碍

据说，孝庄皇太后在入关前就下了一道懿旨：凡金足女子者，不得入宫当差，违者斩！入关后还立了一块铁券在神武门的后面。

所谓的金足，其实指的是三寸金莲。在清军刚刚入关之时，只有汉人才有把女子的脚裹成三寸金莲的传统。因此，孝庄的这道懿旨，就是在明说汉人女子禁止入宫。

虽然董鄂妃的父亲鄂硕是满族人，但她的母亲却是汉族人，因此，董鄂妃身上带有二分之一的汉人血统。虽然凭借着父亲的权势得以入宫并得到皇帝的宠爱，但董鄂妃想成为皇后，还是没有可能的。

其实，即使董鄂妃是百分之百的满族血统，一样也坐不了皇后的宝座。清太祖努尔哈赤健在的时候，便定下了联蒙制明的国策。为了巩固蒙古族这一盟友，满蒙联姻便成为大清皇帝立后的重要因素，也就是说，清帝的皇后必须是蒙古族人。太宗皇后孝端、顺治生母孝庄皇后，以及顺治的两任皇后全部来自蒙古科尔沁部博尔济吉特氏，可见满蒙联姻对清王朝的重要性。顺治皇帝的皇后姓博尔济吉特氏，是顺治生母的娘家孙侄女，于情孝庄要袒护娘家人，于理要坚持既定国策，孝庄都必须反对顺治封董鄂妃为后。

不管是什么原因，结果只有一个，那就是董鄂妃没有被封后。

董鄂妃的离奇死因

□爱子夭折，一代名妃香消玉殒

顺治十四年（1657 年），董鄂妃生下皇四子，顺治欣喜若狂，颁诏天下"此乃朕第一子"，对这个孩子的待遇如同嫡出，大有册封太子之意。然而这个孩子生下不到三个月就夭折了，顺治下令追封其为和硕荣亲王，为他修建了高规格园寝，并亲笔写下《皇清和硕荣亲王圹志》，抒发对皇四子的宠爱和痛惜之情。

董鄂妃本来就体弱多病，皇四子又百日而殇，这种打击使得她一病不起，顺治十七年（1660 年）八月十九日，一代名妃、绝代佳人董鄂妃香消玉殒，病逝于东六宫之一的承乾宫，年仅 22 岁。据福临说，董鄂妃薨时"言动不乱，端坐呼佛号，嘘气而死。薨后数日，颜貌安整，俨如平时"。

□后宫角力的牺牲品

乍看起来，董鄂妃之死是出于自己的身体原因。但是，可能只是一场后宫角力的结果。

《汤若望传》中曾写道："一六五八年（顺治十五年）皇帝遭遇酷烈打击。第三位皇后所生之子，原定为皇位继承者的，于产后不久，即行薨逝……这位太子的母后不久崩。"董鄂妃去世，实际上与荣亲王之死相隔两年多，但上述记载缺少注脚，活着的人看来，董鄂妃的死，是与其爱子早逝密切相关的。

更值得留意的是，在董鄂妃生子的同一年冬天，孝庄皇太后曾得了一场重病，住在南苑调养，董鄂妃则在旁朝夕侍奉。人们不由会问，两年后董鄂妃的病亡，与她产后不久为婆婆侍疾，有何内在联系吗？

董鄂妃生子与孝庄皇太后患病都在顺治十四年（1657 年）冬天，但不是在同一个月，这从《清世祖实录》所载顺治在此时的活动中可以获得证实：

顺治十四年十月初七，董鄂妃生皇第四子，顺治称他为"朕第一子"。初九日至十一日，为此祭告天地，接受群臣朝贺。

十月十二日至十九日，顺治在南苑骑射、阅武、狩猎。

十月二十四日至二十六日，举行宣布皇第一子诞生诏书的隆重庆典。

十一月初四，顺治再赴南苑。十二月二十六日顺治宣布"皇太后圣体违和"，"今皇太后圣体康宁，中外欢庆"；十五年正月初五，即逗留两个月后，他才"自南苑还宫"。

以上情况表明，十一月初四，顺治一直沉醉在"朕第一子"诞生的莫大欢欣与喜悦之中，如果在此期间皇太后患病，顺治则会立即趋至榻前，以尽其孝，绝不可能拖到十一月初四才"再赴南苑"。可见，孝庄皇太后患病是在十一月初四或稍后几天，即董鄂妃生子即将满月，或已经满月之后。

□孝庄太后的真假病

皇帝刚刚喜得麟儿，皇太后却突然病倒，两件反差极大的事首尾相连，是纯属巧合，还是后者有意为之？在缺少其他第一手材料的情况下，只有凭借着顺治当时的有关言行对此进行分析。

顺治十四年（1657 年）十一月初四或稍后几天，顺治开始在南苑护理病中的皇太后。十二月二十六日，他宣布"今皇太后圣体康宁，中外欢庆"。此时，不光董鄂妃"朝夕侍奉废寝食"，顺治自己除了"为皇太后祷于上帝坛，旋宫者再"之外，"朝夕侍奉，废寝靡惶"。由于皇太后患病，不少朝中重臣纷纷赶至南苑，鳌拜、遏必隆、巴哈、费扬古、苏克萨哈等"近侍卫护，昼夜勤奋，食息不暇"。

十二月二十八日，因皇太后病愈，顺治特"发内帑银十万两，一半给八旗兵丁，一半遣官赈济畿辅贫民"。二十九日，他奖赏侍奉皇太后有功的鳌拜、遏必隆、苏克萨哈等人，合计 82 人，其中包括侍卫、祝师、医官、司膳、司茶等人。顺治十五年（1658 年）正月初三，顺治以皇太后圣体康豫，颁诏大赦天下。同月初五，顺治自南苑回宫。

由此可见，顺治十四年十一、十二月，孝庄皇太后确曾患病，而且一度较重，使得皇帝、嫔妃以及大臣们无不仓皇异常。经过一个多月的休养与细心护理，孝庄皇太后绝处逢生，顺治因而大赦天下，并褒赏大批为皇太后康复做出贡献之人。显然，孝庄皇太后这次时间较长、险些牵动整个朝廷的重病，是不可能假装的。在众目睽睽之下，将近两个月的时间里，就算是她小病大养，存心强调病情，也难以做得不露漏洞，使众人为之惊慌不安。况且孝庄皇太后是个深图远虑的政治家，等候时机，发则必中，是她在数十年政治斗争中养成的特性。装病之举费心费力，很难欲盖弥彰，与她的身份、地位及平时作风并不吻合。

孝庄皇太后患病时候，董鄂妃"朝夕侍奉废寝食"，这对她的身体健康尽管没有太大的影响，但终究晦气。董鄂妃为什么要这样做，是遵照皇太后的旨意行事还是自愿而为？

□董鄂妃之死与孝庄有何关系

顺治在十七年（1660年）八月（或稍后）所撰《董先行状》中指出：

后（董鄂妃）性孝敬知大概，其于高下，能谦抑惠爱，不以贵自矜。事皇太后赡养以至，伺神色如子女，左右趋走，无异女侍。

后侍朕（顺治帝）如父，事今后（孝惠后）亦如母，晨夕候兴居，视饮食，服御曲体罔不悉。

前岁（顺治十五年）今后（孝惠后）寝病濒危，朕躬为扶植供养，今后宫中侍御尚得乘间少休，后则五昼夜目不交睫，且时为诵书史，或常谭以解之。及离侧出寝门，即悲泣曰，"上委我候侍，倘疾终不瘥，奈何？"凡（今）后事，咸躬为躬治，略无倦容。

本年（顺治十七年）春，永寿宫（恪妃石氏）始有疾，后亦躬视扶植，三昼夜忘寝兴。

后不惟能敬承皇太后，即至朕保姆，往来晋接以礼，亦无敢慢。其御诸嫔嫱，宽仁下逮，曾乏纤芥忌妒意。宫闱眷属，小大无异视，长者媪呼之，少者妹视之，不以非礼加人，亦不少有谇诟。

顺治的上述回忆表明，尽管董鄂妃地位尊贵，却活得很累。她颇有自知之明，并以女性特有的敏感，发现到自己宠冠后宫，不光招致嫉恨，还使得顺治与皇太后在如何应对博尔济吉特氏后妃的问题上出现严重分歧，因此极为不安。这种难以名状的逆境，使得董鄂妃在宫中采取相对谨慎的处事态度，异常礼让，恭敬温婉，对于皇太后和皇后尤为如此。不论皇太后、皇后还是普通妃子，只要患病，她都不惜以牺牲自己的健康为代价，全力侍奉，夜以继日，希望以此换取人们的理解，渐渐转化人们对自己的敌意，改善自己在宫中的处境。

当然，顺治也希望她能这样做，如皇后在顺治十五年重病时，董鄂妃曾说"上委我候侍"一语，即可证实。所以，顺治十四年冬皇太后病倒南苑时，董鄂妃自动前往侍疾，是其一贯作风使然，并不足以为奇，她这样做显然也是顺治的方针。对他们两人来讲，取悦皇太后的良机至关重要，绝不可失。

□孝惠皇后的反常之举

董鄂妃侍疾南苑并非是孝庄皇太后的旨意，还可以从孝庄患病时候，孝惠皇后的反常表现获得证实。

顺治十五年（1658年）正月初三，顺治为皇太后病愈而颁诏大赦天下的同一天，降谕礼部："昨者，皇太后圣体违和，朕朝夕侍奉，食息靡惶。皇后身为子妇，平时格恭定省，原属敬勤无失，且承皇太后笃爱，恩眷殊常，而此番起居、间安礼节，殊觉阙然。"两年多后，他在《董先行状》中也指出："皇太后圣体违和……今后曾无一语奉询，亦不曾遣使问候。"

顺治欲二次废后，以董鄂妃取而代之，于心已久。上述谕旨中对于孝惠的指责，更是用意昭然。假如孝庄皇太后曾有命令后妃等视疾问安的懿旨，那么孝惠皇后对病中的皇太后漠不体贴的做法，就是公然抗上，本质严重，顺治不会不抓住这一痛处，对她大张挞伐。可是顺治在对孝惠的指责中，并未以此为由，这只能说明孝庄皇太后不曾有过让后妃等前来侍疾问安的旨意。

那么，我们应当怎么看待孝惠皇后的这种反常行为呢？

首先，应考虑到她与孝庄皇太后的迥殊关系。她不光是皇太后一手选的正宫皇后，还是皇太后的亲侄孙女，一向为皇太后"笃爱，恩眷殊常"。与包括董鄂妃在内的其他嫔妃角力计算，孝惠皇后与皇太后之间的关系越发亲近。正由于此，她才可能在某种场合表现得任性、粗心，不顾及其他。这与董鄂妃的处境与作风，形成鲜明对比。

其次，是当时宫内的形势使她一时亏损了明智。顺治十四年（1657年）十月，顺治皇帝将董鄂妃之子作为未来的皇太子，举行隆重庆典，诏告天下，孝惠皇后终于认识到，自己将会成为第二个废后，因而万念俱灰，对周围发生的一切事务都不理会，以至连皇太后患病也不体贴，全然忘却作为子妇应尽的礼节和义务。她这一招失策之举，客观上为顺治二次废后创造了有利条件，因而在皇太后病愈后，随即对她做出"止存皇后之号，册宝照旧，停其笺奏"的决断。只是由于孝庄皇太后及时干涉，顺治才自愿下达"嗣后中宫笺奏等项，著照旧封进"的谕旨，再次废后未能成为现实。

值得一提的是，孝庄皇太后为自己的亲侄孙女（孝惠皇后）的做法也感到气恼，乃至从顺治十五年（1658年）初至顺治十七年（1660年）末近三年中，不愿与她相见："皇后蒙皇太后慈谕，此三、四年来，未令朝谒慈宁宫。"

孝惠皇后则对孝庄皇太后在关键时刻赐予的庇护感激不尽，为自己的不智之举悔恨不及，很快大病一场，"寝病濒危"。三十年后孝庄太皇太后病逝，她悲痛欲绝，真切地表现出对于自己的保护者的无限深情。

□心力交瘁，红颜早逝

至此可以说，董鄂妃之死与其产后侍疾并无直接联系，若究其来历，恐怕也是综合性的。顺治的《董先行状》为我们提供了线索："后病阅三岁，虽容瘁身癯，仍时勉谓无伤，诸事尤备，礼无少懈，后先一也。"

董鄂妃死于顺治十七年（1660年）八月十九日。所谓"后病阅三岁"，可理解为她从顺治十四年八月起便已患病。换言之，荣亲王出生前她已有疾在身；生子，体力消耗极大，进一步伤了元气；一个月后又侍疾南苑，更影响了身体的恢复。皇太后病愈不久，爱子不幸夭折（顺治十五年正月二十四日），遭此艰巨打击，她的身体日渐衰落，病情日渐加重。以此看来，痛失爱子，是董鄂妃的健康发生质的变化的一个重要转折点，《汤若望传》中讲她在儿子薨逝后"不久崩殂"，并不是空穴来风。

董鄂妃入宫数载，每天都在承受着巨大的心理压力，又极为辛劳，身心俱疲。可是，她的客观处境，让她仍需在人前强作欢颜，勉自维持，身体力行，无所不周，这更进一步加快了她的死亡，终于一病不起。董鄂妃华年早逝，是包括宫闱之争在内的清廷政治战争旋涡中，一个弱女子无法操纵本身命运的必然结局。

第五节 慈禧太后的谜团

慈禧太后的出生之谜

□慈禧太后究竟出生于何地

1851 年咸丰皇帝诏选秀女，对中国历史产生重大影响的叶赫那拉氏——后来的慈禧太后被选入宫，封为兰贵人。1854 年又被封为懿嫔，两年后她为咸丰帝生下了皇长子载淳，从而晋封为懿妃。1857 年，她的地位再次得到提升，被封为懿贵妃，从此她在宫中的地位仅次于咸丰帝的皇后钮祜禄氏。由于得到咸丰帝的宠幸，叶赫那拉氏开始干预朝廷政事。咸丰皇帝死后，她夺得太后的权位，与钮祜禄氏平起平坐。这也标志着继唐代武则天成为中国古代历史上唯一的女皇之后，又有一位女性开始操纵中国的命运。

按清朝史书记载，慈禧太后出生于满洲镶蓝旗一个官宦世家，父亲名叫惠征。清宫档案《内阁京察册》（清政府对京官三年一次的考察记录）记载，惠征在道光帝早年一直担任吏部笔帖式，道光二十六年（1846年）调任吏部文选司主事。后因工作成绩突出，受到了皇帝的接见，并被外放。咸丰二年（1852 年），调任安徽徽宁池太广道的道员。从慈禧太后父亲惠征的履历看，他曾先后在北京、山西、安徽等地任职。这就导致了慈禧太后出生地的多种说法。

另外，几乎没有任何文献记载过慈禧太

慈禧太后像

后的出生地，因为谁也没料到这个出身普通官宦之家的女子，几十年后会成为执掌大清国朝政近半个世纪的圣母皇太后，所以慈禧太后的出生地也就成了难解之谜，有人说她出生在北京，有人说她出生在安徽芜湖，有人说她出生在甘肃兰州，还有人说她出生在浙江乍浦，也有人说她出生在内蒙古自治区呼和浩特。至于哪种说法准确，一直以来都没有一个确切的结论，因为任何一种说法都有看似合理的依据。

□出生于北京说

持这种说法的学者认为慈禧太后出生于北京西单牌楼北劈柴（今辟才）胡同一带或者北京东城方家园。有关学者在清宫档案中发现了咸丰五年（1855年）慈禧太后的亲妹妹（也就是后来醇郡王奕譞的侧福晋，光绪皇帝的生母）被选为秀女的记录。其上明确记载：此女属镶蓝旗，姓叶赫那拉氏，父亲名叫惠征，最高官职做到五品的道员。而按照京师八旗分城居住的规定，乾隆三十五年（1770年），镶蓝旗都统衙门在阜成门内华嘉寺胡同；到民国初年，镶蓝旗都统衙门旧地在阜成门内华嘉寺14号，劈柴胡同距华嘉胡同很近。慈禧太后的父亲属于镶蓝旗，应当住在劈柴胡同一带。因此有学者认为，咸丰五年之前，慈禧太后的娘家应该住在北京西单牌楼北劈柴胡同，慈禧太后的出生地也应该在这里。

慈禧太后的后人根据祖辈的口述，也确证慈禧太后诞生于此。另外，现代小说大家高阳在《清朝的皇帝》中记述："慈禧太后母家在东城方家园，父官至安徽徽宁池太广道，时当道光末年，洪杨起事，惠征守土无方，革职留任，旋即病殁，遗妻一子女各二，慈禧太后居长。"也有的书上说，"恭亲王曾慷慨言之：'大清天下亡于方家园'！"注云："方家园在京师东北角，为慈禧太后母家所在地。"从这些史料看，慈禧太后则可能出生于北京东城方家园。慈禧太后出生于道光十五年（1835年），这时慈禧太后的父亲还在北京任职，因此慈禧太后出生于北京的可能性较大。但是这种说法也只是一种猜测，由于进宫以前对慈禧太后的生平资料并没有留下什么记载，慈禧太后入宫时选秀女的"排单"至今还没有发现，因此并没有详细的资料或者证据可以证明慈禧太后就出生在北京。

□出生于安徽芜湖说

这种说法主要是根据慈禧太后的父亲惠征曾做过安徽徽宁池太广道的道员，道员衙署在芜湖，因此说她出生在芜湖。据说，慈禧太后善于演唱南方小曲，比如民国时期出版的《清朝野史大观》中就记载："那拉氏者，惠征之女也，惠征尝为徽宁池太广道，其女生长南中，少而慧黠，缥艳无匹俦，雅善南方诸小曲，凡江浙盛行诸调，皆朗朗上口。"一些小说、影视中也多有这样一个情节，兰贵人（就是后来的慈禧太后）在圆明园桐荫深处唱一曲"女儿十八正当年"

的缠绵小曲，咸丰帝听得如醉如痴，兰贵人从而博得了宠爱。不过，这种说法还是比较勉强的，因为根据史书记载，惠征当徽宁池太广道员是在咸丰二年（1852 年）二月，正式上任是在同年七月。而慈禧太后已经在咸丰元年（1851 年）入宫，被封为兰贵人；档案中还发现了兰贵人受到赏赐的赏单。惠征未曾到安徽上任，慈禧太后已经入宫了，不太可能出生于芜湖。再说，从慈禧太后会唱南方小曲，就说她出生在南方，不和北方人会唱黄梅戏就说她生在安徽一样滑稽吗？所以，认为慈禧太后出生在安徽芜湖纯属无稽之谈。

□出生于甘肃兰州说

这一说法源于慈禧太后的父亲惠征曾担任过甘肃布政使，传说慈禧太后就出生在兰州八旗马坊门（今永昌路 179 号院）。不过专家们经过查阅文献、档案，认为这种说法恐难成立。

□出生于浙江乍浦说

1993 年，某报刊登了一篇不足三百字的报道："史界新发现，慈禧太后生于浙江乍浦。"文中说，慈禧太后的父亲惠征，在道光十五年至十八年（1835~1838 年）间，曾外放到浙江乍浦，任正六品武官骁骑校，而慈禧太后正是在这一时期出生，所以她的出生地是"浙江平湖市乍浦城内的满洲旗下营"。该报道还举证说：在现今的浙江乍浦老人中，仍有种种关于慈禧太后幼年的传说。单从时间上来看，这种说法是可信的，因为慈禧太后的确出生于道光十五年（1835 年）。但是，一些学者查阅清朝考核官员的档案记载却发现道光十四年官员考核时，惠征被定为吏部二等笔帖式，三年后又被作为吏部笔帖式进行考试，可见这时惠征在北京做吏部笔帖式，为八品文官。可见，说慈禧太后出生在乍浦，是不恰当的。因为，如果惠征这几年确实在乍浦为官的话，他将从一个京城八品以下的二等文官，忽然连升几级，成为正六品的武官，这实在不合常理。再说，正六品武官怎么会一下子又降回到八品文官，并且没有任何原因，显然，这一说法存在许多破绽。

□出生于内蒙古自治区呼和浩特说

这一观点的依据是慈禧太后的父亲惠征曾任山西归绥道的道员，归绥道驻地在归化城就是今天的呼和浩特市。传说，慈禧太后就出生在呼和浩特市的落凤街，她小的时候还常到归化城边玩耍。可是，据文献记载，惠征任山西归绥道道员时是道光二十九年（1849 年）左右的事，可那时慈禧太后已经 15 岁，正在宫中参与选秀女，所以慈禧太后不可能出生于归化城。不过，说慈禧太后随父回归化城住过，倒是可能的。并且从礼法角度讲，慈禧太后的母亲也不可能从大老远的北京回娘家生孩子。所以，说慈禧太后出生在今呼和浩特市是没有根据的。

□出生于山西长治说

近年，关于慈禧太后的出生地又出现了一种新的说法，即山西长治。一段时间以来，这种说法相当盛行，并且得到了许多相关学者的认可。

据山西长治人传说，慈禧太后不是满族人，生父也不是惠征，她是地地道道的汉族女子，在长治出生并度过了自己的童年。据说，她原是山西省潞安府（今长治市）长治县西坡村王增昌的女儿，名叫王小慊。王家极为穷困。母亲病死后，年仅四岁的王小慊被卖给上秦村宋四元家，并改名为宋龄娥。可是，没过几年，宋家又遭遇灾难，王小慊又被卖给了潞安府知府惠征家。惠征夫人见王小慊模样俊俏，又聪明伶俐，非常喜欢她。有一次，惠征夫人无意中还发现王小慊的双脚心各长一个贵痣，认为她是大福之人，就收她为养女，改姓叶赫那拉，更名玉兰，归为满族。知府还为玉兰在府署后院专设了书房，供她读书。

1852年，玉兰被选入宫，后来还当上了皇太后。由于清廷严禁满汉通婚，违者满门抄斩，因此惠征及其家人不敢向外泄露半句，慈禧太后的真实身世也就不为世人所知了。

百余年来，在长治县西坡、上秦两村及附近村落一直流传着慈禧太后是本地人的说法。为此，上秦的宋家还曾联名写信，要求政府调查澄清这件事。中国人民大学历史系杨益茂教授在《慈禧太后童年应当考订清楚》一文中写道："在这些成果中，我认为最值得注意的是近百年来流传不息的口碑史料。并且，山西省长治地区那两个村子里的人也都口口声声地说慈禧太后就是他们那的人，而且不因慈禧太后名声不佳或历史政治批判所湮没，这实在是一个值得重视的问题。如果说解谜的话，应首先解开这个口传史料之谜。"

王家从乾隆五十九年（1794年）一直记录到现在家谱上，也明确有"王小慊后来成为慈禧太后"的记载。当地还盛传，在西坡村外边的山脚下，还有据说是慈禧太后生母的坟。坟前有碑，原来是木碑，后来竖立石碑。在上秦村关帝庙后，至今还保存着一处娘娘院，据说是慈禧太后入宫前住过的院落，一直保存至今。宋家还祖传有光绪年间清廷特制皮夹式清朝帝后宗祀谱（简称"皮夹子"）。据有关学者考证，皮夹子"与清廷宫规相符，显然是皇家之物，并非假造。在普通老百姓之家发现这种物件，必然有其缘由，值得重视"。

在上秦村宋家的土炕上，还曾刨出了慈禧太后给宋家的信，从中可以看出慈禧太后与宋家的关系及慈禧太后的身世等方面的一些情况。另外，上秦村宋六则家还祖传有慈禧太后寄（送）给宋家的单身照片。慈禧太后如果不是长治人，宋家又怎么会出现这些"宝物"呢？

据考证，慈禧太后酷爱长治一带的食品，如沁州黄小米、壶关醋、襄垣黑酱、酸菜，尤其爱吃团子。据说，慈禧太后当上皇太后后，还专门请了一个长治厨师给她做团子。特别是慈禧太后还会唱长治地区的上党梆子，而这种戏曲不但地方性强，很难懂，也从没有走出过本省。据说，在她六十大寿时，还专门请长治壶关一个叫"十万班"的戏班，为她唱这种戏。作为太后的慈禧太后，不但能听懂还会唱，如果她不是长治人就太让人奇怪了。

一些资料还表明，慈禧太后对满文知之甚少，批改奏折基本都是用汉文。慈禧太后还是小脚，有满族后裔回忆："慈禧太后的脚不是我们满族人的那种大脚，是缠过又放开的那种。"我们知道满族女子都是天足，而慈禧太后缠过足，也见证了她可能是汉族女子。

一些学者还从慈禧太后极不尊敬惠征夫人以及相关亲戚等认为，慈禧太后不是惠征夫妇的亲生女儿。并从她关心农事，喜欢乡下风景，对山西的官员比较袒护等细节来佐证她是出身长治贫苦农村的汉族女子。

也有的学者认为，"慈禧太后是汉家女"的说法不仅破解了一些清末历史中的难解之谜，也为合理解释慈禧太后的某些行为提出了依据，从而为史学家研究慈禧太后打开了一个全新的视角。比如一些学者就认为，慈禧太后年纪轻轻就发动"辛酉政变"处理了肃顺等八大臣，并且执政后敢于打破清廷的常规，大胆起用汉臣，如曾、左、李、张等。她这种敏锐、果敢的政治素养，没有满、汉之分的成见，不大可能出自养尊处优的清朝贵族，而更有可能得益于她出身汉族贫寒家庭、幼失怙恃、备尝艰辛的生活经历和磨炼。这种说法从另一个侧面反证了慈禧太后出身于长治农家的可能。

慈禧太后出生于山西长治的说法，在长治可谓众口一词。对此，当地有关部门进行了长期的研究和大量资料的论证，长治市还专门成立了"慈禧太后童年研究会"。这种说法也引起了许多专家、学者的重视，如今流传深广，影响巨大。

但是持否定态度的学者也大有人在，这些人认为，王家的家谱不是原来的家谱，是后来抄的，"这只是后人所为，是什么人所加，根据是什么都不知道"，因而不足为凭；所谓慈禧太后写给宋家的书信残片，经考证，字迹不像是慈禧太后的；全信的内容更是支离破碎，仅剩下了 45 个字，而由"山西说"的学者按自己的意思增加上去的就达 118 个字，并且关键性的字是加上去的，所以可信度很低；所谓的皮夹子，确实制作于清光绪年间，但是说持此皮夹者应为高级官员和皇亲国戚则不一定，由这个皮夹子而推断宋四元夫妇为慈禧太后亲生父母也缺乏根据；经有关专家考证，在相关的时间内，历任潞安府的知府共有七个人，但是没有惠征，那么既然惠征没有在山西潞安府做过官，慈禧太后怎么会在潞安府被卖到惠征家呢？显然在这些疑窦没解开之前，"山西长治说"也只能作为一种重要的说法存在，也非定论。

从上面的分析可以看出，慈禧太后的出生地究竟是什么地方，身世究竟如何，是出身满族的千金，还是山西长治的贫穷汉家女子，至今仍然没有定论。在这种种说法中，以"北京"和"山西长治"两种说法的可能性最大，而这两个中又究竟是哪个呢？我们还需拭目以待看有没有新的证据出现。

慈禧太后因何而获宠

□身份卑微的慈禧

清朝咸丰二年（1852年），皇太后为咸丰皇帝挑选秀女。经过层层遴选，17岁的那拉氏幸运地被选中了。于是，她走进了日思夜想的北京紫禁城。进宫后，那拉氏被选为贵人。宫中人称"兰贵人"。

三个月后，兰贵人入住长春宫。这长春宫的正殿高悬着乾隆帝的御笔匾额，上书"敬修内则"四个遒劲有力的大字，似在告诫后宫妃嫔要严格遵照祖宗家法行事，谨慎地规范自己的一切言行。在有清一代，对后宫的妃嫔制定了严格的等级限制：自皇后以下的妃嫔共分七级，第一级是皇贵妃，第二级是贵妃，第三级是妃，第四级是嫔，第五级是贵人，第六级是常在，第七级是答应。以上统称内廷主位。

当时，慈禧只被封为贵人，是第五级的嫔妃。可以说，她在后宫的嫔妃中，品级低下，身份卑微。慈禧对她这个地位，自然很不满意。然而，仅仅过了两年的时间，她就被晋封为懿嫔；再过了两年，她被晋封为懿妃；又过了一年，她被晋封为懿贵妃。也就是说，只经过短短五年的时间，慈禧便由第五级的兰贵人跃升为懿贵妃了。此时，年仅22岁的慈禧已经成为仅次于皇后的后宫女主人了。那么，年轻的慈禧为何能在美女如云的后宫中脱颖而出？她究竟是靠什么功夫获得咸丰皇帝的宠幸而独霸龙床的呢？

□风姿绰约，慈禧脱颖而出的本钱

众所周知，皇帝后宫争宠之战历来云谲波诡，风云变幻。咸丰皇帝好色成性，后宫不仅佳丽无数，而且等级森严。当时，在咸丰的后宫中，皇后之下还有一个皇贵妃、两个贵妃、四个妃子、六位嫔，贵人、常在、答应则无定数。而此时，咸丰还挑选数十名年轻貌美的汉女佳丽入住圆明园，最让他心仪的就是人们所说的四春。"文宗渔色，于圆明园隅，暗藏春色，谓之四春，世竞传之"。这四春就是牡丹春、海棠春、杏花春、武陵春。她们原来都是良家女子，被逼迫而走入圆明园的。除四春之外，咸丰还钟情于一位曹寡妇。这位来自山西的寡妇，长得美妙绝伦，特别是一双小脚，不到三寸。她的鞋也与众不同，鞋底是菜玉做的，内衬香屑，鞋尖缀着光彩夺目的明珠。入宫后，"咸丰帝最眷之"。年轻的慈禧要在这六宫粉黛中脱颖而出，独霸龙床，实在是难上加难。

当然，慈禧年轻时也是一位美人。慈禧晚年常常炫耀说，年轻时宫里人都说她长得漂亮，大家都忌妒她。做过慈禧近两年女侍官的德龄，在她的书中如此描绘慈禧的外貌："太后当伊在妙龄时，真是一位风姿绰约、明媚鲜明的少女，这是宫中人所时常称道的；就是伊在渐渐给年华所排挤，入老境之后，也还依旧保留着好几分动人的姿色咧！"

曾与慈禧朝夕相处九个月的美国女画家卡尔在《慈禧写照记》中写道："慈禧太后身体各部分极为相称，美丽的面容，与其柔嫩修美的手、苗条的身材和乌黑光亮的头发，和谐地组合在一起，相得益彰。太后广额丰颐，明眸隆准，眉目如画，口唇宽度恰与鼻宽相称。虽然其下颌极为广阔，但丝毫不显顽强的态势。耳轮平整，牙齿洁白得如同编贝。嫣然一笑，姿态横生，令人自然欣悦。我怎么也不敢相信她已享 69 岁的大寿，平心揣测，当为一位 40 岁的美丽中年妇女而已。"

□施之无效的伎俩

虽然，年轻的慈禧美丽动人，雪明花艳，但是，受封为兰贵人之后的慈禧，并没有成为独宠专房的后宫嫔妃。当时，受到咸丰宠幸的有三人，一是天生丽质的云嫔，二是温顺柔媚的丽贵人，三是丰姿绰约的玫常在。云嫔武佳氏早在咸丰还未当皇帝之前就是他的宠妾了，不仅美貌超群，而且与咸丰的情谊深厚，咸丰称帝后对她宠眷不衰。丽贵人、玫常在和慈禧同年选秀入宫。丽贵人艳若桃李，美如西施，撒娇弄嗔起来，竟让咸丰神魂颠倒，不能自持。而玫常在徐桂氏聪明伶俐，心机过人，每次被召幸，总能带给咸丰新鲜和刺激，是咸丰帝的最爱，不久把她晋升为贵人，与慈禧平起平坐了。

此时的慈禧尽管每天都将自己装扮得俏丽可人，等待着咸丰的临幸。但是，总是等不到咸丰的到来。她环视后宫，自己并不是最美的，也不是最娇媚的，如果要集三千宠爱于一身，必须改变吸引皇帝的策略。于是，她听从了宫女的建议，每日饮"驻香露"，使自己渐渐玉体溢香；她听从了御医建议，用鸡蛋清敷面，让皮肤柔软有弹性；她让近侍从宫外采来人奶，天天用人奶沐浴，不久后通体细滑白嫩，肌肤宛如初生婴儿；用宫中特制的玉容散化妆，使面容珠圆玉润。由于保养有方，慈禧渐渐少了刚入宫时的那份青涩，多了一份成熟女人的风韵和妩媚。

在不断提升女性魅力的同时，还是兰贵人的慈禧开始主动与咸丰宠幸的嫔妃们竞争起来。她贿赂宫女太监，指使他们陷害此时圣眷正隆的玫贵人，让咸丰误以为玫贵人在慈禧的点心里下毒。于是，咸丰一怒之下将玫贵人降为常在，再降为宫女。不久，慈禧又用蛊惑罪陷害云嫔，结果云嫔被打入冷宫，又气又急，不久后悬梁丧了芳魂。而丽贵人一直是个聪明的女人，慈禧的所有伎俩在她面前都不管用，咸丰对她的宠幸有增无减，慈禧只好等待时机。

□见缝插针的手段

1854 年，丽贵人身怀六甲，咸丰为了保住龙种，让丽贵人安心养胎，只好远离了丽贵人的身边。这让慈禧等到了难得的机会。一夜不临幸女人就心神不宁的咸丰急于找到丽贵人的替身，于是，颇具风韵，且善解人意的兰贵人进入了他的眼帘。《清稗类钞》也说慈禧："有机智，遇事辄先意承旨，深嬖之。"《慈禧外纪》记道："以己之聪明智慧，遂蒙帝宠。"与手握生杀大权的皇帝相伴，要想获得宠幸，善于揣摩皇帝的深层思想是必备的能力。那拉氏正具有这一特殊的能力。《十叶野闻》记载了咸丰临幸那拉氏的情景："当文宗（咸丰帝）初幸慈禧之日，颇有惑溺之象，《长恨歌》中所谓'春宵苦短日高起，从此君王不早朝'者，仿佛似之。"两年之后，慈禧从贵人被晋升为懿嫔，向她独霸龙床的人生目标上迈进了一大步。

□提高素养，吸引帝王

为了独霸龙床，圣眷不衰，慈禧还学习书法绘画，以取悦咸丰。慈禧天分极高，在圆明园居住时，"因日习书画以自娱，故后（慈禧）能草书，又能画兰竹"。有的史料说她，"书法端腴"，有的史料记载她，"先入宫，夏日单衣，方校书卷"。咸丰帝寄情声色，懒于国事。有些奏章，就让慈禧代阅，甚至代批，"时时披览各省章奏，通晓大事"。《慈禧传信录》中说："时洪杨乱炽，军书旁午，帝有宵旰劳瘁，以后书法端腴，常命其代笔批答章奏，然皆帝口授，后仅司朱而已。"但是，清朝皇帝一般不准后宫参与政事。时间一久，"帝浸厌之"。一旦发现咸丰不满，慈禧便急流勇退，"后亦敛迹"，马上蛰伏起来。善观风色的慈禧，能相机行事，知道进退。

因此，咸丰十分迷恋慈禧，时常召幸。慈禧终于在入宫四年时，即咸丰六年三月二十三日诞下了皇子。这是咸丰帝唯一的儿子，是为载淳。母以子贵，那拉氏的地位发生了急剧的变化。《清皇室四谱》记道："六年三月生皇子，是为穆宗（同治帝）。旋诏晋懿妃，十二月行册封礼。七年十二月晋懿贵妃。"但由于备受宠幸，且诞育了皇子，她的实际地位已在皇后之上了。就这样，此时的慈禧不想独霸龙床也不可能了。

是慈禧害死了慈安太后吗

□安德海之死，矛盾的激化

同治、光绪两朝初年，慈安太后、慈禧太后两太后先后两次垂帘听政。慈安太后性喜清静，对政治权力不是很感兴趣。而慈禧太后则不同，辛酉政变后，她的权力欲不断膨胀，参与朝政，处处揽权。但是慈安太后居慈禧太后之上，手上握有咸丰帝临终授予的"御赏"印，对慈禧太后还是有很大限制的。不过，在两人的长期相处过程中，两位太后并没有出现什么大的矛盾。但是，1869年慈禧太后宠监安德海之死，被认为是两位太后之间矛盾的集中体现。

安德海是慈禧太后十分宠信的太监，辛酉政变时，他受慈禧太后派遣，往来于承德和北京之间，与恭亲王奕䜣秘密联络，为政变的成功立下了汗马功劳，此后更是极得慈禧太后赏识。

安德海自恃慈禧太后娇宠，气焰嚣张，行为跋扈。皇宫上下，从王爷、军机大臣、嫔妃、公主，到小太监和宫女们，无不畏其三分，这引起了慈安太后的极大不满。1869年，安德海奉慈禧太后私令，到江浙一带采办龙衣。安德海乘船顺运河南下，龙旗招展，铺张声势，宛如天子出巡一般。他还沿途搜刮民财，招摇滋事，激起了极大的民愤。行到山东时，山东巡抚丁宝桢以假冒圣命的名义将其逮捕。

原来按照清初制度，太监不得出宫门，更没有让太监出外采办之先例，所以丁宝桢逮捕他名正言顺。丁宝桢的这一手出乎慈禧太后意料，使她陷入被动，因为她出面保护安德海，就说明她违反祖制，于常理不合。而慈安太后早就对安德海大为不满，抓住这个好机会，趁机召开军机大臣及内务府总管等议安德海之罪，并下令将安德海就地正法。

慈禧太后拖延了数日，终因众议愤然，还是被迫下发了谕旨。安德海之死暴露了两宫太后之间的矛盾，使慈禧太后更深切地感到，慈安太后是自己进一步控制大权的障碍。

□慈安太后小病猝死

光绪七年（1881年）三月十日，慈安太后偶患感冒，微疾小恙，根本就没有引起大臣的注意。谁料，当晚却传出了病故的消息。慈安太后小病猝死，年仅四十五岁，这自然引起了人们对其死因的猜疑。不少野史和民间传说更是不约而同地把矛头指向了慈禧太后，认为是慈禧太后害死了慈安太后。所以，关于慈安太后之死，世上流传着多种说法。

□慈禧太后毒杀慈安

相传，咸丰帝死前，就觉察到慈禧太后是一个不法乱政、野心勃勃的女人。因此，他特别密授慈安太后朱谕，嘱咐她如果自己死后，慈禧太后恃子为帝，胡作非为，就以此谕将其除掉。咸丰帝死后，慈安太后曾把密谕拿给慈禧太后看，以示警醒。密谕的存在，让慈禧太后惶恐不安，办事谨小慎微，不敢胡作非为。对慈安太后更是言听计从，百般讨好。在慈禧太后的蒙骗下，慈安太后放松了警惕，并在一次同宴后，当着慈禧太后的面将遗诏烧毁。不久，慈禧太后派人给慈安太后送去了几样小点心，慈安太后吃后就中毒而死。

□诛杀安德海，慈禧怀恨在心

还有一种说法是慈安太后下令诛杀安德海让慈禧太后怀恨在心，因而决意铲除她专权道路上的绊脚石，就密令太医用不对症之药，将慈安太后害死。后世的史学家也有相信此说的，明清史专家商鸿逵就认为，安德海为慈安太后下令杀掉，慈禧太后由此痛恨慈安太后，所传慈安太后因食慈禧太后所献食物暴死，"揆诸情由，当属可信"。《清朝野史大观》也载："或曰慈禧太后命太医院以不对症之药致死之。"

□尚不可知的真正死因

根据以上野史传闻以及史学者的推断或许可以得出这样的结论——慈安之死慈禧太后有着难以推脱的嫌疑，可是，正史上对这件事却并无记载。不过从有关的文件记载看，慈安太后之死确实异常：慈安太后三月初十感冒，非常想喝点什么，然而当晚就传出了病亡的消息。据说当时慈安太后头疼厉害，早上喝了一顿药；中午时已经神志不清，牙关紧闭；晚间只开了一些喝的药，但慈安太后已经进入了弥留状态，不能喝药了，当晚就离开了人世。从发病到死亡如此之快，确实令人不解。

当然，也有人认为慈安太后与慈禧太后共同垂帘听政达20年之久，二人的根本利益是一致的，慈禧太后没有必要害死慈安太后，慈安太后可能是患了脑出血等急性病去世了，与慈禧太后并没有什么关系。

总之，慈安太后之死涉及深宫隐秘，除当时的大臣、书法家翁同龢的日记外，没有发现还有什么资料对慈安太后的死因有记载的。退一步说，如果真是慈禧太后害死了慈安太后，她必定会销毁一切罪证。不过，按常理猜测，以慈禧太后的阴险和狡诈，为了大权独揽害死慈安太后的可能性极大，但是在没有确凿的证据发现之前，这也只是一种合理的猜测，毕竟历史疑案的破解终究是需要充分证据的。

慈禧太后缘何逼死珍妃

□恳请皇帝留京引祸端

珍妃，他他拉氏，满洲镶红旗人，礼部侍郎长叙之女。光绪十四年（1888年）十月选为珍嫔，光绪二十年（1894年）春因慈禧太后六旬庆典，晋封珍妃。珍妃是光绪帝一生中唯一宠爱的妃子，也是唯一一个给光绪帝无助和压抑的生活带来阳光和喜悦的女人。1898年戊戌政变后，光绪帝被囚于瀛台，珍妃也受到牵连，被囚禁于紫禁城东北部的北三所。

关于慈禧太后逼死珍妃的一种说法是因珍妃请求"皇上留京"，触怒了慈禧太后，被慈禧太后下令扔进了井里。八国联军侵入北京后，慈禧太后胁迫光绪皇帝离京西逃。珍妃从北三所中放出来后，跪求慈禧太后将皇帝留在京城，主持朝廷的正常事务。慈禧太后大怒，以"扰乱后宫，不守本分"为名，令太监崔玉贵把珍妃推入了井中致死。曾为溥仪当过英文教师的庄士敦就认可这种说法，他曾写道："珍妃曾跪在冷酷无情的太后面前，乞求她不要强迫皇帝随其出走。珍妃是皇帝最宠爱的妃子，她知道他愿意并渴望留下，去面对联军的司令官们……据说太后没有给跪在面前恳求她的珍妃任何回答，而是对她的随从太监勃然大怒，命他把泪流满面的妃子扔进井里。"

□为保贞洁逼自尽

另一种说法是慈禧太后以贞洁观为由，逼珍妃自尽，珍妃不愿，慈禧太后便命令太监把她扔进了井里。

珍妃之死的见证人，原清宫太监唐冠卿曾这样回忆：

庚子七月十九（1900 年 8 月 12 日），八国联军攻进北京，宫中一片恐慌。太监总管崔玉贵率领快枪队四十人守在蹈和门，我率领四十人守在乐寿堂。中午的时候，我在乐寿堂后门休息，突然看到慈禧太后从内殿出来，身旁并没有随侍的人陪伴。我想她可能要到颐和轩，于是就上前去扶她。走到乐善堂右边，太后又沿着西廊走，我感到很惊讶，就问她："老佛爷到什么地方呢？"她说："你不用问，随我走就行了。"

到了角门转弯处，她对我说："你到颐和轩走廊上守着，如果有人偷看，就打死他。"我正吃惊，崔玉贵来了，扶着太后走出角门向西走去。我私下想，她不会是殉难的吧！但不敢开口问。

一会儿，听见珍妃来了。她向太后请了安，并祝老佛爷吉祥。太后说："现在还成话么，义和团捣乱，洋人也进入北京了，该怎么办呢？……"

接下来几句，声音太小，我辨认不出说的是什么。忽然又听到太后大声说："我们娘俩跳井吧！"

珍妃哭着求太后开恩，并说："我没有犯重大罪。"太后说："不管有无大罪，难道我们留下遭受洋人的毒手吗？你先下去，我也下去。"

珍妃不停地叩头请求太后开恩。接着又听到太后叫崔玉贵，就听到崔玉贵说："请主儿遵旨吧。"珍妃说："你算什么人，也逼迫我？"崔玉贵说："主儿下去，我也下去。"珍妃怒曰："你不配。"

我听到这里，已木立神痴，不知所措。突然又听到太后大声喊道："把她扔下去。"然后听到有挣扎扭动的声音，过了一会儿，听到"砰"的一声响，想来珍妃已经落到井里了。

唐冠卿作为清廷太监，应该说是最接近珍妃之死现场的人，这种说法相对比较可信。

□二合一的说法

金易、沈义羚著的《宫女谈往事》中，"崔玉贵谈珍妃之死"一节对珍妃之死的叙述，与上面两种说法十分接近，基本上是将二者合一，大致是这样的：

慈禧太后在出逃前，已经深思熟虑要逼珍妃自尽，当珍妃被带到颐和轩后，有这样一段对话（注：因为是宫女转述崔玉贵所说，这里是崔玉贵说的话）："到了颐和轩，老太后已经端坐在那里了。我进前请跪安复旨，说珍小主奉旨到。

我用眼一瞧，颐和轩里一个侍女也没有，空落落的只有老太后一个人坐在那里，我很奇怪。珍小主进前叩头，道吉祥，完了，就一直跪在地上，低头听训。这时屋子静得掉地上一根针都能听得清楚。老太后直截了当地说，洋人要打进城里来了。外头乱糟糟，谁也保不定怎么样，万一受到了污辱，那就丢尽了皇家的脸，也对不起列祖列宗。你应当明白，话说得很坚决。老太后下巴扬着，眼连瞧也不瞧珍妃，静等回话。

珍妃愣了一下说：我明白，不会给祖宗丢人。

太后说：你年轻，容易惹事！我们要避一避，带你走不方便。

珍妃说：您可以避一避，可以留皇上坐镇京师，维持大局。

就这几句话戳了老太后的心窝子了，老太后马上把脸一翻，大声呵斥说：你死到临头，还敢胡说。

珍妃说：我没有应死的罪！

老太后说：不管你有罪没罪，也得死！

珍妃说：我要见皇上一面。皇上没让我死！

太后说：皇上也救不了你。把她扔到井里头去。来人哪！

就这样，我和王德环一起连揪带推，把珍妃推到贞顺门内的井里。

珍妃自始至终嚷着要见皇上！最后大声喊：皇上，来世再报恩啦！

我敢说，这是老太后深思熟虑要除掉珍妃，并不是在逃跑前，心慌意乱，匆匆忙忙，一生气，下令把她推下井的。"

这一记载如果确实是出自崔玉贵之口，那么显然是最接近历史真相的，就是慈禧太后在西逃前，逼死了珍妃，珍妃也确实曾请求让皇帝留下主持大局。这应该是珍妃死因的第三种说法了。

□不随西行惹怒火

还有一种说法是珍妃因为当时患天花，请求不随慈禧太后西行，慈禧太后十分恼怒，把她淹死在井里。

据太监小德张过继孙张仲忱在《我的祖父小德张》一文中回忆：当年八国联军进城后，慈禧太后来到了御花园旁，在养心斋前换上了便装。各宫妃嫔陆续到来，光绪帝也由瀛台过来，换上了青衣小帽。

这时，慈禧太后命人把珍妃叫来，让她换好衣服一起走。不大一会儿，珍妃披散着头发，穿着旗袍走过来。慈禧太后大怒说："到这时候了，你还装模作样，洋人进来，你活得了吗？赶紧换衣服走！"

珍妃说："老佛爷，奴才面出天花，身染重病，两腿酸软，实在走不了，让我出宫回娘家避难去吧！"

慈禧太后不同意，仍然叫她走，珍妃跪在地上就是不走。慈禧太后大为恼怒，回过身来大喊一声，叫太监崔玉贵把珍妃扔进了井里。

据后人考证，当时珍妃可能真的患了天花，卧病在床。

□不让西行致死说

最后还有一说，出自《我所知道的慈禧太后》一书。这本书是慈禧太后的亲属叶赫那拉·根正所写，书中对珍妃之死经过是这样叙述的：

由于珍妃聪明而又漂亮，非常有才干，仿佛就是年轻的慈禧太后，也因此慈禧太后实际上十分喜爱珍妃。后来由于珍妃通过关系从外国人手里买了照相机，在宫中乱照相，并且穿的衣服在当时看来很失体面。慈禧太后当时对照相机缺乏认识，认为是妖术、邪术；珍妃爱穿男人衣服，也让慈禧太后不能理解。因此，慈禧太后与珍妃之间有了隔阂，但慈禧太后并没有因此而有加害珍妃之意。

八国联军攻进北京后，慈禧太后决定西行，可是西行带不了那么多人，便决定带上皇帝和隆裕皇后一起走，而其他的一些亲属都暂回娘家躲一躲，妃子也不例外。

然而，在这紧要时刻，珍妃一直缠着慈禧太后说：我是光绪帝的妻子，我也要跟着去，您有偏见，皇后是您的侄女，所以您偏心。

这让慈禧太后十分难堪，大清国，包括皇帝在内，也从来没有人敢顶撞她。

随后，珍妃一直跟着慈禧太后叙说自己的理由，走到了颐和轩附近，不死心的珍妃又说：我是光绪帝的妻子，就要跟皇上在一起，不在一起，宁愿死。活着是皇家人，死了是皇家鬼。慈禧太后一听更加生气，现在是什么时候了还大吵大闹的，就随口说：你愿意死就死去吧。

当时说话不远处正好有一口井，珍妃就说：既然这样，我就死给你看。于是就直奔井口而去。慈禧太后一看不妙，赶忙叫太监崔玉贵去拉住她，但已来不及了，珍妃已跳下了井。由于情况危急，太后来不及管她，就西行去了。

由于该书为慈禧太后亲属所著，这种说法明显带有为慈禧太后开脱的意味，真实性很值得怀疑。

在以上五种说法中，前四种说法较为可信，可是在当时的情况下，慈禧太后究竟为何非置珍妃于死地，是深思熟虑后的谋杀，还是一怒之下的冲动？至今仍是个莫衷一是的历史之谜。

慈禧之死

□太后病重

到了光绪三十四年（1908年），74岁高龄的慈禧进入皇宫已有58年，对大清的统治已48年，十月，慈禧因年纪大了，体力不支，她的精力明显不够用了，此时她也不免有些担心，于是千方百计保养，但尽管如此，她还是病倒了。

她在病倒之后，尽管想不到自己的寿命不久了，但自知年纪大了，既然病倒就十分不利。所以，她一方面依然将朝廷权力握在手中不放，甚至到死前的最后一刻；另一方面必须得考虑自己的身后之事，做一些安排。

慈禧在病重期间，做出了一个重要的决定，就是将醇亲王载沣近3岁的儿子溥仪迎入宫中。光绪去世之后，慈禧就在朝廷内外宣示溥仪为入关后第十代皇帝，这是慈禧所立的第三个傀儡皇帝。

在溥仪即位之前，慈禧就下了一道懿旨，曰："现值时事多艰，嗣皇帝尚在冲龄，正宜专心典学，著摄政王载沣为监国，所有军国政事，悉秉承予之训示施行，俟嗣皇帝年岁渐长，学业有成，再由嗣皇帝秉裁政事。"这充分表明，慈禧虽然立了皇帝，但她绝不放弃手中大权，哪怕一点点。

这年十月二十二日，慈禧太后正在中南海仪鸾殿的御榻上，静卧养病。几天来，慈禧的病情加重了，而且是明显加重，御医们绞尽脑汁，用尽医术为她治疗，但也无济于事，应诏赴京的全国各地名医也轮着为慈禧诊断、治疗，开出许多方子，但慈禧的病情却日益严重。

□回顾人生的沉浮

慈禧出生在大清帝国中衰之际。西方资本主义列强对东方的富庶很感兴趣，更想吞掉中国这块土地。他们极力用各种方式来撬开中国的大门。在她6岁那年，英国发动了鸦片战争，中国的大门被隆隆的炮声打开了。列强涌了进来，眼看大清政府面临着危亡。她在宫中正受咸丰宠幸的时候，洪秀全在南方闹起了太平天国革命。没有多久，英法发动了第二次鸦片战争，咸丰内外交困，逃入热河避难。在一个集权专制的政体下，最高统治者皇帝重色轻政，为所欲为，手中的大权自然就会失去。在咸丰纵情声色、不问政事的情况下，肃顺等人乘机想篡权，后妃不甘受人指使，与奕訢联合，最后使肃顺大败，慈禧垂帘听政，步入了政治舞台。她与慈安、奕訢制定了对洋人妥协、集中全力镇压太平天国革命的政策，终于外揖洋人、内平太平天国。由此形成了所谓"同治中兴"。但时间不长，中法战争中，中国军民齐心协力，镇南关一战大败法军，法国茹费理内阁倒台。慈禧害怕再发大乱，导致别的国家也来干涉内政，因此同李鸿章等人积极鼓吹乘胜即收，与法国签订《中法新约》，造成了不败而败的局面。10年后，中日甲午战争爆发，中国惨败，被迫签订《马关条约》，丧失主权，也大大加深了半殖民化。民众对洋人的侵略十分愤恨，山东闹起了义和团。慈禧采取利用义和团反洋人的策略，招来了八国联军，结果北京被攻陷，慈禧西逃。自《辛丑条约》签订后，中国进入了半殖民地半封建社会，洋人几乎掌握了大清帝国的命运。

慈禧每每回忆到这些，她都怨恨至极点，但她痛恨的不是自己，而是道光与咸丰，更怨恨肃顺、载垣、端华等人。她怨恨上台时就接的是他们的破烂摊子。她更怨恨奕䜣、慈安、光绪、康有为、梁启超、载漪、载勋等人不尽心尽力，导致国家败落。对自己，慈禧本人不但没有怨恨，反而自豪。她曾经说过："我不逊于任何一个男性统治者！"慈禧认为，她接过这样一个破烂摊子，能将大清帝国维持到这种地步已经够可以的了。历史上有几位能像自己这样，统治的时间长达48年，况且又是在内忧外患的情况下，毫无分裂割据局面，她的确为之自豪。

慈禧不但破坏大清祖制垂帘听政，而且将列祖列宗不得重用太监，更不允许他们参政干政的祖训抛到九霄云外，重用起安德海、李莲英等太监，导致他们在朝中胡作非为、权重一时。但是，也许是慈禧在自豪过后又痛心疾首的缘故，慈禧在临终前留下遗言，即是："以后勿再使妇人预闻国政，此与本朝家法有违；尤须严防不得令太监擅权，明末之事可为殷鉴。"

□奢华的葬礼

慈禧的殡葬前后，所烧的纸人、纸马、楼库、器皿、松亭、松轿、衣、帽、鞋、履、衾、被、枕、褥等数不胜数。在出殡前两个月，仅仅一次就在东华门外烧掉一只"大法船"。这只船价值十几万两银子，是用绫罗绸缎扎成的。

清东陵内慈安、慈禧的陵墓——定东陵

慈禧的棺材木料，来自云南的森林，仅运费就花去了几十万两白银。棺材做完后，先用一百匹布缠裹衬垫，然后刷49次油漆。由几千杠夫抬棺，分几十班轮流杠运，每班128人。在出殡前，杠夫在德胜门外"演杠"整10天，按照正式送葬的要求，抬着一块和棺材重量相同的大厚板，厚板中心放着满满的一碗水，直练到碗中水不溢时，演练才可停止。

出殡的那一天，送葬队伍声势浩大，旗伞飘扬，在最前面走的是64人的引幡队，举着花花绿绿的万民旗、万民伞。在其后是上千人的法架卤簿仪仗队，举着无数个金瓜、钺斧、朝天镫，刀枪如林，幡旗蔽日。跟在仪仗队后面的是由100多人组成的抬着慈禧的巨大棺材的大杠。皇家规矩特别多，还把棺材装饰成轿的模样，称为"吉祥轿"。跟在棺材后边的是十路纵队的武装兵弁。最后面是由数千辆车子组成的文武百官、皇亲国戚的车队。送葬队伍蜿蜒十多里，所路过的地方，不能有任何障碍物，只要是有的，不问大小、多少，一律拆掉。

从北京到东陵，要走六七天。途中不仅有已设可供食宿休息的行宫，而且还每隔一段距离用高级布匹搭起芦殿、黄幄。即使这些临时住所，也是金瓦玉阶，朱碧辉煌。芦殿是供棺枢暂停用的，它先以黄绸围成内城，又以白绫子围成外城，外城之外，还有一道网城。

慈禧葬礼准备了近一年的时间，花了120万两白银，消耗资金是如此惊人。

第二章
官场人生大舞台——名臣秘事

第一节 吴三桂降清始末

吴三桂为何入京勤王也敢迟到

□忠贞虎将吴三桂

吴三桂的父亲吴襄是天启二年（1622年）的武进士。在明末那段动荡的岁月里，吴襄原本平静顺利的生活也被后金对关外的不断侵扰打碎了。身为武进士，自然不能眼睁睁看着敌寇进攻，吴襄便在辽西一带办起了团练，抵抗后金的入侵，居然颇有成效。因此被明廷授予辽东团练总兵一职，吴襄战功卓著，声名赫赫，享有"辽右巨臂"的美称。因此与明廷的一些抗金名将交情莫逆。吴襄把自己的妹妹嫁给了袁崇焕的部下名将祖大寿，而自己又娶了祖大寿的妹妹。吴三桂就是在这样的家庭中出生长大，算得上将门虎子，从小眼见所闻都是军事征战，天长日久，耳濡目染，吴三桂自然也不甘落于人后，自幼习文练武，"终日无惰容"。在父亲和舅舅的关照和提携之下，吴三桂十六岁时就中了武举人，并以战功和恩荫受封都指挥之职，可谓少年得志，升迁迅速。

崇祯二年（1629年）十月，皇太极亲率十万大军绕道蒙古，由喜峰口攻陷遵化，直逼京师。不久，在朝廷的命令下，祖大寿率兵回救京师，不料在建昌和后金军突然遭遇。吴襄彼时正率领500骑兵出城侦察，不料被后金军团团包围，形势非常危急。

吴三桂得此噩耗，连忙向舅舅祖大寿请求出兵，为父亲解围。但祖大寿用兵慎重，他担心这可能是皇太极的围城打援之计，因此不敢轻易出兵，只是告诉吴三桂："吾以封疆重任，焉敢妄动！万一失利，咎将安任？"

吴三桂知不可强求，大哭而去。他又救父心切，于是不顾舅舅祖大寿的阻拦，亲率数十骑出城奋不顾身地杀入敌阵，和后金军展开肉搏战，成功地救出了父亲吴襄。能在千军万马中成功救父，这份勇气和魄力不仅让明朝的官员们看得是目瞪口呆，就连皇太极也对吴三桂赞不绝口。自此，吴三桂单枪匹马舍身救父的事迹传遍了大江南北。赢得了"勇冠三军、孝闻九边"的美誉。

崇祯四年（1631 年），皇太极展开大凌河之战，率军猛攻祖大寿镇守的大凌河城。祖大寿兵力屈于劣势，不得不困守城中。在明廷的督促下，明将孙承宗组织人马出关来到锦州，与后金军展开战斗。吴襄在增援大凌河的战斗中因逃跑而导致明军全军覆灭，迫使孤立无援的祖大寿投降后金，孙承宗也受牵连而遭罢官，吴襄下狱。但吴三桂仍然被朝廷留在军中供职，崇祯皇帝擢拔他为辽东总兵官，镇守山海关。

吴三桂的部队继承了关宁铁骑的优良传统，训练有素，战斗力强，堪称是明末唯一可以依赖的部队；而吴三桂本人作战也极其英勇，"每逢大敌，身先士卒，绞杀虏级独多。"在随后发生的松山、杏山等战役中，吴三桂所率兵马都"胆勇倍奋，士气益鼓"，"凡三战，松山、杏山皆捷"。

崇祯十二年（1639 年）七月，吴三桂因功升任宁远总兵，开始替明朝守卫关东大门。边城宁远，乃山海关外之重镇，是抵御后金军入关的重要防线。吴三桂到任后，训练士兵，重修武备，在很短的时间内就训练出能骑善射的精兵四万余人。他又挑选敢死之士，将他们训练成自己的亲军。

吴三桂的宁远精兵，在关外的战场上抵御住了后金军的多次猛攻，他们以勇敢善战而威震敌营，成为一支后金军不可小觑的明朝军事力量。同年九月，后金军大举南下，进攻宁远以西至山海关的中后所、中前所、前屯卫三座重镇。在短短一个月的时间内，后金军势如破竹，连下两营，吓得明朝守将或弃城而逃，或不战而降，致使明朝的天威荡然无存。

此时，驻守宁远城的宁远总兵吴三桂，断然拒绝了早先投降后金的舅舅祖大寿和老师洪承畴的劝降，决心坚守，誓死不降，甘与宁远共存亡。于是他就在距山海关 400 里以外的孤城宁远抵抗如狼似虎的后金军队。

崇祯十六年（1643 年）十月，李自成攻破潼关，转瞬之际全陕披靡，以摧枯拉朽之势，近逼京畿。北京城内一片混乱。崇祯皇帝一连三道手谕，催促吴三桂星夜赶赴山海关入京勤王。然而等吴三桂赶到山海关不久，崇祯皇帝便做了殉国之君。

□吴三桂为陈圆圆而迟到

从时间上看，崇祯十六年（1643 年）十月，崇祯皇帝便诏令吴三桂入京勤王，但吴三桂赶到山海关之后不久，崇祯便做了亡国之君。崇祯自缢是在崇祯十七年（1644 年）的三月十八日。那么，这个时间差之中的吴三桂在做什么？为什么没有迅速赶赴山海关？为什么没有在闯王大军攻破京师之际入京勤王？

最常见的解释是为了陈圆圆。

陈圆圆原姓邢，名沅，字圆圆。母亲在她很小的时候就去世了。为了过活，父亲便把她送给了她的姨妈。姨妈对陈圆圆很好，视如己出，于是，她便改姓陈。陈圆圆从小就接受了良好的私塾教育，加之自身的聪明、勤奋，很快就学会了读书、写字。而且陈圆圆从小就受到了戏迷姨夫的影响，耳濡目染，练就了一副好嗓子和柔美的身段。

后来姨妈家也因为经营不善而家道中落，突如其来的变故使得原本富裕的家庭，顷刻之间变得捉襟见肘，支离破碎。也正是因为这个原因，年仅10岁的陈圆圆被迫卖身沦为歌妓，被送到了一个戏班学习唱戏。不久，18岁的陈圆圆就凭借她姣好的容貌和唱功一举成为苏州城中大红大紫的歌妓，以至她一出场，观众就为其声色所惊艳，直叫人销魂断魄。

经过一番偶然和必然，陈圆圆终于与吴三桂相见。

顿时，吴三桂为陈圆圆的姿色所迷，任崇祯帝如何催促，也舍不得离开温柔乡。直到无可奈何之际，方才一步三回头地赶赴山海关。

□驻足山海关，观望北京城

把原因牵扯到陈圆圆身上有点牵强。据记载，吴三桂是在接到崇祯手谕的次日便赶赴山海关。因此不能说他抗旨不遵。

而当李自成的大军自今天的北京昌平攻入京师时，吴三桂又为何没有率兵入京，讨伐"逆贼"？

一种说法是他在观望。

崇祯帝刚愎自用、大杀功臣之事早已冷了诸将的心。更何况，吴三桂看不出崇祯治下大明王朝还有什么复兴的希望。率自己的精兵入城，最多是拖延一下明王朝灭亡的时间，却改变不了朱明帝国的宿命。因此，还是老老实实地待在山海关，看看局势再作定论。

□防御清兵的南侵

另一种说法是，吴三桂之所以驻守山海关，是为了防范清兵趁李自成攻打京师之际重兵犯关。单单一个李自成已经让大明王朝的兵力捉襟见肘，再加上一个多尔衮，明王朝最后一点儿存活的希望也将不复存在。吴三桂不敢入京，正是为了防御清兵的趁机而入。毕竟山海关和昌平是两个方向，吴三桂也鞭长莫及。拆东墙补西墙的做法只能让帝国更快地崩溃。因此，吴三桂只能扛着清兵入关的压力，眼睁睁地看着京师沦为李自成的天下。

究竟是什么原因使吴三桂没有及时进京勤王，恐怕只有他自己才知道。

吴三桂与陈圆圆

□与美人相遇难

离开皇宫的陈圆圆来到了田弘遇的家。此时的田弘遇已经是一个67岁的老头子，而陈圆圆正值青春年华，怎会甘心服侍于他。然而侯门深似海，不平也罢，不甘也罢，身为一个弱女子，哪里有能力去反抗呢？陈圆圆无奈，只得强作欢颜，暂忍烦忧。

陈圆圆以歌妓的名义被编入了田府家族乐队。在这"侯门歌舞出如花"的环境里，通过田府乐工的传授，也靠着自己的聪慧，陈圆圆学成了人间几乎绝响的《高山流水》古乐曲。加之她一向舞姿婆娑，因此深受田弘遇的赏识，将她比为"金谷园里的绿珠"，使之常在饮宴中表演"教就新声倾坐客"了。

陈圆圆在田府度日如年，而宫中的崇祯此时也焦头烂额。农民大起义如火如荼。崇祯十六年（1643年）秋天，李自成攻克洛阳，京师为之震动。

万不得已，崇祯把驻守在山海关的宁远总兵吴三桂叫到京城来，以国家重任相托。吴三桂当即慷慨受命，以忠贞自许。

此时的吴三桂为山海关总兵，他父亲吴襄为京营提督。一时间，吴家父子兵权在握，成了京师里的热门人物。

同年十月，李自成攻破潼关，转瞬之际全陕披靡，以摧枯拉朽之势，近逼京畿。

京师内一片混乱，京中豪门权贵和富家巨室万分惶恐，害怕起义军一旦攻下北京，将无以自安。为保住性命财产，这些人纷纷寻找有兵权的武将作为靠山。陈圆圆久慕吴三桂英勇过人，趁机向焦头烂额的田弘遇道："你最好也结交一些有实力的武将，好有一个依靠。"田弘遇苦着一张老脸，道："如今天下大乱，哪个武将能有实力，保住我等身家性命呢？"

陈圆圆轻启朱唇，幽幽地吐出三个字："吴三桂！"

这三个字，恰好似一脉清泉，如醍醐灌顶，一语惊醒梦中人。田弘遇马上下谏，请吴三桂来府。

吴三桂早就想到田府观看歌舞，借此一睹陈圆圆的绝代风采，听到田府来请，正中下怀。

是夜，田府雕梁画栋的"碧云轩"灯火辉煌，田弘遇备办了丰盛的晚宴，迎来了"白皙通侯最少年"的吴三桂。酒过三巡，吴三桂假意站起来告辞，田弘遇一把将他挽留住，并邀入幽静的后室，以歌儿舞女、管弦丝竹相见。

此时，吴三桂直截了当地问："听说玉峰歌妓陈圆圆曾入贵邸。这批歌姬中是否有她呢？"

话语未落，忽然一个天姿国色的歌女手抱琵琶，姗姗走出。

这就是吴三桂欲一睹芳容的陈圆圆。

陈圆圆身披白纱舞衣从重重帷幕中缓缓飘出，就好像一朵白云飘到了大厅之中，她淡扫蛾眉，轻点朱唇，淡雅中露出一种超尘脱俗的气韵；轻舒长袖，明眸含笑，像一朵烟雾笼罩着的牡丹花，朦胧的诱人中透着心醉；一段轻舞后，在厅中站定，随着动人心弦的乐器，唱起了小调，那声音仿佛从遥远的天际飘来，轻悠悠地荡入听者的心底，宛如清泉浇身般地清爽。

这舞这歌，把上座的吴三桂迷得欲醉欲仙，捧着酒杯，痴迷迷地盯着陈圆圆，好半天忘了喝酒，也不知搁下酒杯。

一曲歌罢，吴三桂方如梦初醒。

他解戎装，易轻裘，请求与这个歌女相见，并对田弘遇道："国丈！这陈圆圆可真称得上一笑倾城，再笑倾国了。"

田弘遇不知如何回答是好，府中师爷从旁悄悄地对老头道："事到如今，乐得做个顺水人情。何况再好的东西，一旦到那玉石皆焚之时，也不可能坚闭存留的呀！我们正愁急中无计，姑且作条美人计罢！"田弘遇只好叫陈圆圆敬酒。

陈圆圆至席，悄悄对吴三桂道："公不知红拂之事耶？"（红拂是隋末杨素的侍妾，后与李靖私奔）吴三桂点头领会。

甫到吴宅，朝廷的邸报即送上门来，上书："代州失守，周遇吉阵亡。"虽仅九个大字，但不亚于雷霆震耳。一方是家国大事，一方是一见倾心的国色天香，吴三桂左右为难。崇祯皇帝可不管吴三桂是如何想的，一连三道手谕，催促他星夜赴任，速回山海关驻守。然而吴三桂当夜却没有动身，与陈圆圆点燃了洞房花烛。次日，方匆匆赶往。

虽军中不准随带姬妾，吴三桂仍然执意携眷同行，最后还是吴襄担心儿子带着陈圆圆去山海关会贻误军机，力加阻挠，才把她留在家中。

□吴三桂对陈圆圆究竟有无感情

吴三桂和陈圆圆在一起看似是各取所需的政治联姻，然而他们的感情却非常好。在明朝太监王永章所写的《甲申日记》一书中曾有关于两人感情的记载：吴三桂离开北京后，给父亲吴襄写了若干封信，每封书信上都提到了陈圆圆。第一封书信中说："告知陈妾，儿身甚强，嘱伊奈心。"第二封书信中说："陈妾安否，甚为念！"第三封书信是在得知父亲吴襄让陈圆圆骑马赶赴山海关后所写，吴三桂对此事表示出强烈的忧虑："如此轻年小女，岂可放令出门？父亲何以失算至此？"吴三桂竟然因为担心陈圆圆的安危而责怪父亲，可见其对陈圆圆用情之深。

□陈圆圆为何选择吴三桂

除了前面所说的为求避难的原因之外，另一种说法为，陈圆圆想找一个依靠。

民间传说，陈圆圆与明末风流才子冒辟疆有过一段风花雪月的故事。

明朝"复社四公子"之一的冒辟疆风流潇洒，饱读诗书，富于才气，难能可贵的是他正直不阿，敢于与阉党对抗。那个时代的江南名妓气节颇高，仿佛达成一种共识，都喜欢有才学、有胆识、有正义感的文人。冒辟疆正是这样一个人，据说当时无数女子宁愿给冒辟疆当小妾，也不愿做贵人的正妻。在爱上他的女人中，就有陈圆圆。

冒辟疆自己写文章透露，陈圆圆曾对他一见倾心，他在怀念董小宛的文章

《影梅庵忆语》里记述过这段擦肩而过的缘分。

冒辟疆在文中并未直接道出陈圆圆的姓名，称她为"陈姬"。说他初见陈圆圆时，"其人淡而韵，盈盈冉冉，衣椒茧，时背顾，湘裙，真如孤莺之在烟雾"。

当时陈圆圆穿着一套浅黄色的裙子，如暮霭中孤单的黄莺，惹人怜爱，而她的咿咿呀呀的唱腔，如珠玉在盘，更让冒辟疆感官舒坦，欲仙欲死。才子动心，佳人含情，两人情投意合，谈话一谈就到了四更时分，忽然风雨骤起，陈圆圆急着要回家，冒辟疆拉着她的衣角相约佳期。陈圆圆说："过半个月后，一起到光福看那'冷云万顷'的梅花吧！"冒辟疆说半个月后，他要去接母亲，于是再次约定，索性等到八月，两人一起到虎丘赏桂。

等到冒辟疆接母亲回来，路过苏州，却听说陈圆圆被豪强抢走了。他跟朋友谈起陈圆圆，惋惜自己没艳福，一再叹息"佳人难再得"，朋友则告诉他一个惊喜：被抢走的是假陈圆圆，真陈圆圆现在所藏的地方离这里很近，他可以带路，陪冒辟疆去看她。

于是冒辟疆与陈圆圆再次相逢，按照冒辟疆的叙述，陈圆圆见到故人后，十分惊喜，由于她刚刚逃脱虎口，惊魂未定，寂寞凄凉，很想与他做一番彻夜长谈，说有事相商。

冒辟疆当然知道陈圆圆要商的是何事，陈圆圆虽艳丽无双，是猎艳的最佳对象，然而要谈婚论嫁，他可没有思想准备，于是找借口说放心不下母亲在船上的安全，连夜回去了。

陈圆圆硬是十分看好冒辟疆，第二天早上化了淡妆去拜访冒辟疆的母亲，并且执意邀他再去她家。月光如水的夜晚，陈圆圆再次向他表白托付终身的愿望。他则很煞风景地委婉回绝了，理由是他父亲正陷于起义军包围，他没心思考虑这事。并且说，他两次找她，只是无聊消遣罢了，她的要求过于唐突，令他惊讶，必须赶快打消念头，以免耽误了她的终身大事。

话说到这个份上，已经是相当不客气了，搁平常的女子身上，立马掉头就走。然而陈圆圆却说如果对方没有完全关死那道门的话，自己可以等。美人无怨无悔的痴情让冒辟疆再也无法拒绝，只是有些敷衍地顺口答应，陈圆圆就"惊喜申嘱，语絮絮不悉记"，冒才子诗兴大发，还写了绝句赠给她。

到了第二年的二月，冒辟疆的父亲没有危险了，他才有心情再去找陈圆圆，没想到陈圆圆这次是真被人抢走了，抢他的人是崇祯皇帝宠妃的父亲田弘遇。

冒辟疆怅然若失，郁闷无比，他就是在这种情况下，遇上红颜知己董小宛的，算是"失之东隅，收之桑榆"的一种吧。不然，那篇深情款款的《影梅庵忆语》就不会问世了。

冒辟疆自述的这段艳遇经历颇为自恋。表面上看，陈圆圆对冒辟疆钟情得很，其实这里面也没什么爱情可言。

在那个乱世里，劫后余生的陈圆圆，哪里有心思谈情说爱，她只是想以最快的速度，找一根值得托付的救命稻草而已。"惊喜申嘱，语絮絮不悉记"，如果真有这回事的话，更是说明了一个乱世中的女人漂泊无依的心理。

这不过是弱女子楚楚动人的生存法则罢了。其实，陈圆圆未必真正爱过冒辟疆。冒辟疆即使后来娶了董小宛，还对陈圆圆念念不忘，有惆怅也有炫耀：天下第一美人曾经爱过我，我却没怎么当回事，我冒辟疆风流公子的名声，不是虚的吧。

这段故事是真是假，实难定论。最起码在正史之中没有提及丝毫。至于野史的可信度有多少，还要看是否有旁证可以为之提供完美的证据链。但可以从中看出，才子佳人也好，英雄美人也罢，总之是要相匹配的。崇祯皇帝虽然是一国之君，但对女色无意；而田弘遇已经是 67 岁高龄，又有何意义？吴三桂，既手握重兵，又是当世英雄，正是陈圆圆理想中的人选，选择他，水到渠成之事。否则，又何必向田弘遇推荐吴三桂呢？

当然，这些都只是猜测。真正的原因，恐怕只有陈圆圆自己才会知道。

选她还是选他，吴三桂是为爱投降吗

□且作七日秦廷哭，不负红颜负汗青

山海关前，满目素白。

5 万明军将士尽着白盔白甲，举白旗扬白幡，整齐而肃穆地面向西南方。队列前，吴三桂摆起香案，焚香致祭，伏地恸哭。霎时间，悲声大作，5 万将士整齐划一地跪倒尘埃，为 600 里外的崇祯帝致哀。只是此时，距离崇祯自缢已经过去了 20 多天。

> 鼎湖当日弃人间，破敌收京下玉关。
>
> 恸哭六军俱缟素，冲冠一怒为红颜。

吴伟业的一首《圆圆曲》，让后人记住了这位"冲冠一怒为红颜""英雄无奈是多情"的吴三桂，也记住了这位引清入关、镇压农民起义军的"汉奸"。

世人传说，吴三桂在北京城破之后便有向李自成屈膝投降的打算。在给他困于北京城中的父亲的一封信里，吴三桂写道："接二十日谕，知已破城。欲保家口，只得降顺。达变通权，方是大丈夫。"这就是说，吴三桂得知北京城被李自成攻破之后，并没有考虑去为崇祯皇帝报仇，再造大明王朝，而是为了保全一家老小的性命，已经打算向李自成屈膝投降了。然而当他得知爱妾陈圆圆被李自成所掳之后，"拔剑砍案曰：'果有事，吾从若耶！'"也不再顾老少性命，又修书一封给其父：

"儿以父荫，待罪戎行，以为李贼猖狂，不久即当扑灭，不意我国无人，望风而靡，侧闻圣主晏驾，不胜眦裂，但喜吾父奋拳一击，痛不欲生，不则刎颈

以殉国，何乃隐忍偷生，训以非义，既无孝宽御寇之才，复愧平原骂贼之勇。父既不能为忠臣，儿安能为孝子乎？"

陈圆圆像

信中说得冠冕堂皇，但与上一封家书相比，态度是一百八十度大转弯，全然忘了几日前的寻求归顺之语。

接着吴三桂率诸将驰回山海关，令军士为崇祯帝服丧，设座遥奠，歃血结盟，决心消灭李自成，为明复仇。

消息传到了京师，李自成得悉后大怒，立即下令把吴襄投入狱中，作为报复。不久，李自成得到一个精确的情报：多尔衮正率20万清兵向山海关赶来。盛怒的李自成一下子平静了下来，当即下令把吴襄从狱中放出来，并马上带着明皇朝的太子、吴襄、陈圆圆以及朱由检的其他几个儿子永王、定王等人质，亲率20万大军急赴山海关，准备招降吴三桂，以免腹背受敌。

但此时的吴三桂，似乎已经铁了心要做"汉奸走狗"了。他并不知李自成是来求和的，只知道大清国摄政王多尔衮，已经领兵到达宁远。吴三桂面临前后受敌的境遇，思前想后，决定向清军借兵。信中言道：

"明平西伯辽东总兵吴三桂谨上书于大清国摄政王多尔衮殿下：我朝李闯作乱，攻陷京师，先帝惨遭不幸，祖庙化为灰烬。三桂受国厚恩，据守边地，意欲为君父复仇，怎奈地小兵少，不得不泣血而求助。我国与北朝（清及前身）通好二百余年，今无故而遭国难，北朝应亦念之，而且乱臣贼子当也北朝所不能容之。夫除暴安良者大顺也，拯危扶颠者大义也，救民水火者大仁也，取威定霸者大功也。索闻大王乃盖世英雄，值此摧枯拉朽之会，诚为时不再得，乞念亡国孤臣忠义之言，速印立选精兵，直入中原，三桂自率所部，以合兵而抵都门，灭流寇于宫廷，示大义于中国。则我国之报于北朝者，岂惟财帛？行将裂地以酬，决不食言！"

多尔衮趁此大肆要挟，强迫吴三桂率部投降，拱手让出大明锦绣江山。吴三桂此时也抱定了"且作七日秦廷哭，不负红颜负汗青"的想法开门揖清。

鼎湖当日弃人间，破敌收京下玉关。
恸哭六军俱缟素，冲冠一怒为红颜。
红颜流落非吾恋，逆贼天亡自荒宴。
电扫黄巾定黑山，哭罢君亲再相见。

吴伟业的这几句诗，站在了亡明的立场上污蔑了农民起义，带有阶级局限性。但他不愧被称作"诗史",短短56个字将当时吴三桂心中的所想、所感以及引清入关的过程,写得淋漓尽致。

□吴三桂"一怒为红颜"

吴伟业在《圆圆曲》中写道:"恸哭六军俱缟素,冲冠一怒为红颜。"这两句诗生动地揭示了吴三桂投降清朝的心态。"缟素"是为死去的崇祯帝戴孝,"红颜"自然是吴三桂的爱妾陈圆圆。

明朝末年清兵攻打到锦州,吴三桂在崇祯的命令下奔赴北方前线。由于明朝制度军中不能携带姬妾,所以吴三桂只能让陈圆圆留在北京。不料,李自成的起义军很快就攻进了北京城,吴三桂之父吴襄也投降了闯王的军队。当时吴三桂率领的军队乃是当时号称为"关东铁骑"的数万精兵,李自成和清朝都急于得到这支军队。吴三桂自己则持观望态度,迟迟没做出决定。在这个关节上,李自成军队的一个将领刘宗敏听说了陈圆圆的美貌,便想要得到她。于是这位将领抓来吴襄,拷问陈圆圆的下落,并带兵到吴三桂的府上带走了陈圆圆。这个消息传到了吴三桂的军帐,吴三桂勃然大怒,拔剑斩案曰:"大丈夫不能保一女子,何面目见人耶?"于是转而向清乞兵,使六军披麻戴孝,打着为大明王朝的崇祯帝报仇的旗号,带兵打入北京。就这样,吴三桂投降了清朝,成为清王朝统一中原的开路先锋。接下来,他又引兵进攻李自成,接受清朝官爵,镇压大顺、大西政权,追杀南明政权永历帝,俨然是清王朝的一员猛将。

吴伟业的《圆圆曲》一出,吴三桂"冲冠一怒为红颜"的降清原因,几乎成为定论。但是有人提出了异议。他们指出,吴三桂降清不可能起因于陈圆圆被掠。对于帝王将相来说,女子不过是他们的玩物而已。陈圆圆虽然美貌,但是她不过是妓女出身,不过是被别人当作礼品送来的政治投资。像吴三桂这样一个聪明的人,怎么可能为了她而确定自己的重大政治决策?从刘宗敏这方面讲也是不合情理的。刘宗敏是一个忘我投身李自成事业的人,是李自成手下的忠实部属,甚至曾经在危难的时候杀掉了自己的妻子追随李自成。他不会不明大义,为了一个女子而影响大顺政权的前途。之所以会有吴三桂为陈圆圆而降清的说法,一方面是人们对吴三桂降清的讽刺贬斥,另一方面也可能是后人对此事的附会加工以及文学创作上的需要。

□为父报仇

根据《辽东海州卫生员张世珩塘报》记载,当时李自成的军队实行了一项追赃助饷的政策,对明王朝的大小官吏严加拷问,逼要银两资助军队。吴三桂的父亲、明朝遗臣吴襄,本来已经归顺大顺,然而也被捉拿拷打,强逼交银,"止凑银五千两"。后吴三桂得悉父亲被大顺军拷打将死,怒不可遏,于是放弃了本要投靠李自成的计划,转而投靠清朝,决计攻灭大顺,为父雪仇。

但是有学者认为此说不实。明代学者计六奇的《明季北略》记载,吴襄投降大顺后，曾经充当说客，写信给吴三桂劝他降大顺。吴三桂对此非常生气，并因此声称断绝父子关系，说："儿与父诀，请自今日。父不早图，贼虽置父鼎俎之旁，以诱三桂，不顾也。"后来，当起义军以他全家性命相威胁的时候，吴三桂也同样置之不理，结果全家三十多口人被杀。这样的一个人，可能为父报仇吗？他不过是为了自己的安全和地位罢了，为父报仇不过是一块遮羞布而已。

□吴三桂因贪恋荣华富贵而投降

李自成所率的农民起义军在进入北京后，基本保持着农民起义军本色。吴三桂也许曾经有过投靠李自成的想法，但是那不过是为了保全自己利益的政治投机罢了。尤其是当他知道李自成的军队在北京城内拷掠明朝降臣后，他对李自成的幻想就完全破灭了。而清朝给他的则会是高官厚禄，他为了保证自己的荣华富贵，也必然会做出投降清朝的选择。

□除降清外，吴三桂别无选择

在吴三桂给多尔衮的信中，他并没有提出降清之事，而仅仅是恳求多尔衮出兵剿灭李自成的起义军。他此时自居的身份为"亡国孤臣"，要的是再建明朝。换句话说，他仅仅是要借助清的军事实力，来实现复国之愿罢了。

此时的多尔衮不再以吴三桂所言的"不唯财帛，将裂地以酬"为满足，他的志向是入主中原，多尔衮趁此大肆要挟，强迫吴三桂率部投降，拱手让出大明锦绣江山。

吴三桂已别无选择。

李自成已经大兵压制山海关，多尔衮按兵不动，等待吴三桂给一个降清的肯定答复。如果吴三桂单以自己的力量去与李自成对抗，势必难以为敌。此际再降李自成，早无可能，唯有依多尔衮所示，亲往清营，剃发跪拜，方能让自己的身家性命不致毁于一旦。

万般无奈之下，吴三桂只得将自己将忠君报国的道德外壳剥下来，于四月二十二日投降了清朝。

关于吴三桂降清的真实原因，众说纷纭，看来，还要继续地争执下去。

吴三桂真的降清了吗

□困扰三百年的谜团

明崇祯十七年（1644年）三月十九日，李自成率领的农民起义军攻陷了明朝的都城北京，崇祯在景山自缢，明山海关总兵吴三桂在增援途中闻讯后，仓皇逃回山海关。李自成亲率大军开赴山海关，想以武力逼降吴三桂，吴三桂非常害怕，便向清朝求援。当李、吴两军在山海关前展开血战之时，清朝的精骑突然杀出，农民军毫无防备，惨败而归，从此一蹶不振。由于史书中的种种记载，史学界一直注目吴三桂引清军入关镇压农民起义这一事件，人们一直认为吴三桂此举便是投降了清朝。但近年有人认为，吴三桂引清军入关并不表明他投降了清朝，并提出了种种证据。这一说法使似乎让本已盖棺定论的问题重又成为历史谜团。

□吴三桂降清的证据

第一，清朝最高统治者视吴三桂为降将。清摄政王多尔衮就把吴三桂作为部下来驱使，"命三桂兵各白布系肩为号"，"命三桂军先锋"，又"命吴三桂以步骑二万前驱追贼"。清廷为了奖励吴三桂在战争中的功劳，还"授三桂平西王勒印"。后来清帝剥除吴三桂爵位时，也把他称为降将。"逆贼吴三桂穷蹙来归，我世祖章皇帝念其输未投降，授之军旅。"在清朝廷的眼中，吴三桂就是一个明朝降将。

第二，吴三桂入关后的所作所为也表明他已真心降清。吴三桂打着为明王朝复仇的旗号引清入关，但是在南明政权的福王多次派人拉拢吴三桂时，吴三桂却断然拒绝。如当福王的侍郎左懋第"谒三桂，出银币且致福藩意"时，吴三桂说"时势如此，我何敢受赐，唯有闭门束甲以俟后命耳"。除了福王之外，还有几任南明王，吴三桂都不曾表示要协同反清复明，与此相反，他竟然亲自出兵缅甸追杀南明永历王。可以看出，不管当初引清兵入关时吴三桂是怎么想的，在清兵入关后，他就投降了清朝，此时，他已经不敢违抗清廷的命令，更不敢有任何反清复明的想法了。为了向清王朝表示他的忠心，他"破流贼，定陕，定川、定滇，取南明王于缅甸，又平水西土司安氏"，俨然成为清廷平定天下的一把利刃。

□吴三桂没有降清

否认吴三桂降清的人则认为，北京失守后，形成了三股较强的政治势力并存的局面，即吴三桂、农民军、清王朝。而夹在这两股势力中间的吴三桂势力最弱，因此他能走的路只有两条：要么抗清，要么镇压农民军。考虑到其父亲被农民军扣押、爱妾受辱，为报此仇，吴三桂选择了联合清朝的道路，但这并不能说明他投降清朝。主要理由如下：

第一，吴三桂一贯抗清的态度决定了他不会轻易降清。在任辽东宁远总兵期间，吴三桂曾多次参加抗清斗争，甚至在明清松锦战役后，明军明显处于下风的情况下，他的态度仍很坚决。吴三桂对明朝降清的劝降函都"答书不从"。

第二，多尔衮在山海关战后加强了对吴三桂的控制可以证明吴三桂未降。史载，多尔衮在山海关之战胜利的当天，玩弄权术，封吴三桂为平西王，又将1万步兵交给吴三桂。这说明吴三桂受到了多尔衮的拉拢和控制。

第三，山海关战后发表的檄文证明其未降。清军与吴三桂乘胜追击，吴三桂提出了"周命未改，汉德可恩""试看赤县之归心，仍是朱家之正统"的口号，如吴三桂已降，也不会发布这样的檄文，清廷也不会允许他这样做。

第四，在山海关一役后，在攻陷北京前后吴三桂欲立朱明太子的行动证明其未降。李自成败退永平，吴三桂提出"约自成回军，速离京城，吾将奉太子即位"，又"传帖至今，言义兵不日入城，凡我臣民为先帝服丧，整备迎候东宫"，可是"多尔衮命其西行追贼"的策略打乱吴三桂的如意算盘。吴三桂因其势力太弱，只得听从了多尔衮。

第五，暗中积蓄实力以反清复明也可证明吴三桂未降。他一边广招贤才，暗布党羽，"阴养天下骁健，收忍荆楚奇才"，一边厉兵秣马，为将来的战争"殖货财"。他之所以没有实现反清复明的愿望，是因为清朝政治统治的日渐强大使"反清复明"的旗帜没有了号召力。而吴三桂是否降清这一历史问题已不能用后来的历史进程说明了。

吴三桂到底有没有投降清朝，他到底有着怎样的心理轨迹，恐怕也只有他自己知道，后人只是根据资料来推测。

第二节 郑成功收复台湾之谜

郑成功出身之谜

□郑芝龙的日本之行

明朝万历四十年（1612 年），大明王朝的海商兼海上走私集团的头目郑芝龙开始了他有生以来的第一次日本之行。

他负责押运装满了大量生丝的货船到日本的长崎进行交换、贸易。并于同年 8 月 15 日，在日本的骏府觐见了日本德川幕府的第一代将军德川家康。觐见的过程中，郑芝龙还献上了一些名贵的中药材与中国书籍《经国雄略》20 卷，同时还回答了德川家康有关明朝情况的一些问题，受到了德川家康的热情款待。

当时日本政府对郑芝龙非常重视，史载："长崎王使芝龙主舶。"初召后"屡访藩士家"。后迁肥前国平户，受到当地诸侯松浦氏的优待，松浦氏为其在平户附近的河内浦千里滨（今长崎县松浦郡千里滨）赐宅地建新居，并介绍平户藩之家臣田川昱皇之女田川松缔给郑芝龙。

□中国男子与日本女子的联姻

郑芝龙与田川氏的邂逅、相恋、结合，成为足以影响后世历史的重要事件。

郑芝龙在日本长崎做生意的时候，曾经寄居在同为福建泉州人的老乡田川昱皇的家中。田川昱皇原名叫作翁立皇，早年在日本经商，并娶了日本女子为妻，所以才改用了个日本名字。

田川有一个女儿，生得聪敏、文静而又贤淑，恰好又与郑芝龙年龄相仿。

处于情窦初开年龄的两人因为相处日久，也互生了些许的爱慕之情。田川夫妇看在眼里，喜在心头。此后不久，郑芝龙便与田川氏便陷入到了热恋之中，并最终结为伉俪。夫妻恩恩爱爱，相敬如宾。完全沉浸在幸福、温馨中的田川氏，婚后不久就怀孕了。

□郑芝龙因何而崛起

此时的西方世界，正处于资本主义原始积累阶段，在航海技术上占有得天独厚优势的荷兰，已是西方海洋经济世界的霸主，有"海上马车夫"之誉。他们的"东印度公司"作为军事和商业的复合体，到处对葡萄牙、西班牙的商船进行拦截，对伊比利亚人的海外要塞进行攻占，在巴达维亚（今雅加达）建立大本营，在日本平户建立商馆，足迹踏遍了东西方世界。

明天启二年（1622年），荷兰人占领澎湖。郑芝龙所依附的日本平户华侨、当时最有势力的海商李旦居中斡旋，说服荷兰人退出，转移台湾。

两年之后，不喜欢循规蹈矩生活的郑芝龙离开田川氏和还没有出生的孩子，被李旦派到澎湖，担任荷兰人的通事（翻译）。但此时的荷兰人正与明军处于军事对峙的状态下，中国商人不可能与荷兰人进行交易，郑芝龙也派不上什么用场。荷兰占领澎湖舰队司令雷约兹在发给东印度公司总督德卡本特的信说："我们接纳了一名来自日本的通事，虽然给予优厚待遇，但目前对我们没有什么帮助。"

虽然通事一职对荷兰人的帮助不大，但郑芝龙的军事才能却为荷兰人所器重。为了垄断对日贸易，荷兰指使一些包括郑芝龙在内的中国船只在中国沿海周边进行掠夺，郑芝龙则负责为荷兰人执行在台湾海峡上截击前去马尼拉的中国帆船的海盗任务。后来担任荷兰第二任台湾长官的德韦特，这时正在澎湖服务，他在一封信中写道："经过雷约兹司令的批准，我们每天都期望能够在这里集中二三十艘中国帆船，通事一官被派往北方去截击与俘获一些船只。"

同年九月，明军对澎湖展开进攻，荷兰人被迫撤出，向台湾大员（今台南安平）转移，并于大员修建起两个要塞："热兰遮"和"赤嵌城"，台湾南部地区沦陷于荷兰人之手。同年，为争夺台湾的统治权，荷兰与西班牙之间发生战争，战争以荷兰获胜而结束，整个台湾也为荷兰所独占。

荷兰在大员立足后不久，便命郑芝龙率领几艘中国帆船对位于马尼拉的中国商船进行袭击——因为这些船只正在那里与西班牙人通商。直到明天启五年春才返回大员。

也许是考虑到在荷兰人手下做这些琐事没什么前景，也许是出于义父李旦的意思，郑芝龙返回大员之后不久，便结束了在荷兰人手下当海盗的生涯，正式从事亦商亦盗的海上生活。

同年六月，李旦以日本长崎、平户侨领的身份领取了出航许可证，次月从大员返回平户，但仅在平户待了一个多月，便因病而亡。

李旦之死给了郑芝龙以天赐良机，李旦毕生在台湾所置下的产业和事业，尽归郑芝龙所有。这样一来，郑芝龙将台湾现有的其他汉人武装群体，以及招收大陆新势力到台，便有了充分的条件。

□掌控海上生命线的郑芝龙

明崇祯元年（1628年），郑芝龙利用李旦留下来的财产，许诺每人"给银三两，三人给一头牛"，动员了一万多人从福建沿海来到台湾垦荒。手中有了自己的武装力量的郑芝龙不再满足于现状。他以台湾为基地，开始向福建沿海地区发起进攻，相继占据了漳浦、金门、厦门等地，把台湾海峡控制在了自己的手中。郑志龙势力如滚雪球般地变大，终于引起了朝廷的重视，下令福建巡抚熊文灿对郑芝龙进行招抚。郑芝龙考虑再三，最终接受，重回故土，先后担任起明朝的游击、总兵等职务，同事也不忘海上贸易的本行，开辟出一条由泉州直达日本长崎的航线，把中日间的海上贸易权继续牢牢地控制在自己的手中。

□混血儿郑成功

天启四年（1624年）七月十四日，天气晴朗，郑芝龙陪伴爱妻到平户的千里海滨散步。多日未出门的田川氏在海滩上尽兴而行，俯身捡拾着海贝和海菜，突然间感到一阵紧似一阵的肚子痛。看着妻子痛苦不堪的样子，此时的郑芝龙已经预感到妻子即将要临盆。可是此时已离家太远，情急之中，郑芝龙果断地将妻子搀扶到附近一棵高大的松树下，靠在一块大石头旁，自己当起了接生婆。很快妻子就生下了一个男婴。一个带着四分之一日本血统的小生命，就这样在日本长崎平户海滩的光天化日之下呱呱落地了。

这个小生命就是后来成为中国历史上顶天立地、驱荷复台的民族英雄——郑森（即郑成功）。因为青松乃长生不老之树，郑芝龙又是福建人的后代，为不忘家乡情，便按照中国的传统习俗给孩子取了一个乳名，叫作"福松"。后来人们便将这块石头叫作"诞儿石"，又叫"生儿石"。大约经过200年后，就在郑成功的诞生地，日本人建立了一块纪念碑，碑上镌刻着由平户藩儒臣叶山铠轩撰写的长达1500字的碑文。

郑成功的母亲是日本人，而且他也诞生在日本的土地上。郑成功是8岁时才从日本回到老家拜祖认宗的。

可是据报道，在日本，郑成功的出生地已经成为著名的旅游胜地。但中国游客知道郑成功是混血儿的的确不多。

当时日本实行闭关锁国，不肯放郑成功回来，无奈郑芝龙是大明水师总兵，把军舰往日本一靠，日本当局迫于压力，把郑成功和田川氏放回来了。但郑成功的弟弟七左卫门留在了日本，至今他的后人还住在日本横滨。

郑成功何时收复的台湾

□郑成功收复台湾之战

开辟荆榛逐荷夷，十年始克复先基。

田横尚有三千客，茹苦间关不忍离。

——郑成功《复台》

诗中骄傲自豪之意，跃然纸上。整整十年时间，郑成功与将士们取得了驱逐荷兰、收复台湾的战果，为大明王朝的延续做出最后的努力，也为朱明王朝的再度崛起留下了一线希望。

顺治十六（1659 年）年，郑成功北伐失败退回厦门，何廷斌携带着台湾的地图和荷方布防情报投奔郑成功，他说："公何不取台湾？台湾非但为公家故地，且沃野千里，使人耕种，军食有余。又横绝大海，四通外国，兴商可足国用。台湾华人受红夷（指荷兰人）凌辱，常怀反抗之心，然苦于群龙无首。公若率军入台，驱逐红夷将如虎逐群羊。夺得台湾，公则进退有据，十年生聚，十年教养，大业何愁不成！"这一席话，坚定了郑成功收复台湾的决心。

顺治十八年（1661 年）春，郑成功安排儿子郑经留守金、厦，他亲自带兵攻打台湾。

三月二十三日，郑成功率大军从金门料罗湾出发，400 艘战船载着 100 多员战将和 25000 多名士兵，开始横渡台湾海峡。航行了一天一夜，顺利到达澎湖。当大军在澎湖候风之时，郑成功就派了两艘船只到台湾进行侦察并发动群众。不久，这两艘船回到澎湖，带来了振奋人心的消息：当地居民热烈欢迎郑成功入台。

澎湖与台湾隔海相望，若顺风时，半天即可到达对岸。但郑军二十七日起航时，却遇上了强大的逆风，只好返回澎湖，等到三月三十日，天气阴霾，风雨仍未停息。当时郑军所带军粮很少，而澎湖诸岛多不产粮，郑成功认为与其饥困孤岛，不如顶风冒雨前进。于是，在当晚一更后，郑成功传令竖起帅旗，整肃队伍，发炮三声，金鼓震天，起锚东进。三更天后，云收雨散，风势减弱，一会儿竟转成了顺风，将士们禁不住欢呼起来，扯满风帆，飞速前进。次日黎明，郑军抵达台南鹿耳门。

鹿耳门平时海水很浅，涨潮时水深也不过一丈四五尺，无法航行较大的船只。所以荷兰人并没有在这里布防，而是把军队和火炮都集中在台湾城和赤崁城一带，郑成功却偏偏避开了他们的防线，来到了鹿耳门。

原来，何廷斌曾派人在鹿耳门探测过，发现一条平日很少为人注意的港路，若遇上涨潮，船只即能顺利通过。郑成功根据这一线索，决定利用初一或十六日涨大潮的机会，出其不意由鹿耳门进攻台湾。

　　船队到达鹿耳门时，为了使士兵相信有神灵相助，郑成功设香案祷告明太祖和妈祖娘娘保佑"助我潮水"。祷告完毕，潮水果然汹涌而至，比平日涨高丈余。将士欢呼震海，金鼓齐鸣，扬帆直抵港内，顺利攻入台湾岛。当郑军在禾寮港登陆时，就有几千汉族民众出来迎接，并用货车和其他工具帮助他们登陆，使郑军的登陆格外地顺利。

　　在当地民众的协助下，郑成功大军不到半个时辰，就有几千将士顺利登陆，占领要冲地点，保护市街，包围了荷兰人在岛上最重要的据点普罗民遮城堡（今天台南市的赤崁楼），控制了赤嵌与热兰遮（今台南市安平）之间的海面，把荷兰守军围困在两个相互隔绝的据点里。热兰遮城的荷兰人曾派阿尔多普上尉率领200多士兵企图阻止郑军登陆，但遭到郑军优势兵力的攻击，只好退回。

　　郑成功向荷兰殖民者长官揆一和普罗文查城的司令送信劝降。但是骄横的荷兰人自以为依靠他们高大的船舰、精良的武器和有战斗经验的殖民军，完全有把握战胜只有弓箭和大刀的郑军。当天上午，在重新部署后，荷军开始从水陆两路向郑军反扑。

　　水路荷舰以"赫克托"号和"格拉弗兰"号为主力，还有"白鹭"号小帆船、"马利亚"号快艇，边开炮边向郑军舰队冲击。郑军由陈广和陈冲率领大型帆船60艘迎击。荷舰长30丈、宽6丈、船板厚2尺多，甲板上有8个枪，帆樯八面受风，行驶迅速；每艘舰上装备有20～30门大炮，这在那个时候可算是世界上最先进的战船了。而郑军的舰船规模仅为其三分之一大小，只装有2门大炮，如果是在大洋中遭遇，郑军的舰船是难与其匹敌的。

　　但是郑军将士毫无畏惧，利用敌舰在港内转撤不便和易于搁浅的弱点，当最大最重的"赫克托"号冲过来时，立即有几十艘郑军帆船蜂拥而上，采用梅花阵法，以五只船围住一只荷兰夹板船，从不同方向展开围攻。尽管郑氏水师每只战舰的火力不如一只荷兰夹板船，但五只战船从不同方向的围攻却是荷兰船只难以应付的。这时有五六艘装有燃烧物品的火船，冒着敌舰猛烈的炮火冲到荷舰旁，把船钉死在荷舰的船舷上，点燃火种，士兵跳水游回，随后，只听"轰隆"一声巨响，"赫克托"号的火药舱爆炸了。这艘荷军的王牌舰连同舰上100多水兵一起沉入大海。其他三艘荷舰见势不妙，连忙逃往港外，郑军舰船在后边紧追猛打，其中，一艘中弹起火，一艘险些被俘获，狼狈逃往菲律宾和日本。这场海战中郑成功运用著名的"火船"战术，打败了拥有优势的荷兰海军。

　　陆路荷军由贝德尔上尉率领250名士兵在北线尾登陆。这些荷兰殖民军以为15个中国人加在一起也抵不过一个荷兰兵，他们10个人为一排，连放两排枪，神气十足地前进。郑军由宣毅前镇陈泽率部奋勇迎击，万箭齐发，许多将士勇敢冲入敌阵奋力厮杀。另一路郑军从后路包抄敌军，荷军腹背受攻。他们的神气已被恐惧所代替，各自逃命。一仗下来，贝德尔上尉以及118人当场丧命，还有些人跳水逃生而被淹死在海里，只有80多人逃得性命，退回热兰遮城。

荷兰殖民者在初战失败后，同意进行谈判。他们拟定的谈判条件是：愿意付一笔赔款给郑成功，但要求郑军退出台湾，底线是荷兰人可以让出本岛，但必须继续有大员居住。荷方派遣两名使者前来郑军大营，晋见郑成功讲述了他们的条件。但郑成功重申，他坚定不移的目标是要荷兰人离开台湾全岛。由于双方都不愿意妥协，这次谈判不欢而散。郑成功迅速攻下普罗民遮城，又打退了敌人几支援军，用重兵包围了热兰遮城。

郑成功面对孤立无援的热兰遮守军，决定重新部署兵力，在外围增修炮台。于顺治十八年（1661 年）十二月七日从东、南、北三个方向猛烈炮击热兰遮及其外围工事，共 30 门大炮发射大约 2500 发炮弹。迫使热兰遮城外围的乌特利支堡的守军弃城退入热兰遮。而热兰遮城堡的四周附城多处被炸毁。经过一天的战斗，荷兰人抵抗的意志终于被打垮了。

十二月十三日，郑成功的代表和荷兰的代表完成了协议的换文。荷兰人在最后一任长官揆一的带领下，五六百人分乘八艘舰船退出台湾。揆一在海滩上将城堡的钥匙交给了郑成功的代表，至此，荷兰人在台湾 38 年的殖民统治完全结束，台湾重新回到祖国怀抱。

□郑成功何时筹划收复台湾

关于这一问题，过去许多人大都采取含糊其词或避而不提的办法，没有给予明确的回答。根据荷兰的官私记载，郑成功打算收复台湾有三个时期。

一是 1646 年清兵大举入闽之后，郑成功当初不仅在大陆无立足之地，在海上也还没有根据地，情报所谓中国逃亡者不愿投降清兵，而想回到台湾设立根据地，自指郑成功集结的郑芝龙旧部。

二是 1652 年到 1653 年间，这两年郑成功与清军频频苦战，形势紧急，此时郑成功是否有收复台湾建立根据地的打算，中文未见记载，但 1652 年郭怀一在台湾起义，确和郑成功及其部属有联系。

三是 1659 年至 1660 年间，郑成功自长江战败归来。郑成功最早平台湾，即在永历十三年十二月（1660 年初）。此记见于《从征实录》。

这三项记载哪个才是最正确的时间呢？还要一一来分析一下。

首先，1646 年清军入闽，郑芝龙被挟北上之后，郑成功虽于这年冬在海上起兵，但从者仅三四百人，粮饷和军械都缺，士兵也很孱弱，当时金门被叔父定国公鸿逵所据；厦门为建国公郑彩同弟定远侯郑联所据；其上海坛、南日、南北二加、舟山等地，被鲁王遣闽安侯周瑞、平彝侯周鹤芝、定西侯张名振、阮美等分守；其下各个岛如铜山被朱寿所据；南澳被忠勇侯陈霸所据；只有安平块土，莫能展其所为。最初两年，郑成功曾与鸿逵合师攻袭同安、泉州，但均告失败；1649 年以后，郑成功又转至粤东潮揭一带活动，以吞并"不清不明"的地方豪强武装为目标，用郑成功自己的话说，那就是："于己丑岁亦已扬帆入粤，屯田数载矣"。在群龙无首、门户分立的情况下，郑成功的力量较为弱小，尚未能引起清廷的重视，说他这个时候就想出兵收复台湾，未免过早了一点。

其次，郑成功1650年八月回师厦门，以计杀其兄郑联，又招徕郑彩余部；1651年四月，郑成功追究厦门失守的责任；杀郑芝莞示众，迫郑鸿逵交出水师，到这个时候才逐渐完成了郑芝龙旧部的统一。在此基础上，开始全力对付清朝。于1651年九至十一月败杨名高，1652年正月入海澄，二月败陈锦，四月围漳州，1653年五月挫金励，都是一仗接着一仗，死拼挣扎，勉强图存，很难有时间考虑到台湾问题。荷兰方面虽然有郑军支持郭怀一起义的情报，即使属实，最多只能说明当时有一部分人同情过起义，并不等于郑军首脑部就有这样的计划。1654年郑成功和清廷开始和谈，表面上形势固然有所缓和，但对抗并未完全停止。在和谈中，郑成功反复以清朝"有始无终"，"待降人多无结局"为言，坚持必有三省方就和，而清朝仅给以四府，双方都没有谈到台湾问题，假使有一方面想到的话，肯定是会提出来的，因为它将有助于解决数十万郑军的出路问题。郑成功所作《复台》诗中有"开辟荆榛逐荷夷，十年始克复先基"之句，真伪未卜，即使可信的话，"此不过是约举整数，乃诗词所常见"，不足以作为支持郭怀一起义的佐证。

最后，《从征实录》永历十三年十二月条记："议遣前提督黄廷、户官郑泰督率援剿前镇，仁武镇往平台湾，安顿将领官兵家眷"为"郑成功收复台湾最早的行动"，其实也不尽然。复台之议倡自何斌，此点也不可否认，然而当何斌1657年六月来厦时，郑军已经做好了北上的准备，他的意见未被采纳，直到1659年七月二十三日南京战败，在镇江停留五日，郑成功估计到当时的军事政治形势，"扼守瓜镇，分掠维扬"，虽一时可行，但南京城防巩固，清廷在山东江右驻有重兵，远征西南的满族精锐正在陆续东调，在力量对比上清军占有绝对优势；而退守金厦，观望待变，在西南局面日非、永历政权朝不保夕的时刻也难以实行；唯一的办法在于与清廷寻求妥协，集中力量去收复台湾。所以于二十八日下令班师，八月初四，师泊吴淞港，遣礼都事往见马进宝进京议和事，权宜俱授蔡政知之，初八进攻崇明，其意一则逼其和局速成；十二月，遣蔡政同马提督中军再回吴淞，往京议和。这种议和活动正是郑成功收复台湾最早的活动，因为它是以收复台湾为目的的，时间为1659年八月，比上引资料要早四个月。以后和议虽然不成，但郑成功在1660年五月击退达素大军后，略事调整，仍然冒着两线作战的危险，抓住清帝"国丧"和清船靠岸的机会，亲率大军去夺取台湾。

总之，荷兰东印度公司在巴达维亚、长崎、曼谷、热兰遮、大员的日志和各项决议录、训令、报告、函件及私人著述等，这些资料在记述占领地情况时尚属比较确实，在记述关于大陆清郑两方的传闻时，就有点像当时人记外国事那样，难免有点失真。由于台湾靠近大陆，住有相当数量的华人，而在大陆上参加反清的人数至少也有数十万人，两者合计比千数百人的荷兰驻军不知要超过多少倍，对于这种无形的威胁，他们感到如芒在背、万分恐惧，因而出现了许多夸大了的情报。而在郑军方面，第一期还没有形成为统一的力量，第二期刚开始与清军发生接触，无力他顾，只有在第三期，主观力量已经形成而实际上又不允许其在大陆上自由驰骋的时候，就会出现收复台湾的意图，即使是和议不成也是如此的。

□抗清？复台？郑成功的选择

从理论上说，抗清最多只是中国国内的民族矛盾问题，是可以通过民族融合而得到解决的。而收复台湾则是中国人民反抗外国侵略的斗争，它所要解决的乃是台湾要不要回归祖国、台湾各族人民要不要继续当荷兰殖民奴隶的问题。除了驱逐荷兰殖民者以外，没有别的办法可以解决。荷兰是17世纪典型的资本主义国家，它凭借其横绝一时的经济军事力量，侵入亚洲，横冲直撞。在占领台湾以前，曾两度侵占澎湖，多处骚扰闽粤沿海，肆无忌惮地焚烧劫杀；在占领台湾以后，更在军事、政治、经济、文化各方面加强剥削、掠夺台湾各族人民，激起了当地人民多次的反抗。荷兰殖民者与台湾各族人民之间的矛盾，是侵略与反侵略的矛盾，没有妥协的余地，除非荷兰殖民者退出台湾。

郑成功之所以普遍受到我国人民的尊敬和称赞，正是因为他在台湾回归祖国这一问题上做出了不可磨灭的贡献。

再从当时军事政治斗争的实际情况说，郑军处在清、荷的夹击之中，面临着南明政权覆灭、抗清战争日非的危局，要想救亡图存、转危为安，必须就抗清与复台这两个方向、两条道路上择一而从、全力以赴，决不容许同时并举，两面受敌，此理至明，当为身经百战的郑成功所熟知。1660年八月长江退师途中派蔡政赴京向清求和，1661年六月击退覆岛清军之后，一再加强防务对清朝进行试探，为的都是确保后方安全，避免两线作战。

总之一句话，要继续抗清，就根本谈不到复台；要收复台湾，就不能不暂把抗清放在第二位；这是当时主客观形势所决定的。而随着郑军退出大陆沿海，对荷矛盾上升，对清矛盾必将进一步缓和下去，也是无可讳言的事实。

当然，我们也应该看到，抗清与复台是不能截然分开的。郑军在长期抗清的实践中，不断发展壮大了自己的军事政治力量，培养了大批的可靠骨干，积累了丰富的战斗经验，从而为驱逐荷兰、收复台湾准备了必要的物质条件。没有这些条件，收复台湾的胜利也将是不可想象的。

□郑成功有没有回师大陆的想法

1661年4月郑成功率师入台，张煌言闻讯，派罗子木携亲笔函到澎湖军前劝阻，说："军有寸进无尺退，今入台，则将来两岛恐并不可守，是孤天下之望也。"是年年底，清廷厉行迁界，人民流离失所，汹汹思动，张煌言认为这是反清复明的绝好时机，再派罗子木携信入台，力挽郑成功回师大陆，信上说："夫思明者，根柢也。台湾者，枝叶也。无思明，是无根柢矣，能有枝叶乎。"他批评郑成功出师复台是一种"退步"，是"人和乖而地利失宜"；"生既非智，死亦非忠"，"进退失据，噬脐何及！"与此相呼应，明朝宗室如鲁王以海、宁靖王术桂皆留居金门，遗老卢若腾留居澎湖，徐孚远则单独跑往广东，王忠孝也批评郑成功在"乘此时一呼而集、事半功倍"的时候，而"僻处海滨，不图根本，真不知其解也"。张煌言等人极其尖锐地提出了忠与不忠的问题，对郑成功施加压力，郑成功做何反应，未见记载，但从其严令各岛投眷入台看，可以肯定他是不为所动的。

张煌言等人是明王朝臣子，他们的根本利益在大陆，离开了大陆的土地与人民，不仅一无所有，而且将丝毫不能有所作为，所以能效死勿去，在抗清中表现出较坚强的意志和决心。郑成功所依靠的是海上商业资本及其武装集团，交通中外，以海为家，他们参加抗清，不外是想保障既得的商业利益，因此就容易发生妥协和动摇。1659 年南京战败，他看到大势已去，抗清无望，即派蔡政赴京言和，其意在于联清复台，言和不成，就单独率师出发。这时他已把台湾放在压倒一切的地位，两岛能守固佳，不能守也没有什么了不起，张煌言"思明根柢"之谈，他是听不进去的。

再就郑军的实际情况说，在渡台以前的高级军事会议上听到复台的决定时，"时众俱不敢违，然颇有难色"，多数是不同意的。渡台前夕，"时官兵多以过洋为难思逃者多，随委英兵镇搜获捉解"。渡台以后，又有宣毅左镇万义、右冲镇万禄和忠勇侯陈豹等叛逃异动事件。为了开发沿海荒地，郑成功严令各岛迁眷入台。可是，由于疾疫流行"病者十之七八，死者甚多"，留居金厦的郑军，有的害怕渡海风浪危险，有的担心水土不服，有的不愿到台湾去过艰苦的生活，有的贪恋金厦两岛的通洋巨利，采取种种手段，迁延不行。在这关键时刻，只要郑成功略一动摇，台湾便有得而复失的危险。所以台湾在收复之后，还有一个巩固的问题，是不能不加以考虑的。以后事情的发展证明了郑成功决策的正确。1662 年 6 月 29 日，荷印海军提督波特率领战舰 12 艘，士兵1284 名来到福州，表示愿意协助攻击郑军，并以荷兰人自由出入中国一切港口和在沿海占领一块适当基地为条件；福建官吏答以金厦郑军正在接洽投降，荷兰人的建议必须奏请清廷许可。1663 年 7 月，波特再次率领战舰 16 艘、士兵2653 名驶抵福建，这时清廷招降郑经的计划已告失败，双方很快达成协议：在荷舰协助清军攻占金厦后，清军应立即协助荷舰将郑军逐出台湾。是年年底，清军在荷舰帮助下攻占金门和厦门，迫使郑军逃往台湾，但亦开始感到助荷攻台害多利少，乃以缺乏远航的帆篷船具为辞，不肯渡海助战。波特大失所望，于 1664 年初将舰队开到安平镇外海窥探，看见郑军防守严密，不敢冒险登陆。是年 8 月，波特又第三次率领战舰 12 艘至福州商谈，不得要领，最后乃占领鸡笼，一面修复西班牙人旧堡，一面仍派人到福州商组攻台联军，直到 1668 年 8 月始被郑军驱逐。从这些可以看出荷兰殖民者确是下了很大的决心来夺取台湾的，假使真如张煌言所议，立即回师大陆，决一死战，在这样的情况下，清军会不会拒绝履行渡海攻台的条件，而在优势荷舰的威胁下，台湾又靠什么人来守卫呢？

复台之战中的黑人雇佣军

□黑人雇佣军的来历

明末清初，随着西方殖民者叩关而来，许多非洲黑人也来到了中国。这些黑人主要有两个来源：一是被贩卖而来的黑奴，二是在殖民者的迷惑下，出于宗教热情来华进行冒险活动的黑人。他们在西班牙、葡萄牙与荷兰军队中当兵，成为殖民军队的重要组成部分。1622 年，在葡荷争夺澳门的战争中，黑人对战斗的胜利起了决定性的作用。来自非洲的黑人甚至成了葡萄牙驻澳门军队的主力。

黑人给中国人的第一印象，就是忠勇善战。明人史籍中记载黑人"善斗"，战斗力很强，冲锋陷阵，在所不辞；清工部右侍郎赛尚阿奏陈澳门情况时也说，此间有"番哨三百余人"，皆以黑人充当，"终年训练，无间寒暑"。

□郑成功的黑人贴身卫队

虽然黑人在澳门等地的社会中担当了维护社会治安的重要工作，却没有相应的政治、经济和社会地位。许多黑人不满遭受奴役的现状，加之明朝边疆将领的召唤，许多黑人纷纷逃出虎口，寻找新的生活。1647 年，从澳门逃跑的黑人已超过 200 人，其中很多逃到了南明势力控制区，他们明确表示不愿再为葡萄牙人干活，愿意为南明皇帝工作。当时，东南沿海一带许多地方势力的军队中，都有黑人士兵。郑成功的父亲、当时威震东南沿海的商人武装领袖郑芝龙手下就有一支由黑人组成的军队。

据史籍记载，南明隆武帝依附郑芝龙，在福州称帝。在郑芝龙手下有一支由 300 名黑人组成的部队。这些黑人对郑氏父子忠心耿耿，深得郑芝龙和郑成功父子两人的信任。根据比利时传教士鲁日满的记录，这些黑人多是咖呋哩人，据推断，他们可能是非洲南部的班图人。

在郑芝龙的军队中，还有由白人和日本人组成的部队。与他们相比，黑人部队军饷虽低，但更加忠实可靠。不仅如此，郑成功军中的黑人还擅长铸造和使用火枪，为郑氏军队提供了武器和后勤保障。西方人撰写的《在华方济各会会志》中曾写道："这些士兵是郑芝龙从澳门和其他地方弄来的"，"他们的头领叫路易斯·德·玛托斯，是一个聪明、理智的黑人"。郑芝龙"手下一直有大量的从澳门来的黑人为其效劳。他们有自己的连队，是优秀的铳手（火枪手）。他（郑芝龙）最信任他们，用他们护身、充兵役"。

有一次，黑人通宵达旦地庆祝圣诞节。黎明时鸣号放枪，巨大的声响令郑芝龙吃了一惊，还以为遭到敌人进攻。得知原因后，郑芝龙不但没有惩罚他们，还下令赏赐酒水、糕点，并赐银作为白天继续庆祝的费用。郑芝龙对手下如此之宽容，难怪会有那么多的黑奴前来投奔。随着时间的推移，这些黑人士兵逐渐能够听懂汉语，但仅"能晓人言而自不能言"。

这支经过千锤百炼的黑人精锐部队，在郑芝龙降清后继续为郑成功服务。其中，有一支由黑人雇佣兵组成的洋枪部队，成为郑成功的贴身卫队。在郑成功进攻南京的战役中，黑人部队在南京城墙下和长江边与清军浴血奋战。

□黑人士兵在收复台湾之战中的作用

1661年阴历三月，郑成功率2.5万大军、战船数百艘，出兵收复台湾。在攻克澎湖列岛后，郑成功趁荷兰殖民军疏于防守之机，率大军在台湾南部的禾寮港顺利登陆，并全歼荷兰守军。接着，郑军击败荷兰援军，进而围困荷军主力于赤崁城和台湾城。

在围城同时，郑成功在台湾岛内施行安抚政策，下屯垦令解决军需，严肃军纪，惩办违法官兵。他还到高山族同胞居住区察访、慰问，赢得了民心。在郑军未到的鸡笼（今基隆）、淡水等地，台湾同胞自发拿起武器驱逐荷军。

收复台湾之时，郑成功采取了军事打击和政治瓦解相结合的战法，在优势兵力的打击下，对被围困或战败的敌军，开展政治攻势，如战场喊话、送书信、发文告，利用投降的官兵做劝降工作等，起到分化瓦解敌军的作用。荷军中有很多"乌番兵"（黑人士兵），郑成功便派手下的黑人士兵同他们进行联络，策动他们投降。这些"乌番兵"属于奴隶士兵，平时备受荷兰殖民者欺凌。在郑成功强大的政治攻势之下，不少"乌番兵"出城投降，加入了郑成功的部队。可以说黑人士兵对瓦解敌人斗志，起了很重要的作用。

1662年2月1日，荷兰殖民者头子揆一在投降书上签字。至此，被荷兰侵占达38年之久的台湾回归祖国怀抱。

荷兰殖民者投降图 清

郑成功与天地会究竟有无关系

□陈近南的真实面目

"为人不识陈近南，便称英雄也枉然。"金庸在其封山之作《鹿鼎记》中绘声绘色地描写了这位天地会的总舵主、堪称一代英豪的陈近南，就连"地振高冈"之类的江湖切口，也成为一时的流行语。

金庸笔下的人物大多数都能在历史上找到其原型。比如说郭靖。这位大侠在历史上是宋朝著名的抗金将领，最后拒绝降金投河自尽。虽然跟《射雕英雄传》里的郭靖没有干系，但其中的大忠大义却是两人的共同之处。

同样，《鹿鼎记》中的陈近南，也是历史上确实存在过的一号人物。当然，他不是韦小宝的师父；至于"天地会"总舵主这一身份，也只是民间传说而未见史料记载，真实的陈近南，乃是有"台湾卧龙"之称的陈永华。

陈永华，字复甫。他的父亲陈鼎乃是明天启七年的举人。李自成攻破京师、崇祯帝自缢煤山之后，陈鼎不愿为清朝官，选择了回到家乡同安务农，躲个清净。

永历二年间，郑成功攻克同安（今福建省厦门市同安区）。素闻陈鼎之名的郑成功当即拜陈鼎为教谕，年已十五六岁的陈永华被补为博士弟子员。

不久之后，同安再次沦陷于清军之手，不愿做亡国奴的陈鼎自缢于明伦堂。

同安城破，陈永华出逃。现在的他终知道儒生的一杆笔究竟比不上大刀长矛，一个人的奋死相争终不及天下响应，下定决心放弃儒生事业，以究心天下事为己任。

此时的郑成功已经占据厦门，意图以厦门为基地，再造明朝山河。

再造山河，人才颇为重要。郑成功揽才的命令一下，永历朝的兵部侍郎王忠孝便将陈永华推荐给他。

陈永华为人沉稳，不善言辞。不过要是谈论议论时局形势，便变得慷慨激昂，侃侃而谈中切中要害。处理事务颇有定力，果断有识，不为其他人所动，而一切疑难，都会在他手中迎刃而解。郑成功与他相见恨晚，并坐谈论时事，终日毫无倦意。郑成功兴奋地赞赏陈永华："复甫，真乃当今卧龙也。"不久便授予参军，以宾礼相待。待到退守台湾之后，陈永华的女儿又嫁与了郑成功之孙郑克塽为妻，两家结为姻亲。

跟随郑成功之后的陈永华颇领知遇之恩，对郑成功的复明大业鼎力支持，尽心辅佐。

郑成功不甘心只保厦门，他的目标是复明，是再拥朱氏帝王重掌中华江山。因此，他便产生了北伐之意。

但军中众将对此纷纷表示反对。认为按目前的实力对比来说，北伐无异于以卵击石，不能毕全功。当今之势，还是应韬光养晦，积蓄实力，避免与清军的正面交锋。

诸将纷纷否定郑成功的北伐之念，唯有陈永华据理力争，赞同北伐。他认为，此际的清朝刚刚入主中原，立足未稳；兼之国内反清之势高涨，正可利用。一旦假以时日，清军羽翼已丰，国内局势渐趋安稳，再行北伐，必定困难重重，胜负难料。

郑成功闻言大喜，决意北伐。命陈永华辅佐世子郑经留守厦门，自提大军北伐。临行之时，郑成功告诫郑经："陈先生乃当今名士，留下他辅佐你，当以待之以老师之礼。"

然而郑成功所发动的两次北伐虽取得了一定的功绩（曾一举攻克军事重镇镇江），但在攻取南京之时，中了清军南京守将的缓兵之计，被城内的清军联合援兵杀得大败，损失了大半兵力，多员猛将也战死沙场。郑成功又悔又恨，无奈之下，班师回闽南。

北伐失败，郑成功开始考虑另辟蹊径，经过对局势的分析，决意在台湾再建根据地。

郑成功收复台湾后，陈永华被任命为咨议参军。

在郑成功兵发台湾的同一年，被关押在牢狱之中的郑芝龙及郑家十四口被清朝统治者统统处死。郑芝龙更被凌迟残杀。降清的黄梧又向清廷建议"掘郑氏祖坟以泄天下之愤"的恶毒计策。清廷根据他的建议，毁郑氏祖坟，将掘得的骸骨肆意侮辱。消息传至台湾，郑成功悲恸欲绝。

不久，又一噩耗传来：顺治十八年（1661年）四月，南明永历皇帝被吴三桂杀害。

在忠孝之间已付出巨大代价的郑成功受到双重打击，再也经受不住，一病不起。1662年，郑成功含恨而逝。

郑成功辞世，世子郑经继承王位，对自己的亲家陈永华更为倚重，每逢军国大事必向他请教。而陈永华也尽心尽力地辅佐郑经。郑成功去世的第二年，陈永华被晋升为勇卫，并加监军御史之职。

在台湾，陈永华设屯田，兴教育，制定一系列行之有效的政策，有力地促进了台湾的发展。

1681年，陈永华病逝。清翰林学士李光地听说陈永华病逝，向皇帝上书祝贺说："台湾长久以来没有被收复，主要是由于陈永华经营有方。今上天讨厌战乱，让他殒命，从此台湾的收复将指日可待。"由此可见陈永华在台湾的重要地位。果不其然，没过三年，台湾即被清政府攻克。

□天地会的往事

金庸的一部《鹿鼎记》，让人们熟知了天地会。那么，历史上是否存在过天地会？天地会又是一个什么样的组织？又是如何起源的呢？

天地会在历史上是存在过的，是清代民间大批秘密结社中的一个，因拜天为父、拜地为母而名为天地会。又名洪门，俗称洪帮。

截止到 20 世纪 80 年代末，有关天地会起源的说法大体上有 12 种之多：郑成功创立天地会说；福建藤牌兵创立说；以"万"为姓集团余党创立说；始于明季说；始于明末清初说；始于康熙十三年甲寅说；始于雍正年间说；始于雍正初年说；始于雍正十二年甲寅说；始于乾隆二十六年说；始于乾隆三十二年说；广义天地会始于雍正年间、狭义天地会始于乾隆年间说等等。

在后世流传的各种天地会秘密文件中，一般都称少林寺被清军焚烧后，历经劫难而幸存的五位僧人拜长林寺的主持万云龙为大哥，以陈近南为香主，于高溪庙起义反清。

其后，在与清军作战的过程中，万云龙失机阵亡，五僧分头行动，前往各省组织天地会分会，是为天地会五祖。

□万云龙就是郑成功吗

对这些传说加以考证后，可以看出，天地会的大哥万云龙其实就是在影射郑成功，而陈近南则指的是陈永华。那么，天地会到底是不是郑成功首创的呢？在清末欧榘甲的《新广东》一书中有一段记载：

郑成功以兴复明室，讨灭满洲为己任。在位二十年中，无岁不兴兵伐闽浙，近不得意，环顾左右之人，既无雄才大略，断难以武力与满族争衡。嗣子非材，台湾亦难久据，不得不为九世复仇之计，乃起天地会焉。其部下多津泉人，知满清根基已定，非有私会，潜通各省行之百年之久，乘其衰敝，不能克复汉家。乃私立口号，私立文字，私立仪式，重其誓愿，严其泄漏。入会者亲如兄弟；未入会者，父子亦如秦越。其所志在复明，故因洪武年号，自称洪家。旗帜服色，皆以红为尚，洪字三点水，故三合、三点等名目出焉。

革命党人陶成章在《教会源流考》中论述天地会的起源问题时也曾说道：

明太祖本红巾军中之一小头目，未起义之前，为主觉寺一丐僧。其后又不幸而明室内乱，满洲乘之，再蹈亡国之惨。志士仁人，不忍中原之涂炭，又结秘密团体，以求光复祖国，而洪门之会设也。何谓洪门？因明太祖年号洪武，故取以为名。指天为父，指地为母，故又名天地会。始倡者为郑成功，继述而修整之者，则陈近南也。凡同盟者，均曰洪门。门，家门也，故又号曰洪家。既为一家，既系同胞，故入会者，无论职位高下，入会先后，均称曰兄弟。

天地会是由郑成功创立的这一说法，其实只是清末民初以来革命党人的宣传。郑成功是反清复明的英雄、革命党人塑造典型的汉族英雄人物，以激发反清情绪，具有时代的意义。

而实际上郑成功创立天地会说，与郑成功本人实际情况是不符合的。在郑成功一生抗清经历中，从未发现有创立天地会以扩大队伍的任何史料。在天地会档案史料和秘密文件中，也无郑成功创立天地会的记载。在乾隆年间天地会要犯的供词中，也均未提及郑成功。从少林寺僧征西鲁的传说来看，它是后人模仿史书及民间流传的有关少林寺和尚的故事虚构而成，既非影射郑氏一家经历，亦非反映天地会的起源。

无论台北的"国立故宫博物院"，还是北京的中国第一历史档案馆，现藏明清档案，都找不到任何资料可以证明天地会起源于台湾、郑成功是天地会创始人。其实，天地会起源于台湾，郑成功是天地会的创始人，陈永华继述而修整的说法，都是一种推测，只不过经过金庸的演绎之后，成为人们心里的现实。

郑成功：生得伟大，死得糊涂

□郑成功的神秘之死

郑成功收复台湾不久，突然暴病而亡，年仅38岁。关于郑成功的死，有这样的说法：郑成功在收复台湾的同时，也接到凶信，说他父亲被家奴伊大器告发，伊大器称郑芝龙和郑成功之间不时有书信往来，图谋不轨。清朝廷震怒，将郑芝龙全家处死。郑成功听到消息后，捶胸顿足，望北痛哭道："你要是听我的劝告，怎么会招来杀身之祸？"

不久郑成功又得知，叛将黄梧在自己家乡挖了郑氏祖坟，郑成功更是捶胸拍案，整天哀伤痛哭。他咬牙切齿发誓说："人活着结下怨恨，与死者有什么关系呢？要是有一天我领兵打回去，我不一寸寸地将你碎尸，我就枉做人间大丈夫了。"郑成功的愿望在14年后实现，郑经攻陷漳州时，也挖了黄梧的坟鞭尸，替父亲雪了耻。

1662年4月，南明兵部司务林英削发为僧，从云南逃到台湾见郑成功，向郑成功哭诉道："皇上（永历帝）听信奸相马吉祥、逆戚李国泰之话，避居缅甸。现在吴三桂攻缅，缅王已将皇上献给吴三桂，听说已经被吴三桂杀害了。"郑成功听罢，更是痛哭不已。

谁知一波未平，一波又起。郑成功的部下唐显悦告发郑成功的儿子郑经与乳母通奸，郑成功顿时气塞胸膛，立刻派人到厦门，欲斩郑经与其所生婴儿及乳母陈氏，但留守厦门的众将不执行命令。郑成功天天登高眺望澎湖方向有船来否，因而患上风寒，到了第八天，突然发狂地喊叫道："吾有何面目见先帝于地下也？"既而用两手抓面而逝。所以，《台湾通志》上说郑成功是死于感冒风寒。

□被毒杀的民族英雄

根据郑成功临终前的异常表现和当时郑氏集团内部斗争的背景，有人认为郑成功是被人投毒杀死的。这一说法主要的依据是：郑成功死前的情状与中毒后毒性发作的症状极为相似，与郑成功同时代的李光地、夏琳等分别记载了郑成功之死。如李光地在《榕村语录续集》载："马信荐一医生以为中暑，投以凉剂，是晚而殂"；《荷闸丛谈》道："（成功）骤发颠狂，咬尽手指死"；夏琳在《闽海纪闻》说，郑成功临终前将药投之于地，然后"顿足扶膺，大呼而殂"。郑成功大概察觉出有人谋害自己，但为时已晚。

之前，清政府也的确有谋害郑成功的想法。《台湾外志》记述说，当时清政府派一高级军官，携带一只孔雀胆混入郑军，用重金买通专为郑成功做饭的厨师，让他乘郑成功与部下开会时毒死郑成功和他的将领。这个厨师虽贪财，但害怕事情暴露，权衡再三，不敢下手，于是把这件事交给了他弟弟办理。他弟弟到了真正下毒时，"每欲下药，则浑身寒战"，恐怖之余，便把这件事告诉了他们的父亲。其父"闻言大惊"，怒斥他们两人说："谋害主人，是不忠；答应了别人而不去做，是没有诚信。宁可没有诚信，也不能不忠心。诛灭九族的事情怎么能做呢？赶紧去自首也许还可能免罪。"于是带他们到郑成功住处自首。郑成功非但没有处罚他们，而且还对他们施以重赏。此后，郑成功加强了保卫措施。这样，即使有人"欲施毒，奈何不得其近（指郑成功）身也"。但这并不能排除郑成功被毒死的可能。

郑成功的部将马信神秘地死去仿佛也证明了郑成功有可能被毒死。马信是清降将，后来成为郑成功的亲信，郑成功去世当天，是由他推荐的医师开的处方，夜里郑成功死去，他本人也突然无病而卒。照季光地的说法，马信于郑成功去世的第二天死去，江日升《台湾外纪》中记载，其死期距郑成功去世仅仅5天。因此马信可能直接参与谋害郑成功的活动，但后来又被人灭口了。

□谁才是凶手

假若郑成功是被人毒死，那么作案者是谁呢？当然，清政府有重大的嫌疑，同时，还有人认为是郑成功兄弟辈的郑泰、郑鸣骏、郑袭等人，特别是郑泰。生性暴烈的郑成功，用法严峻，郑氏部下，包括他的长辈亲族因过被处以极刑者很多，众将人心惶惶，其中很多人在清廷高官厚禄诱惑下叛逃，郑氏集团内部关系极其紧张。郑泰早在郑成功率军攻打台湾时就与郑成功有矛盾。当时，郑泰为运粮官，当郑成功军队出现补给困难时，郑成功对郑泰的失职极为不满，他在座前写下了5个大字："户失先定罪！"意思是，要是出了乱子，首先处分郑泰。郑成功去世后，郑泰等人伪造郑成功的遗命讨伐郑经，并抬出有野心但无才干的郑袭来承兄续统。最后，他们的阴谋被郑经挫败，郑泰入狱而死，郑鸣骏等率部众携亲眷投降清朝。据此分析，策划谋害郑成功的有可能就是郑泰等人。

郑成功死后，郑经先是忙于对付郑泰的叛乱，后又追讨郑泰存在日本的巨款，他本人又因犯奸险些被郑成功杀死，因此郑成功的死因在当时没有被深究。看来，一代民族英雄的死因需要更多的史料发现来证实了。

第三节 鳌拜，是功臣还是权臣

四大臣辅政的前因后果

□四大臣辅政的必要性

顺治遗诏虽由他人写成，但经过皇太后博尔济吉特氏的认可，与皇帝的诏书具有同等效力。遗诏宣称："特命内大臣索尼、苏克萨哈、遏必隆、鳌拜为辅臣。伊等皆勋旧重臣，朕以腹心寄托，其勉矢忠荩，保翊冲主，佐理政务，布告中外，咸使闻知。"这四人都出自皇帝直接掌握的上三旗中的元老重臣。在多尔衮摄政时他们有的受到打击与迫害，有的则最早揭发多尔衮，被认为是最可靠、最值得信赖的。但这四人都不是宗室贵胄。这种四大臣辅政体制，一反"从来国家政务，惟宗室协理"的祖宗成规，是一个新的尝试。但辅政大臣体制顺利实现，而没有引起争议，是因为人们对多尔衮以宗室亲王的身份摄政时的弊端记忆犹新。为了避免历史重演，满族贵族们接受了由非宗室大臣辅政的现实。

这是政治体制上的重大变革。四大臣的地位只是"辅佐政务"，皇帝仍然掌握着决定一切的国家最高权力，不像旧体制那样，以长辈"代天摄政，赏罚拟于朝廷"。

在祖母孝庄太皇太后亲自主持下，玄烨宣读遗诏，即皇帝位，年号康熙。四大臣深感受命辅政，责任重大，担心诸王不服，便以"国家政务从来由宗室协理"为由，向皇上请求与诸王、贝勒共同辅政。但遗诏写得明明白白，诸王谁敢干预？于是四大臣便奏明太皇太后，并祭告皇天上帝及顺治帝之灵，宣誓不私自与诸王、贝勒府第往来，不结党羽，不受贿赂，表示了辅佐幼主、维护皇权的决心。正月十四，安亲王岳乐、康亲王杰书以下及大臣官员等，在西安门内南侧的大光明殿，向皇天上帝及先帝灵位设誓，表示要同心协力，辅佐幼主。这样，清廷便形成了以太后为中心，以异姓勋臣辅政，而亲王、贝勒加以监督的新的统治核心。

四大臣辅政在形式和内容上，都是一全新的模式，它与摄政王体制相比，具有几个明显的不同点。

地位不同：摄政诸王都是最近的皇室宗亲，他们是皇帝之长辈，本身又是一旗之主，权力极大，很容易侵夺皇权。如多尔衮不仅是皇帝叔父，而且是正白旗旗主，加上其同父同母兄弟多铎、阿济格手中的镶白旗，实际手握两白旗，足以和皇帝之两黄旗相抗。甚至两黄旗大臣对多尔衮也溜须拍马。至于辅政大臣，虽然其地位与功劳都很显赫，但毕竟是异姓臣子。他们与太后及皇帝之间除君臣关系之外，还存在一旗之内严格的主仆隶属关系。四大臣也公开承认太皇太后和皇帝是他们的女主和幼主。因此，相对而言，辅政大臣不敢轻视太皇太后和皇帝而将大权揽于手中。

与皇帝的利害关系上有区别：下五旗诸王尽管都是皇室宗亲，但他们对本旗力量的发展及个人权势的增长给予了更多的关心，而不大关心朝廷的利益和皇帝的地位。辅政大臣则不同，他们既是皇帝的臣子，又是上三旗的旗员，同皇帝的关系，既是君臣，又是主仆，利害荣辱，息息相关，一旦皇帝帝位不稳，他们也会随着倒霉。所以，他们虽是异姓臣子，但对皇帝却比诸王更加忠心。

职权不同："摄"有代理之意，摄政即代君听政，代行皇权，摄政王可以根据个人意愿料理国家大事。因此，摄政期间的皇帝谕旨，实际反映的是摄政王的意志，而不是皇帝的命令。辅政大臣则无法做到这一点，其职能仅为佐理政务，协助幼主处理国家大事。而且，为防止个人专断，在四大臣之间达成了协商一致的原则，它规定："凡欲奏事，共同启奏。"即不许单独谒见皇帝或太皇太后，也不能个人擅自处理政务，必共同协商，请示皇帝或太皇太后，然后以皇帝或太皇太后的名义发布谕旨。因此，辅政时期的皇帝谕旨，虽然也反映了辅政大臣的意见，但这都是在太皇太后和皇帝同意的基础上才能出现的，它在根本上还是反映着太皇太后与皇帝的意志。

总之，摄政王位贵权重，它排斥太皇太后和年幼的皇帝；而辅政大臣则可以有效地防止诸王干政，维护皇权，并使太后能实际上参与到国家大政方针的决策中去。可见，四大臣辅政体制与亲王摄政比较起来，更加适合太皇太后辅助幼孙登基之需要。

□齐心协力辅助幼主

世祖去世时，清朝范围内仍存着两个互相声援的抗清战场，一是郑成功领导的东南战场，一是以李定国为首的西南战场。康熙元年（1662年），李定国拥立的南明永历政权被清军消灭，永历帝也在昆明被杀，李定国悲痛万分，不久死去，其部下也相继被清军讨平。康熙三年（1664年），清军又镇压了活动在湖北茅麓山的大顺军余部，农民军将领李来亨牺牲。至此，清朝才最终将大陆上的反抗势力扑灭，进入了百年相对稳定发展的阶段。在长期的征服战争中社会生产遭到巨大破坏。华北地区，尽是满目荒凉的景象，江南一带，到处瓦砾一片。面对这一状况，清朝政府鼓励垦荒，减免赋税，赈济灾民，以解除农民的痛苦。康熙四年（1665年），对遭战争破坏最大的湖广地区"给牛种，听其开垦，三年后起科"。并责令地方官对流亡四川的湖广之人，登记造册，照人数多寡提供帮助，奖励垦殖。对无度牒的僧道，勒令还俗，让其垦荒。经过几年努力，全国田地、山荡、畦地数字有了很大提高，为后来清王朝社会经济的繁荣奠定了坚实的基础。

四大臣还对顺治年间的行政机构做了改革。努尔哈赤时期和皇太极初年，辅佐汗的秘书机构是文馆，又称书房。崇德元年（1636年），皇太极称帝，始改文馆为内三院即内秘书院、内国史院、内弘文院，并设内务府管理宫内事务，内务府大臣则由皇帝的包衣奴才担任。顺治十一年（1654年）清廷仿明代制度，改置宦官十三衙门总管宫内事务。顺治十五年（1658年），参照明代制度将内三院改为内阁，同时设立翰林院。鉴于宦官在明代的祸国殃民的罪行，四大臣辅政伊始，即于二月革除十三衙门，恢复内务府，仅留少数太监以供驱使，对防止宦官干政起到了积极的作用。六月，又以世祖章皇帝遗诏发布谕旨，废除内阁及翰林院，重新恢复内三院。这时，清帝取消了大学士入值和票拟之权，由辅臣代为执行；辅臣必须共同商议票签内容，然后向太后请示，并代幼帝朱批御笔。但代皇帝朱批御笔也为辅臣提供了专权乱政的可能。

辅政初期，四大臣还能忠心耿耿地辅佐幼帝。然而随着时间的推移，辅臣鳌拜自恃功高，渐渐跋扈起来，对爵秩低于自己、而班次却高于自己的苏克萨哈心怀不满，遂利用黄白两旗的旧有矛盾，寻找机会，打击苏克萨哈。

□权力之争引起内斗

康熙五年（1666年）鳌拜唆使八旗以土地不堪为由，提出更换的要求，送交户部。户部尚书苏纳海认为土地分配已久，且康熙三年（1664年）已有民间土地不许再圈的旨意，遂上疏反对圈换土地，并请将移文驳回。鳌拜假借世祖章皇帝有旨，凡事俱尊太祖、太宗例执行，于四月命镶黄旗从右翼之末移回左翼之首，并为镶黄旗在北京东北的顺义、怀柔、密云、平谷四县圈拨土地，造成既成事实。秋天，户部尚书苏纳海、侍郎雷虎等率人出发丈量准备圈换的正白旗土地，数千旗民极力声言换地的骚扰之苦，要求立即停止换地。同年十一月，直隶、山东、河南总督朱昌祚，直隶巡抚王登联同时上疏，指出旗民对重新更换圈地极为不满。接到命令后，旗民的土地等着调换，而民地则等着被圈，两下里都闲置不种，造成土地大量荒芜，恳请停止圈地。苏纳海等在丈量圈换土地时，由于镶黄旗章京不肯接受新圈换的土地，正白旗包衣佐领下人又不肯指出地界，他们只得将主持两旗换地的官员撤回。鳌拜仰仗其在辅臣中的优势，命吏、兵二部将苏、朱、王等革职锁拿，并交刑部议处。康熙五年（1666年）十二月，鳌拜以苏纳海等人不愿迁移、结党抗旨、妄行具奏等罪，将苏纳海、朱昌祚、王登联三人矫旨处以绞刑，家产籍没，并将蓟州、遵化、迁安三地的正白旗土地强行加以圈换。旗员及人民深受其害，有数十万人失业。

圈地事件打破了四大臣协调一致的原则，朝内百官惴惴不安，纷纷上书要求皇帝亲政。康熙六年（1667年），索尼去世，鳌拜乘机打算提高自己的地位与职权，代替已故的索尼，获取启奏与批理奏疏之权。康熙见鳌拜愈加跋扈，四大臣辅政体制已无法发挥作用，遂以辅臣屡行陈奏为由，奏请太皇太后允许，私下里拟好了诏旨，于七月初七那天颁布，并举行亲政大典。此时鳌拜党羽已经形成，其势力在上三旗中占有绝对优势，鳌拜已控制了镶黄旗，正黄旗随声附和。正白旗大臣苏克萨哈凭一己之力无法与鳌拜竞争，遂于七月十二请求辞职。鳌拜乘机以不愿归政、妄蓄异心等罪名，打算处死苏克萨哈。康熙知鳌拜等怨苏克萨哈经常与其争论是非，仇恨甚深，欲置之于死地，遂坚持不允所请。鳌拜竟攘臂上前，连续几日来向康熙帝奏请，最后仍将苏克萨哈处以绞刑。

鳌拜在除掉苏克萨哈后，朝中已无人敢反对他，于是更加跋扈。如有人自行启奏，他必加斥骂；于皇上面前，凡事不以理进奏，多以旧时疏稿呈览，逼勒依允；甚至对皇帝的旨意也公然反抗，拒绝履行。鳌拜党羽马迩赛死后康熙明令不准赐谥，而鳌拜却根本不听，仍行赐谥。在鳌拜支持下，其党羽亦敢怠慢皇上，皇权受到严重威胁。

鳌拜到底是忠是奸

□大起大落的鳌拜

鳌拜的一生可谓大起大落，大喜大悲。概括地说，鳌拜早年出身将门，骑射功夫过人，是满族的巴图鲁（清朝专门为那些骁勇善战的将士们设立一种特殊的称呼和赏赐，简单来说就是勇士的意思）。他跟随着爱新觉罗家族南征北战，无论是在关外与明军的生死交锋中；还是在入关定鼎中原后巩固统治的大小战斗中，都展现了一代武将的英姿勃发之势，屡建奇功，出生入死，立下了汗马功劳，是功臣更是忠臣；一世英名却在大势已定时晚节不保，在康熙初年辅政时期飞扬跋扈，独揽朝政，展露逆反之心，最后败在还是少年的玄烨手中，虽然凭借着赫赫战功免于刑戮，但也最终身死禁所，作为中国历史上妄想挟天子以令诸侯的权臣而成为后人茶余饭后的谈资。

鳌拜还是一心为主的忠臣时，谁都不会想到几十年之后的鳌拜会来个如此的人格大逆转。还在皇太极当政的时候，鳌拜虽然年轻，却也早早地就鞍前马后随征出战，凭借着一身武艺为皇太极立下了赫赫战功。君臣二人也在合作中建立了深厚的君臣情谊，致使在皇太极死后，鳌拜依然初衷不改地辅佐皇太极的儿子——顺治，并且是在面对多尔衮这样强敌的威逼利诱下，坚持了数年，终于等到多尔衮死去，少主顺治正式登台，鳌拜才又重见天日，这时已经位居忠臣行列。

对于这个看着自己长大的，并且始终左右陪伴的老臣，顺治可谓是重视至极，不仅让其管理国家大小政事之外，还在自己临死之时封他为辅政大臣辅佐自己的儿子——康熙，能让顺治做出此等托孤之举必定是经他精心挑选的。

随着顺治咽下了最后一口气，鳌拜的忠义之臣的形象也渐渐开始落下帷幕了，之间的变化当然迂回曲折，但其结果与初始却大相径庭，早期的一代忠臣在晚年时却死于篡位造反的罪名之下。而亲手为他钉棺的就是皇太极的孙子、顺治的儿子——康熙。鳌拜终于还是没有坚守住他的忠心败在了一个孩子手下。

□从忠臣到逆臣

如果说欲望是个无底的大坑，那么权力就是一根充满了魔法的魔杖，人的意志稍有懈怠就会被它的法力所引诱，最终掉进坑中，从此再也无力爬起并葬身其中。鳌拜正是在顺治死去之后不知不觉沉浸在了欲望的旋窝中慢慢被淹没的。顺治托孤的时候，鳌拜虽然名列四大辅臣之末，却在后来一步步地居于了首位，连后世史学家都称四大辅臣时期为"鳌拜辅政时期"。可见鳌拜是何等胆大妄为，在利益与忠义的天平上，鳌拜还是倾向于了利益。鳌拜后期的"奸"终将把之前大半生的"忠"给抹杀全无。

一个人从大"忠"到大"奸"，除了自身的变化之外，也离不开外界环境、条件的滋养。鳌拜一世英明的毁灭从根本上说，其他三个辅臣也有责任。索尼在当时的四位辅臣中资历最高，他本身文武兼备，是四朝元老，比鳌拜资历还要深得多。但是年龄不饶人，人到老年之后，对责任的认知度就会有所减弱，再加上也确实是年老体弱，很多事情都是力不从心；另一方面，索尼之所以对鳌拜采取放任态度还由于四大辅臣中的苏克萨哈实在不能入他的眼，因为苏克萨哈本不是顺治的人，而是多尔衮手下后又归顺于顺治的，四大辅臣中其他三位都看他不顺眼，所以，在鳌拜和苏克萨哈产生矛盾激烈争斗时，索尼的这个天秤就自然而然地偏向于鳌拜，倒不是因为他和鳌拜有多么地情投意合，只是因为对苏克萨哈太多厌恶。

而苏克萨哈虽然身为一人之上万人之下的辅政大臣，却由于自己曾经有过变节经历，所以不但别人瞧不起他，就连他自己也多有自卑心理。两者加起来

康熙帝亲政诏书

就造成了苏克萨哈在四大辅臣中是最没有地位的一个，可以说完全是一个摆设，对鳌拜或者索尼都没有牵制的作用。所以，尽管鳌拜与苏克萨哈有姻亲关系，但是在很多行动上，鳌拜都是在针对苏克萨哈。

四辅政大臣最后一位，遏必隆姓钮祜禄氏——与后来的和珅同一个姓氏，有个背景很深的家庭，其父亲是后金的五大开国元勋之一的弘毅公额亦都，母亲是和硕公主。按说如若是有心者如果想利用名将之后的标签，在如此深厚的家庭背景托衬下，要大展拳脚未必是件难事，但是，这个遏必隆本人却是个胆小怕事、随波逐流之辈。虽然官至辅臣却完全没有乃父遗风，能力非常有限，常常追随同是名门之后的鳌拜。

正是在这种索尼老、病，苏克萨哈自惭形秽，遏必隆胆小怕事的背景下，毫无牵制力量的鳌拜胆子越发增大。其他三人有的想着明哲保身，有的自愧低人一等，有的只为趋炎附势。所以，在辅政期间实行的政策基本上是鳌拜一人之见，这无疑是往鳌拜野心的小火苗上实实在在地浇了一桶汽油，形成燎原之势、野心膨胀、势不可挡。这样，从1661年到1669年的四大臣辅政时期的历史，实际也就是鳌拜逐渐独揽大权的过程、专权的历史。孝庄和玄烨，老的老、小的小，对于鳌拜来说不足为惧。不过，后来的事实证明，他小看了孝庄这个年过半百的女子，更低估了玄烨这个表面上只顾吃喝玩乐的小儿。

鳌拜是一代武将，先后跟随、辅佐过三个皇帝，辅佐顺治时，皇太极余威、余恩犹存，而且顺治也是他力争而立的，所以他还能忠心耿耿。可康熙玄烨就不一样了，辅政时鳌拜已然是三朝老臣，且掌握大权，没有与之对抗的人，所以他对年幼的康熙也就不那么看得入眼，蔑视之意渐渐公然表露。

在朝堂之上，鳌拜常常横眉怒目、张牙舞爪地当着重臣的面顶撞小皇帝，呵斥大臣更是毫不顾忌。遇到重大节日时，鳌拜也身穿黄袍，只用帽结作为唯一区别。他一次又一次地挑战康熙的忍耐力，更是无时无刻地打击着对他的权势构成威胁的人。可以说，康熙早期被载入史册辱没自身名声的事件，都是由鳌拜所亲手炮制的。

□无法无天的后半生

鳌拜后期简直到了无法无天的程度，一点小事就能点燃他心中的怒火，康熙的话更是不能入耳。朝中的大臣们也因为鳌拜的举动而草木皆兵，即使万分小心，得罪鳌拜都免不了一死，只是或早或晚的问题。苏纳海、朱昌祚、王登联三人是鳌拜屡次徇私中的陪葬品。康熙自然也深知其中奥妙，但是因为手上没有实权，便召集辅政四大臣询问意见，希望其他辅政大臣能站到自己的一边谋求转机。没想到索尼、遏必隆附和，苏克萨哈知道自己若反对极易惹火烧身，只是沉默不语。康熙气极，虽然鳌拜层层施压，但仍不允许鳌拜所奏，只是批准刑部拟定的处罚，即将三人各鞭一百，没收家产。康熙十分想把这三人的性命保住，不惜与鳌拜硬碰硬，没想到康熙破釜沉舟的反抗终究还是没能改变三人惨死的结局。这时，一代忠臣的影子在鳌拜身上再也寻觅不到了。

虽然，由于孝庄太后联合索尼、苏克萨哈在后台运作，使康熙在14岁时终于得以亲政，但是鳌拜却不想就这样退出政治舞台，更加放肆地想要排挤甚至处死其他辅政大臣，而首当其冲的就是苏克萨哈，这时候鳌拜拟定那些莫须有罪名的功夫已经炉火纯青，他给苏克萨哈捏造了包括心怀奸诈、久蓄异志、欺藐幼主、不愿归政等24款罪名，提出将后者应处凌迟、族诛之刑这样的极刑。虽然苏克萨哈不该杀，康熙也对其极力保全，可是其最后还是死于鳌拜的肆无忌惮之下。

"巴图鲁"鳌拜有没有反心

□康熙除掉鳌拜的真实原因

康熙八年（1669年）五月十六日，权倾朝野、威风凛凛的辅政大臣、一等公鳌拜，被康熙帝玄烨捉拿问罪。通常的说法是鳌拜被除是因为他欲图谋叛篡位。历史的真相真的是这样吗？

1666年，鳌拜利用圈换土地沉重打击了以正白旗为首的反对势力，他的势力急剧增长。康熙六年（1667年）六月，索尼病死。七月，苏克萨哈由于鳌拜的威胁而请求退出政界，"往守先皇帝陵寝"，被鳌拜定为不满康熙帝亲政的大罪，处死籍没。

这样，康熙初的四辅臣中就只剩下一个唯唯诺诺的遏必隆，鳌拜的势力就在康熙六年到八年五月他被逮前达到了顶峰。从他个人来说，他被授一等公，并加太师（有清一代大臣加太师者，唯鳌拜与遏必隆而已）；其子那摩佛承袭了二等公，并加授太子少师。就其集团成员而言，班布尔善为大学士，济世为工部尚书，马迩赛为户部尚书等，基本上把持了朝政。"一切政事先于私家议定，然后施行，又将部院启奏官员带往私门商酌"，甚至"红本已发科抄，辅政大臣鳌拜取回改批"。

正如法国传教士白晋所记，"在他（指康熙帝）十五六岁时，四位摄政王中最有势力的宰相，把持了议政王大臣会议和六部的实权，任意行使康熙皇帝的权威，因此，任何人都没有勇气对他提出异议"。但与此同时，玄烨个人也随着年龄的增长而日益成熟，在鳌拜力主严惩苏纳海及苏克萨哈时，他已能明确表示自己的不同意见，虽然由于鳌拜势大而难以硬顶，却更坚定了他清除鳌拜的决心。特别是鳌拜常常在"御前呵斥部院大臣，拦截章奏"，甚至在玄烨面前"攘臂上前，强奏累日"，极大地损害了玄烨作为一个皇帝的尊严。

随着玄烨在康熙六年（1667年）七月宣布亲政，鳌拜就日益成为他大权独握的障碍。因此，他在捉拿鳌拜的谕旨中称，"鳌拜在朕前理宜声气和平，乃施威震众，高声喝问……又凡用入行政，鳌拜欺朕无权，恣意妄为"，这对于一代英主玄烨来说显然是不能容忍的。

康熙八年（1669年）五月，玄烨利用"布库游戏"擒捉鳌拜，结束了清史上的"鳌拜辅政时期"。

□三十大罪状

随即，康熙帝颁布了鳌拜的三十大罪状：

鳌拜系国家大臣、背负先帝重托。任意横行。欺君擅权。文武各官、尽出门下。罪一。

引用内外奸党、致失天下人望。罪二。

与穆里玛、塞本得、讷莫、佛伦、苏尔马、班布尔善、阿思哈、噶褚哈、济世、马迩赛、泰璧图、迈音达、吴格塞、布达礼等、结成奸党。一切政事，先于私家议定，然后施行。又将部院启奏官员、带往私门商酌。罪三。

倚恃党恶、紊乱国政。所喜者荐举、所恶者陷害。皇上眷念旧臣、曲为优容。不思改恶。聚货养奸。罪四。

上违遗诏。下虐生民。凡结党败坏之处、奉上□日审问、巧饰供辞。罪五。

明知马迩赛、光泰、噶达浑，三族，系太宗文皇帝世祖章皇帝时，不用为侍卫之人，复擅行起用。罪六。

于归政之后，即将苏克萨哈灭族。又将白尔黑图、乌尔把等，无罪枉杀。罪七。

原任尚书苏纳海、总督朱昌祚、巡抚王登联，以八旗更换地亩事，不顺其意，擅加杀害。罪八。

偏护本旗，将别旗已定之地，辄行更换。罪九。

皇上亲政，尊崇圣母孝康皇后，查取从前诏款。鳌拜不将配享太庙奉先殿典礼，奏请施行。此系欺君轻慢圣母之处。罪十。

贪揽事权、延挨不请辞政。罪十一。

因内大臣噶布喇之女，册立皇后，心怀妒忌，敢行奏阻。罪十二。

谬称济世贤能，授为尚书。罪十三。

妄奏户部旧设尚书二员，以同党马迩赛，补居要地。罪十四。

禁止科道陈言，恐摘发情弊，阻塞言路。罪十五。

熊赐履条奏之事，鳌拜以为劾己。意图倾害。罪十六。

马迩赛部议赐谥，奉有有何显功，不准行之上□日。鳌拜不遵，仍给与谥。罪十七。

于皇上前，凡事不依理进奏，多以旧时疏稿呈览，逼勒依允。罪十八。

御前呵斥部院大臣，拦截章奏。罪十九。

私买外藩人为仆。罪二十。

擅授败阵革职达素等原职。罪二十一。

议苏克萨哈罪状时，止同班布尔善等定议，恐大学士巴泰逆意不合，不使与闻。罪二十二。

因伊马匹被偷，将御马群头目，并偷马人，自批尽行处决，籍其家产入已。罪二十三。

以俄讷、喇哈达、宜理布等，在议政处，不肯附和，即裁止蒙古都统不使会议。罪二十四。

先帝遗诏内，鳌拜名列遏必隆之后，乃不行遵奉，凡起坐班行，皆居遏必隆之右。同党噶褚哈，于列名启奏时，亦将鳌拜名前列。罪二十五。

闻遏必隆因皇上传唤养鹰之人，激发怒言，有成何朝廷之说。不行举首。罪二十六。

贲耀色，奉上□日放鹰。因其自行启奏，不先关白，辄加嗔怒。罪二十七。

皇上行幸海子，令鳌拜奏明太皇太后，乃不遵上□日，反云皇上自奏。罪二十八。

势勒克什克之父妾，配伊家人。罪二十九。

以克什克父之坟墓，有碍伊家风水，逼令迁移。罪三十。

逆恶种种，所犯重大。应将鳌拜革职、立斩。其亲子兄弟亦应斩。妻并孙为奴。家产籍没。其族人，有官职，及在护军者，均应革退，各鞭一百、披甲当差。

从鳌拜的三十条罪状看，其中与其结党擅权有关的有二十三条，不尊重太皇太后的二条，对册立皇后妒忌、私买奴仆等有五条。

与康熙、雍正、乾隆时期其他权臣或朋党集团如明珠、索额图、年羹尧、隆科多及和珅等相比，鳌拜既无严重的违法乱纪又无恶性之贪污受贿，更无图谋不轨的勃勃野心，反之却做了一些有利于社会发展的事。对此，玄烨是很清楚的，所以他在捉拿鳌拜之后，只是将他"革职籍没，仍行拘禁"。不久鳌拜死去，时间不详。

□死前逆贼，身后功臣

1713年，玄烨已到了晚年，犹记起鳌拜的功劳。一次，他召集诸王贝勒大臣，说："忆及数事，朕若不言，无敢言之人，非朕亦无知此事者。"其中特别提到，"我朝从征效力大臣中，莫过于鳌拜巴图鲁者……鳌拜功劳显著，应给世职"。讳而不言者，当年捉鳌拜系不得已之举。雍正帝执政后，"赐鳌拜祭葬，复一等公，世袭罔替"，并于1731年加封超武公。

第四节　吴三桂与三藩之乱

三藩之乱的起因

□康熙帝面前的烂摊子

中国历史上有名的"康乾盛世"，主角是夺目的一对祖孙。一个是身为开创者的康熙；另一个是将清王朝带入鼎盛时期的乾隆。康熙帝少年得志、远见卓识、文治武功，是中国历史上的一代英主。而之所以说，他似乎没他孙子乾隆那么好运，是因为所有美誉的背后都不外乎有一个坎坷的荆棘矗立在其后。江山不稳、父母尽丧、鳌拜串权、三藩动乱、反清余势、台湾不安……细看康熙的生平大事年表可以得知，自亲政之后，就一直伴随着动荡波澜。世人所给予他的那些动听的美誉都是他生生忍着疼、咬着牙磨出来的。龙椅上铺着的不是绸罗软垫，而是层层密布的刀山火海。风光无限的背后实则是一堆难以收拾的烂摊子。

父皇顺治离世之后，仅八岁的康熙的日子不怎么好过。

首先，是明朝残存抵抗势力的垂死挣扎，其中不乏在社会中相当有影响力的有识之士，避免不了去怀念故国。虽然南明皇室胆小怕事，但是他们并没有屈服于清朝，而是拒绝与清政府合作。

其次，是财政的严重困难。江山的争夺并不是谈判桌上喝喝茶水、谈谈双方观点就能稳操胜券的，在那个时代，真正有分量、能够站得住脚的只有刀枪铁蹄。明末清初期间的战争，到1661年康熙皇帝即位为止，前后长达34年之久，不但击垮了大明王朝，同时也熬干了清政府。长期的战乱造成了社会经济的严重凋敝，人民生活困苦不堪，当权者的财政状况也十分窘迫。

如何保证财政收入、恢复发展生产、稳定民心、巩固统治都是顺治留给康熙的一系列烂摊子。腐败的官场吏治更是历史遗留问题。历朝历代更替的缘由一般都是以官员的贪污腐败为开始的。而清朝又有自己的特点。

由于清军大举入关的时候，大量原来明朝的大臣投降，当时的摄政王睿亲王多尔衮为了能够迅速地夺取全国江山、稳定长期战乱的局面，对于这些汉族的降官降将基本上全部采取了全盘接收、招纳、官复原职的办法。此举不但迅速导致了原来明朝官场中的弊端没有清除出去，反而传染给了关外来的大清官员。从此之后，无论是满官还是汉臣不但不尽心任职，反而愈加贪污受贿，中饱私囊，满族人当权不久，内外夹击的情势之下根本没有闲暇去处理萧蔷之事，即使统治者清楚明白手下的人为非作歹，也会担心如果处理不当，不但问题得不到解决，势必会造成新建立的清朝统治的不稳定甚至随时有被颠覆的危险，哪怕是皇帝也不敢冒这个险。

顺治在官员贪污腐败的问题上本来就是一个受害者，他在有生之年没有什么好的办法去处理，也只能留给自己的儿子。皇位世袭的同时，烂摊子也是一代留给一代。所以，康熙亲政后，清朝名义上确立了对全国的统治，实际上有的地区一直未能纳入政府的有效控制之下，如南方数省便是三藩的割据势力范围。他们就是清初皇帝们不得已而为之的产物。

□以汉治汉的弊端

清初，为了充分利用汉族降将的力量，同时也是为了稳定人心，先后封了四位汉人藩王。他们不是别人，正是最早归顺大清的定南王孔有德、靖南王耿仲明、平南王尚可喜以及对清朝入关起了关键作用的平西王吴三桂，这四人组也就是后来不断给康熙制造麻烦的"三藩"。不过后来，耿仲明死了，其子耿继茂承袭了爵位；孔有德也因为死后没有儿子，其爵位被解除。从这以后，清朝令吴三桂镇守云南，尚可喜镇守广东，耿继茂镇守福建，耿继茂死后，其子耿精忠继位，"三藩"正式成立。

□三藩的土皇帝生涯

吴三桂、尚可喜、耿继茂本是三个背叛明朝的"叛徒"，但是却由于清朝初时的特殊情况而摇身一变成了清廷所不能不重视的开国功臣，并且被封为镇守边疆的藩王。虽然天下之大莫非王土，但是也确实存在着皇帝所看不到的地方。随着天高皇帝远的局势，独据一方的三藩军力日渐强盛，势力、权力增大的同时，他们的个人野心也越发膨胀。到康熙帝继位时，三藩已经成了朝廷的祸患，清政府虽然已经穷得当当响，但本是穷山僻岭的三藩却是个个富甲天下。

尚藩在广东凿山开矿，煮海贩盐，对朝廷不交一文税金，所有的收入都让他中饱私囊，而且还利用地理位置垄断清政府的对外贸易，大肆走私，从中牟取暴利。耿精忠袭爵后，比起这些老一辈的手段也并不逊色，不但在福建这块肥土上横征暴敛，勒索银米，还将各地的奇珍异宝肆意搜刮到自己门下。

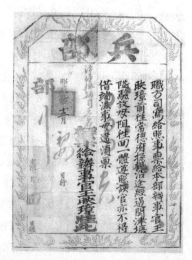

吴三桂颁发的兵部票 清

吴三桂就更不用说了，做的买卖更是让人惊叹，居然在云南公然圈占公田，私自大兴土木，用康熙的银子投资，将一些名贵的土特产实行专行专卖政策。不但其他两藩涉及的买卖他都有沾染，而且还变本加厉地进一步扩大自己的占有度，居然自己制造起了钱币，流通各省，并且取了个名字称为"西钱"，反大清之心可谓司马昭之心路人皆知。当时人称吴三桂"庄佃众多，铺税千万两，仓库里金银布帛堆积如山，厩圈中骡马牛羊畜之如林"，富可敌国，无与伦比。

然而就算是这样，三藩仍然每年都理直气壮地向囊中羞涩的康熙要大把银子，美其名曰保卫边疆的军用必要开支。国家的财政收入，绝大部分用于三藩开支，仅云南一省每年就不下数百万两饷银，即使倾尽国库，也难以供应，成为清朝沉重的负担，也成了康熙继鳌拜之后又一个令他头痛不已的头等大患。三藩之所以最终被康熙撤掉也有些自讨苦吃的嫌疑，他们本身就已经要风得风要雨得雨了，为什么还总去惦记着康熙手中的那点银两呢？

不仅如此，连朝廷才能有的驻防地上的人事任用权，三藩也贪得无厌地操控于手中，只要是他们提名的官员，连地方总督、巡抚都不得干预。虽然没有得到朝廷的正式授权，但是三藩行使的大半权利已经不由得别人"说三道四"了。

纵是这样也全然不满足，吴三桂上书康熙，白纸黑字地要求朝廷让云南、贵州的官员都听任吴三桂的差遣，意思就是想要自己手中的王权仅次于皇帝，其他官员都要听他的指令，那时候的康熙还没有拥有足以震慑住三藩的实力，不敢得罪他，只好答应。这等举措明显就是康熙向吴三桂妥协的举措，康熙也咽不下这口气，可谁让人家吴三桂的实力大呢！所以，还得忍。即使康熙已经如此退让了，吴三桂还是禁不住一次次地考验他的耐性，进一步地要求自己的管辖之内不受朝廷吏部的安排，由吴三桂自行来任命官员，一时号称"西选"。

□养虎为患的制度

康熙并不是不知道三藩的所作所为，眼看着三藩势力的扩展逐渐无法控制，清廷采取笼络策略，公主下嫁，试图加以安抚，稳定三藩几年，直到康熙有铲除他们的实力为止。吴三桂之子吴应熊娶顺治帝之妹和硕公主。尚氏的两个儿子之隆、之孝，耿氏的两个儿子昭忠、聚忠，也都各为额驸。就这样，三藩的人成了半个朝廷的人，信息来源更加广泛、可靠，反倒是方便了三藩恶势力的蔓延。

最初，清朝设立三藩本就是为了稳定边疆，免除朝廷的后顾之忧。然而三藩手中的权力逐渐增加了之后，对权力的欲望也逐渐膨胀起来，逐渐走上了与中央集权政府相对立的道路，成为分裂割据中央集权的军阀势力。由于初入中原，政权不稳，清廷对三藩的行径虽明知，却有心无力，只能着意安抚，致使三藩逐渐独立于朝廷，甚至想取代朝廷。鸟儿的翅膀一旦硬了，想飞多高就飞多高，就不容易控制了。而且，三藩也确实有嚣张的资本。他们都拥兵自重，有相当强的军事实力。

面对三藩强大的武装力量和雄厚的经济实力，朝廷实在是束手无策。政局不稳、国库空空，面对此情此景，清政府最怕的其实就是打仗。军事开支实在是个无底洞！国势刚刚稳定，如若再陷入战争的话，老百姓都会第一个站出来不同意，如若孤注一掷地强行进攻的话，加上吴三桂的六亲不认，很可能会步前朝的后尘，最坏的结果便是满族政权还得撤出关外，而在那片龙兴之地上能不能再拥有一寸山河，都是个未知数。因此，在面对三藩的一次次挑衅，康熙也只能采取睁只眼闭只眼的策略。

其实，清政府面对这样的窘境也不是没有想过对策，不但想过，而且还实实在在地出台过一系列的政策。"更名田"就是其中之一。这也是鳌拜辅政时期，做过的为数不多的好事。也是他在担任辅政大臣的过程中，最后的辉煌——因为在这件事情完成之后仅仅两个月，他就被康熙皇帝拿下了！

在双方僵持不下之时，吴三桂那迟来的爱明之心似乎又回来了，旗帜又忽而转向大明王朝，在反清复明的口号已经慢慢地淡下去的情况下，他又举起了这个旗帜，还厚颜无耻地提到了永历。对于他的反复的小人行径先不提，总的来说，吴三桂已经下定决心想要脱离大清的控制了。这时候康熙就是再顾及国家的整体局势也要破茧成蝶，不能再继续忍气吞声了。

何况，就算吴三桂不反，三藩问题也确实已经成为清王朝对全国实行有效统治的一大毒瘤，其解决办法已经在康熙帝的脑海中日渐成熟，并把它与治河、漕运视为并重的"三大事"。康熙清醒地意识到，吴三桂绝非宋朝功臣可比，乃是唐代藩镇之流。他密切注视着局势的发展，准备寻找适当的时机除去三藩。

吴三桂为何把儿子送上断头台

□被父亲送上绝路的吴应熊

吴应熊，吴三桂的儿子，似乎自从生下来就注定了其悲剧的命运。明末清初，吴三桂以尴尬的身份求存于这个尴尬的社会中，似乎就预示着即使满族人稳住了江山也将会继续周旋于政治、权力斗争的旋涡之中，除非他主动放弃一切，从此隐姓埋名甘愿过普通百姓生活。关键是，吴三桂之所以两次背叛主子都是因为那源自骨子里的权势欲望。所以，吴三桂对权力的渴望，也就直接导致了自己儿子的悲剧。

其实，吴三桂不只吴应熊这一个儿子，之所以历史上关于吴应熊的记载最为清晰详尽，是因为他在康熙平定三藩时所扮演的特殊角色，吴应熊本来就是皇亲国戚，清王朝的皇室当初为了笼络三藩，不惜把格格们许配给了三藩的子孙们，吴应熊也是其中之一。许之与他的正是康熙的亲姑姑和硕公主，也可以看出吴三桂确实得到了清政府的"厚待"。吴应熊虽然已经是驸马身份，其本质上却是清政府牵制吴三桂的重要筹码。康熙以为只要有吴三桂的儿子在京城，就不怕他又再一次叛变造反，可惜的是，他再一次错估了吴三桂。吴应熊似乎也没有想到自己同时被两个至亲的人叛变了，一个是父亲；另一个是妻子娘家的侄子。

随着康熙与三藩之间的关系越来越复杂，吴应熊也自知自己项上的这颗脑袋会随时不保。但是他的去留问题已经不是自己能够控制的，作为牵制吴三桂的唯一筹码，康熙是不会轻而易举地放走他的。虽然他是康熙的亲姑父，但是在皇室之中，连亲兄弟都能互相残杀，就更别提区区一个姑父了。

康熙七年（1668 年），狼子野心的吴三桂终于明目张胆地反叛清廷了，而作为人质的吴应熊当然不能幸免。虽然吴应熊的妻子、康熙的亲姑姑在孝庄与康熙面前哭诉求情，也没能免吴应熊一死。吴三桂一反，他儿子吴应熊的人质身份便再无用处。吴应熊死后，康熙皇帝经常下诏慰藉公主，谓其"为叛寇所累"。

□父亲手中的工具

吴应熊的命运兴衰还是要追究到吴三桂的身上。

被封为平西王的吴三桂俨然已是一方霸主。无皇帝之名却有皇帝之实，刚刚亲政不久的康熙皇帝年纪尚幼，对他无可奈何，只得一忍再忍。

双方都在酝酿、积聚、等待，一直到康熙真正掌握了朝中大权。三藩对清政府的百般刁难，康熙再也无法容忍那些手握重兵的藩镇势力，决心从镇守广东的平南王为开始，探探吴三桂的口风。而吴三桂也并非粗枝大叶的一介武夫，在康熙削藩的同时也在极力保住兵权，掌握军队，以图自固，完全把吴应熊至于脑后。

一方是权欲无限膨胀，一方是有意识地歼灭重镇羽翼，两股强大的力量相互碰撞，冲突势不可免。不言自明，朝廷与吴三桂等人各怀心事。想来吴三桂也是一个成大事的"大丈夫"，亲生儿子的性命不顾不说，还积极发挥儿子在京城的能量为自己服务，让吴应熊四处用金钱收买人心，好为吴三桂服务，这无疑在加速吴应熊死期的到来。继人质之后，吴应熊再次成为自己父亲手中的工具。

吴应熊也唯父命是从，这点上不得不称赞他是一个孝顺的儿子，明白自己在父亲眼中的角色，可还是一心一意地挥金如土，为父亲买情报、传消息，联络的也是那些本身就立场不坚定的墙头草人物。虽然康熙有所防备，但无奈吴氏"众人拾柴火焰高"，导致吴三桂的情报机构异常灵敏，甚至对朝中一举一动了如指掌。这点可以完全归功于吴应熊。

吴应熊在朝中"间谍"的身份让康熙帝十分震怒，吴应熊的处境岌岌可危。不过吴三桂也不是铁石心肠，吴应熊毕竟是他亲儿子，他不能不对儿子的处境有所考虑，所以特意把自己的亲信胡心水放到吴应熊的身边，让他"代为照料一切事"。这样，胡心水便成了吴应熊额驸府的大管家，府中日常庶务都由他来悉心打理。只是对权利的狂热追逐最终让吴三桂决定放弃京城的儿子。就这样，孝顺且全心全意听命于父亲的吴应熊最终成为父亲权利手中的牺牲品。

□吴三桂的"无奈"

如果说吴三桂降清是"冲冠一怒为红颜"的话，那么他的反清便是"冲冠一怒为撤藩"。

此时的吴三桂早已不是大清的功臣，也不想继续做一名回头是岸的清臣，他只想自己能够也有一个皇帝的头衔，彻底改变自己这浮萍一样的命运。吴三桂知道康熙年纪虽小，但不是个好惹的人物，当年铲除鳌拜的情形还记忆犹新，自己的所作所为势必会让康熙把矛头指向自己，这也只是时间的问题。等到康熙羽翼丰满之后对付自己，还不如在他还没有成熟之前就先下手为强，于是，吴三桂亲率大军起兵反了。

而他的反叛为自己带来的初始后果，便是留在京城的长子吴应熊、长孙吴世霖被清廷处以死刑。

□康熙帝撤藩的决心

康熙帝亲自执政后，由于治理得当，使得朝廷一改清初期时的困顿混乱，国力大有提升。但从康熙的平生重大事迹表可以看出，康熙帝实在是一个命运多舛的皇帝，内忧外患一个接着一个，南方有三个藩王尤其是吴三桂格外让康熙帝担心。

康熙帝知道要统一政令，三藩是很大的障碍，削藩之前的三藩其实已经形成了一个与朝廷分庭抗争的政治团体了，愈加地独立于朝廷，甚至比朝廷还要富有。所以，想要统一天下，就一定得找机会削弱他们的势力。

而三藩看到康熙已经逐渐把身边的障碍清扫完毕，认为这回似乎该轮到自己了，于是也对小皇帝进行了一番试探。尚可喜首先出面，声称年老了，想回辽东老家，向康熙提出了类似于辞职的奏章。这无疑是对康熙的一次明显的试探。但是康熙那个时候实在是受够了他们的气，再加上自亲政以来的种种战果，自信心就有些膨胀，虽然孝庄太后百般劝阻，说明撤藩时机未到，不如等吴三桂老去、死去再从长计议，大臣们也从国力现状上表示不支持康熙的撤藩之举，但是，康熙还是认为撤藩的时机已到，不顾众位臣子的反对，批准尚可喜告老，撤掉平南王的爵位。

康熙的反应这次确实给了三个心怀鬼胎的人一个明确的答案——撤藩。这一来，当然触动了三藩的权力，特别是吴三桂这个权力欲望强烈的人了。所以，三藩决定在康熙之前先下手，举兵造反。

康熙十二年（1673 年），吴三桂在云南起兵。

吴三桂身败之谜

□三藩之乱大幕拉开

吴三桂留在京城的儿子吴应熊被康熙处死，是"三藩之乱"的转折点。双方的底牌已经亮开，再没有什么顾忌。在吴三桂首先出兵之后，1676 年冬，康熙迅速调动全国的军事力量向吴三桂扑来。清军声势浩大，吴三桂也破釜沉舟不甘示弱，双方陷入了对峙阶段。

　　自康熙十二年十一月至十五年四月，战乱不断扩大，吴三桂出兵凶猛，而康熙自然也是不甘示弱。两军在斗争中各有得失，但是，令吴三桂没有想到的是，自己的盟友会出卖自己转而投向康熙的一边，使他战事开始时的胜局逐渐向相持阶段发展。

　　康熙的一生是由一个又一个挑战与考验所构成的。这些考验是他的祖父、叔祖父和父亲留下的，已经积累了三十年的历史包袱，各个都沉重万分。"三藩"问题是跟随着鳌拜的落幕接踵而来的。康熙帝在处理这一些问题上表现了一位杰出政治家所应具备的素质。

　　康熙帝与吴三桂的三藩之乱进行了八年之久，在大半个中国进行了一场大的是与非、成与败的博弈。一方是20岁未经战阵的康熙帝，另一方是62岁身经百战的吴三桂。但是战争过程中，两人所表现出来的勇气和智慧却与他们的年龄和阅历完全成反比。康熙帝身处博弈中所表现出的坚定、镇定、淡定是吴三桂所不能比拟的。康熙帝与吴三桂博弈的结局早已注定。

　　而吴三桂，却在此时走到了生命的终点。

□三藩之乱的拐点

　　康熙十七年，虽然吴三桂自觉气数已尽，马上就要被清军攻破，但是，折腾了一辈子总还是想要把自己那个最初的梦想圆上。于是吴三桂等不及最终完成他的霸业，在衡州称帝。但这一冲喜的举动却未能改变叛军的困境。吴三桂只享受了几天而已，就在连连失利的战势下郁郁而终了。

　　吴三桂死了，他所带领的军队便是群龙无首了，清军趁机发动进攻，打打停停，从此叛军一蹶不振，余众纷纷出降，三藩之乱终告平定。吴三桂也算是圆了自己的梦，过了当皇帝的瘾。

□频繁叛变，丧失民心

　　吴三桂的两次叛变给他带来的后果确实大不相同。第一次背叛崇祯，换来了大清的礼遇和善待。如果没有他后来的再次叛变，后人对他的评价也不致如此不堪。大明朝昏庸至极，被清朝所取代是历史前进的必然结果；第二次背叛康熙，却是吴三桂的一大败笔。清朝此时正处于蒸蒸日上的繁荣阶段，是历史发展的必然结果，而吴三桂在此时却是一个欲望强烈飞扬跋扈的云南土霸王，此时反清纯是反社会发展脚步的。而且各种条件集合起来也并没有给吴三桂带来多少胜算，反而处处都是败笔。

　　当然，在吴三桂最终失败的结果之中，一来，他打出的旗帜、口号就过于老套了，"反清复明"早已是老生常谈，再说大明朝的灭亡就是由吴三桂自己一手策划的，现在又想"复"它，谁又能信！二来，吴三桂与康熙对峙之时，已经就是一个老人了，垂垂老矣，无论是精力还是计谋上都不是康熙的对手；还有，这时候人们已经普遍接受了清政府的统治，吴三桂的反叛本身就是一个逆社会发展之举，必然得不到广大人民群众的支持。所以，他的失败是必然的。而康熙自身的实力的确是不容小觑的，康熙身上品德和智慧是吴三桂最终败北的另一个重要原因。

□军事策略上的失败

三藩反清之初，清政府连连失利，康熙在危局中表现出的镇定自若着实让人刮目相看。首先将吴三桂的罪状公布于众，得到民众舆论上的支持。接着又不顾姑姑的哭诉处死了自己的亲姑父、吴三桂的儿子——吴应熊，在士气上打击了吴军，激励了清军。

事实也确实如此，吴应熊的死给了吴三桂一个很大的下马威。吴军与清军之间的较量不分伯仲之时，康熙为了安定惊恐的军心，镇定自若每日游山玩水给士兵们吃了一颗定心丸，他的坚定决心和平静心态，对于稳定大局和安定人心，起了很大作用。在战略上也展示了他惊人的谋略，虽然吴三桂打出的是"反清复明"的旗帜，但是康熙没有因此而孤立汉族兵将，反而大力重用，这更加鼓舞了军队的士气。再加上康熙肯听取他人意见不一意孤行，这也为他增加了胜利的筹码。

为康熙增加了胜利的筹码的还有"正义"这个词，显然，吴三桂在这点上是丝毫不占优势的。

在吴三桂称帝之前，也许还有其两次叛变的理由。乱世，本来就是一个容易让人迷失的背景，似乎所有的故事都能找出其原因。情势所迫、杀亲之仇都

平定三藩战图　清
此图描绘的是清水军在湖南向吴三桂叛军发起进攻的情景。

是吴三桂可以洗清罪名的筹码，但是，吴三桂所有的"无奈"却在他称帝之后无所遁形，权利的欲望与野心也都昭然若揭，公之于世。所以，吴三桂与康熙之间的三藩之战，首先丧失了正义的筹码。

吴三桂反清，当然得不到汉人的支持，因为他在云南虐杀南明永历帝。所谓得民心者得天下，吴三桂在民心上就先失了一招。

三藩之中，本身也不是同心一致，吴、耿、尚三人各怀鬼胎，内讧不断，彼此不能合作。和康熙打了几年，形势变得对"三藩"越来越不利，这时候其他两藩的天秤就开始倾斜了，毕竟康熙主要对付的还是吴三桂，福建耿氏首先降清；紧接着，尚之信也投降朝廷。吴三桂孤军奋战又能有几分胜算？

康熙二十年（1681 年）十月二十八日，清军进入云南昆明。吴三桂虽然已经死去，但是也被掘坟析骸，刨棺戮尸。吴三桂的子孙也被斩尽杀绝。

吴三桂陵寝之谜

□吴三桂的陵寝在哪里

吴三桂是明代宁远卫（今兴城）西南中后所（今葫芦岛市绥中镇）人。他是明朝的一位总兵，镇守宁远近五年。崇祯十七年（1644 年）他引清军入关，打垮了李自成的农民军；他多次立下大功，被封为亲王；他反对康熙皇帝的削藩政策，起兵反清，自立朝廷而称帝。康熙皇帝平息了吴三桂掀起的长达八年的军事、政治动乱，清朝统治者把他称为"逆贼""逆臣"。所以，清军进入昆明城后，就大肆搜查他的陵墓或灵柩，准备将其暴尸、戮尸。但是，吴三桂的墓葬到底埋在哪里？当时，有的说埋在昆明安福园石桥下；有的说埋在贵州省岑巩县天安寺古塔地宫；有的说埋在中缅边界；有的说后来其家人将其尸骨秘密带回故乡，埋在辽东宁远……众说不一。看来，这是一个不容易解开的谜。

□石桥下的骨灰匣

有的书中记载，当清军逼近昆明时，吴三桂的孙子吴世璠和他的岳父郭壮图，非常秘密地把吴三桂的尸骨改葬他处，防止清军掘坟。清军追问吴三桂的近人，他们说不清楚。清军根据一些被逼无奈之人的指引，挖掘了几处墓葬，经认定，都不是吴三桂的墓葬。有一天，清军挖了十三座墓，可谁也分辨不清真假，最后将尸骨都付之一炬。在清军的一再逼问下，吴三桂的一个侄子说，在昆明安福园石桥下有吴三桂的骨灰匣。清军在安福园石桥下果然找到了，他们将骨灰匣连同吴世璠的首级一并送到京师。朝廷决定："逆贼吴三桂骸骨分发各省，吴世璠的首级交与刑部悬挂示众。"

清廷所得到的尸骨真是吴三桂的骸骨吗？据专家分析，认为不一定是真的。因为吴世璠和他的岳父郭壮图，已经非常秘密地把吴三桂的尸骨改葬他处，然后再造几处假墓和骨灰匣，这是有后顾之忧的吴氏很容易做到的。就是在吴三桂的故乡和他镇守过的地方——宁远，也有两处墓葬，被称为吴王坟。

□窟窿山中的吴王坟

民国版《兴城县志》记载："吴氏先茔：在城东北五里窟窿山西北隅，仅存石门一座，有'骠骑将军吴公先茔'现在八字横额，余俱湮没，不堪辨识，俗呼吴王坟。又据土人云：鲍官岭下之姚家湾地方，俗称老龙头，亦系吴王坟。父老传闻，因吴三桂在云南犯顺，坟被清室所掘，说亦近理。"

辽宁兴城窟窿山西北隅的吴王坟，倚山面海。调查发现，至今还有六七块儿石头的雕件横卧在墓穴之南，这很像是石门的基座。坟墓早已被挖走，仅有一个土坑，约20平方米，深1米多。从地面往下的地层中可以看到有许多碎砖、白灰渣。附近的老人讲，这是吴三桂的坟墓，过去有石门，横额上刻"骠骑将军吴公先茔"八字，被人破坏了，找不到了。

姚家湾属东辛庄镇，在鲍官岭（今称报花岭）之南，位于六股河拐弯处的北岸的高地上，其西北约4公里是绥中县城。在姚家湾地方，吴王坟遗迹难以寻找。但是，这里有三个地名很值得考究，有前石碑沟、腰石碑沟、后石碑沟，也许有的石碑曾经是记载吴三桂的。由于这里风水好，过去曾有两座古庙——兴龙（隆）寺和后兴隆寺。姚家湾村北约5公里的大寨乡有一个吴家屯，过去（明末清初），居民几乎都是姓吴的，老人们讲，他们是吴三桂的后代。

□英茂山南麓的祖坟

2004年春，在兴城围屏乡英茂山北麓发现了已经被破坏的吴应玮的墓葬，仅存一方墓碑。墓地西南距吴家屯约8公里；距绥中县城约12公里。墓碑上刻着吴应玮为奉政大夫，是个五品文官，葬于康熙（初）年。据专家初步推断，他应是吴三桂的侄子，吴三凤的儿子，与其父居住在中右所。这座墓葬的发现，也许对今后寻找吴三桂墓有所帮助。调查中，听老年人讲，英茂山南麓可能有吴氏的祖坟。

在兴城刘台子乡沿海的一座突兀的山峰顶部，有一座古刹，叫娘娘庙，附近有许多关于吴三桂修庙的传说。据民国版《兴城县志》记载："娘娘庙古碑：在城西南六十里，俗呼娘娘顶，清平西王吴三桂于顺治庚寅年重修时建。"顺治庚寅年是顺治七年（1650年）。据史料记载，顺治七年吴三桂驻守汉中，平定陕西、山西的反清武装，按理说他无暇修庙。不过，当年他要求回京汇报工作，顺便观察朝廷对他的态度。顺治八年（1651年）八月，经皇帝允许，他到了北京，出乎意料地受到顺治皇帝的封赏，他获得了更大的权利。也许，他为了感谢神灵，感谢家乡的土地，特出资重修庙宇。他自己没有时间，便委托其兄长及乡亲代办。这说明吴三桂眷恋故乡，死后将其尸骨葬在故乡符合常理，更何况在云南，已经没有吴氏的立锥之地了。

第五节 刻薄皇帝手下的名臣下场

得以善终的十三阿哥

□十三阿哥的身世

胤禛是在康熙王朝末年、社会出现停滞的形势下登上历史舞台的。复杂的社会矛盾，混乱动荡的朝廷为胤禛提供了施展抱负和才干的机会，也让他举步维艰。面对着颇得人心的八爷党，皇帝的位置坐得他心惊胆战，哪里还谈得上身为一国之君的舒心自在。

胤禛有一副在历史上都十分有名的铁血手腕。雍正王朝之初，由于九子夺嫡的余波尚在，再加上康熙始终以怀柔政策治国，导致雍正初年的政局十分不稳。为了扭转这种不利环境，雍正帝有条不紊地进行了多项重大改革，在短短的十三年中取得了不凡的业绩，修正了康熙年间以来的弊端，形成了承上启下的基础。可以说，正是拥有一副铁血手腕才能继往开来。如果是三阿哥继位的话，恐怕就会是另一番景象。看来康熙的识人之术还是非常厉害的。

康熙对他的儿子逐一筛选，最终选择胤禛是明智之举。康熙王朝后期，八爷党和四爷党是最具竞争实力的两派。八爷党的人数众多，四爷胤禛也有自己的心腹。虽然胤禛猜忌多疑，刻薄寡恩，统治严酷，但还是不妨碍他在兄弟犹如陌生人的皇室结交到既是兄弟又更似兄弟的亲人加朋友，那个人就是胤祥。

在康熙的众多儿子中，被康熙称为最有侠义心肠的就属十三阿哥胤祥了。他也是和胤禛关系是最铁的兄弟。兄弟那么多，为什么偏偏只有胤祥能入得了雍正的眼呢？要从胤祥的幼年谈起。

胤祥生于1686年，在胤祥14岁的时候，其生母章佳氏去世。此后的胤祥由德妃代为照料。从这以后，胤祥就逐渐地与德妃的长子胤禛十分要好了。正如1730年怡亲王胤祥去世时雍正皇帝在祭文中写的那样：

忆昔幼龄，趋侍庭闱，晨夕聚处。比长，遵奉皇考之命，授弟算学，日事讨论。每岁塞外扈从，形影相依。

雍正皇帝继位后，将胤祥视为心腹，是以他们儿时就结下的情谊为基础的。如果他们对皇太子胤礽的看法与立场相左，或在康熙朝晚年的储位之争中未曾达成默契，这一基础势必发生动摇，情况就是两样了。也就是说，他们如果结党，应该是很早的事情。

□难以解说的囚禁之谜

少年时代即失去母爱的胤祥生性淳诚，谨度循礼，在诸兄弟中虽算不得出类拔萃，但文才武艺都不落后于人，又特别讲义气重情义，虽然贵为皇子，却一点都不蛮横娇纵，康熙皇帝将他视为最省心的儿子，在他 12 岁时便命随驾前往盛京谓祭祖陵，此后巡幸江南、避暑塞外、视察河工等都曾携他同往。但是，在他 22 岁那一年，却卷进了使父皇最为恼火的诸皇子党争旋涡中，与大哥胤禔、二哥胤礽同被拘禁。

以后胤礽获释复立。诸兄弟被加封爵位，但他仍没有获得宽释，十几年间默默无闻，以至在玄烨的前 14 个皇子中，除幼年早殇者外，只有他一人终康熙之世没有得到过任何封爵。有人认为，这并不是康熙多么地厌恶十三子，而是处心积虑地为雍正布置的一个棋子，表面上是把胤祥拘禁了，实质上是保护他，担心他冲动的脾气会被卷入是非之中，落人把柄遭受陷害，以便为雍正在关键时刻所用。不知道这是否真的是康熙的良苦用心，但是最后的效果真的是显著的。雍正的顺利继位离不开刚刚被释放就加入战场的胤祥的功劳。这也更为加固了兄弟的情谊。

□步步相随，十三阿哥的忠诚

在康熙皇帝去世的第二天，继承皇位的胤禛便任命胤祥为总理事务大臣，同日又将他从闲散皇子破格晋升为和硕怡亲王。当时这位新皇帝刚刚从与对手的激烈角逐中争得宝座，尚立足未稳，争夺中的失败者胤禩、胤禟、胤䄉等人心怀怨怼，虎视眈眈，形势十分严峻。受任为总理事务大臣的四人中，胤禩虽为雍正的弟弟外加重臣，但是，他做事的准则却都以和雍正对立为敌为标尺，位列胤禛的政敌之首，可以说雍正执政时期的大半烦恼都是出自自己的八弟之手。虽然雍正铁面无情，但考虑到稳定人心，再加上父亲的临终遗言不许伤害自家兄弟，所以才没有处理八爷党。政敌动不了，提拔自己的人却是无可厚非的，所以，胤祥作为与胤禛情深谊重的兄弟，被特殊提拔、安插在佐理朝政的核心位置，显然是重臣之中最受倚重的一个。他在十几年含辛茹苦、遭受冷落之后，得到四哥如此厚待自然感恩不尽，竭全力报效，以偿知遇之恩。

雍正初年，面临康熙后期遗留的国库空虚、钱粮匮乏的财政状况，要想稳定时局，强国富民，扭转财政亏空的局面是当务之急。胤禛把这副重担交给了胤祥。

事实证明，胤祥也确实不是只会享乐的草包皇子，在工作中展现了十足的智慧。首次清理康熙王朝时的遗留旧案，由于数量颇大，胤祥决定打破以往常规，采取规定限期和奖励勤勉相结合的办法，数十日内即将几千宗旧案都理出头绪。为雍正长了脸面，被处分的人当中也少不了牵连到八爷党的人，即使有八爷撑腰，也没能幸免，着实打击了八爷党的气焰。雍正初年清政府新设会考府，胤祥负责审核财政出纳，办理清查亏空、收缴积欠的事务。雍正对此要求很严格，谕示胤祥：此事必须办好，不能虎头蛇尾、半途而废。胤祥深知此事至关重要，遂尽职尽责，认真办理。在不到三年的时间里稽核、驳回不符合规定的奏销项目近百起，有效地防止了营私舞弊的浪费现象。同时，又查出户部亏空银250万两，经奏请皇帝，采取令有关官员赔缴和逐年偿补的办法加以解决。对一些与造成财政亏空有直接关系的王公亲贵也毫不留情，连敦郡王胤䄉、履郡王胤祹等人都被勒令变卖家产清还亏欠。胤祥不怕被人指骂，心甘情愿地扮黑脸、做实事，有人因此责怪胤祥过于苛刻无情，然而也正是凭着这种不徇情姑息的认真态度，他才较好地贯彻了雍正皇帝旨意，使亏补欠还，整顿财政取得显著成效，令雍正的皇位日渐稳固。

治河患、兴水利，是历代皇帝都十分重视同时也十分头痛的国家大计之一。康熙非常注重水利的修建，胤祥青少年时期也曾多次随父皇巡视河工，对此并不陌生。雍正王朝也同样没有得到上天的更多眷顾，水灾同样泛滥成灾，损失十分严重，解决水利问题成为雍正首要解决的头等大事。在治理水利的人选上，胤祥自然当仁不让，受命总理水利营田事务，主管营田水利府和下辖的四个营田局，首要任务便是在直隶地区修治河道，开垦水田，变水害为水利。胤祥领命后"建议兴修、疏浚河渠，筑堤置闸，区分疆亩，经画沟塍，躬亲巡视，往返辄经旬月，栉风沐雨，寒暑靡间，务成万世永赖之利"。胤祥开拓创新，在实地勘察的基础上亲自绘制出水域图进呈御览，雍正帝颇感满意，称赞胤祥等人亲至水患地区，不畏劳苦艰辛，无论大河巨川还是小渠细流，都做出详细调查，细心筹划，大大造福了人民。

雍正几乎将难办之事都交给了心腹胤祥去办理，只有胤祥出马，雍正才放心。

从上述内容可以看出，胤祥并没有被自己的功绩冲昏了头脑，也并不是冲着赏赐才肯为雍正全心全意地办事，其中的原因只是出于和雍正二人的兄弟情谊。也能看出胤祥其人颇为聪明，懂得身为"臣弟"怎样使君王感到满意和放心。不贪恋某些过分、例外的恩赐，以免引起猜疑嫉妒而不利于己，这样也就能在位极人臣之际确保平安，又能更多、更久地博得恩遇。

雍正也并没有卸磨杀驴，虽然此人多疑成性，但是对胤祥却也真正是百分之百的信任，做到了真正的用人不疑。

雍正自己是在康熙王朝中的皇权争夺之中经历过来的，皇子与大臣官员私结党羽，互相倾轧，甚至觊觎皇位、威胁君权的戏码，胤禛也曾亲眼所见，深知其危害。在他继位后，严禁王公官员结党，并御制《朋党论》以申其害。但对于十三弟则多有例外。

胤祥最终死于肺病，但也不排除劳累过度所致。他死后，雍正悲痛万分，食不下咽、寝不安睡。还因为三阿哥没有表现出悲痛之意而治他的罪，可见四哥对十三弟的情谊是何等深厚！

李卫当官，刻薄皇帝手下的能臣

□并非乞丐出身的李卫

史料记载，李卫确有其人，祖籍江南铜山，即今日的江苏徐州，生于康熙二十五年（1686年），卒于乾隆三年（1738年）。李卫并非要饭出身，而是有着殷实的家境，正因为此，得以花钱捐了监生资格，避开科举的正途走进官场。李卫虽顶着大字不识的包袱闹出了不少笑话，但凭着机敏的头脑和缜密的心思，确实当出了一副官的模样。

□辅佐帝王的能臣

雍正即位不久，发现各省钱粮亏欠甚多，下诏彻底清查，各省官员闻讯，恐慌不已。李卫时任浙江总督，听闻此事，主动上奏朝廷，以钦差大臣初到地方恐有诸多不便为由，希望能够让自己协助其处理清查事宜。雍正看过李卫的奏折后，同意了他的提议，批准他协助被派往浙江的钦差大臣彭维新进行清查工作。

随后，李卫以生日为由，命各州县的官员速来拜贺，趁生日筵席之时将一干人等召进密室，让各人如实上报亏欠情况，示意他自有办法化解，众人早已被钦差大臣前来清查之事吓得乱了阵脚，听李卫这样一说，全部如实交代，并登记成册交予李卫。

再说钦差大臣彭维新，时任户部尚书，为人做事认真仔细，此前已在江南各省揪出了一堆贪官污吏，气焰甚是嚣张，无人敢阻。岂料一到浙江，便被李卫所持的协助清查的批示镇住了，不得不与李卫商量如何处理清查之事。李卫谈及共同清查的过程中恐有争执，故作为难，不知如何是好。逼得彭维新提出分县清查的方案，正中李卫下怀。

李卫当下便让随从把浙江各州县的名字写于纸上，揉成纸团，与彭维新抓阄分县。彭维新岂能料到纸团已被暗中做了手脚？那些存在亏欠问题的州县，几乎尽在李卫手中，而彭维新抓到的，不过是些问题不大的州县罢了。

如此这般，彭维新再认真清查也无济于事。李卫这边，名为清查，实则督促各州县填补亏欠。待所有清查工作结束，李卫故作焦虑地问彭维新："各地可有亏欠？"得到的当然是他早已肯定的答案："没有。"李卫佯装意外，同时开心地表示自己负责的州县也没有。

此事一经上报，雍正大喜过望，加封李卫为太子太保，大加赏赐。浙中各级官吏也因此各升一级。经此一事，李卫的手下众人对他佩服得五体投地，对这个大字不识的纨绔子弟刮目相看。

李卫为官，不乏耿直倔强的一面。对于官场中的不平事，如眼中沙粒，不除不快。不仅向雍正帝呈交弹劾奏章，更将奏章誊抄之后送至被他弹劾的官员面前，公开宣战，痛陈其恶行，直戳其痛处。那些被李卫弹劾的官员恨他恨得牙痒，却动他不得。

□雍正为何宠信李卫

与李卫同朝为官的田文镜，小肚鸡肠，见不得李卫受宠，妒火中烧，暗地里在雍正面前说李卫的不是。雍正深知李卫的为人，对田文镜的挑拨不以为然。田文镜使坏不成，转而讨好李卫，欲与之结交。时逢李卫母亲去世，田文镜备下重金厚礼，派人前去吊唁。李卫不但不领情，反而当众大骂："吾母虽馁不饮小人一勺水！"并将来者赶出门外，田文镜的名帖与厚礼也被李卫愤然丢入茅厕之中。

雍正帝之刻薄，为政之严谨，在整个中国历史上都是极为罕见的。因此，李卫作为一个靠花钱买来乌纱的官员，能够在雍正朝大享官路亨通，实际上是他的所作所为正对了雍正帝的口味及对为官者的要求。是故，李卫方在清朝的历史上书写下自己的名字，并为后人所津津乐道。

清代名将年羹尧为何被雍正赐死

□雍正朝的大功臣

年羹尧，字亮工，康熙三十九年（1700 年）中进士。为人聪敏，豁达，娴辞令，善墨翰，办事能力亦极强。后受到雍亲王的重用，各皇储争夺皇位时，他利用自己的精明才干，时时向主子雍正出谋献策，奔波游说，深受青睐。更使主子高兴的是，年氏将自己的亲妹妹献给了他，以示忠诚。那时，主仆二人曾发誓，死生不相背负，从此交情更加深厚。君有情，臣有意，再加上年氏的才能，官阶越升越高，不到十年即升为四川巡抚。接着，又升为川陕总督，独掌军政大权，成为雍正心腹。

年氏受到雍正的宠幸是在雍正二年（1724 年）十月年氏来京陛见以前，具体地说，在七月中旬以前，即平定青海叛乱以后。年氏手握重权，荣立青海大功，君臣之间，无猜无疑，如雍正所谓"千古君臣知遇榜样"。但七月中旬后，尤其是陛见抵署以后，即十二月初，雍正使出浑身解数开始置年氏于死地，雍正为什么转变得这么快？年氏的死因究竟是如何呢？

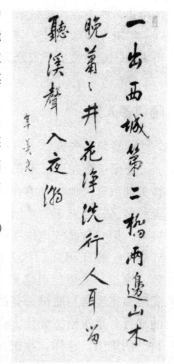

年羹尧诗迹

□知道太多的秘密

有人认为年羹尧的死与雍正帝夺嫡有关。学者孟森的《清代史》、王钟翰的《清世宗夺嫡考实》等持此说。据说康熙帝临终时指定十四子胤禵嗣位。四子胤禛串通年羹尧、鄂尔泰、隆科多，矫诏篡位。其时，十四子胤禵在西北为抚远大将军，原可挥兵争位，然受制于川督年羹尧，遂无能为力。胤禛即位后，改元雍正，为酬报年羹尧拥立之功，大加恩赏。然而这不过是灌迷汤，雍正帝实已对这些知情者存有杀心，最终还是找借口除掉了他。

□居功自傲找死路

有些人不同意此说。他们认为雍正初年年羹尧受宠，并非是雍正帝为他灌迷汤，而是皇帝对他效忠辅弼的奖励。雍正帝继位之时，年羹尧尚在四川平乱，并未参与其间，所以不可能知情，故上说不能成立。《清史稿》《清代七百名人传》等作者，都认为年羹尧是恃功自傲而致被杀。《清史稿》载："羹尧才气凌厉，恃上眷遇，师出屡有功，骄傲……入觐，令总督李维钧、巡抚范时捷跪道送迎……公卿跪接于广宁门处，年（羹尧）策马过，毫不动容；王公有下马问候者，年颔之而已。世宗前，亦箕坐无人臣礼。"《清代轶闻》作者说"年挟拥戴功，骄益盛"，且年羹尧残暴对待部下，任人唯亲，乱劾贤吏，引起公愤，也为雍正帝所不容，故被杀。

年羹尧成败之速，异于寻常，对于其死因的种种说法，人们到现在还是难辨真假，难怪被史学家列为"雍正八案"的首案。

隆科多入狱

□隆科多失宠

处死年羹尧后，雍正着手消灭隆科多势力。隆科多担任总理事务大臣并主管吏部后，经他操办的铨选，人们称之为"佟选"，这样，他独揽了用人大权。隆科多虽然是雍正的亲信，在雍正登基时起了重大的作用，但他深知雍正不能容人，担心自己的地位不能长久保持，很早就把私产分藏到各位亲友家和西山寺庙中。雍正得知后认为他不守臣子之道。隆科多又主动辞去步军统领的职务，雍正马上想让巩泰来代替他，不让隆科多再对这一重要职务有什么影响。隆科多还经常与胤禩一党的人秘密往来；年羹尧案发后，隆科多又包庇年羹尧的罪行。雍正愤怒无比，认为隆科多与年羹尧结为朋党，还想让胤禩党人加入自己的集团。这样，雍正在谴责年羹尧的谕旨中，就把隆科多跟年羹尧相提并论了。

□获罪遭囚，下场凄惨

雍正三年（1725 年）六月，在处理年羹尧之子年富时，雍正又免去了隆科多的二儿子玉柱的乾清门头等侍卫、总理侍卫事、銮仪卫使等职务。雍正下令吏部议处年羹尧妄参金南瑛之罪，隆科多主持的吏部前后提出两个不同处理意见，雍正认为前者过轻，后者过重，这是隆科多有意这样做，命令都察院严肃处理，结果隆科多被免去太保一职，到阿兰善山修城垦地。年羹尧被处死后，雍正四年（1726 年）一月隆科多被削去职务，但雍正还是命令隆科多先去阿尔泰山主持准噶尔和喀尔喀蒙古游牧地的划分疆界事宜，后来又派隆科多代表中国政府与俄国使臣举行会议划定中俄中段国界。雍正说："这件事只有隆科多才能胜任，他要尽心竭力的话，朕会宽恕他；如果他心存叵测，不能办好定边大事，朕一定要治他的罪。"隆科多认真贯彻雍正的旨意，在执行自己的使命时尽心尽力，做出了贡献。特别要说的是，在中俄边界会谈时，隆科多坚持维护中国领土完整和国家主权的严正立场，强烈要求俄国归还它所侵占的中国领土。尽管隆科多尽心竭力，雍正却违背自己诺言，不肯宽恕隆科多，他清除隆科多的决心已定。正当隆科多为维护国家主权与俄国使臣紧张谈判时，雍正以追查隆科多私藏玉牒底本为借口，突然召回隆科多，命策凌等人接替隆科多，策凌等在谈判中没有坚持维护国家主权，却接连向俄方让步，在当年七月签订了中俄《布连斯奇条约》。隆科多回京后，诸王大臣历数隆科多罪行四十一款。其中有大不敬之罪五，如私抄玉牒收藏在家，将康熙钦赐御书贴在厢房里视为玩具，"妄拟诸葛亮，奏称白帝城受命之日，即是死期已至之时"等；欺罔之罪四，如"圣祖仁皇帝升遐之日，隆科多并未在御前，亦未派出近御之人，乃诡称伊身带匕首，以防不测"等；紊乱朝政之罪三，如"皇上谒陵之日，妄奏诸王心变"，"妄奏调取年羹尧来京必生事端"等；奸党之罪六，如"交结阿灵阿，邀结人心"等；不法之罪七，如"任吏部尚书时所办铨选，官员皆自称为佟选""纵容家人勒索财物，包揽招摇，肆行无忌"等；贪婪之罪十六，如索诈安图银 38 万两，收赵世显银 1.2 万两等。隆科多的四十一款罪行，有的和年羹尧的罪行类似，但隆科多的罪过是不能与年羹尧相比的，要轻得多，雍正处治他虽不为过，但隆科多还不像年羹尧那样肆无忌惮，还是有所收敛的。而且，在犯罪后异常艰难的情况下，还受命与俄国使臣谈判边界问题，维护国家的领土完整和国家主权，做出了应有的贡献，难能可贵。年、隆结党又结亲，本来是雍正自己促成的，想要他们两人成为巩固自己统治的主要力量。年羹尧死后，隆科多已势单力孤，其实对雍正皇权已形不成什么威胁。如果雍正全面考虑一下，对隆科多降级免官就能达到他的目的。但是，雍正五年（1727 年），隆科多还是被囚禁在畅春园附近。雍正六年（1728 年）六月，隆科多最后死在被囚禁地。

第六节 "奸相"和珅的敛财之谜

和珅，是转世的嫔妃还是小小的侍卫

□和珅的发迹之谜

关于和珅还是要从他的身世说起。和珅，字致斋，原名善保，钮祜禄氏，这钮祜禄氏是满族八大姓之一，特别是镶黄旗这一支，出了很多功臣勋贵，比如清朝开国五大功臣之一的额亦都，还有他的儿子遏必隆，以及前文提到的讷亲。但很可惜和珅并不是名门之后，他出身正红旗，祖上乃是寻常八旗子弟。不过后来当他平步青云显贵之后，全家被抬入了正黄旗。

根据《清史稿》记载，和珅"少贫无籍，为文生员"。乾隆十五年（1750年），和珅出生在一个武职家庭，父亲常保曾经担任福建副都统。和珅的童年可称不幸：三岁那年，弟弟和琳出生，但母亲却因难产而死；九岁时，父亲又因病去世，父母早亡让和珅很早就尝到了人世的艰辛，因而发奋努力，希望改变久居人下的地位。

和珅兄弟俩都曾经在咸安宫学读书。咸安宫原为康熙末年圈禁废太子胤礽之处，雍正二年（1724年）胤礽死后就一直闲置；雍正六年（1728年），在此处设立官学，专门招收八旗宗室子弟入内学习。到和珅入学的时候，咸安宫学已经搬到了西华门。

和珅、和琳在这里受到了良好的教育。其实由于旗人有固定的钱粮，大多数八旗子弟不愁生计，自然不会对读书习字有多大兴趣。但和珅兄弟俩则不然，不仅四书五经等传统典籍烂熟于心，而且琴棋书画、诗词歌赋、满汉蒙藏诸种语言都有涉猎。值得一说的是他的老师吴省兰，这吴省兰本是个举人，乾隆二十八年（1763年）进入咸安宫学任教习，此时和珅恰巧在咸安宫内读书，师生二人关系颇好。后来和珅发迹，吴省兰夤缘而上，反拜和珅为师。也算学林中一件不大不小的丑闻。

和珅的出众才华博得了咸安宫学内其他八旗子弟的交口称赞，使他获得了王公勋贵们的青睐。乾隆三十二年（1767年），他与大学士英廉的孙女冯氏成婚；两年后，他承袭了祖上的三等轻车都尉的爵位，并参加了顺天府的会试，虽然未能中举，但和珅并不担心自己的前途。清代旗人进入仕途并不只靠科举一途，无论是进入六部担任笔帖式，还是做皇宫侍卫，都不妨碍日后飞黄腾达。由于和珅祖上是武职，又有大学士这门亲事的背景。1672年，和珅被封为三等侍卫，随即被补入粘杆处侍卫。

粘杆处原本是伺候皇室日常生活起居琐碎事务的诸多机构之一，但雍正时则将其改造为一个情报机关和特务机构，负责监视王公大臣及可疑人员，另外也负责传递机密情报。乾隆时期这一机构虽然用处逐渐减小，但仍然与皇帝距离很近。因此和珅能够直接接触乾隆皇帝。由此开始，和珅踏上了他一帆风顺的仕途。

和珅的发迹，似乎可以用一句老话来概括："机会只偏爱有准备的人。"和珅担任三等侍卫，固然是接近皇帝的捷径，但倘若和珅与其他侍卫一样，没有任何出彩之处，乾隆又怎么能在这些芸芸众生中，独具慧眼地将他挑中呢？

□小侍卫的大机会

乾隆四十年（1775年）的一天，乾隆正在御花园中散步，十几个侍卫小心翼翼地尾随在他身后不远的地方护驾，和珅也在其中。虽然天气不错，景色也极其宜人，但乾隆的心头却有一团怒火在燃烧着。他手里捏着一份云南送来的密折，向他禀报关押在云南的缅甸要犯逃脱。他再三地看这份折子，为当地官员的无能和疏忽感到气恼，不禁停下脚步，重重地将密折匣子摔在地上。

"昏聩！"乾隆恶狠狠地丢出一句话。十几个侍卫见乾隆脸色不善，不知道发生了什么事，吓得连忙伏地连连叩头。乾隆定了定神，心中的怒火稍稍平静了一些。他缓缓地自言自语道："虎兕出于匣，龟玉毁于椟中，是谁之过欤？"

话音刚落，从侍卫中传出一个从容平静的声音："是典守者不能辞其责耳。"这句话在周围侍卫的寂静中显得格外清晰。正是和珅在人群中发话了。

乾隆一愣，暗想这员侍卫不俗，居然猜得到自己的心思，于是便继续问道："底下的侍卫居然也知道《论语》吗？你起来说话，我考考你，你说说《季氏将伐颛臾》怎么讲？"

和珅不慌不忙，恭恭敬敬磕了个头，起来又打了个千儿，动作潇洒利落。他在咸安宫学苦修多年，此时真有"学成文武艺，货卖帝王家"的感觉。于是不疾不徐向乾隆讲说了一遍。

乾隆看到和珅眉清目秀，一表人才，虽然是个武夫，却大有恂恂儒雅之风。不由得心里大为喜欢。待和珅对答完毕，乾隆又问了些和珅的姓名籍贯、出身情况，从此记住了这个与众不同的侍卫。这件事情过去不久，一天乾隆移驾圆明园，坐在水榭读《孟子》。乾隆读得非常用心，不知不觉天色渐暗，朱熹的夹注渐渐看不清了。于是乾隆就命护驾在侧的和珅掌灯来看。不料和珅躬身为礼，向乾隆问道："皇上看的可是《孟子》？不知皇上看到哪一句了？"乾隆一愣，不知和珅用意何在，便告诉了他。谁知话音未落，和珅便将这一句的夹注背了出来，流畅纯熟之极。乾隆大喜，又背一句正文，和珅立刻又将夹注背出。就这样你来我往，交谈良久。乾隆颇为满意，连连夸奖和珅："不料尔竟然如此敏捷！"《清史稿》中用"骎骎向用"四个字来形容和珅此时的升迁速度。乾隆四十年（1775年）闰十月，和珅调为干清门侍卫；十一月，升为御前侍卫，授满洲正蓝旗副都统；乾隆四十一年（1776 年）正月，授户部右侍郎；三月，在军机处上行走；四月，授内务府总管大臣；十一月，任国史馆副总裁，赏一品朝冠；十二月，总管内务府上三旗事务，赐紫禁城内骑马。短短一年多的时间，和珅以迅雷不及掩耳之势，由一名普通的侍卫摇身一变，成为掌管国家大事的重臣。其升迁速度实在是令人叹为观止。

□投君所好的投机家

另外，乾隆刚愎自用，比较好大喜功，这一点从自封为"十全老人"、立下"十全武功"这些行为就看得出来。而和珅出现在乾隆面前时，乾隆已经 65 岁了。作为一个老年人，乾隆的性格中的这些不良习性都会变本加厉，他需要所有的人都为他服务，伏低做小，以自己之是非为是非、以自己之好恶为好恶。而和珅恰恰准确地把握住了乾隆的这一心理，因此对乾隆着意奉承。据史书记载，乾隆年纪大了，难免咳嗽吐痰会多一些，每当这个时候，和珅就亲自捧着痰盂侍奉，即使是担任要职之后也是如此。这也难怪乾隆会对他如此宠爱了。

和珅对乾隆的揣摩远远不止如此，他在许多方面都对乾隆投其所好。例如乾隆有作诗的爱好，因此和珅便在诗上暗暗下了功夫，不仅学诗、写诗，而且专门研究乾隆的诗，对其所用的语言文字和修辞方式都烂熟于心，然后在乾隆面前流露出对诗的爱好。当乾隆赋诗时，和珅也能像模像样地和上几首，由于他刻意模仿乾隆诗的风格，乾隆自然对之大加赞赏。久而久之，很多时候乾隆索性就让和珅替自己赋诗。据说，现存于故宫崇敬殿的御制诗匾，其实乃是和珅的手笔。由此可以看出，和珅不但能作诗，而且书法也刻意模仿乾隆笔体。此外，清代皇家都与藏传佛教关系密切，因此和珅也虔信藏传佛教，与乾隆的共同话题就更多了。和珅如此逢迎，老小孩儿乾隆皇帝自然大为开心，觉得与和珅极其投缘。

对于和珅的一番苦心，乾隆报之以超规格的宠信。例如乾隆四十一年（1776 年）十二月，乾隆赐予和珅紫禁城内骑马的待遇。按清朝成例，这一制度是为了照顾年老体弱、行动不便的重臣，一般超过 65 岁的官员先由个人提出申请，再由皇帝批准才可享受这一待遇，对臣子来说是极高的荣誉。而此时的和珅只有 26 岁，又是乾隆主动赐予，真可称之为绝无仅有的殊荣。据统计，和珅共升迁 47 次，大大小小兼任过 60 余个官职，乾隆对他的信任可见一斑。

和珅是理财能臣还是敛财奸相

□不会打仗的督师

即使是和其他乾隆倚重的大臣相比较，和珅的"圣眷"还是更胜一筹。有一件事情颇可以说明乾隆对和珅的偏爱。据《清史稿》记载，乾隆四十六年（1781 年），甘肃出现叛乱，乾隆命和珅为钦差大臣，与阿桂一同前往督师。由于阿桂染病，和珅便先行抵达甘肃。和珅到达甘肃时，名将海兰察等人其实已经打了好几个胜仗，叛军败局已定。

但和珅却自以为是，想要建功立业，便自作主张，命海兰察等人兵分四路进军，结果输了一仗，总兵图钦保阵亡。这本来是和珅指挥无方，可数日后当阿桂到来时，和珅却把责任推到几名将领头上，说他们轻慢自己，不听调遣。不明就里的阿桂当即表示："这些人该杀！"可第二天阿桂亲自安排作战计划时，几位将领都非常配合，心知和珅有错的阿桂便对和珅说，没人不听调遣啊，那你说杀谁好啊？

和珅自觉受到羞辱，从此对阿桂以及几位将领恨之入骨，屡屡参奏他们。乾隆得知此事后，也只是象征性地下谕旨批评了和珅几句，并把他调回北京；回京之后，根本不会打仗的和珅却代理了兵部尚书。由于阿桂和和珅同在军机处当差，难免抬头不见低头见，为了照顾和珅的情绪，乾隆便总是让阿桂在外带兵打仗或处理具体政务，这样一来，原本是首席军机大臣的阿桂被架空，和珅反而掌握了军机处的实际权力。

不过和珅不会打仗，并不代表他一无是处；相反，和珅具有很强的办事能力，在外交、司法特别是经济领域颇有政治手段。由于他精通满汉蒙藏四种语言，因此很多外交文书都需要由他撰写。乾隆曾经这样称赞和珅："臣工中通晓西番字者殊难其人，唯和珅承旨书谕，俱能办理秩如，勤劳书旨，见称能事。"足见和珅虽然不会带兵打仗，但其作用和功劳仍然不小。

□处理棘手案件的高手

和珅发迹初期，曾经很好地处理过一件棘手的案子：乾隆四十五年（1780年），云南粮储道海宁赴京参奏云贵总督李侍尧贪污受贿，乾隆将查办此事的责任交给了时任户部侍郎的和珅。李侍尧是乾隆朝的老臣，历任两广、湖广、云贵三总督，地位很高，而且又颇具才干，《清史稿》称其"短小精敏，过目成诵。见属僚，数语即辨其才否"。因此乾隆对他也是相当信赖。和珅明白，要查处这样一个聪明人，实属不易，如果没有真凭实据，就贸然定案，很有可能引火烧身。因此他并没有着急直接审讯李侍尧，而是迂回攻击，将李侍尧的管家抓了起来，对其刑讯拷问。结果此人受刑不过，将李侍尧历年贪污受贿的罪行一一吐露。

和珅得了这份口供，立刻召集云南全省官员，将李侍尧的罪状拿出给他们看，并软硬兼施，告诉他们应迅速与李侍尧划清界限，交代其罪状，就可以既往不咎，否则一并惩处。受到威胁利诱的官员见此纷纷倒戈，向和珅提供了大量李侍尧的不法情事。这时，和珅才提审李侍尧，在大量证据面前，李侍尧的聪明才智也派不上用场了，只得供认不讳，将所收受地方官员的贿赂一一招认。和珅回到京城，又趁热打铁，向乾隆汇报了云南吏治废弛、地方银库亏空的恶劣状况，又提出了自己关于云南盐务、钱法、边疆政策的意见和建议。和珅在审理这一案件中所表现出来的机敏和才干自然让乾隆龙颜大悦，随即提升他为户部尚书，议政大臣。

□难得的理财能臣

其实，和珅真正的本领，在于他理财的能力。乾隆四十一年（1776年），和珅出任内务府大臣，内务府负责皇室以及上三旗的日常生活开支，花销极大，因此总是入不敷出，往往调拨户部库银以为接济，但和珅上任不久，内务府不仅填平了之前的亏空，甚至还略有盈余；乾隆四十三年（1778年），和珅又兼任了崇文门税务监督。崇文门税关是北京城税收的重要来源，按照惯例只有旗人才能担任这一职务，由此可见该职务的重要性。在和珅的管理下，崇文门税关的收入猛增，陡然一跃而成为全国三十余所税关的翘楚。后来和珅又担任户部侍郎、尚书，户部银库、内务府广储司银库和紫禁城银库都由他直接管理，乾隆朝几乎所有的财政部门都归和珅把持。而和珅也确实不负乾隆的信任，为乾隆的文治武功提供了坚实的经济支持。

康熙末年，由于吏治败坏，国库一度亏空得甚为厉害。雍正即位后，严厉清理国库亏空，到乾隆即位初年，国库中有数千万两白银，经济形势相当好。但乾隆好大喜功，重视享受，"十全武功"花费了大量白银，而吏治的逐渐松弛，官员的贪污腐败，使国库重新陷入亏空状态。乾隆为此事深感发愁，却一直苦无没有理财能手管理此事。而和珅的出现无疑使得乾隆大喜过望。和珅确实有着极其高超的理财天赋，他总是能出乎乾隆的意料之外，创造出各种进项。

□"议罪银"的是非争辩

和珅最为人所非议的财政制度就是"议罪银"的创立。乾隆四十五年（1780年），和珅向乾隆皇帝建议，今后各地官员若触犯大清律例，可以通过缴纳银两的方式抵消罪过，其数额根据罪行轻重多寡不等。这笔银两并不缴入户部银库，而是进入内务府银库。换句话说，和珅利用这一制度，为乾隆造了一个小金库。乾隆对这一意见自然拍手叫好，批准实行。

议罪银制度出台之后，各地官员纷纷以缴纳"议罪银"的方式抵消罪行。据史料记载，各地官员缴纳的议罪银均数以万计，甚至数以十万计。这些额外的收入让内务府挣得盆满钵满，乾隆也是喜笑颜开。因为这笔经费基本全用在了他的六下江南之行上，沿途修建的三十座行宫，居然没有动用户部银库一分银子；乾隆八十岁时举办的万寿大典所花费的开支也来自议罪银。到后来，甚至户部银库每年的亏空还要议罪银来弥补。

乾隆自我感觉相当良好，他一定得意扬扬地认为，这些钱来自官员，避免了扰民。可是羊毛出在羊身上，官员的钱财难道大多不是从黎民百姓那里搜刮而来的吗？由于议罪银制度的创立，官员们有了充足的理由和借口变本加厉地剥削老百姓，大鱼吃小鱼，小鱼吃虾米。而贪赃枉法之徒得以继续把持权力为所欲为，吏治进一步败坏。这一政策的后果是相当严重的。

传统儒家士大夫讲究口不言利手不拿钱，因此和珅的行为颇让一些以气节自许的同僚轻视。《清史稿》中记载，同为军机处行走的王杰，对和珅相当不满，除了开会讨论政务，从来不同和珅交谈。有一天，也许是和珅想缓和气氛，就抓着王杰的手，一边看一遍开玩笑："你皮肤不错啊！看这手，怎么这么秀气！"谁知王杰冷冷地顶了一句："我这手好看是好看，就是一分钱也捞不着！"令和珅非常尴尬。

□ 超前的经营理念

和珅不仅会为乾隆理财，他对自己产业也极其重视。他的财富观念甚至可以说是超前的。在传统社会中，有钱人大多买房置地，将货币转化为不动产；而和珅却能够敏锐地认识到货币经济的威力，因此他更喜欢真金白银。据史料记载，曾经有人向和珅行贿请求帮忙，答应事成之后可以送六十顷田地或者一万两白银，和珅明确表示要后者。

更令人惊讶的是，和珅并没有将这些钱埋藏起来，而是将其投资于各种各样的手工业和商业领域。

和珅以喜欢开当铺著名，他在北京城内开了12座当铺，其中有不少都是行业中的佼佼者；他还开办各种各样的商店，例如石灰窑、酒店、杠房、柜箱铺、鞍毡铺、粮食店、瓷器铺、药铺、古玩铺、弓箭铺、印铺、帐局等；此外他还从事物流产业，据说他曾经购买八十辆大马车以运送货物；甚至当时刚刚起步的煤矿业，由于成本高，风险大，一般人根本不敢尝试，而和珅却投入巨资在门头沟和香山开办两处煤矿；即使是不动产，和珅也不会让其闲置，据称，和珅在北京有房屋35处用于出租，每年可以收取1600余两白银和4400余吊钱。总之，和珅的投资，涵盖了商业、医药、物流、采矿、房地产、金融等绝大多数当时的行业，可以说，只要能够挣钱的地方，就能看到和珅的身影。

和珅甚至对家中亲戚朋友也锱铢必较，分毫必争。他的姥爷向他借2000两银子，他居然要求对方用相等价值的地契抵押，以防对方无力偿还；他的舅舅向他借钱，他甚至向对方收取一分的利息，从中牟取大量利润。《啸亭杂录》记载，但凡是家中有银钱出入，和珅都亲自称量金银，计算数目。和珅对金钱的热爱，由此可见一斑。

平心而论，和珅的这种经济头脑和理财观念，即使放在今天也绝对是不多见的；但是在那样一个年代，他只能背上见利忘义的恶名；何况，和珅的贪婪也确实是出了名的。由于他一步登天平步青云，给他造就了贪赃枉法的大好环境，又加上他天性中对金钱的渴望，于是一步步走上贪官的道路。

和珅家产究竟有多少

□难解的家财之谜

据说，大臣孙士毅出使越南返回北京，进宫去向乾隆交旨，途中碰到了和珅。和珅看到孙士毅手中拿着一件东西，便问这是何物，孙士毅回答是一只鼻烟壶。原来这只鼻烟壶是用鸟蛋大小的明珠雕成，极其精致。和珅把玩良久，便向孙士毅讨要。可是这件宝贝是越南国送给乾隆的贡品，孙士毅无奈只得回绝。和珅微微一笑，并未多说什么。数日以后，孙士毅又巧遇和珅，谁知和珅一见孙士毅就叫他过来，说自己也弄到一件珍珠鼻烟壶，请孙士毅赏玩。孙士毅一看，这不就是自己进贡给皇上那件吗？他一肚子疑问，又不好随便问。后来才辗转得知，和珅进出宫禁，并无阻拦，见到自己喜欢的东西，直接拿走即可，甚至不需要告诉乾隆。

这则故事，颇能说明和珅的贪婪。

其实早在和珅发迹初期，和珅就有过因徇私舞弊和受贿而被惩处的记录，但也只是降级留任的轻微处分，而且往往过了不久，反而更委以重任或者升官。这样就使得和珅愈发肆无忌惮起来。他仗着给乾隆理财的名义，在给内务府银库捞钱的同时，也在给自己谋取大量好处。他长期掌握的崇文门税关，号称京城十大优差之首，他不仅通过这一差使对士农工商巧取豪夺，而且绞尽脑汁搜刮金银财宝，后来甚至算计到了乾隆的头上。外省或者外国进贡乾隆的礼品，首先要送给和珅过目，和珅先挑，剩下的才交给乾隆。

和珅的家产到底有多少？这个数字恐怕除了和珅谁也说不清楚了。对于和珅抄家时的财产清单，各种学者的研究，野史的记载都各有不同。最夸张的说法是 20 亿两有余；一般认为有价可估的财产有 2 亿 3000 万两，未能估价者更是数不胜数。即使这样，时人仍旧认为"和珅家产甚多，断不止此查出之数"。和珅的财富有多少实在是一个难以想象的天文数字。据说，仅是乾隆五十五年至六十年的税收，就被和珅贪污一半。按当时朝廷岁入 7000 万计算，则和珅六年之内就获得了 2 亿两白银。

和珅府花园湖心亭旧址

□ "二皇帝"贪污的手段

和珅不仅贪污腐败，而且还利用手中的权力培植党羽，扶植亲信，编织自己的势力网。乾隆朝重臣傅恒的幼子福长安，就被和珅拉拢成为自己的死党；前面提过的吴省兰自不必讲，苏凌阿、伊江阿等和珅亲信，都在和珅的安排下被委以封疆大吏的重任。和珅的弟弟和琳，一方面颇有才干，另一方面也受到和珅的照顾，由一个小小的笔帖式出兵放马，开府建牙，做到四川总督，指挥千军万马。一时间，和珅和琳二兄弟一文一武，俨然掌握军政大权，时人为之侧目。难怪清代才子袁枚有诗云："擎天兼捧日，兄弟各平分。"

与和珅作对的人，则受到他的百般刁难和打击：阿桂贵为领班军机大臣，由于与和珅不睦，总是受到和珅的干扰；大学士松筠由于与和珅作对，被变相流放到蒙古任职。为了独揽权力，他尽量防止乾隆和朝臣接触。例如他规定凡是给皇上的奏章，都要誊录一份副本军机处记档；御史的位置只能由60岁以上的老臣子补缺。而乾隆皇帝晚年已是年老昏聩，对和珅又格外宠信，根本没有人能够撼动和珅的地位。难怪英国使者，著名的马戛尔尼曾经写道，中国很多人都把和珅称作"二皇帝"。

然而，和珅似乎并没有意识到，他的作威作福，引起了越来越多人的不满，其中就包括嘉亲王颙琰的师傅、大学士朱珪。而嘉庆元年（1796年），乾隆退位，将皇位传给颙琰，朱珪自然得势。在这种情况下，和珅本应韬光养晦，然而和珅却凭借太上皇乾隆的余威，仍然与朱珪作对，甚至在乾隆面前进嘉庆的谗言。

据《清史稿》记载，嘉庆登基典礼时，朱珪曾经写了一道奏折，祝贺新帝登基。和珅便趁机挑唆，说朱珪对太上皇不敬。过了不久，乾隆打算将朱珪升为大学士，调入军机处。嘉庆得知这一情况，也写了一首诗祝贺朱珪升迁。和珅又对乾隆说，新皇帝此举是收买人心。乾隆被和珅说动，颇为不满，尽管有大臣正容直谏，乾隆还是借故取消了对朱珪的任命，并将他降为安徽巡抚。

嘉庆对和珅仗着乾隆的支持对自己不以为礼的态度自然是深恶痛绝，但他深知和珅势力庞大，关系网络错综复杂，又有乾隆的支持，此时的自己并不是他的对手。于是索性装聋作哑，对和珅的举动一概不闻不问。

其实进入嘉庆年间，和珅的好运气就似乎已经到头了。嘉庆元年（1796年），和珅的幼子夭折；同年，和琳在作战期间身染瘴气，不治身亡；嘉庆二年（1797年），和珅的孙子夭折；又过了一年，和珅的妻子冯氏也去世了。种种不幸似乎预示着和珅的悲剧即将来临。

果然，嘉庆四年（1799年），乾隆皇帝以89岁高龄去世，和珅和福长安进宫守灵。嘉庆皇帝抓住这个机会，急召朱珪进京，并解除和珅与福长安的职务，切断了他们与外界的联系。与此同时，嘉庆废除了和珅在军机处订立的规定，重新控制了军机处。墙倒众人推，见到和珅大势已去的官员们纷纷上奏折弹劾和珅。嘉庆随即将和珅与福长安交由刑部议罪，并抄没和珅财产。最终，在乾隆皇帝驾崩仅仅十余天后，49岁的和珅被嘉庆皇帝赐以白绫自尽。和珅的倒台和他的发迹一样迅速。

□和珅绝命诗的巧合

据说，和珅在自尽之前，曾口占绝命诗一首。

五十年来梦幻真，今朝撒手谢红尘。
他日水泛含龙日，认取香烟是后身。

据好事者解释，这诗的前两句，暗示了自己正是前文提到的马佳氏转世投胎，前来与乾隆重聚；而后两句则是预示着自己的来世，所谓"水泛含龙"指的是发大水。1798年——就是和珅被赐死的前一年，黄河在河南境内决堤，这两句诗预示着在下一次黄河发大水之日，就是和珅转世为人之时。而"水泛含龙"又有夏后龙螫典故的含义在内，因此，这两句诗又有转世为女人为祸清朝之意。

也许真的是历史的巧合：和珅死后三十四年，黄河又在河南决堤了，这一年是道光十二年（1832年）。十月，在一个旗人家庭里，一名女婴呱呱坠地。父亲笑眯眯地看着手脚乱蹬的小婴儿，和母亲商量着给孩子起了个名字，叫叶赫那拉·杏贞。很多年以后，她被人尊称为慈禧太后。

嘉庆除和珅的经过

□和珅越权惹祸

乾隆晚年，和珅窃取了很大的权力，越发肆无忌惮。他的党羽吴省兰、李潢、李光云等都为部院侍郎、卿等；身居要职，把持枢廷，拥有决策权力。他可以擅自撤换军机处记名人员。嘉庆二年（1797年），首席军机大臣阿桂病死，和珅接替此职，更加嚣张。他"乘高宗昏耄，颇有挟太上皇以号令皇帝之势"。和珅甚至擅自修改成章，并用印文传示各部院衙门及各直省督抚，即使给皇帝的奏折，也必须另缮写一份，封送军机处以便自己觉阅。军机大臣王杰、董诰虽受乾隆器重，但因不肯趋炎附势巴结和珅，受到排挤。嘉庆三年（1798年），董诰回到京城，和珅"遏不上闻"，致使乾隆多次责问"董诰何时来"，直至乾隆一次偶然出宫，见董诰跪于道旁，才明白这位军机大臣早已回京。和珅一手遮天，竟至于此。他甚至敢以腿疾为借口，骑马直进皇宫左门，过正大光明殿，"乘坐大椅轿抬入大门，肩舆出入神武门"。乾隆所批谕旨，和珅可以"因字迹不甚识，将折尾裁下，另拟进呈"。和珅位尊名赫得意忘形，全然不顾君臣尊卑之别。当然，和珅也非常清楚，乾隆已经年迈昏聩，能否与新皇帝搞好关系，直接关系到他的命运。乾隆六十年（1795年）九月初二，当他得知皇帝要立颙琰为太子时，抢先给颙琰"先递如意，漏泄机密"，以讨好新主子。但他还是不太放心嘉庆，力阻嘉庆提升安插亲信。传位大典举行过后，乾隆本打算调颙琰的老师、两广总督朱珪入阁。颙琰作诗向老师祝贺，却被和珅知道，他密告乾隆："嗣皇帝欲市恩他师傅。"乾隆于是放弃了征召朱珪的想法。和珅还把心腹吴省兰安插在嘉庆身边，"与之录诗草，觇其动静"，实际上是监视嘉庆的一举一动。1798年春，嘉庆颁谕将于冬季举行大阅之典，和珅竟力劝乾隆降敕，"现在川东教匪虽将次剿除完竣，但健锐营、火器营官兵尚未撤回，本年大阅着停止"，公然违背天子的旨意。

对于和珅骄横跋扈、越权越职的行为，嘉庆内心非常愤怒，但是表面上却十分恭谨，"凡于政令，惟和珅是听，以示亲信，俾不生疑惧"，甚至扬言自己将来治理天下，也要依靠和珅。嘉庆的韬光养晦、隐忍不发的策略，麻痹了和珅，使和珅相信即使嘉庆亲政，也不会威胁自己的地位。因此，他把乾隆病危消息，只是当作新闻根本没有当一回事，"出向外廷人员叙说，谈笑如常"，他做梦也没想到，乾隆去世之日，也是自己的末日。

□和珅的种种罪状

乾隆去世当天，嘉庆就把和珅强行软禁起来，表面上任命和珅与成亲王永瑆、大学士王杰、尚书福长安等负责办理丧仪，但实际上要求和珅、福长安"昼夜守直殡殿，不得任其出入"。正月初四，下诏力责征剿白莲教不力，嘉庆把矛头直接指向军机大臣，"内而军机大臣，外而领兵诸将，同为不忠之辈"，首席军机大臣和珅明显是其指责对象。初五，嘉庆宣布御门听政，决定"于用人行政一切事宜，皆得封章密奏"，重新把政治大权收回手中。他还同时表示要效法先帝，"以求言为急务"，不能仅听"一二人之言"。嘉庆这些举措，明显是向内外廷臣宣布铲除的信号。于是御史广兴、郑葆鸿，给事中广泰、王念孙等，纷纷上奏弹劾和珅。初八，嘉庆下令逮捕和珅、福长安，并宣布嗣后一切陈奏事件，"俱应直达朕前，俱不许另有副封关会军机处。各部院文武大臣亦不得将所奏之事，预先告知军机大臣"。同时，王杰被任为首席军机大臣，成亲王永瑆、前任大学士刑部尚书董诰、兵部尚书庆桂等为军机处行走，仪亲王永璇总理吏部，成亲王永瑆总理户部，调兵部尚书郭庆桂为刑部尚书。驰驿安徽，调巡抚朱珪入京直尚书房。山东巡抚伊江阿知道乾隆去世，迅速派人赶赴京师递送奏折，被嘉庆派人截获。伊江阿奏折内有书信，是给和珅的，劝和珅"节哀"，而于嘉庆"无一字提及"。嘉庆非常愤怒，将伊江阿发配伊犁。嘉庆又开始剪除和珅集团的重要势力，把和珅集团中主要人物左都御史吴省兰革职回籍，侍郎李潢降为编修，太仆寺卿李光云以原品休致，大学士苏凌阿罢官去看守乾隆陵墓裕陵。十五日，嘉庆宣布和珅22条大罪，十八日赐和珅自尽，福长安斩监候被押往和珅监所，跪视和珅自尽后，再押回狱，秋后处决。嘉庆还查抄了和珅"累至数十百万"的家产。

嘉庆帝颙琰在几次谕旨中，定了和珅22条大罪，从中可以看出和珅独掌大权及其祸国殃民之情。总的来说，主要有以下这些：第一，于乾隆六十年（1795年）九月初三册立皇子之前一天，和珅向颙琰"先递如意，漏泄机密，居然以拥戴为功"。第二，遇见皇帝，居然骑马昂首进圆明园左门，过正大光明殿，至寿山口，"无父无君，莫此为甚"。第三，以腿疾为借口，乘坐椅轿进入大内，肩舆出入神武门。第四，把出宫女子娶为次妻。第五，欺蒙皇帝，谎报或不报军情，致征剿白莲教之军务日久未竣。第六，乾隆帝病重时，其"谈笑如常，丧心病狂"。第七，太上皇抱病批阅奏折，偶因年迈字迹无法辨认，其竟然说不如撕掉，然后另行擅自批写谕旨。第八，一人把持户部事务，并将其变成不变之例法，不许部臣参议一字。第九，对于抢夺商人的强人隐匿不惩办。第十，不批准蒙古王公来京祭悼皇父。第十一，极力安插自己的亲信大学士，苏凌阿老迈难堪，因系其姻亲，竟隐匿不奏，侍郎吴省兰、李潢、太仆寺卿李光云皆曾在其家教读，"并保列卿阶，兼任学政"。第十二，独揽大权，竟然任意撤换军机处记名人员，"种种专擅，不可枚举"。第十三，其家所盖楠木房屋，"僭侈逾制。其多宝阁及隔段式样，皆仿照宁寿宫制度。其园寓点缀，竟与圆明园、蓬岛、瑶台无异"。第十四，在其蓟州所造的坟墓中竟然设立享殿，还开设隧道，"附近居民有和陵之称"。第十五，家内所藏珍宝数不胜数，其拥有珍珠手串居然比大内多数倍，有2万余串。第十六，藏有真宝石顶数10个，整块宝石不计其数，且有内府所无者。第十七，家内银两及衣服超过千万。第十八，藏金2.6万余两于夹墙，藏金六千余两于私库，埋银百余万两于地窖内。第十九，以首辅大臣的身份和街头小民为蝇头小利而争得面红耳赤，附近通州、蓟州地方均有当铺钱庄。第二十，其仆人居然有多达20多万的家产，且有大珠及珍珠手串，"若非（和珅）纵令需索，何得如此丰饶"。第二十一，其私自收藏正珠朝珠一挂，而这只能是皇上才能佩戴用，"往往于灯下无人时私自悬挂，临镜徘徊，对影谈笑"。第二十二，在京师步军统领衙门及巡捕五营借职的一部分兵丁，"在和珅宅内供私役者，竟有千余名之多"。

第七节　曾国藩平步青云之谜

"曾剃头"绰号的由来

□审案局里的"曾剃头"

曾国藩，人们都叫他"曾剃头"，但这不是因为他杀太平军而获得的外号，而是因为他在长沙开审案局，杀了太多的所谓湖南"土匪"而得到的外号。杀错的人有没有呢？有。当时长沙的知府叫仓景恬，他写了一份回忆录，里面就记载曾国藩的审案局，仅因一个案子，就错杀了至少4个人。那是一个冤案，曾国藩把好人杀了，把坏人放了。

曾国藩在几个月内，杀了200多个人，很多人对他的行为不满，说他滥杀，太过分了。曾国藩信奉乱世就要用重典，只要长沙的治安、湖南的治安好了，哪怕大家说我曾国藩是"武健惨酷"，我也认了。但是，这已经不是他一个人认不认的问题，而是引起了很多湖南官员的反感。

清代嘉庆、道光以来，中国官场乃至中国社会，官与官的关系、官与民的关系，已经慢慢形成这样的局面：互相包容，官不去逼民，很多事情就不会酿成大祸，如果逼民逼得太紧，那么民众就会闹事。一旦闹事，严重点，闹到朝廷，皇帝发一通脾气，就更受不住了。当然，曾国藩有钦命在身，圣旨让他"团练乡民"，就是说练新军，然后还有"搜查土匪"，他有这个权限，审案局就是干这个的。因此，大家也没有办法立即对曾国藩怎么样，只能等。他们讲，曾国藩这么胡作非为，总会有报应，咱们等着看他的笑话吧。很巧，笑话很快就来了。

□练军之际的窘境

曾国藩练军，除了罗泽南、王鑫的湘乡勇之外，手下还有一个塔齐布。塔齐布是满族人，满族的一个低级军官。他本来是绿营里面的，就是说国家正规军队里面的，但是曾国藩把他借调到手下，让他招募湘西、宝庆、郴州等处农民，组成辰勇、宝勇，让他训练。当时的湖南提督，驻所在长沙，那人叫鲍起豹，他对曾国藩这么做很不满意。塔齐布练军，练得很辛苦很严格，那些正规军，也就是提督辖下的绿营兵，不怎么操练，没什么人管，战斗力极差。相形之下，就有了是非。

那时候的士兵喜欢赌钱，湘军和绿营中互相认识的士兵，有一次聚在一起赌钱，因为一点小事，口角引发械斗，湘军士兵打了绿营兵。鲍起豹就要把人抓过去处罚，曾国藩没办法——因为手下打伤了人，且是赌博，只得把这个肇事士兵送过去，挨了军棍。鲍起豹虽然蛮横，却不是没道理。不仅如此，曾国藩的亲兵，绿营也敢打。直到有一天，又是湘军和绿营兵赌钱，这一回是绿营兵撒泼，杀伤了人。曾国藩总算找到一个机会了。前几次确实都是湘军这边有问题，人家找碴，没办法招架。这次可不一样，曾国藩找着机会，可以报复了。他说，鲍起豹你得把肇事绿营兵拿过来，我要依法处置。依法，这个绿营兵就是死罪。鲍起豹还真就给他送过来了。曾国藩没想明白怎么回事，发现人已经送过来了，随着这个肇事绿营兵而来的，还有很多绿营兵，都聚集到曾国藩在又一村的办公室外面鼓噪。局面大乱，曾国藩不敢杀了。他不知道杀了之后会发生什么事情。然而，外面越闹越凶，连续闹了一两天，再不制止，发生暴动都有可能。走投无路，曾国藩无奈，只好放人。

曾国藩的隐忍，就在这个事件体现出来，他说，长沙不是一个好待的地方，既然如此，干脆选择下策，走。可以说，曾国藩带着一颗破碎的心，离开长沙，去了衡阳。

蟒蛇转世曾国藩，可信吗

□曾国藩出生的传说

一切都要从嘉庆十六年（1811 年）十月十一日的那个夜晚开始说起，在湖南省长沙府湘乡县荷叶塘一个叫白杨坪的村庄里发生了一件充满传奇色彩的事情。

深夜，在隆冬中酣睡的村庄不时传来几声狗叫声，显得格外静谧安详，给人一种不是世外桃源，胜似世外桃源的错觉。

村庄里有户人家姓曾，世代务农，不大不小的院落收拾得干净利落，被一株苍老巨大的白果树覆盖着。

一位须发皆白的古稀老人在床上翻来覆去，还不停地痛苦地呻吟着，好像有什么东西一下子要把他吞了似的。老人被吓得猛然醒来，浑身冷汗直冒，再也没有睡意，恰巧这时已经金鸡唱晓，看看外面的天空已经微微发亮，老人伸伸腰，起身来到了庭院。

曾国藩像

想想刚才做的梦，老人还心有余悸：天空中云雾弥漫，压抑得人喘不过气来。一条巨大的蟒蛇在满是雾气的空中盘旋，呼地一下便降到院子上空，盘旋几周后，突然将半个身子探进屋里。大蟒蛇双眼闪着幽蓝的光芒，浑身黝黑，嘴里吐出血红的信子，嘶嘶声在耳边响个不停。大蟒蛇近在咫尺，就这样直勾勾地盯着老人，不是老人不想跑，实在是被吓得不知道怎么迈腿了。

正是这个噩梦把老人从睡梦中惊醒了，好端端的怎么会做这样的梦，老人摇摇头，抬起头不解地看着天空。

　　漫天的雾气还没有完全散去，天边露出了隐隐的红色，朝阳就要升起来了，老人深吸一口气，习惯地拿起扫帚打扫满地的落叶。扫了一会儿，便觉得腰有些酸，看来不服老是不行了，想想当年和佣人们一起下地干活，浑身有使不完的劲儿，仿佛就是昨天的事情一样。

　　老人挺直腰板，不经意地抬了一下头，猛然看见有一条巨蟒从房顶上蜿蜒进入院落。他着实被吓了一跳，连手中的扫帚也掉在了地上，但再仔细一看，原来是房后白果树旁的那株老藤，攀缘着白果树，越过正房，进入了院落。梦境中的蟒蛇与现实中的老藤何其相似，更令他心跳不止。

　　就在老人还在为梦境和现实左右狐疑的时候，忽然传来"哇"的婴儿啼哭声，异常响亮。

　　接着，老伴便颤悠悠地走过来说："孙媳妇生了，孙媳妇生了。"

　　"男娃还是女娃？"

　　"是个胖崽！"

　　老人喜上眉梢，慌忙跟随老伴进入西屋。只见红烛光下，孙媳妇抱着刚生下来的婴儿，满脸幸福。婴儿额头四四方方，双眼还没有睁开，肤色光亮晶莹，在昏黄烛光里，好像是梦中的蟒蛇发出的光泽一样。老人浑身打了个寒战："这可就奇怪了，难道这个孩子是巨蟒转世！"众人疑惑地看着老人：什么巨蟒不巨蟒的，好好的婴儿怎么就跑出巨蟒来了。

　　于是，老人把昨晚的梦境和刚才在院子中的错觉讲给大家听。大家听到这种奇怪的事情，不免心中发虚，不知道是福还是祸。

　　历史上有两个人物大家都非常熟悉，一个是西汉末年的王莽，据说是白蟒化身，另外还有一个唐朝名将郭子仪，据说也是蟒蛇投胎。现在轮到了曾国藩，既然和蟒蛇沾边了，当然希望成为大将郭子仪，而不是不得善终的王莽。

　　看着子孙们疑惑不定的神色，老人开心地说："当年郭子仪出生时，他的爷爷就做了大蟒临门的怪梦，后来郭子仪当上了唐朝兵马大元帅，成为一代大富大贵的名将。今天蟒蛇进入我曾家家门，正好婴儿降生，这分明是一个祥兆，以后这个孩子一定能光大我曾氏家族的门楣！"

　　这位年已古稀的老人正是曾国藩的曾祖父曾竟希，看来，这老人还有那么点学识，起码不是目不识丁，他把怀中婴儿和郭子仪相比，说明他多么渴望摆脱世代务农的局面，希望曾家能出个人中龙凤。

　　因为曾国藩出生的时候，他家仅仅是一个普通的农户，祖上的几代人都是务农的。自祖父向上推溯，至少五六百年连个秀才都没有出过，如果说丢人不妥，起码是颜面无光。人往高处走水往低处流，所以祖父曾竟希特别希望出现个文曲星，以便脱掉农民家庭的帽子，光宗耀祖，也不白白来世间走一遭，到了阴曹地府也可以向曾家祖先有个交代。

　　看着如醉如痴的老头子，极其孝顺的曾家子孙知道这不仅仅是一个梦想，同时也是一个希望和寄托，所以对怀中婴孩是蟒蛇转世、郭子仪再生的说法都深信不疑。

曾国藩出世后，曾家便实现了真正的四世同堂，此时，曾祖竟希公70岁、祖父玉屏37岁、父亲麟书21岁，祖孙虽然没有什么大的作为，但都比较健壮。于是，全家欢天喜地，杀猪宰羊，庆祝四世长孙的降生，盼望他将来能光耀曾家的门楣。

白杨坪不大，再加上寒冬腊月，农村里的人闲来无事，便把曾国藩是蟒蛇投胎的异象作为茶余饭后的闲谈，所以，很快曾国藩是蟒蛇投胎的说法就在当地传开了。后来，随着曾国藩的名气越来越大，这个说法在中华大地上越传越远。这样一传十、十传百，曾国藩就被人们认为是蟒蛇投胎了。

无巧不成书，在曾家后宅，有一株苍藤缠绕在古树上，已经枯槁了很久。这条巨藤很像一条巨蟒，乡人称它为蟒蛇藤。可是，在曾国藩出生后，奇迹出现了，这条巨藤又活了过来，藤叶藤枝，迎风摇曳；等曾国藩死后，这条巨藤就叶落枝枯，不久就死了。人们都说这是由于巨蟒投胎的曾国藩和这个灵藤相应，一荣俱荣，一损俱损。

曾国藩从小就听别人无数次说起过这个蟒蛇的故事和房后那株古藤的传说。但他一直都只是把它故事来听，没有跟自己联系在一起。但同时，他又朦胧地觉得自己似乎不平凡，将来可能大有作为。

关于蟒蛇转世的传说，还有很多类似的故事。

□落水被蟒救

据说有一年，曾国藩已经进入私塾读书了。整天埋在艰涩难懂的古文中，都快闷死了。正月十六到了，乡下出嫁的女儿要回娘家，母亲便带他准备去外婆家。一大早舅舅就划了船来接，于是他和母亲、妹妹上了小船，小船慢悠悠地划行。江水清澈见底，游鱼在小船两旁缓缓游动，曾国藩时而看着远去的山峦，时而爬在船边数着游鱼。突然，母亲一声尖叫："蛇！"小船随着母亲的叫声歪斜了一下，曾国藩站立不稳，便掉进了江水里。母亲和舅舅大惊失色，急得要跳水救人，却见曾国藩抱着一根木头稳稳地浮在水面上。舅舅把船轻轻划过去，伸过船桨把曾国藩拉到船上。母亲惊奇地说："刚才明明是一条大蟒蛇游过来的，怎么会是一根木棒？"这件事传开后，曾国藩"巨蟒转世"的说法更被越说越玄。

□蛇皮癣的暗示

曾国藩长了一身蛇皮癣，青少年时期还没怎么发作，但到了35岁以后，癣疥一天天严重起来，变得奇痒无比。曾国藩常常坐立不安，不断抓挠，样子活像个猢狲。曾国藩的满身蛇皮癣疥，被好事者说成是蟒蛇的鳞片，也被后人看作是巨蟒"鳞体"的根据。

□爱吃鸡却害怕鸡毛

曾国藩还有一个奇怪的爱好——最爱吃鸡，却又最怕鸡毛。当时的紧急公文，在信封口处往往要粘上鸡毛，俗称鸡毛信、鸡毛令箭。每当曾国藩见到这种信，总是毛骨悚然，如见蛇蝎，必须要别人帮他取掉鸡毛，他才敢拆读。古时候曾有这样的说法："焚烧鸡毛，毒蛇闻气就死了，龙蛇之类，也畏惧这种气味。"曾国藩对鸡毛害怕到这种程度，难免也被人理解为蟒蛇转世。

□传说与神话的交织

在封建国家，转世之说是非常普通的一件事。俗话说，"天上一颗星，地上一个丁"，每个人都是星，都是转世来的。所以，大家传说曾国藩是"巨蟒转世"，就一点也不奇怪了。

曾竟希老人梦到蟒蛇和后园古藤是可以联系上的。古藤盘环如蟒，老人天天和古藤相伴，他梦到巨蟒入室，实际上是古藤在老人脑海里的影像。正所谓，日有所见，夜有所梦。

古时候疥癣患者很普遍，既难治好，又容易传染，曾国藩患上一身疥癣不奇怪，为何偏偏只是曾国藩一人的蛇皮癣就是蟒鳞片呢？显然有些牵强附会。

曾母肯定是看花了眼，把一根水中的木头看成了蟒蛇，因为曾母脑中也充满了儿子是蟒蛇转世的神话，所以很容易看走眼。否则的话，曾国藩早就葬身蟒蛇之腹了，哪里还有后来的"中兴"名臣。

怕鸡毛也不是莫名其妙，有皮肤病的人见到毛皮、毛发，包括鸡鸭毛、兽毛等就害怕，科学上称这种现象为皮肤过敏症，是一种恐怖病，跟恐水症、广场恐惧症、高空恐惧症一样。实际上，蟒蛇类动物并不惧怕鸡毛，蛇以鸟、鼠为主要食物，见了恨不得一口吞下去，怎么会惧怕呢？

事实上，像"巨蟒转世"之类的传说，用到曾国藩这样高官显宦的人身上，就很容易流传开来。文人墨客、好事之人，往往喜欢捕捉奇闻逸事，于是不加分析地把这个"巨蟒转世"的奇闻记录了下来。其他的小说、传奇、轶史之类也都有记载，于是曾国藩"巨蟒转世"的传说便流传开来。

其实关于曾国藩的这些说法，有的是巧合，有的干脆就是神话。不过，这些说法都说明曾国藩在当时人们心目中确实有着很重要的地位。孔子说过，名不正言不顺，当他的名正了，人们追踪他和崇拜他的能量就强了。给曾国藩冠以神话般的出身才能和他传奇的一生相对称，这实际上是想说明曾国藩确实不是一般人。

不管这种故事有几成是真实的，这些传奇随着曾国藩的逐步飞黄腾达不胫而走。对于曾家来说，不管曾国藩是不是巨蟒转世，作为父亲的曾麟书总之非常高兴，因为终于有一个儿子可以去实现自己未实现的梦想了。

为何曾国藩拒绝称帝

□曾国藩称帝的优异条件

曾国藩在太平天国运动威胁清王朝统治时，投笔从戎，通过组建湘军，掌握地方大权，到1863年湘军攻下南京后，曾国藩已经控制了整个统治集团，就军事实力而言，他比清政府已经超出了很多，他当时有三十万的军队可以直接调动，其中曾国荃率领了五万多人的嫡系原湘军，李鸿章的五万淮军也都会听他的指挥；还有左宗棠的楚军，关键时刻，也都不会干涉他的行动。而清政府呢？僧格林沁是清政府军事力量的主要支柱，可他的部队已被北方的捻军死死地牵制住，根本动弹不得。

若曾国藩振臂一呼，在19世纪60年代从清政府的手中夺回统治权，应当说并不困难，但曾国藩除了在一些具体问题上不同意朝廷的做法之外，却没有实质性的反朝廷的行动。而且，曾国藩在攻下南京后，便把大批的湘军都裁撤了，朝廷因此便没有了后顾之忧。对这些问题，正史中除了讲他如何对朝廷忠心不二外，别的也没有什么了。但事实上，曾国藩没有接受其弟曾国荃以及一些下属的意见而拒绝称帝，原因并不单纯。曾国藩为何拒不称帝？一般归结为三点原因：忠君报国思想、条件不成熟和为了统一。

□忠君报国的思想

曾国藩满脑子的忠君报国思想，深受晚清理学大师唐鉴的影响。他起兵就是为了保卫地主阶级利益，保卫清朝。他的个人追求就是做个中兴名臣、封侯拜相、光宗耀祖。

□称帝条件不成熟

相较其余原因条件不成熟，即"势所不能"，似乎更有说服力。曾国藩即使想当皇帝，时势也不允许他这么做。当时清政府虽衰落，但科尔沁亲王僧格林沁拥有一支强大的以骑兵为主的军队。而且湘军攻陷天京后，人心思归，战斗力锐减。最关键的一条，湘军起兵是以"保卫儒教"和"忠君保国"为号召，一旦曾国藩称帝，很可能湘军要成为众矢之的。再说，也没有所谓"友邦"的帮助，曾国藩称帝未必能得到国际承认。他对满族人的朝廷认识得再清楚不过了。而且朝廷对于汉人的防范，尤其是防范那些握有重兵的汉人，却是老谋深算、戒备森严的。

咸丰帝询问王世全赠剑事，衡州出兵前夕降二级处分，刚刚接到鄂抚的任命却又把他撤掉了。德音杭布由盛京派到军营，多隆阿从金陵来到武昌，这些事时时存在于曾国藩脑海中，并时常冒出来，将他的心刺痛。眼下虽然湘军兵力在苏、浙、赣、皖南等处都拥有绝对的控制权，但官文、冯子材、都兴阿等环伺四周，尤其是僧格林沁的蒙古铁骑在防范着他。所有这一切，似乎早就是为着防备湘军而部署的，只等湘军一有反叛端倪，他们就会马上围过来。还有左宗棠、沈葆桢、位列督抚，有着显赫的功绩，早就对曾国藩感到不满了，而朝廷竭力笼络，使他们之间出现矛盾，从而达到分化的目的。可以说，曾国藩手中自从掌握了几千团勇，朝廷便时时戒备着他，到现在对他的防备不但没有减弱，随着他的名声和功劳的隆盛反而越来越强了。

倘若与朝廷分庭抗礼，湘军内部的人首先就会出来反对，而这人一定便是目空一切、睥睨天下的左宗棠。曾国藩心想，曾国荃的头脑未免有些简单，论打仗，不但老九比不上左宗棠，眼下海内将才，没有人能够对付得了他。到那时，形势对左宗棠是极为有利的，集全国之粮饷兵力，消灭曾氏家族的湘军，这可比消灭太平军容易多了。这一点上，曾国藩要比曾国荃看得远。

□一旦割据，破坏统一

当然，曾国藩真称帝的话，势必会引起社会动荡，各地又要出现割据的局面，天下统一的局面就要被打破了。因而从客观上说，曾国藩拒不称帝也是一件好事。

天津教案，曾国藩为何没处理好

□留下遗嘱赴天津

1870 年 7 月 2 日，农历六月初四，在保定署衙，曾国藩留下了他生平第二份遗嘱。他说，他行将前赴天津，"查办殴毙洋人焚毁教堂一案"；他说，"外国性情凶悍，津民习气浮嚣……恐致激起大变"；并表示，"余此行反复筹思，殊无良策"，但自从咸丰三年组建湘军以来，他就誓死效命疆场，"今老年病躯，危难之际，断不肯吝于一死，以自负其初心……"

这一年，59 岁的曾国藩右眼失明、肝病日重，眩晕病症又进一步地折磨着他。5 月 16 日，他的日记记载，"床若旋转，脚若朝天，首若坠水，如是者四次，不能起坐"；5 月 21 日，他乞假一月，开始卧床调养。然而，6 月 23 日，就是他续假一月的奏折刚刚抵达北京时，朝廷以"曾国藩精神如可支持"的婉转口气，让他前赴天津，接手那块烫手山芋。

和朝廷谕旨同日抵达的，还有来自江西，他为自己做棺材订购的建昌花板。这个巧合让曾国藩心有戚戚，他预感到自己的日子不多了。为此，在调阅津案文牍、与幕僚反复商议之余，他开始以平淡、略显悲凉的心境，细细交代着自己的一应后事。

他说，此行若死，灵柩应归湘安葬，"沿途谢绝一切，概不收礼"；他说，他的历年奏折、生平文章，可留给后代子孙观览，但"不可发刻送人"，因为"刻出适以彰其陋耳"。

对于身后诸事，他事无巨细，一一道来。然而，与他晚年的大部分文字一样，在这份遗嘱里，后人看不到他对天下大势、对国家前途的任何评价。恰恰相反，"勤""俭""孝友""祥瑞""不忮""不求"……所有这一切，无不让人想起一个老年的农夫，一种寻常的乡绅形象。似乎在组建湘军、平定叛乱、出将入相、一生功业已达极致之后，这个青年时曾以"内圣外王之业""不愧为天地之完人"自期的传统士大夫，这个师法孔孟、兼取百家的"最后一个圣贤"，已经回到了他最初的来路。他苍老的目光，似乎仅限于自身、子孙和遥远湖南乡下的那个庞大家族。

□一部奏折引发的质疑

7月8日，农历六月初十，曾国藩抵达天津。而仅仅十几天以后，7月21日，他的《查明天津教案大概情形折》，不仅在天津激起了口诛笔伐，并且使全国舆论为之哗然。一时之间，"自京师及各省皆斥为谬论，坚不肯信"，在"谤讥纷纷、举国欲杀"的氛围中，"诟詈之声大作，卖国贼之徽号，竟加于国藩"……

那么，这份引发了轩然大波、让曾国藩"积年清望几于扫地以尽"的奏折，究竟写了些什么呢？

在这份奏折的开篇，曾国藩分析了教案的由来。当年晚春，一则沸沸扬扬的传闻在天津附近不断扩散：天津地方已先后有几百名幼童失踪；这些幼童，大多被法国传教士收买的人贩子诱拐；每诱拐一名儿童，人贩子可得到五两银子，而法国传教士可以幼童的眼睛、心肝为原料，配制西洋药方……后来，在写给国务卿斐士的一封信中，美国驻华公使镂斐迪也描述了传闻的盛况："这种风闻一传十、十传百，很快地，不仅在天津，而且在它周围许多英里的范围内，为老百姓所普遍相信。"

对此，曾国藩认为，该传闻"全系谣传""毫无实据"。他说，来到天津后，他细细查问了几百名拦轿递禀者，挖眼剖心有何实据？结果"无一能指实者"；他也逐一讯问了河楼教堂的150余名中国教民，"均称习教已久，其家送至堂中豢养，并无被拐情节"。更重要的是，抵达天津十几天以来，"亦无一遗失幼孩之家控告有案者"……

也就是说，传闻的任何一个环节，从幼童失踪、人贩诱拐到"挖眼剖心"，都是不折不扣的谣言。如果说，这个论断已经让全国舆论"坚不肯信"的话，那么，对教案的导火索，那个叫武兰珍的人贩子的讯问，更让人觉得语焉不详。

6月18日，天津桃花口居民抓获了一名叫武兰珍的人贩子；由于传闻沸腾，民间组织"水火会"对他进行了刑讯逼供。严刑拷打之下，武兰珍供认，他是受河楼教堂王三的指派，前来诱拐儿童的。

正是武兰珍的口供，引发了6月21日的教堂取证，并进而引发了教案。然而，曾国藩强调，河楼教堂并没有叫王三的教民；教堂对质那天，在天津知府张光藻、天津县令刘杰的敦促下，武兰珍也不能指认出任何一个教民的名字。他由此认为，武兰珍纯属屈打成招、信口攀附；而他自己的日记也记载，在武兰珍的身上，他发现了"跪伤""棒伤"和"踢伤"。

换而言之，在曾国藩看来，直到教案爆发的那天上午，法国人都没有什么理屈之处。他为此写道，"仁慈堂之设，其初意亦与育婴堂、养济堂略同，专以收恤穷民为主，每年所费银两甚多。彼以仁慈为名，而反受残酷之谤，宜洋人之愤愤不平者也"……

那么，对直接导致教案的丰大业"对官放枪"事件，曾国藩又是怎么看的呢？

6月21日，张光藻等地方官提带武兰珍教堂对质时，教堂外已聚集了几百名"水火会"成员。当天下午，人越聚越多，不知道由谁挑头，有人开始向教堂内的教民投掷石子，抛掷瓦片。这些石子和瓦片，激怒了法国驻天津领事丰大业；他怒气冲冲地闯进三口通商大臣崇厚的署衙，要求派兵镇压；而当崇厚担心激起民变，只肯派出两名巡捕时，这个资深的外交官翻脸了。后来，崇厚这样回顾丰大业的风度和武功："神气凶悍，腰间带有洋枪二杆，后跟一外国人，手持利刃……（崇厚）告以有话细谈，该领事置若罔闻，随取洋枪当面施放，幸未打中……"

事情还没完呢！将这个一向颟顸、对洋大人们小心翼翼的满人大员吓得半死后，丰大业不顾"民情汹涌""街市聚集水火会已有数千人"的境况，来到海河边的狮子林桥上。在这里，他遭遇了疏导民众刚刚回来的知县刘杰；一通咆哮之后，丰大业又掏出枪来，重伤了刘杰的家丁高升……

天津教案就这样爆发了。当天傍晚，天津城锣声大作、万民聚集；在打死丰大业及其秘书西蒙后，以"水火会"成员为骨干，绅民们又先后烧毁了河楼教堂、法国领事馆和收养中国幼童的"仁慈堂"。在这场大骚乱中，英俄各国也遭遇池鱼之殃，除13名法国人丧生之外，另有3名俄国人、2名比利时人、1名意大利人和1名爱尔兰人死去。英国讲书堂和美国讲书堂也在大火中化为一片灰烬……在几十万天津绅民、所有与闻此事的中国人看来，倘若没有丰大业事件，教案是不会发生的；而对此，曾国藩只是轻描淡写地谈到，"迨至府县赴堂查讯王三，丰领事对官放枪，而众怒尤不可遏。是以万口哗躁，同时并举，猝成剧变"……

激怒全国舆论的，又何止是这些？在这份奏折的末尾，曾国藩拿出了教案处置意见：不仅主张以命抵命，他也像天津绅民盼望的那样，打算调兵入津；不过这些军队不是来"备兵以抗法"，而是来威慑、弹压不肯息事宁人的天津绅民的……

难怪乎，几天以后，当朝廷将这份奏折发抄朝野、征求意见时，声讨曾国藩的舆论浪潮，在瞬间卷起了：不仅举国汹汹、"责问之书日数至"，原本以他为荣的湖南同乡，也视之为奇耻大辱。时人记载，在北京湖南会馆，不仅他的"官爵匾额……悉被击毁"，就连他的名籍也被削去，即不承认他是湖南人。一个举子撰写了这么一副对联，刻薄地挖苦他的这个人生转折，"杀贼功高，百战余生真福将；和戎罪大，早死三年是完人"；而与他几经分合、不久前刚刚重归于好的密友左宗棠，也毫不客气地致书斥骂他。后来，曾国藩也以"物论沸腾，至使人不忍闻"的话语，表达了自己的懊悔。

但在举国声讨之际，几乎没有人注意到，在朝廷将这份奏折发抄朝野时，有意删去了曾国藩为天津绅民辩护的五个"致疑点"。

五个"致疑点"，不仅解释了谣言愈传愈盛、天津绅民"积疑生愤"的缘由，而且折射了交汇之初、东西方风俗与文化的巨大隔阂。曾国藩谈到，西式建筑均设有地窖，这些地窖，不过用来隔潮、储放煤炭，但由于不是本地匠人建造，以讹传讹，天津绅民渐渐相信，"地窖深邃，各幼孩幽闭其中"。

对天主教信仰的无法理解、"不可理喻"，更导致了众多疑点的出现。以前任江西进贤县令魏席珍之女贺魏氏为例，她进入河楼教堂，原本为了治病，但信教之后，坚持不肯回家，"因谓有药迷丧本心"；以施洗仪式为例，教民初死，神甫"以水沃其额而封其目，谓可升天堂也"，对习惯于用哭丧表达悲伤的中国人来说，这也显得异常诡异、鬼祟……

更要命的是，当年晚春，天津谣言四起、各处檄文揭帖层出不穷之际，河楼教堂又遭遇了一场空前瘟疫。几十个死去的幼年教民，大多在夜间掩埋，"或有两尸三尸共一棺者"；这些棺木尸身，埋葬极浅，经觅食的野狗发掘后，"胸腹皆烂，肠肚外露"，这就难怪天津绅民对谣言信以为真、"各怀忿恨"了……

如果说，即使不删去这五个"致疑点"、奏折完整面世，曾国藩也难逃问责的话，那么，这些分析至少使教案显得合乎情理，曾国藩"持平办案"的心迹，也不会被一边倒地被认为是"卖国"。问题在于，对这个"中兴以来、一人而已"的晚清重臣，对这个被认为是"汉之诸葛亮、唐之裴度、明之王守仁，殆无以过"的当代圣贤，朝廷为什么要这么做呢？

□曾国藩，慈禧太后的替罪羊

这就不能不谈到那个年仅35岁，但异常工于心计的女人。几乎是教案刚刚爆发，慈禧太后就下定了息事宁人、维持和局的决心。但她不愿表明自己的意图，不愿为此招来骂名；为此，6月23日，在派遣曾国藩前往天津处置教案的谕旨里，她这样表达自己的态度："持平办理""顺舆情而维大局"。

她似乎丝毫没有意识到，在"战""和"两难，"论理"与"论势"者相持不下的情况下，所谓"顺舆情"和"维大局"，是不可克服的矛盾，是无法平衡的冲突。几乎是教案刚刚爆发，以奕䜣、宝鋆、李鸿章为代表的洋务派官员，即决心和平结案、维持大局，为此他们强调，"津民无端杀法国人，真是借端抢掠"；而以奕譞、李鸿藻、"清流"势力为主的守旧派官员，则认为"民心尤不可失"。他们甚至主张，借舆论沸腾、"民气大张"的势头，与洋人们决一死战，彻底驱逐西方、天主教势力于国门之外……

她迟迟不肯表态，甚至在 7 月 25 日《查明天津教案大概情形折》送抵北京、朝廷又一次进行大辩论时，她还欲擒故纵地表示，"此事如何措置，我等不得主意"。这一天，在传达给曾国藩的又一道谕旨里，她再次强调那如同冰与火不可兼容的两个立场："和局固宜保全，民心尤不可失。"

她不仅要把这块烫手山芋，彻底扔给曾国藩，她还要曾国藩为她承担起"理""势"对立，"战""和"两难的代价。为此，她将那份奏折发抄朝野、公诸天下，这么一来，汹汹民心、滔滔舆论，自然会将矛头对准曾国藩。她甚至一不做二不休，删去了曾国藩为天津绅民辩护的五个"致疑点"。这也不是什么画蛇添足之举，这么做，只会有一个结果：一方面，让洋人看到曾国藩办事之难、态度之毫无保留，从而见好就收；另一方面，对远道而来、旨在通商和传教的洋人来说，被彻底激怒的民众无论如何都是一个值得重视的因素，而并不"持平"、没有只言片语辩护的奏折，正适以火上浇油……

甚至，在她深不可测的心中，她还有着进一步削弱曾国藩，使他在丧失湘军势力之后、"清望"和影响力也大打折扣的打算。这不是没有可能的。

慈禧自从执掌这个国家，就不间断地感受着种种前所未有的尴尬处境：不仅是"理"和"势"的对立、"战"与"和"的两难，还有"内轻"和"外重"的失衡、"中体"和"西用"的纠缠，以及作为少数民族却统辖这个国家的先天不足，身为女人却"牝鸡司晨"的名不正言不顺之处……所谓"三千年未有之大变局"，不仅包含了"天朝"和"夷狄"的主客易位，还包括人心、社会、民族、深宫、权力格局与文明演替的种种紧张关系。

在这种情况下，她开始了此牵彼制、翻云覆雨的权术生涯：1861 年前后，几乎上台之初，她就在曾国藩的湘军嫡系之外，制造了左宗棠、刘长佑两个旁支，以及李鸿章的淮军势力，以制衡曾氏兄弟；1864 年，刚刚克定天京，她就以旁敲侧击、恩威并施的手笔，逼迫曾国藩尽裁湘军；次年，她以"祖宗家法"的名目，削弱了与她分庭抗礼的洋务派领袖奕䜣，而伴随着"师夷长技"之洋务运动的兴起，她又有意地培植起一批守旧士大夫，形成"清流"势力，以避免东南督抚都成为国家与社会主导力量……

在经过十年的历练之后，她的这些手法如此娴熟，如此得心应手，天津教案就是一个表现。在长达四十八年的岁月，在与她共事的众多大臣中，很少有人能够瞥见她的深处内心。或许，不久后自甘沉沦、余生碌碌的奕䜣，是一个；而二十多年以后，在甲午战败的阴影下，面对俾斯麦婉转地抱怨"麻烦来自女人"的李鸿章，是另一个。

或许，还有一个。那就是曾国藩。

□一生三变的曾国藩

有人曾以"一生三变"，概括曾国藩的几个阶段：做京官时，曾国藩"以程朱为归依"；出办湘军后，"则归申韩"；及至晚年，他以旷达为意，"以禹墨为体，老庄为用"……这个说法，后来广为流传、普为人知。然而，它依旧拘泥于表面。在曾国藩渐行渐远、愈磨愈平的心路历程背后，不仅有着他始终不变的儒家本色，还有着一个人和一个时代的深刻尴尬。

他以儒生带兵，"被服论道，以忠诚为天下倡"。做京官时，他曾上书皇帝，直言不讳地批评他"琐碎""徒尚文饰""骄矜自是"；组建湘军之初，他设立"审案局"、得罪骆秉章、参奏陈启迈、弹劾宗室崇纶……凡此种种，无不有着传统士大夫"以天下为己任"的雄健色彩。然而，与他的一腔热诚、披肝沥胆对比，不仅那个腐朽官场对他处处侧目，那个颠顶、摇摇欲坠的朝廷也不信任他。据说，在他湘潭首捷之后，大学士祁隽藻这么提醒皇帝，"曾某以在籍侍郎，犹匹夫耳。匹夫居闾里，一呼蹶起，从之者万余人，恐非国家福也"……

他为此度过了一生中最艰难的几年。从长沙到衡州、江西，他不仅屡战屡败，而且形影孤单，"每逢春风之怒号，则寸心欲碎"。在几年处处碰壁、几次自杀未遂后，他才走进湘乡荷叶镇的那片老屋，以"守制"的名义，开始了长达一年多的痛苦反思。

他只能改造自己。他由此开始了处处变通、时刻夹杂着拙诚与做作的生涯。在攻武昌、克九江、夺安庆、定天京的历程中，他次次推首功于朝廷信赖的满人大员官文；而在与骆秉章、沈葆桢、左宗棠、毛鸿宾等汉族大员的合作中，他也处处与人为善，见功不掩、见过不责……他自觉地使自己锲合于那个腐朽年代，一切行为都与社会规则丝丝入扣、天衣无缝；他并以近乎苛责的姿态，保持着自己内心的独立和自我体察。他由此成为一个戴着镣铐的善舞者，一个貌似分裂、实则异常统一的末世圣贤。

一个时代，就这么改变了一个人；而在被改变之后，他不仅无力，也不再企图改变这个时代。他在事功方面倾注了太多的心力，这就注定了他要被时代所局限；他成为这个时代的集大成者了，然而他身上汇集的，不仅有美好与坚韧，还有局限和狭隘……

在中国历史上，他是不多的"立功""立德""立言"三不朽的圣贤之一，他不但是最后的圣贤，也是最不起眼的圣贤。正如风雷激荡的春秋可以成就孔子，而养士百年、气象开阔的两宋，可以造就朱熹，那个万马齐喑、死气沉沉的社会，只能造就这么一个世俗、世故、烟火气十足的人。他后来赖以传世的《家书》《日记》以及前往天津前夕的遗嘱，无不证明了这一点。终其一生，他都是一个儒家人物，只不过青年为"士"、中年为"大夫"，而到了晚年，他开始向最初的来处、向一个老年农夫或者说寻常乡绅回归罢了……

至少，在天津教案的处置中，他处处表现出乡绅的、近乎族长的态度。

□天津教案，有心救国，无力回天

在天津教案的处理中，他的一系列手笔都让参与斡旋的总税务司罗伯特·赫德感到难以置信。后来，赫德以一长串刺耳的词汇评价曾国藩，"优柔寡断""被评价过高的人物""与他的崇高声望名不副实""才能不过平庸而已"……一句话，在赫德看来，曾国藩老朽而昏聩，他对外部的世界一无所知。

比如惩治凶犯。7月17日，法国驻华公使罗淑亚抵达天津，与曾国藩会晤。在厚葬死者、重修教堂、追究地方官责任的要求面前，他均无异议。但他强调，在确认凶手方面，该案有其特殊性，"常例群殴毙命，以最后下手伤重者当其重罪。此案则当时群忿齐发，聚若云屯，去如鸟散，断不能判其孰先孰后，孰致命，孰不致命"……

他由此提出了一个让罗淑亚、让罗伯特·赫德目瞪口呆的意见。他说，"拟一命抵一命"，既然洋人被殴毙命20人，那么，中国官府也处决20名案犯好了。

这种东方式的自我惩罚，让人想起广漠乡土里的宗族械斗。对此，罗伯特·赫德谈到，他"似乎是在一个祠堂里和另一个族长对话"。

又比如地方官的追究。初晤罗淑亚时，曾国藩日记记载，"辞气尚属平善""无十分桀骜要挟之象"。然而，仅仅两天以后，因为英国公使威妥玛的上下其手，罗淑亚骤然翻脸，他要求赔银50万两、处决全部凶手，并处死天津知府张光藻、天津知县刘杰和直隶提督陈国瑞。他并诉诸以战争威胁：倘若十日内不予回复的话，"已驶抵红海的法国第三舰队，以及已启航的英国加尔各答舰队，将炸平天津，进攻紫禁城"……

对此，除了就事论事，曾国藩什么也不答应。他同意将张光藻和刘杰"交部议处"，但这只因为教案前夕，他们曾张贴布告，宣称有两名人贩子"受人嘱托"、从而助长了谣言的可信度；他们应为此负责。但他们的刑罚不应该是杀头。曾国藩说，倘若法国人进一步逼迫他，他将"惟守死以持之"……

身着清朝服装的西方传教士旧照 清

又何止于此？10月5日，当张光藻、刘杰被发配到黑龙江"效力赎罪"时，曾国藩先是让幕僚赠银三千两；此后，他又多方张罗，筹集了一万两银子，以安顿他们的家属。据说，在他们前往满洲前夕，曾国藩与他们促膝长谈，而他们也不怨恨曾国藩……

更加让人目瞪口呆的是，9月18日，在判决冯瘸子等15名案犯后，曾国藩急急奏报，其中一个叫"穆巴"的案犯，系属误判，"（但）又抓获范永一犯，自承杀人……以范永替穆巴"；而10月19日，当20名案犯在天津被集体处决后，曾国藩或担心其中必有冤枉，或多少产生了怜悯之心，他决定赔付每家抚恤银五百两……

凡此种种，无不让赫德觉得他面对的是"一块古老世纪的活化石"，"有着一种令人窒息的霉烂味道"。那么，赫德知道吗？这个被他讨厌的老人，不仅是传统社会的"最后一个圣贤"，他还是西方物器的最初引进者。在那个华洋杂处、两种文明初遭遇的年份，他缩接了二者，并成为后来渐行渐远、沧海桑田般剧变的起点。

他的转折从1860年开始。此前，广州入城纷争初起时，他遥为议论，"自古称国富者，以地大为富；兵强者，以人众为强……英夷土固不广，来中国者人数无己，欲恃虚声以慑我上国"；他并且预言，"此次角斗，彼必不能坚守"。如果说这些论调折射了他和众多士大夫的相近与相似的话，那么，不久后一连串的残酷事实，则让他食不甘味、寝不安席：火烧圆明园时，他"为之悲泣，不知所以为计"；《北京条约》签订后，他"阅之不觉呜咽"。次年秋天，他的日记记载，"四更成眠，五更复起，念（夷人）纵横中原……为之忧悸"。

除了他，这一年，胡林翼视师安庆，为西洋轮船而"中途呕血、几至坠马"；据说，临死之前，他的最后一句话是"天要变了"；而十几年以后，他的学生李鸿章则以"两千年未有之大变局"，描述了一种前所未有的夷祸……

随即，他驻节东南、应酬洋场。在这里，他目睹了光怪陆离而又自成一体的西方情态：不仅西洋开花大炮让他"惊心动魄"，上海失陷期间，洋人曾"代收"关税七十余万两，此时如数交还，这个手笔让他大为感慨。他说，"彼虽商贾之国，而颇有君子之行"；他说，"诸夷不知三纲而尚知一信"。

他由此开始迥异于前代圣贤的生涯：他设立安庆内军械所、创办上海机器局、翻译多种西方书籍、派遣幼童"出洋学艺"……他希望以西洋的技术，护卫他所热爱的文明；他说，"师夷智以造船制炮，尤可期永远之利"；他甚至产生了"海上争雄之志"，他说，"未敢遽问九世之仇，亦欲稍蓄三年之艾"。

然而，他很快发现，这是一条渐行渐远、无法再回头的长路：为了造船制炮，他必须引进"制器之器"；上海机器局落成后，"各委员详考图说，以点线面体之法，求方圆平直之用"，换而言之，伴随西方物器滚滚而来的，是声光电化、"制器之所以然"；以洋枪装备淮军后，他曾经赞叹，"余平生所见步队不逮此远矣"，然而，这样的军队却必须"纯用洋人规矩"操演；在几艘轮船下水前夕，他已经意识到，"船成之后，仍需酌改营制，略仿西洋之法"……

从船炮、"制器之器"到操演规矩、营制，西方文明就这样水银泻地般渗透着。不仅船炮、"器具"从来不是孤立的，它背后的人心与社会也如此。"中体西用"从来是个模糊不清、近乎臆想的概念，因为它回避了"体"与"用"的互为联系、"道"和"术"的彼此作用。而这种联系与作用一经展开，它必将裹挟一切，正如后来中国人所亲历的那样，在器具变迁之后，是观念之变、社会之变、政制之变和"道体"之变。在这个意义上，与曾国藩同时代的倭仁，无疑更有先见之明，他一开始就反对同文馆的开办；而几十年以后，梁启超的"变亦变、不变亦变"，则说出了这段历史的关键……

或许，曾国藩也隐约感觉到了这一点。史料记载，在他生命的最后两年，他很少再触及洋务，"而日从事于经史"。

第八节　李鸿章的崛起之谜

慈禧太后与李鸿章的神秘关系

□一则相当八卦的新闻

1898 年的《纽约时报》，刊登了一则发自加拿大温哥华的政治新闻，相当八卦和震撼。

报道说，来自香港、横滨的"日本皇后"号邮轮，带回了一批东方的报纸，报纸说李鸿章与慈禧太后已秘密结婚。

一向严肃的《纽约时报》，虽然转载了这则大新闻，却半信半疑，标题上用的是问句:《李鸿章结婚了吗？》(*Has Li Hung Chang Married*？) 报道原文如下:

中国年轻的皇帝光绪陷入了极度的沮丧与愤怒之中，因为他的母亲、中国的皇太后，于 1898 年 9 月 22 日上午再次结婚，她在一个名叫"新发"的小寺庙中嫁给了中国最具声望的政治家李鸿章。随后，这对新婚的老夫妇乘火车前往天津度蜜月，为了防止他人追随，他们还将沿途经过的铁路均予拆除。

这对吸引了全世界目光的新婚夫妻，他们将在旅顺港口度过一段幸福的时光，据说，这样做的目的不仅是为了避免皇帝本人的尴尬，也是为了消除另一位政治家荣禄的愤怒，尽管皇太后曾经两次怀上过荣禄的孩子，但最终，这位风韵犹存的皇太后成为李鸿章的个人收藏品……

这则新闻显然极为荒诞不经。且不说，慈禧太后有无再嫁的可能，单是从李鸿章的角度来说，也不敢把慈禧娶进自己的家门。君君臣臣父父子子，这是传统儒家思想的精髓所在，若是李鸿章真的如此胆大妄为，光绪皇帝又怎么会视若无睹，任这个犯上的臣子为所欲为呢？

不过，《纽约时报》向来以严肃著称。它之所以会发这种捕风捉影的八卦新闻，一定存在着它的道理。但为什么西方人会想出慈禧太后和李鸿章之间压根儿不可能存在的绯闻呢？这则无中生有的报道背后，隐藏着什么？

□被抹黑的老佛爷

其实，这样的八卦政治新闻，出现在戊戌变法失败后的敏感时期并不奇怪。当时，在慈禧的铁腕打压下，遭到失败后的改革者们，得到了不少海外媒体的支持和同情。于是，便发起了大规模的对于慈禧这位风韵犹存的皇太后的抹黑运动。自此，有关慈禧的大量伪造信息，被当作了史料，并在辛亥革命后"出口"到了世界各地。《纽约时报》看到这样的事关中国皇太后与一个洋务大臣的惊天绯闻，便不假思索地热炒了起来。

然而，第二天《纽约时报》便发现了这是一条假新闻，于是，就在报纸上以"李鸿章没有结婚"为题进行了更正，并明确地指出，显然，这是一则东方式的玩笑。据说，那篇不实报道是援引"日本皇后"号邮轮所带回的《中国邮报》上的文章。那么，身为洋务大臣的李鸿章到底与慈禧太后之间到底是什么样的关系，或者说，慈禧太后为何偏偏青睐李鸿章呢？

□慈禧缘何青睐李鸿章

作为晚清的一代重臣，李鸿章在19世纪下半叶的中国历史舞台上，一直处于古今中外朝野满汉各种矛盾的旋涡中心。在举世震惊的甲午海战之后，李鸿章被贬到了两广去做总督，一待就是四年，直到八国联军打进了紫禁城，他才又一次迎来了他的机遇，这就是慈禧在逃亡的过程中对他的新的任命："命直隶总督由李鸿章调补，兼充北洋大臣。"李鸿章就这样官复原职了。但李鸿章自己肯定没有想到，他将开始的这人生最后一年将满是曲折和耻辱。

1900年的夏天，已经78岁的李鸿章从两广总督调任直隶总督兼北洋大臣后，在一艘名为平安的轮船上说出了"舍我其谁"慷慨之词。此时，距甲午海战战败已过去了近五年，北京城已经被八国联军侵占，慈禧太后和光绪皇帝等人狼狈不堪地逃亡西安。这个时候，逃命之中的慈禧急需要这样一个人前往北京去收拾局面：有足够的威望和资历，在外国人面前比较能吃得开，能够得到还没有沦陷的南方官员们的支持，有独自处理大事的魄力，能够在和外国人打交道时尽量维护朝廷的利益，能够确保帝国的完整，而且最关键的是还得是对慈禧本人非常忠诚的人。慈禧衡量来衡量去，能满足她这一个条件的就只有一个不是满族人的官员，这就是李鸿章。那么，慈禧为何如此信任李鸿章呢？说起来，这还有一段不为人知的故事。

同治皇帝驾崩后，不愿意做太皇太后的慈禧让她妹夫醇亲王奕譞的儿子继位，这就是光绪皇帝。对于这次皇帝即位，不仅宗人府颇有微词，而且朝野上下也有很多人不满。慈禧就在宫里说她生病了，是不是真有病也难说。这个时候，各地督抚都推荐医生进宫给慈禧看病，李鸿章就推荐了薛福辰去给慈禧看病。

实际上，薛福辰是李鸿章派去的一个密探，进京给慈禧表忠心，告诉她李鸿章是效忠她的，可以全力地支持她。有了李鸿章的这一支淮军驻扎京师，慈禧便有恃无恐。所以从那个时候开始，慈禧对李鸿章的信任无以复加，什么人在她面前讲李鸿章的坏话，无论真假她通通不听。而这是李鸿章40年宦海生涯能够一路走过来一个重要保障，没有慈禧的支持和保护的话，他也走不过来。当然，慈禧尽管对李鸿章信任有加，但是，要说慈禧与李鸿章名正言顺地结婚，根本就是天大的笑话。

就这样，李鸿章奉命收拾残局。于是，他密电各地督抚：千万秘密。廿三署文，勒限各使出京，至今无信，各国咸来问讯。以一敌众，理屈势穷。俄已据榆关，日本万余人已出广岛，英法德亦必发兵。瓦解即在目前，已无挽救之法。初十以后，朝政皆为拳匪把持，文告恐有非两宫所出者，将来必如咸丰十一年故事，乃能了事。今为疆臣计，各省集义团御侮，必同归于尽。欲全东南以保宗社，诸大帅须以权宜应之，以定各国之心，仍不背廿四旨，各督抚联络一气，以保疆土。乞裁示，速定办法。

随后，李鸿章又联络张之洞、刘坤一等东南各省督抚同外国驻上海领事订立《东南互保章程》九条，规定上海租界由各国共同"保护"，长江及苏杭内地治安秩序由各省督抚负责，形成了所谓的"东南联保"，也就是在清政府中央与八国联军的战争中保持中立，这是不折不扣的抗旨行为。

在慈禧西逃的最初日子里，由于各地督抚都联系不到清廷中央，很多人误以为慈禧和光绪已经殉难。他们经过商量，决定共同推举李鸿章出任中国"总统"以主持大局，而出访过美国的李鸿章也觉得自己外有列强支持，内有封疆大吏拥护，完全可以胜任。唐德刚中的《袁氏当国》中记载了这件事："八国联军时帝后两宫西狩，消息杳然，东南无主之时，当地督抚便曾有意自组美国式的共和政府，选李鸿章为总统，李亦有意担任，后因两宫又在西安出现乃作罢。"

而此时让了李鸿章万万没有想到的是，就在签订《东南互保章程》之后，八国联军统帅瓦德西找上门来了。这一次瓦德西前来，不是让李鸿章做总统的，他是来让李鸿章交出慈禧太后的。因为当时慈禧太后在出逃西安之前，曾向八国联军宣战。飞扬跋扈的瓦德西认为，向西方宣战的慈禧是战犯，必须要接受审判！

李鸿章说，自己不知道慈禧太后在什么地方。然而，瓦德西却说："我知道慈禧太后就在你的家里，就在你的床上！"瓦德西还拿出来刊登《李鸿章结婚了吗？》文章的《纽约时报》作为证据。这让李鸿章大吃一惊。看来，当时，李鸿章以前并没有看到过这一天《纽约时报》上的那篇八卦新闻；而瓦德西也没有看到第二天《纽约时报》上那篇以《李鸿章没有结婚》为题的更正报道。当然，瓦德西拿着《纽约时报》的八卦新闻作证据，这也说明了西方列强以八卦新闻为证据、抹黑和攻击他人是由来已久的事情。

"宰相合肥天下瘦"是真是假

□宰相合肥天下瘦

19世纪中叶，安徽以李鸿章为首的淮系军阀，在镇压太平天国和捻军起义的过程中，大肆掠夺民脂民膏，成为安徽新的大官僚、大地主阶级。1876年，《申报》指出："方今中国贫多富少……咸丰以前，其金银散在闾阎，故虽贫尚不觉其贫，咸丰以后，其金银尽归富贵，故富者愈富，贫者愈贫。"而两极分化最严重、最典型的地方，就在安徽。

1896年，李鸿章在签订《中俄密约》时，曾出卖中国主权，受贿300万卢布。签订《辽东半岛租约》，又得50万卢布。沙俄为收买李鸿章，特在中国道胜银行设有"李鸿章基金"。与此前后，李氏兄弟长期霸占芜湖海关大权。

除此而外，李鸿章在全国许多重要城市，如苏州、杭州、无锡、南京、九江、汉口、北京、天津等地，以及安徽阜阳、亳县、芜湖、宣州、安庆、滁州、合肥等府、县，以及合肥附近的梁园、长临河、三河、官亭、下塘集等镇市，共有典当衣庄108处，每当最少有资本3万两。仅梁园当铺有资本20万价（每价合白银一两），在南京、上海、镇江、芜湖、安庆、合肥（两处）等地都设有钱庄，每个钱庄都发行流通券，券额从1元至1000元。

李鸿章还投资于近代工业，在新兴企业招商局、电报局、开平煤矿、中国通商银行等均有股份，长江轮船招商局占有江孚、江永、江宽、江新等轮船中的大部商股。在合肥及安徽各县，长江两岸和上海、天津、北京等地均有市房出租。李鸿章占地无数，仅合肥东乡，他就有10万多亩土地。"李文忠享堂"，就有3万石租，其中合肥东乡就有1.9万石，其余1.1万石则散在霍山、六安、舒城等县，运漕镇仓库最少也有1万石租。所以当时社会上普遍流行着"宰相合肥天下瘦"的讽语。

李鸿章的家财到底有多少，这大概只有李鸿章自己知道，或者李鸿章自己也不太清楚。当时的社会舆论普遍认为，李鸿章的家财总该在千万以上。当然，这里的"千万"，指的是银元或银子。

给李鸿章作传的梁启超算是知情人，他给李鸿章算过一笔账，说李鸿章病死的时候，"家资逾千万，其弟兄子侄私财，又千万余元"。容闳，中国历史上第一位留美博士，也算是当时的消息灵通人士，他估计："李氏财源由芜湖海关滚滚而来……有私产4000万，以遗子孙。"

梁、容二人说法不一，我们也不知谁真谁假。不过，既然容闳有了"以遗子孙"这样的字眼，那我们就再来看看李氏家族到底有多么地富可敌国。

□李氏兄弟的万贯家产

李鸿章兄弟6人在合肥、舒城、巢县、和县、含山、芜湖等地有土地257万亩，有仓房48座。

老大李翰章，绰号"李麻子"，六任总督巡抚，家产数百万。他出任两广总督时，连莲花山的石狮子也不放过，竟令人装运回乡。石狮子运到店埠，船户气不过，抬运时故意失手，砸伤李麻子的脚，便有《血子》歌谣讽之：

莲花山石狮子，

两广总督李麻子，

船户兄弟使点子，

石狮子咬伤李麻子。

老三李鹤章率儿子分家时有现银175万两。

老四李蕴章也有家产数百万，安徽含山、无为、庐江、枞阳、桐城一带有典当几十个。

老五李凤章"五房极富，家中田园、当典、钱庄值钱数百万不算……芜湖（长街）街长十里，市房十之七、八，皆五房建造，贸易则十居其四、五"，几乎有半个芜湖，估计有四五千万。

□大儿子李经方：赚洋人的钱

如果说李鸿章一代人打仗、做官，把私产均安排在老家的话，那么李鸿章的儿孙们则把发展的目光投向了上海。大儿子李经方（实为六房昭庆之子，过继给二房）在辛亥革命之后在上海当寓公。由于他外语好，通五国文字，又当过驻外公使，善于跟外国人打交道，就把外国人口袋里的钞票狠狠地捞了一把。他曾发过两次大洋财。其一是第一次世界大战期间，欧洲在打仗，一些英国商人便到东方来求发展。李经方看到外国人喜欢在黄浦江边造厂、建码头和货栈，就抢先以很低的价钱，买下了几百亩位于现在老杨树浦一带的江边荒地，然后再以几十倍的价格卖给了英国人。后来英国人在那儿建起了"英联船厂"，还发行过股票。

第二次洋财是卖古董。他有个内弟叫刘晦之，后来做到中国实业银行总经理，是四川总督刘秉璋的第四个儿子，亦是海内外知名的大收藏家，藏品以三代青铜器、甲骨龟片及藏书、藏墨为主。适逢瑞典王国的太子出访中国，并为瑞典博物馆收集中国文物。瑞典王室三代人均对中国青铜器有浓厚的兴趣。此事被消息灵通的李经方探知，遂与刘晦之合伙做了这笔生意。他们各自拿出自己的一部分藏品，据说还向李经羲借了三件。瑞典太子直看得眼花缭乱，赞不绝口，付给他们28万英镑，两人平分，各得一半。至于究竟卖掉些什么藏品、数量多少，现在只有到瑞典国家博物馆里才能查清。

李经方发洋财之后，曾感慨地对人说："没想到我还有今天啊！"发财之后，他便在市内置办房产，曾在爱尔近路（今老北站对面的安庆路，当时是高级住宅区）买下一整条弄堂，有一百多幢房屋，自己在其中造一座大花园洋房（现在，那些弄堂房子还在，而那大花园洋房却被拆掉造高楼了，可能是花园大，便于拆迁的缘故）。可是他好日子没过多久，就被儿子逼走了。

□次子李经述：上海的豪门旧梦

李经述是李鸿章的老二，实为亲生的大儿子。他生下来就长有两颗牙齿，祖母李太夫人喜曰"其父固亦如此，此子必肖其父"，故非常宠爱。可惜此话并不灵验，李经述后来既无其父之寿，更没能功名显达，仅作为一名孝子而留名后世。

世传李经述的母亲赵氏患有肝病，发起病来剧痛不止。李经述听人说，需将儿子的指肉和药以进，即可治愈。李经述信以为真，竟从自己的手指上剪下肉来和进中药煎熬，呈送老母，乡间传为佳话。其母临终时，李经述又亲尝汤药，衣不解带，侍奉左右，直至其母归天。

1901年秋，李鸿章奉命北上议和，年已垂八十，居北京贤良寺，因内外交困又久劳于外，已积劳成疾。李经述闻讯即率长子李国杰前去服侍，亲制汤药50多天，每天"焚香吁天，乞以身代"。及其父病逝，李经述又自恨服侍不周，欲以身殉，经家人劝阻后仍忧伤成疾，以至每哭必喘，每喘必汗，终日哭泣，最终呕血而亡，距其父去世尚不足百日。

李经述生前曾将其父用过的物品，如朝服、皇帝御赐的黄马褂、三眼花翎顶戴、手批古籍、古瓷、古礼器以及手书扇面、常用印章、印盒等，装了数十只大箱子，这些箱子后来就传给长孙李国杰保存。李国杰承袭了其祖李鸿章一等肃毅侯爵的爵位，又赏戴花翎，诰授通议大夫、建威将军，并钦差出使比利时大臣。可惜后来政局纷迭，李国杰亦南北舟车，忙于世事，这些箱子传到李国杰之子李家瑾（玉良）手中时，只剩下一只了。不过后来也被抄家没收了。

□三子李经迈：半个上海是李家

李经迈的母亲莫氏，原是李鸿章的夫人赵氏的贴身丫鬟。赵氏多年生病，莫氏总是尽心尽意地服侍在侧，时间长了就像自家人一样。她聪明勤快，而且长得也非常好看，一双大眼睛水汪汪的很讨人喜欢。太平天国被打垮之后，李鸿章身兼直隶总督和北洋大臣两项要职，两处衙门一个在天津，一个在保定，他就得常年两头跑，一般情况下据说半年在天津，半年在保定。

赵氏多病，不能总是随侍丈夫，李鸿章不在天津时，就由莫氏随行服侍。日子久了便收房为妾。李经迈就是莫氏生的孩子，一双眼睛又大又亮，酷似其母。尽管如此，由于是庶出，他在家中没有什么地位，在其父去世后，甚至还要受些欺负。

李经迈，字季高，号又苏，别号澄园，从小大概不善于用功，也许因是最小的孩子，有些娇惯，他们家谱资料上没有关于他的功名的记载。他的一些头衔都是朝廷看在李鸿章的面子上特赏的，如特赏主事、特赏员外郎、在工部都水司行走、赏戴花翎、以四五品京堂用、特旨以三四品京堂候补、特赏头品顶戴，等等。这些头衔大都是些名誉性的空衔，并没有什么实权。实际上他年轻的时候，也是和他的哥哥们一样，在洋人老师的辅导下，在学习英语上下过不少功夫，所以他后来能担任驻奥地利大臣，还曾随同贝勒载涛出国考察陆军。

辛亥革命后他和母亲莫氏也避居上海，住在上海华山路，并在那儿大做房地产生意。上海人讲的"半条华山路是李家的"，实际上指的就是他的房地产。据他的一个内侄（李经方的内侄）刘因生老先生说，李经迈英语讲得很好，喜欢跟外国人打交道，外国人做地皮生意喜欢向西部发展，李经迈也跟着向西部发展，所以生意越做越大。华山路上的丁香花园原先就是李经迈的，后来还在那儿附近造了上海最好的公寓大楼——枕流公寓。他还在那儿买了很多地皮，随着租界里地皮的升值，他成了巨富，生意上从未失败过。

民国初年，他们的一家亲戚孙多森（光绪帝师孙家鼐的侄孙，也是李瀚章的外孙，中国第一家机器面粉厂上海阜丰面粉厂的创办人）在上海造豪宅，就是从李经迈手里买的地皮，那豪宅就是现在华山路武康路路口的那一片淡黄色的漂亮小楼。

生意做大了难免遇到麻烦。有一天，他刚到家门口就遇到了一伙绑匪，好在他在北方时练过几手拳术，而且已经到了家门口，他几招下来就一个跟斗翻进墙去了，绑匪没能得逞。从此他雇了几个保镖，日夜随身护卫。

据说他非常聪明，除了考科举外，他什么事都能略胜一筹。由于他的庶出的身份，在继承遗产的时候分到的财产并不多，连李国杰都要欺负他（李国杰只比他小五岁），把最不值钱的股票分给他。可是股票到了他的手里，被他七捣鼓八捣鼓，都变成值钱的股票了。李国杰分到的财产倒是不少，但没过多少年就捉襟见肘了。

去过李经迈家的老人说，他家里的陈设完全是中西结合式的，有很多皇家赏赐的中外礼品，墙上既有祖宗画像，也有西洋画。给人印象最深的是，一进门的地毯，竟是一张巨大的白老虎虎皮。还有不少藏书。他的藏书处叫"望云草堂"。在他去世后，他的儿子李国超出国前，将藏书全部捐给了当时的震旦大学图书馆，计有一万多册。该馆非常重视这批藏书，为之专门定制了很多带雕花的高大的书橱，还辟出专室陈列，名之为"李氏文库"。该图书馆的馆长还在该校的学报上撰文专门介绍了这批藏书。20世纪50年代院系调整，这批书归复旦大学图书馆收藏。

由以上文字我们即可看出，"宰相合肥天下瘦"绝非妄语。作为晚清肱骨的李鸿章，也逃脱不了金钱上的诱惑。有此种人主国当政，大清朝还有什么苟喘的希望？

李鸿章为什么没有成为划江而治的大总统

□李鸿章的黄袍加身梦

李鸿章像

八国联军侵入北京，朝廷急调身在广州的李鸿章北上，担任直隶总督。对此，李鸿章却没有表现出任何喜悦之情。离开紫禁城的时日已久，李鸿章一时间也很难判断出这艘衰腐古老的帝国航船究竟发生了怎样的偏向。催促他北上的电报雪片般飞来，德国公使克林德被击毙的时候，荣禄电报里的语气已经近乎哀求。做了一辈子消防队员的李鸿章，这一次的反应却显得相当迟钝——帝国的航船无疑已经严重偏向，但他却还不能确定，这种偏向是否已经严重到了船毁人亡的地步。

北上之前，他决定顺道先去一趟香港，见一见英国港督卜力。因为卜力希望他能够以两广为基地，在中国南方建立一个新政府。

卜力不是第一个企图给李鸿章"黄袍加身"的外国人，将李鸿章推上帝国权力金字塔的尖顶，在西方列强那里，是极有传统的。早在甲午年间，美国人就曾经策划过一场密谋，企图趁日本攻陷北京之机，在中国实现改朝换代，由李鸿章父子取代清朝统治中国。

当时国势累卵：清政府在平壤、黄海两次关键性的战役中遭到了沉重打击，军事上已经处于十分被动的局面。在将清军驱逐出朝鲜和控制了黄海的制海权之后，日军又分两路大举入侵辽东半岛；日本国内舆论也大造声势，宣言要"进入北京城"。

毕德格此刻正在美国筹措对华铁路开发事务，他向好友威尔逊言及当前的中国局势，认为遭到日本沉重打击的清政府已经无法继续生存下去。毕德格断言，要使中国从混乱中摆脱出来，李鸿章是最合适的统治者。因为事关机密，毕德格给威尔逊的信没有署上真名，而用的是"月中人"，并嘱咐威尔逊"阅后烧毁"。

毕德格和威尔逊都参加过美国的内战。威尔逊毕业于西点军校，内战之后成为一名铁路工程师和企业家。甲午年之前他曾到中国做过铁路考察，还在颐和园架设过一条供慈禧娱乐用的火车轨道，一直怀有在中国拓展其铁路业务的雄心。毕德格1874年就来到了中国，做过美国驻天津领事馆的副领事，后来成了李鸿章的私人秘书和顾问，同时还是李鸿章之子李经方的英文老师。二人1886年相识，并很快成为至交，为美国资本开拓中国市场，是他们的共同志向。

威尔逊很赞同毕德格在信里提到的"倒清拥李"的设想，但他认为，要做成这样一件大事情，需要几个具有一定身份的人的合作。威尔逊心目中的首选合作者是科士达。他建议毕德格去访问科士达，争取他的赞助。

科士达曾担任过哈里逊总统的第二任国务卿，享有美国"专家外交第一人"的美誉，对中国一直兴趣浓厚，与李鸿章、张荫桓、曾纪泽等晚清重臣都有过密切的交往。国务卿卸任之后，一度担任过中国驻美使馆的法律顾问。科士达对李鸿章评价甚高，称之为中国"第一位最进步和开明的政治家"。

毕德格与科士达做过一番长谈之后，写信给威尔逊说，科士达亲口对他说"最好是改朝换代，推李鸿章掌握权力"。随后，科士达又给美国驻华公使田贝写了一封信，含蓄地透露这个拥护李鸿章称帝的计划。

在此前后，威尔逊和毕德格已经开始为他们的大胆设想进行具体的部署。威尔逊给日本驻华盛顿使馆的顾问史蒂文斯写信，他在信中说："统治中国的满族集团已经失去了他们祖先征服汉帝国的那种能力，除非日本迅速采取行动改变这种状况，否则英、俄就将瓜分中国，使日本丧失胜利果实。"

威尔逊在信里自问自答："如果清廷覆灭，谁来继承皇位？哪个国家来决定这个混乱国家的命运？""只有让李鸿章或他儿子李经方当皇帝和由日本来控制这一局面"。威尔逊希望借助日本的力量来实现他们的计划，故而在信中，极力鼓吹日本控制中国的好处。

一个星期之后，威尔逊接到史蒂文斯的回复，说他已经把信交给了日本驻美特命全权公使栗野深一郎，并准备再抄送一份给日本首相伊藤博文和外相陆奥宗光。

毕德格对诸事顺利感到甚为满意。他写信给威尔逊说："将军，您的伟大计划——改朝换代，让您的朋友李鸿章当君主——随着每天从中国传来的新消息而越来越可行了。"威尔逊在给驻华公使田贝的信中说得更露骨："我要你在时机来临时充当华瑞克这一角色。"华瑞克是英国伯爵，玫瑰战争中的重要人物，曾拥戴过亨利六世和爱德华四世两位国王，因而获得了一个"king-maker"（国王拥立者）的绰号。此时日军正两路大举入侵旅顺、大连，威尔逊等人已经确信，清政府的覆灭指日可待。

但是，日本军队没有如威尔逊等人所愿，继续向北京挺进。伊藤博文做出了"进攻威海、略取台湾"的决策——他担心日军攻下北京，会招来列强的强势干涉；日本也有可能陷入"暴民四起"的困境。

日军的"克制"让毕德格等人相当失望。史蒂文斯在给威尔逊的一封信里曾经说道:"当初,如果日本要攻打北京,那是完全可以做到的。它之所以没有这样做,是担心清廷覆灭之后,列强之间会出现一场权力之争,日本在这场争夺中将有相当可观的利益会被列强夺走,所以日本人感到,更明智的做法是,不拿现有的战利品去为威尔逊的计划作冒险式的赌博。"日军没有攻陷北京,毕德格等人的"国王拥立者"之梦也随之破产。

使毕德格等人深感失望的另一事件事情是李鸿章的失势。旅顺失陷之后,李鸿章被革职留任,同时还被褫夺了黄马褂。毕德格从美国返回天津时,李鸿章正处在一生政治生涯的最低谷,他虽然极力鼓励垂头丧气的李鸿章,却始终未曾透露他们立他为帝的密谋。

光阴流转,转眼已是庚子年,这一回,准备给李鸿章黄袍加身的,变成了英国人。

□ "两广独立"背后的谜团

刘学询是近代史上一个极具传奇色彩的人物,能文能武,亦官亦商。在晚清的风雨飘摇里,刘学询怀抱着强烈的帝王梦而四处奔走,与孙中山、康有为、李鸿章等人瓜葛颇深。他视自己为朱元璋、洪秀全,而将孙中山视为徐达、杨秀清,为了支持孙中山的起义,他可以"慷慨"地将自己作为官商应该呈缴给朝廷的税银的行踪相告,建议革命党中途"智取生辰纲";出于个人恩怨,他也可以从北京到东京,千里追杀曾经对自己暗施冷箭的康有为。

因为政见各异,孙中山与刘学询曾数年不通音讯,庚子年夏,二人突然再度恢复联系,据冯自由《革命逸史》记载:"总理在东京忽接刘(学询)自粤来书,谓粤督李鸿章因北方拳乱,欲以粤省独立,思得足下为助,请速来粤协同进行。"

刘学询此时正是两广总督李鸿章幕府里当红的心腹幕僚。孙中山怀着将信将疑的态度,与平山周、宫崎寅藏等人离开日本,于当年六月六日抵达香港。此刻,李鸿章正受到幕僚刘学询和港督卜力的双重鼓动。

为人谨慎的李鸿章没有留下太多关于这一事件的直接信息。但可以肯定,刘学询给孙中山的书信得到了他的默许,这一点可以通过一些间接的证据予以证实:孙中山离日赴港的时候,驻日公使李盛铎随即就给李鸿章派发了一封急电,内容如下:"逆犯孙文,前日由横滨赴港,恐谋滋事,乞严防",奇怪的是,在由其幕僚吴汝纶编纂的《李文忠公全集·电稿卷》里,这条电报却被刻意地抹掉了。

闻知孙中山已经抵港,刘学询等人又派船来迎,邀孙中山去商谈。出于安全考虑(担心被诱捕),孙中山指派宫崎寅藏等人赴粤,自己则乘船避往法属西贡。宫崎寅藏抵达广州之后,与刘学询一夜密谈,结果是:刘学询代表李鸿章当场答应贷款10万两给孙中山,但对两广独立,则言语晦涩地表示在"各国联军攻陷北京前，不便有所表示"。显然，李鸿章在等待来自北京方面的消息，在等待一个时机：京城陷落，清帝国土崩瓦解。宫崎自然是失意返港。

刘学询将与孙中山联络的结果报告给李鸿章的时候，这个担负着维持帝国南方政局稳定的大员，既没有砍掉孙中山使者的头，也没有做出任何实际的承诺，他躺在深深的藤椅里，半闭着眼睛，做出了一个"颔之"的动作——这个动作的含义是如此模糊，甚至还带着些许的傲慢与慵懒。

联军的攻势越来越猛烈，老太后也自知捅下了一个天大的篓子。老糊棚匠李鸿章又一次成了她最后的救命稻草，一道又一道圣旨接踵而来，催促他北上，替帝国去擦屁股。

北上之前，李鸿章乘坐的"平安"号轮船先在香港靠岸。

卜力在码头上已经等了很久，他心情的迫切程度和他呈给英国政府殖民部的电报一样焦躁。他在电报里分析：反清起义预计将于两周内在南方爆发，信任他的中国绅士向他保证，造反者并不排外，并且希望在取得一定的胜利之后得到英国的保护；卜力还说，"如果赞成孙中山和李鸿章总督缔结一项盟约，对英国的利益将是再好不过了"；在李鸿章是否会背叛清政府这个问题上，卜力的判断是："这个李总督正向这个运动卖弄风情，谣传他想自立为王或是当总统。"

李鸿章被从轮船请入密室。在表演了一番避重就轻的外交辞令之后，李鸿章突然不做任何铺垫，直截了当地问卜力："英国希望谁做皇帝？"

卜力说："如果光绪皇帝对这件事情没有责任的话，英国对他在一定条件下继续统治不会特别反对。"

李鸿章继续逼问："我听说洋人们有这样一个说法，如果义和团把北京的所有公使都杀了，列强就有权力进行干预，并宣布'我们要立一个皇帝'。如果事情变成这样，你们将会选择谁？"

停顿了一下，李鸿章又补充了一句意味深长的话："也许是个汉人？"

这句话暴露了所有汉人内心深处从未消亡过的一个隐痛，自满族入关之日起，这种隐痛已经折磨了汉族知识分子数百年，也许皇帝的恩宠会让它暂时收起自己蜇人的芒刺，但它却从未消失过。无论一个汉人在清帝国政府里面做了多大的官，这种念头永远都是挥之不去的——岳钟琪有过，曾国藩有过，左宗棠也有过……族裔之别，忠奸之分，李鸿章也逃避不了这种煎熬，尤其是在他对满族帝国的前途感到痛苦和失望的时候。

如此解读李鸿章对卜力的试探，可以说，虽不中，亦不远矣。也许还可以找到一些辅证。他最信任的幕僚刘学询，就经常以明末将领后裔自居，时刻怀着"反清复明"之志，李鸿章不可能对此一无所知，但他却从未表现出对刘学询的不满；他愿意和孙中山的使者接触，而孙中山此刻喊出的口号恰恰正是"驱除鞑虏，恢复中华"。这种一致性，显然不是巧合。

很难说卜力是否听懂了李鸿章的弦外之音，但至少他的答复没有令李鸿章满意："西方大概会征求他们所能找到的中国最强有力的人的意见，然后做出决定。"

卜力注意到李鸿章眯起了眼睛，他觉得这是一种微笑。当内心的波澜平息，李鸿章才缓缓睁开眼睛，用一种缓慢沉稳的语调，告诉卜力："慈禧皇太后是中国最强有力的人。"

最擅长破译中国人的外交辞令的卜力也弄不清楚李鸿章这句话究竟是什么意思，他只感觉到，这个老态龙钟的老人，说这句话时口齿异常地清晰。

海面上的孙中山也在焦急地等待着会谈的结果。但卜力传来的消息令他倍感失望："他无意冒险搞什么'两广独立'，而正准备扮演他将来在北京的角色，即充当中国的和平使者或者是它的新统治者。"

皇帝梦炽烈的刘学询也深感失望。他本来已经和卜力达成协议，将李鸿章扣留在香港，然后宣布两广独立。当然，卜力的算盘是：趁势将两广也划入他的治下。卜力甚至都已经为李鸿章准备好了囚室。然而伦敦方面却有新的指示：不得扣留李鸿章。

李鸿章此次北上，职责是与众多列强交涉"分赃"事宜，伦敦方面担心扣留李鸿章，会成为众矢之的，引来一连串的外交麻烦。

轮船继续往北方驶去。七月的海风中夹杂着的燥热不适合体弱多病的老人，随从们不时地提醒李鸿章回舱房休息，但他却执意要在甲板上多坐一坐。他已经快八十岁了，欣赏帝国的大好河山的日子已经不多。同时，他还在内心深处不断地怀疑着自己是否有能力应对这场百年未遇的大变局：北上的"平安"号，能够给这个千疮百孔的老朽帝国带来平安吗？

□无奈的结局：继续做大清的"裱糊匠"

尽管历史没有假设，但卜力和李鸿章的谈话仍然惹人遐想不止——如果卜力明确表示英国政府会支持一个汉族政权，李鸿章是否还会继续北上？

时间倒退到 1900 年 7 月 17 日，"平安"号从广州起锚北上的日子。李鸿章坐在甲板上的藤椅里，所有人都在热汗淋漓中等着他下达开船的命令，但他很久都没有开口，半闭着眼睛，仿佛睡着了。

没有人敢过去提醒他。

南海知县裴景福，李鸿章的一位私交很深的老同乡，在这种压抑的气氛里登上了轮船。他祝贺李鸿章调任直隶总督："外洋有电，诸领事皆额手称庆。"

李鸿章缓缓地睁开了眼睛，用一种极为顿挫的音调说出了四个字："舍我其谁！"

此后的许多个日子里，人们在评价李鸿章的时候，这四个字将被一而再、再而三地引用，只是分歧迥异。人们或者津津乐道地谈论李鸿章"做汉奸做得当仁不让"，或者为他国势糜烂之际的敢于担当而感慨不已。

可是，当裴景福问及国事时，"舍我其谁"的李鸿章却哽咽了起来："日本调兵最速，英国助之，恐七八月间不保矣！"当裴景福问到有什么办法可以让国家尽量减少损失的时候，李鸿章已是泪流满面："不能预料！唯有竭力磋磨，展缓年份，尚不知做得到否？吾尚有几年？一日和尚一日钟，钟不鸣，和尚亦死矣！"敲钟的和尚在预言自己的死期。可悲的是，他说对了。

有了"两广独立"这样一场风波作为我们的解读前提，很难想象，李鸿章此次北上仍然是出于对爱新觉罗氏的忠诚。他和裴景福的这段谶言式的对话也许可以被解读为：怀抱着放弃挽救清王朝的李鸿章，却仍然没有放弃挽救中国的努力和希望。

第三章

浮华背后忧患多——军政秘闻

第一节 后金与明朝的正面交锋

范文程的身世之谜

□初出茅庐第一功

明朝万历四十六年，满洲天命三年正月，太祖率领后金兵浩浩荡荡杀奔抚顺关来，拟遣将攻城，忽有一书生求见，太祖便令侍卫将他宣进来。太祖见他生得粉白的面皮、相貌清秀，便问道："你是满人是汉人？来俺这里做甚？"那书生道："下臣姓范，名文程，字宪斗，沈阳人氏，原是宋朝范文正公仲淹之后……因屡次上书明皇，明皇不用，落拓一生，无凭无藉。今因陛下崛起满洲，故不避斧钺，效毛遂自荐来见陛下，陛下如爱惜人才，下臣当尽毕生之力，上辅明主。"太祖听了这番言语，语语中入心坎。便说道："贤士远来，朕之幸也；朕处正少一汉文先生，劳你任了此职，并拜为军师，参赞军机。"文程叩首谢恩。太祖称他为范先生。

——许啸天《清宫秘史》

《清宫秘史》又曰《清宫十三朝》，乃一部小说家言的野史，其中不符史实之处颇多，如上段文字中所述，努尔哈赤攻打抚顺城是正月，实际上是"七大恨"告天之后的第二天，也就是四月十四日。不过小说中有一点却是史实，那就是在努尔哈赤攻打抚顺城之前，迎来了一位被诸多历史学家称为"中国历史十大谋士"之一的范文程。

明代铁炮

当时努尔哈赤已经下定决心向明朝开战，他的第一个目标便是抚顺城。自李成梁镇守辽东以后，抚顺城便是女真人同大明王朝进行粮食、牲畜等货物贸易的地方，无论是对后金政权还是对大明王朝来说，都极具战略意义。但抚顺城在李成梁的多年经营下极为坚固，易守难攻，是雄踞在后金军面前的一只拦路虎。

面对固若金汤的城池，努尔哈赤并没有与之硬碰硬，而是先用 5000 兵马佯攻马根单（今辽宁抚顺市境内），将明军的注意力予以分散；随后主力部队的 15000 人对抚顺发动了突然袭击。

但抚顺城毕竟不是不堪一击的纸老虎，努尔哈赤也不想让自己的首战胜利以重大伤亡作为代价。正在这时，范文程毛遂自荐地站了出来，称自己有办法劝降抚顺守将李永芳。并挥笔写下一封书信，差使者送入抚顺城内。

明发兵疆外卫叶赫，我乃以师至。汝一游击耳，战亦岂能胜？今谕汝降者：汝降，则我即日深入；汝不降，是误我深入期也。汝多才智，识时务，我国方求才，稍足备任使，犹将举而用之，与为婚媾；况如汝者有不加以宠荣与我一等大臣同列者乎？汝若欲战，我矢岂能识汝？既不能胜，死复何益？且汝出城降，我兵不复入，汝士卒皆安堵。若我师入城，男妇老弱必且惊溃，亦大不利於汝民矣。勿谓我恫喝，不可信也。汝思区区一城且不能下，安用兴师？失此弗图，悔无及已。降不降，汝熟计之。毋不忍一时之忿，违我言而偾事也！

——赵尔巽《清史稿·李永芳传》

收到范文程劝降书后，李永芳犹豫了半天，一时拿不定是战是降。而努尔哈赤那边却没有坐等。后金先遣队假扮成商人混进了城中，诱使城内的商人和军民出城交易，趁城门大开之时，八旗主力突然攻入城内。李永芳别无选择，宣布向后金投降。抚顺城被顺利地攻克。

□大明王朝的名臣之后

在许啸天的小说《清宫秘史》中，范文程乃北宋名臣范仲淹之后，这一点历来不为史学界所承认。一般认为，历史中的范文程其曾祖父乃明嘉靖年间的兵部尚书范鏓，后因得罪权臣严嵩而离任，后被贬为平民，直至隆庆年间才复官；其后，范文程的祖、父都没有达到其曾祖父的高度，到了范文程这代，虽有满腹经纶，却无法攀上政府的高枝。直到万历四十六年（1618 年），努尔哈赤带兵南下，攻克抚顺，此后范文程成为清朝的重臣。

□北宋名臣的第十九世孙

但在已发现的一份范仲淹族谱之中，我们却发现了范文程的名字。

1 范 仲 淹 –2 纯 仁 –3 正 国 –4 直 筠 –5 公 宁 –6 良 侻 –7 士 玉 –8 祥 –9 监 文 –10 有 恒 –11 信 –12 岳 –13 孝 文 –14 傑 –15 祯 –16 鏓

–17 沉 –18 楠 –19 文 程 –20 承 祚 –21 时 绪 –22 宜 文

–17 沉 –18 楠 –19 文 程 –20 承 廕 –21 时 望 –22 宜 俶、宜 偲、宜 僖、宜 谦、宜诚

–17 沉 –18 楠 –19 文程 –20 承谟 –21 时崇 –22 宜中

–17 沉 –18 楠 –19 文程 –20 承勋 –21 时绎 –22 宜寏、宜宗、宜定、宜宬

–17 沉 –18 楠 –19 文程 –20 承斌 –21 时捷 –22 济、泽、渊

–17 沉 –18 楠 –19 文程 –20 承烈 –21 时御 –22 宜恭

–17 沉 –18 楠 –19 文程 –20 承祚 –21 时纯 –22 宜琛

–17 沉 –18 楠 –19 文程 –20 承祚 –21 时统 –22 宜瑜、宜瑛、宜璋、宜瑞、宜琛

–17 沉 –18 楠 –19 文程 –20 承祚 –21 时绪 –22 宜恩、宜茂、宜文、宜庭、宜生

–17 沉 –18 楠 –19 文程 –20 承祚 –21 时绩 –22 宜瑶、宜琏、宜清

–17 沉 –18 楠 –19 文程 –20 承祚 –21 时缙 –22 宜申

–17 沉 –18 楠 –19 文程 –20 承祚 –21 时绥 –22 宜恒

–17 沉 –18 楠 –19 文程 –20 承祚 –21 时纪 –22 宜勤、宜劻

从此表中我们可以明确地看出，范文程确实是范仲淹的第十九世孙。

当然，这份族谱是否是真实的，还有待考证。

命运之战，11 万打不过 5 万

□萨尔浒大决战

凡安居太平，贵于守正。用兵则以不劳己、不顿兵，智巧谋略为贵焉。若我众敌寡，我兵潜伏幽邃之地，毋令敌见，少遣兵诱之，诱之而来，是中吾计也；诱而不来，即详察其城堡远近，远则尽力追击，近则直薄其城，使壅集于门而掩击之。倘敌众我寡，勿遽近前，宜预退以待大军。侯大军既集，然后求敌所在，审机宜，决进退。此遇敌野战之法也。至于城郭，当视其地之可拔，则进攻之，否则勿攻。倘攻之不克而退。反损名矣！夫不劳兵力而克敌者，乃足称为智巧谋略之良将也。若劳兵力，虽胜何益？盖制敌行师之道，自居于不可胜。以待敌之可胜，斯善之善者也。

——努尔哈赤《兵法之书》

这是努尔哈赤在"七大恨"告天的前一天，即后金天命三年（1618 年）四月十二日所颁布的旨在训练士卒、克敌制胜的作战方针，也可以说是他一生战争策略的总结。自努尔哈赤起兵以来，其所历经的大大小小的战役，无不是在遵循此作战方针而行之。面对着即将到来的明朝大军，一个前所未有的强大对手，努尔哈赤依然遵循这种军事思想。

明军共集结 11 万大军兵分四路向赫图阿拉进逼，意欲会师于后金都城；而努尔哈赤手中总共只有 4.5 万人马，虽然在准备与大明军队正面交锋时便已经

把军备准备充分，但相对于可以随时调拨全国武装力量的明朝廷来说，还有着天壤之别。与之硬碰硬，无异于以卵击石。

面对这种不利局面，努尔哈赤并不担心。范文程在了解了整个局势之后，提出一条"管他几路来，我只一路去"的作战方针，后金无须忌惮明军的强大实力，因为明军的内部矛盾，为后金提供了各个击破的条件。

明军方面战略部署完毕之后，原计划于明万历四十四年、后金天命元年（1616年）二月二十一日兵出辽东，然而天公不作美，自十六日起普降大雪，出兵日期被迫推迟。但内阁首辅方从哲却无视天气状况，一再敦促杨镐出兵。

方从哲担心，一旦战况被拖延，那么庞大的军费开支势必会给本已千疮百孔的国家经济带来雪上加霜，只有速战速决才是正道。在这些朝中大员眼里，一个小小的后金不足畏惧，"数路齐捣，旬日毕事耳"，根本无须大费周章。而久经战场的杨镐清楚地知道天气因素会给作战带来什么样的不利影响，尤其是深入到对手所控制的范围中去；再加上粮草迟迟未到，更是无法出兵。

明军方面的文武双方各执一词，却没有想到正是因此而把出兵时间泄露给了努尔哈赤。努尔哈赤又让治下的汉人充当间谍，深入明军腹地，把杨镐方面的作战意图、进军路线、兵力部署等方面侦察得一清二楚。如此一来，战端未开，明军就已失胜算，陷入被动局面。

再加上明军四路大军的将领之间早有龃龉，作为最高统帅的杨镐也无力约束，兼之明军战线铺开足有600里之广，相互之间信息沟通不便，这对于分路配合作战来说是最为不利的。这一点，正是范文程提出"凭尔几路来，我只一路去"的信心。

努尔哈赤毫不犹豫地认可了这个作战方针。

明军西南路军由李成梁之子李如柏率领，努尔哈赤仅用500人便抵挡住了来自西南方向的佯攻；西路军则由杜松率队，4.5万（一说为3万）正遇到努尔哈赤的主力部队，顷刻之间便灰飞烟灭，杜松中箭身亡。

西路军覆灭后，努尔哈赤率主力北上，在萨尔浒山（今辽宁抚顺东）直接面对马林的北路军，又形成了一场单方面的屠杀，马林侥幸逃脱。

而此时的东南路军统帅刘綎尚且不知道其他两路军均以战败，仍旧按原计划继续北上，恰恰陷入了后金军的包围圈。激战之后，刘綎命丧辽东。

李如柏方面受到后金500兵马阻拦在虎栏关（鸦鹘关东）之后，始终按兵不动。杨镐得知杜、马两路相继惨败，急命李如柏、刘綎军后撤，而刘綎尚未接到命令便已全军覆没，李如柏只得匆忙回撤。得知李部撤退的消息之后，努尔哈赤仅用了20名哨骑便将李如柏军搅得大乱，明军自相践踏，伤亡惨重。

此次大战自三月二日正式打响，三月五日宣告结束。不到五天的时间里，明军方面45800多名士卒战死，刘綎、杜松等310多文武官吏魂归西天，马、骡等牲畜损失近3万匹；而后金军，仅付出了2000多人伤亡的代价。

□一场影响后世的战役

萨尔浒之战对于作战双方来说都有着极其深远的影响。

明军方面，杜松与刘綎战死沙场，仅仅过了三个月，侥幸从萨尔浒战场上逃生的马林也死在了同样是与后金军交战的开原之战中，四位明军主将已去其三，仅剩下李如柏因为始终没有与后金军正面交锋而留得一条性命。然而战火没有烧掉李如柏，朝中政局却让他魂归西天。

萨尔浒之战结束后不久，监察官便对李如柏提出纠劾。原因是李如柏的父亲李成梁曾经把年幼的努尔哈赤收归帐中，厚待于他，甚至还有将之收为义子的传言。所以努尔哈赤跟李如柏"有香火情"，否则"何以三路之兵俱败？何以如柏独全？"奏折之中已明显地透露出对李成柏有通敌嫌疑的怀疑态度。不过当时的万历皇帝对此不置可否，此事暂且风平浪静。然而过了一年半之后，辽东地区的局势更加紧张，这件事又被某些别有用心之人重提。重压之下，李如柏为表心意，自尽以明志。四大军事将领的相继离世，对于本已风雨飘摇的明朝武装力量来说，无异于雪上加霜。

作为萨尔浒之战明军方面的最高统帅、辽东经略杨镐，自然也推卸不了责任。杨镐在兵败之后引咎辞职，此时的朝廷还算是网开一面，让他"姑令策励供职，极力整顿以图再举"。然而没过多久，辽东的开原和铁岭又相继在杨镐的手里沦陷，最终被定罪入狱，直到明崇祯二年（1629 年）病死狱中，结束了十年的牢狱生涯。杨镐之后的辽东经略一个战死，一个被朝廷处死。尤其是被处死的熊廷弼，更因他的死，而导致了明末朝中的党争。究其根源，还是出于萨尔浒之战的失利。兵败萨尔浒的消息传到京师之后，北京城的米价顿时暴涨，为数不少的人认为后金军即将打入山海关，进而围困北京城，从而开始纷纷囤积大米，以备不急之需。这就进一步破坏了明朝的财政。

□明军的目中无人

在萨尔浒之战打响前，明朝并没有把后金当回事，至少此次战役中明军方面最高统帅、辽东经略杨镐就是如此。据说在萨尔浒战役之前，杨镐曾与努尔哈赤修书一封，称大明王朝集结了 47 万大军将袭，并将出兵日期如实相告，似乎想以天朝神威威吓后金，好不战而屈人之兵。由此可见，在当时的杨镐看来，"消灭贼酋"不过是手到擒来的事情，根本没有想到会有战败的可能。而就是这种狂妄，恰恰导致了明军的惨败。

□满族兵的各个击破战术

有资料显示，努尔哈赤见到明军燃点火炬，夜间行军到达攻击准备地点，即利用满军骑兵之机动性，无时无地不造成局部的及暂时的数量上的优势，遂行各个击破，以攻作守。整个战役中，满洲的都城都是以极少的守军防御，有时甚至没有守兵。明军纠集的兵员则五花八门，来自南北，有征派者，也有雇募者，这在全军的统领上已经发生了无数问题，况又千里裹粮，没有开战便已显出疲惫之态。从其装备看来，此远征军准备以诸兵种协同之姿态作战，但从战役过程中之记录看来，其兵员很少像这样训练。杜松与刘綎均以个人之武艺驰名，所恃者"家丁"。可见得其未放弃传统战法：主将出阵，家丁护卫。其他兵卒胜则蜂拥上前，败则部队瓦解。当刘綎到达辽东战场时，携有家丁736人，最后与之同殉难者有"养子"。

满族将领亦亲临前线，但彼等专恃骑兵，组织单纯。从资料看来，不仅努尔哈赤亲率坐骑一千独当一面，而且子洪台吉（皇太极）、安巴贝勒（大贝勒）、侄阿敏台吉均为高级将领，也都在战场上指挥若定。

□明朝腐败导致战役失败

从根本原因上来看，拥有火器、兵力占优的明军之所以败在了一个以游牧为生的政权手中，实质上是因为其官僚机构之腐败已经到了一个无可挽回的地步。这种腐败早已有之，只不过是萨尔浒将之彻底地暴露出来罢了。明帝国之覆亡，只此便可以预见。

熊、王之争，谁才是最后的胜者

□死于法场的忠贞之将

天启五年（1625年）八月二十五日五更，熊廷弼高昂着头跪在京师西市的刑场上，胸前挂着一个执袋。刑部主事、监斩官张时雍便问其中所装何物，熊曰："《辨冤疏》也。"张曰："君未读《李斯传》乎？囚安得上书？"熊曰："未读《李斯传》耳。此赵高语也。"张时雍无言以对，下令行刑。一代名将熊廷弼冤死法场，传首九边（九边指的是明朝在北方边境设立的九个军镇）。

缘何自李成梁之后的辽东主心骨熊廷弼没有战死沙场，而是死在了明朝廷的法场？

□明廷内部斗争的自我消耗

努尔哈赤攻取沈阳、辽阳之后，下一个目标便是广宁。

如果说辽阳是辽东的政治、经济、文化、商业中心，那么辽东的军事中心则在广宁。辽东总兵府便设在这里，而辽阳仅仅是副总兵府。因此，广宁是明朝在东北地区最高的军事机关驻地，是控制蒙古弹压女真的军事重镇。沈、辽丧失之后，明朝仅剩此地可以用来与后金相抗。可以说，如果明朝失去了广宁那么就等于彻底失去了在辽东、辽西地区的控制权。

更为不利的是，虽然颇有外交能力的王化贞替明朝暂时缓解了来自蒙古部落的压力，但广宁一旦失守，那蒙古部落将有很大的可能会与后金政权完全联合起来，因此，无论是对明朝来说，还是对后金而言，广宁都是一个极为重要的阵地。

但此时驻守广宁的辽东经略熊廷弼和辽东巡抚王化贞之间却毫无默契可言。王化贞的目标是攻，声称要"一举荡平辽东"。他上任巡抚之后不久，便派干将毛文龙率200人走海路到达镇江（今辽宁丹东）沿海岛屿，开辟敌后战场。

明朝时期的镇江，是中朝边境、鸭绿江边一个举足轻重的军事要塞，是与朝鲜取得直接联系的一个要冲之地。可以说，谁占据了这块土地，谁就能得到来自朝鲜半岛上的支援。天启元年（1621年）七月二十五日，毛文龙通过侦查得知，此时属于后金政权的镇江城兵力空虚，几乎是一座不设防的要塞，便与生员王一宁计划突袭。

毛文龙事先收买了后金驻扎在镇江的中军陈良策，让他当明军的内应，自己则亲自率领220余人夜袭镇江城。此役，镇江游击佟养真及其子佟松年等60多人束手就擒，镇江城再属明廷。一时之间，全辽震动，汤站（今凤城市南30公里汤山公社所在地的汤山城子）、险山（今辽宁省丹东市凤城市东南大堡公社土城子大队所在地）、宽甸（今辽宁省宽甸县）等城堡守军相继向毛文龙归降，"数百里之内，望风归附"，"归顺之民，绳绳而来"。

此役在史学界被称为镇江大捷。镇江的大捷，让王化贞志得意满，他以为在自己出兵辽东之时，便可与辽东后方的毛文龙前后夹击，打后金一个措手不及。为了确保对后金作战的胜利，他又计划秘密策反已经降了努尔哈赤的李永芳，希望以里应外合之势让后金防不胜防。再加上经过王化贞的一番努力，察哈尔蒙古等部答应出兵40万以协助明军的军事行动，更算是锦上添花。

可以说，王化贞的这番部属是周密而详细的，所以他也就信心百倍地上书朝廷，称：

"愿请兵六万，一举荡平，臣不敢贪天功，但厚赉从征将士，辽民免赋十年，海内得免加派，臣愿足矣。即有不称，亦必杀伤相当，敌不复振，保不为河西忧。而臣将归老林泉，臣愿足矣。仲秋之月可高枕而听捷音。"

然而长时间与后金打交道的熊廷弼却深知努尔哈赤的厉害。他依然坚持"三方建置"的既定方针，即以积极防御为主，调动各方面大军，对后金政权实行三面合围，继而攻之，必会大获全胜。一旦此措施得以施行，那么努尔哈赤肯定不敢对广宁动兵，否则的话，他将受到来自海上的威胁。

然而朝廷却没有采纳熊廷弼的建议。首先，王化贞为朝廷画的这张大饼看起来是那么可口，是那么周密；而熊廷弼的计划却无疑是慢工出细活，时间成本上让收复失地心切的朝廷难以承受，更不用说已经处于崩溃边缘的经济成本了。

其次，王化贞原是东林党人，而且善于结交政要，在朝中人缘颇好，现在又在极力巴结魏忠贤，有投靠阉党的倾向。而天启初年，正是这两个派别在左右政局。熊廷弼则是楚党之人，在天启初年早已没有多少政治地位可言，再加上此人生性暴躁，即使经历过一次罢官风波，也没改掉秉性，与朝中官员势如水火，也就没有够硬的后台做朝内支撑，自然无法让自己的策略付诸实践。

王化贞的"急"和熊廷弼的"稳"形成了尖锐的矛盾。将帅不合历来是兵家之大忌，而这一点，正被休养生息十个月之久的努尔哈赤敏锐地觉察到了。

□ 自找死路的熊廷弼

天命七年（1622 年）正月十八，正是北国千里冰封的时候。努尔哈赤利用辽河水结冰、人马易渡的时机，率八九万大军向广宁发起了进攻。

此时王化贞的"周密"部属完全破灭：后金后方的镇江已经得而复失，毛文龙逃往朝鲜，腹背夹攻的可能性化为乌有；蒙古察哈尔部答应的 40 万大军仅仅来了 1 万，以多压少的希望破灭（此时的明军仅有 10 万人）；对李永芳的策反不仅没有成功，反而让自己的爱将、抵挡后金铁骑的先锋孙得功被李永芳策反，里应外合的愿望没有实现，自己却被从内部突破了。

如此一来，明军惨败，王化贞弃城而逃，与闻讯自山海关率兵赶来的熊廷弼在大凌河（今辽宁凌海市）相遇。王化贞放声大哭，而熊廷弼却挖苦道："六万众，一举荡平竟何如？"王化贞无言以对。

见大势已去，熊廷弼并无起死回生之能，只得掩护自广宁逃出来的军民退回山海关。

由于广宁战败，王化贞被论罪入狱，熊廷弼被革职还乡。然而熊廷弼认为自己在广宁之败中并不存在过错，故上书请罪，希望以此来让小皇帝重新任用自己，并采纳自己所提出的攻取辽东之建议。但他没想到的是，这正给了一向与熊廷弼不合的阉党以口实。他们以熊廷弼援救来迟为由，并罗织罪名，将熊廷弼与王化贞同罪下狱。

在魏忠贤的指示下，御史梁梦环弹劾熊廷弼贪污饷银 17 万，御史刘徽则称说熊廷弼家资百万。但直到抄家之后才发现，熊家的全部家底才不足 17 万。无奈之下，抄查者竟连熊廷弼的姻亲家一并抄了，但也没能凑齐百万之数。最后，熊廷弼在王化贞之前被处死。直到明崇祯二年（1629 年），才由崇祯帝朱由检为其沉冤昭雪。

□ 党争之害，令熊廷弼无路可走

明末朝政腐败，党派林立，党争迭起。以原吏部郎中顾宪成为首，一批下野官吏在无锡东林书院讲学，讽议朝政，一部分在职官吏如赵南星等也遥相应合，东林党因此得名。与此同时，另有一批官吏士绅组成浙、齐、楚、宣、昆各党派。这些党派既互有矛盾，又互相利用。其中，以东林党人势力最为强大。

起初，乃是东林党与齐、楚、浙三党之争，后来则演变为东林党与阉党之争。到明熹宗天启年间，东林党人得势，浙、昆、宣各党派受到排斥。于是，以魏忠贤为首的阉宦便与浙、齐、楚、宣、昆各党中的一部分人结成联盟，被东林党称为"阉党"，形成了直接对抗。照理说，熊廷弼原为楚党，与东林党人并不是一路人。但是，当时的东林党代表人物杨涟等人，曾在辽东军事等问题上为熊廷弼说过好话，熊廷弼同后来所谓的"东林党六君子"也有不错的个人关系。这一切，都为其最终的杀身之罪埋下了祸根。

据《明史》记载："天启元年，沈阳破，应泰死，廷臣复思廷弼。"甚至有人感叹："使廷弼在辽，当不至此。"于是，熊廷弼被召出山，重任辽东经略。

然而，阉党们不放心，"搭班子"的时候，生生替他配了一个叫王化贞的巡抚。《明史》评价曰："化贞为人而愎，素不习兵，轻视大敌，好谩语。文武将吏进谏悉不入，与廷弼尤抵牾。"熊廷弼虽为辽东经略，却无实质的兵权，而握有实权的王化贞却好大喜功，盲目冒进，与熊廷弼的"防守策略"大相径庭。《明史》中说："廷弼主守，谓辽人不可用，西部不可恃，永芳不可信，广宁多间谍可虞。化贞一切反之，绝口不言守。"

应该说，熊廷弼的策略是正确的。然而，熊廷弼与王化贞之间，虽说是上下级关系，可是王化贞自恃朝中有人，根本不把熊廷弼放在眼里。这一切，直接造成了广宁兵败，致使辽东尽失。

兵败问罪，朝廷震怒，下令处置败军之将，《明史》记载："二月逮化贞，罢廷弼听勘。"一个是逮，一个是勘。显然，朝廷对两人的定罪是有差别的。然而，最后的决议却是"廷弼、化贞并论死"。

熊廷弼为保命，曾托一个叫汪文言的人向魏忠贤行贿，要四万两。但熊廷弼根本拿不出这笔钱，"既而背之"。于是，"魏忠贤大恨，誓速斩廷弼"。此时，正值"东林六君子"案发，杨涟等人被下狱。魏忠贤便指使人诬陷熊廷弼也曾向杨涟行过贿，将熊廷弼行贿之事与"东林党案"硬扯在一起。"甚其罪"，"党同伐异，招权纳贿"，那就是罪加一等了。魏忠贤的党徒冯铨，还趁着陪皇帝吃饭的时候，拿出一本民间流传的《辽东传》，上面有记载熊廷弼英武善谋的言辞。冯铨挑拨说："此廷弼所作，希脱罪耳。"于是"帝怒"。

□性格刚毅，树立冤家

另一说是熊廷弼的性格所致。《明史》说："廷弼身长七尺，有胆知兵，善左右射。自按辽即持守边议，至是主守御益坚。然性刚负气，好谩骂，不为人下，物情以故不甚附。"也就是说，熊廷弼的脾气不太好，遇事特别容易激动，也因此得罪了不少人。此评价，甚为形象。

熹宗初立之时，有人"劾廷弼无谋者八、欺君者三"，也有人说他经略辽东失职。熊廷弼的反应是什么呢？《熊廷弼传》说"廷弼愤，抗疏极辨，且求罢"，"廷弼益愤，再疏自明"，甚至公开"掷纱帽"。说到激动的时候，"抗疏辨，语颇愤激"，即使皇帝在场，也从不忌讳。但凡有人弹劾，他总是要抗辩上疏一番。因此，给满朝大臣留下他根本听不进任何意见的深刻印象。万历皇帝在，可以包容他，但熹宗皇帝不会。

熊廷弼同王化贞的矛盾，虽说责任在王化贞。但熊廷弼也有责任，他反对王化贞的军事策略，又无法阻止，便上疏告状，话说得很难听，且不留余地。王化贞自然心存不满。到王化贞兵败之时，两人相见，"化贞哭"，熊廷弼却微笑着说："六万众一举荡平，竟何如？"弄得王化贞无地自容。两人同被朝廷究责之时，熊廷弼依然故我，态度不好；相比之下，王化贞伏罪，痛哭流涕，态度倒是端正。

凡此种种，都说明熊廷弼是不谙为官之道的。恃才自傲，这在任何时候的官场都是很危险的。

熊、王之争，谁才是最后的胜者？答案恐怕只有一个：两者均败。唯一的胜者，只有努尔哈赤。

宁远之败，是大意还是愚蠢

□袁崇焕与努尔哈赤的交锋

天命十一年（1626 年）八月，太子河，华丽的龙舟里，努尔哈赤躺在厚厚的毡毯上，眼望棱窗外的湛蓝天空，身上的毒疽隐隐作痛。"难道这就是天命？"壮志未酬的他心中无限遗憾，虽然完成了女真的统一，却无法见到攻破京师的那一刻，而这，恰恰是他起兵反明时的愿景啊。

为了这个愿景的实现，努尔哈赤穷尽了毕生的精力：谋建州，平海西，统野人，建立起属于自己的政权，打造出一支可以与明廷相对抗的尖锐长矛；战萨尔浒，迁都辽阳，尽取辽西，确立起自己在东北边陲的绝对统治权。为了进一步对大明王朝采取行动，他甚至不惜放弃辛辛苦苦建立起来的新都辽阳，迁都沈阳。

迁都沈阳，是努尔哈赤在一统辽东之后做出的又一大举措。"沈阳四通八达之处，西征大明从都儿鼻渡辽河，路直且近，北征蒙古三日可至，南征朝鲜自清河路可进"，可见从战略角度上来说沈阳要比辽阳更为有利。

同时，"沈阳浑河通苏苏河，于苏苏河源头处伐木顺流而下，材木不可胜用，出游打猎山近兽多，且河中之利亦可兼收矣"，从经济利益方面来看，也是辽阳所无法比拟的。让努尔哈赤下定迁都决心的，更出于当时辽东、辽西的局势。

广宁之战后，后金的战线拉得过长，领地内矛盾纠纷不断，努尔哈赤无力维系后院的稳定，被迫做出了毁弃广宁、弃守辽西的决定。这就给了明廷以喘息之机。待到孙承宗、袁崇焕固守宁远，后金政权感到了前所未有的压力，"公（孙承宗）渐东，奴（努尔哈赤）惧，遂弃宫室而北徙于沈阳……自筑宫于瓮城，屡不就……"努尔哈赤弃守广宁的弊端显露出来。

另外，迁都辽阳之后，女真人和汉人之间的矛盾进一步尖锐，努尔哈赤所采取的镇压手段只会激化矛盾。辽阳城已经是鸡犬不宁之地，丧失了一国之都的意义，努尔哈赤唯有再行迁都。

孙承宗毛遂自荐督师辽东的那一年，山海马世龙等人频繁出巡被努尔哈赤攻取又弃守的广宁、三岔河一带地区，驻守在辽南的毛文龙，没有了山海关的后顾之忧，也活跃起来，对靠近三岔河一带的牛庄（今辽宁省牛庄镇）、跃州（今营口北牛庄附近）等为后金政权所据的各城不断骚扰。此外，麻羊岛守备张盘

宁远城遗址

1626年，努尔哈赤亲率13万大军，号称20万，围攻明关外要塞宁远城（今辽宁省兴城市），遇到明将袁崇焕抗击，久攻不下，背发痈疽而死。

夜袭金州（今辽宁省大连市金州区），让女真人终日惶恐；复州（今辽宁省瓦房店市西北复州）的后金总兵刘爱塔偷偷地向登莱（今山东省登州和莱州）地区运送军备物资，并且希望把复州当为明军的内应，一旦明军向后金展开进攻，便与其里应外合等。毫无疑问，这些对后金政权的稳定都构成了极大的威胁。

除了来自明军方面的压力外，后金政权还面临着塞外蒙古各部的觊觎。这些不利之局逼迫努尔哈赤必须对他的战略防御问题进行重新考虑。因此，为了在战略上取得主动，他只能选择将后金的首府迁往沈阳，并将沈阳改称为盛京。

虽然迁都盛京，但后金政权的稳定问题仍然无法解决，汉民与女真贵族之间的矛盾也不会因为迁都而化为乌有，努尔哈赤能做的，只能迎着孙承宗和袁崇焕打造出来的铜墙铁壁进一步扩张领土。

恰在这时，明廷的党争给了他一个天赐良机。

此时的明廷朝政大权已经完全旁落在了"九千岁"魏忠贤的手里，天启帝朱由校只知道在后宫当他的木匠，对朝政大事基本上是不闻不问，这更让阉党有恃无恐，大力排除异己。不幸的是，孙承宗正是阉党眼中的异己之一。

孙承宗经略辽东之后，一时间功高权重，誉满朝野。势力猖獗的魏忠贤和他的党羽自然不会错过这个值得利用的人。威逼利诱，魏忠贤动用了各种手段去拉拢这位封疆大吏。而孙承宗对阉党深恶痛绝，对魏忠贤抛来的橄榄枝视而不见，这就让一向专横跋扈的魏忠贤对他怀恨在心。

明天启四年（1624年）十一月，孙承宗到蓟、昌西巡。此时恰临近十一月十四日，正值天启帝的生日，孙承宗便上书朝廷，希望入朝为皇帝庆贺万寿节，并打算借此机会当面向皇上汇报机宜。

把握朝政大权的魏忠贤在皇帝之前先得知了此消息，生怕孙承宗拥兵入京，

做出对自己不利的事情来。于是"绕御床哭。帝亦为心动，令内阁拟旨。次辅顾秉谦奋笔曰：'无旨离信地，非祖宗法，违者不宥。'夜启禁门召兵部尚书入，令三道飞骑止之。（魏忠贤）又矫旨谕九门守阉，承宗若至齐化门，反接以入。承宗抵通州，闻命而返。忠贤遣人侦之，一襆被置舆中，后车鹿善继而已，意少解"。

紧接着，魏忠贤和他的阉党党羽称孙承宗是"拥兵向阙，叛逆显然"，意图借此事来扳倒孙承宗，但天启帝不是不理朝政的万历帝，心中还有点儿分寸，对魏忠贤的攻讦没予理会。

次年，太监刘应坤在魏忠贤的委派下前往山海关犒军，带去帑金十万两，然而孙承宗一点儿也没给魏忠贤面子，鄙视之意溢于言表。

同年八月，马世龙轻信自后金逃归的"降虏生员"（其实是后金方面的间谍）刘伯镪的话，派兵渡柳河，袭取耀州，结果掉进了努尔哈赤早已设好的圈套，惨败而归。

柳河之败正好给了阉党挤垮孙承宗的口实，以马世龙损失670匹马、大量甲胄等军用物资为借口，向马世龙发起了围攻，其根本的目的还是要弄倒孙承宗。弹劾奏折雪片一样飞向天启帝的御案。阉党的无耻手段让孙承宗大为恼怒，连上两书称病辞官。天启帝拗不过去意已决的孙承宗，只得应允。

孙承宗罢官，辽东经略一职再度出现空缺，魏忠贤趁此机会将自己的同党高第推上了辽东经略的位置。胆怯无能、对军事又一窍不通的高第抵达山海关后，将孙承宗所做的军事防御部署全部推翻，将锦州、右屯、大凌河、宁前诸城守军，连同器械、枪炮、弹药、粮料等后勤物资一并移到关内，绵延400里的关外土地尽皆放弃。

高第的胡乱部署让朝野上下响起一片反对之声，袁崇焕更是怒不可遏，他在给高第的揭言中说：

"兵法有进无退，锦、右一带，既安设兵将，藏卸粮料，部署厅官，安有不守而撤之？万万无是理。脱一动移，示敌以弱，非但东奴，即西虏亦轻中国。前柳河之失，皆缘若辈贪功，自为送死。乃因此而撤城堡、动居民，锦、右摇动，宁、前震惊，关门失障，非本道之所敢任者矣。"

然而袁崇焕仅仅是一个监军，无力改变身为兵部尚书、手持尚方宝剑的高第的决策，更何况高第背后还有把持朝政的阉党撑腰，所以他只能眼睁睁地看着高第将锦州、右屯、大凌河及松山、杏山、塔山守具的屯兵屯民尽皆驱赶入关，10余万石粮谷被抛弃。这次不战而退，闹得军心不振，民怨沸腾，尸体塞路，哭声震野，刚刚振奋起来的士气又再次陷入低谷之中。

得不到上司支持、朝中又没有后台的袁崇焕不甘心就此放弃辛辛苦苦打造出的防线，决意死守宁远。在关外城堡撤防、兵民入关的极为不利情势下，袁崇焕率领一万余名官兵孤守宁远，抵御后金。

明廷因为内斗而产生的自我消耗给努尔哈赤创造了再侵朱明的良机。后金天命十一年（1626年）正月十四，努尔哈赤率领10万八旗大军，西渡辽河，直取孤城宁远。

10万士气高昂的八旗大军，1万多被朝廷弃之不顾的明朝军队；一位是积蓄了数年力量、一生未逢一败的后金国主努尔哈赤，一位是孤立无援、从未参加过战争的山海关监军袁崇焕。双方就在这样的悬殊中，于正月二十三拉开了战幕。

然而让努尔哈赤没有想到的是，历时四天的大战，竟然以自己的惨败而告终。

□明军缘何能以孤城取胜

袁崇焕驻守孤城宁远，城中士卒不满2万人。但城中兵民，"死中求生，必生无死"，誓与城共存亡。他面临紧急态势，上奏疏，表决心："本道身在前冲，奋其智力，自料可以当奴。"他采纳诸将的议请，做了如下守城准备：

第一，制定兵略，凭城固守。宁远战前，彼己态势，强弱悬殊。袁崇焕前临强敌，后无援兵，西翼蒙古不力，东翼朝鲜无助，关外辽西，宁远孤城，只有扬长避短，凭坚城以固守。他尝言："守为正著，战为奇著，款为旁著。以实不以虚，以渐不以骤。"他汲取抚（顺）、清（河）、开（原）、铁（岭）、沈（阳）、辽（阳）、西（平）、广（宁）失守的惨痛教训，不出城外野战，决意凭城坚守，拼死固守。敌诱不出城，敌激不出战。袁崇焕守卫宁远的要略是：孤守、死守、固守。

第二，激励士气，画地分守。袁崇焕偕总兵满桂，副将左辅、朱梅，参将祖大寿，守备何可纲（也作"刚"），通判金启倧等，集将士誓死守御宁远。他"刺血为书，激以忠义，为之下拜，将士咸请效死"。又部署官兵，分城防守，画定责任：总兵满桂守东面，副将左辅守西面，参将祖大寿守南面，副总兵朱梅守北面；满桂提督全城，分将画守，相互援应。袁崇焕则坐镇于城中鼓楼，统率全局，督军固守。

□后金大意失荆州

在政治方面，后金进攻宁远的战争，已由统一女真各部、反抗民族压迫的正义战争，变成为掠夺土地人民、争夺统治权力的不义战争，因而遭到辽东民众的强烈反对。尤其是努尔哈赤对辽沈地区汉族人民的错误政策，引起后金与明朝两方面辖区民众的不满和恐惧，从而促使宁远军民拼死抵御后金军的进犯。

在军事方面，三年之间，后金兵没有大的野战，军队怠惰，兵无斗志，器械不利；忙于整顿内务，未做军事准备。明朝袁崇焕却在积极备战，修筑坚城，整械备炮，训练士马——组成关宁防线。而西洋大炮也是袁崇焕获胜与努尔哈赤失败的一个基本因素。后金打了一场最为兵家所忌的无准备之仗，后果可想而知。

第二节 大顺政权成败之谜

李自成，英雄还是魔王

□李自成发迹史

李自成是陕北米脂人，自小就喜欢打拳踢腿，舞刀弄枪。年轻的时候在驿站管理马匹。不过他运气挺差，这份差事干了不久，就因为丢失公文，连同饭碗一块儿丢了。没有工作，李自成只能闲坐家中，借债度日。债主三天两头上门搅扰；妻子又不安于室，在外拈花惹草。李自成得知此事，勃然大怒，索性一刀宰了债主和妻子。为了避免吃官司，李自成逃到了甘肃投军，不久便因作战勇猛，被提拔为把总，可很快他又因为欠饷和参将吵了起来，这时候李自成的暴脾气又发作了，手起刀落，参将和当地县令双双毙命，李自成也扯起了反旗。

带着一只小队伍的李自成四处投靠农民起义军，但很快这些起义军都先后被朝廷招安。李自成不得已，东渡黄河来到山西，投奔了自己的舅舅，号称"闯王"的高迎祥，受到其舅重用，被封为"闯将"。

朝廷对于高迎祥等人颇为忌惮，屡派重兵前往围剿，但李自成一则打仗强悍不畏死，二则足智多谋，因此很难对付。中原五省总督陈奇瑜曾经将李自成军包围在兴安车箱峡中，眼看要全歼起义军，但李自成买通陈奇瑜的幕僚，伪装投降，获得了喘息的机会。待一出峡，立刻复叛。后来洪承畴接任五省总督，起义军损失惨重，不得不采取李自成"分兵定向、四路攻战"的作战策略，挥兵南下，袭取安徽凤阳。凤阳作为明太祖朱元璋的"龙兴之地"，沦陷于起义军之手，对明王朝来说是一个沉重的打击。没过多久，高迎祥兵败被杀，李自成接任"闯王"。尽管张献忠因故出走，但李自成的军势并未因此受到影响，而是继续在四川、甘肃、陕西一带与明军周旋。

在进行了几年的游击战之后，李自成趁明军与后金军在山海关长城一线争夺，中原空虚之际，率领大军猛扑河南。适逢天灾，大量饥民加入起义军，无论是数量还是士气，明军都不是对手，只能望风披靡，节节败退。崇祯十四年（1641年），李自成攻破洛阳，擒杀福王朱常洵。朱常洵是万历皇帝的儿子，由于深得万历宠爱，一再受封获赏，富可敌国。李自成缴获了福王的财产，军势大振，遂兴起了攻灭明朝取而代之的想法。

此时的明王朝已经是摇摇欲坠，虽然崇祯急忙组织各地明军前来抵抗，但都大多一触即溃，各地官吏更是纷纷开城投降。李自成几乎没有遇到什么像样的抵抗。到三月中旬，已经进抵北京城下。崇祯急得跳脚大骂群臣，但大臣们却都各怀鬼胎，低头不语。明王朝真的是日薄西山快要灭亡了。

据说，在农民义军攻打北京前夕，李自成曾经派遣明朝降官秘密进入北京与崇祯谈判，要求崇祯裂土封疆换取和平。根据史料记载，李自成要求"割西北一带分国王并犒赏军百万，退守河南……闯既受封，愿为朝廷内遏群寇，尤能以劲兵助剿辽藩。但不奉诏与觐耳"。然而崇祯帝却仍然以天子自居，宁可一死，也不同意偏安一隅，苟且偷安。

议和既然不成，李自成只好以武力解决问题。在红衣大炮震耳欲聋的炮声中，农民义军呐喊着向北京城发起了冲击。城内守军毫无还手之力，纷纷四散逃窜。讽刺的是，崇祯的宠臣，守城总管、宦官曹化淳率先打开外城广宁门投降。第二天，宦官王相尧、兵部尚书张缙彦、朱纯臣等人也纷纷打开自己把守的内城城门。大顺军不费一兵一卒，顺利占领了北京城。真正成为孤家寡人的崇祯帝只得吊死在煤山上。

□《明史》对李自成的评价

在官方史书《明史》里，李自成被列入《流贼传》中，在对其的评价中，作者写道："盗贼之祸，历代恒有，至明末李自成、张献忠极矣。史册所载，未有若斯之酷者也……自成为人高颧深䫚，鸱目曷鼻，声如豺。性猜忍，日杀人斩足剖心为戏。"对李自成的评价可谓是到了极端的污蔑地步。

《明史》是清朝人写就，作为一个胜利者，对败军之将自然不会有什么好话。不过从中能看出一个问题，那就是李自成为人比较残暴。

李自成雕像

□野史之中对李自成的认识

在民间，对李自成的认识最具代表性的莫过于吴伟业在《圆圆曲》中所说的："红颜流落非吾恋，逆贼天亡自荒宴。"这里的逆贼，自然指的就是李自成。吴伟业站在亡明的立场上，将李自成称为逆贼，算不得客观，但也反映了当时明朝遗民的主流心态。随之而来的后世始终打着反清复明的旗号，并且在清朝前期都能起到一呼百应的效果，恐怕也是与这种心态分不开的。

□当代对李自成的评价

当代人对李自成的评价，最具有价值意义的当属郭沫若所著的《甲申三百年祭》一文。文中，第一次清晰地分析了李自成的成败之因。在对李自成的评价上，带有一种主观的同情色彩。例如下面这一段话：

李自成本不是刚愎自用的人，他对于明室的待遇也非常宽大。在入北京前，诸王归顺者多受封。在入北京后，帝与后也得到礼殡，太子和永、定二王也并未遭杀戮。当他入宫时，看见长公主被崇祯砍得半死，闷倒在地，还曾叹息说道："上太忍，令扶还本宫调理"（《甲申传信录》）。他很能纳人善言，而且平常所采取的还是民主式的合议制。《北略》卷二十载："内官降贼者自宫中出，皆云，李贼虽为首，然总有二十余人，俱抗衡不相下，凡事皆众共谋之。"这确是很重要的一项史料。据此我们可以知道，后来李自成的失败，自成自己实在不能负专责，而牛金星和刘宗敏倒要负差不多全部的责任。

从中可以看出，李自成算得上是一位优秀的农民起义领袖，是他推翻了内朽外破的大明王朝，带给中国百姓以新的希望。正如郭沫若在此文中所说的另一句话那样："在一般史家的习惯上是把甲申年认为是明亡之年的，这倒也是无可无不可的事情，因为要限于明室来说吧，事实上它久已失掉民心，不等到甲申年，早就是仅存形式的了。"明朝之亡早已是定局，即使没有李自成来推翻它，也会有王自成、张自成等来完成这个任务。

□美国人眼中的李自成

在美国形形色色的教科书中，不约而同地提到三位中国名人：前两位分别是陶渊明、杨玉环，第三位便是大名鼎鼎的"闯王"李自成。

不过，美国人眼里的李自成与我们所熟知的形象大相径庭，被引入教科书的布利耶特的《地球和居住其间的人民》中写道："李自成的农民起义军，成功只是短暂的。明朝将领吴三桂相信，自己很难跟李自成那样没有文化却具有很强暴力倾向的人在一起共事。他就和满族结成了联盟。吴还可能因为李抢走了他的爱妾而心怀愤恨。"

这种形象的李自成跟中国人的理解差异很大。一般来说，国人对步步发迹的"草根人物"充满敬意，西方则不然。尽管西方也有揭竿而起的革命，但是自从中世纪以来，就很少出现以暴力夺取政权的模式。在他们眼里，没有改变社会制度的革命，只不过是赌桌之上换了一个玩家而已，规则还是一样的。

近年以来，又出了不少对李自成评价的新观点，但大体上逃不出以上几种情况。看来，关于对李自成是英雄还是魔王的争论，还要持续很长一段时间。

轰轰烈烈的农民起义缘何失败

□功败垂成的李自成

"吃闯王，穿闯王，闯王来了，不纳粮……"，穿越时空，在北京城里，我们仿佛看见一位英雄人物引领着他的百万大军，在老百姓的欢呼雀跃声中浩浩荡荡地走来。他，明末农民起义军领袖李自成，最终推翻了大明王朝，攻占了北京城。然而，为何进京四十天后，李自成的军队好像突然间失去了战斗力，一触即溃，且从此一蹶不振。

□农民起义的局限性

对于李自成起义失败的原因，似乎早有定论，那就是农民起义的局限性。从这个观点出发，我们会看到，李自成是败于骄傲自满、腐化堕落。攻占北京城后，流寇出生的李自成以为大业已成，是时候高枕无忧了，于是贪图享乐，荒淫腐化，最后招致失败。

另一个导致李自成失败的原因就是军纪涣散，战斗力严重下降，遇到清的八旗铁骑时，不堪一击，兵败如山倒。

还可以认为李自成败于"马上得天下，不能马上治天下"。李自成拥有大批的能征惯战的将士是没错，但缺乏一支完成统治治理工作的文官队伍。在攻下大片领土后，治理人才奇缺的弊端就逐渐显现出来，致使李自成以失败告终。

□战略上的败笔

有的人认为战略上的巨大失误导致了李自成的失败。李自成战略的巨大失误表现在没有把清朝这个一直想入主中原的强大集团包括在战略形势判断里。正因为如此，李自成才采取了直取北京的战略。如果没有清朝的干预，以李自成的实力，是可以勉强对付张献忠集团、南明集团和吴三桂集团的，可是一旦加上清政府集团的实力，李自成自然难以抵挡，失败近在眼前。

□鼠疫，李自成的冤家

还有人认为李自成的失败并非在于人祸，而在于天灾——鼠疫。鼠疫，俗称"黑死病"，是一种以老鼠和跳蚤为传播媒介、传播速度极快、死亡率很高且难以控制的可怕传染病。患鼠疫的人一般会出现淋巴结脓肿或皮肤出现黑斑，三五天就会去世。据有关文献记载，李自成3月进京，当时鼠疫已出现在北京一带。尤其春季的到来，跳蚤、老鼠开始趋向活跃，大规模的鼠疫肆掠整个京城，李自成的军队也难逃此劫。鼠疫在军营蔓延，大量将士被感染，长时间无法摆脱，战斗力每况愈下，最后与清军交战时一触即溃。与此相反，因为跳蚤讨厌马匹的气味，所以清军的骑兵没有被鼠疫传染，战斗力丝毫没有受到影响。

大顺通宝、永昌通宝

李自成在西安称帝，建国号曰"大顺"，建元曰"永昌"，改六部为政府，设局铸造钱币名曰"永昌通宝"。

对此，就算李自成再有能耐，也只有"无可奈何花落去"，感叹"天亡我也"。

□搜刮，李自成自掘坟墓

以上都是可以推测出的观点。但在史学上，一般的观点是，李自成之败，恐怕还在于其无所忌惮的敛财手段。

李自成的大顺军进入北京、逼死崇祯之后，入主紫禁城。按理说，"建国"肇始，他应当犒赏将士，大封功臣，然而多年来的征战让其囊中羞涩，唯有就地取"财"。对崇祯之吝啬，李自成也略有耳闻，本以为能在皇宫中所得甚丰，然而把整座紫禁城翻遍了，也只在大内府库中搜到黄金17万两、白银13万两。面对此种结果，李自成顿时大感失望，也大感愁闷：手中无钱，宫内无财，这当如何是好？

天无绝人之路。刘宗敏、李过等人想出了个好主意：既然宫里应该是有财宝的，之所以不翼而飞，那一定是被宫中之人所窃取了。下一步应该做的就是——"追赃"。

李自成深以为然，下令"追赃"。第一个将"赃款"上交大顺军的是大太监曹化淳，此人一出手便是白银5万两，着实让李自成兴奋了一下。但区区5万两白银对大顺政权来说只是杯水车薪，要想填满这个财政漏洞，还得需要更多的人来"自愿"献财。

三月二十日，刚被封为"宰相"的牛金星发布文告：

"仰明朝文武百官，俱于次旦入朝。先具脚色手本，青衣小帽，赴府报名，愿回籍者，听其自便。愿服官者，量才擢用。抗违不出者，罪大辟。藏匿之家，一去连坐……"

后李自成又差人赴五府六部以及各个衙门，将各部门的官吏登记在册，并给他们报了名，因此无一人得脱。

次日，百官来朝，李自成却摆起了架子："百官报名者甚众，以拥挤故，被守门长班用棍打逐。早起，承天门不开，露坐以俟。"一大早文武百官便在宫门口等着，就算是挨打受辱、忍饥挨饿也是敢怒而不敢言，老老实实地坐在地上等着李自成接见。好容易等到承天门打开，李自成却没等手拿百官花名册的牛金星点完名，便和刘宗敏起身离去。没过多大一会儿，便传来命令："把明朝的这些犯官全都绑起来送到刘宗敏将军的府邸，听候发落。"

然而，刘宗敏对文武百官根本不审不问，只是放下话来："根据官职大小向朝廷捐献银子，一品官一万两白银的底线，其余的各按品级捐献。前脚交够银子，后脚就放人；要是藏着银子不交，那就大刑伺候。"

一时间，北京城成了前明官员的地狱，四九城里满是狂舞的棍杖，更兼之刘宗敏等人为了敛财无所不用其极，炮烙挖眼、挑筋割肠，种种残酷的刑罚全被拿来用到了这些一直养尊处优的前明京官身上。北京城内前明官员的悲号之声延绵数日，不绝于耳。更有那最早投降的明朝国戚、襄城伯李国桢，大学士魏藻德等一干人被酷刑致死。尤为凄惨的是，在前明翰林院这个清水衙门供职的翰林、科臣等清贫书生，实在没有油水可榨，大多数都被酷刑致死。

这仅仅是对为官者的窃掠，富户豪门、平民百姓也逃脱不了被掠夺的命运："初，诸贼攻城时约，内藏归闯贼（李自成），勋戚财归诸帅，文官财归牛（金星）、宋（献策），富户归小盗。"有此约定，那么这些人还有什么可忌讳的？富人被倾家荡产，平头百姓的柴米油盐也被大顺军队抢掠一空。城内饿殍遍地。

李自成到底在北京城搜刮了多少银两？据史料记载："所掠输共七千万。大约勋戚、宦寺十之三，百官、商贾十之二。先帝减膳撤悬，布衣蔬食，铜锡器具尽归军输，城破之日，内帑无数万金。贼淫掠既富，扬言皆得之大内，识者恨之。"

7000万两白银！崇祯吝啬，在全国加饷摊派十多年，也不过从民间征得2000万两白银，最终导致了天怒人怨；而李自成短短四十来天便在京师榨银7000万两，无怪乎"识者恨之"，其最终的结局已然注定。

李自成入主紫禁城，靠的是群众基础。同时，他也有一定的政治头脑，身边既有像牛金星、李岩这样的智囊，又有如刘宗敏、李过这样的二流将领。而且李自成的为人还算不错，由于清军的连续攻击，大大削减了明军的兵力，当他进攻北京时，守城宦官又大开城门，兵不血刃即进入北京。他可谓占据天时和人和。

然而，入主紫禁城之后的李自成，却彻底抛弃了昔日"闯王来了不纳粮"的诺言，纵容一干"新贵"用各种手段大肆敛财。上梁不正下梁歪，大顺之兵也竞相在民间搜刮积财，准备还乡。横征暴敛的手段，用钱买命的"政策"，大顺军士兵的放任自流、烧杀抢掠，让北京城变成了人间地狱。所掠夺的7000万两白银，全部熔铸成巨大的中间有孔窍的方板状银板，以便运输，从中便可以看出，李自成压根没有常驻北京的念头。

得民心者得天下。李自成之成，在于拥有深厚的群众基础，饱受明末苛捐杂税之苦的农民在李自成那充满诱惑性的宣传口号面前纷纷响应，势如洪水；李自成之败，则是因丧失了民心，更重要的是，完全丧失了地主阶级的信任——这也是影响吴三桂开关迎清兵的一个因素。失败已在所难免。

以上说法似乎都有各自的合理性，但并不代表就是历史的真相。李自成熊熊百万大军究竟惨败于何，仍然是一个历史之谜。

谁是杀害李岩的真凶

□一代谋士李岩之死

明末李自成农民起义军中，有一位著名的谋士名为李岩。此人"上马打天下，下马治天下"，且忠贞不贰，最后却落的个鸟尽弓藏、兔死狗烹的下场。

对李岩的结局，《绥寇纪略》中做了记载：定州失败后，有人说河南全境都向明朝军队投降了。此时，李岩要求亲率两万精兵，赶到中州，这样就可以令附近的郡县不敢再轻举妄动，就是有敢暴乱者，也能及早收拾它。当时闯王不但没有做出回答，反而私下认为李岩另有所图，就在闯王起疑时，牛金星向闯王进言，要寻找机会除掉李岩，这得到了闯王首肯。第二天，牛金星以李自成的名义召李岩到军营中饮酒，安排伏兵在营中隐蔽起来，李岩和他的弟弟李年就这样在阴谋安排中同时被擒杀。

□功高震主起祸殃

历代帝王登基后，屠杀大臣，无非怕的是功高盖主。只是像李自成这样，皇位还未坐热就动心思杀害大臣，显得太急功近利了。从史料记载看，李岩出身显赫，与农民起义军本来就是不同的阶级出身。最初，由于他的才能出众，才得到闯王的赏识，可是随着才华锋芒的显露，闯王逐渐对他感到不满，最终动了杀机。

□理想与现实之间的挣扎

但是，就这样解释李岩被杀的原因未免过于敷衍。首先来看看李岩其人。有人说，他是河南杞县人，乃明朝兵部尚书李精白的儿子，这是完全不对的说法。根据记载，杞县没有这个人，李精白也不是杞县人，明朝末年举人、乡宦记事录更没有李岩的名字。据考察，李精白有两个儿子、一个女儿。有一个儿子早夭病死；另一个儿子在1642年被杀了。所以，李岩根本不可能是李精白的儿子。关于李岩其人，史料更没有确切记载。但可以肯定的是，李岩是个读书人，且是个有大智慧的读书人。

古往今来，功劳巨大却又能全身而退，安度余生的不过范蠡、张良、郭子仪、姚广孝等寥寥数人。这几人都有一共同点，就是怀有看开、放下的出世情节。何谓出世情节，言外之意就是虽然跟着皇帝打天下来了，但是天下太平时，会明智地隐居下来。这个时候，皇帝往往会念及昔日之情，放这些人卸甲归田。那是不是说李岩缺乏这样的大智慧呢？当然不是，李岩作为一个读书人，拥有以天下为己任的济世精神，这以天下为己任的信念让他宁可死也不想逃避。

这样的李岩，很难取得李自成的理解，最终只能成为时代的牺牲品，死在暴者的屠刀之下。

李自成结局之谜

□九宫山下人归处

李自成遇难于湖北通山县九宫山，这已被专家们所确认。但是，李自成究竟是怎样死的，却一直有争论。《明史·李自成传》也未说清其身死经过。近年来，李自成身死经过有以下几种说法：

第一种说法是自缢。据说李自成由于连遭败绩，最终被武装乡民包围，遂无奈走投无路选择自缢身亡。这一说法来自清军负责追击李自成的统帅英亲王阿济格给清廷的报告。根据阿济格的说法，李自成逃入九宫山后，随即失去踪迹，清军反复求之不得，但找到的大顺士兵纷纷表示李自成已经自缢而死，而尸体却又高度腐烂，无法辨认。这一说法争议颇大，由于阿济格并非李自成死亡的亲自见证者，又是在官方的奏报中提及此事，因此可信度未必有多高。

第二种说法是战死。根据当地地方志和族谱的记载，确实有当地居民斩杀流寇的记载，例如《通山县志》载"九伯聚众杀贼首于小源口"；《程氏宗谱》则载"剿闯贼李延于牛迹岭下"。但这些都不能作为李自成死亡的确切证据。

第三种说法是误杀。根据清人笔记记载，李自成是在拜谒九宫山上的元帝庙时，被误以为是土匪流寇的当地乡民从背后袭击身亡的。

这一说法虽然过于传奇，但它可能却反映了一定的真实情况。因为第四种说法和前面第三种说法有一定的关系。康熙年间的历史学者费密所著的《荒书》中对李自成死亡的经过是这样记载的：

大清追李自成至湖广。自成尚有贼兵三万人，令他贼统之，由兴国州游屯至江西。自成亲随十八骑，由通山过九宫山岭即江西界。山民闻有贼至，群登山击石，将十八骑打散。自成独行至小月山牛脊岭，会大雨，自成拉马登岭。山民程九伯者，下与自成手搏，遂辗转泥淖中。自成坐九伯臀下，抽刀欲杀之，刀血渍，又经泥水不可出。九伯呼救甚急，其甥金姓以铲杀自成，不知其为闯贼也。武昌已系大清总督，自成之亲随十八骑有至武昌出首者，行查到县，九伯不敢出认。县官亲入山，谕以所杀者流贼李自成，奖其有功。九伯始往见总督，委九伯以德安府经历。

综上所述，似乎可以断定，李自成确实死在了九宫山。但是有趣的是，无论是清朝，还是南明，对于李自成的死都表示了极度的怀疑。

□千古悬案：李自成之死

清朝方面，由于阿济格并没有获取李自成的首级，而原本应该因李自成之死而溃散的大顺军残部却又在江西一带出现。这使原本非常开心的多尔衮大为不满，对阿济格大加斥责；而南明隆武政权方面，在接到何腾蛟关于李自成身死的报告后，虽然也大加封赏，但不少大臣却建议隆武帝遣何腾蛟反复调查此事的真伪。可见南明一方也并不肯定李自成是真的死了。

其实，明清双方之所以如此在意李自成的生死，就是因为无法做到"活要见人，死要见尸"。何腾蛟虽然贵为五省军务总督，但手下却并没多少兵力，李自成身死的消息是他在招降李自成余部后才听说的，而彼时的九宫山地区已经为清军所占领，他自然不可能为了李自成的尸首选择贸然进攻，况且这也是对当时已经纷纷转向明军的大顺军余部的不敬；在阿济格方面，则是因为天气炎热，尸首已经颇多腐烂，根本没办法确认哪一具才是真的。因此李自成的生死便成了一桩千古疑案。

□奉天玉和尚与李自成

正是因为如此，再加上民间传说和小说家言的渲染，广泛流传着一种说法，称李自成虽然兵败但并未身死，而是隐姓埋名，在湖南石门县的夹山出家为僧。这一说法早在乾隆年间就流传开来，当时的澧州知州何璘曾撰《李自成传》，提到李自成在夹山寺出家，法名奉天玉和尚。文章中还提到何璘曾经亲往夹山寺拜访，见到一名年逾古稀的老和尚。这名老僧自称服侍过奉天玉和尚，口音也像陕西人。他证实了奉天玉和尚是顺治初年进入寺庙的，并拿出奉天玉和尚的画像给何璘看，据说画像酷似李自成的模样。此外，据说此寺还收藏了很多与奉天玉和尚有关的遗物，其中不乏宫廷玉器和只有帝王才能使用的器具。1980年，在此处进行了一次考古发掘，又发现了很多贵重文物。所有这些，似乎都支持奉天玉和尚就是李自成的论断。

不过，反对这一说法的人也大有人在。很多学者也认为，奉天玉和尚确有其人，不过此人并不是李自成，反而可能是前明遗臣。他们从现存的关于奉天玉和尚的碑铭上找出了支持此说的证据；也有的人认为，奉天玉和尚就是从四川游历湖广的云游和尚，在夹山寺定居而已。

第三节 第一次鸦片战争的难解内幕

英吉利为何远侵中国

□骄傲自大带来的隐患

（乾隆）五十八年，英国王雅治遣使臣马戛尔尼等来朝贡，表请派人入京，及通事浙江宁波、珠山、天津、广东等地，并求减关税，不许。

——赵尔巽《清史稿·高宗本纪》

1793 年，正是乾隆五十八年，在中西交流史上发生了一件具有划时代意义的大事——英国使臣马戛尔尼使华。当时，欧洲强国英国希望和东方强国中国正式建立外交关系，以求彼此开放贸易，为此派出了庞大的使团，随员 700 多名，乘坐 5 艘战舰，载满英国工业革命以来最先进的冲锋枪、大炮、世界地图、纺纱机、蒸汽机等，漂洋过海来到中国。可惜，英国平时给国王行礼也就是鞠躬，哪懂得天朝规矩。马戛尔尼坚持不给乾隆下跪，老乾隆虽然接见了英国时节，但拒绝了英国使团的全部请求。

马戛尔尼的日记中写道：

"中华帝国只是一艘破烂不堪的旧船，只是幸运地有了几位谨慎的船长才使它在近 150 年期间没有沉没。它那巨大的躯壳使周围的邻国见了害怕。假如来了个无能之辈掌舵，那船上的纪律与安全就都完了。"

1816 年，正逢嘉庆在位，不死心的英国再次派人出使中国，希望强强联合，开放贸易。然而，嘉庆坚决要求使团行叩拜礼，英国正使阿美士德则坚持只能行脱帽鞠躬礼。仅仅因为一个参见礼节问题，英国主动的两次拜访都无功而返。

和平手段没有效果，使节们又看透了大清虚有其表的现实，这就使英国确立了日后武力叩关的方针。

由明至清的 300 多年来，中国一直奉行闭关锁国的政策，一方面禁止大陆人民出海离境与海外各国进行贸易往来；另一方面又严格限制和管理海外各国洋人来华贸易和活动。某些人认为，郑和下西洋的壮举，证明中国有变成海上强国的可能。实际上，自古以来，中国一直以大国自居，就连郑和下西洋，也是明朝向列国炫耀武力之举，并不是为了贸易。也正是因为这一点，自古以来，列国朝贡中国天子，只需带很少的礼物，就能得到价值数倍的封赏。在古代，中国一直以接济穷亲戚的思想对待列国，从没有将列国摆在与自己平等的地位。这就养成了骄傲自大的虚荣心，不能正视其他国家。

万国来朝图　清

清朝继承并发展了明朝的闭关锁国政策。清朝初年，为了打击郑成功等沿海抗清力量，沿袭明朝海禁政策，规定"片板不许下水，粒货不许越疆"，禁止商民出海。自统一台湾、郑氏给沿海地区带来的隐患不复存在后，"海禁"一度放宽，出现了松江、泉州、广州、宁波等对外开放的港口。然而，到了乾隆年间，西方世界的殖民浪潮正是最烈的时候，他们对于这个神秘而又富庶的东方古国自然垂涎三尺。而处于世界大变革中的清政府想到的不是顺应潮流，而是采用了鸵鸟政策，用闭关锁国的方式将自己与外界隔离开来，漫长的海岸线上。只留下广州一处开放口岸，对于涉外贸易更是严加限制。随着西方殖民主义的深入发展，清政府在乾隆之后，始终采取了这一政策，以求一片宁静的"桃花源"。

封建中国闭关锁国，当然也有当时中国地大物博，完全可以自给自足的因素。这与当时英国等国国土狭小，需要通过贸易来满足自身需求完全不同。古中国是排外的，古中国是骄傲的。在当时中国的眼中，周边无非蛮夷戎狄。外国传来的西红柿，称"番"茄、外国传来的南瓜，称"倭"瓜、外国传来的火炮，称红夷大炮……强大的中国看不起国土狭小、礼仪粗浅的其他国家。乾隆即位后，在海禁方面基本上沿袭了先祖的政策。乾隆五十二年（1787年），皇帝写了这样一首诗：

间年外域有人来，宁可求全关不开。

人事天时诚极盛，盈虚默念惧增哉。

在他看来，目前国力虽盛，以后将有盈虚损益，对外交往将会带来危险，给国内统治增加不安定因素，宁可闭关不开，排拒外来势力。

□顺差逆差，英吉利的怒火

18世纪中叶，英国率先完成了资产阶级革命。以英国东印度公司为首的西方商人，一直希望打开中国市场。虽然康熙朝开放了广州、厦门、宁波、云台山四个通商口岸，但完全是本着施舍的态度，满足不了英国商人贸易的需求。这和英国人心中所想的自由贸易相差甚远。一些英国商人不堪清朝官吏勒索，要求变更贸易路线，另开通商口岸，当时的乾隆却认为这是洋人居心叵测，断然拒绝。

实际上，中国与西方直接开展的正常贸易，到鸦片战争之前，一直都是顺差。仅乾隆在位时的 1781 年至 1790 年短短 9 年，在中国输往英国茶叶一项就为中国赚取了 9600 万元；而同一时期英国输入中国的所有工业品，价值仅及茶价的六分之一。19 世纪初，每年从英国流入中国的白银在 100 万元至 400 万元之间。如果能继续双方的贸易，嘉庆根本不必为财政困难发愁。

但是，贸易逆差是英国难以容忍的，而清朝的贸易态度又使英国商人不能满足，这就使得英国政府和英国商人一致希望扩大中国市场。为此他们开始贩卖鸦片。

□鸦片贸易，逆转中英交易的关键

英国使团成员巴罗在书中对乾隆晚年中国社会上鸦片的流行程度做了这样的描述：

"上流社会的人在家里沉溺于抽鸦片。尽管当局采取了一切措施禁止进口，还是有相当数量的这种毒品被走私进入这个国家……广州道台在他最近颁布的一份公告中指出了吸食鸦片的种种害处……可是，这位广州道台每天都从容不迫地吸食他的一份鸦片。"

乾隆初年，英国商人第一次向中国输入鸦片。东印度公司员工偷偷把印度的鸦片运到广州，第一次就尝到了甜头。每箱鸦片在印度的购价不过 250 印币，运到中国后，售价高达 1600 印币，翻了有六番多。鸦片已经开始危害中国。令人痛心的是，上至皇帝贵族，下至贩夫走卒，并不知道鸦片的危害，以至于陷入毒瘾中不能自拔。

通过对中国的贩卖，鸦片税收成为英属印度政府的一项重要财源。为增加产量，东印度公司不断地开辟新的鸦片产区，研究怎样使鸦片更能符合中国人的需求，以求扩大鸦片的输出量。英国人认为鸦片有害，必须严格限制它的国内消耗，但并不限制用鸦片进行对外贸易，反而积极鼓励外销。许多英国鸦片贩子在中国发了横财。据最大的英国鸦片贩子查顿说，在最好的年头，鸦片的利润高达每箱 1000 银元。

1780 年，中国政府已经有所察觉，乾隆皇帝重申雍正年间的禁令，禁止烟具的输入和贩卖。但此时中国对于鸦片的危害，认识并不深刻。因此，这道禁令成了一纸空文，清朝海关官吏很高兴地接过英国商人的贿赂，为其放行。根据英国人自己的记载，鸦片虽然被禁止贩卖，但只要花一点钱给主管官员行贿，被朝廷禁止的鸦片买卖就成了合法的，可以公开进行。

19 世纪的最初 20 年中，英国输入中国的鸦片每年约 4000 箱，到了 1839 年就扩大了 10 倍箱，利润达到每年 4000 万银元。鸦片贸易在英国的对华贸易总值中占到 1/2 以上。

靠鸦片的输出，英国政府一举扭转了对华贸易的逆差，中国则由两百多年来的出超国变成入超国。英国人发了大财，中国人则倒了大霉。鸦片贸易从此由英国政府的默许变为公开的认可了，开始强迫印度生产鸦片，换取中国白银。

鸦片贸易造成中国大量的现银外流，吸食地区也从"海滨近地"扩大到数十省，银荒已从沿海省份蔓延到全国各地。到鸦片战争前夕，中国每年白银外流至少 1000 万两，接近清政府每年总收入的 1/4。白银大量外流使得银价上涨，百姓负担加重，各省拖欠赋税日益增多，清政府陷入了财政危机。而且，因为吸食鸦片，成千上万的中国人身体和精神上都深受毒害，中国的社会经济和国家财政遭受重大的破坏和损失。

意识到大事不妙的清王朝当然要展开行动。而尝到了甜头的西方鸦片贩子自然不会轻易收手。战争，不可避免。

禁烟运动的新开端

□邓廷桢禁烟

朝廷内部有弛禁和严禁两种言论，两派争论不休，面对这种情况，道光帝一开始并未做出明确的决定。道光十六年（1836 年）八月初九，他在上谕中说：鸦片烟来源于外洋，流散到中国内地，屡次禁止。近来言论不统一，有的请求变通一下，有的请求严加禁止，必须详细考察情形，统筹安排，能长期实行而没有弊端，方为妥善。如邓廷桢折子中所说的，那些从事贩卖的奸民、行商、包买、蟹艇、兵丁，一定要严密查办，据实上奏。同年十一月二十日，邓廷桢等人在奏折中筹议杜绝鸦片流弊，认为"朱樽所陈议论，极为正大"，并明确提出，现在关于弛禁的议论，并没有明确奉旨，虽然朝廷外部未必毫无知觉，但终究没看到明文规定，那么禁烟的条款，仍然要遵守。对此，道光帝采取了默认的态度。邓廷桢等人在奏折中还提出，鸦片流传内地，以致纹银日渐消耗，今欲力塞弊源，唯杜绝纹银出洋，是最为重要的，若能于从出之地，必出之途，实力稽查，俾汉奸夷人，估计没有什么伎俩可施，自可渐塞漏卮。道光十六年（1836 年）十二月二十日，道光帝批复说：各位都督所奏很有见地，一定要同心协力，认真巡察，严厉惩处与外商勾结的奸民，杜绝外商的贪欲。做到白银不外流，行之有效，一定不要空谈禁烟，一定要名副其实。这个谕旨标志着喧嚣一时的弛禁论的失败，清政府的禁烟运动翻开新的一页。

道光帝的谕令到达广州后，邓廷桢立刻遵奉谕旨精神在广东各地查禁鸦片，禁止纹银出洋，并勒令许球奏折中列举的鸦片贩子离开广州。英国鸦片商受到了前所未有的沉重打击。道光十六年（1836年）十二月底，义律向伦敦报告说，最近两个月来，广州的禁烟运动已取得显著成就。

道光十七年（1837年）六月十二日，道光帝又谕令驱逐鸦片趸船，责成各位都督，严厉整饬洋商，传谕各国在当地的洋人，命令他们尽快回国，不允许借故逗留寄泊船只。并且一定搜查窑口巢穴，依次按察治理，不要姑息。七月十八日，道光帝又命令邓廷桢缉办鸦片私贩。

邓廷桢接到谕旨后，按照谕旨命令，要求义律尽快撤走趸船，并多次重申，而义律置若罔闻。是年岁末，义律报告说，到达广州后，中国官方商人就不断地催促我遣散鸦片趸船。由于义律负隅顽抗，于是为驱逐趸船，邓廷桢下令铲除名叫快蟹的小船，以此断绝趸船的接济。到道光十八年（1838年）秋，快蟹已基本消灭。鸦片趸船虽然还能依靠其他快艇来维持局面，但情形已今非昔比。除此之外，邓廷桢还在查拿国内鸦片贩子方面取得了一定进展。

□黄爵滋和"死刑论"

但是，应该看到，道光十七年至十八年（1837～1838年）间，在邓廷桢的领导下广东的禁烟活动虽有成效，鸦片进口量却仍然没有减少。在这种严峻形势下，道光十八年（1838年）闰四月，鸿胪寺卿黄爵滋上疏痛陈禁烟要害，这就是著名的《请严塞漏卮以培国本折》，禁烟运动又掀起新的高潮。

黄爵滋认为，鸦片屡禁不止的关键是没有好方法。他指出："耗银之多，由于吸烟之盛。贩烟之盛，由于食烟之众。无吸者，自无兴贩；无兴贩，则外夷之烟自不来矣。"根据这种情况，黄爵滋提出了"重治吸食"的办法。那就是采用严惩的办法，比如死刑，来对付吸食者，其具体内容是，"准给一年期限戒烟，虽至大之瘾，未有不能断绝。若一年以后，仍然吸食，是不奉法之乱民，置之重刑，无不平允。查旧例，吸食鸦片者罪仅枷杖，其不指出兴贩者，罪杖一百，徒三年，然皆系活罪……若罪以死论，是临刑之惨急，更苦于断瘾之苟延，臣知其情愿断瘾而死于家，必不愿受刑而死于市"。这是中国首次有人提出用死刑严惩吸食鸦片者。

黄爵滋的奏折引起了道光帝高度重视。道光帝当即谕令"盛京、吉林、黑龙江将军、直省各督抚，各抒所见，妥议章程，迅速具奏"。不久，各督抚大吏先后上折表述自己的观点，只有贵州巡抚贺长龄看法独特。他认为，银贵钱贱的原因在于铜钱是由官府铸造的，年年都有增加，而银子却供给不上。其他督抚大员都认为银贵钱贱的根源在于纹银流出海外，纹银外流，是由鸦片造成的后果，因此都同意严禁鸦片，只是在禁烟措施和打击重点等方面，意见有所分歧。基本拥护黄爵滋观点的有湖广总督林则徐、两江总督陶澍、湖南巡抚桂良、护理湖北巡抚张岳嵩、安徽巡抚卜星额，其余的人则认为以死刑治吸食者过于严厉。他们各抒己见，对于严惩的对象表白不一，有的主张应严惩贩烟和开设烟馆之人；有的主张应严禁烟船入口及查逐趸船；有的主张首先应严海口之禁，次加兴贩开馆之罪；有的则主张必先重惩海口接引奸商；还有的主张必须先严惩官吏中的吸烟人犯。应该说，这些督抚大吏各有见地。因为黄爵滋提出的以死刑重治吸食的主张固然十分必要，但是应该看到烟毒泛滥的严重程度，因此必须从惩治走私、入口、贩运、囤积、海口接引、开设烟馆等方面全面治理，只有这样，才能达到预期的效果。可以说，这些不同意见是对黄爵滋主张的补充和完善。

□林则徐担重任

在地方大吏回奏中，林则徐的看法卓尔不群。林则徐不仅完全赞同黄爵滋的主张，而且还酌拟了禁烟章程六条，拟定了重治吸食的具体措施。没过多久，他又向道光帝奏报了自己在湖广辖境内严行禁烟的成果，指出民间情形不是不畏惧法律，习俗完全可以改变，只要法令森严就可达到禁烟目的。林则徐让道光帝看到了现实，也让道光帝看到了希望所在。林则徐同时还呈上了《钱票无甚关碍宜重禁吃烟以杜弊源折》，这份附折进一步阐述了鸦片贸易的危害，警告说："当鸦片未盛行之时，吸食者不过害及自身，故杖徒已足蔽辜。迨流毒天下，则为害甚巨，法当从严。若犹泄泄视之，是使数十年后中原几无可以御敌之兵，且无可以充饷之银。"

综观道光十八年（1838 年）清政府内部有关禁烟问题的大讨论，其焦点不在于弛禁或严禁，而在于如何严禁。无论"死刑论"是否能够通行，朝廷厉行禁烟的决心已经昭然若揭。同年七月以后，因吸鸦片而被治罪的皇亲国戚、政府要员有很多，比如辅国公溥喜、伯爵贵明、男爵特克慎等。各直省大员也担负起查拿烟土的重任，直隶、山东、江苏、湖北、湖南、福建、浙江、江苏等地都有多起烟土案被查获。与此同时，两广总督邓廷桢依然在广州推行他的禁烟措施。

同年十月，估计有二千多名鸦片贩子、掮客、吸食者被捕，有一些人因为罪重而被处以死刑。十二月中旬，鸦片商见大势已去，纷纷逃亡，一箱鸦片都卖不出去。在东海岸，鸦片烟船与军队的冲突在加剧，鸦片销量有限。道光十八年（1838 年）十一月，《广州价格时报》已无法报道鸦片的具体价格，因为鸦片贸易已不存在了。由此可见，邓廷桢在广东地区的禁烟行动给了英国商人以很大打击。

在全国禁烟浪潮中，道光帝把工作重点作了转移，那就是杜绝鸦片进口。他在上谕中说："鸦片烟传染日深，锢蔽日久，如果不清查来源，那么这个患祸到什么时候为止呀？"1838 年九月二十三日，道光帝谕召林则徐进京，于十一月十五日，任命他为钦差大臣，前往广东"查办海口事件"。3 天后，道光帝又谕令两广总督邓廷桢和广东巡抚怡良全面支持林则徐，完成禁烟任务。道光帝对此寄予厚望，希望他能为中国铲除一大祸患。道光十九年（1839 年）一月，林则徐到达广州，开始采用前所未有的严酷手段清除烟祸，轰轰烈烈的禁烟运动自此掀开了又一个新篇章。

第一次鸦片战争的导火线是什么

□林则徐，拉开鸦片战争序幕的人

"苟利国家生死以，岂因祸福避趋之？"这是民族英雄林则徐于 1842 年八月所作《赴戍登程口占示家人》诗中的两句。

林则徐是福建侯官（今福州）人，生于 1785 年 8 月 30 日。他的父亲林宾日因眼病不能参加科举，靠教书谋生，家境清贫。林则徐自幼读诗书，27 岁时终于考中进士，历任江南道监察御史、浙江盐运使、江苏按察使、湖北布政使、两江总督、湖广总督等职。林则徐是个正直的读书人，对官场腐败非常不满，自己在任上进行了一些"利国便民"的改革，深受百姓称颂。

林则徐任湖广总督时，鸦片已在中国大量贩卖。据估计，全国有 200 万以上的人吸食鸦片，严重影响了清政府的国防和财政收入，影响了百姓的生活，有识之士遂开始力主禁烟。林则徐也三次上书，力陈鸦片之害。他在任江苏巡抚时就开始禁烟，并取得成效。在随后的湖广总督任上，他提出了"禁烟六策"，搜缴烟土、烟膏总价值 12000 余两，烟枪 1264 杆，同时下发戒毒药方、偏方，以期治病救人。他在给道光皇帝的《筹议严禁鸦片章程折》讲述了六项禁烟方案，又连续呈递《查拿大烟贩收缴烟具情形折》和《钱票无甚关碍宜重禁吃烟以杜弊源折》。

道光帝当时对林则徐的作为给予了充分肯定，并于 1838 年 11 月 27 日起连续八天召见林则徐，授以林则徐钦差大臣关防之职，到广东查办海口事件，并表示自己决心禁烟。

林则徐在京期间的短暂时间内，除了接受召见外，还访朋会友、拜师问道，广泛征求对严禁鸦片的意见。其中，得到了其挚友、时任礼部主客司主事的龚自珍的大力支持。

□严禁鸦片，英国驻华商务监督恐惧

林则徐接旨后立即赴任，在广州进行了六七天的实地调查，还雇了四个翻译深入了解鸦片贩卖情况，然后采取相应对策。在禁烟行动中，林则徐遭遇了空前的压力。不仅英国人图谋反抗，甚至中国的十三行也极力阻挠。十三行是清政府特许经营对外贸易的十三家商行，他们在长期的内外贸易中与外国商人勾结，包庇鸦片走私，是外商代理人。其中有一个叫伍绍荣的人，自以为在大清国有钱能使鬼推磨，企图贿赂林则徐，遭到了林则徐厉声呵斥。林则徐严肃指出十三行参与买鸦片的罪行，要求他们自首以求宽大处理，同时传谕各国商人，要求他们将鸦片尽数缴出，保证再不贩卖，并表示自己将与鸦片贩卖斗争到底。

英国驻华商务监督义律得知消息，连忙从澳门赶到广州，企图保护英国鸦片商人，被义愤填膺的中国百姓围在商馆。林则徐得知后当即下令封舱、围馆，督

促外商缴烟。义律等人迫不得已，交出少量鸦片。林则徐不为所动，传下命令，鸦片不缴清，义律就不能离开商馆。义律等人没有办法，只好如数交出20283箱鸦片，签署"永不夹带鸦片"的保证，这才在林则徐的驱逐下得以离境。

林则徐以严密的计划方法、严肃的纪律，顺利地完成了空前绝后的收缴鸦片的任务，皇帝对他的作为表示了嘉奖和肯定。

鸦片是众所周知的毒品。一旦吸食成瘾，时间长了，吸食者就会变得骨瘦如柴，丧失劳动力。并且，毒品价格昂贵，属于暴利品。许多人为抽大烟败尽家财，甚至卖儿卖女卖妻子。不仅如此，鸦片贩子为了贿赂高官，还诱惑清朝官吏吸食鸦片，使鸦片浸透了清朝的整个官僚体系，瘫痪了清朝的海防。

许多仁人志士都已经意识到了鸦片对人体的巨大伤害，强烈要求禁烟。龚自珍、林则徐等都是典型的代表人物。但由于道光初期的绥靖和无为，他们也是束手无策，只能定期会面交谈，表达他们的无奈。

随着鸦片毒害越来越深，人民禁烟的呼声越来越高，道光皇帝不得不下诏书严禁鸦片，但由于整个清朝的海防系统都参与其中，因此，禁烟令下达后遭到了既得利益集团的强力反抗。他们从鸦片走私中获得了大量的贿赂，反对禁烟，悍然对抗广大人民群众正义的要求。另外一派看到了鸦片大量输入对封建统治造成的严重后果，主张严厉禁止鸦片，湖广总督林则徐就是典型代表。在林则徐的推动和两广总督邓廷桢强力支持下，一场禁烟运动如火如荼地开展下去。最终有了1839年虎门沸腾的一幕。

□虎门销烟，点燃炸药包的导火索

在林则徐的指挥下，从1839年6月3日开始，历时23天的虎门销烟拉开序幕。当天，人们纷纷前往虎门浅滩。林则徐在广东巡抚怡良等人的陪同下登上礼台，宣布以"海水浸化法"开始销烟。海水浸化法的办法是在海边挖两个水池，池底铺石，四周钉板，以防鸦片渗漏。然后再挖一条水沟，使海水流入池中，然后把鸦片捣碎，投入池中浸泡一段时间，再撒下石灰。等到海水退潮时，打开销烟池前面的涵洞，销溶后的鸦片就随着海浪流入大海了。全部鸦片销溶后，再用清水刷涤池底，以求不留残余。

林则徐在销烟前发出告示，准许外国人到现场参观。一些外商、领事、外国记者、传教士不相信林则徐有办法不留贻害地销毁所有鸦片，特地前来观看，到最后无不向林则徐脱帽致敬。从6月3日到25日，除留下8箱作为样品送往京城外，200多万斤鸦片全部销毁了。

销烟同时，林则徐制定了《禁烟章程十条》，规定：吸食者要主动把烟土和烟具交官，不追究交者姓名，也可让别人代交。同时设立官办的收缴总局和分局，收缴烟土烟具，劝说戒除毒瘾。颁布规定之后，林则徐严厉查禁，两个月内捕获毒犯1600人，收缴烟土46万两、烟枪4万杆、烟锅200多口。广东禁烟取得节节胜利，为各地起了带头作用，各地禁烟运动随即纷纷展开。

林则徐受命禁烟，是在外临强敌、内对奸臣的关头。他说过，"苟利国家生死以，岂因祸福避趋之"。在这一严峻情势下，他表现出的大无畏的爱国主义精神，成为中国近代史上一位敢于反抗帝国主义侵略的民族英雄。史书这样评价他："虎门销烟是我国近代史上反帝斗争中的光辉一页，林则徐领导禁烟运动的胜利，是中国人民反侵略斗争史上第一个伟大胜利，这一壮举维护了民族的尊严和利益，增长了中国人民的斗志。"

经历了这次禁烟运动，广大民众对鸦片危害有了清醒的认识，使很多人看清了英国向中国贩卖鸦片的本质。同时虎门销烟也大大抑制了英国在中国的鸦片交易，沉重打击了英国资产阶级在中国的贸易掠夺，也唤醒了国人的爱国意识。从世界范围看，当时，鸦片毒害已扩展到世界各地。印度尼西亚已因鸦片遭到了亡国弱种的命运。东南亚其他各国，也不同程度地受到了鸦片的危害。但是，各国对禁鸦片并未给予足够的重视，只有中国大张旗鼓地进行禁烟运动，并取得卓有成效的成绩。林则徐可谓是世界禁毒的先驱。

道光皇帝曾赞扬此举为"除中国大患之源"，"可称大快人心一事"。马克思也赞扬虎门销烟是中国政府采取严禁措施以来的"顶点"。从此，禁烟英雄林则徐也被人们尊为民族英雄，为后人传颂。

虎门销烟大火虽然熄灭了，但是不屈不挠的中华民族把火种却保存了下来，一代又一代流传。时代总是需要精神和意志作为支撑的，这种精神和意志必定是民族的、独立的、坚强的，就像林则徐虎门销烟一样。

禁烟运动直接损害了英国政府和英国鸦片商人的利益。为了维护自己的不法利益，强迫清政府屈服，英国政府决定对中国发动蓄谋已久的侵略战争。从这个角度看，"虎门销烟"成为这一场大战的导火线，加速了中国半殖民地化的脚步。

虎门销烟的具体经过

□林则徐受命

道光十九年（1839 年）一月初八，林则徐离开北京的那天，发出"传牌"一道，晓谕自良乡县至广东省城沿途各州、县、驿站的官吏：这次出差，他自备轿、车，自带役夫，自付工价，沿途供应不许辅张，随行丁役不准向地方需索，地方官吏不许私送规费，如有犯者，严惩不贷。这道传牌造成了一种严肃的气氛，使人们感觉到林则徐的认真与负责。特别是广东方面的英国毒贩已意识到情况不妙。驱逐了一年多而不肯离开广州的老毒贩查顿慌忙逃跑，伶仃洋面的鸦片趸船也开始移动。一月十一日，林则徐又在途中密令广东布政使、按察使查拿汉奸 61 名，包括"包买之窑口，说合之行鼍，兴贩各路之奸商，护送快艇之头目"。他们都是外国毒贩的忠实走狗，逮捕他们，是对外国毒贩的严重警告。

一月二十五日，林则徐到达广州。翌日，林则徐在行馆门口张贴告示：严禁打点关说，慎密关防，所有随从工作人员不准擅离左右，借端出入。这个告示再一次表示了林则徐禁烟的决心和认真的态度，使鸦片贩子无机可乘。

林则徐决定禁烟分两步走，第一个步骤是了解鸦片流毒的情况。除了和邓廷桢会晤之外，他把有关的行商散商集中在行馆附近，日夜传询；他与士大夫共同探讨时事，又借举行"观风试"的名义，召集书院肄业生数百人，要他们开列贩卖鸦片的所在地和贩卖者的姓名，要他们报告水师舞弊的情况。没过多久，林则徐已充分掌握了广州方面鸦片走私和鸦片经营的情况。于是，他一面着手整顿水师，一面进行第二个步骤：缴烟。

二月初四，林则徐召集贩卖鸦片的行商，宣布谕贴，限他们3天之内让所有外商保证永不夹带鸦片。谕贴历数过去行商欺饰隐匿、袒护外国毒贩之事，并警告说："如此事先不能办，则平日串通奸夷，私心外向，不问可知。本大臣立即恭请王命，将该商择尤正法一二，抄产入官，以昭炯戒！"同时又将另一谕贴交行商送往外商公司，义正词严地指出外国毒贩贩卖鸦片是骗财害命，是"人心所共愤，天理所难容"的。林则徐宣布了"必尽除之而后已"的意图之后，命令所有外商在3天内将鸦片造具清册，等候收缴，并用汉文和外文立下字据，声明"'嗣后来船永不夹带鸦片，如有带来，一经查出，货尽没官，人即正法，情甘服罪'字样。"林则徐立下誓言：鸦片一日不绝，本大臣一日不回，誓与此事相始终，一定不中止禁烟行动！

一百年来，中国政府和官吏一直委曲求全，从没采取过如此严厉的方针。外国毒贩虽有畏惧之心，但在英侵略者代表义律和英国老毒贩颠地的唆使与阻挠之下，还抱着观望态度，希望有机可乘。

林则徐早已预料到毒贩们不会就此罢休的。在发表缴烟的次日——二月初五，就命令粤海关禁止外人离开广州，以为防备。二月初八，三天期限满了。毒贩们企图蒙混过关，只肯呈缴1000余箱鸦片，当即为林则徐所拒绝。于是林则徐下令逮捕颠地，理由是颠地为"钦交"烟犯，在中国居住已久，凡纹银出洋、烟土入口，都由他统一负责，在此次缴烟中，颠地因所带烟土最多，乃屡加阻挠，意图免缴。但颠地实为外国毒贩首恶，断难姑息纵容。逮捕令又说：其他毒贩有首先呈缴者，必加奖赏。英侵略者代表义律本在澳门，当他得知要逮捕颠地时，乃于初十赶到广州，想掩护颠地逃离。与此同时，林则徐宣布如外商违抗政令，即将停泊黄埔各国商船先行封舱，不准上下货物进行贸易。同时下令人民不准将船只、房屋租赁给外商，所有外商公司所雇佣的中国人员一概撤出。而且又派兵包围了外商洋行。初十下午起，275名外商完全被隔离了，不论是通讯，还是饮食供应都与外界隔绝。

外国毒贩没有想到林则徐比他们技高一筹，行动会这样迅速。他们以为鸦片趸船隐藏得很深，在波涛汹涌的伶仃洋上，清朝政府的水师力量单薄，不敢把他们怎么样，万一没有出路时，还可逃回澳门或逃下船去。但万没想到林则徐会如此冷静缜密，采取了强有力的措施和方案。

毒贩的诡计没能得逞，"隔离"使他们有机会来认识林则徐执行法令的坚决态度。二月十二日，林则徐一面派员指出义律指使大鸦片贩子颠地逃跑，并阻止英商呈缴鸦片的罪行，一面发出《示谕夷从速缴鸦片烟土四条》，从天理、国法、人情、事势四点晓之以理，动之以情。

二月十三日，义律终于做出了让步，禀呈林则徐表示服从清政府的决定。次日又具禀说，英商共有鸦片 2 万余箱，等待查收。同月二十一日，林则徐派人同义律的代表到澳门商讨缴烟事宜。二十八日，林则徐和邓廷桢亲自到虎门监视，次日开始收缴，至四月初九，全部收缴完毕。英国毒贩在缴烟过程中，曾屡次节外生枝，企图反悔，但由于林则徐的态度坚决和对英商的阴谋有所防范，使毒贩无计可施。

道光十九年（1839 年）二月到三月，林则徐除了同外国毒贩进行斗争外，同时也加紧了对内部的清查工作。他在进入广东境内之初，就发现奸徒们对于禁令还抱有侥幸心理，以为官禁未必长久，到处打听罪名重轻与新例是否颁行。所以林则徐断定对这些奸徒只有以生死相胁，才足以使他们生震恐之心，他要求清朝政府从速定颁严例。在充分掌握毒贩奸徒贩卖、毒害民众的资料、捕拿大小烟贩的同时，林则徐根据先晓之以情理、后惩之以严法的原则颁布严例。在二月初，他通令全省士、商、军、民人等速戒鸦片；限定广州一地自二月底到三月底止，各府州县到二月底以内，各家呈缴烟枪、烟斗等烟具，由所在地方有司负责；责令各学堂教官清查生员有无吸食鸦片与贩卖情况；颁布查禁营兵吸食鸦片条规和编查保甲以断绝吸食兴贩的条规。在各种命令和条规中，林则徐决不放过广东绅士、官吏、将弁、兵丁等过去的徇私、舞弊行为。

广东虽然是鸦片烟毒的渊源地，但民众对于烟毒是深恶痛绝的，因此，林则徐有计划、有步骤的禁烟措施，受到广东人民的拥护与支持。禁烟运动由广东扩展到各省。

□虎门销烟

林则徐在鸦片收缴完毕后，呈请清朝政府如何处置。道光帝复命就地销毁，让沿海居民及居住在广州的洋人围观，以示朝廷的威严以及禁绝之决心。

过去销毁鸦片的方法是用桐油搅拌，以火焚烧。但烧过之后，部分鸦片渗入地下，如果掘取泥土再加煎熬，还可获得相当数量的烟膏。林则徐认为这种旧方法不能彻底烧毁鸦片。经过再三研究，决定用盐卤和石灰来浸化。于是在虎门海滩高处开挖两个大池，长宽各 15 丈，池底平铺石板，四周则栏桩、钉板，池前开一涵洞，池后通一水沟。浸化的过程是：先从水沟引水入池，加入食盐使成浓卤，然后将烟土切碎抛入，浸泡半日之后，再将整块烧透的石灰投入，使其分解。在石灰盐卤浸蚀鸦片之际，另派人用铁锄木耙反复翻戳，让烟土颗粒尽化，到潮退去时，打开涵洞，让池内经过腐蚀分解的鸦片浆流入大洋；并用清水刷洗池底，不让烟土有涓滴存留。如果第一天甲池尚未清洗，第二天便使用乙池。焚烟手续周密而科学。

道光十九年（1839 年）四月二十日，从这一天起，林则徐开始在虎门海滩用上面说的方法销毁英国毒贩所缴呈的鸦片。销毁时，布置防备颇为慎重严密。钦差大臣林则徐、两广总督邓廷桢、广东提督关天培事必躬亲，粤海关监督经常在虎门照料销毁事宜，而广东巡抚、布政使、按察使、盐运使、粮道则分班到场查视，广东将军、左右驻防都统则轮流稽查弹压。在现场上，池岸周围树立栅栏，外人禁止入内，工作人员出入均经查核。

鸦片浸化程序烦琐，耗时太长，开始每天只能烧毁三四百箱，后增加至八九百箱。到五月十五日鸦片全部销毁完毕，共计 237.6 万余斤，值时价 2400 万元。

小人物引发的大变局

□小人物之死

虎门销烟之后，英国向中国输出鸦片的贸易受阻，无事可做的英国商船都聚泊在香港九龙尖沙咀一带海面，拼命寻找着一线商机。

1839 年 6 月 20 日上午，一伙英国水手来到尖沙咀一个小渔村的小杂货铺里买酒，当即喝起来。几瓶酒不够尽兴，而小杂货铺里的酒已经都卖给了他们。店主打手势解释说，酒已经卖完了。这些英国水手认为店主这是故意不卖，开始闹事。

附近村民闻讯赶来，对于洋人的行为非常愤慨。英国水手却肆无忌惮，甚至还用中国话骂人。青年农民林维喜上前指责洋人，喝醉了的英国水手不知收敛，反而动手动脚，引发了村民的更大不满。见此架势，几个英国水手立即操起杂货铺前的一根木棍，朝村民们打去，多人受伤，林维喜因离得最近，被击中后脑，当场昏倒，因救治无效而亡。几名英国水手则在村民们追打时逃走。林则徐调查清此事后，立即派人和英国海军上校义律交涉，命令他交出凶手。

□义律的对应手段

义律是一个行事细密和擅于辞令的人，闻讯后知道林则徐一定会让他交出凶手，所以在命案发生后随即展开调查。当他知道这次冲突是与英船"卡纳蒂克"号和"曼格洛尔"号的水手有关时，马上采取了在案发当地收买人心，用金钱封住死者亲属之口的措施。

通过支付金钱，义律"买"来了死者之子林伏超所签下的字据，表明其父是意外死亡，跟英国的水手没关系。其字据如下：

"父亲维喜，在九龙贸易生意，于五月二十八日出外讨账而回，由官涌经过，被夷人身挨失足跌地，撞石毙命。此安于天命，不关夷人之事。"

林则徐对此当然不能容忍，坚决敦促义律尽快交出凶手。狡猾的义律开始和林钦差要起花招。他用外交辞令答复说：

"查尖沙咀村民一名，被殴毙命，远职遵国主之明谕，不准交出罪犯，而按本国律例，彻底调查情由，秉公审办。如查出实在凶犯，也准备治以死罪。今现职谨报诚言：该罪犯不（没）发觉（现）。"

林则徐义正词严地驳斥道：

"查该国一直有定例，本国人到哪个国家贸易，即遵守哪个国家法度……该国王远在数万里之外，怎能谕令不准交出凶犯？"

最后，8月12日，义律假模假样地在一艘英国货船上设立了"法庭"，自己充当"法官"，声称被审者就是刚被他缉拿的参与"林维喜案"的5名凶犯。经过一番所谓的"审讯"，义律当"庭"宣布，五人中的三人判处监禁六个月，各罚款20英镑；其余的两个人则判处两个月监禁，各罚款15英镑。

这样的"判决"哪里还有公平可言？林则徐被深深地激怒了。

8月15日，林则徐发布一道禁令，禁止与英国进行一切贸易，清兵进驻澳门，进一步将英人驱逐出境，所有卖与英国人的食物一律停止供应，英国人所雇用的中国买办、佣工全都撤回。无奈之下的英国人只得撤离澳门，在货船上寄居。

告示发出后不久，林则徐再发谕帖，要求英方将交出打死林维喜的凶手交出。而义律则对中国钦差的要求拒绝回应。双方陷入了僵局。

禁令发出后，从澳门被驱逐到船上的英商和侨眷断绝了赖以生存的物资，原有的中国雇员和仆役也纷纷离去。英商和侨眷自然把怨气发泄在包庇凶手的义律身上。迫于同胞的压力，义律致信葡萄牙官员，请求予以支援。但葡萄牙不想卷进这场纷争，明确表示他们不能保证其安全。

9月5日，义律派传教士郭士立与林则徐谈判，要求他解除禁令，恢复正常贸易关系，被林则徐拒绝。下午14时，义律发出最后通牒，林则徐不予理睬。15时，在义律的授意下，英国军舰向负责封锁的中国船舰开火。对于这种挑衅中国主权的行为，林则徐勃然大怒，于次年初下令正式封港。同年4月，英国议会正式通过发动战争的决议案，于5月调集大量英国军舰，云集珠江口，准备开战。对于英国的这种嚣张行为，林则徐毫不示弱，于5月9日晚派10艘火船主动出击，击毁11艘英船。鸦片战争，自此揭开了序幕。

□道光帝为何惧怕英吉利

亘古清光彻九州，只因烟雾锁琼楼。

莫愁遮断山河影，照出山河影更愁。

——清·樊增祥《中秋夜无月》

樊增祥写下这首诗的时候，已经距离鸦片战争整整六十年，一个甲子的时间。然而依旧是一副"山河影更愁"的残破景象。由此可见，这场战争给中国带来了什么样的灾难。

作为大清帝国一国之君的道光帝，作为积极支持林则徐禁烟，并且抵抗英国侵略的大清最高统治者爱新觉罗·旻宁此时却害怕了。

这位万圣之尊并不是被英军大张旗鼓的入侵所吓倒。虽然英军在装备上要强于清军，但在林则徐、关天培等抗英将领的率领下，连日的血战也没能打开广州的城门。真正让道光感到空前恐惧的，是定海之战。

军队登了岸，英国旗就展开，从这一分钟起，可怕的抢劫光景就呈现在眼前。暴力地闯入每一幢房子，劫掠每一只箱箧，街道上堆满了图画、椅子、桌子、用具、谷粒……一切这些都被收拾去，除了死尸以及被我们无情的大炮弄残废了的受伤者。有的丢了一只脚躺着，有的两只脚都没有，许多被可怕地割裂，被霰弹射穿。只有当已经没有什么东西可拿的时候，才停止抢劫。更惨无人道的是，英军攻陷定海后，即在城乡进行血腥劫掠与屠杀……（英军进入定海后）成群结队，或数十人，或百余人，凡各乡各吞，无不遍历，遇衣服银两，牲口食物，恣意抢夺，稍或抵拒，即被剑击枪打……数十万生灵，如坐针毡，延颈待毙。

——1840 年 7 月　浙江定海战役　一名英国军官的笔录

仅仅是两代之前，也就是乾隆帝在位的时候，英吉利还只是国人眼中的化外蛮荒之地。一则故事能充分地说明这点：

法兰西使者前往京城，向乾隆寻求两国之间的贸易往来。而乾隆帝却没听说过法兰西。轻蔑地认为："什么法兰西、比利时，都不过是英吉利穷得活不下去了，又不好意思总相求于我国，换个名字罢了。"

当然，这只是个故事。实际上乾隆与法国大革命期间的波旁政府关系十分密切，不可能不知道法兰西和英吉利有什么区别。但也从一个侧面反映出闭关锁国的清王朝与世界之间的差距所在。

正是这种日益加深的差距，让道光帝从最开始的积极禁烟与迎战，变得开始懦弱退让。定海一战所导致的空前浩劫，彻底摧垮了旻宁的自信，让他开始畏英如虎。

定海失陷后，清政府内部出现了两种不同的声音。一种是以穆彰阿、琦善等满族贵族为代表的主和派。在他们眼里，英军船坚炮利，武器先进，凭着朝廷现有的武力，根本不是西方列强的对手，不可能战胜，因此即使是做出一些必要的妥协，也要绝对避免与其发生冲突。另一种则是以林则徐等人为代表的主战派。作为开眼看世界的第一批人，他们对两国军力的对比有着相对客观的认识，从这一点上来说，与英军战场相见，并非所愿。不过要是上升到整个中华民族利益的层面上，这些爱国人士便无法容忍外国侵略者凭借着强大的武力在中国肆无忌惮，将中国主权肆意践踏，唯有团结一心，抵抗外侮，方能保住大清的江山。在此基础上，主战派提出了一系列可行方案，他们认为，只要将中国的有利条件充分利用起来，将侵略者赶出中国的领域并不是痴人说梦。在虎门销烟时，林则徐就曾向西方列强庄严地表示："我们不怕战争。"

政府内部两种截然相反的对待英国武装侵略的态度，哪一种能成为清政府的对英方针，决定权还应该由作为手握大清帝国最大权力的道光帝来行使。

道光帝虽有心再造大清盛世，但终究在日渐衰败的国家面前无力回天。一方面，他仍然对祖父乾隆时期的鼎盛记忆犹新，祖业的衰败并不是他所希望看到的，而是想要在这个位置上有所作为，扭转嘉庆时期的不利局面，再造盛世的辉煌；而另一方面，他却在世界范围内的大革命风暴中无动于衷，甚至是毫不挂怀，依旧沉浸在"天朝上国"的幻梦之中。对于工业革命掀起来的科技迅猛发展风暴，他也毫无了解的兴趣，认为那只是化外野蛮之民的奇技淫巧罢了。世界范围内的巨变，压根不是他所在意的。他唯一不知道的是，闭关锁国的清王朝早已远远落后于时代。

内，腐败丛生，民生哀怨；外，鸦片枪炮，强权外交，纷至沓来。清王朝危机四伏。面对着政府内部运转不良、财政入不敷出、清兵孱弱不堪的现状，面对着鸦片战争节节失利、大好山河寸寸沦丧的局面，道光帝唯一能做的就是勉力维持一个看起来天下太平的表象，最起码，也要做到祖辈浴血打下来的江山不沦丧在他的手中。不求有功，但求无过。

在这种心态下，道光帝对有可能威胁到统治的变乱十分恐惧。从很早开始，他便提出了所谓的"天朝体制断不可失，外夷衅端断不可启"的对外原则。而他对林则徐禁烟的大力支持，也只是因为鸦片输入，白银外流，出超变入超，让本已不复当年之局的财政变得更加捉襟见肘。同时，日益废弛的军队已毫无战斗力可言，一旦战事突起，道光帝就不得不面对无御敌之兵的尴尬。这种局面有损于天朝体制事小，危及清王朝统治的情况却是天大的事。而且，道光把禁绝鸦片看得很简单，以为禁烟之举引起的只是鸦片贩子的反抗。以一个国家之力，对付几个鸦片贩子还不是小菜一碟，总不至于引起大规模的战争。他所不知道的是，鸦片贸易并不只是区区几个鸦片贩子的私人行为，在这嚣张的背后，是英伦三岛的官方支持，是英国女王维多利亚手中的东印度公司对财富的贪婪。对英吉利来说，对华鸦片贸易是打开中国市场的一块敲门砖，也是扭转多年以来对华贸易逆差局面的唯一方法。古老的东方帝国之富庶早已传遍世界，谁都垂涎于这块肥肉。一旦打开中国的大门，那么对于本国的经济发展来说，将起到一个质的飞跃。日后的事实也证明了确是如此。

从一副高傲的姿态，到抱有一丝侥幸心理，再到信心的彻底粉碎，道光帝所经历的心路之变，已足以摧毁他那根粗大的神经。在他的眼里，英吉利已经不是那个蛮荒之地，而是地狱来的使者。

□迁怒于林则徐，道光帝的愚蠢选择

鸦片战争的一声炮响，英军大举来华侵略，攻陷定海，道光帝惊恐地发现，事态的发展完全出乎自己的意料，局面变得越来越不可收拾，于是他的强硬态度开始动摇。但一开始的动摇只是摇摆不定，他当然不愿放弃他的对外原则，来维护天朝上国的威严和自己的统治地位。因此他首先想到的就是要设法消弭"边衅"，防止事态扩大。这与琦善等人的妥协主张正相吻合。因此，他转而站到穆彰阿、琦善一边。结果导致清政府对英方针趋向妥协。

此时，道光帝对于林则徐的抵抗意见充耳不闻，反因定海失守迁怒于林则徐并派琦善前去与英军商讨。而琦善在广东与义律的一系列妥协却被道光帝认为"片言片纸，连胜十万之师"，"退敌"有"功"。于是，道光帝将林则徐革职查办。

道光帝做出惩处林则徐委派其汕尾钦差大臣的决定，表明它在英国威胁面前背弃了正义立场，为了自保，为了自己的皇权而弃民族大义于不顾。只想求得英国侵略者不要再打了，畏惧武力，畏惧侵略，而向侵略者屈膝投降。

历史自有公道，丧权辱国是千世万世的人民都不能原谅的。以道光帝为首的一群昏聩糊涂的清朝统治者执行的投降妥协的卖国政策代替抵抗自卫的政策，使中国在战争中各种有利形势化为乌有，并且直接导致战争在本该不输条件下却以惨败而告终。

不得不承认，道光帝亦有他的无奈，而民族利益、国家主权是不能妥协的。然而他却把丧权辱国说得冠冕堂皇：

览奏愤懑之至，朕惟自恨自愧，何至事机一至于此，于万物可奈之中，不能不勉允所请者，成以数百万民命所关，其利害不止江浙等省，顾强为遏抑，照议办理。

冠冕堂皇的语言遮盖不了辱国丧权的事实，一系列不平等条约的签订，彻底撕掉了自我感觉良好的大清王朝最后一块遮羞布。

林则徐临死为何大呼"星斗南"

□林则徐之死

林则徐，晚清时期民族英雄，1838 年被道光皇帝派往广州禁烟，历史上有名的"虎门销烟"就是由林则徐组织的，林则徐于 1851 年 11 月 22 日逝世于去广西赴任途中的广东潮州普宁县。林则徐当年病逝的房间至今保存完好，这个房间就是在普宁分司衙署后楼楼下左侧的房间。

在死前，林则徐大呼"星斗南"。据郭柏苍《林文忠公遗事》云："后刘孝廉述公弥留时，群见大星坠地，公举一指曰'星斗南'即逝，闻者不知谓。"此

外，金安清《林文忠公传》、李元度《林文忠公事略》《福建通志·林则徐传》等文籍均有"星斗南"记载，但均未释其意，林则徐死前为何大呼"星斗南"？围绕这一问题，人们根据各种迹象，以及自己的主观臆想，做出了截然不同的解释。

□林则徐的死因之谜

第一种说法是官方和一般的说法，这种说法认为林则徐是病死的。林则徐长期患有多种疾病，在赴任途中由于劳累交加，导致病情加重，最终暴病而亡。至于他所喊的"星斗南"，实际是"北斗南"之误。据说其临死之前，一颗巨星坠落于北辰星之位，根据星相学所说，北辰星之南是中国，北辰星之北是俄国，上述星相预示中国边疆最大的危险将是俄国。林则徐见到这种情况忧心如焚，故大呼"星斗南"。

第二种说法认为林则徐是被广州十三行的不法商人谋害的。林则徐于1839年在广州禁烟时，曾沉重打击了十三行中的不法商人勾结外国侵略者从事鸦片活动。并且义正词严地拒绝了英国商务代办义律的贿赂，因而使不法商人、外国侵略者对他痛恨不已。清政府官风腐败，官员受贿成风，所以英国商务代办义律认为林则徐也不会例外，便想通过贿赂林则徐让他在查禁鸦片时手下留情。

一次，义律请他到私邸赴宴，宴席间，义律递给林则徐一只精美的方盒，林则徐接过方盒打开一看，发现盒内大红软缎衬垫上放着一套豪华的鸦片加工工具秋鱼骨烟嘴，白金烟管，钻石烟头，还有一只光彩夺目的金簪和一盏小巧雅致的孔明灯，这些东西价值应在10万英镑。看完了这些后，林则徐明白义律的恶毒用意，但他不动声色地说道："义律先生，本人奉皇上旨意到广州查禁鸦片，这套烟具是违禁品，本当……"义律还没等林则徐讲完，便抢着问道："本当怎样？"林则徐接着说："本当没收。"义律大喜，认为林则徐收受了自己的贿赂了，马上回答说："好吧，大人只管没收"。没想到的是，林则徐把话锋一转，又说道："这种禁品本当没收，但中英之间的友谊为重，请阁下将这珍贵的烟具收好、存好。"义律听了一下子说不出话来了，心里觉得这位官员无缝可插，便暗生杀机，要与中国的不法商人联手除去林则徐，因而当林则徐复官南下的消息被不法行商得知后，他们在惊恐之中花重金将林则徐的厨子郑发收买了。郑发在林则徐的米粥中下了毒，林则徐喝了粥后腹泻不止而死。"星斗南"的谐音是"新豆栏"。广州十三行附近的一条街名是"新豆栏"。那里是中国和外商买办的聚集地，林临死前喊出了此语，是因为他知道自己中了他们的暗算。

林则徐是突然死在赴任途中的，所以随行人员没有详细记载此事，因而林则徐死前为何大呼"星斗南"这一问题只能成为一个千古之谜了。

莫须有的穿鼻草约

□穿鼻草约的由来

1841 年 1 月 20 日，中英鸦片战争正在进行之际，英国驻华商务监督兼全权大臣、海军上校义律突然于澳门发布一份题为《给英国女王陛下臣民的通知》的公告，声称他与清政府钦差大臣琦善达成了初步协议，协议中除了赔偿英国烟价 600 万元、开放广州贸易等内容外，还规定将香港岛和港口割给英国。

同月 25 日，英舰"硫磺"号舰长贝尔彻奉英国侵略军总司令官伯麦准将之命，将该舰驶往香港岛进行"勘察"。当天上午 8 时 15 分，英军在今上环水坑口街附近的大笪地登陆，擅自将此地命名为占领峰，并为英国维多利亚女王的健康"三次干杯"。次日，英国一支舰队开来香港岛，大批海军陆战队随即登陆，在岛上升起英国国旗。伯麦在舰队众军官的簇拥下和隆隆的礼炮声中，宣布正式占领了香港岛。

接着，义律于 1 月 29 日发布公告称，经清朝大学士兼钦差大臣（琦善）盖印，香港岛已割让给英国君主，并宣布："在该香港岛内和岛上，所有女王陛下的各种权利、特权和特惠，无论是对于或关于土地、港口、财产或个人的利益，都完全保留给女王陛下。"

次日，英军总司令官伯麦照会清大鹏协副将赖恩爵，也说琦善和义律已"说定诸事，议将香港等处全岛地方，让给英国主掌，已有文据在案"，并要求他"速将该岛各处所有贵国官兵撤回"。

同年 2 月 1 日，义律、伯麦又联名发出公告，向香港岛的居民宣布，义律、琦善已达成明白的公开协议，香港岛现已成为英国女王领土的一部分；在该岛居住的所有中国人……已是英国女王的臣民，必须对女王及其官员们表示敬意和服从。

以上所引历史资料及英方当时发布的 4 个公告，说明了英国武力占领中国香港岛的经过，同时也似乎证明，英国占领该岛，是按照义律与琦善的"明白的公开协议"进行的，"已有文据在案"，而且此项"文据"经过琦善"盖印"。易言之，照义律等的说法，英国占领香港岛有充分的"条约根据"。后来，马士在他的《中华帝国对外关系史》及他与宓亨利合著的《远东国际关系史》两书中，将义律 1841 年 1 月 20 日发布的公告（《通知》），说成是"义律和琦善签订"的"穿鼻协定"。据此"协定"，中国将香港岛割让与英国。一些历史学者受他们的影响，也将义律等所说的琦善与他"达成""协议"并经琦善"盖印"的"文据"叫作"穿鼻条约"或"穿鼻草约"。这种说法实际上是肯定了英国占领香港岛有"条约根据"。

一些年来，历史学者们经过深入研究，对"穿鼻条约"是否确有其事产生怀疑，并对之得出了否定的结论。但仍有一些人坚持旧说。

"穿鼻条约"到底是确实存在，或如一些学者所说，纯属子虚乌有？这是一个十分重要的问题。如果真有其事，则英国占领香港岛至少是具有某种法律根据；如果并无其事，则英国占领香港岛就是没有任何法律依据的赤裸裸的武力霸占，义律等人的上述四个公告就成了为侵占我国香港岛而编造的十足的谎言。为了澄清事实，还历史以本来面目，本文以下部分，将依据国内现已披露的档案文献和从英国国家档案局查阅的英国外交部档案，来证明所谓"穿鼻条约"，即义律等所谓经琦善"盖印"的"协议""文据"也者，纯属无中生有。

□没有证据的草约

首先，在1841年1月20日义律发表公告，宣布中国已将香港岛割给英国以前，他和琦善之间，并不存在任何协议，更谈不上什么明白的公开协议或文据。

在此，不妨先介绍一下琦善对英交涉的背景。

1840年6月，英国"远征军"自印度到达中国，向中国发动了全面的侵略战争——鸦片战争。英国侵略军于封锁珠江口后，大举北上，同年7月6日攻占舟山群岛的主要城市定海，8月初直抵白河口，京畿震荡。道光帝此时一心求和，急派直隶总督、大学士琦善负责对英交涉。琦善善于体会道光帝的意旨，竭力对敌妥协羁縻，好言相诱。在8月30日与义律的白河口谈判中，他一面诿罪林则徐禁烟"措置失当"，说清廷将对林"重治其罪，定能代申冤抑"；同时告诉义律，道光帝将派钦差大臣前往广东查明情形，劝英人"返棹南还，听候办理"，定能让彼等满意。义律等考虑到冬季不久即将来临，英军不宜在北方久待，遂率众折回广东。9月中下旬，道光帝以琦善退敌有功，派他为钦差大臣，署理两广总督，前往广东负责对英交涉，并将林则徐、邓廷桢"交部分别严加议处"，幻想以此息战谋和。

1840年11月29日，琦善到达广州，开始与英方谈判。他抱定对英"怀柔"的宗旨，一切防守作战准备，置之不问。他与英人交涉，主要依靠他的心腹张殿元、白含章和西崽鲍鹏等人。鲍鹏曾充当美国闭馥馆及英国大鸦片贩子颠地的买办，因犯事受到缉拿，浮海窜至山东。琦善南下途经山东时，将其携往广州，任为通事，官居八品。琦善如此信赖重用鲍鹏等人，于对英交涉甚为不利。

琦善在与义律的交涉中，虽在赔偿烟价、开放口岸等问题上对英国俯首屈从，但当义律1840年12月提出割让香港岛的无理要求时，却多次予以断然拒绝。这一拒绝先后出现在1840年12月11日、14日、26日及1841年1月2日他致义律的照会中。例如，1840年12月14日他曾照会义律称："因通商而转予之以地，无论于理不顺，亦复于情不协，且从未与他国，独能与贵国乎？"

义律、伯麦因要求割让香港岛屡遭拒绝，极为不满。1841 年 1 月 5 日，伯麦向琦善发出最后通牒：限一日内答复，如不满足割岛等要求，英国将立即采取战争行动。1 月 7 日，未等琦善回文到达，英军即对沙角、大角两炮台悍然发动进攻，予以摧毁、占领，并炸毁我兵船 11 艘，我副将陈连升及其子陈长鹏阵亡，数百名官兵死伤。次日，义律、伯麦再次提出中方停止备战、恢复广州商务、割让沙角等最后通牒式的要求，限琦善 3 日内答复，否则将立即重新开战。

义律、伯麦提出割让沙角的要求，并非真意，其目的是以此为要挟，迫使琦善同意割让香港岛。英方此举使琦善惶恐万分。沙角、大角两炮台地扼珠江咽喉，割让沙角，广州将失去屏障，琦善断不敢擅自将沙角割与英人。但如不对英国割地要求做出某种表示，英国必然要重新开战，而琦善却根本没有率领军民誓死抗敌的勇气。在此情况下，琦善出于无奈，于义律、伯麦 1 月 8 日发出的限期 3 天的最后通牒期满之日，即 1 月 11 日，派鲍鹏持文前往英舰会见义律，表示中国不同意割让沙角，但在给予英人"外洋寄居一所"的事情上，他可以"代为奏恳"。这说明琦善在敌人军事外交的双重压力下，对于割地一事，态度已开始发生变化，但琦善此言，仅是同意"代为奏恳"，关于"外洋寄居一所"，究指何处，亦语义含混。义律得此复照后，于当日照会琦善称，他所要求的地方，系指香港岛、尖沙咀及两者之间的港湾，如以此等地方"代换沙角予给，事尚可行。若除此外别处，则断不能收领"，企图越出香港岛扩大割占范围。1 月 15 日，琦善又派鲍鹏持文面见义律，指出"尖沙咀与香港系属两个地方"，他很难为义律同时割让两地的要求奏报皇帝，他只同意为英方代奏："仅选择一处作为居住和泊船的地方。"次日，义律照会琦善，不再坚持割占尖沙咀，但强调要"以香港一岛接收"，即要割占香港全岛，如果中方同意，英方即退还舟山、沙角和大角。1 月 18 日，琦善向道光帝"代为奏恳"，请求"准其就粤东外洋之香港地方泊舟寄居"，"仍前来粤通商"。

以上是 1841 年 1 月 20 日以前琦善与义律关于香港问题的全部交涉经过。琦善的所作所为，仅限于为英人在香港"泊舟寄居""代为奏恳"，根本不存在什么关于割让香港岛的"协议"。而且，如果真的有什么"协议"，琦善和义律必然会分别送呈本国政府审查批准。目前中英两国关于此项交涉的档案保存良好，完整无缺，且已全部解密，可是，不仅在中文档案里找不到义律所说的那个"协议"的踪影，而且，在伦敦英国国家档案局也找不到那个"协议"的文本和存在此"协议"的任何证据。这就有力地证明，义律等所说的"协议"，纯属捏造。他们将琦善仅仅同意的"代为奏恳"说成是达成了"初步协议""明白的公开协议""已有文据在案"，完全是别有用心，其目的在于以谎言混淆视听，给他们强占香港岛的非法暴行披上一件合法的外衣。

□割让香港之约，大清未曾签字

事过 9 天，义律又在他 1841 年 1 月 29 日发出的公告中，宣称琦善已在割让香港岛的"文据"上"盖印"。这个说法也是毫无根据的。事实上，自 1 月 20 日直到琦善被革职拿京问罪，他和义律在香港岛问题上从来都没有达成过协议，琦善一直避免在企图强加给他的"条约"上盖印。

琦善虽然一味寻求对英和解，但他深知，在他"代为奏恳"获得道光帝降旨俞允以前，是绝不能在关于割让香港岛的什么"文据"上盖印的。

早在 1840 年 12 月 26 日致义律的照会中，琦善即已向义律宣布，中国的寸疆尺土均属朝廷所有，朝廷的疆土绝不可与私人财产相比，"处于臣下之人绝不敢稍自专擅"。这说明了琦善在割地问题上的认识。

1841 年 1 月 7 日，英军攻占沙角、大角，琦善同意"代为奏恳"，允许英人在香港岛"泊舟寄居"前后，一直反复无常，举棋不定的道光帝态度发生突变，由主"抚"转向主"剿"。他于 1 月 6 日谕令琦善对英人"大申挞伐"，"相机剿办"，通商及给还烟价事"均不准行"，英人"再或投递字帖，亦不准收受，并不准遣人再向该人理论"，并且对琦善声称"朕意已决，断无游移！"1841 年 1 月 18 日，道光帝又谕令琦善曰，英国人"所求无厌，日肆猖獗，若非痛剿示威，恐贻后患"，敕令他于接旨后"钦遵办理"。

不久，道光帝以琦善对御敌"全未准备"，谕令将他"摘顶严议"，并责成其将军队"分布要隘，按段拒守，毋许再有疏虞"。此后，道光帝不断自各省调兵遣将，并派宗室奕山等驰赴广州，准备在广东与英军决一死战。

1 月 21 日，道光帝主剿的谕旨送抵广州。琦善被求和之心迷了心窍，竟然违旨与义律在莲花城和蛇头湾（均在虎门以内）先后举行两次谈判。但在这两次谈判中，琦善虑及道光帝对他的妥协行径的严重不满，对义律割占香港岛的要求进行了抵制。1 月 27 日，义律在莲花城将一份包括割让香港岛的《条约草案》中译本交给他，要求逐条讨论。琦善当即指出，企图割占香港岛是完全没有道理的，并要他撤回这项要求。义律对此极为反感，坚决反对修改他《条约草案》中有关香港的条款，硬要由英国"完全据有香港"。双方争执不下。第二天，义律又前往琦善住处逼他屈服，会谈几个小时仍无结果。最后，琦善"告以患病，借延时日"，谈判无果而散。

在 2 月 11~12 日蛇头湾的下一轮会谈前，琦善将义律提出的《条约草案》修改为四条草案送交义律，其中关于香港的条款改为，准许英国人"就新安县属之香港地方一处寄居"。义律对此大动肝火，气冲冲地说琦善的修改草案在形式和内容方面都是完全不能接受的。在这轮会谈中，义律对琦善施加了极大的压力，逼他在英方草案上盖印。琦善进退两难，如不盖印，英军必将再次发动进攻；如盖印，他本人必遭严惩，身家性命难保。出于万般无奈，他再次施行拖延战术，恳求将盖印时间再延迟十天。2月13日，琦善接到道光帝任命奕山为靖逆将军，赴粤主持战事的谕旨，方寸大乱，更不敢考虑在"条约"上盖印的问题。2月16日，义律再次逼迫琦善盖印，照会后者称，如果在下月1日以前和约还没有及时订立并盖印，他将重新开始采取战争行动，并已经为调动部队进行准备。

对此，琦善当然不敢接受。但义律这个照会，却揭穿了他自己的谎言：既然他早在1月29日宣称琦善已经"盖印"，为什么还要以大动干戈相恐吓，逼迫琦善于3月1日以前在割让香港岛的"文据"上盖印呢？

然而，义律企图迫使琦善1841年3月1日以前在割让香港岛的条约上盖印，已经来不及了。早在1月30日，琦善已被革职。2月14日，琦善奏报他与义律会谈情况并呈上他拟就的允予英人寄居香港的章程底稿。道光帝阅过奏折后，怒斥琦善"与逆夷翻如莫逆"，"丧心病狂"。对琦善所拟上述"章程"，亦斥为"一片呓语"；2月16日，又痛斥琦善"甘受逆夷欺侮戏弄，迷而不返"，"代逆恳求……甘为此遗臭万年之事"，"无能不堪之至！"2月21日，广东巡抚怡良参奏琦善私许割地，道光帝以琦善"代逆乞恩，丧尽天良"，于2月26日谕令将他"革职锁拿来京，严行讯问"。

不久，英国政府认为义律从中国勒索得太少，而且违反政府指示撤出了舟山，去占了香港岛，下令将他解职，另派璞鼎查为驻华全权使臣、商务监督和英军总司令，率军东来扩大侵华战争，并明确指示他必须停止广东谈判。

至此，义律企图强迫琦善盖印同意割让香港岛之事，由于中英两国政府均决定停止谈判，双方都将谈判代表革职和英国决定扩大侵华战争，终于不了了之。

以上事实说明，琦善从来也没有在任何割让香港岛的"文据"上盖过印。他在1841年2月14日和18日向道光帝的两次奏文中，虽然千方百计为自己开脱，但他说因"未奉谕旨"，"以事关印文，未敢轻许（盖印）"，却是符合事实的。相反，义律1841年1月29日一口咬定琦善已在割让香港岛的"文据"上"盖印"之说，不仅与中、英两国的档案记载背道而驰，而且和他本人留下的记录截然不同，因而也是属于谎言之列。

□并不存在的穿鼻草约

明了了以上列举的全部事实，我们不难断定，历史上从来就不存在什么经琦善"盖印"的关于割让香港岛的什么"明白的"或不明白的、"公开的"或非公开的"协议"或"文据"，即是说，所谓"穿鼻条约"或"穿鼻草约"，并不存在。正如日本历史学家佐佐木正哉所说："义律在条约还没有签订的情况下就宣称他与琦善商定将香港全岛让给英国主掌，'已有文据在案'，实在是十分蛮横的行为。"

不仅如此，关于这个所谓"条约"的真实性，就连时任英国外交大臣的巴麦尊也对之表示怀疑。巴麦尊虽然是对中国发动鸦片战争的元凶，却富于侵略经验，有敏锐的政治嗅觉。他在获悉义律 1841 年 1 月 20 日发出的关于他和琦善已就割让香港岛达成"协议"的公告（"通知"）后，曾于 5 月 14 日致函义律说：您在公告中"宣布香港岛已永久并入英国领土，我必须向您指出：除非通过一项正式条约，经同意割让领土的那位君主批准，不能将一国君主所领有的任何部分领土割让和转让与另一国君主；任何臣民均无权让渡其本国君主的任何部分领土。因此，琦善订立的关于将香港割让给英国的那项协议，即使已载入一项正式条约，在获得中国皇帝批准以前，是没有价值的，或者说，是无效的。所以，您的通知完全是为时过早，因为您与琦善之间似乎没有签订关于割让香港岛的任何正式条约；而且，无论如何有一点可以肯定，即当您发布该通知时，即使琦善签订了此约，它也没有获得（中国）皇帝的批准。"

巴麦尊这封信充分说明：

作为义律的顶头上司，他从来没有收到过义律呈请审批的什么有关割让香港岛的"条约"文本，琦善与义律并没有签订过有关此事的任何条约；

琦善未经皇帝批准，无权割让国家的领土，即使订了约，也肯定未经皇帝批准，条约仍归无效；

义律宣布与琦善已达成"协议"；香港岛已并入英国领土"完全是为时过早"，即完全没有根据。所谓"穿鼻条约"或"穿鼻草约"，纯属义律等的捏造；

1841 年 1 月 26 日英军占领香港岛，没有任何条约及法律的根据，是赤裸裸的武力侵占的野蛮行径。

有趣的是，紧随义律等的谎言败露之后，巴麦尊也接着来了一番自我揭露。巴麦尊虽然明知 1841 年 1 月英国强占香港岛是非法的、无效的，并曾以此训诫过义律，给他上了一堂国际法的启蒙课；但当他 5 月 14 日的上述训诫言犹在耳之际，他却于十多天后（5 月 31 日）急急忙忙地函示义律的继任者璞鼎查"不要同意放弃该岛（香港岛）"。这是何等的自我嘲弄！何等的自我揭露！其实巴麦尊这一指示丝毫不足为怪，对于一切侵略者来说，强权即是公理。当国际法和他们的侵略利益相抵触时，前者总是要为后者让路的。众所周知，1842 年通过中英《南京条约》，英国终于凭借强权，使香港岛由非法侵占变成了"合法的"割让。

第一次鸦片战争清政府为何一败涂地

□投降派的卖国行为

1840 ~ 1842 年，英国殖民者对中国发动了一场侵略战争，这场战争是由于英国强行向中国推销鸦片而引起的，故称鸦片战争，也叫第一次鸦片战争。

1840 年 8 月 11 日，英军闯入天津，向直隶总督琦善递交了英国首相帕麦

《南京条约》签署　油画

斯给清朝的照会，在照会中，他们向清政府提出赔款、割地等侵略要求，引起清王朝极大震动。在此危急时刻，大臣们纷纷把斗争矛头指向主战派林则徐，说他禁烟操之过急。他们转向以琦善为代表的投降派，道光帝遂派他去与英国侵略者谈判。8月22日，钦差大臣琦善赴广东继续办理中英交涉，并将林则徐、邓廷桢等官员革职查办。他一反林则徐所为，立即惩办积极抗英的清军将领，并将珠江口附近防务设施全部拆除，遣散水勇、乡勇，还大骂广东人民都是汉奸，企图以此举措来讨好英国侵略军。琦善的卖国行为，更加助长了英军的气焰。

1841年2月6日，英军向虎门炮台发起猛攻。

3月，奕山率领大军齐集广州，但他们都不会打仗，贪生怕死，很快，便在广州城竖白旗投降求和。27日，奕山同英国侵略者签订了屈辱的《广州和约》。和约规定，清军退离广州六十里；奕山缴纳六百万元的所谓"赎城费"，然后英军退至虎门。

□皇亲国戚的腐败无能

9月，道光帝为挽救浙江前线战场的败局，任命自己的另一个侄儿奕经为扬威将军、侍郎文蔚等为参赞大臣率军前往浙江指挥军事。奕经同奕山一样腐败无能，在南下途中，尽情地游山玩水，丝毫不顾前线吃紧，到苏州便屯兵不前，整天沉溺在花天酒地之中。

1842年7月13日，耆英、伊里布等人与璞鼎查在英舰"汉华丽"号上签订了丧权辱国的不平等条约——中英《南京条约》。签约后，英军舰船陆续撤往定海一带，第一次鸦片战争遂告结束。

可以说，这次战争的失败，一是由于清政府的闭关锁国政策，二是与当权者的态度有很大关系。

337

第四节 第二次鸦片战争之谜

英军为何打不开广州的城门

□难以迈进的广州城

这是一个盛夏的傍晚，天气热得发燥，广州万和洋行的附近，却聚集了大批的平民百姓。他们赤裸上身，辫子盘在头顶，手持刀枪棍棒，喧闹着冲向万和洋行。无数的石头砖块像暴雨一样，转眼就把洋行的窗子砸得粉碎。愤怒的民众转眼间就拆毁了洋行的栅栏和大门，把躲在洋行中战战兢兢的外国人拉出来暴打一顿。房子被点燃了，火焰在渐渐暗下来的暮色中格外明亮，席卷了一切货物和房屋。在不远的街角处，站着几个清军，然而他们却指指点点、谈笑风生，完全没有要制止民众的意思。几个幸免于难的外国人，躲在不远处的一座房屋内，胆战心惊地偷偷看着民众的行为。这只是 19 世纪 40 年代中期，广州市郊经常发生的一幕场景。

《南京条约》签订以后，大喜过望的英国人以为从此打开了清帝国这个古老而神秘的国家的大门，举国上下欣喜若狂，但令他们没有想到的是，在合约签署后的 7 年之内，他们所要解决的首要问题，居然是要如何进入广州城。

事情的起因是《南京条约》本身中英文本之间的文字差异。根据《南京条约》英文本的记载，英国人具有了居住于五个通商口岸"城镇"的权利，而中文本中关于这一条约的记载则是"寄居大清沿海……五处港口"。在四万万大清子民最多只能说几句洋泾浜英语的时候，这种错误是不可避免的。

矛盾因此而产生。英国人不能忍受 300 名外国商人只能在 900 亩土地上变相隔离的事实，特别是当他们知道上海的同行们已经有了"租界"的时候更是如此；另外一方面，英国人当时并没有认识到中国自给自足的小农经济并不是便宜的英国棉纺织品可以轻易摧毁的，从曼彻斯特到广州，几乎所有的英国商人都认为，清政府刻意将他们封闭在广州城外，导致中英贸易无法如他们所想那样大发横财。在这种情况下，他们频频向英国政府加压，要求其采取更严厉的措施以确保清政府如实履行《南京条约》。1846 年底，素以强硬著称的巴麦尊重新担任英国外交大臣，英国政府要动真格的了。

而中国这边状况则针锋相对。自从鸦片战争以来，广州及其周边地带的排外情绪就空前高涨。特别是清政府官员在鸦片战争中无能懦弱的表现更是让当地民众无比失望。他们自发组织了"团练"，维护地方社会的安定团结。通过士绅阶级的串联，当地的民众对英国人的抵制和仇恨情绪达到了空前绝后的高潮。1841 年，曾经在三元里人民抗英斗争中起到了消极作用的广州知府余保纯主持南海县的科举考试，被愤怒的秀才们赶出了县学，并最终辞职。

此时清政府负责办理善后和通商事宜的是钦差大臣、两广总督耆英。他遵循着清政府中庸之道的一贯政策：一方面，他不能让英国人得寸进尺，否则清政府统治的合法性就会受到民众的质疑，甚至引发叛乱；但另一方面，他又不能不对英国人表示一定程度的妥协，否则英国的军事威胁也颇为令人头疼。就这样，耆英夹在中间，不时受着来自两方面的窝囊气。

最初，在南京条约签订之后，耆英本想按照《南京条约》的规定和英国人的要求，将广州向外国人开放，但英国人自己却并没有表现出一定程度的克制以配合耆英开展说服当地民众的工作。1842 年年底，有一个印度籍炮手和当地小贩发生争吵并将其刺死，愤怒的民众自发组织起来，打砸抢烧了英国商馆。耆英不得不出动兵力镇压了这一次暴动。因为这个缘故，1843 年时，耆英打算宣布开放广州城的决定遭到了当地人的激烈反对，当时的英国公使璞鼎查也不得不暂时放弃了立刻入城的打算。

1844 年，德庇时接任为英国公使。他和巴麦尊一样，都是强硬派的代表。他上任一年以后，便直截了当地向耆英提出进入广州城的要求，他认为清政府是在蓄意搪塞拖延；面对咄咄逼人的德庇时，耆英只好与英方于 1845 年下半年陆续举行了一系列会谈。英国驻广东领事马额峨是英方的谈判首席代表，在他最终以拒绝向清政府归还舟山群岛威胁时，耆英只好屈服。1846 年初，耆英发布通告，宣称外国人将进入广州城。

然而出乎耆英的预料，当地百姓对这一通告表现出空前的抵制。就在官方通告发布的第二天，大街小巷就出现了大量的揭帖，声称洋人进城一步，定然格杀勿论。而且由于事机不密，广州知府刘浔在耆英的授意下正在与英国人商谈进城的具体日期这一秘密被泄露了出去。得知此事的当地民众在刘浔结束会谈返回衙门的时候借机发难，他们高呼"官方清道以迎洋鬼，其以吾民为鱼肉也"，并且指斥刘浔"彼将事夷，不复为大清官矣"。愤怒的民众冲进了知府衙门，烧掉了刘浔的官服，刘浔落荒而逃。民众的怒火让耆英如坐针毡，他不得不贴出告示宣称支持民众的态度，并且声称先前的举动只是考验一下民众的爱国热忱。而道光皇帝的谕旨也仍然含糊其词地表示了对当地民众态度的重视。在这种情况下，英国人只好暂时放弃了入城的要求。

□官兵不抵抗，民众引冲突

可是英国人的妥协来得太晚，他们和当地民众之间的关系已经极其恶劣。双方都无法控制对对方的仇恨。因此发生再次的冲突就只是时间早晚的问题。1846 年 7 月，英国商人康普顿同当地小贩发生争执，民众包围英国商馆，被英国商人打死三人；1847 年 3 月，六名英国人在佛山遭到村民投掷石子；1847 年 12 月，发生了著名的黄竹歧事件：六名英国人在黄竹歧遭到了村民的袭击，全部被乱刀砍死。

此时的耆英已经心力交瘁，他要为每一次民众和英国人的冲突善后，却没有任何一边领他的情。他对英国人的安抚在当地人看来都是姑息迁就，而他对乡民的劝告说服在英国人看来却根本起不到任何作用。1848 年，力不从心的耆英最终被道光皇帝撤职，由徐广缙接任他的职务，叶名琛则接任广东巡抚。而与此同时，乔治·文翰也接替德庇时成为新的全权公使与香港总督。

和宗室子弟的耆英不同，徐广缙的士绅背景让他更容易站在群情激愤的当地百姓一方，因而他对英国人的态度就更加强硬。文翰上任伊始，就重新和徐广缙讨论英国人进入广州城的可能性。原来早在 1847 年时，英军曾经再次攻占虎门炮台，彼时的耆英和德庇时签订了《虎门协定》，双方达成共识：英国人可以在两年以后，即 1849 年进入广州城。如今时间将到，文翰故而拿出《虎门协定》，要求徐广缙履行条约。

然而英国人并不明白，当时的清政府完全没有现代政治外交方面的知识。在徐广缙看来，《虎门协定》并不是两国政府之间的正式外交协议，而仅仅是耆英个人的外交政策，因此它理所应当随着耆英的下台而废止。现在要怎么办，还要他自己说了算。无奈的文翰只好重新与徐广缙进行谈判。

□成了一纸空文的《虎门协定》

1849 年 2 月，双方在英方的军舰上举行谈判。据清朝一些野史的记载，英国人从一开始就安排了将徐广缙扣押作为人质，借此逼迫清政府开放广州城的阴谋，但是在当地团练的援救之下，最终没有得逞。其实事情并没有那么复杂，文翰只是邀请徐广缙进入其舱房进行私人谈话，并且在第二天赴水师衙门进行了回访。

徐广缙与他的前任最大的不同，就是首次公开支持了团练的存在。团练是当地士绅组织的民兵组织，在鸦片战争中曾经有效地抵御了英国人的进攻。但由于担心失控，清政府一直都对团练采取"不反对不支持"的态度。徐广缙则公开要求城乡居民组织团练。受此鼓舞，团练迅速壮大起来，一度达到 10 万之众。

远在北京的道光帝曾经一度担心要求得不到满足的英国人重启战事，像鸦片战争一样，绕开广州，把军舰开到北部沿海，直接对北京构成威胁；因此下旨要求徐广缙允许英国人入城，让他与文翰商议具体日期。但有了 10 万团练做后盾的徐广缙坚决反对皇帝的建议，他将广州当地民众群情激愤的状况汇报给道光帝，说此时如果允许英国人进入广州，无疑会导致"内外交讧"的动乱局面。面对文翰屡次的催促和百姓要求立即拒绝的压力，徐广缙决定赌一把，他把宝压在道光皇帝会同意他的意见上，于是他告诉文翰，皇帝已有圣旨，"决不能拂百姓以顺远人"，拒绝了英国人进城的要求。

徐广缙的赌博无疑是冒险的，矫诏属于大逆不道的罪名。幸运的是他赌对了。在叶名琛的帮助之下，道光帝改变了主意，他决定听从徐广缙的意见，并下发谕旨要求徐广缙自行处理。面对清政府的态度和 10 余万严阵以待的民众，文翰感到没辙兼窝火但又无可奈何。最终只发表了一个温和的官方警告，对这一事件的处理结果表示遗憾并将向英国政府进行汇报。

1849 年 4 月 6 日，是《虎门协定》中英国人入城的日子。然而这一天广州城并没有出现任何一个英国人的身影。道光皇帝对这场外交胜利给予了极高的评价，徐广缙受封一等子爵，赏双眼花翎；叶名琛受封一等男爵，赏单眼花翎，当地民众被授予"众志成城"的匾额。而当地民众也将这次胜利视作徐广缙和叶名琛领导有方的结果，为他们树碑纪念。一时间，广州人似乎忘记了鸦片战争带来的耻辱。

第二次鸦片战争的导火线

□突然停止的侵略行动

从道光二十年（1840 年）开始，以鸦片战争为契机，西方列强掀起了一个侵略中国的高潮。除了著名的中英《南京条约》、中法《黄埔条约》、中美《望厦条约》之外，比利时、瑞典等欧洲国家纷纷借着这股东风，与风声鹤唳草木皆兵的清政府签订了不平等条约。一时间，天朝上国的迷梦被惊醒了，清廷惊讶地发现，曾经一贯等而下之、怀柔远人的外藩四夷，却原来是船坚炮利的西洋诸国，这一度令日渐衰老的道光帝恐慌不已。

然而，来自民间并且日益高涨的排外情绪，却似乎让道光皇帝找到了一剂重新找回天朝上国独一无二地位的灵丹妙药。特别是经过道光二十九年（1849 年）的广州反入城斗争之后，以耆英等人为首的怀柔派失势，而以徐广缙、叶名琛等强硬派则占了上风。说来也奇怪，英国人似乎真的被民众的怒火吓住了，尽管他们一如既往地表示了强烈的愤怒和严厉的警告，却没有和之前一样出动军舰向清廷寻衅，反而从此闭口不言，安心躲在香港岛上做生意。

令人惊异的是，不仅英国人消停了，法国人也消停了，甚至一向不安分的俄国人也不再飞扬跋扈。咸丰四年（1854 年）夏，东西伯利亚总督穆拉维约夫公然经由黑龙江航行出海，这无疑是对清朝领土的侵犯。可是，他居然通过俄罗斯驻北京的传教士团给咸丰帝递交了一份词气谦卑的照会："本大臣之往东海口岸也，虽由中国黑龙江地面行走，然一切兵事应用之项，俱系自备，并无丝毫扰害中国，且绝无出人不意，因而贪利之心。两国和好已久，此意必能相谅……但愿中国同心相信，勿以兵过见疑。此次由中国境内行兵，甚得邻好之益，如将来中国有甚难之事，虽令本俄罗斯国帮助亦无不可。"咸丰帝对于这种少见的谦恭态度则是板起脸来装大爷，词气强硬地发布上谕："俄罗斯性情狡猾，诸事从无实话，不可不防。"

其实这一次清政府又错了，穆拉维约夫的借道出海的确是有急事。他要赶着去勘察加半岛的彼得堡巴普罗夫斯克加强防御。因为此时英法两国的海军舰队正在攻击此地。清政府对此则一无所知——他们更不知道的是，距边疆数千里以西的黑海沿岸，此时打得热火朝天，英国、法国，与俄罗斯正开兵见仗，这就是著名的克里米亚战争。

□转移战场，中国成了列强找补损失的宝地

克里米亚战争结束后，列强把注意力从近东移开，重新转向了远东的清帝国。在克里米亚战争中大伤元气的俄国，在欧洲的扩张活动被限制了，因此决定在西伯利亚地区将损失的权益找补回来；而英法两国解决了巴尔干问题之后，也有余力回过头来和清政府重新谈判续约的问题，并借机算算这些年来的总账。在紫禁城中享乐的咸丰帝并不知道，在遥远的西方，群狼的眼睛已经盯上了天朝上国的领土。中国的又一场灾难将要来临。

侵略者找到的巧妙借口

□莫名其妙的商船事件

咸丰六年（1856 年），这一天，广州黄埔港和往常一样热闹，虽然天色刚刚大亮，挂着各色各样旗帜的船舶已经挤满了码头；光着膀子的苦力在船上船下忙碌起来，在挺胸凸肚的洋人的指挥之下，他们把货物从船上卸到码头上的仓库中，戴着大礼帽、挎着文明棍的英国商人一边盯着苦力的工作，一边和头戴瓜皮小帽、身穿长袍马褂的中国商人争论着价格。

忽然一阵急促的脚步声从远处传来，打乱了市场热闹而平和的气氛。一队身穿军装号坎、手持刀枪棍棒的兵丁分开人群，径直登上一艘停泊在港口的船只。被挤得歪歪斜斜的人群回过神来，惊愕地盯着带队的军官，不知他是何用意。码头安静下来，人们隐隐约约能够听到船舱中传出的争论和拳脚之声。过了不久，被揍得鼻青脸肿的船长被推出船舱撂在一边，十几个五花大绑的水手被押走，只剩下面面相觑的几个洋人在变得死气沉沉的码头发愣。

这就是"亚罗号事件"，英国政府正是借此制造事端发动第二次鸦片战争的。

□修约导致的国家沦丧

鸦片战争之后，清政府分别同英国、法国、美国签订了不平等条约。英国人自从 17 世纪开始就在全球范围内殖民，对于如何软硬兼施巧取豪夺颇有心得，而对《国际法》一无所知的清政府怎么能是英国人的对手呢？利用这一点

英国人在《五口通商附粘善后条款》——也就是通称的《虎门条约》中添加了这样一条"将来大皇帝有新恩施及各国，亦应准英人一体均沾，用示平允"。仍然沉睡在天朝上国的迷梦中的清政府并没有意识到，在朝贡话语的背后，其实是不平等的掠夺，这就是所谓的"片面最惠国待遇"；很快，美国人和法国人都利用这一条款获得了原本在《黄埔条约》和《望厦条约》中没有获得的各种权利。

美国紧随英国的脚步不甘示弱。尽管在半个世纪之前刚刚获得了独立，但大约是美国人身体里的英格兰血统让他们学会了如何巧立名目。《望厦条约》中签订了这样一条特殊的条款："合约一经议定，两国各宜遵守，不得轻有更改，至各口情形不一，所有贸易及海面各款恐不无稍有变通之处，应俟十二年后，两国派员公平酌办。"由于片面最惠国待遇"一体均沾"，英国、法国均自动获得了这一修约的好处。于是，第一次鸦片战争刚结束的时候，第二次鸦片战争的导火索其实就已经点燃了。

清政府并不是不知道这一潜在的危险。早在咸丰三年（1853 年），接任徐广缙新任两广总督的叶名琛就提醒咸丰帝英国人可能会提出修约的要求，然而当时的清政府正深陷于太平天国战争的泥淖中，焦头烂额，根本无暇搭理这支还没出头的椽子；1854 年，英国和美国同时更换公使。叶名琛自然明白这可能是两国要求修约的前奏，咸丰帝也嘱咐叶名琛"不动声色，加以防范……随机应变，以绝其诡诈之谋"。

可惜咸丰帝所托非人，叶名琛当初在广州的反入城斗争中就站在徐广缙一边，力劝道光皇帝强硬对待英国人，他是和徐广缙一个鼻孔出气，都属于强硬派的代表，怎么可能妥善处理洋人的要求呢？叶名琛对待英国与美国的招数只有一招：概不接见这些外国公使，给他们吃闭门羹。无论几位公使如何要求谈判，叶名琛只是打发人传一句话："叶总督并未奉有谕旨办理变通事宜。"

在叶名琛那里碰了钉子的三国公使无可奈何，所谓东方不亮西方亮，他们只得跑到上海，和两江总督、江苏巡抚见面，企图在这里找到突破口。因为两江地区的高级官员和叶名琛政治立场不同，反而和耆英比较接近，主张对洋人怀柔远人，因此三国公使的话对他们比较有说服力和威慑力。三国公使威胁道，如果在上海也无法解决问题，他们就跑到天津去进京谈判。

□侵略者的"无奈"选择

对于清政府来讲，洋人让其最为头疼的一点就是他们永远也不能按照"礼"来规范和约束自己的行为，而失礼的行为往往又带有威胁清政府统治的意味。三国公使自行进京的要求恰恰就属于这个范畴。果然，两江官员动摇了，江苏巡抚吉尔杭阿建议咸丰帝接受修约的要求。可是这个时候，叶名琛的奏折也到达了北京。原来他听说洋人北上，便主动向咸丰帝建议，不要理睬洋人的讹诈，将他们遣返回广州，叶名琛自有"羁縻"的妙计。清廷自道光二十八年（1848年）的广州反入城斗争取得胜利以来一直比较亢奋，咸丰帝根本不相信受挫的洋人还能掀起什么波澜，因此他两相比较，还是决定相信叶名琛，驳斥了吉尔杭阿的奏折。

要求未被满足的三国公使决定履行前言。1854年八月，英国公使包令与美国公使麦莲乘坐军舰抵达天津大沽口，法国军舰由于正在修理，结果未能同行。这一招果然让清廷大惊失色，咸丰只好派出桂良赴天津阻拦，包令和麦莲趁势各自提出十八条和十一条方案，要求订立新约。可是这时候咸丰帝一见英国人和美国人没有用武力强行通过大沽口，胆子又大了起来，一口回绝了包令和麦莲，并告诉他们，大部分条件都不能接受，至于可以商量的小部分条件，也要回到广东去谈。

或许是天助咸丰皇帝，此时的英国忙着为奥斯曼帝国土耳其出头，与沙皇俄国在克里米亚大打出手，而美国的军力还没有强大到可以横渡太平洋来发动战争，两国都没有做好战争的准备。包令和麦莲只好乖乖地返回了上海和广东。

英国人和法国人见此情形，已经不再寄希望于通过外交手段进行修约，而美国人还没有放弃。咸丰六年（1856年），美国公使换成了巴驾，这位巴驾原来是个传教士，后来担任了外交官，算得上是个中国通。他满心都想单凭一己之力，说服清廷修约。为此他讨要了一份美国总统的国书，先后同两广总督、闽浙总督、两江总督接触，想要通过这些高级官员面见皇帝，但是咸丰帝似乎为1854年修约未遂的胜利冲昏了头脑，对巴驾的要求再三拒绝，甚至将总统的国书都退给了巴驾。巴驾虽然深感恼火，但也没有更好的办法，只好返回广州。

经过两次修约风波，英美法三国公使算是统一了口径，对于清政府，除了用武力让其屈服，没有更好的办法了。

圆明园毁灭之谜

□北京西郊燃起的大火

咸丰十年（1860年）10月18日夜里，一向静谧的北京西郊却颇不平静。圆明园一带火光冲天，烈焰飞腾。在火光的照耀下，影影绰绰看到无数太监宫女哭声震天，东奔西走，试图躲避大祸。大火彻夜不息，足足燃烧了两天两夜，甚至深秋时节凉爽的空气也被大火烤得干燥而灼热。当笼罩在圆明园上空的滚滚浓烟逐渐散去，只剩下余火在废墟上毕毕剥剥地发出微响，住在附近惊恐万分的老百姓才敢悄悄从家中出来一探究竟。他们惊讶地发现，昔日戒备森严的皇家禁地，已经是墙倒屋塌，宛如人间地狱一般。此时在北京城内，得知此事的恭亲王奕䜣，早已经脸色发白，两腿发软，如一摊烂泥般瘫在军机处的地上……

"火烧圆明园"，这在中国乃至世界历史上永远都是耻辱的一笔。

□修建百年的皇家园林

圆明园所在的海淀一带，是个水泊密布、草木繁盛的地方。元明时期，已经有人在此修建园林寺庙，此地被称为"丹菱沜"。到清代康熙年间，康熙帝在此修建了畅春园，并将周围一些旧有园林加以修葺，分封给诸皇子。分封到皇四子胤禛名下的是一片称为"镂月开云"的园林，由于胤禛笃信佛教，自号"圆明居士"，因此将这片园林改名为"圆明园"。雍正即位之后，圆明园也随之扩建为皇家园林，从雍正三年（1725 年）起逐年都有修葺。首先在园中增建了宫殿建筑，便于雍正在此处理政务，还利用当地水源丰富的地利修建了大量山水景观。

圆明园的全面扩建是在乾隆时期。乾隆对圆明园喜爱有加，在其刚刚即位的乾隆二年（1737 年）便移居此地。由于乾隆曾经先后六下江南，对当地园林建筑留下深刻印象，因此他意欲将江南风光全面移植到圆明园中。他一方面委托外国传教士郎世宁、蒋友仁等人制图设计，一方面又召集能工巧匠进京施工，并亲自主持扩建工程。整个工程历时三十余年，到乾隆三十五年（1770 年）方才全面告一段落。由于外国传教士的参与和中国工匠的巧夺天工，圆明园可以说博采众长，运用了古今各种造园技巧，融汇了中外各种园林风格。当时的外国传教士参观圆明园后将其称为"万园之园"，圆明园以"Summer Palace"（夏宫）的美名流传于欧洲各地，引起无数外国人的羡慕与渴望。

嘉庆年间，对圆明园又进行了一定程度上的扩建，将其附近的长春、绮春两处附属园林并入其中，三处园林以圆明园为主，其余二处为辅，各自独立而又相互连通，形成了园中有园的别致景观。因此又统称为"圆明三园"。经过清王朝几代皇帝先后长达 150 余年，耗去白银 2 亿两之巨的苦心经营，到咸丰年间，圆明园已经是一片总面积达 350 公顷、周长 10 公里、占地 5 千多亩，规模宏大，空前绝后的园林建筑。

圆明园最著名的是所谓圆明园四十景（一说为四十八景），这里的"景"是中国园林学的术语，指的是建筑物与周围环境的综合。由于圆明园内建筑众多，造型各异，因此景观也极其丰富。圆明园四十景据说是由乾隆皇帝钦定，并亲自赋诗，最后由画师绘画，御笔题咏。是为《圆明园题咏》。圆明园中最为出色的是它的

圆明园九州清晏图　清

水景，园中最大的湖就是福海。福海名字来源于一个传说。相传，东海中有三座神山，山上有仙人和长生不老药。秦始皇时期曾派徐福率童男童女数千人，入海寻仙境、求仙药，福海就是取自"徐福海中求"的故事，寓意皇帝长生不老，大清帝国江山永固。不仅如此，圆明园中还存放了大量的金银珠宝、文物古玩、书籍字画、绫罗绸缎，堪称是大清帝国盛世辉煌的象征。

园中究竟是怎样的惊世奢华？从法国大作家雨果的描述中可以看出："你可以去想象一个你无法用语言描绘的、仙境般的建筑，那就是圆明园。这梦幻奇景是用大理石、汉白玉、青铜和瓷器建成，雪松木作梁，以宝石点缀，用丝绸覆盖；祭台、闺房、城堡分布其中，诸神众鬼就位于内；彩釉熠熠，金碧生辉；在颇具诗人气质的能工巧匠创造出天方夜谭般的仙境之后，再加上花园、水池及水雾弥漫的喷泉、悠闲信步的天鹅、白鹭和孔雀。一言以蔽之，这是一个以宫殿、庙宇形式表现出来的充满人类神奇幻想的、夺目耀眼的宝洞。这就是圆明园……"

然而，就是这么一座美轮美奂的皇家园林，却在第二次鸦片战争中遭到了残酷的蹂躏。

□咸丰逃亡，北京遭殃

咸丰十年（1860年）9月，再次来袭的英法联军已经逼近了北京城。迫不得已的咸丰帝只得派出怡亲王载垣等人赴八里桥与联军代表谈判。

彼时的联军代表是时任广州总领事的巴夏礼。也许是由于数次中英冲突，他都有所出面，起到了重要的作用，让颟顸糊涂的清朝官员误以为他是一员重要的"夷酋"；于是，在八里桥谈判之际，清廷居然自作聪明地将联军代表一行39人扣押并监禁起来，企图以此要挟英法联军退兵。

可笑清政府在大敌当头之际，不去考虑如何组织兵力作战，反而想出此等下下之策，殊不知此等做法不仅无助于联军退兵，反而给予对方继续进攻的口实。

果然，见谈判失败，巴夏礼等人又被清廷扣押，英法联军决定继续进兵，在遭遇了几次毫无威胁的抵抗后。联军于10月初兵临北京城下。

此时的咸丰帝一早就落荒而逃去了热河行宫，留在北京城负责善后的是恭亲王奕䜣，由于联军由东面而来，奕䜣重兵布防于东城一带，企图抵挡。然而，这一军事情报却被俄国公使伊戈那提耶夫获取，他建议英法联军避实击虚，绕行攻击西北城郊。联军依计而行，于10月6日直扑圆明园而来。此时，虽有僧格林沁、瑞麟等清军余部出城抵抗，但大势已去，联军于当日傍晚几乎不费吹灰之力地抵达了圆明园门外。

此时的清廷防守北京城犹嫌自顾不暇，根本没有余力顾及圆明园，因此圆明园几乎是不设防状态。面对着汹涌如潮水袭来的英法联军，只有二十余名圆明园技勇太监进行了微弱而坚决的抵抗，然而很快他们就以身殉国了。

联军一拥而入，攻占了圆明园，管园大臣文丰涕泗横流，投福海而死。进入圆明园的联军被园中的富丽堂皇惊呆了。由于担心可能会对接下来与中方的交涉造成不利的影响，他们一开始还勉强压抑着心中的贪欲，命令士兵不得抢劫财物；然而很快他们就控制不住在战争中业已混乱的本性。第二天，英法联军的上层军官便开会讨论如何分配园中的财产，并很快动手实行。可是，计划中的搬运很快就变成了毫无章法的抢劫，冲昏了头脑的士兵纷纷成群结伙地开始抢掠财物和艺术品，后来军官也参与其中。

学者汪荣祖在《追寻失落的圆明园》中说："尽管劫掠在欧洲的殖民历史里被合理化，视为战争的战利品，但也意味着军纪之荡然无存，只有在军队变得疯狂时劫掠才会发生。"的确，在圆明园中发生的一切只能用疯狂来描述。一个参与侵略的记者写道："联军司令部正式下令可以自由劫掠，于是英法军官与士兵疯狂抢夺，每个人都是腰囊累累，满载而归，这时全员秩序大乱，法国兵驻扎园前，法人手持木棒，遇珍贵可携者则争夺，遇珍贵不可携者如铜器、瓷器等物则以棒击毁，必至粉碎而后快。"

大肆洗劫后，为了掩盖暴行，他们决定火烧圆明园。大火持续了三天三夜，这座世界名园化作了一片焦土。

圆明园的大火击倒了清廷，恭亲王奕䜣被迫答应了英法联军的所有要求，被迫签订了比《天津条约》严厉得多的《北京条约》，而咸丰也因此羸耗，受打击过大，于第二年驾崩了。可是圆明园的厄运并未结束。四十年后，八国联军入侵北京时，再次火烧圆明园，残存的13处建筑又遭掠夺焚劫。

英法联军燃起的这场大火，让这座集清朝利用举国物力、财力、人力和智慧凝聚修建了150年间的皇家园林化为一片废墟；代表着中华民族五千年文明积淀的无价之宝，有的流失国外，有的则被当场破坏、焚毁，这是中国从南宋末年以来，数百年间第一次所遭受的巨大文化灾难。

第五节　洪秀全和他的大同梦

外国人担任过太平军上校吗

□太平天国军中的"洋兄弟"

1853年3月19日，太平军占领南京，改南京为天京，建立太平天国。清政府为了镇压太平天国运动，与外国反动势力相互勾结。美、英、法三国纷纷组织了洋枪队。清政府借助这些外国军事势力对太平天国将士进行疯狂的杀戮。太平天国面临着抗击中外反动势力的斗争。

在外国侵略者武装干涉太平天国运动的同时，一些外国人也参加了太平军。

据史料记载，太平天国的外籍军人有数百人，忠王李秀成手下的洋人志愿军就有200人左右。这些人来自欧洲、美洲、大洋洲、非洲。来自非洲的战士就有五六十人之多。来自欧美，有姓有名，其事迹可考的共有 13 人，其中英国 5 人，美国 4 人，法国 2 人，意大利 1 人，希腊 1 人。有 6 人在战斗中牺牲，这数字还不包括他们的家属，如英国人棱雷的夫人玛丽。太平天国的领导人称参加革命的外国友人为"洋兄弟"，现代史籍中称之为"洋将"。

洋人的参与，使太平军不再只靠冷兵器作战，西洋武器的使用使得这次大规模的农民起义显得有声有色，十分壮观。

□英国人棱雷，太平军上校

棱雷是英国人，1840 年 2 月 3 日出生于伦敦一个普通家庭。1859 年夏，他乘"埃缪"号船来香港，在香港英军司令部当一名海军下级军官。到达香港后的第二年春天，太平天国在天京外围打垮了清朝江南大营，乘胜攻克常州、苏州和浙江的嘉兴，接着向上海进军。这一重大胜利，引起各方面的关注。棱雷决定辞去在海军中的职务，找一个不受拘束的自由职业，观察太平天国的情况。他在一艘中国商人的小轮船上当大副，船长也是他的一个辞去军职未久的同僚。这艘轮船要航行到上海附近的太平天国统治区收买蚕丝。

1860 年秋，棱雷带夫人玛丽驾驶轮船进入太平天国辖境，防守边境的军士们彬彬有礼、严整肃穆的气氛与所见清朝官兵的凶残贪暴大大不同，生气勃勃的军队给棱雷留下了良好的印象。

不久他就大胆地去苏州拜见名震一时的忠王李秀成。那时候，李秀成刚刚从上海受挫回到苏州，听说有一个英国人要见他，李秀成立即答应了，并让他享受最友好的款待。李秀成为棱雷介绍了太平天国的情况，通过了解，棱雷明白，欧洲社会中所宣传的太平军肆意破坏和杀戮的形象是被歪曲的。从那时起，太平天国革命已经深深打动了他，于是他向李秀成表示愿意加入太平军。李秀成随即颁发给他一个可在太平天国辖区内自由往来的通行证。

1861 年夏，棱雷投奔太平天国后，就向那些许多拥有欧式大木船、宁波船及其他江船的欧洲人宣传太平天国的宗旨，激发起他们对太平天国的同情，鼓动他们用行动来支持太平天国革命。尽管当时外国侵略者和清朝统治者正在封锁为太平天国购买武器和粮食的人，他还是亲自到了上海。

棱雷是一名军人，曾在太平军中带炮队出征，但他更多的时间是为太平天国训练军队。他把自己所知道的铸造炮弹、制造引信和炮位瞄准的全部知识教给荣王廖发寿的部下。

1863 年 5 月，天京雨花台要塞失守，天王急诏李秀成率军赶回浦口。这时候，棱雷正奉命协助守卫九州要塞，接到李秀成前来支援的报告后，棱雷立刻把他所率领的船只开过去，为渡江的军队作掩护。

而九州要塞正是保卫天京和浦口两岸交通的关键。清军水师为了控制长江数千里的交通，断绝太平天国接济，集结成千的炮船与太平军展开恶战。眼看九州要塞失陷时，棱雷的夫人玛丽和战友埃尔中弹牺牲，他自己也受重伤昏了过去。

棱雷伤愈后又潜到上海去捕获敌人战船。棱雷仅带着6个人，利用自己外国人的身份假装记者登上了清军一艘叫"飞而复来"的轮船，当天夜里，在棱雷的策划下，终于把"飞而复来"号开回了太平天国。这艘船，船头架有一门32磅旋转炮，船尾架有一门性能良好的12磅榴弹炮，船中军火弹药极为充足。太平天国把它定名为"太平"号，由棱雷统领。太平军俘获这艘轮船，打乱了敌人进攻苏州的部署，在保卫无锡战役中，发挥了巨大威力。为此，棱雷也受到太平军的奖赏。

1863年11月底，棱雷和他的战友怀特取道嘉兴去上海。但是，他们抵沪不久，怀特就被英国领事拘捕入狱，以暗助"逆匪"的罪名监禁，入狱后几天他就死在地牢里。而此时清军大肆布置密探，棱雷也无法活动，同时因为积劳成疾，医生劝他转地疗养。最后，棱雷决定回英国。

1864年，棱雷回到英国。但是，他听到的都是英国人把干涉太平天国的侵略战争说成是"一种对于中国前途显得非常有利的政策"；把屠杀中国人民的刽子手戈登奉为"民族英雄"，对太平天国有极大的偏见。于是棱雷决定把自己的经历写成一本书，给人们一个太平天国的真实面目。1866年2月3日，棱雷的新书《太平天国革命亲历记》完成。棱雷称，他的《太平天国革命亲历记》是"遵照伟大的太平天国革命领袖的嘱托而写的"，书的扉页上写着："献给太平军总司令忠王李秀成——如果他已去世，本书就作为对他的纪念。"该书出版时，李秀成已被杀害，但棱雷对李秀成的尊敬和怀念已跃然纸上。

□终生不改其志的洋上校

1872年9月14日，棱雷和他后来的妻子海伦结婚时，结婚证书上仍然署明自己是"前太平军上校"。1873年3月29日，棱雷在他年仅33岁的时候，因左心房破裂在伦敦逝世。在死亡登记上，他的职业依然是"前太平军陆军上校"。棱雷终生铭记着他与太平天国的关系，作为众多太平天国的"洋兄弟"中的一员，人们将从他身上找到一群人的身影，尽管他们已经淹没在历史的浩瀚烟海之中。

杨秀清有没有逼封"万岁"

□杨秀清逼封万岁

一般都认为是因为东王杨秀清威逼洪秀全封自己为"万岁"，而导致了统治者内部诸王之间矛盾的总爆发。可是有趣的是，究竟有没有所谓的"逼封万岁"一事，百余年来，史载互异，莫衷一是，成为太平天国运动史上的一桩疑案。

那么事实真相究竟如何呢？对此，史学界颇有争议。

史学界大多数学者对"逼封"一事深信不疑，坚信"天京内乱"始于杨秀清"逼封万岁"，他们认为，从历史上看由于农民起义领袖自身的局限性，这种在革命政权相对稳定后，彼此恃功自傲、互相猜忌，争权夺利是完全可能的。

著名史学家罗尔纲说，逼封确有其事，"内讧的起因，确是由于杨秀清逼洪秀全让位而起"。徐彻也认为，天京变乱是"杨秀清逼洪秀全让位而起"，"杨秀清要挟天王，威逼他加封自己为万岁，应视为篡位之举"。孙克复、关捷通过研究外国人在《华北先驱周报》上发表的通讯等资料认为，"杨秀清'逼封'问题，是千真万确，无可怀疑的。""杨秀清'逼封万岁'给太平天国革命造成的后果是严重的。""是整个'天京事变'的导火线"。李宏生也认为："从现存的资料来看，杨'逼封万岁'的史载恐难推翻，洪秀全'主动加封'杨秀清万岁的断语恐难足信。"林庆元认为："杨秀清为了夺取洪秀全的最高权位，曾图谋对洪行刺并逼洪封其万岁，这一史实是无法否认的。"

另外也有大量史料可以证明这一点：张汝男的《金陵省难记略》中记载："一日，（杨）诡为天父下凡，召洪贼至，谓曰：'尔与东王俱为我子，东王有大功劳，何止称九千岁？'洪贼曰：'东王打江山，亦当是万岁。'又曰：'东世子（东王之子）岂止是千岁？'洪贼曰：'东王既万岁，世子亦便是万岁，且世代皆万岁。'东贼伪为天父喜而曰：'我回天矣。'洪贼归，心畏其逼而无如何也。"张汝南本人曾记载，这段记述"系访问确切，得以附入。"另外，太平天国后期重要将领李秀成在其被俘后所写的供状中，也曾提到这件事：杨秀清"过度要逼天王，封其万岁。那时权柄皆在东王一人手上，不得不封"，最终杨"逼天王到东王府，封其万岁"。另据《贼情汇纂》记载：杨秀清后来确实行为跋扈，"自恃功高，一切专擅，洪秀全徒存其名"；还说："秀清叵测奸心，实欲虚尊洪秀全为首，而自揽大权独得其实，其意仿古之权奸，万一事成则杀之自取。"且"每诈称天父下凡附体，令秀全跪其前，甚至数其罪而杖责之"。因而在这种情况下，杨秀清假借"天父下凡"逼洪秀全封其为"万岁"是完全可能的。由此得出结论，正是由于逼封事件的发生，才使得洪秀全感到东王有篡位之心，回宫后调动女兵防守王城，又密诏北王、翼王回京，从而出现了韦昌辉等血洗东王府的一幕。

□纯属捏造的借口

然而，反对者却认为，"逼封万岁"一事纯属捏造，很可能是韦昌辉或洪秀全以及二人合谋提出的诛杀东王的借口。

首先，李秀成对这件事的叙述很值得怀疑。因为杨在天京"逼封万岁"时，李正在句容、金坛和丹阳一带同清军作战，根本不可能是"逼封"之事的目击者。再说，李"时官小，不甚为事"，还没有直接参与诸王之间的活动，因此他所说的"逼封"一事，肯定是道听途说而来，未必可信。

其次，《石达开自述》中曾记载，韦昌辉在就督江西之前，就有诛杀东王杨秀清之心，被洪秀全斥责拒绝。韦昌辉杀杨秀清后，洪曾指责他："尔我非东王不至此，我本无杀渠之意。"杨死后，洪在《赐西洋番弟诏》中更是说东王是"遭陷害"，并规定"东升节"有关事项，以纪念杨秀清。从这些资料分析，很可能是韦昌辉自己捏造了"逼封"之说，并以此为借口，打着天王"密诏"的口号，诛杀了宿敌杨秀清。正如学者庄福铭在考证了大量史料后所说的那样："所谓杨秀清称'万岁'和'逼封万岁'说法，都是缺乏历史事实根据的。从天王诏旨和天国现存的文献记载看，杨秀清爵职虽续有增封，唯独'九千岁'之称照旧。参照清方和私家著述的记载，虽真伪间杂，互有歧异，但关于东王杨秀清及其子东嗣君称'九千岁'和天国诏旨、文献记载是完全一致的"，"杨'逼封'不是事实，而是韦昌辉策动'天京事变'诛杨伪造的口实"。

再次，洪秀全密诏韦昌辉和石达开秘密进京，无疑包含着让二王"救驾"的意思，因而很可能是洪秀全后来也有了诛杀东王之心，与韦昌辉合谋提出了"逼封万岁"的说法，只不过杨死后，洪秀全才惺惺作态地表明自己没有杀杨之心。史式就认为，"洪秀全和韦昌辉发动突然袭击杀害东王杨秀清时，总得找个借口，于是在杨秀清死后立即出现了'逼封万岁'的谣言"，"根据'谣言对谁有利'的线索，我们不难发现：这些谣言都来自天王府，来自洪秀全"。

太平天国官方文书中对这件大事从没有做过记载，这也难免让人怀疑这件事的真实性。史学者奚椿年认为，"杨秀清代天父传言，一般都是把内容笔录下来，并作为文件一直保存"，"而这一次'逼封万岁'的传言，偏偏没有一字记录，连洪本人也未提及"，"在英国发现的全部《天父天兄圣旨》中仍无此事的记载"。其中 1856 年 8 月 9 日天父下凡诏书，"明白无误地记的是天父指责'朝内诸臣不得力，未齐敬拜帝真神'。而所谓'封其万岁'，天父既未主动提出，杨也无'逼封'之举。这就再次证明了，《金陵续记》《金陵省难纪略》以及《李秀成自述》所记均是与事实不合的"。

□主动加封"万岁"

除了上述两个观点，也有说是洪秀全主动加封"万岁"的。这种观点认为，洪、杨之间的矛盾是客观存在的，从事态的发展来看，是洪秀全最早露出了杀机，密诏韦、石回京，而且"天京变乱"的最大获益者也是洪秀全。因此，不排除是洪秀全主动为东王加封"万岁"，著名史学家方诗铭就认为，"1856 年，太平天国大破清军江南大营，天京相对稳定。洪、韦认为时机已到，再露杀机，对杨秀清施加毒手。这次内讧也是洪秀全挑起的。如果加杨秀清'万岁'称号，属于'逼封'，是由杨秀清挑起的话，那么，他必然会提高警惕，尽管洪、韦发动突然袭击，也不能如此轻而易举地将他杀死。新本《石达开自述》揭出了历史真相，加封'万岁'是洪主动的，一方面可以麻痹杨秀清，一方面又可以激怒韦昌辉，借韦之手杀死杨，然后再除掉韦昌辉"。《李秀成自述》所叙述，是事后按照洪秀全意图伪造的历史"。从当时的情况看，这种可能也确实存在，因此"主动加封说"确实也有道理。

杨秀清究竟有没有"逼封万岁"，是关系到"天京变乱"起因以及评价洪、杨功过的一个重要问题，也是太平天国研究中无法回避的问题，所以在得到足够的证据之前，是不好随便下结论的。

洪秀全在"天京事变"中起何作用

□天京事变的来龙去脉

1856年，一场"太平时，王杀生"的历史悲剧在太平天国的首都发生了，这就是"天京事变"。

关于"天京事变"的起因，最通常的说法是杨秀清"逼封万岁"与洪秀全"密诏杀杨"的说法。综合起来，大概如下：

攻破围困天京的江南大营后，指挥作战的东王杨秀清十分骄傲，把功劳都归于他一人，心存篡窃之心。杨秀清借口西线紧急，把北王韦昌辉、翼王石达开等人派到前线督师。天京后方只剩下天王和杨秀清自己，杨秀清认为时机已成熟，就假借天父的名义将天王洪秀全召到东王府，假装"天父"的口气要洪秀全封其为"万岁"。

洪秀全假装高兴。二人于是决定在下月杨秀清生日时，正式晋封。

洪秀全回宫后，一面命令宫内女兵防守皇城，以防东王偷袭；一面派人送密诏给在长江上游督师的北、翼二王，令他们火速返京，勤王护驾。韦昌辉得到密诏后，立即带领3000精兵赶回天京城外，在守城军官的配合下，趁着深夜悄悄进入城内，与燕王秦日纲合兵一处，攻入东王府。杨秀清和他的爱妃正在睡觉，被突然到来的秦日纲一刀杀死，刀刃穿出后背。

杨秀清被杀死后，韦昌辉和秦日纲把东王府男女数千人全部杀死，其中包括杨秀清的母亲及妾侍54人。

太平天国史专家罗尔纲在《太平天国领导集团内讧考》一文中这样解释"天京事变"发生的原因："天京事变"是洪秀全和杨秀清之间矛盾的总爆发，杨秀清企图夺取太平天国的最高领导权，"逼封万岁"，可是洪秀全自然不让，密令韦昌辉把杨秀清杀死。

洪秀全是太平天国革命运动的开创者，是太平天国的最高领袖，但太平天国的军事、政治和宗教的实权被杨秀清所控制。杨秀清开始时把洪秀全当作傀儡，用以号召群众，后来由于军事的胜利，就想把洪秀全一脚踢开。但是，洪秀全是一个刚毅不屈的农民革命领袖，他一生都为坚持太平天国反封建反侵略的路线而不屈不挠地进行斗争，洪秀全当然不能让人把他作为傀儡，更不能让人把他一脚踢开。因而，当杨秀清"逼封万岁"，企图篡夺太平天国的最高领导权时，洪秀全就命令韦昌辉把杨秀清除掉。

□天京事变，一场祸起萧墙的把戏

但到了20世纪70年代末，许多学者对"天京事变"提出了不同的看法，或认为杨秀清并未"逼封万岁"，而是洪秀全鉴于杨秀清的功劳"主动加封"；或认为杨秀清实际上已是"万岁"，没有必要"逼封万岁"；或认为，洪秀全加封杨秀清为"万岁"是为了激起韦昌辉的杀心，以借刀杀人，天京事变完全是洪秀全一手导演的；或认为洪秀全并没有密令韦昌辉杀杨秀清，而是韦昌辉擅自所为，假借天王的旗号"矫诏杀杨"。

同时，更有学者认为杨秀清"逼封万岁"的说法完全是一个政治谣言。杨秀清完全就没有必要"逼封万岁"，理由是如果说杨秀清为了夺权，则业已大权在握的杨秀清不需要再夺取什么权力。如果说封万岁是为了尊荣，则赐封万岁者（洪秀全）仍然比杨秀清高出一头，这样的做法对于杨秀清于名于实都没有任何益处。

□谣言从何而来

那么谣言又是从何而来的呢？持以上说法者认为这要看谣言对谁有利，据此就不难找到制造谣言的线索，因为造谣者总是编造对自己有利的谣言，不会编造不利于自己的谣者。比较洪、杨双方，谣言自然对洪秀全有利而对杨秀清不利，因此，杨秀清不可能是造谣言。杨秀清如果是洪秀全下令杀害的，作为杀害的理由，这一谣言只能直接来自洪秀全；如果杨秀清是韦昌辉擅杀的，这一谣言就只能来自韦昌辉。但是，韦昌辉造谣，也得要洪秀全同意，因为"逼封万岁"这样的谣言，必须得到洪秀全的认可。归根结底，最终都是由洪秀全造成的。

在当时，天京的兵权由杨秀清控制着，北王、翼王等又在外领兵。身在天王府内的洪秀全要除掉杨秀清，就必须借助北王和翼王的力量。怎么办呢？于是洪秀全就故意上演了一场"加封万岁"的闹剧，然后再把杨秀清"逼封万岁"的风声放出去。不论"天京事变"的造谣者是谁，总之，这场起义领导者的内讧使得太平天国元气大伤，太平天国运动从此由盛转衰，最终失败，让人不由不扼腕叹息。而洪秀全本人，则成了这一事变的最大胜利者，成了名副其实的"天王"。

石达开出走之谜

□心灰意冷的石达开远征四川

认为责任在石达开的观点由来已久，多为正统史书所采用。天京变乱后，石达开回朝，受到百官拥护，都向天王保举他辅佐天王治理天国。天王对深孚众望的石达开疑心重重，就封两个昏庸无能的哥哥洪仁发、洪仁达为安王和福王牵制石达开。对此石达开非常不满，由于早有远征四川、自立一国之心，遂于咸丰七年（1857年）六月率领部队离京出走。洪秀全得知后十分后悔，削去了两个哥哥的王位，并刻了"翼王"金牌一道，派人追赶挽留。但石达开不为所动，依然远去。

清方缴获的《六安州总制掌书陈凤曹上六安州总制陈敬禀》中更有"翼王私自出京，誓不回去"一语。李秀成在《自述》中也说："那时朝中无将，国内无人，翼王将天朝之兵尽行带去。"在"天朝十误"中，李秀成更说："误因翼王与主不和，君臣疑忌，翼起猜心，将合朝好文武将兵带去，此误至大。"

清朝明心道人写的《发逆初记》中说，石达开未出广西之前，已经主张进军四川，但是杨秀清不同意。由此看石达开出走天京，远征四川是蓄谋已久的事情。

史学家多认为石达开骄傲自满、刚愎自用，希图占领四川自立一国，从而削弱了太平天国的军事势力，为这场轰轰烈烈的农民起义的失败埋下了伏笔，自己也最终兵败大渡河，留下了千古悲歌。也就是说，石达开出走的根本原因在于自己的不顾大局，一意孤行。史学家牟安世就认为，石达开出京远征的根本原因，首先在于石达开本人，他利用群众对他的爱戴和推崇，具有乘乱擅权的个人野心，自负于他自己一系列的军事上的成就，滋长了目空一切的骄傲自满情绪，从石达开以后的行动来看，他的出走实际上是一种分裂革命队伍的严重错误。何龄修、龙盛运也认为，尽管石达开是被逼走的，但公开分裂的第

天京失陷

由于天京事变破坏了太平天国内部团结，削弱了军队战斗力，加速了太平天国灭亡的进程。1864年7月，天京失陷。太平天国运动历时14年，战火烧及十多个省，大大影响了后人的反清斗争。

一步毕竟是石达开迈出的。石达开出走后，洪秀全派人百计挽留，但石拒绝义王封号，坚持分裂到底，石达开的分裂行动，也给他自己和他带走的大军，带来了毁灭。这种观点把离京出走，造成革命分裂的一系列原因都归于了石达开个人。

□洪秀全逼走石达开

但也有人反对这种观点，认为应该具体问题具体分析。具体地说就是，石达开离开天京的根本原因应该是洪秀全，说石达开一心希图占领四川自立一国是不符合史实的。至于最后公开分裂革命，这一责任则应由石达开来负。

首先，石达开离开天京是迫不得已的。天京事变后，洪秀全对异姓王愈加猜忌，专信本族，不信外姓，并纵容两个哥哥监视和挟制石达开，甚至发展"终疑之，不授以兵事，留城中不使出"，以致阴谋谋害。当时，湘军就得到情报，说"金陵各伪王忌石逆之能结交人心，石逆每论事，则党类环绕而听，各伪王论事，无肯听者，故忌之，有阴图戕害之意"。可见石达开在出走前处境之艰。并且以洪秀全的猜忌和阴险，杀掉人心所向的翼王是完全可能的。因此为了避免重蹈杨、韦被杀之覆辙，石达开逃离天京无可厚非。所以说，责任全在洪秀全。

至于洪秀全公开认罪后，按常理分析似乎石达开应该回去继续辅佐朝政，这样太平天国也许还会有一线转机的说法，有学者认为事实并非如此。洪秀全百般挽留石达开，也许只是惺惺作态。石达开就是回到天京一意委曲求全，也不一定能发挥多大作用，并且再次被洪秀全杀掉的可能性极大。另外，石达开和洪秀全在战略思想上也存在很大的矛盾。洪秀全自入天京之后，贪图享受，不思进取，只图眼前利益，再无长远眼光，保住天京城成为他的首要战略目标。而石达开认为只保京城，画地为牢，就会陷于被动，最后必然失败，主张以主力争取上游，夺取全面胜利。可能正是在这一思想的支配下，他觉得"将在外，君命有所不受"，可以按自己的战略思想指挥作战，以便发挥更大的作用。所以在洪秀全公开谢罪之时，他仍然不肯回京也完全在情理之中。

其次，李秀成在《自述》中所说："那时朝中无将，国内无人，翼王将天朝之兵尽行带去。"这句话是值得怀疑的。试想，石达开是私自离开南京的，并没有得到洪秀全的批准，岂能"将天朝之兵尽行带去"？事实上，石达开离开天京，渡江北上时，只带了随身警卫队伍数千人。在沿途张贴表明心迹的《五言告示》中，还谆谆劝告天国军民"依然守本分，照旧建功名"，并没有鼓动大家脱离太平天国，脱离洪秀全。还说"惟是用奋勉，出师再表真，力酬上将德，勉报主恩仁。惟期成功后，予志复归林"。因此谈不上是分裂革命队伍，而只是被迫离去。"出师再表真，力酬上将德"等句也表明他根本就没有分裂革命队伍的意思。并且仅凭数千人，怎么可能远征四川，自立一国呢？而后来石达开能够聚集到十万人马，完全是许多旧部自愿追随，千里归附的，这只能说明石达开为人心所向。

正如史学家史式所指出的，石达开出走以后的实际行动证明他并非蓄意远征不返。从史料来看，石达开出走后的近两年时间中，他只在皖、赣、浙、闽等省活动，先是赴援江西，进攻浙江以配合天京解围，以后又经过福建到达赣南的南安府，接着又准备北攻赣州（没有实现），从没有脱离太平军的主战场。当时清军对石达开的去向也提出了各种猜测，但从没有提到他可能远征四川。近来发现的咸丰七年（1857年）九月德兴阿向清廷上的奏折，也进一步说明了石达开离开天京后，仍和洪秀全有着批复奏折联系。折中说："……又抄得石逆由安庆寄与洪逆伪章一纸，内有令贼党李寿成（李秀成）会合张洛行领数十万贼分扰下游，又调贼党陈玉成、洪仁常、洪春元、韦志俊、杨来清等各率贼数万及五六千不等概回金陵，并欲赴援江西，窜扰浙江等语。而书中之意，似与洪逆各树党援，不相附丽。洪逆伪批，亦似外示羁縻内怀猜忌。惟贼踪分合无常，总不容稍疏防范。"咸丰帝朱批该折的日期为九月二十二日。

史学家史式分析认为，这一奏折出自清廷，并且也符合当时的实际情况，应该是可信的。从这一史料可以看出，石达开出走天京四个月后，仍与洪秀全保持着奏折的批复联系，并且是按照事先的作战计划与太平军各路人马紧密配合的。石达开仍然关心着天京的防务，并且能够继续行使他全军统帅（通军主将）的职权，调动李秀成等人率部回援天京。因此，并非像通常说的那样，脱离天京后，石达开就自以为是，与南京失去了联系，走上了流寇主义道路。

说石达开主动分裂革命，就是从情理上来说也是讲不通的，石达开怎么可能一下子就断绝了与太平天国的感情呢？即便与洪氏集团有矛盾，他也不可能一下子就忘掉了太平天国。事实也是这样，一年以后在围攻浙江衢州时，石达开还曾大力配合天京方面的作战。而根据史实，直到石达开驻军江西南安府之时，才有人向他提出进图四川的建议，此时离开天京已近两年。这说明石达开离开天京前期根本就没有远征四川、自建一国的企图，而是仍和太平军紧密配合，努力解除天京之围。

因此史学家认为，石达开离开天京是被逼迫所致。正如吴廷嘉评价的那样：石达开的分裂主义错误并不以天京出走为标志，从1857年6月到1858年冬，他围战赣、湘、闽，未脱离太平军的主战场，只是到了1859年2月，他确定远征四川，与天朝的政治军事斗争完全脱离，并一意孤行，无视洪秀全的悔悟，拒绝部下的告谏，才形成了他的转折和质变。所以，联系当时太平天国的政治军事局势，石达开被逼离开南京，最后走上远征的道路是在主客观以及时势所迫等因素的情况下不得已的选择，这才是历史的真实情况。

从以上分析看，认为责任全在石达开的观点无疑受到了挑战。不过事实究竟如何，石达开出走的责任如何划分，还需历史学家做出最后定论。

李秀成投降书是真是假

□疑点重重的投降书

李秀成投降书的原稿在后世一直不为外界所知。当时李秀成被害后，曾国藩命人将他的《李秀成自述》删改、誊抄了一份上报军机处，这份誊抄的文本后来由九如堂刊刻，即所谓的"九如堂本"。至于原稿的去处，世传曾国藩既没有上交朝廷，也不肯公开示人，而是私下扣留，他的后人也对此讳莫如深，严加保管，对外人一概保密。当曾国藩的刻本问世后，人们就对其真实性提出了种种怀疑。

□清政府的伪造说

有人从根本上否认了这个投降书的真实性。如棱雷的《太平天国革命亲历记》一文说："1852 年，在太平军占领南京以前，满清官方即已捏造一篇他们名为《天德供状》的文件，伪托是叛军领袖的供状，谎称他们俘获了这个领袖。《忠王自述》很可能也是同样靠不住的。这篇文件或为某个著名的俘虏所伪造（他可能因此而得赦免），或为两江总督曾国藩的狡猾幕僚所伪造。"棱雷认为李秀成投降书根本就是别人伪造的，甚至李秀成被俘虏一事也可能是伪造的。

□投降书原稿证明李秀成投敌

1944 年，广西通志馆的吕集义来到湖南湘乡曾国藩的老家，在百般请求下终于在曾家的藏书楼中阅读到了"投降书"的原稿，抄补了 5000 多字，还拍摄了 14 幅照片，之后根据这些文字和原来"九如堂本"的 2.7 万多字出版了《忠王李秀成自述原稿校补本》。罗尔纲根据吕氏的校补本和照片进行研究，写出了《忠王李秀成自传原稿笺证》。该书以笔迹、语汇、用词、语气、内容等方面的鉴定作为依据，指出曾国藩后人出示的李秀成《自述》的确是忠王的亲笔。例如，罗尔纲一字一句、一笔一画地拿"原稿"和庞际云收藏的李秀成亲笔答词 28 字真迹对照，还征求了笔迹鉴定专家的意见，最后断定"原稿"是真品。从内容看，"原稿"十分清楚地描述了从金田起义到天京陷落 14 年间的每个过程和细节，这是曾国藩难以捏造的。此外，罗尔纲还指出，"原稿"的称谓大都遵循太平天国的制度，这也不是旁人能够清楚知道的，曾国藩等人也不可能做到自然的遵守。而"原稿"中的大量李秀成家乡的方言，更是曾国藩等人无法伪造的。

□真与假再起争议

罗尔纲的这一观点曾一度成为定论，但是，随着曾氏后人所存的"原稿"的出版，更多人看到了李秀成《李秀成自述》的全貌。在 20 世纪 80 年代前后，学术界再次掀起了一场论战，如荣孟源曾经两次撰文断定这份"原稿"并不是李秀成的真迹，而是曾国藩修改后重抄的冒牌货。他的理由主要包括以下几点：

首先，根据其他史料记载，李秀成的自述一共写了9天，每一天若干页。按照常理，全文应该有8个间隔，但是今天所见的《李自成自述》"原稿"的影印本文字相连，每天都写到最后一页纸的最后一行字，看不出每天的间隔。何况，既然是每天各交一些，真迹就应该是散页或分装成9本，但是今本却是一本装订好的本子。由此可以推测，所谓的"原稿"显然是曾国藩派人将李秀成每天所写的真迹汇抄在一起的。

其次，根据很多材料的记载，李秀成当时写了5万多字，然而今天的"原稿"影印本却只有3.6万多字。那少了的1万多字到哪里去了呢？显然应该是被曾国藩撕毁了。既然是被撕毁，那么"原稿"的内容就应该上下不相衔接。可是在影印本中，每页都标有页码，整齐清楚，并且前后内容完全相连，人为更改的痕迹十分明显，显然是删节后的抄本。

再次，从写作的形式等方面看也有问题。太平天国有严格的书写规定，而"原稿"的影印本中出现的"上帝""天王"等词多数并不抬头；一些字该避讳的时候不避讳，不该避讳的时候却避讳了，如凡"清"字均不讳，而不该讳的"青"却写成了"菁"等。这些显然都是违背太平天国的避讳制度的。何况，这样的笔误在"原稿"中出现的次数很多，不能简单地看成是笔误。

针对荣孟源的意见，也有人提出反对。陈旭麓认为，我们不可能设想当时的李秀成好像后来的作家一样，有一个每天分节写出的章节安排。至于书写形式，李秀成作为一个成年人早就已经形成了通行的书写习惯，尽管他熟悉太平天国的书写格式，但因疏忽犯讳，并不奇怪。说曾国藩作假也不合情理，他若要作假应该是在上报军机处和刊刻的时候就完成，何必造个假东西当作宝贝传之后代？曾氏后人又何必要将这个显然会招来众议的假东西公之于世？而钱远镕认为这个"原稿"不仅是李秀成的真迹，还是完整无缺的。曾国藩只对它进行了删改，并没有撕毁或是偷换。对钱远镕"完整无缺"的观点，罗尔纲虽然不同意，认为"原稿"确实有被曾国藩撕毁的地方，但他仍然坚持"原稿"并不是冒牌货，是李秀成的真迹。

不仅国内学术界对《李秀成自述》的真伪争论不已，国际上也有很多人予以关注。1978年国际友人路易·艾黎即对此发表了自己的看法："如果像曾国藩这样一个肆无忌惮的官吏竟然会不去充分利用被俘的李秀成来进一步达到自己的目的，这是绝对不可思议的。他可以先鼓励李写下他本人的历史，然后再通过他的专家在同样的纸张，以同样的文风，添加上有害于太平天国事业的东西。之后，在显示他本人宽宏大量的同时，对全部东西加以剪裁。"又说："由于自首书是经过篡改的，所以，曾国藩对它的完整性显得异常地神经过敏。他曾命令其家属不得给他人看这份自首书。我曾亲自在上海听见过他的孙子说过这件事。"还有一些国外学者持与此相反的看法，认为今天所见到的《李秀成自述》确实是李秀成亲手写的，等等。

李秀成生前在战场上英勇善战，对后期的太平天国的政治、经济、军事都产生了重大的影响。被后世争论了半个世纪之久的《李秀成自述》的真伪，也许是论断他功过的最好证据吧。世人希望这个谜能赶快解开。

洪秀全死因之谜

□洪秀全因病而死

关于洪秀全的死亡，历来众说纷纭。主要的说法有两种，一是说他因病而死，另一种说法认为他是绝望自杀。

离豫明在《洪秀全》一书中认为洪秀全是因病而死。该书说由于长期的劳累与斗争，再加上太平天国内棘手的事务使他健康状况不断恶化。据书中记载，洪秀全5月中旬病倒，6月1日病死。钟文典著《太平天国人物》中则说当天京被围，"性情激烈而又不肯失志"、极其自负的洪秀全，日夜焦躁，但又无计可施，卧病三日，终于在1864年6月1日逝世。

□服毒殉国的天王

一般近代史教科书基本上持"病死说"，如曾作为大学历史系教材的《中国近代史》（中华书局1979年版）就明确写道："天王洪秀全因病逝世。"但20世纪60年代出版的不少历史书，如郭沫若的《中国史稿》、范文澜的《中国近代史》、牟安世的《太平天国》、束世徵的《洪秀全》等均说洪秀全是"服毒自杀"。

洪秀全在5月30日即他死的前日发布了一条诏令，说："大众安心，朕即上天堂，向天父兄领天兵，保固天京。"这可看作他不愿被俘，决心以身殉国的临终遗嘱，而且自杀选择比较符合他一贯的性格特点。洋人富礼赐曾在《天京游记》上说："天王五十一岁，身材高大，体格健壮。但待厌倦尘世之时，将有

太平天国天王府花园

龙车自天下降，彼将乘之上升。"这种说法也在一定程度上附和了自杀说。另外，太平天国的军事总统帅李秀成在《李秀成自述》中说："九师之兵处处地道近城。天王斯时焦急，日日烦躁，即以四月二十七日服毒而亡。"洪仁玕在《洪仁玕自述书》中也说："在我们之中其享福最久者，首推天王。起自广西田间首事诸人，唯彼存留至最后，而其结局并非丧在妖军之手，却在自己之手。"另外曾国藩给朝廷的奏稿也为自杀说提供了依据。另一份奏折里，有一个来自掩埋洪秀全遗体的人的口供：洪秀全于"四月二十七日，因官军攻急，服毒身死，秘不发丧"。（见《曾文正公全集·奏稿》卷二十）此外，在一些史料中还有对洪秀全自杀细节的说明。在李秀成部下任职多年的英国人吟利在《太平天国革命亲历记》一书中写道："敌人逼得太平王吞金自尽。"赵烈文在《能静君士日记》同治三年六月十九日（1864年7月22日）的记述说："昨日擒伪松王姓陈，浔州人，言伪天王实于四月内死，或言知事不谐，吞金而绝。"

"病死说"的支持者认为，像洪秀全这样一个伟大的农民起义领袖不可能服毒自杀。"自杀"是敌人和封建文人的"诬蔑"之词。白寿彝主编的《中国通史》中说，天京被围后，"城中被困缺粮，饿死者日增，洪秀全命'合城俱食甜露，可以养生'。甜露是《旧约》圣经神话中上帝从天降下的一种食物，洪秀全这里所指的是一种草。他自己久食此草，因而得病"，最终去世。

持这两种说法者双方各执一词，针锋相对，而洪秀全之死这一疑案还是没有彻底解开。

太平天国宝藏之谜

□奇男子石达开

"稗史漫传曾羽化，千秋一例不平鸣。"石达开是太平天国最富有传奇色彩的将领之一。他生于1831年，1851年1月11日，太平天国起兵于广西金田，20岁的石达开开始统率千军万马。太平军很快攻占永安州，12月，洪秀全分封诸王，石达开被封为翼王。在太平军的诸将领之中，石达开以善用智谋著称，用兵如神。曾国藩曰："查贼渠以石为最悍，其诳煽莠民，张大声势，亦以石为最谲。"左宗棠则说石达开"狡悍著闻，素得群贼之心，其才智诸贼之上，而观其所为，颇以结人心，求人才为急，不甚附会邪教俚说，是贼之宗主而我之所惧也"。更有人盛赞他为绝代英物，是奇男子。同时，他的勇敢无畏、正直耿介和温厚性情也使他获得了太平天国军民的热烈拥戴。

太平军曾一度占据了半壁河山，定都天京，意气风发，令清朝统治者措手不及、狼狈不堪。可惜，他们胜利之下滋长的骄傲情绪，内部的争权夺利斗争断送了太平天国的大好前程。传闻东王杨秀清功高盖主，意图篡位。洪秀全授意北王韦昌辉剪除杨秀清，韦昌辉大开杀戒，杀了杨秀清的家人、部下1000余人，是为"天京事变"。石达开等人回到天京，责韦昌辉杀人过多，要求洪秀全惩办。洪秀全乘机剿灭了韦昌辉的势力。此后，太平天国的事务全权委托石达开代理，但洪秀全已经不信任任何人，处处掣肘。石达开忠而被谤，信而见疑，一怒之下率领部属离开天京，自立门户，这成为太平天国由盛转衰的分水岭。

石达开随后转战湘、鄂等地，后攻入四川。离开了太平天国根据地，石达开虽富有军事才能，但终究孤掌难鸣，于1863年被围堵在大渡河畔，全军覆没。英雄即使失败了也依然是英雄，在大渡河与石达开对阵的王松林、许亮儒，都对他的英雄气概与仁义之风钦佩不已。在石达开死后，有关他的传说遍布他生前转战过的大半个中国。甚至数十年后，清末革命党从事反清活动时仍有人打着他的旗号，并通过诗歌、小说、绘画等媒介宣传他的英雄事迹，以"激励民气，号召志士，鼓吹革命"。

□石达开秘藏宝藏

关于石达开的另一个传说是：在大渡河覆灭的前夕，石达开自知此役凶多吉少，于是把军中大量金银财宝埋藏在一个隐秘之处。传说，石达开当时还留有一张藏宝图，图上写有"面水靠山，宝藏其间"的隐语。

太平天国覆亡后，曾盛传南京天朝宫殿下埋藏有大量宝藏，曾国藩兄弟所率湘军更是对此深信不疑，城破之日对南京城进行了大肆搜刮，但是否曾找到大量宝藏至今不知。那么太平天国是否藏有大量宝藏，最后下落又如何呢？

□宝藏的下落之谜

有人认为，太平天国在南京苦心经营十载，一直就有洪秀全窖藏金银财宝的传说，不可能是空穴来风。当时太平天国为了应付残酷的军事斗争，采取了所有公私财产都必须统一集中到"圣库"（即国库），人们生活必需品由圣库统一配给的制度，甚至规定百姓若有藏金一两或银五两以上的都要问斩。这种制度使得太平天国的财富高度集中，为窖藏提供了可能。特别是洪秀全建天朝宫殿时，是倾"全国"所有，掠夺各地宝物于宫内，这也证明了窖藏的可能性。后来李秀成在临刑前的供状中也说："昔年虽有圣库之名，实系洪秀全之私藏，并非伪都之公币。王长兄（指洪秀全）、次兄（指杨秀清）且用穷刑峻法搜刮各馆之银米。"这就进一步说明，天京事变后太平天国政权由洪氏嫡系掌管，"圣库"财富已成洪秀全的"私藏"，因而洪秀全窖藏金银的可能性极大。甚至有人推测，洪秀全进入天京后便脱离了群众，避居深宫，十年未出。如果没有其亲许，任何人都不能进入天王府，对其他异姓诸王更是猜忌日深。

天王府成为他唯一信赖和感到安全的地方，如果要窖藏的话，最有可能就在天朝宫殿附近或者天朝宫殿下面。

但是当年曾国荃审问李秀成："城中窖瘗（埋藏）金银能指出数处否？"李秀成并没有正面回答。在《李秀成自述》中，他曾委婉陈述"国库无存尽银米"，"家内无存金艮银"，似乎否定了窖藏的说法。并且太平天国长期处于清军围剿之中，日常开支甚大，有没有可能剩余大量财物，留下宝藏呢？这也是值得怀疑的。

不过，不管怎样，破城之日，湘军四处掘窖金却是事实。曾国藩甚至还为此发布过"凡发掘贼馆窖金者，报官充公，违者治罪"的命令，他在给朝廷的奏报里也对此事毫无隐瞒，公然提出"掘窖金"的话。

然而湘军入城后不久，又流传着曾国荃（曾国藩之弟）得窖金的说法。曾国荃的部队是最先进入天王府的，相传曾挖得洪秀全的藏金而入私囊，最终为毁灭证据，一把大火烧了天朝宫殿。

清人笔记中曾有记载，洪秀全的窖金中有一个翡翠西瓜是圆明园中传出来的，上有一裂缝，黑斑如子，红质如瓤，朗润鲜明，皆是浑然天成。这件宝贝最后落到了曾国荃手中。另有记载："宫保曾中堂（指曾国藩）之太夫人，于三月初由金陵回籍（湖南），护送船只，约二百数十号。"如此多人，是护送窖金，还是其他重要物品？这也令人生疑。虽然曾国藩向同治帝所上的奏报中，否认了天王府有窖金之事，只说除了二方"伪玉玺"和一方"金印"，别无所获，但是也让人怀疑是不是曾国藩欺上瞒下挖到了窖金，并秘密据为己有了呢？

后来，南京民间仍旧流传着大量有关太平天国窖金的传说，如所传蒋驴、王豆腐致富的故事等。直到辛亥革命以后，还有军阀要掘太平天国窖金发财。这种种迹象似乎表明天京城内应有窖金。

也有人认为，其实天王府并没有被全部毁掉，有不少还未烧尽，当年的核心建筑"金龙殿"依然存在，百年来，从来没有对其地下进行过勘查。"金龙殿"下边说不定还藏有宝藏呢？

总的来说，太平天国是否有宝藏本身就是个谜；而曾国藩兄弟是否挖到了宝藏，并私吞了这些宝物也是个谜；至今"金龙殿"下面是否还藏有宝藏还是个谜。

□大渡河畔的宝藏

据说，抗战期间，国民党四川省主席刘湘曾秘密调了1000多名工兵前去挖掘。在大渡河紫打地口高升店后山坡下，工兵们从山壁凿入，见到了三个洞穴，每穴门均砌石条，以三合土封固。但是挖开两穴，里面仅有零星的金玉和残缺兵器。当开始挖掘第三大穴时，为蒋介石侦知。他速派古生物兼人类学家马长肃博士等率领"川康边区古生物考察团"前去干涉，并由"故宫古物保护委员会"等电告禁止挖掘。不久，刘湘即奉命率部出川抗日，掘宝之事也就被迫中止。

除了大渡河边藏有宝藏的说法外，在重庆南川区铁厂坪民间也曾有石达开藏宝的说法。说是当年石达开西征途中路过南川，留下了一批宝藏，只要找到了一座名为"太平山"的位置，就能找到石达开宝藏。这些煞有介事的记载，让人觉得石达开藏宝好像确有其事。那么事实究竟如何呢？

在大渡河岸边的石棉县安顺村，当地流传着这样一个传说：石达开随军带了很多金银财宝，这些金银财宝被装到 7 个大棺材里，他派相当于一个连的军队负责埋藏。埋完宝藏后，这一个连的人被守在出口处的由 10 个人组成的小分队全部杀死了。然后，这 10 个人的小分队回去吃完饭后全部死去，而做饭的炊事员后来也被一支毒箭射死。所以宝藏究竟埋在哪里根本没人知道。

□太平山中的宝藏

在重庆南川区鱼泉乡山王坪"太平山"，确实能看到一块岩石上刻有"太平山"三个字，字体是普通的楷书，用錾子凿成，每个笔画成麦穗形状。据南川区文物管理所的工作人员介绍，"太平山"三个字，时间太久，已经风化了，无法考据出具体年代。不过，据说这里曾是当年太平军铸造过兵器的地方，从相关遗址附近挖出过一些破碎的青花、粗瓷瓷片，鉴定结果是晚清时期的，大致是与太平天国时间吻合，但并没有任何文字记载这里确实为石达开驻军之地。石棉县文物局和南川文物局也都表示没有任何的史料记载可以证明辖区内有石达开的宝藏。双方的回答如出一辙："民间传说而已，文物部门没有为此展开过任何专门的研究工作，也没有任何相关记载。"

但也有学者认为，太平军全军覆没后，确实留下了两大悬案，其一是太平军数量巨大的金银财宝秘藏之地；其二是翼王剑不翼而飞。当然，还有专家认为太平军当时的境况根本不可能有大量金银财宝，完全是在弹尽粮绝的状况下才全军覆没的。

通过以上分析来看，所谓的石达开藏宝仅源于民间传说，除此之外，并没有发现别的什么证据可以证明。不过，分析当时太平军的情况，就是真有藏宝之举，也不会有人知道。因为藏宝本来就极为秘密，而石达开所率余部后来基本全军覆灭，就更不会有人知道了。

太平天国将领流亡知多少

□流亡到香港的人

毗连广东的香港是太平军将士流亡的理想落脚点和桥头堡。早在天京内讧后，能文善武的赖汉英目睹同室操戈，所以对太平天国失去了信心，从南京溜出，在香港寄居多年后于 20 世纪初始返回家乡。此说虽有传奇色彩，不足为信。但实际上，天京沦陷后，确实有些太平天国人物匿居香港。现在有记录的是，曾担任水军司令官的森王侯裕田，他暗运军火粮食接济太平军漳州余部，明里则开设金成泰店，后来和另一个匿居香港的人先后被引渡到广州杀害。

据调查，到香港避难的还有洪秀全的 3 个本家侄子：琅王洪魁元以磨剪刀掩护；后来当上警察的洪绍允初以贩卖咸鱼为业，最后又在九龙红磡开设广济堂药店；瑛王洪春魁逃到香港后改名为洪和，自卖身为猪仔赴古巴充任挖鸟粪劳工，后返香港悬壶行医，后来辛亥革命前夕，策划建立"大明顺天国"的洪全福就是他。

□ 远赴美国的太平军

不少的太平军成员赴美国，这与美国要开垦西部时需要大量劳工有关。19世纪中期是欧洲资本主义蓬勃发展时期，也需要成千上万的劳工。英国少校、"常胜军"领队戈登在攻陷苏州后，将太平军俘虏充作猪仔，用兵轮装到海外圭亚那等英国殖民地当苦工，可见美洲也是需要劳工的。那么这些太平军成员为什么要横渡太平洋跑向美洲呢？像洪仁长子、能以英文会话的洪葵元，在天京失陷后出逃到广东浮海，后来到美国哥朗帮工，后就寄住南美洲英属圭亚那。据广东花都区纪念馆调查称，洪仁的后代在美国是确有其人的，流落南美洲西印度群岛马提尼克的太平军将领中还有国民党元老陈友仁的父亲。

□ 期待进一步破解的谜团

值得注意的是，近代中国已不再是封闭世界了。在此大背景下，太平军将士在失败后在大陆不能安身时，是懂得出奔流亡的，所以就产生上述的真真假假的多种说法。囿于时空因素的限制，这里所举的每种说法，即使是言之凿凿，也还是事隔多年后人的调查和追记。至于臆测、推理和编造那就在所难免，但它的确也为人们提供思路，为什么对太平军将士流亡有这么多种说法，而匿居在香港和海外的太平军究竟有多少？看来还得随着今后文化学术的频繁交流，方能有较多的资料证实。

第六节 洋务运动失败之谜

清派留学生为何没能改变大清的命运

□ "中国留学生之父"容闳

1847年，一艘去往美国的轮船上，三位不满20岁的中国青年容闳、黄宽及黄胜跟随美国教育家勃朗牧师赴美留学。他们十分清楚当前大清朝的积贫积弱，摇摇欲坠的紧迫形势。因此他们怀着一颗扶大厦之将倾的雄心壮志前往就学。虽然最终只有容闳一人留在美国升学，但他回国后却做出了骄人的成就，被誉为"中国留学生之父"。

1854年冬，容闳学成回到祖国，国内那些黑暗的现实却使他感到无限苦闷、彷徨和焦虑不安。他一度想通过"藉雄厚之财力"创办实业的方式来挽救国家于危难之中，但不久便发现自己既然"志在维新，自宜大处落墨，若仅仅贸迁有无，事业终等于捞月"，于是决计弃商从政。

容闳在曾国藩、丁日昌的支持下，于 1870 年提出了派遣幼童赴美留学的计划。基于曾国藩的地位和影响，为了引起清廷的重视，曾氏决定由他领衔会奏，清廷迅即批准。

按理来说，留学生正监督一职应当由精通英语、擅长西学的人来担任。也就是说，非容闳莫属。但是朝中的顽固派却表示激烈的反对，为了能让留学成行，曾国藩、李鸿章又联袂领衔会奏朝廷，决定在为留学生设立的两名监督中，正监督由翰林出身、思想保守的刑部主事陈兰彬担任，副监督则以容闳任职。

□令西方人刮目相看的东方面孔

1872 年 8 月，第一批 30 名幼童（年龄定为 10 至 16 岁）抵达美国，它揭开了中国近代历史上批量走出国门、留学西方的第一页，是中国近代教育史上的一座里程碑。此后的三年时间里，中国留学生分三批按计划抵达美国。他们用自己的刻苦耐劳、勤奋好学征服了西方人，许多人的成绩甚至在美国学生之上。

据当时美国《纽约时报》报道：

中国幼童均来自良好高尚的家庭，经历考试始获甄选。他们机警、好学、聪明、智慧。像由古老亚洲来的幼童那样能克服外国语言困难，且能学业有成，吾人美国子弟是无法达成的。

□功败垂成，千古之恨

幼童们来美后的积极奋进、刻苦学习的精神以及美国人士的好评，让容闳内心极为欣慰。但没有想到的是，支持自己实现此项"教育计划"的曾国藩却于 1871 年冬因病逝世，这一噩耗令容闳感到无限惋惜与悲痛。他说，如果上苍"赐以永年"，使之"得见其手植桃李，欣欣向荣""手创事业之收效"，"其乐当如何耶"？

真是"祸不单行"。令容闳更加没有料想到的困难接踵而至。曾国藩的去世使他的"教育计划"失去了有力的后援，以致这些留学幼童逐渐习染西风，开始西装革履，信奉基督教，尤其是不习汉文，不再遵守封建礼节。时任留学生正监督的陈兰彬及其继任者吴子登等人便与朝廷内部的顽固派沆瀣一气，对派遣幼童赴美留学的"错误做法"群起攻击。认为这些学生"若更令其久居美国，必致全失其爱国之心，他日纵能学成回国，非特无益于国家，亦且有害于社会"，因此为了防患于未然，应当马上将留美学生尽数撤回，"能早一日施行，即国家早获一日之福"等。

这场斗争实际上是改革与保守、前进与倒退、西学与中学之争，自始至终能够坚定不移站在支持方一边的，整个朝廷里只有容闳一人。虽然李鸿章对留学生给予了一定的同情，却也是爱莫能助。他只能在朝野的反对声中采取妥协的方针：在责令正副监督对留学生进行严加管束的同时，向美国政府提出希望能让中国留学生进入美国陆海军专门军事院校学习的交涉，希望以此培养出国家所急需的高级军事人才，同时也可减轻顽固派所施加的压力。然而美国政府却断然拒绝了这一要求。容闳的一再努力终归无效，1881 年夏，清廷最终做出解散留学生事务所、撤回全部留学生的决定。

堪堪功败垂成之际，容闳并不甘心就此承认自己努力的失败，他毕竟为此耗费了全部的精力。而此时自 1872 年以来先后赴美的留学幼童中，最小的也已满 20 岁。在他们中间，有很多人不仅高中毕业，甚至已经考入耶鲁、哥伦比亚等名牌大学，他们若是中道辍学，那将令人十分惋惜。

于是容闳向美国友人呼吁并请求他伸以援手，希望他们可以利用自己的身份向清政府施压，请政府收回成命，让留学生们在美国继续学业。哪怕读的不是军事院校，理、工及其他高等院校也是可以选择的对象，学成归国后，一样可以帮助大清加快国家近代化的进程。

□无奈的结局

容闳的呼吁博得了美国教育人士的响应，一时之间，致清政府的函文如雪片般飘落在皇帝的案头。在这些信中，美国耶鲁大学校长波特及美国教育界众多名流联名呈递给清总理各国事务衙门的信最为真诚殷切。他们在信中说到，"（留学生们）自抵美以来，人人能善用其光阴，以研究学术……成绩极佳……咸受美人之欢迎……实不愧为大国国民之代表，足为贵国增荣誉也。"波特及众多名流希望，清政府能够收回成命，并地指出："令学生如树木之久受灌溉培养，发芽滋长，行且开花结果矣，顾欲摧残于一旦而尽弃前功耶？"

可言者谆谆，听者藐藐，清廷顽固派依然反对派遣留学生出国，严令这些在海外求学的孩子们必须全部克期归国。1891 年 11 月，除了坚决不归以及夭亡于异国他乡的 28 人外，剩下的 94 人回到上海。

至此，容闳心中最为华彩的教育救国之梦就这样破灭了。

虽然派遣幼童赴美留学一事本身未能善始善终以竟全功，但也未遭完败，因为这百余名归国留学生仍然在为祖国的富强奉献出了自己的一分力量。因而容闳后来说：

"今此百十名学生，强半列身显要，名重一时，而今日政府（指清廷）似亦稍稍醒悟，悔昔日解散留学事务所之计划，此则余所用以自慰者。"

□同文馆，最后的努力

1861 年的一天，奕訢上奏朝廷，请求创立"同文馆"，其意在于培养外语翻译人才。这使朝廷想起一件痛心疾首的事情来。从 1842 年的第一次鸦片战争后，与英国政府签订的《南京条约》直到与洋人签订《天津条约》和《北京

新式活字印刷刊物　清
由同文馆翻译的外文刊物。

条约》时，竟连一个懂得外文的中国人都找不到，任凭侵略者蒙骗。这期间，大清朝真是哑巴吃黄连，有苦说不清。语言不通、文字隔阂，也是受欺蒙遭失败的原因之一。所以，辅政的两宫皇太后毫不犹豫地准奏，专门培养外语人才的同文馆便轰轰烈烈地开张了。

同文馆，附属于总理衙门。设管理大臣、专管大臣、提调、帮提调及总教习、副教习等职。总税务司英国人赫德任监察官，实际管理日常事务。先后在馆任职的外籍教习有包尔腾、傅兰雅、欧礼斐、马士等。中国教习有李善兰、徐寿等。美国传教士丁韪良自 1869 年起任总教习，历经 25 年之久。

同治元年（1862 年）京师同文馆正式开办。该馆为培养翻译人员的"洋务学堂"，也是清代在北京开办的采用班级授课制的第一所洋务学堂。最初只设英文、法文、俄文三班，后陆续增加德文、日文及天文、算学等班。一开始，招生对象仅限 14 岁以下八旗子弟，结果 6 月份入学的就 10 个人；后来招生范围开始扩大，年龄较大的八旗子弟、汉族学生以及 30 岁以下的秀才、举人、进士和科举正途出身的五品以下满汉京外各官均可入学。

学生逐年增多。1872 年，拟订了 8 年课程计划。每 3 年举行大考一次，列入优等者升官阶，次等者记优留馆，劣等者除名。同文馆的学员待遇非常优厚，除膳食、书籍、纸笔由官家供给外，每月发给薪水银 10 两。

学习期限初定三年毕业，但自光绪二年（1876 年）后改为两种：由外文而延及到天文、化学、测地等学科的，8 年毕业；年岁稍大，仅仅学习翻译的，5 年毕业。课程设置在开始时只有英、法、俄、汉文，1867 年后增设算学、化学、万国公法、医学生理、天文、物理、外国史地等科目。除汉文外的其他课程大多由外国人担任教习。其经费、人事等权利基本被控制在总税务司赫德手中。

京师同文馆的课程设置和管理章程极为统一，"四书五经"之类的传统科目基本上不在课程设置之中，中国近代新式学校的发端就源于这京师同文馆。毕业后的学生多数就任政府译员、外交官员、洋务机构官员、学堂教习等职。该馆所附设的印书处、翻译处，曾先后编译、出版自然科学及国际法、经济学书籍 20 余种。此外还设有化学实验室、博物馆、天文台等。1902 年 1 月年并入 1898 年创建的中国第一所具有现代意义的大学——京师大学堂。

1863 年前后，上海广方言馆和广州同文馆相继成立。

成立于 1863 年的"广方言馆"是上海建立的第一所外国语专科学校，明显带有上海特色。所谓的"方言"即相对于京畿使用的官话而言的地方语言；而所谓"广方言"，就是对方言进行推广。妄自尊大的清政府认为外国语是"方言"，显然还沉浸在天朝上国的美梦中。

客居于上海的翰林冯桂芬早在 1861 年就曾提出"宜在广东、上海设翻译公所，选颖悟儿童，住院肄业，聘西人课以西国语言文字，并习经史算学"。李鸿章对冯桂芬的这一建议表示支持。

翌年，上海广方言馆于旧学宫（今学院路四牌楼相近）建立，昔日提出此议的冯桂芬被举荐为馆长。最初，上海广方言馆曾被拟名为"上海外国语言文字学馆"，这个名字曾经在李鸿章请设学馆的奏折中出现。不过在冯桂芬所拟试办的章程中，被改称为"学习外国语言文字同文馆"，简称"上海同文馆"，这也成为当时所使用的正式名称。这个名字沿用了四五年，1867 年改名为"上海广方言馆"。

成立后的上海广方言馆培养出了一批精通西文和西学的中国学生。1872 年8 月 11 日，上海广方言馆的第一批 30 名 14 岁的学童，在陈兰彬、容闳的率领下赴美留学，近代中国官派留学生之先河由此开启。詹天佑，日后著名的近代中国铁路工程师就是其中之一。1874 年 9 月 19 日，第二批广方言馆学生在上海人祁兆熙的率领下赶赴美国。唐绍仪，日后的北洋政府国务总理便是其中一员。不少广方言馆毕业生经选拔后成为中国第一代外交官，汪凤藻、陆征祥、吴宗濂、刘镜人、唐在复等一干在日后大放光彩的名字均是个中翘楚。

同治元年（1862 年），广州同文馆在李鸿章的奏请下开始组建。1863 年，在广州市北大门朝天街正式成立。继京师同文馆、上海同文馆后，这是近代中国建立起的第三所外国语学校，也是洋务派在广州所办的第一件较重大的洋务事业。

广州同文馆第一期共招收 14~20 岁的正途学生 20 人，其中满汉八旗子弟 16人，汉人世家子弟 4 人，学制 3 年，学习科目主要有英语、汉语和算学。

待到 1879 年，广州同文馆再添设法文、德文两馆，各招学生 10 人，共 20人，其中 10 人来自原英文馆中英语已经学有所成的，其余均在八旗子弟中选出。学制也由 3 年激增到 8 年，自然科学、社会科学、文学、艺术等课程均包含其中，同时又开设生理学、解剖学等若干选修课；不久之后又增设东语（日语）馆和俄语馆，定向对日语、俄语方面的翻译人才进行培养。广州同文馆的英语教习三顺所著的《三顺调音》《三顺文法》等书，是近代中国较早的学习英语拼音和文法的工具，尤其是《调音》一书，利用广州发音做说明，成为广东人学英国语音的津梁，后来也因此而被"两广方言学堂"等校继续采用。

在广州同文馆中的一干毕业生中，同样不缺乏日后栋梁。清政府驻英属新加坡的第一任总领事左秉隆就是首届毕业生中的代表，曾出任外交部署主事的傅柏山，曾合译《各国史略》的杨枢、长秀，均出自广州同文馆。

洋务派如何以技术立国

□改变信息传递技术的电报学堂

洋务运动在李鸿章为首的一批人的带领下已经如火如荼地进行了数载，随着洋务运动步伐的大迈进，"运动"中致命缺陷也越发显现出来——那就是如果想真正实现富国强兵的目标，单单靠培养军事人才是不行的，必须全方位地占有当前世界上全部的领先学科。而最能触及他们灵魂的莫过于信息的传递了。当李鸿章看到洋人使用每秒30万公里传输速度的电报，而此时的清政府还使用老旧的驿站快马加鞭的方式传递情报的时候，办电报学堂及掌握世界领先技术的欲念便在李中堂的心中与日俱增。

其实，在架设电线之前，中国已经自己开始创办电报学堂了。福州电报学堂就是中国的第一家电报学堂。1875年，丁日昌任福建巡抚后，将老百姓所拔的丹麦大北电报公司在厦门福州间和马尾擅自架设的电线杆和电线"买回拆毁，仍将电线留存，延请洋人教习学生"。这就是福州电报学堂。大北公司的工程师成为学堂里的洋教习。至于学生来源：一是从广州、香港招来的精通英文者，二是船政学堂已有一定的"数学知识者"。

津沽电线架设之初的1880年，李鸿章即于当年10月派官员在天津设立电报学堂，聘丹麦大北电报公司洋人来华"教习电学打报工作"。李鸿章认为，自己设学堂培养电报人才，可以做到"自行经理，庶几权自我操，持久不敝"。可见设电报学堂其实是为了把电报业的利权掌握在自己的手中。

事实上，天津电报学堂所起的巨大作用在中国电报事业发展中无法抹杀。随着津沪、沪汉、沪浙闽粤等电线的架设，对电报人才的需求极为迫切，一时"皆由天津学堂随时拨往"。学生的供不应求进一步促进了学堂的发展，一年后，天津电报学堂即"招谙习英文学生四五十名一体教习"。但仍不能满足社会上的需要。

为此，左宗棠于1882年在南京设同文电学馆。此学馆采取淘汰制，放宽对所招学习电报的幼童的人数限制，注重在学习的过程对其资质进行考察，做到"聪颖者留，鲁钝者去"。在一定程度上对学生的整体素质及专业技能有所提高和促进。

1883年，电报在全国范围内推广开来，电报专业的人士成为各地急需的人才。为了满足需要，在上海成立起一座较大的电报学堂。没用多长时间，上海便成为清朝训练电报人才的中心。正像李鸿章所说的那样，"因推广各省电线，在上海添设电报学堂教习学生"，以分拨各地。

□西学馆，名副其实的实业学堂

在洋务运动中所成立的所有实业学堂中，最名副其实的应属西学馆，而西学馆中当推广东为先。这是由两广总督刘坤一所倡导的。刘坤一对广东同文馆只学习外语、而不务实业之学很是不满，且"专用旗人子弟，一味训课时文，虽仍聘一英员教习，略存其名"，"毫无实际"。他认为，根据当时的形势，务实的"西学馆之设，诚为急务"。于是在 1876 年时"以银八万元购买黄埔船澳为将来扩充机器局及开设西学馆地步"。这种西学馆的特点，"自不在外洋语言文字之末，以力求实际为是"。为办好这种务实的西学馆，刘坤一捐银 15 万两。

虽然广州西学馆是在刘坤一的提倡下建立起来的，但使它真正成立起来的却是后来担任两广总督的张树声。在论述办西学馆的目的时，张树声曾言：

"（中国）开厂造船，设局简器，讲求效法，积有岁年。而步其后尘，不能齐驱竞捷；得其形似，不能开径自行。则以西学入门层累曲折，皆有至理，不从学堂出者，大抵皮毛袭之，枝节为之，能知其所当然，不能明其所以然也。"

在他的眼里，只有学习西方科学技术知识，才能有所创造。刘坤一所捐的 15 万两银子，正好给了张树声以启动资金，开辟出黄埔对河之长洲地方，购买外国船坞，"可为考证学业之资"。是年冬天开始动工，一年之后工程结束开馆，取名"实学馆"。学习的科目主要是制造。当时在籍丁忧的翰林院编修廖廷相被招聘为总办馆务。他说这样一来可以"称名正而言之顺，任人正而学者从"。

1883 年，督办宁古塔等处事宜的吴大澂奏请在吉林创办表正书院，"数理精深，又能循循善诱"的江苏候补知县了乃文接受掌管教习事宜的委任，分教习则为候选从九品廖嘉缓。该书院的校址在吉林机器制造局东部，建造房屋 26 间，隶属于总办机器局的江苏候补同知朱春鳌负责监督建造。

其学生来源，是"吉林府教授衙门送满汉生童三十余名住院肄业，专令学习算法"；"该生童等有志向学，渐入门径，颇有可造之才，将来日进有功，与机器制造测量诸法，触类可通"。吴大澂在奏折中指出，学生的学习颇有成效。由此便可知道，表正书院的兴办与军用的制造局有着密不可分的关系。

应洋务事业需要，台湾巡抚刘铭传在台湾成立台湾西学堂。

之所以台湾要拥有自己的"西学堂"，首先是"台湾为海疆冲要之区，通商筹防，动关交涉"，然而台湾地区没有精通外国语的人才，内地的人才也处于紧缺状态中，难以向台湾输入；其次是"台地现办机器、制造、煤矿、铁路"等工业企业，对此类科技人才有着迫切的需求。

出于这样的目的，1887 年 4 月，台湾西学堂正式建立。首批招收 20 余名"年轻质美之士"，聘两位汉教习，并"延订英国人布茂林为教习"，"于西学余间，兼课中国经史文字，既使内外贯通，亦以娴其礼法，不致尽蹈外洋习气，致堕偏颇"。

西学堂的学生在第一年学习外语，而后"渐进以图算、测量、制造之学，冀各学生砥砺、研磨，日臻有用"。这样，台湾便涌现出了大批的外交人才以及备有工业近代化中所需的科学技术等工程管理人才。

□自强学堂，张之洞的努力

在晚清兴办事业学堂的浪潮中，湖北自强学堂不可忽视。

1893 年 10 月，张之洞在武昌建立湖北自强学堂，分为方言、算学、格致、商务四斋，也就是四门专业，每个月均会以考试的形式对学生的学习成绩予以考核。

在四门专业中，张之洞将重点放在了方言，也就是外语上。在方言斋就读的学生必须在学堂居住，直到毕业为止。其余的三斋学生可以自行选择是不是住校。对此，张之洞认为："自强之道，贵乎周知情伪，取人所长，若非精晓洋文，即不能自读西书，必无从会通博采。"不过随着局势的发展，学堂开始对重视技艺的掌握，并在 1896 年，把原铁政局内的化学堂并入湖北自强学堂，成为单独的一门专业。

与其他实业学堂不同的是，张之洞的湖北自强学堂对国外有关工农商等方面的技艺书籍分外关注，并大量引入翻译此类著作。张之洞认为，随着事物的不断发展，现在的形势与以往已经大不一样，因此，在对交涉公法和武备制造等书进行翻译时，也要对其他领域的书籍有所涉猎。张之洞称，"方今商务日兴，铁路将开，则商务律、铁路律等类，亦宜逐渐译出，以资参考，其他专门之学，如种植、畜牧等利用厚生之书，以及西国治国养民之术，由贫而富，由弱而强之陈迹"等方面的书，都应该进行笔译并且广泛刊发及流传，"为未通洋文者收集思广益之效"。

倡导实务，向西方学习，实质上是要推动中国的近代化进程。然而，在腐朽没落的封建政治制度环境下，任何努力都只是治标不治本。

李鸿章为何偏爱洋枪炮

□太平军带来的沉重打击

李鸿章在上海剿灭太平军的过程中，发现外国枪炮性能优越，杀伤力强，而中国自己生产的质量却非常低劣。同时他还观察到，太平军专用洋枪，尤其是李秀成所部用洋枪最多。这件事给李鸿章的自尊心予以严重的打击。为了在战场上掌握主动权，于是他决定用西方新式武器装备淮军。

通过兄长李瀚章，李鸿章在广州购买了大量的西方新式枪炮，这些武器不仅用来武装改编后的淮军，同时也分拨给曾国藩、曾国荃的湘军使用。从 1862 年 6 月开始，李鸿章的淮军里面也出现了"洋枪队"。从此，湘淮两军开始了新式武器装备的使用，后来，曾国藩也曾多次提到，湘淮采用洋枪，是李鸿章倡导的。

事实上也的确如此。曾国藩并不迷信洋枪洋炮，因为他更注重战争中人的作用。当时，曾国荃屡次要求李鸿章为他代买洋枪洋炮时，曾国藩就表示，打胜仗"在人不在器"，关键还是训练好。

这种认识确实存在一定的误区，不过当时的曾国藩受到种种条件的制约，没有认识到武器设备在近代化战争中的重要作用。但他并不保守，对洋枪洋炮的威力有所了解后，不仅不对李鸿章的行动表示反对，反而给了他的这个得意门生以大力支持。可以说，正是在曾国藩积极地扶持和引导下，李鸿章才走上了洋务强国的道路。

最终，在奕䜣的帮助下，李鸿章的建议终于得到了慈禧太后的首肯，允许他在"剿匪"的前提下，学习制造军火。

这期间，李鸿章的洋务自强思想也在实践中不断得到深化。他认识到，想要自立自强，外国的生产技术必须掌握，长期依靠购买西方军火，只能增加对外国的依赖性。国家创办和发展自己的军工企业，实现自主生产才是强军的唯一途径。从此，他开始有意识地与经验丰富的外国军事人员接触，学习相关知识。在不断地了解过程中，逐渐坚定了生产先进西式武器的决心。

□丁日昌与上海洋炮局

1862年10月，在李鸿章所提供的军费资助下，技工们由韩殿甲领导开始生产炸药及雷管。

次年，英国人马格里在李鸿章的雇用下，会同直隶州知州刘佐禹，首先在上海设立了一个洋炮局，这是上海最早成立的洋炮局，主要生产炮弹铜帽等军用品。

同年9月，李鸿章将曾国藩的幕僚丁日昌调到上海，再建一局，对西式的短炸炮以及各种新式炮弹进行仿造。

早在李鸿章组建淮军的时候，就曾提议让丁日昌跟自己去上海；而曾国荃则提出要丁日昌跟自己去攻打太平天国的首都天京（今南京）。结果曾国藩谁也没有给，把丁日昌和李瀚章一起派到广东去办理厘金事宜去了。当时还在到处寻找人才的李鸿章听说丁日昌在广东军营已经督制出了36尊大小炮、2000多发子弹，心下十分羡慕，动了让他来主持炮局的心思。于是他便极力追着曾国藩要人，终于让朝廷批准把丁日昌调到上海。

其后的事实足以证明丁日昌的炮局是最有成效的，因为他办的炮局能制造"田鸡炮（迫击炮）"，还有能发射80磅炮弹的"开花炮"。后来，丁日昌一直跟随李鸿章做事，已然成为他身边最得力的助手，并成为"洋务运动"的积极实行者。

三个洋炮局先后成立，李鸿章将其合称为上海"炸弹三局"，当时也称之为上海洋炮局。

按理说，随着1864年5月苏南各城的收复，与太平天国的战争已接近尾声。此时的洋枪洋炮制造也该放松下来。但李鸿章不仅没有放松，反而认为更应当继续加强。同时，他进一步强调，要在仿制洋枪洋炮的基础上，不但要仿造，而且还要逐渐学会制造"制器之器"，而且刻不容缓。他还建议朝廷向近邻日本学习，将西方的先进技术掌握在自己的手中，以此来加强国家的国防力量，扭转被动挨打的局面，再现中华世界强国的荣耀。

由韩殿甲和丁日昌分别主持的炸弹局，"都不雇佣洋匠，只选中国工匠，仿照外洋做法"，采用手工铸造炸炮的方式。

由"炸弹三局"生产出来的各种弹药被源源不断地送往与太平军作战的前线，不仅为李鸿章镇压太平天国起义提供了有力的支持，也为他日后创办江南制造总局、金陵机器局积累了宝贵的经验。

□自立自强，江南制造总局的目的

成立于 1867 年 9 月的江南制造总局又称上海机器局，初建时以生产枪炮弹药为主，待到后来修船造舰方面也能胜任，成为一家综合性的新式军用企业。曾国藩和李鸿章师徒二人成立江南制造总局的主要目的是"自立自强"，这也是该局的主旨。因此，二人事无巨细，无论是机构的设立还是人事的任免甚至是购置机器他们都要过问，这使得江南制造总局从一开始就有了强大的人力和物力的支持，所以发展得非常迅速。

□凭借洋炮成为公认的洋务派首领

1864 年，淮军攻占苏州，马格里、刘佐禹主持的洋炮局被李鸿章迁往苏州，成立了苏州洋炮局。地址设在太平天国纳王府，占地比上海大得多。这期间，在李鸿章的允准下马格里又从外国购买了一批机器，所以，洋炮局的规模不断扩大，生产也颇有成效，每一星期就可以生产 1500 到 2000 枚枪弹和炮弹，还制造了规模不同的开花炸炮。总理各国事务衙门大臣奕䜣鉴于此，便于 1864 年 5 月奏请朝廷允准，从保卫宫廷的火器营中选出了 8 名武弁、40 名兵丁前往苏州洋炮局学习。于是此时的李鸿章已经成了让人们另眼相看的洋务派首领之一了。

金陵制造局便是苏州洋炮局，是被李鸿章迁到南京后改的名字。搬迁至南京后的金陵制造局规模逐渐扩大，生产力也随之迅速提高。该局主要以生产各种口径的大炮、炮弹和子弹为主，其他军用品也兼顾生产。该局以南京中华门外的瓷塔山为局址，规模又有所扩充，设备也有所改进，到 1879 年计有三个机器分厂，翻砂、热铁、柞厂各两个，还有火箭局、洋药局、水雷局等；能够制造炮位门火，车轮盘架，子药箱具，开花炮弹、洋枪、抬枪、铜帽、大炮、水雷等。

江南制造局和金陵制造局都是制造近代化军用器械的兵工厂。它们用蒸汽机作为动力，以机器为工具，雇用了一批工人，这表明此时中国已经出现了一种新的社会生产力。

□来自近邻日本的启示

1864 年 5 月，同太平军的战争即将结束，李鸿章再次强调制器事宜刻不容缓。他在致总署函中说：

"前者英法各国以日本为外府，肆意诛求，日本君臣发愤为雄，选宗室及大臣子弟之聪秀者往西国制器厂师习各艺，又购制器之器在日本制造，现已能驾驶轮船造放炸炮。去年英人虚声恫吓，以兵临之，然英人所恃为攻战之利者，彼已分擅其长，由是凝然不动，而英人固无如之何也。

"日本以海外区区小国，尚能及时改辙，知所取法，然则我中国深维穷极而通之故，夫亦可以皇然变计矣。"

1865 年，李鸿章接过曾国藩两江总督的职务。这时候的他发现，三个洋炮局的设备不全，于是在曾国藩的支持下，将原来设在上海的两个洋炮局与购买的上海虹口美国人的一座旗记铁厂合并，扩建为江南制造总局。江南制造总局规模极大，该局经费来自两江海关二成的洋税，主要制造军械。此外，江南制造总局还附设译书局，专门翻译外文科技书籍。

该局以"自立、自强"为主旨，从经费的筹措、机器设备的购置、管理人员的委派到洋匠的雇用、机构的设立等问题，李鸿章和曾国藩都要一一过问，可谓尽心尽力。1867 年夏天，江南制造总局从虹口一带迁至高昌庙，规模继续扩大。后经陆续扩充和添置设备，到 19 世纪 80 年代上半期，制造总局已拥有各种工厂 10 余座，船坞 1 座。1867 年，用原来购置的设备及部分自造机器，每天已能生产毛瑟枪 15 支、12 磅开花弹 100 发；每月平均生产发射 12 磅炮弹的开花炮 18 门。自 1867 年至 1894 年 27 年间，该局共计生产各种枪支 5 万多支、大炮 585 尊、水雷 563 枚、炮弹 12 万发以上。这些军工产品统一由清政府调拨，除供应淮军外，还供应南洋系统及各地的炮台、军舰，各总督所辖地区的军队。在制造枪炮之外，江南制造总局同时还生产"制器之器"也就是生产制造机械。除此之外，还专门设立了一个制造轮船的分厂。李、曾二人都清醒地认识到，要对付西方列强、实现自强，关键在于对海域的争夺，因此，就要多造船，用来更好地防御沿海各个重要港口。为了达到这个目的，曾国藩又奏请另外划拨两江海关的两成洋税，其中一成作为江南制造总局专造轮船的费用。终于，江南制造总局在 1868 年造出了第一艘大型新式兵轮。中国近代的船舶制造业从此开始。

李鸿章调任直隶总督之后，对崇厚所办天津机器局进行了接管并加以扩充。在他的经营之下天津机器局，分设东西两局，规模比以前大得多，主要生产火药、枪弹、炮弹、水雷等，辅之以修造船舰等。产品主要供应给淮军以及北洋水师。

这几个由李鸿章创办及接办的制造局加上左宗棠于 1866 年创办的福建船政

局，成为中国早期军事工业的主干。几年间，初具规模的制造局，奠定了中国军事近代化的根基。可以说，这是和李鸿章的"偏好"和努力分不开的。在李鸿章和曾国藩的带领下，许多省份也先后用"机器局""制造局"的名义，不断设立军火工厂。至此，中国通过多年的不懈努力，终于开始有了自己生产新式武器的能力，从根本上改变了清朝军队的落后状况，走上了国防近代化的道路。

洋务派为何将水运当成经济命脉

□轮船招商局，大清经济的最后希望

西方帝国主义用鸦片带走了中国的白银，用军舰大炮轰开了紧闭的国门。接连不断的战败赔款，已经不是自给自足的农业经济所产生的价值所能予以支付的。人民还需生存，朝廷还要开销，国家总不能这样委屈地活着。想个办法，再组大清的经济命脉方是道理。轮船招商局便是这一理念下的产物。

1873年，一艘悬挂着双鱼龙旗的中国商轮出现在长江之上，这就是成立于1872年12月的轮船招商局的结果。它的出现，标志着中国的水上交通由木船时代进入了轮船时代，代表了中国航运的一个新开端，属于中华民族自己的民族航运正式开始，具有划时代的重大意义。

其实早在1867年，轮船招商局的成立便已经在洋务派领导人的头脑里有了一个初步的雏形。曾国藩在与总理衙门的来往信件中，提到过在已经开放的通商口岸里，不少商人为了实现更为便利的运输，或购买、或租赁、或雇用西方的轮船，同时又在西方商人的名下挂名，导致国家的税收大量流失。财政上本就捉襟见肘的清政府对此状况自然不能视若无睹，唯有解除购买或租雇洋船的禁令方能让暗箱里的操作摆在明面上，才能获得一部分的税收。

毕竟，挂名在西方商人名下的举动，对于国内商人来说也具有很大的风险，唯有中国人自己名下的轮船公司，方能兼顾到国家和个人双方的利益。因此，不少商人希望成立属于中国人的新式轮船企业。

清政府不是不明白这点，但朝廷所担心的最大问题是中国航运业会受到外国公司的控制，甚至落到西方列强的手中，如此一来，不仅在商业上的运输达不到效果，就连关系到国家命脉的漕粮运输都要看西方人眼色行事。因此，对当时容闳所提出的按西方公司章程去筹组新式轮船企业的建议，总理衙门抱着非常大的戒心，批示称：轮船必须为华人所有。

1871年，李鸿章在致山西按察使张树声的信函中强调，"倡办华商轮船，为目前海运尚小，为中国数千百年国体商情财源兵势开拓地步则大"。

这短短的一句话包含了国体（政治）、商情（经济）、财源（财政）、兵势（军事）四方面的内容，可见轮船招商局的成立对于已经是日落黄昏的大清帝国存在着何等重要的意义。

□带动经济发展的商船运输

轮船招商局成立之初，仅 4 艘轮船，总吨位仅 2319 吨；等到了 11 年后的 1883 年，便已拥有 26 艘轮船，33370 吨的总吨位。略算一下便可得知，这 11 年里隶属于轮船招商局的船只增长 5 倍半，而吨位的增长却多达 14 倍有余。这意味着所增加的船多以大吨位为主，其经营规模和运输能力也在不断地扩大和提高中。轮船招商局所拥有的资本总额更是从最初的 59.9 万两激增 8.5 倍，达到了 533 万多两。短短十年间，一支颇具规模的商业船队迅速建成，"由内江外海以至泰西，逐渐开拓……或江、或河、或湖、或溪之间，皆有轮船往来，如此则华商火船之生业可以无所限止矣"。

船舶修造业与轮船的航行有着密不可分的联系。据资料显示，1874~1894 年，20 年间新建立的船舶修造厂家多达 30 家。也就是以招商局为龙头，带动了一大批为之服务的修造工厂，规模可观的近代船舶修造行业建立起来。

招商局开办后，要消耗大量燃料，煤矿开采业的发展也因此得到了刺激，近代煤矿业也随之而生。在众多煤矿中，规模最大的当属李鸿章开办于 1878 年的开平煤矿。开平煤矿之创办采用了招商集股的方式，计划中的首期达 80 万两（实际上 1878 年仅募得 20 万两），第二期则增加到 100 万两。在充足的资金条件下，拥有在当时的国内来说最为完善和先进的设备，其雇工更是多达 3500~4500 人，在当时的环境下，完全是一个空前的规模。其所开采出来的煤矿，除了可以满足招商局等官督商办企业、北洋海军的需求以外，在市场上也有大量的销售，在天津，一度抵制了进口煤矿对内地市场的冲击。

燃料问题解决后，又要进一步解决原料问题，于是同茂铁厂的创办及各种有色金属，如铜矿、铅矿、金矿之开采解决了此类问题。煤与各种金属矿厂的开办，陆上运输的问题又接踵而至，于是导致了铁路的建筑。因铁路的修建，需要大量优质钢材，于是 1889 年开始筹办汉阳铁厂。通讯、保险等事业也被提上日程——天津电报局于 1880 年开办，中国第一家船舶保险公司保险招商局也于 1875 年成立。此外，随之而起的是各行业人才的培养以及规章制度的创建。总之，在 19 世纪 70 ~ 80 年代短短时间里，

轮船招商局

一系列近代企业相继出现，取得了可喜的成果，而中国国民经济近代化事业也已迈开了坚实的步伐。

李鸿章给总署衙门的信中，已经明确说明创办轮船招商局的直接目的首先是将华商附搭洋行船只的资本收回；其次是收回长江外海航运权利，揽载客货，承运糟粮。这两条都是为了改变洋商在中国江海任意横行的局面，直接针对外国资本主义经济侵略势力而制定的。因此也可以说，轮船招商局的成立，是近代中国收回利权运动的伊始。

经过 10 年努力，当时户部对此给予了高度评价：

"谋深虑远，实为经国宏谟，固为收江海之利，以与洋商争衡，转贫为富，转弱为强之机，尽在此举。"

虽然其中有不少虚浮成分，但也从一个侧面反映了招商局在当时历史条件下抵制洋人侵略势力的积极作用。

据太常侍卿陈兰彬 1876 年奏称，"招商局创办后，合计三年中国之银少归洋商者，约一千三百余万两"。据李鸿章自己估计，"创办招商局十余年来，中国商民得减价之益而水脚少入洋商之手者，奚止数千万"。其实这只是大致的数目。从招商局历年来的账目上看，从创办之初到 1884 年，收取轮船运费共计 1713.7 万两。要是把跌价竞争而导致的西方商人收入的减少也计算在内，这 10 来年间，中国流失于西方的白银至少少了数千万两。以上这些只是账面上体现出来的一个绝对数字，如果考虑到其他因素，按照相对数据进行计算，招商局仅仅成立六七年，便将中国航运利权收回五分之三——李鸿章曾于 1881 年奏称："讫今长江生意，华商已占十分之六，南北洋亦居其半。"

由于招商局经营有方，"生意极旺"，以致信誉日著，趋之若鹜，成为抢手货。从招商局股票行情波动看，1876 年仅值四五折而已，1882 年百两股票涨至 250 两。后为扩大经营而续招新股时，1882 年即招满 100 万两，次年招足 200 万两。股商远及海外，直抵暹罗（28 人，50000 两）、南洋各地（38 人，65200 两），虽然海外所招股数额不大，但对于开拓业务、扩大影响面意义不小。招商局的经营状况蒸蒸日上。

□对民族经济的保护

归并洋商的旗昌轮船公司则呈现另一种局面。独霸中国水域 10 余年由美国商人经营的旗昌公司的在华最大航运企业却一蹶不振。旗昌洋行在 19 世纪 70 年代初的营运情况是，面额百两股票竟"值银一百四五十两，最盛时高达二百余两"，仅 1871 年获净利 94 万两。可谓是如日中天。可是，轮船招商局的成立，加上怡和等行的竞争，导致它开始由盛而衰，逐步下滑。1873 年盈利猛跌至 10.6 万两（如只计长江航线，实则亏损）。1875 年 8 月，面值百两的股票跌至 60 两，从此前景暗淡。与此同时美国南北战后，国内出现投资热潮，可是此时远东再也不是"理想的黄金之国",所以越来越多的美国商人开始寻求脱手的机会。适逢其机,轮船招商局正雄心勃勃,打算扩大经营,大展宏图。双方经过几轮谈判,终于拍板成交。招商局方面以 222 万两代价,兼并了旗昌的全部资产。从此以后,招商局的运力从 11854.88 吨上升到 30526.18 吨,实力扩大了一倍半。为其开拓业务奠定了雄厚的物质基础。同时还扩增了地势优越的轮船码头,特别是像金利源这样的最佳位置的码头。这些因素都必然大大增强了轮船招商局与外商的竞争实力。当年盈利额便由 16.1 万两增至 35.9 万两,次年增为 44.2 万两。

兼并最大的一家外商洋行,在朝野引起巨大轰动。绝大多数有识之士都持赞成态度,欢呼雀跃。两江总督兼南洋通商大臣沈葆桢认为:"归并洋行,为千百年来创见之事……是真转弱为强之始。"李鸿章则给予了"为收回利权大计""于国计商情两有裨助"的盛赞。

轮船招商局的成立与其所达到的效果,对中国民族资本主义的发展无疑取到了一个巨大的促进作用,同时,也在一定程度上遏制了西方社会在经济上对中国的掠夺,是洋务派在救国图存过程中一个具有重要意义的举动。更重要的是,轮船招商局的成立,让世人看到了封建经济在新时代的无能,以及新的经济形势所起到的效果,为日后的大革命时代打下了一个基础。

同时兴起的运动为何截然不同

□先天不足的洋务运动

1840 年,英国通过坚船利炮轰开了中国的大门,史称第一次鸦片战争;13年后,美国人的舰队又撞开闭关锁国的日本大门,史称"黑船事件"。这两个一衣带水的邻居,在短短的十余年间,先后迎来了相同的遭遇。但命运之结果,却大相径庭。

其实,无论是中国还是日本,在被强行轰开国门之后,两国的朝野都意识到自身之于国际形势的落后,都起了以改革来图强的心:中国的"洋务运动"如火如荼,日本则开始"明治维新"。众所周知的是,中日两国在相同的背景下,走上了截然相反的道路。

第一次鸦片战争期间,林则徐、魏源首先提出了"师夷长技以制夷",他们是中国主张放眼世界的一代先驱。这句口号源自魏源应林则徐之约、于 1842 年编就的《海国图志》,是近代中国第一部对西方进行全面介绍的著作,但并没有引起当时中国应有的重视,反而是日本将其视为珍宝,认真研究,奉为圭臬。第一次鸦片战争后,中国一些主战派,看到了落后的中国与西方列强的差距,本欲进言朝廷奋发图强,无奈这批人在战败后纷纷被贬谪、发配,随即主和派占了上风,因此未能成为一次有效的图强运动。

曾国藩和李鸿章等人在太平天国战争和第二次鸦片战争中，见识了外国列强坚船利炮和新式洋枪的威力，意识到中国必须有自己的军工厂，生产制造新式洋枪洋炮，才能应对内部战争的需要以及更好地与列强对抗，继而兴起了影响广泛的"洋务运动"。李鸿章更是成为"洋务运动"的代表人物，其历史功绩褒贬不一。

1865 年，李鸿章兴办了江南机器厂和金陵制造局，主要生产枪炮、子弹等。1866 年，左宗棠在福建创建船政局及马尾船厂，这些都成为"洋务运动"的迈开的第一步，在"洋务运动"中占有重要的地位。

□明治维新，日本命运的转折点

再看日本，第一次鸦片战争时期，它与中国一样，都是闭关锁国的国家，发展水平相差不大。1842 年，慑于中国在鸦片战争中的失败，日本不得不向西方列强妥协，开放一些港口，允许这些国家的军船补充煤炭和水。而发生于1853 年的"黑船事件"才让日本真正敞开大门。在这次事件中，美国人佩里率舰队进入日本，强迫日本于第二年和美国签订了《日本亲善条约》，开放下田和函馆两个港口，供美舰补给用。西方列强看到了强权的威力以及利益的诱惑，于是英、俄、法、荷等国家纷纷派出将领，率领舰队来到日本，以军事为威胁，强迫与日本签订和美国相类似的条约。自此日本奉行了 200 多年的锁国政策，从此被打破。

1868 年，日本倒幕运动以倒幕派获胜而告终，天皇摆脱了千百年来的傀儡身份，真正成为日本政权的最高领导者。同年 4 月，明治天皇以国家最高领导人的身份发出了第一封御笔信，宣布从此以后的日本，将是一个以天皇为中心的中央集权制国家。

日本走上了"明治维新"的道路。

日本和中国一样，都是被西方列强的炮火轰开了紧闭的国门。中国是因为鸦片战争，而日本是因为黑船事件。几乎同时被强迫打开大门，同时意识到了奋发图强，并同时进行革新，但是为什么结局却正好相反，是一个值得人们深思的问题。

日本明治新政府成立之初，发布了《五条誓文》：

一、广兴会议，万机决于公论；

二、上下一心，盛行经纶；

三、官武一途以至庶民，各遂其志，人心不倦；

四、破旧有之陋习，基于天地之公道；

五、求知识于世界，大振皇基。

这《五条誓文》起到了一个临时宪法的作用。它赋予了日本国民一个很重要的权利，即参政议政权。从此以后，无论是哪一层的日本人民，都可以毫无限制地对国家政治发表自己的意见，无论什么事情大家都可以在会议上各抒己见，同时，政府也向民间、向大众征求治国的方针政策，希望举国上下齐心合力，共同治理国家。

日本新政府之所以实施起这样一系列的民主方针政策，是出于一种强烈的危机感。自古以来，日本便生存在中国的阴影下，当中国国势日衰之际，西方列强又纷至沓来。这种隐忍了数千年的局面让近代日本面临着严重的危机。再加之当时的日本幕府残余势力仍抱着反扑的梦想，内忧外患之下，如果国政上不再对民意有所反映，那么不仅建立不起一个可以与西方列强相抗衡的国家，更有可能会彻底地沦为西方的殖民地。由此，诞生了一个新的制度——"建白书"。

所谓的"建白书"，就是类似于提案的一种书面建言，无论是朝中大臣还是贩夫走卒，甚至是当时的日本尚未彻底解决的四个阶层中的最下等人民，都可以针对国家的政策无所忌言。另外，颇有价值的建言还会通过在报纸上选载的方式造成更大的影响。

日本政府的努力没有白费，新制度诞生不久，大量的建白书便如雪片般纷至沓来。

在日本的江户时代，政治只是武士的事情，一般庶民是不能参政的，甚至不允许讨论政治，"明治维新"后，国民平等了，国家成员的地位获得承认。日本百姓为国家着想的热情被唤醒，同时也对即将开设的议会满怀期待。与此同时，日本政府开始了制定宪法的准备，曾赴欧调查各国宪法的伊藤博文成为制宪的中心人物。明治二十二年（1889年），日本宪法颁布。在第二年，召开了日本的第一个议会，至此明治日本的近代国家形态已经基本完备。伴随着议会的成立，受理"建白书"的机关被关闭，随着议会的召开，20多年来反映民意的"建白书"，完成了其历史使命。

100多年前，曾有一位日本青年写下了如下这番话：

"政府实施新设议会之时，议会则为政府私有，而非天下百姓公有，议员则以官吏自居，议会应为，天下百姓之公有，而不可成政府之私物也，如果国民自己，不主动参与国事的决策，这样的国家就不会真正成为国民的国家。"

这是给予"建白书"制度最好的评价。

□差异在根本

"明治维新"是一次全面的革新，是一次质的飞跃。它从上至下对国家的政体作了全新的变革，以天皇为中心的立宪君主制（与西方国家的君主立宪制不同。君主立宪制国家的君主并无实权，实权掌握在内阁手中。明治维新后的日本实权掌握在天皇手中，因此被称为立宪君主制）建立起来，近代的教育制度、军事制度、土地制度、银行制度等也随之而建立。日本正是有了这些近代制度的支撑，最后才能大踏步地前进跟上西方国家的脚步，并通过自己的努力，成为列强中的一员。

　　而清朝的"洋务运动"只不过是一种量的变化，并没有达到质变。国家政体没有丝毫变化，封建主义制度丝毫没有被触动，其落后性根本不能与日本的君主立宪制先进性相比。虽然在清朝末期出现过戊戌变法，但那毕竟如同流星般迅即陨落，百日维新很快被保守势力所镇压，随着六君子的人头落地，中国近代一次变法图强的努力，被扼杀在摇篮之中，它是一次不成功的变法。清朝那架破破烂烂的马车，在慈禧这个蹩脚的驭手驾驭下，颤颤巍巍地走上历史的老路，最终走向灭亡。

第四章
无头官司糊涂案——清朝奇案冤案

江南乡试舞弊案

□技不如人，以钱开路

顺治十四年（1657年），江南地区选拔举人的乡试将在江宁（今南京）举行。顺治皇帝核准了礼部遴选的二十名考官，专门召见主考方犹、副主考钱开宗，叮嘱告诫秉公选拔贤才，切勿营私舞弊。两人俯伏在青砖地上，诚惶诚恐异口同声"遵旨"。

自谓圣门弟子的考生良莠不齐，有心术不正者自知翰墨低劣难以录取，各找途径以钱开路。主考也好，考官也罢，在黄金白银面前乱了方寸，或半推半就，或来者不拒，甚至讨价还价，早把圣谕丢在了脑后，但以为天知地知你知我知。

考试完毕，已通关节的考生悠然自得等待榜上题名，至有呼朋唤友预摆喜宴者，酒酣耳热之际，洋洋得意，自吹自擂神通广大有钱能使鬼推磨。

常言道，世间没有不透风的墙，终于东窗事发！

□金榜发放，真相大白

江南乡试发榜日，无数落榜生久聚不去，窃窃私议者有，愤于形色者有。

早在发榜前，业已风传考场关节颇多。榜发之时传言有了印证：多个众所周知才低品劣之徒弹冠相庆，而早有文名的饱学之士尤侗、汤传楹等却名落孙山。

文庙看榜现场骚动起来，笑骂中举前三名是"贾斯文、程不识、魏无知"。

有人大呼考场不公，众口响应，声震耳膜。不平与气愤如火山爆发，有考生冲上前去，一把扯下榜文，撕作了片片蝴蝶。哭声、骂声，引来了无数人围观。

两江总督朗廷佐闻报大惊，急忙出兵弹压，将人群驱散。

考官龚勋少有机会来六朝古都，趁着风和日丽游览秦淮河，不料被几个考生撞见，围住了讥讽谩骂还挨了拳头。

正、副主考方犹与钱开宗心慌意乱，匆匆整理行装登船离宁。闻讯赶到的考生紧追不舍，叫骂声中，砖头瓦片如蝗飞来。船至常州、苏州时，又遭当地考生追击咒骂。

江南乡试舞弊事不胫而走，天子脚下的京都也已纷纷扬扬。

——录取举人方章钺是主考方犹的本家。按《钦定科场定律》，考生是考官族人的应回避作别头试，违者考官革职查办，考生即使录取也必取消资格。

——有打油诗一首四处流传，怒骂主考方犹、副主考钱开宗贿赂公行，以钱取士：

孔方主试副钱神，题义先分富与贫。

定价七千方立契，经房十二不论文。

——江宁书摊上，出现了名为《万金记》的小册子，人们竞相传阅，据董含三的《岗识略·乡闱异变》载："万金记以'方'字去一点为'万'，'钱'字去偏旁为'金'，指两主考之姓，备及行贿通贿之状。"

负稽查违误之责的给事中阴应节，拟就了奏章一道，连同打油诗、《万金记》送呈顺治皇帝。大意谓：江南主考方犹、钱开宗等弊窦多端，榜发后士子愤其不公，哭文庙，殴考官，物议腾沸。乞皇上立赐提究严讯，以正国宪而重大典。

□顺治帝的严厉手段

大清国开国未几，就曝出此等丑闻，顺治的恼怒自不必说，当下准了阴应节的奏请，降旨一道：

据奏江南乡试情弊多端，物议鼎沸。方犹等经朕面谕，尚敢如此，殊属可恶。方犹、钱开宗并考官俱着革职，并中式举人方章钺等，着刑部差员速拿来京严刑详审。

于是乎，二十个考官被摘去顶戴花翎，连同方章钺等考生嫌犯一并打入刑部大牢究审。

为缓和朝野舆论，顺治下令已录取的举人重考。复试在紫禁城太和门举行，顺治帝亲自主持。考场内外兵丁林立如同两军之对阵，又每名考生由二个全副武装的八旗兵左右监视。

考场气氛肃杀，顺治虽传话让考生们尽心构艺、不必畏惧，又格外供给烟茶。但众多考生终是惴惴不安，竟有手难把笔者！诚如《国史旧闻》所云："当是时，人人自谓天威严重，不知几许将登鬼录，几许将御魑魅，几许将锢终身。"

复试阅卷完毕，考官评定等级后送呈顺治帝。顺治核准后裁定：

汪溥勋等七十四名仍准举人功名；史继佚等二十四名亦准为举人，罚停会试二科；方域等十四名文理不通，俱着革去举人。

顺治又对作弊人犯裁决如下：

方犹、钱开宗着即正法，妻子家产籍没入官；叶楚槐等考官十七人俱着即处绞，妻子家产籍没入官；已死之考官卢铸鼎，妻子家产籍没入官；考生方章钺等八人俱着责四十板，家产籍没入官，父母妻子兄弟并流徙宁古塔。

顺治皇帝峻法严刑惩办科场舞弊案，用人头镇压以身试法者。消息飞传处，闻者咋舌，身家性命要紧，少有人再敢自蹈死路了，故此后五十年间，科场舞弊几近绝迹。

朱三太子案

□明朝后裔冒名案

清王朝在消灭了南明永历小朝廷之后，最终确立了对全国的统治。但是，全国的抗清斗争仍在进行。不仅据守台湾的郑氏集团继续与清朝对抗，而且，大陆的许多汉族人仍对清王朝充满了仇恨，怀念汉族人的朱明王朝，利用各种方式掀起抗清的斗争。清初不断发生的"朱三太子"案，正是当时政治斗争的一个曲折的反映。

崇祯皇帝有七子。明末时，崇祯帝尚有三子，即太子朱慈烺和皇子定王、永王。朱由检吊死煤山之后，太子和其他两皇子都逃出北京城，藏匿民间。从此，明朝皇室后裔就成为清朝、南明及各种反清势力所关注的一大问题。顺治初年，南京与北京都出现的故明太子案，就曾轰动朝野。太子朱慈烺被清廷以假冒之罪杀死。顺治八年（1651年）冬，清政府在安徽太平府捕获一个自称是"崇祯第三子，名慈焕"的青年。十一月三日，陕西隆德县王道真称自己是明天启东宫太子，与彭三阳等"欲要恢复故业，同谋捏写伪札，招摇惑众"。顺治十六年（1659年），清政府在河南柘城又发现张缙冒充故明皇四子案，并收缴铜印一颗。张缙被捕到县衙，"挺立大言：'我朱慈英，前明皇帝第四子也，母曰周皇后'"，对县令大声呵斥。后被逮解刑部狱，于顺治十八年（1661年）弃市。

顺治年间，全国各地不断掀起抗清的起义，"处处揭竿，咸奉明朔"，"深山穷谷，谈论举义之事都以故明相号召"。全国相继发生多起假借明朝后裔名义反清事件。康熙年间，随着故明皇子潜匿民间传闻的广泛传播，人们纷纷打着"朱三太子"的旗帜与清廷做斗争。康熙十二年（1673年）底，京师爆发了杨起隆诈称"朱三太子"案。

□迭起的"朱三太子"案

康熙初年以来，八旗旗下主仆、主佃矛盾逐渐激化。杨起隆秘密潜入北京，在八旗奴仆中展开了秘密活动，并计划于康熙十三年（1674年）元旦在城内放火起义。吴三桂举兵反清消息传到北京，杨起隆决定利用"朱三太子"的名号发动起义。他组织镶黄旗监生郎廷枢家仆黄裁缝、正黄旗周公直家仆陈益等

"约有千人"提前起义。十二月二十一日晚，杨、黄、陈等三十余人在北京西城鼓楼西街周公直家召开秘密会议，就起义的有关事项做出布置：建年号"广德"，参加起义者称"中兴官兵"，二十三日五更，"以白布裹头，红布披身为号，约于京城内外放火举事"。由于郎廷枢家仆告密，黄裁缝等四人被捕，杨起隆不得不将起义再次提前，于二十二日仓促发动起义。清廷闻讯，迅速派兵包围周公直家。起义军顽强杀敌，但由于敌我力量太过悬殊，起义很快宣告失败。杨起隆等数人杀出重围，逃离北京，陈益与杨妻马氏及其"亲随小厮"都被清军俘虏。接着，清政府在北京城内大肆搜捕起义者，数百人被捕，上千人受牵连，其中200余人被处死，并在全国通缉"首逆""朱三太子"杨起隆。

可是，三年过后，不但没有捉拿到"朱三太子"杨起隆，在福建又出现蔡寅诈称"朱三太子"反清案。蔡寅，福建漳州府龙溪县马口乡人，"以种园为生"，"以左道惑人"。康熙十六年（1677年）春，郑成功子郑经的部队在泉、漳被清军击败，撤往厦门。蔡寅遂"收其余党，诈称'朱三太子'，交泉州人许挺为内应"。三月十九日夜，蔡寅派人潜入泉州城，试图里应外合，夺回泉州。但许挺被擒杀，起义失败。蔡寅等"斩关而出，人以为神附者日众，蔓延漳、泉间，派粮以食，头裹白布，时人谓之白头贼"。当时，"白头军"发展到数万人，在南靖、长泰、同安等县山谷间活动，多次挫败清军，有力地支援了郑经部。后来，"白头军"被清军击败，蔡寅投奔郑经，被封为荡卤将军，改名蔡明文。

康熙十八年（1679年）冬，和硕安亲王岳乐奏称，在湖南新化县僧寺抓获崇祯太子朱慈灿。朱慈灿供称：12岁遭"闯乱"，逃到南京却被福王关到狱中，后释为民，到达河南，随朽木和尚为僧，流落江西、湖广20余年，因病还俗，到达永州、宝庆一带活动，"欲声讨吴三桂悖逆反复不忠不孝不义诸罪"，遂与无为教首领姚文明及戴必显合谋，"招兵散扎一年，因三桂死，遂停止活动"。康熙帝看完奏折说："朕曾就此事向旧明太监询问。据他们说，当时太子朱慈灿年纪尚幼，肯定不能逃出京城，现在怎能还活着，大约是假太子。朕思索已过了这么长时间，太子至今方现身，自然最近的太子是冒充的。"但康熙帝仍以"事迹未明"，不便在当地正法，命将太子押送京师再行审议。经与"朱三太子"杨起隆案在押的同党对质，"俱不识"。于康熙十九年（1680年）五月，朱慈灿被斩首示从。不久，又有朱慈璊自称"朱三太子，广散札付"，在陕西汉中、兴安一带活动，图谋反清。朱慈璊原名朱次门，杨起隆同党。康熙十二年（1673年）杨起隆以"朱三太子"名义发动起义失败，逃出北京，复改任姓，以道士身份，秘密至陕西汉中一带，继续以杨起隆名义"纠党举事，闻事泄，欲逃入山"，于山河口被捕。清军在他身边同时收缴了"伪安国大将军木印、札付及兵械等"。朱慈璊被押到京城审讯，他不是"朱三太子"，在监的杨起隆妻马氏及同党郑得胜等也不认识，"且面有刺字疤痕，明系旗下逃人入杨起隆伙内，知其缘由，遂假借杨起隆之名，于陕西造反"。朱慈璊最后被凌迟处死。显然，这是杨起隆余党在陕西继续坚持反清斗争的事件。

雍正帝后来说："康熙年间，各处奸徒生事，动不动就以朱三太子为名……指不胜屈。"其实，"朱三太子"不过是当时人们借用朱明后裔的名义号召群众而进行反清斗争，并不一定确指崇祯皇帝第三子。至于皇三子究竟是定王朱慈灿，或是永王朱慈焕，对于"朱三太子"案说来，并无多大意义。清初"朱三太子"案的迭起，反映了当时复杂的社会矛盾。而借用"朱三太子"名义进行反清斗争，在整个康熙年间已成为民间秘密结社反清的一种重要方式。

康熙朝的笔祸奇案

□编撰《明史》惹祸端

什么是文字狱？《汉语大词典》这样定义的："统治者为迫害知识分子，故意从其著作中摘取字句，罗织成罪"；《中国大百科全书》的说法是"明清时因文字犯禁或藉文字罗织罪名清除异己而设置的刑狱"。简而言之就是，话不能畅所欲言地说；字不能随心所欲地写。清初，只要触了满族皇室逆鳞的言辞和著作，就算是胡说八道也绝不可放过。而正在这个敏感的时候，明朝的遗老遗少用一部《明史辑略》，有心无心地给自己捅了个天大的娄子。

《明史辑略》这个祸端的前身是《明史》，是明末宰相朱国桢在退休之后闲来无事的无聊所作。谁都不会想到就是他当年的游戏之作，却在死后被朱家的子孙当成货品变卖出去。所谓富不过三代，朱家也不曾幸免，到了后期，朱国桢的子孙变卖祖上留下的东西来度日，而朱国桢闲暇所做的《明史》也被翻找出来，以区区一千两白银被卖给了庄廷鑨，对于在明史一案发生前就死去的庄廷鑨也终究没有机会得知，自己当初的附庸风雅之为却给自己的家人带来灭顶之灾。

庄廷鑨是一个才华横溢、胸怀大志的盲人。所谓"身残志不残"，在听说了先秦的史学家左丘同样也是以一个盲人的身份写了名垂千古的历史著作《国语》之后，庄廷鑨便试图也在这世上留点什么以永垂不朽。于是，他以《明史辑略》为蓝本，邀请了一大批志趣相投的有识之士写一部同样能流传后世的、能与《国语》媲美的史书。可惜，没有等到这部著作完成，庄廷鑨就去世了。庄廷鑨出身于富商家庭，可能也是请人著书并不会花多少钱的缘故，庄廷鑨的父亲庄允城父承子业继续出资，终于使《明史辑略》得以刊刻完成。《明史辑略》也算是一本鸿篇巨制了，它凝结了太多人的心血。

当时被邀请参与此书编纂的人很多，大家也都没觉得有什么不妥的地方，甚至以能够参与其中为荣耀。由于参编人数太多，而署名位置有限，有些人因为没能名列其中，而为此感到遗憾。但不久之后，这份遗憾便化成了幸运。

令所有人尤其是庄允城没有想到的是，这样一件耗费了自己无数家产的荣耀事情，不久之后便让他身陷囹圄，彻底成了这场惨案的男一号，被刑讯逼供、死于棍下。不过，庄允城也最终完成了儿子的心愿：《明史辑略》留名千古，成了清朝历史上第一个文字狱大案。

□鸡蛋里挑骨头的朝廷

《明史辑略》中到底写了些什么，让告密者吴之荣抓住了如此实实在在的把柄害死庄家一干人等？细数起来，这套史册中所著内容皆与清朝皇室有关：直呼清朝皇帝先祖的名字，不加尊称；对于努尔哈赤在辽东的崛起之地由"龙兴"改称为"滋患"；对于明朝最终战败于清朝的结果，从惋惜到悲凄之情，在纸上抒发个淋漓尽致。

由这几点理由便知，清政府只是想抓住一个杀一儆百的引子，至于这个引子是谁，都是无所谓的。

被世人美誉为"千古一帝"的康熙，便因为这桩文字狱，让自己辉煌的执政生涯沾染了再也抹不去的污点，使他平日里的"宽容"也似乎成了假象。

但是，需要说明的是，发生在康熙二年（1663年）的明史案确实不是尚未执政的少年玄烨的所作所为，在明史案这个事件上，其实康熙也可以算得上是一个受害者。那时，鳌拜甚是猖狂，凡事都不向这个小皇帝请示，自己想怎样就怎样，而且与康熙亲近的人也是该杀则杀，毫不留情。康熙就是这样眼睁睁看着鳌拜在自己的地盘上兴风作浪，连自己的老师汤若望最终冤死在鳌拜手中也是爱莫能助。有的只是对自己亲政没有实权的无助感，还有就是忍受世人把责任和骂名归到自己的头上。

无论多么的无凭、无理、无据，坏人也习惯为自己所做的坏事准备一番说辞，鳌拜亦然，明史一案牵连众多，有罪的与无罪的，只要沾上点边的都一律或处死或充军服役，血流成河倒不至于，但是血腥程度也是触目惊心的。即使这样，鳌拜仍厚颜无耻地把自己定位到了为国分忧解难的位置，堂而皇之地为杀人行径寻求合理的说法。历史上的改朝换代引起民间的动乱是在所难免的，而且清政府还是以外族入侵的角色入关的。

□砍断汉族人心理的屠刀

满族人入关，建立了统治王朝。由于历史的变迁，虽然明朝皇室的后裔们无勇无谋、胆小怕事，一些尽忠于明朝的大臣和百姓却在拼死抵抗，搞得所向无敌的满族骑兵们焦头烂额。尤其是知识分子，他们心思敏感细腻，对亡国之痛更是感触颇深，在心理上一时不能接受满族人入主的事实，无意间就流露出对旧王朝的怀念，而这种怀念之情就借着他们的笔端流露出来或者出现在字里行间的细节之中，借此寄托自己对故国的哀思。这样，清政府掌权的贵族文化就在一定程度上遭到了汉族知识分子的不同程度的抵抗。在文化上，清朝掌权者越是想让自己的文化普遍化、主流化，越是艰难，何况当时的环境下，汉族文化也确实要比满族、蒙古族的文化要先进得多。这就使满族高层不可避免地处在了一种不被大众文化认同的尴尬境地，这种尴尬使得他们更加敏感，哪怕稍有反抗之意都要加以血腥镇压。

清朝统治者无论如何努力也不能改变汉族人根深叶茂的局面。康熙继位之后，地方总督几乎没有满、蒙官员，汉军旗人占到了80%左右。在巡抚中，被皇帝册封的汉军旗人占50%，汉人也占50%，根本就没有满族人、蒙古族人。所谓汉军旗人是指在入关之前，投降满族的汉族军人，叫汉军旗人。至于府、州、县，各级官吏中，满族人、蒙古族人更少，一万个官吏里面，也找不到一个。执掌大权的满族贵族们想做到"首崇满洲"，太难了，没法做。天下是自己的，可说的算的、能做得了主的却都是外族人，让满族皇室情何以堪，虽然位于权利塔的最顶端，但是根基不稳，又怎能坐得下去。

所以，清王朝便草木皆兵，首先选择镇压汉人文化、汉族知识分子。自此，文字狱也再次被统治者所利用。但是，康熙早期的文字狱与以前朝代的文字狱在本质上有很大的不同。北宋时期的文字狱是由于体制内的不同派系相互倾轧所引发的；明朝的文字狱则是由皇帝个人的好厌所决定；而满族人发起的这场文字狱是强制百姓认可自身的统治地位。

作为四大辅臣中真正有着实权的鳌拜，他是"首崇满洲"的积极执行者，肯定不会任由民间不利于满族人的状况继续下去。他的出发点也是为了维护清的政权，所以，就打着康熙的名号制造了相当残酷的明史案。

康熙时期执政的这个61年的时间里，前后制造了十几起"文字狱"。其中那最惨的这几起，都是在鳌拜辅政时期。所以，虽然不能说鳌拜是清初"文字狱"的始作俑者，但是，鳌拜对于"文字狱"的扩展，是负有相当一部分责任的。

可以说，庄家落难是偶然的、可文字狱的兴起却是必然的。果然与必然之间的不确定因素，在这起文字狱之中便是那个因贪赃枉法、勒索百姓而被罢官的浙江归安知县吴之荣。吴之荣不但因为检举有功，官复原职，而且还分得了庄家被没收掉的一半家产。吴之荣本是旗人出身，在偶获《明史辑略》之后，便一眼看出了其中内容大大触犯了满洲人的忌讳。但是，起初他也没有想要把事情发展到记入史册的程度，不过是想借此向庄家敲诈勒索些钱财。只是有时候，事情的发展并不随人的意志为转移。

庄允城一开始并没有在意吴之荣的勒索行为，但吴之荣几次被庄允城忽视，恼羞成怒，便必欲除之而后快。由于当地大小衙门都被朱、庄两家用钱给买通了，于是吴之荣摘取了书中的一些违逆字句向京城告发。

吴之荣告发的案子一到北京，就受到了鳌拜的高度重视。机会来了自然不会放过。

于是，同年的五月二十六日，一众被卷入明史一案的倒霉之人步伐沉重地走进了杭州弼教坊刑场这个屠宰场中，等待着被凌迟、被重辟、被处绞。即使是已经死去的庄廷鑨也没能幸免，被掘坟碎尸。片刻之间，俨然成了人间地狱。曾经因为没有抢到机会来参加《明史辑略》整理、润色的人如今却再也没有可惜可叹的心情了，只有无尽地庆幸。捡了荣华富贵的吴之荣好日子也没能享几年，身上沾染了太多无辜之人的鲜血。据说，一天他走在路上，忽然狂风骤起，雷电交加，随后就得了大病，没两天就死了，当时人都传说他是被雷击死的。事实并不能加以考证，或许吴之荣的死也正是世人寄予那动乱世道的一丝安慰。

明史案作为清朝历史上最大的一起文字狱，在中国文祸史上，乃至在整个中国历史上，都是一起骇人听闻的事件，也成为少年康熙的一个无法把握的"无可奈何"。

顺天府乡试，舞弊案还是诽谤案

□主考官的身份

要弄清己卯顺天榜乡试案，首先要认识此案的两个主角，即主考李蟠、副主考姜宸英。看看他们究竟是何许人。

主考李蟠（1655~1728年），无疑是己卯顺天榜乡试的主要责任者。乾隆四十九年（1874年）进士、国史编修，曾任江苏巡抚、两广总督、刑部尚书、直隶总督、两江总督并太子太傅的蒋攸铦写道："李蟠，字仙李，彭城人，幼岐嶷，读书十行俱下，为文洋洋数千言，下笔不加点。1690年中举人，1697年成进士。制策问军政、吏治、河防诸事，蟠条对剀切，治河策尤称上意，遂擢为一甲第一人，授修撰，入国史馆撰修一统志。会暹罗来朝，赐蟠一品服，命充馆伴。蟠宣扬德意，音出如洪钟，使臣额手，庆得识天朝第一人物。""（李蟠）著有《偶然集》。诗潇洒爽逸，兴致繁富，不轶规绳。其才气鼓荡，则得之出关以后。古文亦精妙。书法赵孟頫，所书东坡《放鹤亭记》《金刚经》，迄今人宝之若拱璧焉。"

1825年拔贡、1851年孝廉方正孙运锦又曰："（李蟠）弱冠补博士弟子，慕东南山水之胜，买棹渡江，遍历吴山、天目、钱塘、镜湖，三阅月而归，文稿益奇横。康熙庚午举于乡，丁丑成进士。制策问军政、吏治、河防等事，公条对剀切详明，尤称圣意，遂握住擢为一甲第一人；胪唱时，上为破颜，为得人喜，且以徐方濒河，公徐人，睿鉴故不爽也。时殿试展期孟秋，方酿雨，郁蒸殊甚，公体胖不支，执笔莫能下。薄暮得雨，燃烛握管，漏下三商，殿上人寥寥。监视王公大臣趣公，公仰视曰：'皇上以国计民生策士，亦欲多士以嘉谟入告耳。诸公不使尽一日所长耶？'雨后风大作，殿高敞，烛不能燃，监视官命从人以毡幄公案。既得高第，诸公乃啧啧叹公伟度。"蒋攸铦为清廷重臣、三朝显贵，其言应为有据；孙运锦实为李氏族裔（因过继其姑母而易姓），知根知底，其言亦应不虚。可以看出，李蟠聪明颖悟，文思敏捷，阅历广泛，见识超群，临事机警，且风度气质较佳。康熙皇帝为国选士，锐眼识人，钦定李蟠为状元，意当有所大用也。

副主考姜宸英（1628~1700年），字西溟，号湛园，又号苇间，浙江慈溪人。康熙三十六年（1697年）探花，授编修。初以布衣荐修明史，与朱彝尊、严绳孙称"江南三布衣"。他博学多识，深谙经史之学，常著文抨击弊政，曾撰《张使君提调陕西乡试闱政记》，揭发科举考试弊端；又撰《明史刑法志总论拟稿》，指斥明代刑法痼病。修撰《明史》宏博雅健，诗论文论成一家之言。工书善画，山水画笔墨遒劲，气味幽雅；书宗米、董，飘逸俊秀，小楷风格秀劲，为康熙四大家之一，帖学代表人物，且精于鉴赏，名重一时。但是，由于生性刚直、行为狂放，尤其不肯阿附权贵，甚至不把考官放在眼里，因此屡试不第，仕途坎坷。后因声名赫赫，康熙皇帝垂青，才被钦点为探花。著有《西溟全集》《湛园题跋》等。可见姜宸英不愧是国之名士，一位饱学、正直的优秀文史学家和艺术家。

说到李蟠和姜宸英之关系，尚有一段佳话。他们分别是康熙三十六年（1697年）丁丑科的同榜状元和探花，两年之后又联袂担任顺天乡试考官，亦可谓有缘。据传，"蟠伟岸虬须，状似武人，其为诸生时以刀笔闻，廷试怀面饼三十六枚，餐之至尽。"殿试放榜后，年届七十的姜宸英对42岁的李蟠被钦点为状元颇不以为然，曾作打油诗讥讽之："望重彭城郡，名高进士科。仪容如绛、勃，刀笔似萧何。木下还生子，虫边更著番。一般难学处，三十六饽饽。"此诗流传开来，人们遂称李蟠为"饽饽状元"。不过，有学者认为，此事未必实有，亦不过文人之间的调侃和噱头而已。不过，从此处可看出二人关系非同一般。

□收受贿赂的疑点

康熙三十八年（1699年）己卯八月辛未（初六日），钦定"以翰林院修撰李蟠为顺天乡试正考官，翰林院编修姜宸英为顺天乡试副考官"。由前科鼎甲主持顺天乡试，虽是惯例，亦可见朝廷对李、姜二人的倚重。未料到，二人从此陷入泥淖，不能自拔。

清代科举考试分童试和正式考试。经过三场童试录取，获得生员（俗称秀才）资格后，才能参加正式考试。乡试是正式考试的第一级。每三年一次，在省城举行，录取后称举人，其第一名称解元。举人经复试后，才能去京城参加第二级考试——会试，取中者为贡士，其第一名称会元。最后一场才是由皇帝主持的最高级考试——殿试，考中者为进士，第一名为状元，第二名为榜眼，第三名为探花。

顺天府即京师，是人文荟萃之地，也是矛盾集中之地。"京官难当"，考官尤其难做。好在主考、副主考是前科状元和探花，时李蟠44岁，年富力强；姜宸英71岁，德高望重。二人受此恩宠，立志图报，但是想不到捅了马蜂窝，惹来麻烦。清制：乡试分三场，均于八月进行，初九日首场，十二日二场，十五日三场。录取情况于九月五日放榜。意想不到的是，试榜一放，引起轩然大波。有的记载说："因中试者多为大臣子弟，落第士子编造歌谣'老姜全无辣味，小李大有甜头'。散发传单，指斥正副主考'纳贿营私，逢迎权要'。"

亦有记载说："（康熙三十八年）九月，己卯顺天乡试科场案发。是科发榜后，物议沸腾，落第考生揭文于市，斥责正考官李蟠、副主考姜宸英瞻顾情面，纳贿徇私，所取皆朝臣及官家子弟。"更有人指李蟠投靠善于玩弄权术的内监鲍三老，品行不端，贪财如命，这次考试中收受贿银一万多两。歌谣中所说"老姜全无辣味，小李大有甜头"，意思是说，姜宸英刚正之士，竟也不主持正义，甚至趋炎附势；李蟠苟徇私情，见钱眼开，以钱取士，在科举中得到不少好处。

《古今笔记精华》收录一篇题为《清康熙己卯顺天乡试之狱》的文章，引述清代史料笔记——萧奭的《永宪录》，全文保留了风行一时的《士子揭世文》：

朝廷科目，原以网罗实学，振拔真才，非为主考纳贿营私、逢迎权要之具。况圣天子加意文教，严饬吏治。凡属在官，自宜洗涤肺肠，以应明诏。不意顺天大主考李蟠、姜宸英等，绝灭天理，全昧人心，上不思特简之恩，下不念寒士之苦，白镪熏心，炎威眩目！中堂四五家尽列前茅，部院数十人悉居高第，若王、李以相公之势，犹供现物三千；熊、蒋以致仕之儿，直献囊金满万。史贻直、潘维震因乃父皆为主考，遂交易而得售；韩孝基、张三弟以若翁现居礼部，恐磨勘而全收。年羹尧携湖抚资囊潜通一万，朱世衍异督学秽蓄直达寝门。励廷仪则畏宗亲要路，兼受苞苴；收严密乃修同谱私情，不嫌乳臭。总是老师分上，且期囊橐之取盈，故舍其姪而独取其婿；更恐言路关头，必欲逢迎之尽致，遂因其弟而并及其兄。尤可丑者，宛平之门馆，私人亦不敢违其嘱托；所可奇者，总督之长班，贱役致无弗尽其收罗。费士龙以居停关说，半现半赊；蒋廷锡馈学道遗赀，如携如取。王守烈凭虞山一钱，数月前先结狐群；廖赓萤恃相国专房，百名外续居狗尾。张融许魁选而得羲经之殿，嫌其少也；姚观以同乡而兼姻娅之亲，岂为文乎！三场代笔，魏嘉谟遂占高魁；午夜夤缘，刘师恕俨居首选。胡承谋之半万，均系徽商；李景年之八千，专为废籍。编修岂能荫姪？知借力于家兄；佥事诚为有儿，亦贻谋于乃祖。超熊诏因王以通李，数倍于王；徐陈基献靳以媚姜，名先于靳。二贺父子异籍，且大神通；两黄兄弟连名，若合左券。魏龙巨万，洵是魁才！吴李多赀，果为首选！借藏身为活计，徐用锡之阴谋；诧假馆以夤缘，谢绪宏之狡术。胡天不吊，任与独少佳儿；黄物有灵，叔墩岂真难弟！不阅文而专阅价，满汉之巨室欢腾；变多读而务多藏，南北之孤寒气尽。取人如此，公论谓何？况夫数世长随，擢居鼎贵；八旬老子，拔置清班。朝廷待彼不为薄矣，二君设心何其谬哉！独不念天听若雷，神目如电，严虞惇抚床而嘱，何偏直受命之辰；黄梦龄馈参为名，何必在赴宴之后？龙门未启，题目可以喧传？蕊榜未悬，元魁何由预报？售关节于杀妻之凶犯，岂谓知人？寄耳目于舐痔之怀来，宁云择侣？呜呼噫嘻！投身鲍氏，固已薄其为人；不赴亲丧，早已窥其短行。身辱者心必丧，孝亏者忠必衰。似此败检，贻玷清流，以御魑魅，未足蔽其厥辜；肆诸市朝，庶少伸夫公道。吾辈进退不苟，死生唯命，务请尚方之剑，斩彼元凶！当路风闻既确，目击又真，何惜弹劾之章，达诸天听！不然，苟白简之迟迟，致群情之汹汹，一旦有义士者挺身而起，或刺之于国门，或杀之于车下，四方闻之，恐笑士大夫之无人也！

这篇《士子揭世文》，又称揭帖，用笔辛辣，言之凿凿，在京城张贴、散发，具有很大的煽动性，一时间满城风雨。中堂四五家，部院数十人，子弟都金榜题名了；大学士王熙、李天馥为子孙行贿三千；工部尚书熊一潇、左都御史蒋宏道、湖抚年羹尧为其子行贿上万；举子史贻直、潘维震之父分别为浙江、福建主考，私下也做了交易；韩孝基、张三第因父官居礼部，掌管复查试卷大权被全部录取，其余有的拉关系，请吃喝，请代考，豪富巨商为子弟竟也行贿得中。揭帖指责主考、副主考行为不端，辜负圣恩，呼吁朝中有识之士弹劾李、姜，祭起尚方宝剑，"斩彼元凶"。否则，就要挺身而起，把李、姜刺杀。不久，剧作家孔尚任以顺天榜乡试为题材，创作了一部多出戏《通天榜传奇》，搬上舞台上演，掀起社会上对顺天榜乡试的热议。好事者传播流言飞语，推波助澜，攻击矛头无有例外地指向主考李蟠、副主考姜宸英。说李蟠受贿，犹如亲见；指姜宸英徇情，将同乡姚观名列魁首，确实如此。人言可畏！李、姜有口难辩，一身是嘴说不清。

□虎头蛇尾的尴尬收场

顺天乡试，搅得京城哗然，自然震动清廷上层。康熙三十八年（1699年）十一月丁酉（初三日），江南道御史鹿佑上书康熙皇帝，弹劾顺天乡试正副考官李蟠、姜宸英："以宾兴论秀之典，为纵恣行私之地，实为有玷清班，请立赐罢斥。"

鹿佑向称直臣，有遇事敢言、不畏强暴之秉性。他的这道奏章，立即引起康熙皇帝的重视。康熙皇帝也听到风言风语，不禁大为震怒。他告谕大学士等："顺天乡试，中试者童稚甚多，物议腾沸，大殊往昔。考试系国家大典，所当严饬以警戒。御史鹿佑题参可嘉。"并即传旨，"着九卿詹事、科道会同，将李蟠等严加议处"。十一月十四日，九卿等部门上奏，提出将李蟠、姜宸英撤职。康熙皇帝一则严厉批评顺天乡试，一则对九卿等提出的处理意见却又有所保留，传旨说："此科考试，不公已极。且闻代倩之人，亦复混入。科场大典，岂容如此！此案若照议完结，仍不知警，著将所中举人通行集内廷复试。如有拖故不到者，即行黜革。其考官等处分候复试后具奏。"一方面，对顺天府乡试风波表示气愤，认定存在舞弊事实；另一方面，又心怀疑虑，不急于严肃处理考官，意欲通过复试加以验证。这体现康熙皇帝持慎重态度。

"（康熙三十八年）十一月，谕将已经顺天乡试所取举人，齐集内廷，皇帝亲自复试。圣祖亲命试题，特命严加监试。"正式复试，于次年正月二十八日举行。复试极其严格，康熙皇帝传旨："朕亲自命题，特命皇子、重臣、侍卫严加监视。"为保持公正，还增派诸多朝臣参与其事。复试次日，即正月二十九日，康熙皇帝又说："朕于诸事，唯期合宜耳。虽宗室大臣之子，岂肯徇私？诸臣有何畏忌，即今乡会科场，俱遣官考试，朕何尝主持？"意思是说，复试是一块烫手山芋，诸大臣不好定夺，只有为朕亲躬，实际上，一天复试下来，情况已大体清楚，其态度发生根本变化，对顺天榜乡试是否舞弊案产生了怀疑和动摇。也正是在这一天，撰写《通天榜传奇》为顺天榜乡试案煽风点火的孔尚任被罢官斥逐。

对于复试卷的评判，参与复试的大臣们先拟出等第，最后送康熙皇帝钦定。康熙皇帝看后，大致同意，并做了适当调整。他说："诸臣所拟等第俱当，三等以上者，皆可观。有在三等，朕拔置二等者；亦有在四等，朕拔置三等者；四等果属不堪者，著令黜革。三等以上者，仍令其会试。"复试结果与之前猜测大相径庭，这从康熙皇帝知谕大学士之旨可以看出："朕初谓必有不能终卷者。及阅各卷，俱能成文，尚属可矜。至于落第者在外怨谤，势所必有，焉能杜绝！"

复试之榜于康熙三十九年（1700年）二月一日公布。具有讽刺意味的是，李蟠、姜宸英在顺天府乡试中录取的人员中，意无一黜落者！即是说，试放榜录取的考生都可以参加第二级正式考试——会考。所不同的，只是康熙皇帝在原来名次上做了微调，原来的第一名是浙江宁波考生姚观，现在换成了宿迁考生徐用锡。正如有的著作记载："复试徐用锡名列第一，余亦宽宥。"也有的直指，复试成绩并无康熙皇帝所说"四等果属不堪者"。一场震动朝野的风波就此平息。事发后，李蟠、姜宸英实际上已被刑部隔离看管起来。"天子察其冤，不即于下理，命章京一人监守司寇外署，十日一更，最后得王君达卿。"因康熙皇帝有言在先，"严加议处"，"其考官处分，俟复试后具奏"。复试后，康熙皇帝和有关部门则研究对李蟠、姜宸英的处分。看来，闹了这场乱子，影响极坏，不处分说不过去，但痛下狠手，也不无难度。传言说李蟠受贿白银万两，属子虚乌有。于是，便将李蟠流放沈阳尚阳堡三年。说姜宸英徇私将老乡姚观录取第一名，康熙皇帝特地在乾清门召姚观面试，看到姚观才思敏捷，出类拔萃，表现不俗，更知冤枉姜宸英，于是下旨释放姜宸英。遗憾的是，一代古文领袖、文望极高的姜宸英，受诬气愤不过，业已含恨饮药自杀了。死前自拟挽联："这回算吃亏受罪，只因入了孔氏牢门，坐冷板凳，作老猢狲，只说是限期弗满，竟挨到头童齿豁，两袖俱空，书呆子何足算也；此去却喜地欢天，必须假得孟婆村道，赏剑树花，观刀山瀑，方可称眼界别开，和这些酒鬼诗魔，一堂常聚，南面王以加之耳。"这令康熙皇帝痛惜咨嗟不已。如此，两位金榜题名的前科状元、探花，在前清历史上昙花一现，便默默无闻，销声匿迹。

喧嚣一时、震动全国的顺天榜乡试案，终于落下了帷幕。

□所谓舞弊案实为诽谤案

己卯顺天榜乡试一案并非一宗孤立、偶然的案件。科举考试，代有舞弊，屡禁不止，清代尤甚。尽管考场有极其严格的搜检制度和监考制度，处罚违规人员轻则枷号，重则极刑，舞弊仍然层出不穷。己卯顺天府乡试一放榜，受到社会高度关注，也就不足为奇了。

但是，己卯顺天乡试一案是否舞弊案呢？有人认为，虽不能排除个别舞弊现象，但从整个乡试来看，它不是一宗舞弊案，而是一宗毁谤案。陈述的理由如下：

其一，《士子揭世文》所揭舞弊事实为道听途说。这篇揭帖攻击的重点，一是乡试所取多显贵子弟，二是官商行贿、考官受贿，极能煽动朝野不满，但因作者匿名，却无从查证，也无人对此负责；揭帖攻击人物众多，主观臆测却明显不过。比如所揭行贿，不仅指名道姓，有时间、有地点，或一万、或三千、或十万、或八千，如所目击，如所亲历。试想，既是行贿受贿，必然秘密暗中进行，揭文作者如何了如指掌？旬日之内又如何备悉详情？再比如，说李蟠受贿一万，而帖中所揭岂止数万、数十万。事实出入很大，也令人难以置信。可见作者是出于"酸葡萄"心里和嫉恨心情，捕风捉影，吠影吠声，或者无端臆测，凭空捏造，蓄意造势，扩大事态，多为不实之词。虽危言耸听，实不足信！如此所揭，非谤而何？

其二，鹿佑弹劾顺天府乡试考官另有隐情。顺天乡试发榜后，物议沸腾，江南道御史鹿佑趁机上书康熙皇帝，弹劾主考李蟠、副主考姜宸英，虽受康熙皇帝称赞，但并非出以公心，仗义执言，拆穿说，则是假公事而泄私愤，挟嫌报复，落井下石。其真实动机已被后人戳穿："先是，顺天主试例以前科鼎甲为之，朝贵多为子弟贪缘梯媒。是科，中州某公，官御史，以子属公，公弗能徇其情，遂首先发难。"某公者，鹿佑也。原来乡试之前，鹿佑即登门拜访主考李蟠，并有馈赠，委托对其参加乡试之子予以关照，竟为李蟠婉拒，便心怀不满。后看到顺天乡试出了问题，鹿佑便借机发难。他的上疏弹劾云云，实则怀有个人动机，挟嫌以报复之。

其三，复试证明顺天府乡试大体公正公平。鉴于《士子揭世文》影响巨大且恶劣，上自皇帝下至百姓，几乎众口一词，认为顺天府乡试确有舞弊。后来，康熙皇帝亲自主持复试，目的在于揭露弊情。但是，复试结果，原定举子，无一落榜。这就雄辩地证明，李蟠、姜宸英主持的考试公正公平，并无舞弊。此科京城显贵子弟录取畸多确是事实，也正是由于这一特殊情况，才给落第士子发难以由头。但是，当时以卷取士并非以门第取士。李蟠、姜宸英依卷录取并无不当，亦无可厚非，只是由于经验缺乏，让某些落榜官僚子弟钻了空子，轻而易举地动员偌大的社会舆论。嗣后一科，朝廷即变更录取办法，把高官子弟同平民举子一同参考，一体阅卷，分开限制比例录取。应该说，李蟠、姜宸英为清代科举制度的完善付出了代价。

其四，从处理结果看，顺天府乡试也并非舞弊大案。历代对科考舞弊案的处分极其严苛，清代也不例外。许多文史著作都将己卯顺天乡试列为清代科考弊案之一，但是，对此案的处理却与其他科考案大相径庭。在此之前的顺治十四年（1657年）顺天乡试舞弊案，考官李振邺等7人立斩，家产被籍没，家人百余口遭流徙；同年江南乡试舞弊案，考官、副考官均被杀头。再如当朝，康熙五十年（1711年）的顺天乡试舞弊案，主考官左必蕃被革职，副主考赵晋等人被处决。试想，如果己卯顺天乡试同为舞弊案，作为主考的李蟠无疑要被处以极刑，作为副主考的姜宸英也不会一死了之，二人家产、家人也不会平安无事。而朝廷仅仅对李蟠处以流放三年，无乃太轻乎？但是，从这里亦可看出顺天乡试并非一起舞弊案。

其五，康熙皇帝对李蟠实际上已予平反。他最终将己卯顺天乡试主考李蟠放逐三年，人们多认为是从轻发落。实际上，这是康熙皇帝为维护皇权尊颜、平息社会舆论做出的一项折中举措。康熙皇帝讲"从严议处"在先，尽管后来的事实证明"是落第者在外怨谤"，但皇上的"金口玉言"也不会轻易收回。再说，从种种迹象看，《士子揭世文》并非出自士子之手，很可能是朝臣或孔尚任等文人大家所为。为了平息事态，为了稳定局势，不得不拿李蟠祭刀，让他吃点苦头。三年后，李蟠被赦返里。康熙皇帝似有悔意，还欲起用李蟠，并在南巡时接见过他，只是李蟠经过这么一番折腾，决意不再出山才作罢。孙运锦的文章中可以证明："公之被遣也，圣祖深惜公才。鸡竿下后，命公赈饥蒙阴；乙酉南巡，公迎圣驾河干，侍卫引登御舟，复蒙温谕。受圣明特达之知，而投闲终老，则天也。"

其六，关于己卯顺天乡试一案，李、姜无罪，当时朝野已有共识。康熙皇帝对此案重放话，轻下手，确有原因。他先入为主，了解内情时已骑虎难下，只得做出如此尴尬无奈的处理。这一点，康熙皇帝心中是有数的。当时朝臣也心知肚明，只是不便言明说破罢了。刑部官员亲自处理此事，亦有"非罪"之论，对姜宸英之死心怀愧疚，表现出司寇的良知。陈康祺《燕下·乡脞录》有云："姜西溟太史与同年李修撰同典康熙己卯顺天乡试获咎。时盖因士论沸腾，有'老姜全无辣气，小李大有甜头'之谣，风闻于上，以致被逮，姜竟卒于清室。第前辈多纪述此事，而不能定其事之有无。昔读《鲒埼亭先生墓表》，称满朝臣僚皆知先生之无罪，而王新城亦有'我为刑官，令西溟以非罪死，何以谢天下'之语。知同时公论，早以西溟之连染为冤。"此王新城，或许就是监官李蟠、撰写《篆文汇》一书的王达卿吧？

于此可见，所谓顺天榜舞弊案，基本上是个由诽谤而生的假案。至于诽谤者，孔尚任推波助澜，编撰《通天榜传奇》一戏，已遭朝廷罢官斥逐；《士子揭世文》是无头传单，也就无从追究了。当然这只是一家之言，至于这个案子到底是舞弊还是诽谤，只有当事人能说得清了。

江南乡试再现集体舞弊，谁之过

□两江总督噶礼和副主考官赵晋巨额受贿引发事端

康熙五十年（1711年），九月初九，正是辛卯科举考试发榜的日子，这天，夫子庙江南贡院门前，聚集着数千人在等待看榜。榜刚贴出，举众大哗，在发榜名单中，官商子弟占了大半，而不少颇有文采，小有名气的考生竟纷纷落榜，顿时，贡院门前像炸开了锅。

忽然，人群中有一考生说道："听说这次乡试，副主考官赵晋受贿，一些行贿考生买通关节，得以高中。"众人听了这话，更加愤怒，说道："这哪是量才录用，岂不是凭财录用。"发榜后数日，贡院门前每天人声鼎沸，咒骂声此起彼伏，关于赵晋受贿舞弊的传闻传遍街头巷尾……

南京江南贡院门前闹事，让身为两江总督的噶礼，每日烦躁不安，原来这次乡试，有些考生向噶礼和副主考官赵晋暗通了关节，行贿舞弊，噶礼本人就受贿银子五十万两。他暗自思量，此事闹成这样，难免会传到京城，如果皇上查问起来，自己首先有隐瞒考生闹事之罪，再一深究，受贿之事就会露馅。噶礼掂量再三，觉得不如先下手为强，抓几个闹事的，以其因未考中而"诬告考官"的罪名，同时禀奏皇上。这样，既可使自己免受追究，也可杀一儆百，镇住闹事的考生。

次日，噶礼命令手下将几个闹事的考生抓起来，然后，上奏康熙皇帝。在奏折中，他极力隐瞒闹事真相，却说是几个考生因未考中而心怀不满，诬陷考官，现已将这几名考生监禁拟治罪。奏折上报后，噶礼以为万事大吉，没想到半路上杀出个程咬金。

□尚书张鹏翮来南京查处

当时在任的江苏巡抚张伯行，清正廉明，深得百姓爱戴，他得知贡院发榜后闹事，即数次派人查访，获悉，考生指名道姓说赵晋受贿舞弊，感到此事非同小可。不久，又得知闹事的几个考生被两江总督噶礼抓了起来，还要以"诬告"治罪，并已上书皇上，不觉疑窦丛生。

他看着手下从贡院门前抄来的对联："一经岂有一金之妙，多才不如多财之灵"。暗想到，此次发榜后千余考生闹事，身为总督的噶礼理应先查明真相才是，为何一反常态先抓人，还没审问即定为"诬告"？于是，张伯行亲笔给康熙皇帝写奏折云："今岁江南乡试，发榜后，议论纷纷，九月二十四日，有数百人抬拥财神像，直入学宫，口称科场不公，臣不敢隐匿，请旨严查……"

这次江南乡试的主考官，副都御史左必番是个老好人，此次乡试中，他无受贿舞弊行为，但副主考官赵晋受贿，他也有所闻，他知道有吴泌、程光奎两个考生，平日作文文理不通，此次却也中榜，感到推荐他俩的考官王曰俞、方名有受贿之嫌，但碍于情面，打算睁一只眼闭一只眼算了。当得知两江总督噶礼已将无辜的带头闹事的考生抓起来，并将治罪时，又感到良心有愧。更重要的是一旦受贿属实，他这个主考官也难逃连带责任。于是，他也提笔写奏折给康熙，将外面纷传副主考官赵晋受贿，中试举人吴泌、程光奎平日文理不通，此次竟然中榜，疑是考官王曰俞、方名有受贿行为等情况都奏上。

远在北京的康熙先看到两江总督噶礼的奏折，并未在意，待后，又见阅了江苏巡抚张伯行、主考官左必番的奏折，大吃一惊，极为震怒，他立即传旨：将左必番、赵晋先行解职，接受审查，派尚书张鹏翮前往江南，会同噶礼、张伯行查处具报。

经过调查，张鹏翮、张伯行基本查清这起罕见的科场舞弊大案。试前，吴泌、程光奎各向赵晋行贿20万两银子，各向考官王曰俞、方名行贿10万两银子。方名素与程光奎私交颇深，这次，王曰俞、方名受了吴、程的贿赂，乡试时为他们大开方便之门，吴、程竟然得以在考场中抄袭。试后，王曰俞、方名又将吴、程的试卷呈荐给赵晋，赵晋自然加以照顾，将这二人都给予录取……

在案件的审理过程中，出现了一个更让张鹏翮、张伯行惊诧的线索。在审理赵晋的心腹家人轩三时，轩三供出他受赵晋指使，在某晚亲自送银子20万两给总督噶礼。再审赵晋，赵晋不得不把行贿噶礼经过和盘托出。又审吴、程，两人供认出他们共向噶礼行贿30万两银子的事实。

□两江总督噶礼收买尚书张鹏翮并反咬一口

张鹏翮见事关两江总督噶礼，只得暂停会审。当晚，心怀鬼胎的噶礼拜见张鹏翮，先是表明自己的清白，然后问及张鹏翮的儿子张懋诚，笑着说："张大人令公子，少年有为，以后大有前途。"原来，张懋诚当时任怀宁（今安徽安庆）县知县，是噶礼的下级。说者有心，听者有意。张鹏翮听出了噶礼的弦外之音，连忙说："哪里哪里，小儿不才，还望总督大人今后多多提携。"说着，两人相视而笑。

张鹏翮为了自己儿子的前程，不敢得罪噶礼，其他官员也都畏惧噶礼的权势，不愿深究噶礼受贿的事。

江苏巡抚张伯行却不买噶礼的账，他得知噶礼受贿事实被揭露后，暴跳如雷的情形，联想到当初考生闹事时，噶礼不查实情而乱抓无辜的事，觉得此事关系重大，如不查个水落石出，何以回复皇上，又如何向百姓交代？他提笔再奏一本，奏参两江总督噶礼在受贿得银五十万两后，又滥捕无辜，企图掩盖真相，请求将噶礼解职，进行查处。

不久，康熙传旨，解除噶礼的职务，再派侍郎赫寿前来同张鹏翮共同审查噶礼受贿之事，噶礼却反咬一口，列举张伯行"不出海捕盗，办案不力"等七条罪状，要求查处。奏本上去后，果然奏效，康熙下旨，解除张伯行职务，交由张鹏翮、赫寿一并查处。

□受贿官员革职法办

张鹏翮因其子与噶礼是上下级关系，当然偏袒噶礼，侍郎赫寿是满族人，也不想得罪噶礼，但两人要保住噶礼，必然要除掉张伯行这个心头之患。于是，张鹏翮、赫寿奏复康熙："噶礼劾伯行办案不力属实，张伯行劾噶礼受贿50万两银子全虚，噶礼无罪，张伯行诬奏督臣，应革职。"康熙阅奏后，认为是非不清。张鹏翮、赫寿系掩盖矛盾，不肯明断，再次下旨：命尚书穆和伦、张廷枢前往江南复审。

穆和伦、张廷枢的复审结果，除将事实确凿的赵晋、王曰俞、方名等案犯处以极刑外，因与张鹏翮关系甚好，与噶礼也有私交，偏信则暗，即回奏康熙："前钦差张鹏翮、赫寿所奏属实，张伯行诬奏督臣，应当革职。"复杂的人情关系网络使张伯行命悬一线……

所幸，康熙阅奏后，察出端倪，他深知张伯行、噶礼的为人，对噶礼在任江西巡抚时数次被参劾也记忆犹新。他决然下旨："张伯行居官清正，为天下第一清官，而噶礼操守，朕不能信，特命革除噶礼职，将张伯行复任。"

"维民所止"，雍正爷砍掉了谁的脑袋

□一场文字狱导致家破人亡

浙江海宁袁花的查氏家族是赫赫有名的名门望族。查氏原籍婺源，元代迁居浙江海宁。明清两代，查姓科举极盛，几乎每代都有大量子弟金榜题名，名儒显宦层出不穷，可谓是书香门第，世代簪缨。难怪康熙皇帝曾经称之为"唐宋以来巨族，江南有数人家"。

然而就是这样一个巨族，在雍正初年却因为一桩文字狱搞得几乎家破人亡。当事人被戮尸枭首，妻离子散，亲族子弟被大量株连，甚至波及整个浙江士林。这就是著名的"查嗣庭科场试题案"。

与雍正七年（1729年）的曾静谋反案不同，案件的当事人并非是布衣腐儒，而是当朝大员、官居二品、内阁学士兼礼部左侍郎查嗣庭，案发时任江西正主考官；而获罪原因也不是诗文之类，而是科举考试的题目。凡此两种，已经说明了这一案件的不同寻常之处。

查嗣庭是浙江海宁查氏家族的第十二世子弟，他这一支兄弟三人，老大查嗣琏，官居内廷供奉总裁，武英殿书局总裁；老二查嗣瑮，官居翰林院侍讲，外放过一任广东正主考；查嗣庭是老三，曾经做过湖广副主考，山西正主考，后来升任内阁学士兼礼部左侍郎，加经筵讲官。说起来这三兄弟真的是非常了得。首先他们都是进士出身，都曾任翰林院编修之职；其次，都是书法大家，又有诗名，因此颇为士人推崇。

不过，就像寻常百姓人家一样，最小的兄弟可能是更受宠爱的缘故，因此就比较特别一些。查嗣庭也是如此，他的两个哥哥年纪相近，只差两岁，而他则足足比二哥小了十岁。因此和两个禀性低调、忠厚老实的哥哥比起来，他表现得更加张扬一些。

凡是名士，不可避免都有些只知有己不知有人的骄傲劲儿，这一点在查嗣庭身上表现得甚为明显。他总是喜欢在字里行间对现实冷嘲热讽，发表自己的意见和建议；他在日记里，记载了颇多康雍二朝的时事，笔调语含酸辣，颇多讥刺之词。清史大家孟森曾经提到这样一件事情：雍正曾经挥毫录程颢诗一首赐给某臣子，而查嗣庭居然为此赋诗一首记在其日记上。诗云："天子挥毫不值钱，紫纶新诏赐绫笺；《千家诗》句从头写，云淡风轻近禾天。"把天子的墨宝称为"不值钱"，恐怕也只有为人生性疏狂、言语尖刻的查嗣庭说得出这种话。

此外，查嗣庭似乎还和朝中的王公大臣过从甚密。他的仕宦之路一直都得到满汉显贵的提携和拔擢。他最初任内阁学士兼礼部侍郎衔，得到了时任吏部尚书隆科多的荐举；而随后升任礼部左侍郎加经筵讲官，又是经左都御史蔡珽的保奏荐举。甚至，查嗣庭还与皇子有所联系。他曾作一诗，名为《代皇子寿某》："柳色花香正满枝，宫廷长日爱追随。韶华最是三春好，为近龙楼奉献寿时。"清史大家邓之诚认为，尽管不知道"皇子"与"某"具体所指何人，但是这一首诗足以看出查嗣庭与内廷的密切关系。这是颇为"八爷党"所苦，因而对大臣私下结党深恶痛绝的雍正绝对不能接受的。而他的升迁之路也决定了他的下场：一旦保举人获罪，他必然也在劫难逃。

雍正四年（1726年），朝中几位曾经与雍正作对的皇子已然死的死、囚的囚；已经于前一年被终身禁锢的隆科多则死在牢中；而蔡珽则刚刚被雍正皇帝先后免去左都御史、都统、吏部尚书的职务，专任兵部尚书，随即被降为奉天府尹。查嗣庭的地位其实已经是岌岌可危了。

这一年秋天，查嗣庭出任江西乡试正主考，按照科举制度的规定，乡试分为三场，因此有共三道题目，所有命题均由正主考拟定，范围则为四书五经中的语句。据此，查嗣庭出了三道题目：首题选自《论语》，为"君子不以言举人，不以人废言"；次题两道，分别选自《易经》和《诗经》，为"正大而天地之情可见矣"和"百室盈止，妇子宁止"；第三道选自《孟子》，为"介然用之而成路,为间不用,则茅塞之矣"。这几道题目看起来并无不妥之处,而且考试时检查严格,也并无舞弊徇私。

乡试顺利结束之后,查嗣庭回到北京。当晚家人为他接风洗尘,少不得觥筹交错,查嗣庭便多喝了两杯。谁知道,正在查嗣庭正准备就寝之际,查府门外响起了急促的脚步声和呼喝声,一队全副武装的兵卒,手持灯球火把亮子油松,砸开了查府大门。队伍一拥而入,当中簇拥着一名面无表情的天使官。天使官当庭而立,展开手中的圣旨高声朗读——原来雍正皇帝下旨,称有人告发查嗣庭平素有对朝廷不敬的言语,因此查抄查府,并将查嗣庭全家13口统统逮捕。

□下人告发说

这里的"有人告发"在正史中并未留下记载,因此就给了时人充分想象的空间。野史中有不少关于查嗣庭究竟因何获罪的说法。有一种说法称,原来查嗣庭书法极好,但很少挥毫,因此供不应求。琉璃厂的奸商便重金贿赂查府的下人,偷出查嗣庭日常所写的草稿等,销路极好。有一次,一位满族显贵想求得查嗣庭的墨宝,便也如此这般一番。也是命中注定,这一次下人偷出来的,正是查嗣庭的日记。这位显贵大吃一惊,便向雍正举报了查嗣庭。

□家人告发说

另一种说法更加离奇,然而据说却是查姓子孙内部的说法:原来查嗣庭曾经将其姐夫家中的一名乳母娶回家中做妾,后来这名乳母生了一个孩子。偏偏这孩子没有继承查家的优良血统,不学无术,而以喝酒赌博为乐,因此少不得问查嗣庭要钱。天长日久,查嗣庭心生厌烦,便拒绝了这个不肖子的要求。这孩子便决定报复查嗣庭,其实他什么都不懂,只是看到查嗣庭每天都写日记,便觉得这东西大约值钱,便偷偷拿走打算要挟查嗣庭。可是这本日记落到了一个八旗佐领的手中,这名佐领便向查嗣庭勒索一万两银子,查嗣庭并不知情,因此拒绝了他的勒索。恼羞成怒的佐领最终向雍正帝举报了查嗣庭。

□查嗣庭的莫须有罪名

查嗣庭被捕三天以后,雍正皇帝下旨,宣布了查嗣庭的罪状。在这道谕旨中,雍正对江西乡试的几道题目大加批判。原来,在此事之前被处理的浙江士人汪景祺曾著《历代年号论》一书,认为"正"字乃是由"一"和"止"字构成,含义不吉,因此历代年号凡带"正"字的都很糟糕。这毫无疑问让雍正极其不满。而倒霉的查嗣庭这次所出的次题中又是"正大而天地之情可见矣",又是"百室盈止,妇子宁止"。按照雍正的逻辑,这是绕着弯儿骂自己,查嗣庭和汪景祺是一丘之貉。再加上查嗣庭的日记中那些零敲碎打、边边角角的胡言乱语,于是查嗣庭的罪行就这么确定了。

雍正将查嗣庭"革职拿问,交三法司严审"。随即又命浙江地方官搜查其海宁老家,并将其所有家人一律逮捕,押送北京。从浙江地方官员查抄查府的记录得知，从查府查抄出了大量的书籍、诗文稿，以及信件等物，其中违禁物品并不多，只有一部分关于晚明和宋末史事的书籍。可是雍正查看之后，却称其中有关于科举作弊的违禁物品，于是更加坐实了查嗣庭的罪状。并且迁怒于浙江士子，在雍正四年下令停止其参加科举考试。这一禁令直到雍正七年才告解除。

查嗣庭确乎是个文人，颇有些不自由毋宁死的耿直劲儿。他眼见雍正这种穷追猛打的势头，自知绝无生还之理，索性自寻短见一了百了，也免得零零碎碎受苦，牵连家人。于是在雍正五年三月，在监狱中偷偷服毒自尽了。谁知查嗣庭的死，反而让雍正更加火冒三丈。雍正认为，既然查嗣庭有罪在身，就应该老老实实交代罪过，等待朝廷发落。即使是死，也应该由朝廷明正典刑，而不是自杀身亡。

所以，查嗣庭的死给查氏族人带来了更大的灾难。首先查嗣庭死了也不得安生，被戮尸枭首；查嗣庭几个成年的儿子或瘐死狱中，或被判斩监候；未成年的子女被处流放，罚为奴婢，所有财产被罚没充公。消息传到海宁，查嗣庭的继室史氏和儿媳浦氏相约自杀。

查嗣庭的两个哥哥及其家人也未能幸免：二哥查嗣瑮亦被流放，以76岁的年纪被发配到关西，最终客死异乡；而大哥查嗣琏由于年事已高，早已回乡居住，在群臣的求情下总算被释放回乡，他的几个儿子也因其未被追究。尽管如此，他们仍然在监狱中度过了几个月受尽煎熬的生活。经此一案，查嗣琏改名为慎行，改字为悔余。没过多久就郁郁离世。

长期以来，民间盛传，查嗣庭之所以获罪，是由于查嗣庭所出的题目，正是《大学》中的"维民所止"一句。而雍正认为，"维"和"止"正好是"雍正"去头，因此查嗣庭乃是犯下了十恶不赦的谋反大罪。这乃是齐东野语，并非事实真相。但是，查嗣庭一案，乃是有清一代的统治者对江南儒林一贯提防和压制政策的表现之一。江南士林，经此一案，从此更加俯首帖耳，不敢对朝局妄加议论，而学术界也因此更加转向内省。

梁天来九命奇冤的真相何时大白

□八尸九命，风水先生引发的悲剧

雍正年间，正是康乾盛世的一个承上启下时期。康熙朝末年的弊政，在以刻薄、勤政著称的雍正帝的努力下得以扭转。再加上此际台湾早归，海晏河清，长久以来的禁海令变得松动起来，此中获利最多的当属那些沿海城市。

这个时候的广东南雄有一间丝绸店，由于与西方存在着贸易往来，是故生意兴隆。与别家有所不同的是，这家丝绸店的老板是郎舅两人，妻兄凌宗客与其妹夫梁朝大。凌宗客年长，在有了一定的积蓄之后前往广州安享晚年，丝绸店交由梁朝大一人打理。

不久之后，凌、梁二人先后谢世，由凌宗客之子凌贵兴与梁朝大的两个儿子梁天来及梁君来共同经营管理。三人在经营丝绸店上都没什么经验，生意江河日下。最后三人一商量，干脆将店铺盘出去，各谋出路。梁天来与梁君来兄弟二人在广州的第八甫开了一间名为"天和"的糖行，凌贵兴则剑走偏锋，准备应科考而步入仕途。事情发展到这里，倒也相安无事。

梁家兄弟在广州城的生意做得是风生水起，而凌贵兴的科考之路却不那么顺畅，初试之后名落孙山。凌贵兴不去想着再苦读寒窗，反而怀疑自己家的风水有问题，便请了一位有着马半仙之"美誉"的风水师，到位于广东番禺的凌家祖坟去看风水。

马半仙在凌家祖坟察看了一番之后，声称凌家的祖坟风水确实不错，但被梁家的石室（在广州，花岗岩被称之为麻石，用花岗岩搭建起的房子即为"石室"。今天位于广州一德路的哥特式教堂就是一座典型的石室。）隔断了风水。凌贵兴要想金榜题名，必须先拆了这座石室。

这座石室恰是梁天来的产业。为了防盗，梁朝大生前修建此屋，用来存放贵重物品，因此修建得极为坚固。不仅墙壁房顶乃至于地面都使用石料建造，更设置了三道门，在地下打了一道深达一丈二尺的沙桩。可见此屋之于梁朝大的重要性。因此，梁父在临终时一再叮嘱梁天来兄弟，无论将来家庭条件到了何等地步，三代之内，不许对此屋进行变卖或拆毁。因此，当凌贵兴出高价要买下"石室"时，梁天来毫不犹豫地婉拒了其请求。

文取不成，对石室势在必得的凌贵兴便动了"武取"的念头。在与叔父凌宗孔、表叔区爵兴等人的密谋下，凌贵兴决定勾结匪徒林大有一伙人，举着打劫的旗号，开始了霸占梁家"石室"的行动。

这天夜里，凌贵兴、凌宗孔、区爵兴、林大有纠集起几十号人马，兵分四路，向梁家石室进发。

第一路人马的工作比较简单，他们只需要通宵达旦地将十多箩爆竹不停地燃放即可，借助震耳欲聋的鞭炮之声来掩盖其实施罪恶行径所发出的响声；第二路人马负责清除障碍，也就是要是夜当值的更夫、棚夫（为防止失火，而彻夜看守木棚的人）等一干有可能会妨碍行动的人用"闷香"之类的药物弄倒；第三路人马则负责对闻讯而来的官府人士进行拦截，谎称所谓的鞭

审案的清朝官员

炮声，其实只是凌家为了消除"阴气"而彻夜鸣放罢了，然后将官府来人带到凌家，好吃好喝款待他们一夜；第四路人马则从事最重要的工作，即冒充匪人，打着抢劫的旗号杀奔梁家，打算把梁天来兄弟擒住，待凌贵兴"验明正身"后神不知鬼不觉地送梁氏兄弟上西天。这样一来，"石室"便可以轻而易举地被拆除了。

率领第四路人马的林大有一行杀气腾腾地赶到梁家。眼见这些人明火执仗地前来，梁家人大惊失色，全都躲到了石室中。

石室坚不可摧，林大有便从三道门上想辙。第一道是木门，用铁锤便可砸开；第二道是铁门，这一伙子强盗把柴草和木炭堆在铁门之下，纵起火来，等铁门被烧得变形之后再用锤斧之类的砸开。

第三道门是石门，斧锤砸上去只会留下一道白印，用火烧？恐怕烧到天亮也不能动其分毫。林大有想出了一条毒计，木炭上浇上桐油点燃，再用风箱把燃烧出来的毒气顺着门缝鼓入密不透风的石室中去……

事情了结，凌贵兴认为梁氏兄弟必死无疑，兴高采烈地做起了他的状元梦。

可谁知道，第二天梁天来与梁君来竟然活生生地赶去报官。

原来，在凌贵兴决定动手的前一天，梁氏兄弟返回广州"天和"糖行，次日闻讯赶回，匆忙报官。

赶到案发现场后的官府差役找来石匠，奋力凿开坚固的石门。梁家老少一共八人被从中抬出。梁天来的祖母一息尚存，马上用姜汤、开水灌救，方才从鬼门关上侥幸逃生。其余的七人皆一命呜呼，包括梁君来已怀有身孕的妻子。

这一年，是雍正五年（1727年）十月。

七尸八命，一夜之间梁家几乎被灭门！梁天来很容易地便想到，做出这种丧尽天良之事的只有凌贵兴。紧接着，梁天来便踏上了漫长而又艰险的申冤路。

凌贵兴又何尝不知道梁天来的申冤？为了阻止其告状，更为了防止罪行败露，凌贵兴不惜血本，花了数万银子将从知县一直到制台等各级地方官员全部收买，甚至包括当晚的见证人也在金钱的攻势下作了昧良心的证词。只有一个见证人没有接受收买——乞丐张凤，当张凤拒绝钱色的诱惑时，在朝堂之上竟然被活活夹死。此即九命奇冤之所谓。

凌贵兴的金钱攻势使得梁天来数年的申冤散尽家产仍处处碰壁。广东总督孔毓珣和肇庆知府杨以宁等一方官员以"皆无实贼证据"而不逮捕凌贵兴。不服判决的梁天来大闹公堂，被斥为刁民，诉状被判为"打死，打死，该打死"，并以此结案，同时公开放话："除却三军任你告。"将此命案不予再理。

万般无奈的梁天来，在忧愤与疲惫之中，鬼门关前走了好几遭。

地方上无能为力，梁天来便欲到北京，向雍正皇帝告御状。谁知道凌贵兴的表叔区爵兴派出了五路人马对其进行截杀。

幸得天佑。死里逃生的梁天来历尽艰辛抵达北京，将状词递交上都察院。

此案八尸九命，关系重大，况且牵扯到广东地方上众多官员，都御史陈式一时不敢着手处理，只得暂且压下。

某日，督办黄河水利工程的制台孔大鹏回京复命，在朝房中遇到陈式。两人攀谈了一番，陈式得知孔大鹏曾处理过此案，但尚未等案情水落石出便奉旨被调离。而在陈式的口中，孔大鹏得知此案仍未沉冤昭雪，便极力主张陈式将案情上报给雍正帝，还梁天来一个公道。

接到奏本后的雍正皇帝又惊又怒，当即委任侍郎李时枚和孔大鹏为钦差大臣，专程前往广东查办此案。

正当李、孔两位钦差抵达江西时，偶遇凌贵兴的表侄、在此案中被利用、准备进京自首的李丰。李丰告知两位钦差大人，地方各级官员早已被凌贵兴买通，一旦二位钦差入粤，定会走漏风声、打草惊蛇。而此时的凌贵兴正在算计着逃往海外，钦差的到来只会加快其出逃的速度。再加上此案涉及三四十人，若想一网打尽难如登天。

李丰献计，由他以本家侄子的身份给凌贵兴修书一封，称钦差大人在自己的游说下答应对此案进行通融，但所有人的供词必须一致。等到凌贵兴他们集中起来串供之时，正好一网打尽。

经过一番分析，李、孔二位钦差认为此计可行，便命李丰着手准备书信，紧接着便入粤准备抓捕行动。

行至广东韶关时，钦差命令韶关总兵万福委派得力干将、守备叶坚率兵前往广州和案发地番禺谭村。

在李丰书信的作用下，30余名案犯被一网打尽。审明此案上奏朝廷批准后，判处主谋凌贵兴凌迟处死，从犯区爵兴、林大有等13人斩首示众，另有15名其他案犯处以绞刑；所有被牵涉到此案中的各级官员，或被发配充军，或被降职调任，或被交由刑部处理，一时不能对其行为定罪处理的官员，等到事情水落石出之后再作处置。就连那个信口开河的马半仙，也被重打五百大板、带着木枷锁坐了一个月的牢房，之后遣送回原籍。

1731年五月宣判的当天，所有的案犯全部被押到广州的天字码头当众行刑。

直到这时，九命奇冤方才沉冤昭雪。

沉冤虽已昭雪，但就代表着真相大白了吗？未必。

□清明朝廷下腐败的地方政府

雍正朝的吏治，可以说是清宫十二朝中最为清明的。雍正帝手段之狠，其心之辣，让贪官污吏无处容身。但这起案件为何又如此棘手？或者说，为何会在这个时候发生这样一起惊天大案？

一般说法是，雍正皇帝在治理弊政上确实有独到之处，但封建政治制度的弊端胤禛无法弥补。同时，由于雍正成立起军机处辅政，也就是等于把所有管理事宜全部由自己来处理，一个人能量再大、精力再多，也不可能做到事无巨细。京官好说，毕竟在严苛的皇上眼皮子底下，不敢胡作非为，而远在数千里之外的地方官员，则就会抱着山高皇帝远的念头，官官相护，上瞒下隐，行其非法勾当。是故，这一起案情严重、线索清晰的案件拖了四年之久方告终结。

□一首诗歌透露出来的疑问

对此案的一般认识看似已经很完美地解释了案件的来龙去脉，而且也毫无争议可言。但有一点却被忽视得一干二净，那就是这起案件的前因后果，各个细节，其实完全出自清代吴沃尧的一部小说《九命奇冤》。吴沃尧即吴趼人，他最著名的作品即是位居晚清四大谴责小说之一的《二十年目睹之怪现状》。

虽然此案确实是历史上真实发生过的，但经过小说家的演绎，细节被放大，在第一回开篇，吴沃尧便指出："这件事出在本朝雍正年间，这位雍正皇帝，据故老相传，是一位英明神武的皇帝……然而这个故事后来闹成一个极大案子，却是贪官污吏，布满广东，弄得天日无光，无异黑暗地狱。"从这段话中便可以看出，吴沃尧笔下的《九命奇冤》，实际上是在历史公案的基础上，加入了虚构以及作者个人的思想色彩，因此，案件的真相便显得不那么符合历史事实了。尤其是凶手到底是谁这一方面。

从对案件的梳理上来看，凌贵兴是毫无疑问的主谋，但在一首时人写的诗中，却将这个定论予以推翻。

> 九嶷风雨暗崎岖，八节波涛险有余。
> 世路台裁招隐赋，人情催广绝交书。
> 传闻入市人成虎，亲见张弧鬼满车。
> 旧约耦耕堂愿筑，平田龟坼又何如？
>
> ——清·苏珥《赠凌贵兴之子汉亭》

苏珥苏古侪，广东学政惠士奇的"惠门八君子"之一，曾经"目击凌事"。从诗名便可看出，此诗明摆着就是在评论此案。

诗中所写的"风雨""崎岖""波涛""传闻""成虎"等词，明显是对"凶手"凌氏给予了同情，并且对案件最后的审定表示了异议。在当时，此诗产生了很大的影响，邹崖通编的《岭南诗存》便收入了此诗。更为关键的问题是，编者在此诗之后引同治年间的《番禺县志·卷五十四·杂记》评论说："世传梁天来七尸八命，皆诉罪举人凌贵兴，而友人赠诗云云。凌扬藻答黄香石书，皆力辩此事之诬。"由此可以看出，本案背后另有隐情。

□谁才是真凶

既然凌贵兴是凶手的说法存在着很大的疑问，那么谁才是真凶？

在北京大学研究院存放的乾隆时期档案中，存有乾隆二年（1737年）时广东巡抚鄂尔泰和刑部尚书徐本的题本，在这两份题本中称：已经破获的广州府南海县强盗打劫一案中，被擒拿的罪魁祸首穿腮七的真实名字为何信夔，南海县石龙村人。堂审之时，何信夔在供认打劫顺德县黑江村一案的同时，也称自己在打劫梁天来家时伙同党羽"下手放火，烟死多人……劫后逃往广西地方与人挑担度活……（后来）逃往鹤山、恩平、开平各处"，直到 1736 年在鹤山古劳被擒拿归案。在鄂尔泰和徐本的奏折中，没有一个字涉及凌贵兴，这就说明梁天来一案是否与凌贵兴有关，将凌贵兴处死正法是否又是一大奇冤，就不得而知了。

总之，本案还不能完全确定就是凌贵兴的指使。到底谁才是真凶，还有待进一步的考证。

诗歌流出的血流成河

□清风不识字，何事乱翻书

1711 年，有人告发，在翰林官戴名世的文集里，对前明政权表示同情态度，又用了南明的永历帝的年号，朝廷就下令把戴名世打进大牢，判了死刑。这个案件牵连到他的亲友和刻印他文集的，又有三百多人。另外有不少文字狱，完全是牵强附会，挑剔文字过错，甚至为了一句诗、一个字也惹出大祸。有一次，翰林官徐骏在奏章里，把"陛下"的"陛"字错写成"狴"字，雍正帝见了，马上把徐骏革职。后来再派人一查，在徐骏的诗集里找出了两句诗："清风不识字，何事乱翻书？"于是挑剔说，这"清风"就是指清朝，这一来，徐骏犯了诽谤朝廷的罪，把性命也送掉了。

□一把心肠论浊清

胡中藻（？~1755 年），江西新建县（今江西新建区）人，为乾隆元年进士，大学士鄂尔太门生，曾督广西陕西等省学政，官至内阁学士。他文辞险怪，以韩愈自命，自刻诗集《坚磨生诗抄》，被乾隆定为"悖逆之作"，其人也被视为匪类而至极刑。

这里列举乾隆批阅胡诗的几个例子：对诗题"坚磨"二字，乾隆批语："坚磨出自鲁论，孔子所称"磨涅"乃指佛而言，胡中藻以此自号是何诚心？"对"一把心肠论浊清"句，乾隆批语："加浊字与国号之上，是何肺腑？"对"天匪开清泰，斯文欲被蛮"二句乾隆批语："满清俗称汉人曰蛮子，汉人亦欲称满清曰鞑子，此不过乡籍口言，即孟子所谓东夷西夷也，如以称蛮为斯文之辱，则汉人之称满洲曰鞑子亦将有罪乎。"乾隆几乎对每句诗文都做了诸如此类批语，难怪胡中藻应当"罪该万死"。

不仅如此，乾隆还派人赴江西新建抄查胡中藻的家，捉拿其"余党"，那些凡是与他诗文相酬者均被牵连。其实作为一介书生的胡中藻只不过是当时朋党之争的牺牲品罢了。因为当时汉族大学士张廷玉、满族大学士鄂尔泰，二人皆为雍正旧臣，他们门下朋党倾轧至烈，削弱了清王朝的统治力量。于是乾隆出于杀一儆百的目的，用胡中藻一案借题发挥，警示众人。后来乾隆也在一则谕旨中写道："胡中藻依附师门，甘为鹰犬，其诗谇言青蝇，据供实指张廷玉张照二人……"可见这件诗狱案纯系借题发挥的冤案。

□夺朱非正色，异种也称王

清朝大臣中的九老之首沈德潜，活到 97 岁，而且位极人臣，官拜太子太傅，虽说是个名誉衔，但在清朝，能有这个头衔的人像白乌鸦一样稀少。沈德潜活得长，但发迹却很晚，考上进士，点翰林那年，已经 67 岁幡然一老了。不过，科场蹭蹬的沈德潜，却是一个名满江南的老名士，诗做得好。入翰林后，沈德潜例行考试并没有考好，由于乾隆的看重，不仅没有给发下去做知县，反而走进皇帝的南书房，挂上了"上行走"的头衔，从此一路畅通，翻着跟头升了上去。此公到 80 多岁退休之前，一直没有离开皇帝的身边。如此好运的沈德潜，唯一的凭借，就是一手好诗，以及低调而且善于迎合圣意的老道功夫。因此，有人认为，沈德潜其实是乾隆的枪手，乾隆的诗，实际上是沈的手笔。不过，看过一些乾隆御制诗之后，沈给乾隆的诗修改润色应该没错，《清史稿》也说，他曾为乾隆校正《御制诗集》。但捉刀代笔好像不确，因为乾隆的诗实在太差，有的像打油诗，有的则像散文码齐了押上韵，实在不大可能出自一个诗坛老手的手笔。老名士兼老大臣的沈德潜，十几年伴君伴虎，小心翼翼，如履薄冰，如临深渊，没有透露半点"给皇帝改文章"的得意，由此挣来了逐年增加的恩遇，功名利禄，死了之后谥美号，立祠堂祭祀。可是人算不如天算，老名士活的时候总算安然渡过，但后来还是出事了。出事的原因，是老名士虽然已经变成了老大臣，但虚荣心却并没丢，无论如何，给皇帝改文章都是难得的荣耀，当时不敢说，却不想从此被湮灭掉，因此，沈德潜在自己的遗稿中，还是留下了表明自家荣耀的明确痕迹。不想，老名士想传之后世的，恰是皇帝所格外忌惮的，沈德潜死后，乾隆借故从沈的家人那里，骗来了沈的遗稿，这下老名士的馅儿露了。皇帝被气了个半死，公开发作不方便，找了一个碴，"夺德潜赠官，罢祠削谥，仆其墓碑"，就差掘坟鞭尸了。这个碴，有人说是沈德潜诗题曰黑牡丹者，有"夺朱非正色，异种也称王"之句，可以上纲上线牵强扯成不满"本朝"的悖逆言论。也有一说是沈德潜给某举人的文集作过序，而这个文集后来被人检举，有关碍文字。

沈老名士死后没有保住名节，骸骨都不得安宁，其真正的缘由肯定不是这种牵强附会的罪过，还是跟那倒霉的诗有关。用乾隆的话来说，就是，"朕于德潜，以诗始，以诗终"。皇帝和名士虚荣心都强了一点，互相较劲的结果，最终，沈家丢了皇家给的好处，而皇帝则丢了人。其实呢，写诗，从手民之误，到平仄不协，压错了韵脚，找人修改，本是寻常之事。然而，这种百姓的平常事，到了皇帝那里，就一定有麻烦，因为皇帝是圣上，一生下来就不能有错，有了错，需要改，也得悄悄地进行，假装从来没改过。臣子们也一定要咬紧牙关，坚持捧臭脚到底。比如乾隆给灵隐寺题字，把个灵字（繁体）上面的云字头写大了，下面不够写了，于是臣子就出主意改题为云林禅寺。

乾隆朝四大贪案

□大张旗鼓

乾隆六年（1741年）三月，在这仅仅一个月内，发现了四桩贪污案件，当事者全部受到乾隆帝的严厉惩罚，两员大臣被勒令自杀，另外两位官员被判处绞刑，监候待决。

这年三月初七，山西巡抚喀尔吉善向乾隆皇帝呈送了弹劾山西布政史萨哈谅的奏疏。喀尔吉善疏称：山西布政使萨哈谅"收况钱粮，加平入己，擅作威福，吓诈司书，纵容家人，宣淫部民，婪赃不法，给领饭食银两，恣意克扣，请旨革职"。乾隆帝马上批示：萨哈谅著革职，其他各项条款，及本内有名人犯，该抚一并严审具奏。

第二天，三月初八，喀尔吉善参劾山西学政喀尔钦的奏疏又来了。喀尔吉善奏称：喀尔钦"贿卖文武生员，赃证昭彰，并买有夫之妇为姜，声名狼藉，廉耻荡然，请旨革职"。乾隆帝批示：喀尔钦著革职，"其败检淫逸等情"，及本内有名人犯，著侍郎杨嗣璟前往会同该抚严审定拟具奏。

乾隆帝看过这两份奏章后，心里非常气愤，于三月初八下谕痛斥这两员贪官。

乾隆帝在这道谕旨中，着重强调了四个方面的问题。第一，官员不该贪污。乾隆帝并没有笼统地、抽象地从理论上讲大臣不应贪赃枉法，而是采取了直截了当的手法，从物质条件上来数落墨吏之谬误，从欺君忘恩的高度来斥责贪官。他说他对群臣一直都是"增加俸禄，厚给养廉，恩施优渥"。这并非虚夸之词，而是确有其事。姑且不谈位列二品的布政使的年薪和乾隆帝即位以来的多次赏赐，单就养廉而言，从雍正帝创立养廉银制度起，到乾隆下达此谕时，清朝官员，尤其是各省大吏，收入确实相当可观。按规定，山西学政一年的"养廉银"为4000两白银，约可购米4000石，如果按亩租一石计算，相当于4000亩田的地租收入。山西布政使的养廉银更多，一年高达8000两。拥有如此大量的固定收入，布政使、学政全家完全可以过上富足的生活，还可以年年购买田地，添置田产，根本不需勒索民财来养家。这4000两、8000两足够学政、布政使"养廉"了。蒙受皇上如此厚恩，还要贪赃枉法，搜括民财，这些贪官真是有负圣上，愧对皇恩。

第二，要对贪官进行严厉的惩处。不重治贪官污吏，不仅百姓遭殃，受其盘剥勒索，国赋难以收齐，帑银库谷被其吞没，而且将使国法名存实亡，雍正帝十几年"旋转乾坤"、辛苦整顿吏治的成果荡然无存，到那时，法纪废弛，贪污盛行，后果将不堪设想。乾隆帝专门列举了俞鸿图的案例。俞鸿图是河南学政，雍正十二年（1734 年）三月，因为受贿营私罪被刑部议处斩立决。雍正帝降旨说："俞鸿图著即处斩。学政科场，乃国家与贤育才之要政，关系重大。""今观俞鸿图赃私累万，则各省学政之果否澄清，朕皆不敢深信矣。"督抚与学政同在省会，应该非常了解学政的优劣行为，仅因"督抚有所请托分润"，故代学政隐瞒，嗣后如各省学政有考试不公徇情纳贿之弊，将督抚按溺职例严加处分。乾隆帝谕令依照此例惩治喀尔钦。

第三，积弊需要清理。官官相护是清廷官场上的多年积弊。总督、巡抚、布政使、按察使、学政、知府、知州、知县等官员，平时倚势横行，各显神通，吞没国赋，侵盗库银，榨取民财，听到一点风声，便互相通风报信，而且相互保密，彼此包庇；实在遇到紧急情况，难保身家性命之时，那些封疆大吏就找出一些知县之类的小官员做替死鬼，应付一下，自己和同僚便逃之夭夭，脱漏于法网之外，照旧腰横玉带，身着蟒袍，头戴乌纱帽，照旧做制台大人、抚台大人、藩台大人、臬台大人、知府大人。即使是奉旨来查的钦差大臣，也常因为受京中宰辅、九卿或亲友嘱托，或为地方官员厚礼所诱惑，或胆小怕事或碍于情面，从而避重就轻，含糊其词，不了了之。刚过而立之年的乾隆皇帝，深知此弊，严厉训诫吏部侍郎杨嗣璟，不能故意替他们开脱罪名，否则性命难保；而且还强调，这还是皇帝私下访闻在先，巡抚参奏在后，令将巡抚喀尔吉善交刑部严肃处理，并警告各省总督、巡抚力戒此弊，不然，将重惩玩法徇私之人。

第四，当今天子"并非无能而可欺之主"。乾隆帝即位以来，尽力革除昔日皇父雍正帝苛刻过严之弊，主张宽厚行事，待臣以诚，优遇文武官员，不料萨哈谅、喀尔钦竟认为乾隆帝是无能可欺之辈，违法负恩，督抚又以为他崇尚宽容，所以大肆包庇大的贪官污吏，取悦于众。因此他非常生气，予以严厉斥责，表示决心要重惩作奸犯科之徒，革除互为包庇的积弊。

三月初九，即下谕后的第二天，乾隆帝又对九卿下达了一道长谕，进一步申述了惩贪尚廉之事。

乾隆帝将廉洁作为对官员的基本要求，把洁身自好、注重操守作为各官必须具备的条件，提倡廉洁奉公、正身爱民、鄙视赃员、严惩贪官。

为处理萨哈谅、喀尔钦贪污案件，乾隆帝连续下谕。五月十七日，他下谕说："喀尔钦在任山西学政时贿卖文武生员之事，今经审查完全属实，萨哈谅于布政使任内滥行酷虐贪婪之处，亦已审实。朕对萨哈谅、喀尔钦如此器重，授为藩司学政，而二人不图报恩，却贿卖文武生员，纵容家人营私舞弊，滥行酷虐贪婪，若不将二人从重治罪，抄没家产，则国法无以伸，后人无以为戒，着将二人家产严查充公。"第二天，他又派乾清门侍卫巴尔聘往山西将喀尔钦押解来京候审。

又隔了一天，五月十九日，钦差吏部右侍郎杨嗣璟等人的奏折到京，奏称：奉旨查审萨哈谅"贪婪不法，款迹确凿"，照律计赃拟罪。乾隆帝降旨：萨哈谅前任广东布政使，声名狼藉，且趋奉鄂弥达，故将其左迁山西按察使，继因山西布政使缺出，一时不得其人，将其补授，以观后效。今杨嗣璟等人的本内谈到，萨哈谅在臬司任内，已有种种劣迹，及升任藩司，贪赃尤多，共计1600余两，且实系科派属员，重收尾封，赃私入己，并非公项余银应报不报者可比。当时库吏以前无旧例为由，力行禀阻，而萨哈谅斥其胆小，悍然不顾，"则其始终狡诈，蔑法负恩，罪实难逭"，着"三法司从重定拟，以昭炯戒"。

刑部等衙门遵旨议奏，请将喀尔钦拟斩立决，判萨哈谅拟斩监候秋后处决，乾隆帝批准此议，喀尔钦解到刑部后，当即正法。

乾隆帝借此"东风"，于五月二十八日连下两道命令，狠煞贪风，整顿吏治。他在第一道谕旨中，列举山西官员贪赃枉法苛索民财等弊端，责令他们痛改前非。

第二道谕旨是训饬科道官员纠参贪官污吏。乾隆帝说，科道职司言路，为朝廷耳目，凡有关于民生利弊之事，皆当留心访察，如实上报朝廷。

在乾隆帝严厉训饬下，山西巡抚喀尔吉善上疏劾奏贪赃枉法之知州、知府章廷珪、童绂、车敏来、卢叡、龚振等五人。乾隆帝批示：这五人皆革退，其婪赃不法等情，着喀尔吉善严审具奏。"山西吏治，甚属废弛"，乾隆下令九卿保举贤员前往，担任知府，直隶州知州。乾隆帝又将山西巡抚石麟以不行访察题参萨哈谅为由给予革职。

□风波再起

乾隆六年（1741年）三月十四日，即山西巡抚喀尔吉善弹劾学政喀尔钦的奏折到京后的第七天，左都御史刘吴龙上疏弹劾浙江巡抚卢焯贪赃枉法。乾隆帝读后既恨卢焯之贪，又感到十分高兴，降旨嘉奖刘吴龙说："此奏，卿其秉公察奏。朕以至诚待臣下，不意大臣中竟尚有如此者，亦朕之诚不能感格众人耳，曷胜愧愤。近日萨哈谅、喀尔钦之事，想卿亦知之矣，此事若虚则可，若实亦惟执法而已矣。朕知卿必不附会此奏，以枉入人罪，亦必不姑息养奸而违道干誉也。卿其勉之。若有实据，一面奏闻，一面具体严参。"

乾隆帝在看到左都御史刘吴龙的奏章3个多月后，才于乾隆六年（1741年）六月十六日下谕说：浙江巡抚卢焯著卸职，所有参奏情节，令总督德沛、副都统旺扎勒逐一查审具奏。13天以后，六月二十九日闽浙总督德沛参劾卢焯"营私受贿各款迹"的奏折才送到京师，乾隆帝批示命令德沛、旺扎勒严审定拟具奏。

又过了五天，七月初五，福州将军署闽浙总督策楞到京。策楞奏：原任总督郝玉麟、调任巡抚卢焯，任职期间，"并无政声，篝篝不饬"，却都在福建省内大肆设置自己的肖像牌位，还供了多处生祠，郝玉麟还专门修建生祠书院一所，违犯定例，且恐流传日久，贤劣难辨，于朝廷激扬之道两相违背。乾隆帝批示：此奏甚是，有旨谕部。郝玉麟在闽督任内，办事极不尽心，与卢焯结党营私，闽省吏治废弛，此皆郝卢二人之罪过。可察其在任内有无私弊或工程钱粮不清之处，若有可参之处，具折奏来。

同一天，他又就生祠一事发下谕旨：外省官员，在任之时，不许建立生祠，有案可查。若去任之后，"实有功德在人"，当地官民建祠"以志思去者"，准予留存，此外一概不准。由于此等生祠之建，多系出于下属谄媚奉承，及地方绅缙与出入公门包揽词讼之辈，倡议纠合，假公敛费，上以结交官长，下以中饱私囊，并非出于舆论之同懿德之好也。最近访闻外省发现此风尚未尽革，郝玉麟、卢焯在闽省建立生祠书院，肖像置牌，妄行崇奉。闽省如此，其他各省亦恐相同，令各省督抚秉公查核，以定各类生祠之去留存拆。

八月二十七日，奉旨负责审理卢焯之案的闽浙总督德沛、副都统旺扎勒的奏折到京，上奏说"卢焯狡饰支吾，供词闪烁，请革职刑讯"。乾隆帝批准其请。于是此案的审理发生了急剧变化。在此之前，卢焯虽被左都御史刘吴龙和闽浙总督德沛弹劾，奉旨被审，但仍官居巡抚要职，仍系从二品封疆大臣，而且因其筑尖山坝等事有利于民，深受绅民爱戴，因此，卢焯尚存侥幸之心，企图敷衍了事，审案者也碍于其系二品大员，不便严究，故历时二月，一方是"狡饰支吾"，另一方是难压钦犯，审理进展极为缓慢。现在，形势发生了急剧变化，皇上谕令革卢焯之职，用刑拷问，这便很明确地表明了乾隆帝对此案的态度和对卢焯的看法，已钦定其为贪官，钦差大臣就可放手行事，卢焯的希望也就破灭，只好认罪服法了。

闽浙总督德沛、副都统旺扎勒严厉审问卢焯、升任山西布政使的原嘉湖道吕守曾、嘉兴府知府杨景震及其他有关人员，并且动用大刑，但进展仍旧很慢，德沛又对卢焯家有所安抚。乾隆帝甚为不满，屡次降旨申饬德沛、旺扎勒。十一月初，浙江布政使安宁就此上奏说：浙省审理参革巡抚卢焯等人之案，"可以结而不结，不当严而过严，督臣、钦差不能和衷共济"。乾隆帝于十一月二十九日批示："若此据实陈奏，朕实嘉悦览之。朕早闻其如是，亦已降旨矣。"同一天，他谕告大学士：德沛、旺扎勒两人受命审理卢焯婪赃一案，"种种不协之处，已屡降旨训谕矣"。最近听说山西布政使吕守曾已经自缢身亡，此固本人畏罪所致，亦因承审官办理不善之故。又闻，初审时，甚为苛严，案外牵连了不少人，案内要犯监毙数人，"且有严刑笞夹，腿骨已碎，尚未招认者"。既如此严刻，而德沛又将皮棉衣服数十件送与卢焯家，究竟有何意图？卢焯一案，历时已久，该地审办情由，朕皆得知，但德沛为什么不上奏呢？况卢焯等自有应得之罪，早应定案，为何迟至今日仍不得结束？

第二天，即十一月三十日，德沛、旺扎勒的两份奏折一齐送到，提到吕守曾畏罪自尽，会审卢焯之案时，"有百姓数百人，喧言求释卢巡抚，推倒副都统衙门鼓亭栅门"。吕星垣记载此次越民闹事之情说："越民呼呶罢市，竟篡夺公，舁置吴山神庙，供铺糒如墙，求保留者数万人，走督辕击鼓，公呵不散，乃夜逃归颂系所。"袁枚在书中也提到了此事："狱两月不具，浙之氓呼呶罢市，篡公于颂系所，舁至吴山神庙中，供铺粮菜，盛者如墙而进，所过处，妇女呼冤躅足，数万人赴制府军门，击鼓保留。"

乾隆帝对德沛之奏批示：吕守曾自尽，百姓闹事，都是由于"汝等办理不妥所致"，不必去追求为首的人，以免又生出一些麻烦事，但刁蛮之风气也不可助长，因此，必须尽快了结卢焯之案，乾隆还勒令旺扎勒进京。

乾隆七年（1742年）四月二十八日，刑部等衙门会题卢焯营私受贿一案。据调任闽浙总督德沛、钦差副都统旺扎勒奏称，经过对涉嫌人员的逐一审讯，分别按拟，除追回卢焯事后受财、求索借贷等轻罪不议外，应如德沛、旺扎勒所题，"卢焯、杨景震俱依不枉法赃律，拟绞监候秋后处决"。吕守曾亦应拟绞，已缢死，毋庸再议，但其身任监司，婪赃逾贯，论罪当处斩，自然不可因其身死而对其他罪名免于追究，仍着其嫡属勒追入官。帝从其议。

按赃银数量而言，卢焯所贪之款项超过萨哈谅、鄂善数十倍，可卢却仅以绞监候结案，轻于鄂善（被勒令自尽），但乾隆帝因其有才和筑尖山坝有功，减轻了判罪程度。第二年帝以卢焯完赃减其罪，戍军台，乾隆十六年（1751年）召还，乾隆二十年（1755年）起用，署陕西巡抚，乾隆二十一年（1756年）授湖北巡抚，乾隆二十二年（1757年）又因为他在办理入贡方物时偷工减料等过失而被革职，戍边于巴里坤，乾隆二十六年（1761年）召还。乾隆三十二年（1767年）卢焯去世。

乾隆六年（1741年）三月十九日，也就是山西布政使萨哈谅被弹劾后的第十二天，乾隆帝下了一道令人奇怪的谕旨，令王大臣查审原九门提督今兵部满尚书鄂善受贿之案。最初他说，据御史仲永檀参奏：原提督鄂善在办理张鸣钧发掘银两案时，受俞长庚之妻父孟鲁瞻银1万两，孟托范毓馪向提督求情，希望他给予适当照顾。侍郎吴家驹亦得俞姓银2500两。由于这些都为传闻，故乾隆谕令"据实密奏，以备访查"。谕令说，鄂善是朝中之大臣，非新用小臣可比，仲永檀"欲朕访奏"，不知应委何等之人？若委之亲近小臣，岂大臣不可信而小臣转可信乎"？若委之大臣，又岂能保其必无恩怨乎？况命人暗中访查而不公开查访，藏于胸臆间，是先以不诚待大臣。此事关系重大，若不明晰办理，判其黑白，那么皇上凭什么任用大臣，而大臣们怎么能担负起国家大事呢？着怡亲王弘晓、和亲王弘昼、大学士鄂尔泰、张廷玉、徐本、尚书讷亲与来保公正办理此案，使其事水落石出，"则鄂善罪不容辞"，如果纯属捏造，则仲永檀自有应得之罪，王大臣必无所偏徇于其间也。"朕所以广开言路，原欲明目达聪，以除壅蔽，若言官自谓风闻言事，不问虚实，纷纷渎陈，徒乱人意，于国事何益！"所以此案必须彻底清查，不可含糊归结，"亦正人心风俗之大端也"。

此旨之奇在于，他对言官非常不满，颇有怪罪之意。弹劾贪官是科道的主要职责之一，"风闻言事"更是朝廷赋予言官的权利，何况就在下达此旨的前10天，皇上还因言官没有参劾墨吏萨哈谅、喀尔钦而下谕予以指责，可是，是什么原因使乾隆帝针对仲永檀的劾疏，而要抓住其"访查"之辞而大做文章？他一则说鄂善是"朕所倚用之大臣"，非小臣可比，显然是暗示鄂善不会做出这种贪赃枉法的勾当，不是贪官，联系到10天前他对满尚书的操守打包票的谕旨，此意更为明显。另外他说不应"访查"，用近身小臣查，不可；用大臣查，亦不行，恐其有个人恩怨；暗中访查，仍旧不行，是以不诚对待大臣，如此说来，则大臣所做违法之事，是不能查了，是不该查了，只要是大臣，就可为所欲为，他人不能有半点不同意见，如此不讲道理的逻辑怎能行得通呢？三则他又怒冲冲地宣布，必将此事明晰办理，否则难以任用大臣，大臣无法胜任国家之事，几乎成了对言官的明显威胁了。四则又指责言官凭仗"风闻言事"，而不问虚实，扰乱人意，于国无益，此话更是荒唐之至了。简而言之，乾隆帝之所以讲了这样一大堆不合情理、以势压人的话，不过是警告群臣，自己对仲永檀之劾奏鄂善，感到非常不满，他将对其加以惩处。

□尘埃落定

按照官场旧习气，臣僚对皇上的脾气、做法是长于揣测的，能够透过表面，从洋洋万言的谕旨中，揣测到皇上的真正想法。奉旨查审此案的王大臣不会不了解此旨的要害所在和皇上意欲达到的目的，应说他们极有可能会按照帝意去审理此案，加罪言者。谁知，大大出人意料的是，鄂善被证实确系受贿，并据实上奏。

此举令人无比惊讶，但乾隆帝不愧为英明君主，他并未坚持错误观点，将错就错，而是承认事实，知错便改。三月二十五日，即其颁降奇谕后的第六天，他给王大臣下了长达一千余字的上谕，详述此案始末及勒令鄂善自尽的理由。乾隆帝一共讲了4个问题。第一，本意欲罪言官。御史仲永檀参奏鄂善收取俞长庚贿银一案，"朕初以为必无此事，仲永檀身恃言官，而诬陷大臣，此风断不可长"，欲加其罪，但又因事未查明，难治仲之罪，故派王大臣七人秉公查审。第二，鄂善受贿是实。怡亲王弘晓等7位军国重臣屡经研讯，鄂善的家人及其侍从全都承认此事属实，鄂善收了俞长庚送纳的贿银。帝又特召和亲王弘昼、大学士鄂尔泰、吏部尚书讷亲、刑部尚书来保同鄂善进见，经过当面讯问。鄂善初犹抵饰。帝谕告其人说，"此事家人及过付之人，皆已应承"，如果没有这种事当然最好了，如果有，也不妨如实告知，将谕诸大臣从轻审问，将此事的责任全都归到家人身上。第三，令其自尽，鄂善翻供。鄂善已经自认，"毫无疑窦"，而负恩如此，国法断不可恕。如果对他宽大放纵，则无以令其他官员信服，也无法治理好国家。乾隆因垂泪谕告鄂善："尔罪按律应绞，念尔曾为大臣，不忍明正典刑，然汝亦何颜复立人世乎？"令其自行处置。又恐如此处理过于苛刻，命和亲王等四人会同大学士张廷玉、福敏、徐本、尚书海望、侍郎舒赫德等再加详议。王大臣等奏称：鄂善"婪赃负国，法所不容，人心共愤"，蒙恩令其自尽，并不过分。鄂善得知将被赐死后，马上推翻前面的供词，妄称系因顾全皇上的体面，皇上曾屡次降旨担保满尚书的操守，今已被劾，"恐皇上办理为难，是以一时应承"，实未收纳赃银。其四，斥其欺罔，交部严审。乾隆帝见鄂善改口，非常恼怒，斥其"无耻丧心，至于此极"，原本欲待其诚心悔过，恳切哀求，或可免其一死，监候待决，今因其欺罔之罪，法当立斩，将鄂善拿解刑部，命刑部等衙门会同九卿科道严审。

此谕虽说最后交刑部等衙门会同九卿科道再次进行审理，但圣谕意思十分清楚，乾隆帝定了鄂善纳贿、欺君的大罪，本应正法，但加恩改为立即自尽，之所以要叫刑部、九卿、科道再审，不过是一种形式而已，想显示其公正郑重之意罢了，刑部等衙门官员怎能不按帝意断案呢？

乾隆帝又失算了一次，刑部等衙门会同九卿科道审理的结果，竟将鄂善按照"受贿婪赃"之律治罪，把王大臣原拟的绞立决改为绞监候，未论其欺君之罪。乾隆帝感到非常不满，于四月十五日下谕痛斥刑部等衙门办事之谬，说：此案情节，从前所降谕旨，甚为明晰。鄂善贪赃受贿，供认不讳，因"欲以礼待大臣而全国体"，不忍明正典刑，加恩改为令其自处，乃鄂善竟然翻供，"肆行抵赖"，此乃"欺罔""大不敬"之大罪，王大臣将其拟绞立决，"实属情罪相符"。今九卿科道等官忽改为绞监候，仅以其婪赃轻罪论处，而置欺君、大不敬之大罪不论，实系"错谬已极"，"着大学士传旨严行申饬"，命人前往刑部，带鄂善至其家，"令其自尽"。

乾隆帝以上处理萨哈谅、喀尔钦、卢焯、鄂善四人的贪污受贿案，虽有不尽完美之处，但他下定决心惩治贪官，革除官官相护的积弊，扫除只治七品芝麻官不罪二三品大员的恶习，不管是乾隆"所倚用之大臣"、手握兵权的从一品满兵部尚书鄂善，还是由知县升至巡抚曾蒙帝嘉奖的能臣卢焯，一旦知其苛索民财、欺压百姓、收纳贿银，即遣钦差大臣严审治罪，援引此例，告诫群臣，使贪污之风有所收敛，于民于国，都有极大的好处，为后来乾隆盛世的出现，起了积极的推动作用。

胡中藻诗案

□党争之祸

乾隆统治初期，以先帝雍正最为倚重的两位大臣——鄂尔泰（满族）、张廷玉（汉族）为辅政大臣。俗话说"一山不容二虎"，鄂张二人权势甚高又不分上下，遂互相攻讦，门户之争应势而起。二人之下各有门生故吏无数，他们攀缘门户，结为朋党，党同伐异，大有水火不容之势。

但是，二虎相争，触犯了真龙天子的利益，乾隆皇帝决意铲除党派，以强化专制皇权。乾隆五年（1740年）四月，他下达了一道耐人寻味的谕旨，说从来臣工之弊，莫大于逢迎揣度。大学士鄂尔泰、张廷玉乃皇考任用之大臣，为朕所倚重，自当思所以保全之。众臣工们想必不敢有互相包庇、结党营私的念头。而无知之辈，妄行揣摩，如满族人则思依附鄂尔泰，汉族人则思依附张廷玉，不仅九品小官如此，官大至侍郎、尚书者也多如此。他的谕旨表面上是在指责那些依附鄂、张的大小官员，实际上是在警告鄂、张二人。但门户之争由来已久，一时不能彻底清除，攀缘庇护之风也无法遏止，乾隆皇帝决定先向张廷玉及其党羽下手。自乾隆六年（1741年）以后的十几年中，对张廷玉及其家族势力的发展进行了严厉的扼制，如改组军机处，以满族人为首席军机大臣，以近臣进入军机处等；一度罢除了张廷玉死后配享太庙的殊荣（后来又恢复）；查封和没收了他在京城的一些住房和财物等。另外全面清洗了张廷玉势力，如对他的门生姻亲汪由敦、朱荃严、严瑞龙等人，或撤职或抄家或治罪，到乾隆三十六年（1771年）时，张廷玉除有一子名列仕籍之外，家族其他成员已无一人置身仕途。

在打击张廷玉势力的同时，乾隆皇帝对鄂尔泰本人及其党羽也进行了一定的限制，但鄂尔泰于乾隆十年（1745年）去世，其党羽言行大为收敛，乾隆皇帝对鄂党遂没有进行深究。

鄂尔泰去世，张廷玉退休回家，张、鄂两党势力表面上已经铲除，但两派的明争暗斗尚未终止。对此，乾隆皇帝早有察觉，如何进一步消除这种隐藏在暗处的两派之争，乾隆皇帝似乎已有了解决办法。

以鄂尔泰的高足自居的湖南学政胡中藻与鄂尔泰的侄子江西巡抚鄂昌来往密切，相互唱和，甚为猖狂。因此，乾隆皇帝便决定拿胡中藻开刀。

□欲加之罪，何患无辞

胡中藻著有一部《坚磨生诗钞》的集子。乾隆皇帝先是秘密责成曾在军机处行走的蒋溥，从《坚磨生诗钞》的字里行间找问题。到乾隆二十年（1755年）二月，罗织胡中藻罪状的准备工作已经就绪，乾隆帝命令广西巡抚卫哲治速奏胡中藻任广西学政时所出试题及与他人唱和的诗文等一切恶迹言行。卫哲治接旨之后，急忙严密搜查，将胡中藻于乾隆十三年（1748年）二月任广西学政一年半时间内所出试题及唱和诗文等，派专人送往北京。不久，胡中藻被逮捕押往京师，同时乾隆又命令陕甘总督刘统勋赴甘肃巡抚鄂昌处搜查胡中藻与之往来应酬诗文、书信等。接着还指示对曾为《坚磨生诗钞》作序，并出资帮其刊刻传播的礼部侍郎张泰开进行审讯。当上述种种布置和行动安排就绪后，乾隆皇帝遂召集大学士、九卿、翰林、詹事、科道等廷臣，宣布胡中藻的种种罪状。他先是指责胡中藻出身科班、名列清华，而鬼蜮为心，于语言吟咏之间，以大逆不道之词，肆意诋讪，"实非人类中所应有"。尔后，便从《坚磨生诗钞》

中摘取诗句，历述胡中藻的条条罪证。

最后，又对站在他面前的众大臣说道，胡中藻有以上如此之罪状，但多年来，竟没有一人参奏他，可见互相祖护之风已牢不可破，对此不得不申国法、正嚣风，仿效先皇之诛查嗣庭，惩治胡中藻。遂下令众大臣对胡中藻案情严加审议，提出处置意见。众大臣们见乾隆皇帝对胡中藻如此之愤恨，严惩胡中藻已不容置疑，遂秉承乾隆旨意，纷纷提出将胡中藻按"大逆罪"凌迟处死，其嫡属男 16 岁以上者皆处斩。

□醉翁之意不在酒

乾隆皇帝治罪于胡中藻，其用意是司马昭之心——路人皆知，对胡中藻的指责及在处理全案过程中的种种议论，都可以看出他是针对张、鄂各结党羽、党派相争这种恶习的。但当大臣们提出凌迟处死胡中藻的时候，他却强调说"朕御极以来，从未尝以语言文字罪人"，只是胡中藻所刻《坚磨生诗钞》连篇累牍地谤讪诋毁，才不得不"申明宪典"，重治其罪。以此来表明他治罪胡中藻是有着充分理由的，是没有冤枉他的，为了表示宽厚大度，乾隆皇帝特意对胡中藻的处置，由"凌迟"改为"处斩"。乾隆二十年（1755 年）四月十一日，胡中藻被斩决。

与胡中藻同案治罪的还有鄂昌、史贻直等人。因鄂昌与胡中藻平日来往密切，于是指责他见胡中藻悖逆诗词，不但不知愤恨，反而与之往复唱和，实是罪不可恕。在抄他的家时，又发现了他所作的一首《塞上吟》，称蒙古族人为"胡儿"，乾隆又指责说这是"自加诋毁（鄂为满族人），非忘本而何"，说鄂昌"纯属满洲败类"。在处死胡中藻的一个多月后，乾隆皇帝遂赐令鄂昌自尽，并警告满族官员说："今后如有与汉族人互相唱和，较论同年行辈往来者，一律照鄂昌，严惩不贷！"在鄂昌被处死之后，乾隆又下令将已死 10 多年的鄂尔泰以结党罪撤出贤良祠，以此告诫大臣切勿植党。

彭家屏藏书案

□灾情只是导火线

彭家屏是清朝政府的一个官僚。康熙六十二年（1721 年）中进士，后来当过刑部司员，乾隆时期担任江苏布政使。

雍正末年，彭家屏与深得雍正帝信任的封疆大吏李卫交往深厚。因李卫与鄂尔泰等人素有矛盾，彭家屏也因此常常对鄂及其党羽进行攻讦，无意中卷入了党派之争。乾隆皇帝对结党营私之恶习深为痛恨，而彭家屏作为未依附这两大党的另一小股政治势力，也引起了乾隆皇帝的注意。在发动了胡中藻诗狱案之后，乾隆遂把打击的目标又移向彭家屏。乾隆二十年（1755 年），以召彭家屏进京面询政事为名，派人替补了他的遗阙，不费吹灰之力便剥夺了他的江苏布政使的官职。从此，彭家屏以养病为由回到了家乡河南夏邑县。但是，彭家屏并未因闲置在家而不理政事，乾隆皇帝也未因彭家屏告病还乡而放松对他的警惕。

乾隆二十一年（1756年），河南西部水灾严重，灾民无家可归，四处逃荒、衣不蔽体、卖儿鬻女的情况随处可见，灾区一片荒凉。而此时的地方官员们正忙于准备乾隆皇帝南巡的迎驾工作，他们不但不采取措施帮助灾民们度荒，反而还逼迫百姓出资出力迎接圣驾。对此，深居在家的彭家屏忍无可忍。他的家乡夏邑县也是重灾区之一，他亲眼看到了百姓的悲惨遭遇及地方官员不顾百姓死活的罪恶行径。他决心将这一切情况如实地上报乾隆皇帝。

乾隆二十二年（1757年）一月下旬，乾隆帝南巡来到山东，彭家屏前往接驾。当乾隆皇帝问到地方情形时，彭家屏详细地报告了河南灾情及灾民的真实情况，并指责河南巡抚图勒炳阿讳灾不报，责任重大，指出灾民因走投无路而有铤而走险的势头。但是，图勒炳阿在奏报地方情形时，却矢口否认灾区受灾的严重程度。为此，乾隆皇帝责成图、彭二人一起返回河南，调查灾情，办理赈务。

乾隆皇帝一行继续在山东巡视，途中，一些地方官员也奏报了鲁、豫受灾及夏邑受灾独重的情况，他开始相信彭家屏的汇报是属实的，而图勒炳阿在说假话。所以，二月初，图勒炳阿把调查的结果奏报乾隆皇帝，说虽雨水过多，但高粱仍有收成，谷豆有一定程度地减产，但不必赈济，建议开仓平粜即可。乾隆皇帝知道他是在说谎，但又不想治罪于他，只是将其责备一番，然后令他查明被水淹没地亩情况，并给了一个月的赈济之粮，命他前去发放。

但是，图勒炳阿办赈不力，散赈大多没有得到落实，对受灾之户口，或造报遗漏，或任意删除，加上地方官员层层为奸，侵蚀肥己，广大灾区人民的灾情没有丝毫缓解。彭家屏此前与图勒炳阿调查灾情，见图勒炳阿不如实奏报而乾隆皇帝明知其谎报灾情又不治其罪，决定利用灾民对图勒炳阿办赈不力产生的不满情绪，建议灾民到乾隆皇帝前控告办赈官吏的舞弊行为。

四月初七、初九两天，接连有夏邑县人张钦、艾鹤年和刘元德前来告御状，控告本县县令孙默赈灾不力，其他官员因缘为奸，侵吞赈灾粮食，要求乾隆皇帝明察此事。

乾隆皇帝于是下令革了图勒炳阿的职，发往乌里雅苏台军营效力。但是指控之人皆来自夏邑，这又使他陷入深思，前有彭家屏指责巡抚，后有这些人指责县令，两者之间有没有什么联系？想到这里，乾隆决定将张钦、刘元德等交侍卫成林进行审讯，并嘱咐说：张、刘背后必定有刁徒从中主使，一定要严加惩究。

成林将张、刘押解到夏邑县，会同知县孙默立刻对其二人进行严刑拷问，二人被迫招出是受夏邑县生员段昌绪、刘东震的指使。成林、孙默又立刻传讯段昌绪、刘东震。但段昌绪拒不到官，孙默遂带衙役到段家搜查，无意中在他的卧室里抄出了吴三桂叛乱时发布的反清檄文。孙默将段昌绪押到县衙，经刑讯逼供，段昌绪和刘东震二人供出了受彭家屏指使的真实情况。

□不断演化为政治事件

成林、孙默感到了事态的严重，立即将审讯结果奏报乾隆皇帝。乾隆皇帝得报之后，对彭家屏是主谋一事并不觉奇怪，惊奇的是吴三桂叛乱失败已80余年，竟然还有人保存其檄文，而且段昌绪在檄文中圈点批注，"赞赏称快"。这显然是一起极为严重的政治事件。

案件发生了重大变化，对下一步的行动乾隆皇帝做了如下安排：此前查办图勒炳阿等，是基于彭家屏及所谓夏邑"县民"的民生考虑的，现在查出彭家屏与"县民"串通一气，虽非陷害，亦为蓄谋，故撤销图勒炳阿革职令，仍留河南巡抚之任；命令直隶总督方观承前往河南，会同图勒炳阿追查段昌绪私藏檄文一案。彭家屏与段昌绪素有来往，又在吴三桂藩地云南任职多年，想必其家中也藏有类似文字，故同时命令方、图前往彭家查抄。

□有口难辩，终成牺牲品

四月二十六日，乾隆皇帝结束第二次南巡，回到北京，未及休息就着手办理彭家屏一案。先是召集廷臣将所发生的事情叙述一遍，然后当着众大臣的面，传讯彭家屏，在指斥彭家屏唆使县民告御状之后，又质问彭家屏家中是否也藏有"伪檄"之类的逆文。彭家屏回奏从未藏过对清帝国不利的只字片语，更没有见过"伪檄"之类的东西。乾隆皇帝见彭家屏回答得甚是坚决，站在皇帝及众大臣面前，又表现出不服罪的样子，很是生气，故以更严厉的态度责问彭。彭家屏见此只得说出家中藏有《潞河纪闻》《日本乞师记》《豫变纪略》《酌中志》《南迁录》以及抄本天启、崇祯年间政事等明末野史数种，在彭家屏看来这些书并非违禁之书。但是乾隆皇帝认为，这些书中难免有"诋毁悖逆"之字句，而彭家屏也可能在书上做些评论清朝的"批阅评注"。乾隆皇帝再次使出"欲加之罪，何患无辞"的伎俩，欲治罪于彭家屏。但因证据不足，遂派方观承率人到彭家屏处严加抄检。在清抄彭家时，发现了其所刻族谱，取名为《大彭统记》，乾隆皇帝说族谱取名"大彭"与历朝国号有什么区别？谓彭姓于黄帝，以帝王后裔自居，是何用意？族谱中凡遇明神宗万历年号，一律没有避讳，目无君上，其心实不可问！为此，乾隆皇帝下谕，令已经革职拿问的彭家屏自尽，家产全部籍没。段昌绪等也被处以极刑。

至此，乾隆皇帝又清除了他所认为的一小股政治势力。同时，在处理此案的过程中，无意中清查出来的"伪檄"及私藏明末遗书，使他大为震动，他决定借此再次对异端及不满情绪予以打击，这也促使他进一步思考今后如何更进一步强化思想及文化专制统治的问题。可以说，彭家屏一案对乾隆皇帝加强皇权与专制起着非常重要的作用。一方面，随着彭家屏等人的清除，排除政治异己势力的斗争告一段落；另一方面，"伪檄""禁书"的发现将打击社会上存在的反清思想的任务提到了议事日程上。

嘉庆皇帝遇刺案

□突然冒出来的刺客

清廷入关后统治中国 260 余年，自顺治至宣统，先后共 10 位皇帝，其中，有两位皇帝遭遇到刺客的刺杀，那就是雍正帝和嘉庆帝。如果说，雍正遇刺，究竟有没有发生过、属不属实，证据不足，很难判断，已成疑案的话，那么，嘉庆帝遇刺则是千真万确，铁案如山，嘉庆帝尽管并未受伤，然而，从当时奏章档案看，嘉庆帝遇刺原因，仍是一团迷雾，难以分清。

嘉庆八年（1803 年）闰二月二十日，嘉庆帝从圆明园上马，带着随从、侍卫，进入了神武门（今故宫博物院门）后下马换乘御轿，一切都显得很平静，没有任何征兆，加上此处已是皇宫禁地，跟班侍卫们都未提防。突然，从神武门西厢房南墙冲出一条大汉，朝嘉庆帝所乘御轿直扑过来。事出仓促，侍卫及近驾的人们都没注意到这位大汉。一时间，那人已奔至近前，皇帝的随从及侍卫这才注意到，大汉手里握着一把短刀，面露杀机。跟在嘉庆轿旁的定亲王绵恩立即感到事情不妙，迎面上前阻拦。岂知，那人来势极为凶猛，举刀便刺，绵恩衣袖被扎破，未能拦住那人。

从那人的来势及出手的招式中，人们已经看出，此人武功根基颇为扎实。这时，紧随皇帝的固伦额驸亲王拉旺多尔济、御前侍卫丹巴多尔济等 5 人，急忙一齐奔出，拦住来者去路，展开搏斗。这些跟班侍卫，都是皇家精选的大内高手，颇有功力，但那刺客身手极为敏捷，将侍卫丹巴多尔济身上扎伤三处。但卫士们经过长期训练，配合默契，各携兵器，以五敌一。除非是绝顶武林高手，否则是无法长久抵挡的。果然，卫士们以多打少，不出几个回合，已夺下刺客短刀，将其生擒。嘉庆帝事后虽然声称自己在轿内，对当时发生的事情毫不知情，但相距一箭之地，搏斗之声及迎驾、护驾者的惊恐之声，应当是听见了的。这是他登上皇位以后首次遇到刺客，可以想象当时他的惊恐之状。

皇宫生变，大内遇刺，刺伤侍卫，扎破亲王衣服，刺客距嘉庆御轿已经很近，皇帝虽有惊无险，但此事在朝廷内外引起极大的震动，成为当时一桩大案。

□供词中疑点重重

事变发生的当天，嘉庆帝先下令军机大臣会同刑部审讯要犯，但毫无结果。又下旨：此案着派满汉大学士、各部尚书并原派之军机大臣，会同刑部严审定罪。在刑讯逼供之下，刺客终于开口。

据供，刺客姓陈名德，47岁，北京人。陈德父母是镶黄旗人松年的家奴。因主家迁往山东，陈德自幼便和父母一起到了山东，成年后亦以给富豪人家当差为生。父母死后，陈德于乾隆末年到北京投靠亲戚，先后给五户人家当差为奴。案发前，陈德跟上了粤海关回京的王姓官僚的家人孟明，充当厨子，在孟家当差5年。不幸，陈德妻子病死，80岁的瘫痪岳母、两个未成年的儿子都需要他来照顾，维持生计，日子越发艰难。至本年二月，孟家因嫌陈德吃饭人多，能干活的人少，将他一家赶出。

据陈德供称，一家被赶出后，生活没有着落，只有投亲靠友，受人接济，几次搬家，无奈连个差事也找不到，因此产生了寻死的念头。本月十八日，将15岁的长子禄儿从雇处叫回，团聚一两天，然后准备自寻短见。但转念一想，自去寻死，"无人知道，岂不枉自死了"。于是，想去行刺皇帝，这样死也死得轰轰烈烈、惊天动地。

二十日晨，陈德带着长子禄儿出门。次子对儿问他父亲去哪儿，他随口便回答说，去替他也找个做工的人家。他怀揣短刀，先去酒店喝了两碗酒，然后带着禄儿从紫禁城东华门混进了皇宫。路上，禄儿问父亲要去找什么人，陈德不答，又说自己一会儿就要死了，让他千万不要认尸。禄儿一再追问原因，陈德只回答说，一会儿你就知道了，你不要管。父子从宫内夹道来到了神武门，夹在迎驾的人内。随后，就发生了行刺皇帝未遂之案。禄儿见势不好，马上逃走，不久亦被抓获。

嘉庆皇帝和会审各大臣明显不满意陈德的供词。一个失业厨子，生活固然艰难，但仅凭死得更壮烈、更轰动的念头就行刺皇帝，而且没人主使，也没有帮凶和同谋，实在是不可理解。而且，皇帝行动时间他为什么会如此清楚，皇宫守卫极为森严，他又是如何混进去的呢？于是，嘉庆帝命令大臣们加紧严审逼供，把陈德供词中提到的所有人员逮捕和传唤来。

不料，陈德的两个儿子、借住房主之保甲黄五福在被审讯时，均称并不知晓陈德行刺事，只说陈德最近几天都出去找差事做，很晚才回家。为了查清为何陈德如此熟悉宫中的情况，传讯了陈德过去的雇主、内务府包衣达常索。据称，达常索过去在宫中侍候过诚妃娘娘，让陈德陪同其进宫送过碗盏杂物。陈德当时还与太监杨进喜一起办过车辆事宜，这已经过去几年了。又传讯太监杨进喜，据称已有数年未见过陈德。

至二十一日，陈德好友王四、次子对儿等被提审，但仍然毫无进展。又严加审讯陈德，拷问其皇上昨日还宫消息及在御花园外换乘御轿之事是如何得知的。据陈德口供，他正想要自寻短见，又犹豫再三，寻思这样死去很不值得，正在这时，街上垫土铺路的人说起二十日皇上还宫的消息，被他偶然听到，这才有了行刺皇帝的想法。原来，从圆明园到皇宫，其间有些路段为泥土路，皇帝御驾经过之前，一般都会先派人铺垫打扫，陈德据此知道了皇帝的还宫时间。至于皇帝从何门入宫，在何处换轿，他声称并不知晓，是进了东华门之后，向宫内下人们打听才得知的。陈德还供称，自己只想到如果惊了圣驾，肯定当时会被乱刀砍杀，死也死得痛快。

审讯大臣对陈德的供词半信半疑，再次刑讯逼供，陈德反复交代，但仍然是所供的那些内容，又不敢动用重刑，人犯若死，干系甚大。只能多次提审陈德过去的几家主人、朋友、两个儿子等，并继续刑讯陈德。二十二日刑审了一天，方才得到了一些新的情况，即案犯陈德最近一段时间没有找到差事，情绪一直不好，一次在酒店与人口角，曾经动刀，扬言要杀人，经人劝解，才未酿成大祸。至于受何人指使入宫行刺皇帝，仍说不出所以然来。

二十三日，嘉庆帝下令加派九卿科道官员会审此案。二十三、二十四两天，加紧刑讯陈德及有关人员。所有相关人均称不知道陈德行刺过皇上，原因更是一无所知。而陈德在酷刑拷问之下，供称自己多次做过好梦，梦见要发大财，并且有黄袍加身，又抽到好签，想到自己如此一身好武功，如能入宫惊了圣驾，自然会得好处。至于主使及同谋，陈德始终坚持没有，并说不敢胡乱攀扯。

□草草结案

连续几天，增派会审大员越来越多，施用的刑罚也越用越严，然而案情却一筹莫展。但宫廷内外，均已知道二十日皇上遇刺之事，一时流言纷传，甚至有人开始胡乱推断，陈德的主谋、同党会是朝中哪些大臣，说得有板有眼。审案的官员们也很担心：不用严刑，害怕皇帝怪罪自己不认真办案；用刑过重，人犯若死，就断了线索，也难免不获罪；更可怕的是，如果严刑逼问之下，那陈德随意说出几个在朝大臣来，很可能会引起一场政治上的混乱。何况陈德曾在许多官员、富豪家中当差为奴，很可能是知道了一些官员的情况。审案大臣真是骑虎难下，不知道如何办是好。而朝野上下也议论纷纷，一些过去被嘉庆帝整治过的官员也惶惶不可终日，万一皇上怀疑自己，如何是好。

朝野上下这种议论，嘉庆帝也听到了一些风声。他感到，这宗案子应马上结案，拖下去极为不利了。如果案犯坚持不招供，参与审案的一大批官员将受到办案不力的谴责；如其随便指出一些朝中大员是主使人，势将引起政治动荡。于是，嘉庆帝断然下令停止审讯，立即结案，以稳定局势。

二十四日当天，内阁明发嘉庆帝圣旨：陈德行刺皇帝一案，审办诸大臣已经劳心费力了，对其主使、同谋及党羽穷究不舍，一片赤诚之心，忠君为国，必应如此。朕即位已有八年，虽然没有实行太多的仁政，却也从不妄行杀戮，朝野上下，非朕之臣民即朕之兄弟子侄，朕不忍心无端猜忌任何一人。至陈德行凶，有如狂犬伤人、鸱鸮食母，主使不一定必有，同谋也不会太多，如果一味穷究不舍，恐怕牵连无辜，酿成大乱。即使朕不究问，终是疑案，如是，则损失甚大。现令将陈德及其子定罪，并对护驾有功人员进行奖赏，迅速结案。

谕旨由内阁明发，朝廷大臣才定下心来。同日，参与审案的军机大臣、各部尚书、刑部官员及九卿、科道官，列衔共同拟定结案奏疏，立即得到批准。陈德被凌迟处死，其子禄儿、对儿均被处以绞刑，其岳母年过八十，不再追究。所有护驾有功的定亲王绵恩等，均加封晋爵或受上赏，按责任轻重处罚守宫门不严的护卫、巡查不力的有关人员。今后，皇宫各门加强保卫稽查，御驾出入，严密护卫。

这场轰动朝廷内外的谋刺皇帝的大案到此就基本完结了。

私雕假印案

□私雕假印，串通舞弊

雍正一朝及乾隆即位之初，君明政通，各级官吏很少朋比为奸。乾隆晚期，国家经历长期的太平盛世，官员日益腐化，吏制也跟着败坏下去。和珅专权更使政局变得暗无天日。嘉庆皇帝即位后，希望以诛戮和珅来整肃吏制。但这时国家已经无可挽回地颓败下去了。

清朝从顺治年间起，地方官自知县知府到督抚藩臬，往往招聘一些称为"幕宾"的文人帮着出谋划策，这些幕宾有的由学者名流担任，有的由退休失意官吏或亲朋好友充任。他们替官僚们执掌刑名钱谷，批签文件。乾隆中叶以后，官僚们贪图安逸之风大炽，行政权力渐渐暗中转移到幕宾之类的人物手中，时人评论："今日吏治，但三种人为之。三种人者：幕宾、长随、书吏是也！"这些人依恃官僚们的宠信，暗中操作，上下其手，特别是利用"大员谈笑会饮时，将稿文雁行斜进，诸大员不复寓目，仰视屋梁，手画大诺而已。更有请幕友代画者"，于是这些贪胥奸吏得以为非作歹，接连不断的发生铸假印、写假名、私征钱粮、冒领国帑之事。

嘉庆十一年（1807 年）八月，直隶布政使庆格向嘉庆皇帝奏报，发现了一起司书即书吏私雕假印、勾结幕宾串通舞弊的案子。这一年，庆格发现司库历年出入银数错乱不清，疑点甚多，便将司书召来进行盘问，司书狡黠支吾，破绽频出，遂即提取粮册档案，仔细审查，终于查出历年地粮耗羡以及杂税银两、虚收款项非常普遍。尔后，他又把各州县奉到司发批收，一一核查，发现有将司发库收小数贴改大数、将领款抵解钱粮又蒙混给发、串通银匠给与假印批收等舞弊情状，共虚收近 20 个州县地粮正耗杂税等银 28 万余两。

庆格见此案事关重大，立刻派人将承办司书王丽南等人逮捕起来。嘉庆皇帝得到庆格的奏报，遂命协办大学士费淳、尚书长麟对王丽南等进行审讯。同年九月，审讯得出了结果，查明自嘉庆元年起至本年止，地丁羡耗杂款项下，俱有虚收虚抵重领冒支等，计有二十四州县，共侵盗银 31 万多两。其内竟有与州县讲明，每虚收重抵冒支银一万两，司书及说事人便分得使费银二三千两不等。除此之外，尚有幕友长随知情分赃、州县借领应解之款贿书吏将案卷销毁，或诓印库收挖改数字等情况。

嘉庆皇帝得知此案详情，大为愤慨，认为司书敢于私雕藩司及库官印信，串通舞弊，实属胆大妄为，古今未闻，下令处死书吏王丽南、州县官陈锡钰、徐承动等 20 余人，家产充公。对失察的督抚藩司，如颜检、胡季堂、梁肯堂、陈大文、熊枚、瞻柱、郑制锦、同兴等人，按照其各自任内虚收数目分别予以治罪。

□贪污腐败，屡见不鲜

在外省类似于这样的案子，也时有发生，就在王丽南一案尘埃甫落之时，在湖北又揭发出武昌五县节年解司地丁正耗银两，亦有任意侵欺、私自洗改库收照票之事。即使在中央各部，此类事也风影偶现。

嘉庆十四年（1809 年），工部书吏王书常等通过私造假印的手段冒领库银，或于岁修工程，捏造大员姓名，向内府户部重复支领；或移咨户部，经户部凭文办札，交领三库银两物料，这种舞弊行为居然反复发生了 14 次，涉及上万两款项。按清朝定例，河吏支领库银，必须先经过司空签押，然后通知户部，最后还须度支大员再次核查，一番手续之后，才能发帑。但类似王书常等书吏人员，常常趁那些度支大员谈笑会饮时贪赃舞弊，这种时候呈送签文，度支大员根本顾不上详细审阅，随手便签字通过，因此被书吏等从中钻了空子。王书常一案后来由于一个工头首告，才东窗事发。王书常处以死刑，户部尚书侍郎禄康、德瑛、戴衢亨、赵秉冲、刘镮之，工部尚书侍郎英和、常福、和世泰、费淳、万承风、曹振镛、成书、蒋予蒲等均不同程度地被降职或罢黜。

私描串票、私雕假印、冒领国帑、虚收虚抵，历代未有之事，在乾末嘉初已司空见惯，一省大小官吏，通同舞弊，罔上行私，相护恶习，贪污的数目，州县已达数万，省司更是逾数十万。整个清政府的官僚队伍，贪污盛行，被深深地腐化下去，政治的黑暗程度也因之加深，清王朝走向衰败已不可避免。

兵部失印案

□印信莫名失窃

嘉庆二十五年（1820 年）三月，在宗室王公及文武百官的陪同下，嘉庆皇帝拜谒东陵。途中，忽然接到兵部奏报：兵部行在印信及印钥、钥匙牌全部不翼而飞。嘉庆帝闻知，很是震惊，当即命行在军机处传谕步军统领衙门，把捕役全部派出，在京城内明察暗访。同时，命令留京王大臣会同刑部立刻把兵部看守人员拘捕看押起来，严行审讯。

审讯一直持续到四月初三，嘉庆皇帝回到北京也没得出个结果，只是兵部堂书鲍幹提供了一个假供词，供词有不少不合理的地方，案子仍是乱麻一团。四月初九，嘉庆帝将参与审理此案的庆亲王绵课、大学士曹振镛、吏部尚书英和以及刑部堂官处以罚俸半年的处罚，各衙门所派承审此案的司员也被罚俸一年。同时督促绵课等人加快审理进度，不许有任何怠慢，再得不出结果，还要对其严加斥责，乃至降职处分。要求他以五月初五为限，务必找出盗印的贼或者找回失印。

□水落石出，牵连甚广

绵课等人见嘉庆帝破案的决心很大，遂不敢怠慢，继续严刑拷问鲍幹等人。鲍幹不堪重刑，供出实情：上年八月二十八日秋围回銮时，在巴克什营，行印连匣子一起被偷走了。当天夜里，看印书吏俞辉庭睡熟，窃贼潜入，将缚于帐房中间杆上的行印连匣窃去。尔后，俞辉庭在备用的匣子上贴上封条，向堂书鲍幹行贿，让他把假冒的行印混到库中去。当时，兵部司员庆禄、何炳彝二人并未开匣验视。此后鲍幹又贿赂书役莫即戈私自打开库门，移动印匣，伪装行印在库被窃。

嘉庆帝见案情查清了，又令直隶总督方受畴、提督徐锟，选派精干兵弁在古北口及巴克什营至密云一带，严密查访，搜寻行印，以期将窃贼拿获。但终因时间过久，寻查一直没有结果。嘉庆帝也认为"此印大约难得"，最后，只得谕令礼部重铸新的兵部行在印信，责令兵部尚书松筠及上年秋围时署理行在兵部侍郎裕恩赔缴铸印所需银两。

与此案有关人员也受到了处置，如管理部旗事务的大学士明亮被撤职并降了五级，兵部尚书戴联奎、左侍郎常福、曹师曾，右侍郎常英等，则丢掉了顶戴，分别受到降职处分。

刺马案的背后是谁在指使

□一品大员的离奇之死

大清同治九年（1870年）七月二十六日上午的南京，两江总督马新贻在校场上阅操完毕，也不乘轿，信步向两江总督府走去。官阶在他之下的官员，簇拥在马总督的周围；那些上不了台面的小官，则恭恭敬敬地整齐列队于总督府门前道路的两旁。

正当马新贻即将迈入总督府的大门之时，路旁突然闪出一个穿戴整齐的官员，面对马总督单膝跪倒，口称"给马大人请安"。"安"字尚未出口，一把利刃已经钻进了马新贻的肚腹之中。刺客手腕转动，马新贻顿时肚破肠流，血溅尘埃。电光火石之间，血案已然发生，八个负责保护总督的戈什哈护卫不及，只能眼睁睁地看着马总督倒在血泊中。

说来也奇，刺客得手后并没有趁乱迅速逃离，而是丢下凶器，高举双手，称自己为"张文祥，决不逃跑"，戈什哈们也没费多大事，便将刺客张文祥擒拿归案。当日晚，马新贻重伤不治而死。这就是震惊朝野的刺马案。

消息自南京传到北京后，慈禧太后大为震惊，连忙颁下懿旨，令江宁将军魁玉对刺客张文祥进行严加拷问。同时，又命正在天津处理教案的直隶总督曾国藩火速赶往南京，接任两江总督一职。然而魁玉经过连番审讯，也没能得到更多的信息；而曾国藩在接到太后懿旨之后，当场称病，希望老佛爷能收回成命，另遣高明。

南京北京的事情都处理得差强人意，50多天的时间便在拖延中过去了。

九月二十六日，慈禧太后严令曾国藩入京，催促他尽快去接任两江总督之职。曾仍然推拖。直到十月九日，已经被磨没了耐心的慈禧太后用强硬的口气命令曾前往南京入职。无奈的曾国藩见没法再拖延下去，只得于十五日启程南下。

上任南京后的曾国藩迟迟未曾对刺马案进行重新审理，整整两个月间，从未提审过案犯。直到火速赶往南京的刑部尚书郑敦谨与曾国藩会合之后，才在次年的正月向朝廷递交了一份早就由魁玉等人递交过的结案报告。刺马案也便在这份报告中稀里糊涂地了结了。

刺马案的未解之谜并不在于谁是真凶，而是张文祥刺马的动机。这也是令后人众说纷纭的一个谜团。

□三年不改其志的仇恨

有些人认为张文祥是出于对马新贻的私人恩怨方才行刺。证据在于魁玉和曾国藩先后向慈禧太后递交的那份结案报告上。

报告声称：刺客张文祥原是太平天国军中一员。轰轰烈烈的太平天国起义被镇压后，张文祥又跟海盗来往甚密。时任浙江巡抚的马新贻大举平定海上盗匪，众多海盗死在他的手中。其中不乏张文祥的死党。对此，张文祥怀恨在心。

恰在此时，张文祥的妻子又与人通奸私奔，张文祥跑到浙江巡抚衙门击鼓鸣冤，希望巡抚大人给他一个公正。然而马新贻对张文祥却不理不睬，压根儿不想去管这件案子。

已经被马新贻弄得一无所有的张文祥为了糊口，私自开设当铺。然而当铺开设不久，马新贻一纸关闭全省所有私当的禁令让张文祥血本无归。新仇旧恨叠加，家破人亡的张文祥动起杀机。早在同治七年至同治八年间，张文祥便屡次企图行刺，但终未得手。直到那一天，才抓住机会，结果了马新贻的性命。

乍看之下，南京方面对案情的梳理，对张文祥杀人动机的阐述倒也合理：张文祥在友情、爱情、事业等方面都受到马新贻的打击，是故动起杀心。但细分析起来，却又颇不合情。对海盗进行捕杀是朝廷的行为，马新贻再有势力，也不敢擅自决定杀与不杀；张妻与奸夫私奔，与地方长官何干？就算马新贻把张妻找了回来，张文祥也不见得能再续前缘；私设当铺，早就是朝廷明令禁止的，错本就在张文祥身上，虽说马新贻的禁令断了张的财路，让他心有怨恨，倒也情有可原，但谋杀之心历三年之久而不改其志，张的决心未免也太大了一些。

□马新贻为情而死

道光末年，捻军在江苏、安徽一带起义。大多数地方官都会聘请一位"司捻事"的幕僚专门在此方面为自己出谋划策。此时的马新贻正就任合肥县令，也请了位"司捻事"——张文祥。

张、马二人一见如故，宾主相谈甚欢，两家的女眷也交往密切。然而马新贻却在忙里偷闲中暗地里与张妻苟且，而张文祥却全被蒙在鼓里。

几年之后，马新贻在剿捻战斗中溃败，被朝廷革职，返回原籍。无路可走的张文祥被迫投身捻军。二人就此分道扬镳。

可谁知道到了咸丰末年，马新贻咸鱼翻身，在安徽巡抚翁同书的引荐之下，东山再起，并在1864年开始担任浙江巡抚。此时已从捻军脱身的张文祥听说"老东家"再次为官，便巴巴地赶到杭州投靠。由于张文祥有过一段在捻军的"不光彩"经历，马新贻为了自己的官路，不愿理睬这位曾经相谈甚欢的幕友，却对张妻不能忘怀。

经过一番私下里的游说，贪慕富贵的张妻跑到了马府当了马新贻的小妾。

妻子失踪，张文祥遍寻不到，只得报官。但县令早就得到了巡抚的指示，对张文祥的心急火燎视若无物，压根不予受理。直到数月之后，张文祥才听到风声。

夺妻之仇，对于一个男人来说是莫大的耻辱，张文祥岂能咽下这口气？依照大清律例，杀死奸夫淫妇并不以罪论处，但前提条件是要捉奸在床，其余的则要看奸夫是否承认再行定罪。然而张文祥又怎可能跑到巡抚的卧室里去"捉奸"？他只能静待机会。

数日之后，机会来了。

这天张妻出门，正被整日巡游在巡抚衙门周边的张文祥遇到，二话不说，当场杀死。

"淫妇"好杀，但除掉身为巡抚、每次出门都前呼后拥的"奸夫"却没那么容易了。直到同治九年（1870年）七月二十六日，方才得手。

这个"真相"要比前一种的可信度大一些。但从曾国藩对待此案的态度上来看，却又颇有疑点。虽然死者的行为不太光彩，虽然年仅50就当上两江总督、封疆大吏的马新贻很明显是朝廷大力培养的一颗政治明星，但也不致让曾国藩为难。毕竟，曾国藩是要奉朝廷之命将此案调查个水落石出，至于朝廷怎么去对外声明,那是朝廷的事,与他曾国藩无关。然而,在最后提交的调查报告中,曾国仍然沿用了魁玉最初的调查结果,并"请将该犯仍照原拟罪名,比照谋反叛逆凌迟处死,并摘心致祭"。

□太平天国留下的阴影

根据清代史料中的记载,在太平天国起义的十年中,洪秀全敛取了无数的金银珠宝,聚藏于南京。南京被曾国藩的湘军攻破之后,收缴了全部金银,但曾国藩向朝廷上缴的数额却非常之少。这也便牵扯出了太平天国宝藏何在的一个历史谜团。

慈禧太后看到这个远远小于预计数量的金银,当下便对其余财宝的去处起了疑心。于是便将曾国藩调往江宁,升马新贻为两江总督。在马就任之前,慈禧曾秘密召见他,要他去调查太平天国财物的去向,同时对要他秘密地对湘军的财政状况展开调查。

就当马新贻已经发现了财宝去向的蛛丝马迹之后,刺马案突然发生!

□一场让官吏偶像崩塌的政治谋杀

前文已经提到,张文祥刺马的动机才是本案未解之谜之所在。

刺马案发生后,曾国藩为何再三推辞慈禧太后的委任?是因为天津教案之事吗?的确,天津教案涉及内政外交以及法律原则,曾国藩却没有妥善地将此事处理得当,不仅弄得他焦头烂额,而且又遭到了朝野的非议。此际,朝廷让他去南京处理刺马案,恰等于给了他一个脱身的机会,奉命行事,一举两得,又何乐不为?而曾国藩的举动却明显有悖常理。是他害怕自己处理不好这件惊天大案吗?要知道,曾国藩可是平定席卷大半个中国的太平天国起义的人,还会对一起刑事案件有所忌惮?无论是从最初的拒绝就任,还是从最后的调查结果来看,曾国藩在处理此案上完全丧失了一位"中兴名臣"的风范。

曾国藩到底在害怕什么?

他害怕太平天国的宝藏下落,被朝廷知晓!

另外,张文祥一介平民,却可以光明正大地穿着朝服站在官员的队列之中,这也正说明了其背后有朝廷的人在撑腰。晚清之时,除了皇帝与慈禧太后之外,谁才有这么大的能量?不言而喻。

从本案的影响来看,刺马案背后的主使同样指向了曾国藩。用后半生全力打造海防的李鸿章在晚年之时曾经对心腹之人叹道:"若非马案,则裁(湘)兵日紧,终致海防日废,列强日盛,战祸不断,则国运日衰也。"李鸿章这句话指的就是本案让湘系军阀与清政府之间的矛盾进一步激化,慈禧太后加大了对湘系军阀的打击力度,并加快了裁减湘军的脚步,这一举动,让依赖于湘军兵力、财力而建立、维持的东南海防日益废弛,间接导致后来的一系列被入侵的耻辱。如不是曾国藩在刺马案中所处的位置,恐怕老佛爷还下不了这个决心。

刺马案的真相到底如何，答案已不再重要。重要的是，此案披露出了晚清政治的混乱与无序，它仿佛在无声地向世人宣告，大清帝国，时不长矣。

谁造成了名伶奇冤

□从梨园名角到阶下囚徒

同治十一年（1872年）年初，上海租界内的金桂园在重金礼聘之下，邀请到了一位在同治、光绪年间红遍京沪两地的京剧名角——杨月楼。一时之间，盛况空前。金桂园的火爆程度远超位于同一地点的最大竞争对手丹桂园。刚刚创刊不久的《申报》在描写此景时引用了某人所写的一首《竹枝词》：

> 金桂何如丹桂优，佳人个个懒勾留。
> 一般京调非偏爱，只为贪看杨月楼。

可见杨月楼在上海滩受欢迎的程度。

杨月楼其盟弟即谭派京剧艺术的创始人谭鑫培，其子即为京剧武生宗师、与梅兰芳、余叔岩并称为"三贤"的杨小楼。而杨月楼本人，则更是名声在外，首次入沪演出，便轰动上海滩。其人体魄魁梧，仪表堂堂，嗓音宽亮，有"天官"之美誉。就连慈禧太后，亦对他青睐有加。

杨月楼名声虽响，但绰号不雅——杨猴子。世人以为，因其善演猴戏，尤其是把孙悟空这个角色刻画得入木三分，因此得名。殊不知，在这个绰号的背后，却有着一段诡谲离奇的冤案。

在金桂园中，杨月楼演出的是一个讲述男女情事的剧目，名为《梵王宫》，精彩程度非同一般，连演三天仍火爆异常。

《梵王宫》连演了三天，有一对原籍广东、闲居上海的富商妻女就看了三天。

女儿闺名韦阿宝，年方十七，正是豆蔻年华，春心初萌。连看了三天的戏，让她对杨月楼的情愫暗生。当即也不顾什么封建礼教的父母之命、媒妁之言，偷偷写了一封情真意切的情书，"细述思慕意，欲订嫁婚约"，并附带一张庚帖，托乳母王氏传给杨月楼，约其相见。

接到情书之后的杨月楼"既惊且疑"，不敢赴约。为情所困的韦阿宝一病不起，日渐沉疴。

韦父常年在外经商，三年五载也到不了上海一趟，韦阿宝之事只能由其母亲做主。经过慢慢询问，韦母得知了韦阿宝生病的原委。而且，韦母对杨月楼也颇有好感，也便遂了女儿的心事。于是再请乳母王氏托话给杨月楼，要他"延媒妁以求婚"。

让男方请媒人上门提亲，这倒是满足封建社会对婚配条件的要求。杨月楼也对韦家千金颇有好感。杨月楼之母听说这件事之后，自北京赶到上海，开始"请媒妁，具婚书"，下聘礼，订婚事，一切都按照传统礼教的要求有条不紊地进行，并开始准备婚事。

然而，韦阿宝的叔父却坚决不同意这门亲事，逼迫韦母退婚。

但韦阿宝心意已定，杨家的聘礼已下，婚期也已定好，此时再行退婚，与礼不合，况且也等于是强拆了一对鸳鸯。双方的母亲已经同意，韦父常年不在，韦母自然可以做这个主，轮不到一个叔父对此指手画脚。

毕竟叔父还是韦家的人，如不遵从他的意见，这门亲事无法顺利达成。因此，韦母便秘密地私会杨月楼，提出了一个特殊的结婚方式——抢婚，即让乳母王氏在结婚当日的黄昏时分，将韦阿宝悄悄地送到杨月楼布置好的新房里，以此来瞒过韦家叔父，即使事后让他得知，也已是生米煮成了熟饭。

可惜的是，虽然计划周密，但还是走漏了风声。

韦家叔父听说"抢婚"之情后，当即同一些在沪广东籍的乡党士绅，以"拐盗"的罪名将杨月楼告上了衙门。是故，当杨韦二人在新居内举行婚礼仪式之时，衙门中的差役和巡捕"及时"赶到，将二人捆绑捉拿，并查缴了韦氏母女所带来的价值 4000 多两白银的七箱衣物首饰。据《申报》记载，韦阿宝在被压往公堂的路上时："小车一辆，危坐其中，告天地祭祖先之红衣犹未去身也，沿途随从观者如云。"

负责审理此案的上海知县叶廷眷恰恰是韦家的同乡，广东香山人，在韦家叔父的委托下，对杨月楼施以重刑，"敲打其胫骨百五"，又因为韦阿宝当庭说出了"嫁鸡遂（随）鸡，决无异志"的话，而被"批掌女嘴二百"。之后收押在监，等韦父回来之后再行判决。

此案一出，天下大哗。杨月楼乃是南北皆知的名角，犯了如此风流案，即如同今天的明星偶像出了八卦新闻，成为街头巷尾热议的谈资。尤其是此案涉及贱良通婚这样的敏感之事，怎不引起天下瞩目？尤其是《申报》，在案发后的一个月内连发 30 多篇文章，各路人士在对杨韦婚姻正当性的评价、韦商乡党公讼于官是否合宜及县令严刑重惩是否公正等展开激烈的争论，从各种角度、用各种观点对本案进行评述，更使得此案变得扑朔迷离。

时隔不久，韦父终于返回上海，虽然他不满弟弟对这件婚事的处理方式，但也抱定了良贱不能通婚的原则，当场表示不再认韦阿宝这个女儿，任凭官府对其发落，绝无二意。韦母看到丈夫竟是如此决绝的态度，悲愤交加下撒手人寰。

同治十三年（1874 年），叶廷眷对此案做出了判决：韦阿宝交付官媒，由官府负责将她嫁出去；杨月楼判为"拐盗"罪，再追加五百刑杖，发配到黑龙江充军；负责为杨韦二人牵线搭桥的乳母王氏则掌嘴二百，带上枷锁游街示众。虽然后来知府、行省对此案进行了复审，杨月楼也推翻了在屈打成招之下所做的供词，但终逃不开晚清官官相护的惯例，无论哪级官府，都对此案维持了原判。

此时的杨月楼可以说是到了人生最黑暗的时候，母亲远在北京，且年事已高，不便南下；一直站在自己这边的岳母撒手人寰；妻子也不知被官府嫁往何处，整个大上海举目无亲。幸好此际一位一直对他心存爱慕的女说书艺人沈月春不惜代价对他进行接济，打通监狱守卫，让他少吃了不少苦头。等到事态平息、沉冤得雪之后，杨月楼与沈月春结为伉俪，并诞下麟儿三元，即后来的杨小楼。这是后话。

同治十四年，杨月楼的这桩"风月"案一路上报与刑部，对此，刑部也未加深入地调查，依照原判，将杨月楼发配往黑龙江充军。

正在此时，峰回路转。

这一年恰好是慈禧太后四十岁的生日。为了博取民心，宣布大赦天下，即非重刑犯者一律赦免其罪。是故，杨月楼也便侥幸逃出樊笼。而由于杨月楼是因为慈禧太后大赦天下才获得自由，但罪名却始终背在身上。出狱后的杨月楼一怒之下，将艺名改为杨猴子。

□案件的根源究竟何在

本案的未解之谜并不在于案件本身，而是在于案件的根源所在。首先，在韦阿宝的一片深情厚谊中，杨月楼为何不敢赴约？其次，在郎情妾意、双方母亲都满意的情况下，韦家叔父为何横加干涉？再次，对于这样一起很普通的民事婚姻案件，官府又为何动用了刑事处罚？最后，杨月楼改名杨猴子，又是出于什么样的目的？

一说，韦阿宝身为一名女子，却主动上演女追男这出戏，让杨月楼误以为韦阿宝是一名不自尊自爱的风尘女子，即使他自己也只不过是一戏子但同样洁身自好，不愿招惹风尘，因此不敢去赴约。但这种观点解释不了后来杨月楼又为何兴高采烈地去迎娶韦阿宝。

对于韦家叔父的干涉的解释则是，根据封建社会的道德理论来说，女子当有三从，即在家从父，出嫁从夫，夫死从子，既然韦父没死，那么韦阿宝的婚配问题当由韦父说了算，而不是让韦母做主。虽然一时之间联系不上韦父，但做叔叔的有权在侄女的婚姻问题上指手画脚，毕竟韦阿宝还是韦家的人。未经叔父同意而擅自将韦家的女儿出嫁，韦家叔父怎不气恼？

杨月楼和韦阿宝本就不触犯国法，官府上也没权利动用刑罚，但叶廷眷受韦家之托，且又都是乡党，这个面子不能不给，为了绝除杨月楼这个后患，只能给他扣上一个诱拐妇女的帽子，至于是不是实情，那无关紧要，重要的是杨月楼在酷刑之下招供就够了。

至于"杨猴子"这个绰号的来历，一般认为是因为杨月楼舞台上的动作灵活如猴，他所演出的猴戏尤被赞赏，故被人称之为"杨猴子"，或曰"美猴王"。但应该注意的是，这个不雅的绰号，是在杨月楼被赦免之后才有的。

□社会伦理道德的无奈

杨月楼与韦阿宝的这桩"风流案"在历史上被称作"名伶奇冤"，实际上，案件本身倒没有多少"奇"可言，真正让人感觉到奇的，是封建社会那畸形的社会伦理道德。

千百年来的传统中国，士农工商这种身份等级观念划分明确，贵贱高低，并不是由财富来决定。虽然杨月楼是梨园中的名角，收入自然也不在话下，但依照当时的社会身份结构，戏子或者说是优伶属于贱籍，连最普通的良民都不如。同时传统中有个不成文的规定：良贱不许通婚。对此，杨月楼自是十分清楚，因此他不敢与韦阿宝结为秦晋之好。

而韦阿宝却并不在乎这个。

晚清之时的上海是中国大陆地区一座极为特殊的城市，在各种不平等条约的逼迫下，开埠并设立租界并设立租借的上海滩，成为西方人在华的天堂。随着西方人的涌入，西方的那些商业贸易与文化艺术也相应地在改变着这座海边之城。外滩的十里洋场，比帝都北京都显得格热闹与繁华。

已经将西方文化融入自身的上海城，传统的社会身份和特权地位已不再重要，上下尊卑的等级关系也随之而大为松弛，延续了数千年的封建礼教思想，在西方文化的冲击下渐渐退出主导地位。

韦阿宝之父乃当时广东的一名买办，家境豪富，久在上海居住的韦阿宝对西洋文化耳濡目染，所受到的影响颇深，因此写出一封与传统礼教大相径庭的情书也就不足为奇。

但韦家叔父和韦家乡党所掌控的官府不能把韦阿宝的一厢情愿看作可以无视清规戒律的理由。虽说当时的上海风起比较开放，而且自道光年间以后，良贱通婚的事倒也不算罕见，一般的地方官是对这种事倒也不以为意，睁一只眼闭一只眼地也就过去了。然而韦家叔父本就对这类所谓的贱藉人士耿耿于怀，宁肯劳动乡党关系也不愿勉强自己接受事实。因此，叶廷眷便按照大清律例的规定，即"贱籍之人要是娶良家女子为妻，则强行要求其离异，同时还要加以杖刑八十的处罚。如果是倡优乐人的话，则罪加一等，杖刑一百"对案件做出了判决。

后来的事情发展也证明了这一点。

虽然事后杨月楼重获自由，但这件案子却是稀里糊涂地宣告了结，所有涉案官员无一受到惩处。在社会上唯一起到的影响，就是贱良之间的等级划分更加严格。更可笑的是，就在杨月楼案发生的第二年，上海知县叶廷眷颁布了一则《严禁妇女入馆看戏告示》，顿时引起世人不满。《申报》曾经为此刊登了一封读者来信：

> 夫看戏一举，原属赏心乐事，本当男女同乐，良贱共观。今妇女仍无厉禁，惟良家独自向隅，故愚谓此论未昭平允。试思男子处世，有交游之乐，有纵马

田猎之乐，甚至有秦楼楚馆之乐，博钱踢球之乐；而在妇女皆无之。至于看戏一事，可以消愁解闷，可以博古通今，可以劝善惩淫，似宜任其观阅无禁，不宜复分男女，复论贵贱也……故吾深不愿有此一禁也！他日者，余将携家属同赴戏馆，不徒愿吾一须眉男子独乐其乐，可并将使吾众巾帼妇人共乐其乐；不徒携我家妇女与少乐乐，欲邀同人妇女与众乐乐，断不因贵馆之论禁止，遂使之大煞风景也……

这封信虽然出自男子之手，却带有明显的男女平等之色彩。不以男女分高低，不以贵贱分上下，这也是杨月楼案给晚清人民带来的一种平等的观念。虽然这种观念直到大清灭亡才正式有了实现的可能，但辛亥革命振臂一呼，天下响应，其中也有此案在民间的若干提示吧。

至于杨月楼的绰号杨猴子，实际上是他给自己取的，意思是说一个戏子就像是被人耍着玩的猴子，谁都可以欺负羞辱。此举，表达了这位京剧大师对封建等级划分的无声抗议。

杨乃武与小白菜案真相如何

□平民之死引发的官场地震

大清同治十二年（1873 年）十月，浙江省余杭县仓前镇，发生了一起其实本无多大影响力的事——镇里卖豆腐的葛品连死了。

那个年代，死个社会底层人物并不是多大的事，但错就错在，葛品连娶了一个如花似玉的老婆——小白菜。

小白菜闺名秀姑，本姓毕，因长得清秀，又偏爱穿一身绿衣衫，便被乡里街坊们称呼为"小白菜"，久而久之，反倒把她的真名给忘了。

同治十年（1871 年），葛品连与小白菜结为伉俪，由于双方家境贫寒，便租了一位家境殷实的举人杨乃武之房居住。

买豆腐为生的葛品连为了养家糊口，常年住在豆腐坊里，十天半个月才回家一次。闲来无事小白菜便常常到杨家走动，让杨乃武教她识文断字，偶尔还与杨乃武及其妻子一同吃饭。由于杨妻大杨詹氏在身边，流传不出什么绯闻来。但到了同治十一年（1872 年）九月，杨妻因难产去世，而小白菜和杨乃武之间仍旧"同食教经"。

不久之后，由于葛品连的豆腐生意越来越难做，付不起房租，便与小白菜一同搬到了表弟家。

搬出杨家的小白菜，再未与杨乃武有过联系。

同治十二年十月初七，葛品连突发重病，有流火症状（即丹毒，以皮肤突然发红，色如涂丹为主要表现的急性感染性疾病），葛品连不听小白菜苦劝，仍旧抱病上工，谁知病情益发严重。即使服下小白菜买来的东洋参和桂圆后，也不见好转，反而在初九下午气绝身亡。从发病到亡故，仅仅两天时间。入殓之时尸体正常，毫无异样。

此际正值江南十月，依旧秋热逼人，葛品连身体肥胖，初十夜间尸体口鼻内有淡血水流出。守灵之人见此异状，再兼之葛尸脸色发青，便起了疑心，暗地里告上官府。

这一告，便是一场滔天之祸的开端。

余杭知县刘锡彤在草草验尸之后，得出了一个结论：小白菜与杨乃武通奸杀夫。

杨乃武与小白菜之间"同食教经"的关系，尤其是杨妻死了之后，二人仍然如故，这种状态，不在街头巷尾产生非议才是奇怪的呢。流言自然也传到了刘锡彤的耳朵里，先入为主的思想让这位县太爷早已下了二人通奸杀夫的定论。

既然案情"已明"，剩下的就是要为这个案情找出一条完美的证据链。制作这条证据链的手段便是严刑逼供。当时的《申报》曾记载道，小白菜被"烧红铁丝刺乳，锡龙灌水浇背"，其残忍度可见一斑。

如此酷刑，即便是一个虎背熊腰的九尺男儿也无法忍受，更何况是一个文弱的女子？屈打之下，小白菜成招，并顺着刘锡彤的意思把杨乃武"交代"出来。

小白菜一介平民，对其施以酷刑也属正常。但"奸夫"杨乃武的举人身份，更让刘锡彤恼上加怒：大清律例，除皇帝和握有先斩后奏之权的大臣之外，无人有权对拥有举人以上功名的人处以刑罚，这也就是旧社会"刑不上大夫"的理论。

为了尽快把这个案子定为死案，刘锡彤将案件上报到杭州知府衙门，请求将杨乃武的举人功名革去，当然，所有对于杨乃武有利的证据，刘锡彤一概没有上交。

失去了举人功名的杨乃武在杭州知府陈鲁的酷刑之下屈打成招，承认自己购买了砒霜交给小白菜用以毒杀葛品连。一条完美的证据链就此形成，

同治十一年（1872年）十一月初六，杭州府陈鲁下达了判决：小白菜为通奸而谋杀亲夫，按律当凌迟处死；杨乃武指使他人谋害亲夫，按律判处斩立决。

判决一层层地经过上报，其中的冤情始终没有被各级官员揭露出来，就这样在同治十二年（1873年）十二月二十日上报给了朝廷。

一切看起来都是那么顺利，只待朝廷下发一道核准死刑的圣旨，杨乃武和小白菜二人便可人头落地，葛品连也可以"含笑九泉"了。

然而此时陡变突生，杨乃武之姐杨菊贞在红顶商人胡雪岩的帮助下，取得刑部侍郎袁保恒、大学士翁同龢等人的支持，向两宫太后陈诉冤情，要求将杨乃武、小白菜一案提京复审。

翁同龢等朝中肱股的奏请，引起了慈禧太后的重视。但她仍有些犹豫，不

愿轻易更改地方官吏承办的要案。最后，在各级官员不断地奏请之中，慈禧太后方才下定决心，连发十三道重审的谕旨，将此案提京复审。

光绪二年（1876年）十二月九日，时隔三年多的案件终于水落石出：在北京海会寺公开开棺验尸的刑部得出最终结论：葛品连遗骸上的大小骨殖成黄白色，并非中毒而死。

真相大白，而未解之谜才刚刚开始。

本案的未解之谜并不是葛品连的死因，而是案件明晰之后的余波。因为这起看似并不复杂的案件，却引发了一场浙江省官场地震，100多顶乌纱因此而砰然落地。

□官官相护的顽疾导致"地震"说

有人认为，因为浙江官场上的官官相护而引发了慈禧太后的怒火。

刘锡彤验尸的过程完全有悖于《清律例》，得出了葛品连中毒身亡的结论；又偏听偏信民间流言，案件未审便轻下结论，这就为冤案的产生奠定了基础。此后，浙江省各级官员虽然都接到了杨乃武姐姐的上访材料，但官官相护，压住不发，反而继续对上访者施以酷刑，以阻止杨家的上访。如此一来，案件所牵扯到的官员队伍便如滚雪球般层层壮大，直到胡雪岩出现，慈禧太后重视，才真相大白。面对着案件的真相，慈禧太后不得不给天下人一个交代。因此才有大小官员乌纱落地，永不叙用的严惩。

□社会舆论给朝廷的压力说

中国现代报纸的开端、创刊于清同治十一年三月二十三日（1872年4月30日）的《申报》，对于本案的走向给予了全程关注。报纸上一刊发，引起的是全国乃至世界的瞩目：中国老百姓关注的是自己的命运，世界上关注的则是大清王朝的政治局势。正所谓牵一发而动全身，一个来自民间的普通案件的走向，彰显出的是一个国家的法律严谨程度。在西方人眼里，法律是否严谨、是否能够得到切实的公平与公正，是决定一个国家生死命运的关键所在，也一个国家是否在这个大变革时期进入到近代社会的标志之一。为了博得西方社会的支持，清王朝也不得不在事实明了的前提下做出公平公正的姿态。之所以这样给本案的结局定性，是因为在本案最后的处理结果上，100多位官员，除了倒霉的刘锡彤被流放之外，其余的仅仅是革职罢官，永不叙用而已。

□政治场上的角力

其实从种种迹象上可以看出，本案在实质上是一次政治场上的角力。

太平天国之后，地方督抚坐大，死刑裁判权也由中央下落到地方。朝廷想借此案之机，收回死刑裁判权，"以伸大法于天下，以垂炯戒于将来。庶大小臣工知所恐惧，而朝廷之纪纲为之一振"，借此重建朝廷威信。翁同龢此前曾对恭亲王如此说道："冲龄之至，太后垂帘，是所谓'孤儿寡母'的局面，弱干强枝，尾大不掉，往往由此而起。征诸往史，班班可考。王爷身当重任，岂可不为朝廷立威？"

然而地方上却不会轻易将此生杀大权放手，是故慈禧太后需要发十三道谕旨才能提审此案。

案件明了之后，在如何处理各级办案官员的问题上，朝廷之内发生了巨大的分歧。以大学士翁同龢为首的江浙派要求严惩此案中草菅人命的官员；而以四川总督丁宝桢为首的两湖派则认为不能为了区区两个平头百姓而引发官场上的地震。两派各执一词，互不相让，直到光绪三年（1877 年）二月十日，刑部才将平反的奏疏上报朝廷。

对于杨乃武、小白菜来说，能够被平反昭雪无疑极大地幸运，但其实他们这个案子只是民间一个不足为奇的小案而已，几条草民的性命在封建社会根本不足称道，之所以能够平反昭雪，实际上是政治斗争的结果。

出狱后的杨乃武曾经想去拜谢在此案中为他申冤的大小官员，但出面见他的只有寥寥几人。毕竟这场斗争并不是为了一个小小的举人。要知道，参与审判此案的大多数是湖南籍官员，而这些官员中的大多数又是由左宗棠一手提拔的。作为晚清中兴四大名臣之一，左宗棠在朝中的影响力任何人都不敢小觑。对于涉及此案的官吏的处理问题上，朝廷只是采用了革职的方式，而没有依照大清律例予以量刑处罪，这足以证明此案并不是一个简单的刑事案件。

左宗棠隶属于曾国藩手下的湘军。也就是说，当时涉及这个案子的官吏，实际上都是曾国藩的湘系军阀。更进一步地说，是湘系军阀在控制浙江省。而且，镇压太平天国起义中，作为湘军所做出的贡献最大，也就形成了尾大不掉之势。对于朝廷来说，这是一个严重的问题。如果曾国藩想要借此势力选择称帝的话，即使不能够完全推翻清朝统治，也可以做到划江而治，与清朝分庭抗礼。

对清政府来说，除掉这个隐患才是根本。恰在此时发生了杨乃武与小白菜的案子，朝廷正好抓住这个契机，对湘系军阀的势力进行弹压。最后因为此案，100 多官员的顶戴花翎被褫夺，被革职永不叙用，实际上就是为了压制曾国藩和他的湘系军阀。

当然，本案的真相或许并非是这样，但不可否认的是，杨乃武与小白菜的案子在慈禧太后的干涉下得到昭雪，100 多顶乌纱在余波之中砰然落地。一个简单的民间案件，引发了浙江省官场的地震，地震之后暴露于天下的，则是晚清政府那错综复杂的派系斗争。当国家已经处于生死边缘之际，仍旧不能齐心协力来抵御外辱、来治国保民，那么这个王朝的末日，已经不远了。